D1342180

André Malraux

Antimémoires

Nouvelle édition revue et augmentée

Gallimard

Ce livre forme la première partie des *Antimémoires*, qui comprendront vraisemblablement quatre tomes, et seront publiés intégralement après la mort de l'auteur.

Les passages de ce volume dont on a différé la publication sont d'ordre historique.

*L'éléphant est le plus sage de tous les animaux,
le seul qui se souvienne de ses vies antérieures ;
aussi se tient-il longtemps tranquille, méditant
à leur sujet.*

Texte bouddhique.

Je me suis évadé, en 1940, avec le futur aumônier du Vercors. Nous nous retrouvâmes peu de temps après l'évasion, dans le village de la Drôme dont il était curé, et où il donnait aux Israélites, à tour de bras, des certificats de baptême de toutes dates, à condition pourtant de les baptiser : « Il en restera toujours quelque chose... » Il n'était jamais venu à Paris : il avait achevé ses études au séminaire de Lyon. Nous poursuivions la conversation sans fin de ceux qui se retrouvent, dans l'odeur du village nocturne.

— Vous confessez depuis combien de temps?

— Une quinzaine d'années...

— Qu'est-ce que la confession vous a enseigné des hommes?

— Vous savez, la confession n'apprend rien, parce que dès que l'on confesse, on est un autre, il y a la Grâce. Et pourtant... D'abord, les gens sont beaucoup plus malheureux qu'on ne croit... et puis...

Il leva ses bras de bûcheron dans la nuit pleine d'étoiles :

— Et puis, le fond de tout, c'est *qu'il n'y a pas de grandes personnes...*

Il est mort aux Glières.

Réfléchir sur la vie — sur la vie en face de la mort — sans doute n'est-ce guère qu'approfondir son interrogation. Je ne parle pas du fait d'être tué, qui ne pose guère de question à quiconque a la chance banale d'être courageux, mais de la mort qui affleure dans tout ce qui est plus fort que l'homme, dans le vieillissement et même la métamorphose de la terre (la terre suggère la mort par sa torpeur millénaire comme par sa métamorphose, même si sa métamorphose est l'œuvre de l'homme) et surtout l'irrémédiable, le : tu ne sauras jamais ce que tout cela voulait dire. En face de cette question, que m'importe ce qui n'importe qu'à moi ? Presque tous les écrivains que je connais aiment leur enfance, je déteste la mienne. J'ai peu et mal appris à me créer moi-même, si se créer, c'est s'accommoder de cette auberge sans routes qui s'appelle la vie. J'ai su quelquefois agir, mais l'intérêt de l'action, sauf lorsqu'elle s'élève à l'histoire, est dans ce qu'on fait et non dans ce qu'on dit. Je ne m'intéresse guère. L'amitié, qui a joué un grand rôle dans ma vie, ne s'est pas accommodée de la curiosité. Et je suis d'accord avec l'aumônier des Glières — mais s'il préférait qu'il n'y eût pas de grandes personnes, lui, c'est que les enfants sont sauvés...

Pourquoi me souvenir ?

Parce que, ayant vécu dans le domaine incertain de l'esprit et de la fiction qui est celui des artistes, puis dans celui du combat et dans celui de l'histoire, ayant connu à vingt ans une Asie dont l'agonie mettait encore en lumière ce que signifiait l'Occident, j'ai rencontré maintes fois, tantôt humbles et tantôt éclatants, ces moments où l'énigme fondamentale de la vie apparaît à chacun de nous comme elle apparaît à presque toutes les femmes devant un visage d'enfant, à presque tous les hommes devant un visage de mort. Dans toutes les formes de ce qui nous entraîne, dans tout ce que j'ai vu lutter contre l'humiliation, et même en toi, douceur dont on se demande ce que tu fais sur la terre, la vie semblable aux dieux des religions disparues m'apparaît parfois comme le livret d'une musique inconnue.

Bien que ma jeunesse ait connu l'Orient semblable à un vieil Arabe sur son âne dans l'invincible sommeil de l'Islam, les deux cent mille habitants du Caire sont devenus quatre millions, Bagdad remplace par les canots automobiles les nasses de roseaux et de bitume où pêchaient ses paysans babyloniens, et les portes en mosaïque de Téhéran se perdent dans la ville, comme la porte Saint-Denis. L'Amérique connaît depuis longtemps les villes-champignons — mais ses villes-champignons n'effaçaient pas une autre civilisation, ne symbolisaient pas la métamorphose de l'homme.

Que la terre n'ait jamais changé à ce point en un siècle (sauf par la destruction) chacun le sait. J'ai connu les moineaux qui attendaient les chevaux des omnibus au Palais-Royal — et le timide et charmant commandant Glenn, retour du cosmos ; la ville tartare de Moscou, et le gratte-ciel pointu de l'Université ; tout ce que le petit chemin de fer à la cheminée en tulipe, si bien astiqué, de la gare de Pennsylvanie, évoquait de la vieille Amérique, et tout ce que le gratte-ciel de la Pan American appelle de la neuve. Depuis combien de siècles une grande religion n'a-t-elle secoué le monde ? Voici la première civilisation capable de conquérir toute la terre, mais non d'inventer ses propres temples, ni ses tombeaux.

Aller en Asie, naguère, c'était pénétrer avec lenteur dans l'espace et dans le temps conjugués. L'Inde après l'Islam, la Chine après l'Inde, l'Extrême-Orient après l'Orient; les vaisseaux de Sinbad abandonnés à l'écart d'un port des Indes dans le soir qui tombe, et après Singapour, à l'entrée de la mer de Chine, les premières jonques comme des sentinelles.

Je reprends, par ordre des médecins, cette lente pénétration, et regarde le bouleversement qui a empli ma vie sanglante et vaine, comme il a bouleversé l'Asie, avant de retrouver, au-delà de l'océan, Tokyo où j'envoyai la *Vénus de Milo*, Kyoto méconnaissable, Nara presque intacte malgré son temple incendié — retrouvées naguère après un jour d'avion — et la Chine que je n'ai pas revue. « *Jusqu'à l'horizon, l'Océan glacé, laqué, sans sillages...* » Je retrouve devant la mer la première phrase de mon premier roman, et, sur le bateau, le cadre aux dépêches où l'on afficha, il y a quarante ans, celle qui annonçait le retour de l'Asie dans l'histoire : « *La grève générale est proclamée à Canton.* »

Que répond donc ma vie à ces dieux qui se couchent et ces villes qui se lèvent, à ce fracas d'action qui vient battre le paquebot comme s'il était le bruit éternel de la mer, à tant d'espoirs vains et d'amis tués? C'est le temps où mes contemporains commencent à raconter leurs petites histoires.

En 1934, rue du Vieux-Colombier, Paul Valéry me parlait incidemment de Gide : « Pourquoi, lui demandai-je, si vous êtes indifférent à son œuvre, mettez-vous si haut la *Conversation avec un Allemand*? — Qu'est-ce que c'est? » Je le lui rappelai. « Ah, oui! Ce doit être parce qu'il y a une réussite d'imparfait du subjonctif!... » Puis, avec la relative gravité qu'il mêlait à son argot patricien : « J'aime bien Gide, mais comment un homme peut-il accepter de prendre des jeunes gens pour juges de ce qu'il pense?... Et puis, quoi! je m'intéresse à la lucidité, je ne m'intéresse pas à la sincérité. D'ailleurs, on s'en fout. » Ainsi finissaient souvent les idées qu'il jugeait, selon la formule de Wilde, bonnes pour parler.

Mais ce que Gide appelait la jeunesse ne se limitait pas toujours aux jeunes gens, de même que la grande chrétienté ne se limita pas toujours aux fidèles. Le démon aime les collectivités, plus encore les assemblées; la grandeur aussi. J'ai vécu jusqu'à trente ans parmi des hommes qu'obsédait la sincérité. Parce qu'ils y voyaient le contraire du mensonge; aussi (c'étaient des écrivains) parce qu'elle est, depuis Rousseau, une matière privilégiée de littérature. Ajoutons la justification agressive, l'« Hypocrite lecteur, mon semblable, mon frère... ». Car il ne s'agit pas d'une connaissance quelconque de l'homme : il s'agit toujours de dévoiler un secret, d'*avouer*. L'aveu chrétien avait été la rançon du pardon, la voie de la pénitence. Le talent n'est pas un pardon, mais il agit de façon aussi profonde. A supposer que la *Confession de Stavroguine* fût réellement celle de Dostoïevski, il aurait métamorphosé l'affreux événement en tragédie, et Dostoïevski en Stavroguine, en héros de fiction, — métamorphose qu'exprime à merveille le mot : héros. Il n'est pas nécessaire de modifier les faits : le coupable est sauvé, non parce qu'il impose un mensonge, mais parce que le domaine de l'art n'est pas celui de la vie. L'orgueilleuse honte de Rousseau ne détruit pas la pitoyable honte de Jean-Jacques, mais elle lui apporte une promesse d'immortalité. Cette métamorphose, l'une des plus profondes que puisse créer l'homme, c'est celle d'un destin subi en destin dominé.

J'admire les confessions que nous appelons Mémoires, mais elles ne me retiennent qu'à demi. Il reste que l'analyse de l'individu, outre l'action qu'elle exerce sur nous lorsqu'elle est celle d'un grand artiste, nourrit une action de l'esprit qui m'intéressait fort au temps de cette conversation avec Valéry : réduire au minimum sa part de comédie. Il s'agit alors de la conquête de chacun sur un monde romanesque dans lequel il baigne et qui ne lui appartient pas en propre; dont la mise en question le rend furieux, et sur laquelle repose la partie du théâtre comique où des personnages de Labiche succèdent à des personnages de Molière et à l'orateur indigné de Victor Hugo qui vient intrépidement dire son fait au roi, — personnage qui aura joué un rôle si constant et si vain dans la politique des nations méditerranéennes. Mais lutter contre la comédie semble lutter contre des faiblesses, alors que l'obsession de la sincérité semble poursuivre un secret.

L'individu a pris dans les Mémoires la place que l'on sait, lorsqu'ils sont devenus des Confessions. Celles de saint Augustin ne sont nullement des confessions, et s'achèvent en traité de métaphysique. Nul ne songerait à nommer confessions les *Mémoires* de Saint-Simon : quand il parle de lui, c'est pour être admiré. On avait cherché l'Homme dans les grandes actions des grands hommes, on le chercha dans les secrètes actions des individus. (D'autant plus que les grandes actions furent souvent violentes, et que les faits divers ont banalisé la violence.) Les Mémoires du xxe siècle sont de deux natures. D'une part, le témoignage sur des événements : c'est parfois, dans les *Mémoires de guerre* du général de Gaulle, dans *Les Sept Piliers de la Sagesse*, le récit de l'exécution d'un grand dessein. D'autre part, l'introspection dont Gide est le dernier représentant illustre, conçue comme étude de l'homme. Mais *Ulysse* et *A la recherche du temps perdu* ont pris la forme du roman. L'introspection-aveu a changé de nature, parce que les aveux du mémorialiste le plus provocant sont puérils en face des monstres qu'apporte l'exploration psychanalytique, même à ceux qui en contestent les conclusions. De la chasse aux secrets, la névrose ramène davantage, et avec plus d'accent. La *Confession de Stavroguine* nous surprend moins que *L'Homme aux rats* de Freud, et en vaut plus que par le génie.

Si nul ne croit plus que l'autoportrait, voire le portrait, n'eut d'autre souci que d'imiter son modèle, depuis les effigies des sculpteurs égyptiens jusqu'aux toiles cubistes, on continue à le croire du portrait littéraire. Il serait donc d'autant meilleur qu'il serait plus ressemblant, et d'autant plus ressemblant qu'il serait moins conventionnel. C'est la définition que suggèrent les réalismes, qui se sont presque toujours élaborés contre les idéalisations. Mais, si l'idéalisation de la Grèce et de la Renaissance a été l'un des arts majeurs de l'Europe, l'idéalisation littéraire, sa semblable supposée, n'est guère parente de Léonard ou de Michel-Ange, que par les personnages des tragédies. Pourtant le Saint Louis de Joinville, les portraits de Bossuet, valent sans nul doute les personnages du *Journal* des Goncourt, bien que leur auteur les veuille exemplaires. Vérité d'abord ? Je doute que le *Napoléon* de Michelet, assez mauvais pamphlet, soit plus vrai que sa *Jeanne d'Arc*, admirable panégyrique. Nous savons combien Stendhal était sensible aux « petits faits vrais »; pourquoi pas aux grands ? Exprimer le Napoléon d'Austerlitz vaut bien montrer sa manie de barbouiller de confitures le visage du roi de Rome. Et la victoire de Marengo a peut-être des causes d'une autre nature que l'adultère de Joséphine. Montrer les grands faits, puis les rejeter par mépris de la convention, puis ne plus connaître que les petits... Il est admis que la vérité d'un homme, c'est d'abord ce qu'il cache. On m'a prêté la phrase d'un de mes personnages : « L'homme est ce qu'il fait! » Certes, il n'est pas que cela; et le personnage répondait à un autre, qui venait de dire : « Qu'est-ce qu'un homme? Un misérable petit tas de secrets... » Le cancan donne, à bon marché, le relief que l'on attend de l'irrationnel; et, la psychologie de l'inconscient aidant, on a complaisamment confondu ce que l'homme cache, et qui n'est souvent que pitoyable, avec ce qu'il ignore en lui. Mais Joinville ne prétendait pas tout savoir de Saint Louis, ni d'ailleurs de lui-même. Bossuet savait beaucoup du Grand Condé, qu'il avait peut-être confessé; mais, parlant devant la mort, il attachait peu d'importance à ce qu'on appelait alors des faiblesses. Comme Gorki parlant de Tolstoï.

Gorki éprouvait, dans sa jeunesse, le besoin de suivre des gens en secret, pour en faire des personnages (Balzac aussi). Il avait suivi ainsi Tolstoï, dans la forêt d'Iasnaïa Poliana. « Le Vieux s'arrête à une clairière devant une roche lisse, sur laquelle se trouvait un lézard, qui le regardait. " Ton cœur bat, dit Tolstoï ". Il y a un beau soleil. Tu es heureux... ; et après un silence, gravement : " ... Moi, pas... " »

Nous venions d'abattre un petit arbre; ce curieux usage suivait les déjeuners chez Gorki. Celui-ci se détachait, coiffé de son petit calot tartare, sur le vaste fond de la mer Noire. Et il continuait d'évoquer le vieux « génie de la terre russe » dans sa forêt, devant les bêtes qui l'écoutaient, comme un Orphée octogénaire.

Le sentiment de devenir étranger à la terre, ou de revenir sur la terre, que l'on trouve ici à plusieurs reprises, semble né, le plus souvent, d'un dialogue avec la mort. Être l'objet d'un simulacre d'exécution n'apporte pas une expérience négligeable. Mais je dois *d'abord* ce sentiment à l'action singulière, parfois physique, qu'exerce sur moi l'envoûtante conscience des siècles. Conscience rendue plus insidieuse par mes travaux sur l'art, car tout Musée Imaginaire apporte à la fois la mort des civilisations, et la résurrection de leurs œuvres. Je crois toujours écrire pour des hommes qui me liront plus tard. Non par confiance dans ce livre, non par obsession de la mort ou de l'Histoire en tant que destin intelligible de l'humanité : par le sentiment violent d'une dérive arbitraire et irremplaçable comme celle des nuées. Pourquoi noter mes entretiens avec des chefs d'État plutôt que d'autres ? Parce que nulle conversation avec un ami hindou, fût-il un des derniers sages de l'hindouisme, ne me rend le temps sensible comme le fait Nehru lorsqu'il me dit : « Gandhi pensait que... » Si je mêle ces hommes, les temples et les tombeaux, c'est parce qu'ils expriment de la même façon « ce qui passe ». Lorsque j'écoutais le général de Gaulle, pendant le plus banal déjeuner dans son appartement privé de l'Élysée, je pensais : aujourd'hui, vers 1960... Aux réceptions officielles, je pensais à celles de Versailles, du Kremlin, de Vienne à la fin des Habsbourg. Dans le modeste bureau de Lénine où les dictionnaires forment le socle du petit pithécanthrope de bronze offert par un Américain darwiniste, je ne pensais pas à la préhistoire, mais aux matins où cette porte avait été poussée par Lénine — au jour où dans la cour, en bas, il s'était mis à danser sur la neige, en criant à Trotski stupéfait : « Aujourd'hui, nous avons duré un jour de plus que la Commune de Paris! » Aujourd'hui... Devant le sursaut de la France comme devant le pauvre pithécanthrope, j'ai été fasciné par les siècles, par l'état tremblant et changeant du soleil sur le cours du fleuve... Devant l'enseigne du gantier de Bône quand je revenais de ma première promenade vers la mort, comme à Gramat lorsqu'on m'emportait sur une civière pour faire semblant de me fusiller, comme

17

devant le glissement furtif de mon chat, combien de fois ai-je pensé ce que j'ai pensé aux Indes : en 1938, ou en 1944, ou en 1968, *avant* J.-C...

La « sincérité » n'a pas été toujours son propre objet. Par chacune des grandes religions, l'Homme avait été *donné*; les Mémoires prolifèrent quand la confession s'éloigne. Chateaubriand dialogue avec la mort, avec Dieu peut-être; avec le Christ, certainement pas. Que l'Homme devienne l'objet d'une recherche et non d'une révélation — car tout prophète qui révèle Dieu, révèle un Homme du même coup — la tentation devient grande, de l'épuiser : l'homme deviendra d'autant mieux connu que les Mémoires ou le Journal deviendront plus gros. Mais l'homme n'atteint pas le fond de l'homme; il ne trouve pas son image dans l'étendue des connaissances qu'il acquiert, il trouve une image de lui-même dans les questions qu'il pose. L'homme que l'on trouvera ici, c'est celui qui s'accorde aux questions que la mort pose à la signification du monde.

Cette signification ne m'interroge nulle part de façon plus pressante que devant une Égypte ou une Inde transformées, opposées aux villes détruites. J'ai vu les villes allemandes couvertes de drapeaux blancs (les draps pendus aux fenêtres) ou entièrement pilonnées; Le Caire, passé de 200 000 habitants à 4 millions, avec ses mosquées, sa citadelle, sa ville des morts et ses Pyramides au loin, et Nuremberg à tel point détruite qu'on n'en retrouvait pas la grand-place. La guerre interroge avec bêtise, la paix, avec mystère. Et il est possible que dans le domaine du destin, l'homme vaille plus par l'approfondissement de ses questions que par ses réponses.

Dans la création romanesque, la guerre, les musés

vrais ou imaginaires, la culture, l'histoire peut-être, j'ai retrouvé une énigme fondamentale, au hasard de la mémoire qui, — hasard ou non — ne ressuscite pas une vie dans son déroulement. Éclairées par un invisible soleil, des nébuleuses apparaissent et semblent préparer une constellation inconnue. Quelques-unes appartiennent à l'imaginaire, beaucoup, au souvenir d'un passé surgi par éclairs, ou que je dois patiemment retrouver : les moments les plus profonds de ma vie ne m'habitent pas, ils m'obsèdent et me fuient tour à tour. Peu importe. En face de l'inconnu, certains de nos rêves n'ont pas moins de signification que nos souvenirs. Je reprends donc ici telles scènes autrefois transformées en fiction. Souvent liées au souvenir par des liens enchevêtrés, il advient qu'elles le soient, de façon plus troublante, à l'avenir. Celle qui suit est transposée des *Noyers de l'Altenburg*, début d'un roman dont la Gestapo a détruit trop de pages pour que je les récrive. Il s'appelait *La Lutte avec l'Ange*, et qu'entreprends-je d'autre ? Ce suicide est celui de mon père, ce grand-père est le mien, transfiguré sans doute par le folklore familial. C'était un armateur dont j'ai pris des traits plus ressemblants pour le grand-père du héros de *La Voie royale* — et d'abord, sa mort de vieux Viking. Bien qu'il fût plus fier de son brevet de maître-tonnelier que de sa flotte, déjà presque toute perdue en mer, il tenait à maintenir les rites de sa jeunesse, et s'était ouvert le crâne d'un coup de hache à deux tranchants, en achevant symboliquement, selon la tradition, la figure de proue de son dernier bateau. Ce Flamand de Dunkerque est devenu Alsacien parce que la première attaque allemande par les gaz eut lieu sur la Vistule, et qu'elle m'imposait un personnage qui servît en 1914 dans l'armée allemande. Ces hangars où les clowns passent entre les troncs des grands sapins, ce sont les hangars où séchaient les

voiles; la forêt a pris la place de la mer. Je ne connaissais rien de l'Alsace. J'avais été cinq ou six semaines
hussard à Strasbourg, dans les casernes jaunes de
Napoléon III, et mes forêts sont nées du vague souvenir
de celle de Sainte-Odile ou du Haut-Kœnigsburg; les
personnages s'appellent Berger parce que ce nom est,
selon sa prononciation, français ou germanique. Mais
il est devenu le mien deux ans durant : des amis s'en
étant servis dans la Résistance pour me désigner, il
me resta. Et j'ai été appelé par les Alsaciens à commander la brigade Alsace-Lorraine, et j'ai livré les combats
de Dannemarie quelques jours après la mort de ma
seconde femme dans une clinique de l'avenue Alsace-
Lorraine à Brive. Ma troisième femme habitait rue
Alsace-Lorraine à Toulouse. J'en passe : il y a beaucoup
de rues de ce nom en France. Mais je me suis remarié
à Riquewihr, près de Colmar.

On ne m'a pas attendu pour savoir que Victor Hugo
avait écrit *Marion Delorme* avant de rencontrer Juliette
Drouet. Sans doute ce qui avait fait écrire *Marion* à
Victor Hugo le rendait plus sensible à la vie de Juliette
Drouet, que ne l'eût été un entreteneur d'actrices. Mais
tant de créations prémonitoires s'expliquent-elles parce
que chez les « rêveurs diurnes », le virus du rêve suscite
aussi l'action, comme l'affirme T. E. Lawrence ? Et
lorsqu'il n'y a pas d'action, mais seulement ces vers
prophétiques que Claudel recueillait avec angoisse,
et par lesquels Baudelaire et Verlaine annoncent leur
désastre ? « Mon âme vers d'affreux naufrages appareille... »

Je pense à Péguy, dont je suis allé voir le tombeau
avec le général de Gaulle, dans les champs de la Marne :
« Heureux ceux qui sont morts dans une juste guerre... »
A Diderot qui, lors de son retour de Russie, écrivait
« qu'il ne lui restait plus que dix ans au fond de son

sac », ce qui fut vrai à un mois près. Je pense au père Teilhard de Chardin qui, en mars 1945, répondait à : « Quand voudriez-vous mourir ? — Le jour de Pâques », et qui est mort le jour de Pâques 1955. Je pense aussi à Albert Camus qui écrivait dix ans avant sa mort accidentelle : « Alors que dans la journée le vol des oiseaux paraît toujours sans but, le soir ils semblent toujours retrouver une destination. Ils volent vers quelque chose. Ainsi, peut-être, au soir de la vie... »

Y a-t-il un soir de la vie ?

C'est la brigade Alsace-Lorraine qui a repris Sainte-Odile, et le colonel Berger qui est allé récupérer, dans les caves du Haut-Kœnigsburg, le retable de Grünewald... Le bateau où j'écris ceci s'appelle *Le Cambodge* ; la douleur dentaire du personnage du *Temps du Mépris* pendant son évasion ressemble à celle que j'ai due à des souliers trop petits quand je me suis évadé, sept ans plus tard. J'ai beaucoup écrit sur la torture, alors qu'on ne s'en occupait guère ; et je suis passé bien près d'elle. Hemingway, à travers la courbe qui va du jeune homme amoureux de la femme plus âgée, puis de la femme plus jeune, pour s'achever avec le colonel de soixante ans, amant d'une jeune fille — à travers combien d'impuissances et de suicides — n'a cessé de préfigurer son destin. Et Chamfort ? Et Maupassant ? Et Balzac ? Nietzsche écrivit la dernière ligne du *Gai Savoir* : « Ici commence la tragédie », quelques mois avant de rencontrer Lou Salomé — et Zarathoustra.

J'ai vu un jour Lou Salomé : c'était alors une vieille dame vêtue d'un sac. Elle venait de répondre à Mme Daniel Halévy, qui lui demandait : « Thé ou porto — Je ne suis pas venue pour m'occuper de ça ! » Nous nous trouvâmes seuls dans un coin du salon, et je lui parlai de son livre sur Nietzsche, puis de Nietzsche ; elle me répondit, en perdant le regard d'yeux magni-

21

fiques et en avançant une mâchoire de dentiste américain : « Je voudrais tout de même bien me souvenir
si je l'ai embrassé ou non, sur ce chemin, vous savez,
au-dessus du lac de Côme... »

Ce qui m'intéresse dans un homme quelconque,
c'est la condition humaine ; dans un grand homme,
ce sont les moyens et la nature de sa grandeur ; dans
un saint, le caractère de sa sainteté. Et quelques traits,
qui expriment moins un caractère individuel, qu'une
relation particulière avec le monde. Nietzsche dit :
« Deux hommes m'ont enseigné quelque chose en
psychologie : Stendhal et Dostoïevski. » Dostoïevski,
soit! l'irruption d'une humiliation, héritière grandiose
de celle de Rousseau, devait bouleverser le plus grand
irrationnaliste de son siècle. (A quel point Nietzsche
serait mieux ce qu'il est, si sa gourde de sœur n'avait
pas inventé de titrer *Volonté de puissance*, le dernier
livre de l'homme qui avait écrit *Le Voyageur et son
ombre!*) Mais Stendhal ? Qu'appelle-t-on sa psychologie,
sinon une intelligence transparente et précise comme
les cristaux ?

Quand Gide avait soixante-dix ans, on écrivait qu'il
était le plus grand écrivain français. Sur l'individu
lui-même, que nous transmettent donc ses œuvres
intimes, journal compris ? Il y eut, en ce temps, une
relation trouble entre psychologie et littérature. Gide
m'a raconté la visite de Bernard Lazare, résolu à
s'engager dans le furieux combat qui allait devenir
l'affaire Dreyfus : « Il m'a épouvanté : c'était un homme
qui mettait quelque chose au-dessus de la littérature... »
Le Purgatoire de Gide tient beaucoup à ce que l'histoire
n'existait pas pour lui. Elle ne s'est pas rappelée à
mes frères (et à tant d'autres) en leur demandant ce
qu'elle était à leurs yeux — qu'elle a fermés.

Les gnostiques croyaient que les anges posaient à

chaque mort la question : « D'où viens-tu ? » Ce qu'on trouvera ici, c'est ce qui a survécu. Parfois, je l'ai dit, à condition d'aller le chercher. Les dieux ne se reposent pas de la tragédie que par le comique ; le lien entre *L'Iliade* et *L'Odyssée*, entre *Macbeth* et *Le Songe d'une nuit d'été*, est celui du tragique et d'un domaine féerique et légendaire. Notre esprit invente ses chats bottés et ses cochers qui se changent en citrouilles à l'aurore, parce que ni le religieux ni l'athée ne se satisfont complètement de l'apparence. J'appelle ce livre *Anti-mémoires*, parce qu'il répond à une question que les *Mémoires* ne posent pas, et ne répond pas à celles qu'ils posent ; et aussi parce qu'on y trouve, souvent liée au tragique, une présence irréfutable et glissante comme celle du chat qui passe dans l'ombre : celle du farfelu dont j'ai sans le savoir ressuscité le nom.

Jung, le psychanalyste, est en mission chez les Indiens du Nouveau-Mexique. Ils lui demandent quel est l'animal de son clan : il leur répond que la Suisse n'a ni clans ni totems. La palabre finie, les Indiens quittent la salle par une échelle qu'ils descendent comme nous descendons les escaliers : le dos à l'échelle. Jung descend, comme nous, face à l'échelle. Au bas, le chef indien désigne en silence l'ours de Berne brodé sur la vareuse de son visiteur : l'ours est le seul animal qui descende face au tronc et à l'échelle...

Les Noyers de l'Altenburg

1

Alsace
1913

Mon père était revenu de Constantinople depuis moins d'une semaine. Il y eut un coup de sonnette très tôt ; dans la demi-obscurité de la chambre dont les rideaux n'étaient pas encore tirés, il entendit les pas de la bonne aller vers la porte, s'arrêter, et sa voix désolée répéter sans qu'un mot eût été dit par la personne qui avait sonné : « Ma pauvre Jeanne... Ma pauvre Jeanne!... »

Jeanne était la domestique de mon grand-père.

Un instant de silence : les deux femmes s'embrassaient ; mon père écoutait décroître le bruit d'un fiacre dans l'aube, sachant déjà de quoi il s'agissait. Jeanne poussa lentement la porte, comme si, désormais, elle eût craint toutes les chambres.

— Il n'est pas mort? demanda mon père.

— On l'a transporté à l'hôpital, Monsieur...

Mon père m'a peint le fossoyeur de Reichbach, engagé à mi-corps dans la fosse, écoutant, la tête levée, dans l'odeur du grès rose chaud de soleil, un de mes oncles lui dire :

— Allons, Franz, dépêche! c'est quelqu'un de la famille!

Nous avions dans le bourg quelque vingt cousins, et ce fossoyeur ressemblait de façon saisissante à mon grand-père mort.

— Il m'est arrivé d'entendre bien des bêtises au sujet du suicide, disait mon père ; mais devant un homme qui s'est tué fermement, je n'ai jamais vu un autre sentiment que le respect. Savoir si le suicide est un acte de courage ou non ne se pose que devant ceux qui ne se sont pas tués.

La plupart de mes oncles et de mes grands-oncles ne s'étaient pas rencontrés depuis des années : plus encore que la vie, les avait séparés l'opposition entre ceux d'entre eux qui acceptaient la domination allemande et ceux qui la refusaient — bien que cette opposition ne fût jamais allée jusqu'à la rupture. Plusieurs habitaient maintenant la France. Tous se retrouvaient chez mon oncle Mathias, qui assistait mon grand-père dans la direction de son usine. Seul mon grand-oncle Walter n'était pas venu. Se trouvait-il vraiment à l'étranger pour quelques mois? Depuis quinze ans il était brouillé avec son frère Dietrich, mon grand-père : mais, si dur, si opiniâtre qu'on le peignît, ses traditions refusaient de tenir rancune à la mort. Pourtant il était absent, et cette absence renforçait le prestige hostile qui l'avait toujours entouré, qui l'entourait encore : mon grand-père avait parlé de lui avec plus d'animosité — et aussi plus d'insistance — que de tous ses autres frères, mais il l'avait désigné (comme il avait désigné mon père) pour son exécuteur testamentaire.

Mon père ne le connaissait pas. Walter, incapable

d'accepter quiconque, dans sa famille, n'observait pas à son égard la soumission due au sachem de la tribu, n'y était pas détesté, mais environné du respect qui s'attache à la passion de l'autorité lorsqu'elle s'exerce sans faillir pendant quarante années. Sans enfants, il avait recueilli l'un de mes cousins, s'était pris pour lui d'une passion austère et rigoureuse : l'enfant à peine âgé de douze ans, il lui écrivait chaque matin de courts billets pleins de conseils semblables à des ordres, et exigeait de recevoir une réponse avant l'heure du départ pour le collège. A vingt ans, mon cousin, après une discussion au sujet de quelque jeune fille, était parti. L'oncle Walter, malgré le désespoir de sa femme, n'avait jamais répondu à ses lettres. Le cousin, dont il avait rêvé de faire son successeur, était devenu un contremaître ; Walter n'en parlait jamais, et ses frères trouvaient dans son chagrin, qu'ils n'ignoraient pas, assez d'humanité pour se croire tenus d'admirer que Walter n'en eût par ailleurs aucune.

Il est vrai que tous étaient prêts, si leur frère se montrait par trop intolérable, à dire : « Avec une maladie comme la sienne, c'est miracle qu'il ne soit pas pire ! » Toutes ses photos le représentaient debout, ses béquilles cachées par un long manteau : ses deux jambes étaient paralysées.

Les foies gras d'Alsace succédant aux écrevisses et aux truites de ce repas de funérailles, et l'alcool de framboise au traminer, il s'en fallut de peu que la réunion ne finît en kermesse. Les millénaires n'ont pas suffi à l'homme pour apprendre à voir mourir. L'odeur de sapin et de résine qui entrait à travers les fenêtres d'été, mille objets de bois poli, unissaient en un passé de souvenirs et de secrets ces enfances écoulées dans l'exploitation forestière familiale ; et tous, dès

29

qu'ils reparlaient de mon grand-père, se confondaient dans l'affectueuse déférence que la mort leur permettait de porter sans réserve au burgrave bourgeois et révolté dont l'inexplicable suicide semblait couronner secrètement la vie

Déjà âgé lorsque l'Église avait accordé, contre une juste rétribution, des dérogations aux règles du Carême, mon grand-père avait furieusement protesté auprès de son curé, qu'il protégeait, car il était maire de Reichbach. (Indéracinable : dans cette région toute couverte de vestiges de la « Sainte forêt » du Moyen Age, les bourgs sont encore propriétaires d'immenses domaines communaux, et Reichbach possédait quatre mille hectares, d'où venait le plus clair de la fortune municipale. Les qualités professionnelles de mon grand-père étaient incontestées.) « Mais, monsieur le Maire, ne convient-il pas qu'un simple prêtre s'incline devant les décisions romaines ? — J'irai donc à Rome. »

Il avait fait le pèlerinage à pied. Président de diverses œuvres, il avait obtenu l'audience pontificale. Il s'était trouvé avec une vingtaine de fidèles dans une salle du Vatican. Il n'était pas timide, mais le pape était le pape, et il était chrétien : tous s'étaient agenouillés, le Saint-Père avait passé, ils avaient baisé sa pantoufle, et on les avait congédiés.

Le Tibre retraversé, mon grand-père, possédé d'une sainte indignation où dansaient le peuple sacrilège des fontaines, l'ombre indifférente sur les rues sans trottoirs, les colonnes antiques et les pâtisseries de velours grenat, courut faire ses valises à coups de poing et partit par le premier rapide.

De retour, ses amis protestants le crurent prêt pour une conversion.

— On ne change pas de religion à mon âge !

Désormais retranché de l'Église, mais non du Christ,

il assista chaque dimanche à la messe hors du bâtiment, debout au milieu des orties dans un des coins que fait la rencontre du transept avec la nef, suivant de mémoire l'office, attentif à percevoir, à travers les vitraux, le son grêle de la sonnette qui annonçait l'Élévation. Peu à peu, il devenait sourd et, craignant de ne pas entendre, finit par passer vingt minutes à genoux dans les orties de l'été ou la boue de l'hiver. Ses adversaires disaient qu'il n'avait plus son bon sens, mais il n'est pas facile de disqualifier une persévérance inflexible ; et pour chacun, ce personnage à courte barbe blanche et à redingote, agenouillé dans la boue sous son parapluie, au même lieu, à la même heure et pour la même raison durant tant d'années, faisait moins figure d'hurluberlu que de juste. L'Alsace est sensible à la foi, et elle avait alors de fortes raisons de l'être à la fidélité.

Il fallait pourtant toute l'autorité, tout le succès avec lequel il dirigeait son usine (on croit surtout à la folie des vaincus) pour faire accepter les conséquences de son aventure romaine. Le bail entre la communauté juive et le propriétaire de la maison où elle avait établi sa synagogue étant révolu, le propriétaire avait refusé de le renouveler, et nul ne voulait louer à sa place. Mon grand-père proposa au conseil municipal de louer un des bâtiments communaux : il se heurta à une opposition formelle.

— Messieurs, considérez bien que ceci est injuste !

Ferme silence, entêtement d'Alsace égal au sien. Il était presque antisémite, mais le soir même il convoquait le rabbin, mettait gratuitement à sa disposition une aile de cette maison aux poutres apparentes, toute sonore de troncs derrière son immense porte de ferronnerie Louis XVI, où mes oncles achevaient maintenant leur agape.

Même aventure avec un cirque à qui le conseil avait

refusé le droit de camper sur le territoire de Reichbach : mon grand-père l'accueillit dans les hangars à bois qui s'étendaient derrière la maison.

Et mes oncles, devant leurs verres aux pieds cannelés et leur framboise, déliraient fraternellement au souvenir de la nuit illustre où tous ensemble étaient allés détacher les animaux et où, Mathias ayant ouvert la superbe porte clandestinement huilée, les adolescents étaient sortis, qui sur l'âne savant, qui sur le cheval dressé, qui sur le chameau, et mon père sur l'éléphant. Indifférents aux cris de leurs nouveaux maîtres, les animaux s'étaient enfuis dans la forêt ; il avait fallu mobiliser le village pour ramener au maire ses enfants couverts de contraventions...

Sur quoi, au passage du cirque suivant, il avait enfermé les enfants et accordé la même hospitalité.

Dans la vaste maison où tout un capharnaüm de la Compagnie des Indes dormait dans les pièces fermées de l'été, au bruit de cigales des scieries, un des cirques avait oublié un ara vert. Mon grand-père lui avait enseigné quatre mots, ironiquement peut-être : « Fais ce que dois. » Un des enfants était-il puni, il semblait que Casimir — le perroquet — devinât la faute ; dès que l'enfant passait à portée du perchoir, l'ara, ailes battantes : « Fais ce que doäs! Fais-ce-que-doäs! » Et l'enfant, les yeux en coulisse, de courir chercher du persil, poison pour les perroquets. Celui-ci le mangeait, engraissait, avait fini par l'aimer.

Pendant combien de soirs d'été cette cour s'était-elle endormie dans le son ralenti des scies et l'odeur du bois chaud, avec des passages furtifs de Juifs dorés comme ceux de Rembrandt, des clowns en train d'attacher des ours, un kangourou en fuite à travers les piles monumentales des troncs ? Depuis qu'avait été rapporté là le corps de mon grand-père, l'ara toujours vivant, libre de son perchoir, voletait lourdement à travers les pièces obscures et, semblable à l'âme du mort, glapissait dans la solitude : « Fais ce que do-â-â-âs... »

Mon grand-père ne s'était pas trompé : l'héritier de son impérieuse rigueur, c'était bien l'absent, son frère Walter. Industriels ou commerçants, mes oncles respectaient en lui le grand professeur. (Mon père seul leur inspirait alors, peut-être, autant de considération.) Après une belle carrière d'historien, éclatante s'il n'eût été Alsacien, il avait organisé ces « Colloques de l'Altenburg » auxquels nul de ceux qui célébraient à Reichbach leur kermesse funèbre n'avait été convié, et dont le prestige social était grand à leurs yeux. Organisateur opiniâtre et sans doute malin, il avait réuni les fonds nécessaires pour racheter à quelques kilomètres de Sainte-Odile, le prieuré historique de l'Altenburg. Chaque année, il y réunissait quelques-uns de ses collègues éminents, une quinzaine d'intellectuels de tous pays, et ses anciens élèves les plus doués. Des textes de Max Weber, de Stefan George, de Sorel, de Durkheim, de Freud étaient nés de ces colloques. Enfin — et ce n'était, pour mon père, ni sans intérêt ni sans prestige — Walter avait été jadis l'ami de Nietzsche.

Étrange personnage, entre le souvenir de Nietzsche et les anecdotes de cette table : il avait osé organiser après Agadir un entretien sur « Les patries au service de l'esprit » ; mais chacun de ses frères (et plus encore chacun de ses neveux) rappelait que tout enfant — c'était entre 1850 et 1860, l'Alsace appartenait encore à la France — il avait répondu à un curieux qui lui demandait « ce qu'il ferait plus tard » : « Je travaillerai à l'Académie française. — Que diable y feras-tu ? — Il y aurait M. Victor Hugo, M. de Lamartine, M. Cuvier, M. de Balzac... — Et toi ? — Moi, je serais derrière le pupitre. — Que diable ferais-tu derrière le pupitre ? —

33

Moi ? Je leur dirais : " Recommencez-moi ça ! " »

Mon père prétendait que l'Altenburg était né de ce vieux rêve, hélas irréalisé.

La semaine suivante il reçut une lettre de Walter : celui-ci venait de rentrer à l'Altenburg pour y diriger un colloque, et l'y attendait.

La bibliothèque de l'Altenburg était admirable. Un pilier central y poussait très haut les voûtes médiévales dans l'ombre où se perdaient les rayons de livres, car la salle n'était éclairée que par des lampes électriques fixées au-dessous des yeux. La nuit venait à travers une vaste verrière. Çà et là quelques sculptures gothiques, des photos de Tolstoï et de Nietzsche, une vitrine où se trouvaient les lettres de celui-ci à l'oncle Walter, un portrait de Montaigne, les masques de Pascal et de Beethoven (ces messieurs de la famille, pensa mon père). Dans une large niche, son oncle l'attendait derrière un bureau à l'aspect de table de cuisine, volontairement isolé, — supporté par une estrade de bois haute d'une marche, qui lui permettait de dominer son interlocuteur : ainsi, d'une cellule orgueilleusement misérable, Philippe II dédaignait-il le vaisseau de l'Escurial.

Quand le train s'était arrêté, mon père avait vu Walter sur le quai : s'il ne le connaissait pas, il connaissait ses béquilles. Très droit, deux disciples près de lui, son oncle le regardait venir avec l'immobilité singulière dont il parait son infirmité ; un col très haut, une petite cravate noire étaient devenus distincts sous le léger macfarlane byronien qui cachait les genoux ; des lunettes d'or reposaient sur le nez cassé de Michel-Ange, — Michel-Ange à la fin d'une longue carrière universitaire... Une bienvenue du meilleur style avait été aussitôt suivie de :

— On se lève à huit heures.

A l'étonnement de mon père, ils étaient partis à pied. Les disciples suivaient ; les lignes solennelles des sapins sous le ciel où le vent du mauvais été poussait une sombre charpie de nuages, le pas des chevaux et le grincement assourdi de la voiture qui suivait, s'accordaient à la marche silencieuse des béquilles caoutchoutées. A quatre cents mètres devant eux, le prieuré, vers quoi convergeaient les lignes sombres de la vallée, était apparu enfin, d'une beauté austère et massive. Walter Berger, calé sur sa béquille gauche, avait étendu le bras droit :

— Voilà. — Et, modeste : — Une grange, une simple grange. Titien aussi, était marchand de bois...

« C'est une grange... », avait-il répété, dédaignant toute réponse. Et ils étaient enfin montés dans la voiture.

Walter regardait les portraits à peine éclairés et les files de livres dans l'ombre, comme s'il eût attendu que ce cloître de la pensée mît mon père en état de grâce. La lumière éclairait sa face du dessous, en accentuait le caractère d'ébauche. Il avait posé ses lunettes, et cette lumière basse, marquant les reliefs, faisait apparaître le visage de son frère mort. C'était cet homme que mon grand-père, après quinze ans de rupture, avait voulu pour exécuteur testamentaire, — et les revues qui parlaient du rôle de mon père en Orient, c'était pour les lui envoyer qu'il les avait achetées.

— J'aimais Dietrich, dit Walter de même qu'il eût accordé un honneur, mais non sans émotion.

Il y avait dans sa voix, de même que dans son regard, quelque chose d'absent — comme s'il eût craint d'être engagé par ses paroles, ou si ce qu'il allait dire l'eût à peine distrait d'une méditation. Pourtant, il interrogeait :

— Il avait préparé un poison, m'a-t-on rapporté, pour le cas où le véronal eût été... sans effet ?

— Le revolver était sous le traversin, le cran d'arrêt dégagé.

Debout chaque semaine pendant tant d'années, à la même heure, au même lieu hors de l'église...

Walter faillit commencer une phrase, se tut, se décida enfin :

— Êtes-vous en état de m'éclairer — je dis seulement : m'éclairer — sur les raisons qui ont pu... pousser Dietrich à cet... accident ?

— Non.

« Je devrais même vous répondre : au contraire. L'avant-veille de sa mort, nous avons dîné ensemble ; le hasard a fait que nous avons parlé de Napoléon. Il m'a demandé, un peu ironiquement : " Si tu pouvais choisir une vie, laquelle choisirais-tu ? — Et vous ? " Il a réfléchi assez longtemps et tout à coup il a dit, avec gravité : " Eh bien, ma foi, *quoi qu'il arrive*, si je devais revivre une autre vie, je n'en voudrais pas une autre que celle de Dietrich Berger... "

— Je n'en voudrais pas une autre que celle de Dietrich Berger... répéta Walter à mi-voix.

« Il est possible que l'homme tienne encore profondément à lui-même, alors qu'il est déjà séparé de la vie... »

Du dehors vinrent des cris idiots de poules, portés par le soir pluvieux. Walter étendit la main vers mon père, interrogativement :

— Et vous n'avez pas lieu de penser que pendant la journée qui a suivi, un... événement...

— Le suicide était dans le " quoi qu'il arrive ".

— Néanmoins, vous n'avez rien deviné ? (Je dis seulement : deviné...)

— J'étais persuadé que ceux qui parlent de suicide ne se tuent pas.

L'homme au monde, pensait mon père amèrement, à qui mes quelques instants de succès ont apporté le plus de joie ou de fierté...

Walter murmura, du ton du souvenir, l'immobilité de sa bouche accentuée par la lumière basse :

— Il arrive pourtant qu'on reconnaisse la mort, quand elle a déjà frappé souvent...

— Je n'avais jamais vu mourir un homme auquel je tenais.

— Mais cet Orient... violent, agité...

— Je viens d'Asie centrale. La vie des musulmans est un hasard dans le destin universel : ils ne se suicident pas. J'en ai vu mourir beaucoup, mais ceux que j'ai vus mourir n'étaient pas mes amis.

Dehors, les gouttes crépitaient sur les feuilles plates des fusains comme sur du papier ; à intervalles réguliers, une goutte plus lourde, tombant de quelque gouttière, sonnait.

— Quand j'étais enfant, dit Walter à mi-voix, j'avais grand-peur de la mort. Chaque année qui m'a rapproché d'elle m'a rapproché de l'indifférence à son égard... " Le soir de la vie apporte avec lui sa lampe ", a dit, je crois, Joubert.

Mon père était certain que Walter mentait : il sentait affleurer l'angoisse.

— Pourquoi, demanda celui-ci, Dietrich a-t-il souhaité d'être enterré religieusement ? Cela est étrange — je dis seulement : étrange — et peu conciliable avec le suicide... Il n'ignorait pas que l'Église n'accepte les obsèques religieuses des suicidés que dans la mesure où elle admet leur... irresponsabilité...

Il semblait jaloux de la résolution avec laquelle son frère était mort — et, en même temps, fier.

— L'irresponsabilité, dit mon père, n'était pas son fort. Mais après tout, il récusait l'Église, non les sacrements.

Il hésita, poursuivit :

— Je crois ce qui s'est passé très douloureux. Vous savez que le testament était cacheté. La phrase : " Ma volonté formelle est d'être enterré religieusement ", était écrite sur une feuille libre, posée sur la table de chevet où se trouvait la strychnine ; mais le texte avait été d'abord : " Ma volonté formelle est de n'être pas enterré religieusement. " Il a barré la négation après coup, de surcharges nombreuses... Sans doute n'avait-il plus la force de déchirer le papier et d'écrire à nouveau.

— La crainte ?

— Ou la fin de la révolte : l'humilité.

— Et d'ailleurs, que savoir jamais ? Pour l'essentiel, l'homme est ce qu'il cache...

Walter haussa les épaules et rapprocha ses mains, comme les enfants pour faire un pâté de sable :

— Un misérable petit tas de secrets...

— L'homme est ce qu'il fait ! répondit mon père.

Par tempérament, ce qu'il appelait la psychologie-au-secret, comme il eût dit le vol-à-la-tire, l'irritait. A supposer que le suicide de mon grand-père eût une « cause », cette cause, fût-elle le plus banal ou le plus triste secret, était moins significative que le poison et le revolver — que la résolution par quoi il avait *choisi* la mort, une mort qui ressemblait à sa vie.

— Dans l'ombre du secret, reprit-il d'un ton plus modéré, les hommes sont un peu trop facilement égaux.

— Oui, vous êtes ce qu'on appelle, je crois, un homme d'action...

— Ce n'est pas l'action qui m'a fait comprendre que, pour l'essentiel, comme vous dites, l'homme est au-delà de ses secrets.

— Oui... Je sais : vous avez enseigné. Dans une civilisation comme la nôtre, l'enseignement et le sacerdoce, le service de l'esprit et celui de ce qu'on nomme Dieu, sont les dernières activités nobles de l'homme.

Depuis la chambre funèbre mon père revoyait le lit, bouleversé par les hommes de l'hôpital qui venaient d'emporter le corps, et craintivement retapé par Jeanne, avec son creux semblable à celui des dormeurs ; l'électricité brûlait encore, comme si personne — ni lui-même — n'eût osé chasser la mort en tirant les rideaux. Dans l'armoire entrouverte il y avait un petit sapin d'anniversaire, avec tant de minuscules bougies... Un cendrier était posé sur la table de nuit : dedans, il y avait trois bouts de cigarettes : mon grand-père avait fumé soit avant de prendre le véronal, soit avant de s'endormir. Sur le bord du cendrier, une fourmi courait. Elle avait continué en ligne droite son chemin, grimpé sur le revolver déposé là. A part une trompe d'auto lointaine et le clop-clop d'un fiacre dans la rue, mon père n'entendait que le bruit indifférent de la pendulette de voyage, pas arrêtée encore. Mécanique et vivant comme ce grattement, sur toute la terre s'étendait l'ordre des communautés d'insectes au-dessous de la mystérieuse liberté humaine. La mort était là, avec l'inquiétante lumière des ampoules électriques lorsqu'on devine le jour derrière les rideaux, et l'imperceptible trace que laissent ceux qui ont emporté les cadavres ; du côté des vivants venaient le bruit constant de la trompe, le pas du cheval qui s'éloignait, des cris d'oiseaux du matin, des voix humaines — étouffés, étrangers. A cette heure, vers Kaboul, vers Samarcande, cheminaient les caravanes d'ânes, sabots et battements perdus dans l'ennui musulman...

L'aventure humaine, la terre. Et tout cela, comme le destin achevé de son père, eût pu être autre... Il se sentait peu à peu envahi par un sentiment inconnu, comme il l'avait été, sur les hauts lieux nocturnes d'Asie, par la présence du sacré, tandis qu'autour de lui les ailes feutrées des petites chouettes des sables battaient en silence... C'était, beaucoup plus profonde, l'angoissante liberté de ce soir de Marseille où il regardait glisser les ombres dans une odeur ténue de cigarettes et d'absinthe, — où l'Europe lui était si étrangère, où il la regardait comme, libéré du temps, il eût regardé glisser lentement une heure d'un lointain passé, avec tout son cortège insolite. Ainsi sentait-il maintenant devenir insolite la vie entière ; et il s'en trouvait tout à coup délivré, — mystérieusement étranger à la terre et surpris par elle, comme il l'avait été par cette rue où les hommes de ma race retrouvée glissaient dans l'herbe verte...

Il avait enfin tiré les rideaux. Au-delà des volutes classiques de la vaste porte de fer, les feuilles étaient d'un vert vif de début d'été ; un peu plus bas commençaient les frondaisons sombres, jusqu'aux lignes des sapins presque noirs. Il regardait la multiplicité infinie de ce paysage banal, écoutait le long chuchotement de Reichbach qui s'éveillait, comme, enfant, il regardait derrière les constellations les étoiles de plus en plus petites, jusqu'à l'épuisement de ses yeux. Et de la simple présence des gens qui passaient là, hâtifs dans le soleil matinal, semblables et différents comme des feuilles, paraissait sourdre un secret qui ne venait pas seulement de la mort encore embusquée dans son dos, un secret qui était bien moins celui de la mort que celui de la vie, — un secret qui n'eût pas été moins poignant si l'homme eût été immortel.

— J'ai connu ce... sentiment, dit Walter. Et il me semble parfois que je le retrouverai, quand je serai vieux...

Mon père regardait cet homme de soixante-quinze ans qui disait : « Quand je serai vieux... » Walter fixa son regard sur le sien, leva la main :

— On m'a rapporté que vous aviez naguère consacré un de vos cours à mon ami Friedrich Nietzsche, auprès de ces... Turcs ? J'étais à Turin — à Turin, par hasard... — quand j'appris qu'il venait d'y devenir fou. Je ne l'avais pas vu : j'arrivais. Overbeck, prévenu, tomba, si j'ose dire, de Bâle chez moi : il devait emmener le malheureux d'urgence, et n'avait pas même d'argent pour les billets. Comme toujours! Vous... connaissez le visage de Nietzsche (Walter indiqua le portrait derrière lui) ; mais les photographies ne transmettent pas son regard : il était d'une douceur féminine, malgré ses moustaches de... croquemitaine. Ce regard n'existait plus...

Sa tête était toujours immobile, sa voix toujours en retrait — comme s'il eût parlé, non pour mon père mais pour les livres et les photos illustres dans l'ombre, comme si aucun interlocuteur n'eût été tout à fait digne de le comprendre ; ou plutôt comme si les interlocuteurs qui eussent compris ce qu'il allait dire eussent été tous d'un autre temps, comme si nul, aujourd'hui, n'eût accepté de le comprendre, s'il n'eût plus parlé que par courtoisie, lassitude et devoir. Il y avait dans toute son attitude la même modestie orgueilleuse qu'exprimait son petit bureau surélevé.

— Quand Overbeck, bouleversé, avait crié " Friedrich! " le malheureux l'avait embrassé, et, aussitôt après, demandé d'une voix distraite : " Vous avez entendu parler de Friedrich Nietzsche ? " Overbeck le désignait maladroitement. " Moi ? non, moi, je suis bête... "

La main de Walter toujours levée imitait celle d'Overbeck. Mon père aimait Nietzsche plus que tout autre écrivain. Non pour sa prédication, mais pour l'incomparable générosité de l'intelligence qu'il trouvait en lui. Il écoutait, mal à l'aise.

— Puis, Friedrich avait parlé des solennités qu'on préparait pour lui. Hélas!... nous l'avons emmené. Par bonheur nous avions rencontré un ami d'Overbeck, un... dentiste, qui avait l'habitude des fous... Je n'avais pas beaucoup d'argent disponible, nous avons dû prendre des places de troisième classe... Le voyage était long, de Turin à Bâle. Le train était quasi plein de pauvres gens, d'ouvriers italiens. Les logeurs ne nous avaient pas laissé ignorer que Friedrich était sujet à des accès furieux. Enfin, nous avons trouvé trois places. Je suis resté debout dans le couloir, Overbeck s'est assis à la gauche de Friedrich ; Miescher, le dentiste, à sa droite ; à côté il y avait une paysanne. Elle ressemblait à Overbeck, le même visage de grand-mère... De son panier, une poule sortait sans cesse la tête ; la femme la renfonçait. C'était à s'emporter, — je dis : à s'emporter! Que devait-ce être pour un... malade! J'attendais quelque incident déplorable.

« Le train s'engagea dans le tunnel du Saint-Gothard, qui venait d'être achevé. Son parcours durait alors trente-cinq minutes — trente-cinq minutes — et les wagons de troisième classe étaient sans lumière. Malgré le bruit de ferraille du train, j'entendais les coups de bec de la poule sur l'osier, et j'attendais. Que faire devant une crise survenue dans cette obscurité ? »

Sauf les lèvres plates qui bougeaient à peine, tout son visage était toujours immobile dans la lumière de théâtre ; mais sous sa voix, ponctuée par les gouttes qui tombaient des tuiles, grouillait tout ce qu'il y a de revanche dans certaines pitiés.

— Et tout à coup — vous... n'ignorez pas que nombre de textes de Friedrich étaient encore inédits — une voix commença de s'élever dans le noir, au-dessus du tintamarre des essieux. Friedrich chantait — avec une articulation normale, lui qui, dans la conversation, bredouillait — il chantait un poème inconnu de nous ; et c'était son dernier poème, *Venise*. Je n'aime guère la musique de Friedrich. Elle est médiocre. Mais ce chant était... eh bien, mon Dieu! sublime.

« Il avait achevé bien avant que nous eussions quitté le tunnel. Quand nous sortîmes de l'obscurité, tout était comme auparavant. Comme auparavant... Tout cela était si... fortuit... Et Friedrich, bien plus inquiétant qu'un cadavre. C'était la vie — je dis simplement : la vie... Il se passait un... événement très singulier : le chant était aussi fort qu'elle. Je venais de découvrir quelque chose. Quelque chose d'important. Dans la prison dont parle Pascal, les hommes sont parvenus à tirer d'eux-mêmes une réponse qui envahit, si j'ose dire, d'immortalité, ceux qui en sont dignes. Et dans ce wagon... »

Il fit pour la première fois un geste un peu large, non de la main mais du poing, comme s'il eût épongé un tableau noir.

— Et dans ce wagon, voyez-vous, et quelquefois ensuite — je dis seulement : quelquefois... — le ciel étoilé m'a semblé aussi effacé par l'homme, que nos pauvres destins sont effacés par le ciel étoilé...

Il avait cessé de regarder mon père, que sa soudaine éloquence, apparemment distraite, troublait d'autant plus qu'elle était fort étrangère à notre famille. Mais déjà Walter avait repris l'étrange ton de dédain qui semblait s'adresser, par-delà mon père, à quelque interlocuteur invisible :

— Les amants comblés — on dit : comblés, je crois ? — opposent l'amour à la mort. Je ne l'ai pas éprouvé. Mais je sais que certaines œuvres résistent au vertige qui naît de la contemplation de nos morts, du ciel étoilé, de l'histoire... Il y en a quelques-unes ici. Non, pas ces gothiques ; vous... connaissez la tête du jeune

43

homme du musée de l'Acropole ? La première sculpture qui ait représenté un visage humain, simplement un visage humain ; libéré des monstres... de la mort... des dieux. Ce jour-là, l'homme aussi a tiré l'homme de l'argile... Cette photographie, là, derrière vous. Il m'est advenu de la contempler après avoir longuement regardé dans un microscope... Le mystère de la matière ne l'atteint pas.

L'infime et vaste crissement de la pluie de plus en plus fine sur les feuilles, semblable au bruit du papier brûlé qui se défroisse, venait du dehors ; la grosse goutte continuait à se former, à sonner en tombant dans une flaque, régulièrement. La voix de Walter devint plus retranchée encore :

— Le plus grand mystère n'est pas que nous soyons jetés au hasard entre la profusion de la matière et celle des astres ; c'est que, dans cette prison, nous tirions de nous-mêmes des images assez puissantes pour nier notre néant. Et pas seulement des images... Des... enfin, vous voyez...

Par quelque lucarne, le parfum de champignons des arbres ruisselants dans la nuit encore chaude entrait avec le crissement du silence forestier, se mêlait à la poussiéreuse odeur de reliures de la bibliothèque noyée d'obscurité. Dans l'esprit de mon père se mêlaient le chant de Nietzsche au-dessus du fracas des roues, le vieillard de Reichbach attendant la mort dans sa chambre aux rideaux tirés, le repas funèbre — le battement métallique des poignées du cercueil porté à dos d'hommes...

Ce privilège dont parlait Walter, qu'il était plus puissant contre le ciel que contre la douleur ! et peut-être eût-il eu raison d'un visage d'homme mort, si ce visage n'eût été un visage aimé... Pour Walter, l'homme n'était que le « misérable tas de secrets » fait pour nourrir ces œuvres qui entouraient jusqu'aux profondeurs de

l'ombre sa face immobile ; pour mon père, tout le ciel
étoilé était emprisonné dans le sentiment qui avait fait
dire à un être déjà tout habité par le désir de mort,
à la fin d'une vie souvent douloureuse : « Si je devais
choisir une autre vie, je choisirais la mienne... »

Walter tapotait des doigts le livre sur quoi ses mains
étaient posées. Mon père revoyait le visage où le suicide
n'était marqué que par une poignante sérénité, par
l'effacement des rides, par l'angoissante jeunesse de
la mort... Et il regardait devant lui le visage presque
semblable, les forts méplats d'ombre, les yeux de verre
immobiles, et sur la table, en pleine lumière, les mains
frémissantes de Walter, les mêmes que les siennes
quoique plus fortes, les mains de bûcherons des Berger
de Reichbach, cordes et poils gris.

Mon père devait assister, mi par courtoisie, mi par
curiosité, à un après-midi du colloque, et ne repartir
que le soir. Le matin, un de ses cousins, factotum de
Walter, obèse léger à cravate papillon qui rebondissait
à travers les couloirs du prieuré comme un ballon
joyeux, avait répondu à mon père, curieux des relations
de son oncle avec Nietzsche : « Je crois que Walter
jouait, peut-être pas tout à fait auprès de Nietzsche,
mais dans ce milieu, le rôle du raseur utile : assez riche,
capable d'intervenir pour une place, une pension... Il
est à la fois avare et généreux (il n'y a pas que lui...).

« Il tire gloire de l'avoir ramené à Bâle, mais dans
ces cas-là, on peut être ramené aussi par son concierge...
Quant aux lettres qu'il a reçues de Nietzsche, orgueil
de sa bibliothèque, et qu'il ne te communiquera jamais,
ce sont, mon cher bon, des engueulades. »

Lorsque le colloque commença, mon père s'aperçut
qu'il avait oublié à quel point les intellectuels sont

une race. Parce que leur pensée recherche l'adhésion et non l'épreuve, parce qu'ils se réfèrent à la bibliothèque plus qu'à l'expérience ; mais la bibliothèque, après tout, est plus noble et moins bavarde que la vie... De la discussion — le colloque, qui devait durer six jours, avait pour thème la permanence de l'homme à travers les civilisations — vaine comme toutes les discussions idéologiques, et dont l'intérêt tenait à des monologues successifs, mon père retenait vaguement quelques éclairs. Un petit barbu hirsute perdu dans ses mèches blanches, comme une patte de chat dans une pelote de laine, avait dit : « Remarquez que les trois grands romans de la reconquête du monde ont été écrits, l'un par un ancien esclave, Cervantes, l'autre par un ancien bagnard, Dostoïevski, le troisième par un ancien condamné au pilori, Daniel Defoe. » Mais l'intervention du professeur Möllberg l'avait réellement intéressé.

Malgré son titre, Möllberg, depuis longtemps, n'enseignait plus l'ethnologie. Il venait d'achever une mission de trois ans en Afrique, du Sud-Est africain allemand au territoire des Garamantes contrôlé par les Turcs. Mon père avait eu l'occasion de faciliter sa mission, mais ne l'avait jamais rencontré. Crâne bosselé, yeux obliques, oreilles pointues, il ressemblait à un vampire du romantisme allemand, arrivé du royaume des contes dans un costume neuf. Il avait fait naître un intérêt passionné, lorsqu'il avait résumé certains de ses travaux relatifs aux sociétés protohistoriques :

— Au-dessus des prêtres-gouverneurs, était le Roi. Sa puissance montait avec la lune : d'abord invisible, voilà qu'il commençait à se montrer quand paraissait le croissant, conférait les menues dignités... Enfin la pleine lune faisait de lui le vrai Roi, le maître de la vie et de la mort. Alors, peint ou doré (avec, sans doute, l'aspect des rois précolombiens), paré du trésor royal, couché sur un lit élevé, il recevait les lavages sacrés, les bénédictions des prêtres. Il rendait la justice, faisait distribuer les vivres au peuple, adressait aux astres la prière solennelle du royaume. Parfait!

« La lune commençait à diminuer : il se cloîtrait dans le palais. Quand enfin venait l'époque des nuits sans lune, nul n'avait plus le droit de lui parler. Son nom, par tout le royaume, était interdit. Supprimé! Le jour lui était refusé. Caché dans l'obscurité, même pour la Reine, il perdait les prérogatives royales. Ne donnait plus d'ordres. Ne recevait ni n'envoyait de présents. Ne conservait de sa condition que cette réclusion sacrée. Dans le peuple entier, récolte, mariage, naissance étaient liés à ces événements.

« Les enfants nés pendant les jours sans lune étaient tués à leur naissance. »

Il avait levé un doigt sec, pointu comme ses oreilles.

— Les noces du Roi et de la Reine — toujours sa sœur, toujours! — étaient célébrées sur une tour; les rapports sexuels du Roi et de ses autres femmes étaient liés au mouvement des astres. Comme la vie du Roi était liée à la lune, celle de la Première Reine l'était à Vénus, — la planète, bien sûr!

« Maintenant, attention! Quand Vénus, d'étoile du soir, devenait étoile du matin, tous les astrologues étaient à l'affût. Si c'était l'époque d'une éclipse de lune, on emmenait le Roi et la Reine dans une caverne de la montagne.

« Et on les étranglait.

« Ils ne l'ignoraient pas plus qu'un médecin cancéreux n'ignore comment finit le cancer : liés au ciel comme nous à nos virus. Presque tous les dignitaires les suivaient dans la mort. Ils mouraient de la mort du Roi comme nous mourons d'une embolie.

« Le cadavre du Roi était traité avec la tendresse

la plus grande, jusqu'à ce qu'il ressuscitât avec le croissant sous la forme d'un nouveau roi.

« Et tout recommençait.

« Voilà. »

Dans cette salle pleine de livres jusqu'aux voûtes, il semblait que l'Afrique pensât à voix haute.

— Et tout cela affleure dans les temps historiques : vous savez qu'un représentant du Roi était solennellement étranglé sur la grand-place de Babylone pour la naissance de l'année ; pendant ce temps-là le vrai Roi, le Tout-Puissant, était déshabillé, humilié, battu dans un coin obscur du palais...

« Il n'est pas question que ce Roi soit assimilable à un dieu, ni à un héros. Il était le Roi comme la reine des termites est la Reine. Cette civilisation vit dans une fatalité absolue. Le Roi n'est pas sacrifié à un Dieu-Lune : il est à la fois lui-même et la lune, comme les hommes-panthères du Soudan sont à la fois eux-mêmes et panthères — et presque, tout bonnement, comme les enfants sont eux-mêmes et d'Artagnan.

« Nous sommes dans un domaine cosmique, dans le domaine antérieur aux religions. L'idée de création du monde n'est peut-être pas encore conçue. On tue dans l'éternel. Les dieux ne sont pas nés. »

Et, après une analyse des « grandes structures mentales » dont la succession formait à ses yeux l'aventure de l'humanité, il avait conclu :

— Qu'il s'agisse du lien avec le cosmos dans ces sociétés, ou de Dieu dans les civilisations, chaque structure mentale tient pour absolue, inattaquable, une évidence particulière qui ordonne la vie, et sans laquelle l'homme ne pourrait ni penser ni agir. (Évidence qui n'assure pas nécessairement à l'homme une vie meilleure, qui peut fort bien concourir à sa destruction, bien sûr !) Elle est à l'homme ce que l'aquarium est au poisson qui y nage. Elle ne vient pas de l'esprit. Elle n'a rien à voir avec la recherche de la vérité. C'est elle qui saisit et possède l'homme ; lui, ne la possède jamais tout entière. Mais peut-être les structures mentales disparaissent-elles sans retour comme le plésiosaure ; peut-être les civilisations ne sont-elles bonnes qu'à se succéder pour jeter l'homme au tonneau des Danaïdes ; peut-être l'aventure humaine ne se maintient-elle qu'au prix d'une implacable métamorphose ; alors, peu importe que les hommes se transmettent pour quelques siècles leurs concepts et leurs techniques : car l'homme est un hasard, et, pour l'essentiel, le monde est fait d'oubli.

Il avait haussé les épaules et répété, en écho :

— D'oubli...

« L'homme fondamental est un rêve d'intellectuels relatif aux paysans : rêvez donc un peu à l'ouvrier fondamental ! Vous voulez que, pour le paysan, le monde ne soit pas fait d'oubli ? Ceux qui n'ont rien appris n'ont rien à oublier. Un sage paysan, je sais ce que c'est ; ce n'est certes pas l'homme fondamental ! il n'existe pas un homme fondamental, augmenté, selon les époques, de ce qu'il pense et croit : il y a l'homme qui pense et croit, ou rien. Tenez ! »

Il avait montré, sur le mur principal, là où jadis avait été sans doute un crucifix, une figure de proue soigneusement cirée, Atlante du style large et maladroit des figures marines, et au-dessous, deux saints gothiques du même bois sombre.

— Ces deux gothiques et cette figure de proue sont, vous le savez, du même bois. Mais sous ces formes il n'y a pas le noyer fondamental, il y a des bûches.

« Hors de la pensée, vous avez tantôt un chien, tantôt un tigre, un lion si vous y tenez : toujours une bête. Les hommes n'ont guère en commun que de dormir quand ils dorment sans rêves, — et d'être morts. Qu'importe une permanence du néant, si l'acharnement des meilleurs n'atteint que le plus périssable...

— Cet acharnement du moins est durable, mon cher professeur, avait dit Walter. Quelque chose d'éternel demeure en l'homme, — en l'homme qui pense... quelque chose que j'appellerai sa part divine : c'est son aptitude à mettre le monde en question...

— Sisyphe aussi est éternel!

L'entretien achevé, quelqu'un, dans l'immense couloir, avait demandé à Möllberg quand paraîtrait son manuscrit :

— Jamais. En somme, c'était un combat avec l'Afrique. Parfait! Ses feuillets pendent aux basses branches d'arbres d'espèces diverses, entre Zanzibar et le Sahara. Selon l'usage, le vainqueur porte les dépouilles du vaincu.

Mon père était parti à travers les champs. Ils s'étendaient derrière le prieuré entre deux masses de forêts, tachés des étoiles de chicorée sauvage du même bleu que le ciel du soir — un ciel maintenant aussi transparent que celui des hautes altitudes, où dérivaient des nuages éphémères. Tout ce qui montait de la terre reposait dans un calme rayonnant, baignait dans le poudroiement des débuts du crépuscule; les feuilles brillaient encore dans l'air frémissant des derniers courants frais nés de l'herbe et des ronces. A Kaboul, à Koniach, rêvait mon père, il n'eût été parlé que de Dieu... Combien de fois, en Afghanistan, avait-il rêvé de ce qu'il voudrait d'abord retrouver! Odeur de fumée des trains, de l'asphalte sous le soleil, des cafés dans le soir, ciel gris sur des cheminées, baignoires! Redescendant du Pamir où les chameaux perdus appellent à travers les nuages, revenant des sables du Sud où des grillons plus gros que des écrevisses, dans les buissons d'épines, dressent au passage des caravanes leurs antennes sur leurs casques de chevaliers, il atteignait quelque ville couleur d'ossuaire. Sous la porte d'argile hérissée de poutres, rêvaient des cavaliers en haillons, jambes tendues sur les étriers; au pied des habitations cachées comme les femmes, brillaient quelque crâne de cheval et des arêtes de poissons micacées dans le sable des rues sans fenêtres. Dehors, pas une feuille, et dedans, pas un meuble : les murs, le ciel, et Dieu. Après quelques mois d'Asie centrale, au trot sans fin des chevaux afghans, il rêvait de palissades bariolées d'affiches, ou de musées inépuisables, couverts de peintures jusqu'au plafond, comme les boutiques des marchands de tableaux dans les toiles hollandaises. Mais en retrouvant Marseille dans une poussière bleue semblable à celle qui, ce soir, montait du Rhin, il avait découvert que l'Europe, c'était des vitrines de magasins...

Certaines lui étaient demeurées familières : pharmacies, « bronzes d'art », boucheries, épiceries, marchands de fruits et de légumes (mais que la viande était rouge, les pêches petites et pâles!). D'autres le surprenaient quelques minutes : de pédicure, d'horloger, d'orthopédiste, de fleurs, de corsets, une de coiffeur avec l'inscription jamais vue : « chignons de chichis », — une de couronnes mortuaires... Dans un grand miroir, les femmes se regardaient au passage. Mon père avait maintenant le temps de les examiner; surpris par leur déhanchement, par l'impudeur de ces robes collantes qu'il n'avait pas encore vues en Europe, et que l'Islam ignorait. Il se souvenait de cloches à froufrous, et retrouvait des odalisques à toques ou à grands chapeaux, dont les pieds entravés se déplaçaient comme les pieds mutilés des Chinoises, parmi ces bottines, toutes ces bottines! au-dessous des pantalons à petits carreaux, des canotiers et des panamas... Aucune musulmane ne porte un chapeau. La familiarité de ces femmes avec leurs costumes de carnaval, donnait à chaque visage entrevu la conviction distraite des visages de fous. Pourtant, l'Europe trouvait, dans l'absence du voile musulman, l'apparition des visages, une douloureuse pureté. Ce qui marquait ces faces n'était pas la nudité, mais le travail, l'inquiétude, le rire, — la vie. Dévoilées.

Était-ce parce que la mode, en six ans, avait transformé les costumes, ou à cause d'une sourde hâte sous la nonchalance du soir? Devant la race jadis familière que brouillait autour de lui le soir du Vieux-Port, avec ses cannes, ses mannequins à moustaches, ses tangos et ses navires de guerre au loin, il ne lui semblait pas seulement rentrer en Europe, mais aussi rentrer dans le temps. Jeté à quelque rive de néant ou d'éternité, il en contemplait la confuse coulée — aussi séparé d'elle que de ceux qui avaient passé, avec leurs angoisses oubliées et leurs contes perdus, dans les rues des premières dynasties de Bactres et de Babylone, dans les oasis dominées par les Tours du Silence. A travers la musique et l'odeur de pain chaud, des ménagères se hâtaient, un filet sous le bras ; un marchand de couleurs posait ses volets arlequins où s'attardait un dernier rayon ; la sirène d'un paquebot semblait appeler un commis en calotte qui rapportait un mannequin sur son dos, à l'intérieur d'un étroit magasin plein d'ombres, — sur la terre, vers la fin du second millénaire de l'ère chrétienne...

Le soleil se couchait sur l'Alsace, allumant les pommes rouges des pommiers. Combien d'interrogations successives avaient été poussées, avec la même passion, sous les voûtes de ce prieuré! Vaine pensée, vergers aux inépuisables renaissances, que toujours la même angoisse éclaire comme un même soleil! Pensée de jadis, d'Afrique, d'Asie, pensée de ce jour d'été pluvieux et ensoleillé, si accidentelle, si insolite, — comme la race blanche dans le soir de Marseille, comme la race des hommes derrière la fenêtre de la chambre mortuaire, le bouleversant et banal mystère de la vie dans le jour inquiet de l'aube...

Il avait atteint les grands arbres : sapins déjà pleins de nuit, une goutte encore transparente à l'extrémité de chaque aiguille ; tilleuls, tout bruissants de moineaux. Les plus beaux étaient deux noyers : il se souvint des statues de la bibliothèque.

La plénitude des arbres séculaires émanait de leur masse, mais l'effort par quoi sortaient de leurs énormes troncs les branches tordues, l'épanouissement en feuilles sombres de ce bois, si vieux et si lourd qu'il semblait s'enfoncer dans la terre et non s'en arracher, imposaient à la fois l'idée d'une volonté et d'une métamorphose sans fin. Entre eux les collines dévalaient jusqu'au Rhin; ils encadraient la cathédrale de Strasbourg très loin dans le crépuscule heureux, comme tant d'autres troncs encadraient d'autres cathédrales dans les champs d'Occident. Et cette tour dressée dans son oraison d'amputé, toute la patience et le travail humains développés en vagues de vignes jusqu'au fleuve n'étaient qu'un décor du soir autour de la séculaire poussée du bois vivant, des deux jets drus et noueux qui arrachaient les forces de la terre pour les déployer en ramures. Le soleil très bas poussait leur ombre jusqu'à l'autre côté de la vallée, comme deux épais rayons. Mon père pensait aux deux saints, à l'Atlante ; le bois convulsé de ces noyers, au lieu de supporter le fardeau du monde, s'épanouissait dans une vie éternelle en leurs feuilles vernies sur le ciel et leurs noix presque mûres, en toute leur masse solennelle au-dessus du large anneau des jeunes pousses et des noix mortes de l'hiver. « Les civilisations ou l'animal, comme les statues ou les bûches... » Entre les statues et les bûches, il y avait les arbres, et leur dessin obscur comme celui de la vie. Et l'Atlante, et les faces des saints ravagées de ferveur gothique s'y perdaient comme l'esprit, comme tout ce que mon père venait d'entendre — ensevelis dans l'ombre de cette statue indulgente que se sculptaient à elles-mêmes les forces de la terre, et que le soleil au ras des collines étendait sur l'angoisse des hommes jusqu'à l'horizon.

Il y avait quarante ans que l'Europe n'avait pas connu la guerre.

2

1934-1950-1965

Ici, je n'attends de retrouver que l'art, et la mort.

Il est rare que des Mémoires nous apportent la rencontre entre l'auteur et les idées qui vont envahir ou conduire sa vie. Gide nous explique comment il s'est découvert pédéraste, mais c'est son biographe qui tente de nous expliquer comment il s'est découvert artiste. Or, dans mon esprit — dans l'esprit de la plupart des intellectuels —, il est des idées dont la rencontre est aussi présente que celle des êtres. J'emploie à dessein le mot rencontre, parce que la réflexion s'élaborera plus tard, se développera plus tard. Pourtant nous pressentons aussitôt la fécondité de ces idées, que l'on appelait jadis inspirations. Et j'ai rencontré en Égypte celles qui, des années durant, ont ordonné ma réflexion sur l'art.

La première est née du Sphinx. Il n'était pas complètement dégagé. Il n'était plus enterré comme en 1934, mais il parlait encore le grand langage des ruines, qui sont en train de se muer en sites archéologiques. C'est en 1955, que j'avais écrit devant lui :

« La dégradation, en poussant ses traits à la limite

de l'informe, leur donne l'accent des pierres-du-diable
et des montagnes sacrées ; les retombées de la coiffure
encadrent, comme les ailes des casques barbares, la
vaste face usée qu'efface encore l'approche de la nuit.
C'est l'heure où les plus vieilles formes gouvernées
raniment le lieu où les dieux parlaient, chassent l'informe immensité, et ordonnent les constellations qui
semblent ne sortir de la nuit que pour graviter autour
d'elles.

« Qu'y a-t-il donc de commun entre la communion
dont la pénombre médiévale emplit les nefs, et le sceau
dont les ensembles égyptiens ont marqué l'immensité :
entre toutes les formes qui captèrent leur part d'insaisissable ? Pour toutes, à des degrés divers, le réel est
apparence ; et autre chose existe, qui n'est pas apparence
et ne s'appelle pas toujours Dieu. L'accord de l'éternelle
dérive de l'homme avec ce qui le gouverne ou l'ignore,
leur donne leur force et leur accent : la coiffure anguleuse
du Sphinx s'accorde aux pyramides, mais ces formes
géantes montent ensemble de la petite chambre funéraire qu'elles recouvrent, du cadavre embaumé qu'elles
avaient pour mission d'unir à l'éternité. »

C'est alors que je distinguai deux langages que j'entendais ensemble depuis trente ans. Celui de l'apparence
celui d'une foule qui avait sans doute ressemblé à ce
que je voyais au Caire : langage de l'éphémère. Et celui
de la Vérité, langage de l'éternel et du sacré. Sans doute
l'Égypte découvrit-elle l'inconnu dans l'homme comme
le découvrent les paysans hindous, mais le symbole
de son éternité n'est pas un rival de Çiva qui reprend,
sur le corps écrasé de son dernier ennemi, sa danse
cosmique dans les constellations : c'est le Sphinx. Il
est une chimère, et les mutilations qui en font une
colossale tête de mort accroissent encore son irréalité.
Mais je découvrais que c'est vrai aussi des cathédrales,

des grottes de l'Inde et de la Chine ; et que l'art n'est pas une dépendance des peuples de l'éphémère, de leurs maisons et de leurs meubles, mais de la Vérité qu'ils ont créée tour à tour. Il ne dépend pas du tombeau, mais il dépend de l'éternel. Tout art sacré s'oppose à la mort, parce qu'il ne décore pas sa civilisation, mais l'exprime selon sa valeur suprême. Je n'entendais pas alors le mot : sacré, avec un son funèbre. La Victoire grecque m'apparaissait comme un sphinx du matin. Ne durent que les réalismes d'outre-monde, et je découvrais que, pris en bloc, même l'art moderne est un animal fabuleux. J'allais le découvrir pendant dix ans...

En ce temps, le Sphinx dominait de haut le village et le petit temple. Ses pattes disparaissaient encore dans la terre, ce qui lui donnait l'âme des montagnes sculptées. Mais les ruines, les vraies ruines qui unissaient les temples éboulés aux prisons abandonnées de Piranèse, dont les gibets soutiennent des lanternes colossales, se transforment peu à peu en sites archéologiques. Nous ne reverrons jamais le Sphinx enseveli, quelques soldats juchés sur ses oreilles comme ceux de Bonaparte ou de Nelson ; ni l'Athènes « qui n'était plus, hélas ! qu'un village albanais »! Nous ne verrons plus long-temps les sphinx enfoncés jusqu'au cou dans le désert nubien, ni ceux que le vent de sable a rongés à tel point que leur tête ressemble aux souches des plus vieux oliviers...

Dans la Grande Pyramide, la chambre funéraire du Pharaon est aujourd'hui accessible.

On disait qu'Hitler s'en était inspiré pour la chambre dans laquelle il se recueillait, à Nuremberg, avant ses discours du Stade. Les piliers du monument nazi ressemblent, en effet, à ceux du temple de Granit, dégagé en avant du Sphinx. Mais le chemin qui conduit au tombeau du Pharaon n'a rien de commun avec celui que jalonnaient les piliers géométriques de Nuremberg. C'est d'abord le confus labyrinthe dégagé par les pilleurs de tombes. Pilleurs modernes, pilleurs islamiques au service des califes fous, et surtout, pilleurs antiques qui tâtonnaient vers l'or de la mort sous leur torches grésillantes... Leur chemin est fait d'interstices entre les pierres rapprochées, comme les couloirs préhistoriques, et l'on s'attend à deviner sur les rochers les bisons effacés de Font-de-Gaume, des millénaires informes, lorsque apparaît l'abrupte galerie pharaonique où l'on ne peut pénétrer debout, et qui monte droit dans la nuit. En Haute-Égypte, à la fin de galeries plus étroites que celles-ci, on a trouvé les squelettes de pilleurs de trésors qui n'avaient pu se retourner, coincés entre les parois hérissées de petits crocodiles momifiés, superposés comme des bouteilles...

Le destin n'a cessé de mêler les dominos des sarcophages royaux, avec ses gestes d'aveugle. A Thèbes comme ici. Sous la XXIIe dynastie, les momies des grands rois thébains avaient été réemmaillotées et rassemblées dans quelques tombes, par les soins des prêtres. A la fin du XIXe siècle, on découvrit « trente-trois rois, reines, princes et premiers prophètes d'Amon — et dix personnages d'importance secondaire... ». Un bateau remonta le Nil, chargé de pharaons; à son passage, les femmes échevelées hurlaient comme aux funérailles. Pendant les transferts, maints corps avaient été placés dans des cercueils qui n'étaient pas les leurs. Et parmi les couvercles des cercueils retrouvés, il y avait celui de Ramsès...

L'année dernière, je suis allé inspecter le domaine des ombres abandonnées de Versailles. La Petite-Venise où habitaient les gondoliers de Grand Canal, les vestiges des ménageries avec leurs animaux de pierre et ceux du labyrinthe avec leurs chimères de plomb, le minuscule théâtre de Trianon où Marie-Antoinette joua *Le Barbier de Séville* devant ses amis (et Beaumarchais, reconduit ensuite à la Bastille). Les réserves destinées aux décors de ce théâtre si petit sont grandes. Il semblait qu'on n'en eût pas ouvert les portes depuis la Révolution. Une petite fille aux nattes comme de menues cornes nous apporta une énorme clef. Les ouvriers parvinrent à tirer les vantaux. Dans les quintes de toux, une explosion de poussière emplit la cour où les femmes de nos adjudants font pousser des géraniums sur leurs fenêtres ; et un timon auquel des toiles d'araignées pendaient comme les voiles des galères de la mort s'abattit sur le pavé en faisant sauter, entre les dindons, tout un peuple d'amours noirs aux ailes argentées.

— Il y a cinquante ans qu'on le cherche aux Invalides ! cria le conservateur : c'est le char funèbre de Napoléon !

Nettoyé, il ne ressemble plus qu'au corbillard que précéda Berlioz aux grands cheveux secoués par le vent d'hiver, derrière les trente-six caparaçons noirs... Et dans ce couloir qui monte droit dans la nuit, si près des Pyramides de Bonaparte, je pense au jour où Napoléon dépouilla les ballots du premier courrier de Sainte-Hélène — pour y trouver, à la place des journaux attendus, les liasses de lettres d'amour des femmes qui lui proposaient de partager sa vie...

Voici la chambre funèbre, dont la majesté tient aux proportions, à la géniale rigueur de l'architecture — ces pierres, comme celles des monuments mexicains semblent taillées au rasoir — et au caractère maléfiquement clos du lieu. Nous montons depuis longtemps, et l'air est raréfié comme celui des abris atomiques. Mais les chambres des abris se trouvent au fond de cavernes dont les piliers sans fin perdent leurs ogives préadamites dans les ténèbres, avec les phares de quelque auto insolite sur les gants à crispin blanc d'un soldat immobile. Ici, la pyramide qui nous enserre magnifie de son étouffante géométrie la pureté de la chambre funéraire et celle de la mort. Le sarcophage a été détruit ou dérobé jadis ; son absence, proclamée par la cuve ruinée, s'accorde mieux à ces murs incorruptibles que ne ferait sa présence. On pense au conte de l'Inde dans lequel un prince fait construire pendant tant d'années, après la mort de la femme qu'il aimait, le plus beau tombeau du monde. Le monument achevé, on apporte le cercueil, qui détruit l'harmonie de la chambre funéraire. « Enlevez cela... » dit le prince. Ici le tombeau suffit : c'est le tombeau de la Mort. Nos cavernes, avec leurs silex taillés et leurs propulseurs, nous rappellent que l'homme a inventé l'outil — mais c'est l'Égypte qui nous rappelle qu'il a inventé le tombeau.

On descendait dans la chambre d'Hitler par un escalier en colimaçon, de marbre gris je crois. Près des remparts encore debout qui ceinturaient Nuremberg concassée où nos chars ne retrouvaient plus même les places publiques, des squelettes nous avaient accueillis à un balcon : ceux du musée d'Histoire naturelle, dont un obus avait soufflé les vitrines. Le stade n'était pas détruit. Les avancées latérales sur lesquelles brûlaient les feux tandis que parlait Hitler, la tribune, et même le couloir monumental semblable au temple de Granit, étaient encore debout. Des morceaux tordus de l'aigle de bronze du fronton jonchaient le sol ravagé naguère par les démons et les dieux de l'Allemagne, comme si le Troisième Reich s'était éteint avec les hauts faisceaux des phares qui avaient barré le ciel noir à l'heure où s'allumaient les feux. Silence de l'après-midi, le silence des villes détruites dont on a enterré les cadavres. Nous nous engageâmes dans l'escalier en colimaçon, craignant confusément qu'il ne fût miné. Bientôt nos torches électriques furent inutiles : une lueur rouge venait des profondeurs. Un faible chœur montait vers nous comme la voix de cet infime incendie. Il semblait que la terre de la ville hantée, celle des Cavaliers de l'Apocalypse et des souvenirs hitlériens, eût voulu conserver un écho du grand fléau, de la flamboyante traînée qui avait ravagé l'Europe jusqu'à Stalingrad et qui embrasait alors Berlin : réservoirs d'essence comme des bûchers de dieux hindous avec leurs noirs panaches de dix kilomètres, fermes dont la neige reflétait l'incendie au fond de la nuit, villes sous les bombes au phosphore. Nous descendions vers la lueur immobile, sacrée comme ces flammes que j'ai vues dans la solitude des montagnes de Perse où s'élevaient jadis les autels des mages. Il nous semblait descendre, non vers le bureau vaguement mythologique du dictateur, mais vers un sanctuaire du feu qui pendant des années l'avait accompagné comme le bûcher patient attendait Hercule. Il l'attendait en chantant, non avec la voix crépitante des flammes, mais avec le murmure qui accompagne l'incandescence du four du boulanger. Et ce chant nous pénétrait comme une lointaine bénédiction. L'horreur que nous connaissions trop (nous avions ouvert des camps d'extermination) était restée sur le stade avec les villes transformées en tas de cailloux et les morceaux déchiquetés du grand aigle de bronze. Ici, un crépuscule sans hommes chantait, dans les profondeurs de la terre, son inexplicable berceuse pour la mort de l'Allemagne.

Nous descendions. Au-delà des dernières marches qui semblaient couvrir les débris d'un vaste miroir rouge — amoncellement de boîtes de sardines ouvertes éclairées par des lampes électriques à petits abat-jour cramoisis, celles d'Hitler? — une cohue de soldats noirs arrivés avec la première unité américaine improvisaient une danse rituelle en chantant à bouche fermée un admirable spiritual. Chant des plantations à la tombée du soir, mélopée de la détresse inventée jadis par quelque esclave du Sud en écoutant les pagayeurs, et qui nous parvenait encore, perdue, lorsque nous rejoignîmes les pylônes géométriques imités de ceux du temple de Granit...

C'est le temple de Granit, qui est là, ou plutôt l'Égypte éternelle. Le destin d'Hitler la traverse comme la foudre devenue folle. *Erwache, Deutschland!*, chansons des jeunes soldats hitlériens sur nos routes de Juin, dans les dahlias et la poussière... Sa maîtresse anglaise qui répondait à « Comment as-tu pu coucher avec ce gorille! — Laisse-moi, idiot! De tous mes amants, c'était le plus drôle : jamais je ne me suis amusée autant qu'en jouant à cache-cache à Berchtesgaden! » Le lion de pierre rapporté par Leclerc, et dont nous ne savions que faire ; sans doute repose-t-il de guingois dans une des réserves du Louvre. Le récit de l'ambassadeur d'Allemagne : l'un des pires jours, Goebbels va faire un discours aux généraux qui partent pour le front russe, et leur rappelle le miracle de Brandebourg : Frédéric, prêt à se suicider, apprenant la mort de la tsarine. « Où est la tsarine? » demande l'un des généraux. Goebbels rentre au ministère, où la garde l'attend sur le perron avec des torches : « Que se passe-t-il? — Le président Roosevelt est mort. » Et l'ancien psychiatre de Hitler, celui qui affirmait distraitement avoir découvert la clef de la cruauté pendant qu'on le torturait, nous disant à Groethuysen, Gide et moi, *avant* la guerre : « Il est obsédé par les Hohenzollern. Il m'a dit : je ferai la guerre. Je la perdrai. Mais moi, je n'irai pas scier du bois à Doorn. » La fin du rival du dernier empereur : son bunker se trouvait à côté du Tiergarten : le jour de sa mort, les vivres parachutés lui ont été apportés par un gardien du zoo... La croix gammée sur Varsovie, sur Paris, sur l'Acropole. Les villes allemandes avec le drapeau blanc des draps à toutes les fenêtres, pendant des centaines de kilomètres... Quelques années fulgurantes à travers la lueur rougeâtre de Nuremberg, à travers l'indifférente obscurité des Pyramides... L'Empire.

Lorsque, quittant le couloir des pilleurs de tombes, je retrouve le Nil et le sable, ma mémoire m'apporte sous les squelettes accrochés aux balcons, seule et cahotante dans la pierraille de Nuremberg déserte, une grosse cycliste souriante au guidon chargé de lilas...

Au Caire, les flamboyants sont en fleur. Cette couleur qui évoque les « pays chauds » comme l'odeur de l'opium évoquait la Chine, je l'avais presque oubliée ; comme j'avais oublié que je n'ai jamais vu ces pays en cette saison. Acacias roses, dégringolades de bougainvillées, et les trois fleurs cramoisies d'un grenadier dans une cour ocre, comme à Ispahan...

Voici le musée. Il y a trente ans, s'étendait devant lui une de ces places désertiques que l'Angleterre, pourtant experte en gazons, avait apportées à l'Islam. Sa poussière dormante s'accordait aux ombres qui vinrent une nuit, l'une après l'autre, me proposer distraitement des photos obscènes — comme elle s'accordait au vieux *Shepheard's Hotel* que je regagnai avant de repartir à l'aube, au temps où Corniglion et moi allions chercher les ruines de Saba. Dans un monde de peluche et de poussière, les colosses d'Akhnaton y surgissaient du rouge pompéien des murs avec une force insolite, en marge d'un peuple somnambule, de ses pachas fêtards et de sa ville des Morts.

Je suis revenu il y a dix ans; j'ai retrouvé le musée de la poussière et la place désertique. Elle est aujourd'hui la place de la Libération; le nouveau Caire véhément dresse autour de moi ses courts gratte-ciel, et son énorme hôtel Hilton qui oppose sa propre Égypte au lent tournoiement de deux éperviers d'Horus. Au fond de la place où jubilent des jets d'eau, la même présence spirituelle emplit ces salles qui seraient provinciales si elles ne rassemblaient quelques-unes des œuvres majeures de l'humanité, — une présence spirituelle, et quelque chose de plus trouble. Lors de son inauguration, vers 1900, les journalistes virent soudain s'enfuir les officiels en fez et en redingote, discours coupés : la momie de Ramsès, sorcier tragique à tête d'ara, mèche blanche au vent, abaissait lentement son bras vers eux...

Un rayon de soleil, atteignant la momie et dilatant l'articulation, avait libéré l'avant-bras, jadis chargé du sceptre.

Combien ai-je visité de musées abandonnés dans la peluche rongée, depuis ceux des colonies anglaises où les oiseaux empaillés regardent tourner les immobiles Danses de mort, jusqu'aux collections bretonnes où s'accumulent les maquettes des bateaux que les capitaines soumettaient aux armateurs, comme celles que m'a léguées mon grand-père ? Le petit musée gaulois dont j'ai oublié le nom, dans sa floraison d'aubépines si simples qu'elles ont l'air celtiques, et qui semblent jaillir d'une terre nourrie des quarante mille mains coupées par César ; et le peuple étrusque du musée de Volterra, toutes ses ombres serrées sur de petites terrasses en fleurs comme pour un Jugement dernier que le Juge aurait oublié (à la cantonade, les cris du marché) ; et les villas siciliennes dont les bossus à tricornes descendent sans doute des murs pour s'assembler avec les oiseaux de nuit. Ces samouraïs en costume de cour, que l'on peut voir seulement de dos au palais de Kyoto, mais dont les mannequins tremblent imperceptiblement au bruit calculé du parquet, qui devait alerter les gardes de l'Empereur... Et le musée des costumes de Téhéran, ses figures de cire qui se dégagent de l'obscurité avec leurs gestes de cadavres pendant que le marchand de thé voisin ouvre une à une les fenêtres fermées depuis toujours, comme si la Perse de Gobineau continuait un conciliabule dans l'ombre où des enfants de cire à hauts bonnets tissent des tapis qu'ils n'achèveront jamais. Et le patio de l'ancien musée de Mexico : la Monnaie construite par les vice-rois, où les dieux aztèques dont le nouveau musée n'a pas voulu, punis, le nez contre le mur sous les arcades, entourent le jardin redevenu sauvage. Et au Caire même, la maison de la Crétoise, avec ses divans dans les moucharabiehs et, au centre d'un salon délirant hérité de Méhémet Ali, dans une cage en forme de mosquée, un oiseau des Iles déplumé comme un minuscule vautour, que le gardien remontait — et qui chantait...

J'aime les musées farfelus, parce qu'ils jouent avec l'éternité. Aucun n'approchait de notre vieux Trocadéro, où l'on voyait les icônes d'Abyssinie en s'accroupissant et en allumant un briquet, — de notre Trocadéro, ou plutôt de ses réserves. Je crois que l'aquarium, en bas, existait déjà ; et les sculptures semblaient glisser dans la pénombre du grenier comme les poissons tristes. Les pièces capitales (entre toutes, les khmères et les précolombiennes : c'était avant la mission Dakar-Djibouti) avaient été sauvées par un zouave passionné de fétiches, et qui avait, dit-on, calligraphié « Art breton » en si belle ronde sous les chefs-d'œuvre mexicains, que nul n'eût osé (les parlementaires bretons aidant ?) les déloger de ces combles. Les mannequins qui avaient jadis porté les costumes imaginaires des sauvages et des mandarins étaient calés dans les coins, un flamboyant casque de plumes des Hawaï sur une tête, ou un sceptre de jade dans une main de bois. Et sur les fils de fer tendus à travers ce grenier absurdement imité de celui d'un palais de Cadix, parmi des épingles à linge comme des hirondelles sur les fils télégraphiques, une poussiéreuse dépouille de plumes couleur de turquoise et de corail pendait comme le cadavre de l'Oiseau des Contes, au-dessus de la seule étiquette entourée de papier doré : « Diadème de Montezuma ».

Le musée du Caire est frère de ces lieux hantés. Il a fallu rapprocher ses sarcophages pour faire place aux dorures de Toutankhamon. Les étiquettes ont jauni. Les chefs-d'œuvre s'alignent comme des figures de bazar. Mais voici les compagnons des bossus à tricornes, des squelettes mexicains en sucre, du diadème de Montezuma : les sarcophages de carton rose, toute la confiserie dans laquelle se décomposa l'Égypte hellénistique, s'accumulent en vrac avec les portraits du Fayoum et les têtes d'Antinoé encore collées à leur suaire, dans des salles désertes. O soldats de l'Islam creusant des rigoles pour les églantines de Saladin, soldats de Napoléon creusant les dunes pour y trouver des pharaons, — et déterrant ces Horus costumés en Arlequins, ces grandes figures de carton aux yeux d'hypnose! Une princesse à tête de folle perd dans le sable les écailles incarnates de son costume de lancier du Bengale, pour que la rigole atteigne les rosiers tartares...

Les touristes partent chez Toutankhamon, après un regard aux crocodiles affalés sur les armoires. Autour du mobilier funéraire doré, ordonné, consternant, le musée n'est plus qu'un garde-meuble royal.

Dans la vraie tombe, à Thèbes, tous ces meubles en vrac, ces sarcophages d'or emboîtés dans les autres, étaient veillés par l'exemplaire Anubis noir qui symbolise le roi au moment où il sort de la mort pour entrer dans la nuit éternelle. Les fresques à fond jaune, presque populaires, peintes en hâte (nul n'avait prévu la mort du jeune pharaon) à côté de celles qui alignent les singes du Soleil, ont un accent bien différent de celui du luxe funéraire. La tradition veut que les archéologues qui découvrirent ce tombeau soient morts de mort mystérieuse ou violente, mais les animaux qui y sont entrés avec les hommes ont proliféré : sur les fresques jaunes, les compagnons éternels du pharaon n'ont plus de pieds, car les rats les ont grattés au passage. La coupe d'albâtre, presque banale au musée, on l'a trouvée à l'entrée du couloir, orientée vers la vallée des Rois : « Puisses-tu boire pour l'éternité, tourné vers Thèbes que tu avais élue... » Mais voici les bleuets séchés qui ont permis de savoir que Toutankhamon est mort en mars ou en avril, et la boîte à jouets de son enfance...

Repas des morts, étiquettes écrites avec autant de soin que furent composées ces offrandes. Ici, les volailles, les oignons et les raisins de pierre ; là, les menus de festins sans convives (l'Égypte ne figure les repas qu'à l'époque d'Amarna) avec des pigeons et des cailles. Il y a là une gastronomie méticuleuse et japonaise, mais bien davantage l'invisible main qui offre pour la dernière fois les présents de la terre. Sur toute cette poussière de néant, passe le geste attentif et retenu par lequel les mères posaient les jouets dans les tombeaux des enfants. Voici le pain triangulaire des morts, et toutes ces graines dont on dit qu'elles germent lorsqu'on les plante, et ces « fleurs momifiées », que nous ne distinguons plus de leurs feuilles brunes. Pourquoi ces bouquets plats sont-ils si émouvants ? Est-ce parce que les fleurs apportent partout aux morts la perfection de l'éphémère, alors qu'on les préparait ici pour l'éternité ?

Voici un collier de chien en cuir rose, les « scarabées de cœur » que l'on posait sur la poitrine du défunt pour adjurer son cœur de ne pas l'accuser devant les Juges divins ; voici le scarabée qui commémore soigneusement le massacre de cent deux lions par Aménophis III, voici la cuiller à toilette ornée d'un chacal d'or qui porte un poisson dans sa gueule ; le coussin de duvet d'une princesse enfant ; la figurine bleue portée au cou des femmes, dont l'inscription dit : « Lève-toi, et lie celui que je regarde pour qu'il soit mon amant. » Elle porte la date : *1965, XIIe Empire*. La symétrie dans le temps me fait depuis longtemps rêver. Quels ont été les événements de 1965 avant Jésus-Christ ? Voici les castagnettes et les damiers, la tortue de bois où sont piquées des épingles à tête de chat ; voici les momies d'ibis, de singes, de crocodiles de cinq mètres et de poissons *aha* qui semblent inventés par Jarry, voici celle de la gazelle « qui a appartenu à une princesse de la XXIe dynastie ». Et les étiquettes calligraphiées par un poète rival du zouave du musée du Trocadéro : « Bouteilles en bois provenant d'une cachette d'embaumeur — magnifique instrument fourchu — objets d'usage inconnu — squelette de la plus ancienne jument, XVIIIe dynastie — sarcophage d'un frère de Ramsès II, mais les os retrouvés sont ceux d'un bossu — petite boîte ayant appartenu à Sa Majesté (laquelle ?) lorsqu'Elle était encore enfant — boucle de cheveux de la reine Tyi : c'est tout ce qui subsiste de cette grande reine. » Plus loin, les sarcophages dont le mort doit tirer ou pousser les verrous, peints pour ses voyages ou son repos ; les miroirs dans lesquels se regardaient les morts ; et, dans une vitrine banale, le clou d'or qui servait à fermer le cercueil des rois.

L'Égypte a le gout oriental de l'or, mais le peuple du musée est d'ocre, de pierre et de turquoise sur le fond de sable du désert, comme les villes persanes...

Voici maintenant les oiseaux à tête humaine, images des âmes. Möllberg, aux oreilles pointues, disait que l'Égypte avait inventé l'âme. Elle a plus sûrement inventé la sérénité. Car le sentiment que je retrouve ici ne se confond pas avec le sentiment de la mort. Pas même avec la contagion de la sérénité funèbre que j'ai connue jadis à Thèbes. Le mot mort me gêne, avec son battement de gong. L'âme d'une religion ne se transmet que par ses survivants — et les religions de l'Orient ancien ont été effacées par l'Islam. J'ignore l'Égypte antique aussi radicalement qu'ignorerait l'amour, quelles que fussent ses lectures, un homme qui ne l'aurait pas éprouvé ; aussi radicalement que chacun ignore la mort. Ce que je connais, ce sont ces figures que je contemple au passage... L'Europe a fait d'elles un peuple de cadavres, parce que les compagnons de Bonaparte comparaient d'instinct les sculpteurs de Memphis avec Michel-Ange, Canova ou Praxitèle, alors que je les compare avec leurs rivaux des grottes sacrées, et d'abord avec nos sculpteurs romans. En face de nos statues-colonnes, que devient la rigidité cadavérique dont le *Livre des Morts* sembla garant ? Si les *Scribes accroupis* devant lesquels je passe imitaient la vie, ils seraient certainement des cadavres. Nous n'avons *vu* cette sculpture, que nous étudiions depuis un siècle, qu'au temps de Cézanne. Baudelaire parlait encore de la naïveté égyptienne. Même sculptées à flanc de montagne, et gainées dans des robes qui les enserrent comme des bandelettes, les reines d'Égypte, rapprochées des Reines et des Vierges de Chartres, ont des courbes d'amphore.

Il n'y a pas de baroque égyptien, il y a une décomposition du style égyptien. Presque étranger à toute histoire, il agit pendant trois millénaires, comme une même phosphorescence, sur les formes qu'il unit dans la même éternité. La raideur est un langage. Sans doute, cette sculpture est-elle magique et non esthétique, et ses figures sont-elles chargées d'assurer la survivance des corps périssables. Mais non parce qu'elles leur ressemblent : au contraire, par ce qui, dans ces doubles semblables à eux, ne leur ressemble pas. Si la fonction de ces statues est d'assurer la survie, celle de *leur style* est de les séparer de l'apparence mortelle, pour faire accéder les morts à l'au-delà.

Je ne retrouve pas les statues hellénistiques qui représentaient « réalistement » les dieux et les monstres. Qu'a-t-on fait de la harpie « d'une exquise féminité »? de l'Anubis, tête de chacal débonnaire au-dessus d'une toge? L'Égypte avait inventé Anubis parce qu'il *ne peut pas* exister dans le monde des vivants, — où l'art alexandrin tentait vainement de l'introduire. D'où, un personnage de dîner de têtes. Le voici, sous l'escalier...

Il dialoguerait avec les reines des anciens empires comme dialoguent les marionnettes ; mais la scène où le dieu à tête d'épervier mène aux autres dieux Nefertari, la femme de Ramsès, est l'un des sommets de l'art, parce que cette tête d'épervier sommée de la couronne pharaonique n'est pas plus concevable hors du style égyptien, que le don Juan de Mozart hors de la musique, les Victoires grecques hors de la sculpture. Il conduit la Reine, par une main qu'il ne tient même pas, vers un au-delà dont le style qui les unit est aujourd'hui la seule expression. La Reine est bien moins la femme de Ramsès, que celle du dieu, qui lui donne la majesté des ombres. L'opération créatrice spiritualise la Reine comme le génie toscan idéalise Vénus. Cette stylisation n'agit d'ailleurs pas seule ; la Reine n'a trouvé qu'ici, l'accent qui l'unit à la *Victoire de Samothrace*, à *La Joconde*, aux faces géantes des grottes de l'Inde, à l'invocation de la musique occidentale, — à tout ce qui, dans l'art, ne s'explique pas complètement par l'art. Je me souviens mal du tombeau, qui s'ouvrait au ras de terre devant la vallée des Reines. Ce jour-là, les moineaux criaient dans le Ramesseum comme dans nos tilleuls les soirs d'été, et je pensais au bruissement d'abeilles des morts, dont parlent les textes funéraires. Des oiseaux avaient fait leur nid dans les ailes des faucons sacrés des bas-reliefs. A Thèbes, le soleil éclairait la déesse du Silence, et dégageait de l'obscurité de son hypogée, comme une hésitante flamme grise, la déesse du Retour éternel. Au-dessus des colosses de Memnon admirablement informes, tournoyait une migration d'éperviers. J'ai oublié le tombeau, mais non la Reine qui reparaissait de mur en mur, au cours de son voyage funèbre, avec la même majesté divine — jusqu'à la scène où, assise seule devant un jeu d'échecs, elle jouait sa destinée de morte contre sa dissolution dans le néant, en face du vide qui figure un dieu invisible...

Voici, d'ailleurs, dans des boîtes de verre, les vestiges des hommes. Tellement moins significatifs que leurs images, malgré leurs yeux d'émail... La momie de Ramsès ne menacera plus les inaugurations. Il avait quatre-vingt-seize ans, je crois. A côté est allongée une jeune princesse, plus troublante que les autres parce que les injections de cire ont maintenu la forme de ses joues ; elle s'appelait *Douceur*.

J'éprouve un sentiment aussi fort que devant le Sphinx quand, pour la première fois, j'ai entendu la voix de l'apparence et celle du sacré. Ma relation profonde avec les statues, ce sont les momies qui me la révèlent. Presque toutes les petites figures de la vie, bateliers de bois égyptiens, tanagras, danseuses de terre cuite chinoises, sont des figures funéraires ; mais on ne nous les présente pas avec des squelettes. Ici (et en quel autre lieu ?) presque côte à côte, les dieux créés par les hommes, et les empereurs créés par les dieux, ont traversé les siècles. Qu'est-il advenu du vrai Ramsès, de tous les pharaons dont les sarcophages n'ont pas été retrouvés ? Un corps plus ou moins exsangue, une gloire plus ou moins dégradée ; nous le savons depuis longtemps. Mais nous croyons aussi savoir depuis quelques siècles que l'œuvre d'art « survit à la cité », et que son immortalité s'opposerait à la misérable survie des dieux embaumeurs ; or ce qui m'apparaît, dans ce musée *condamné*, c'est la précarité de la survie artistique, son caractère complexe. Pendant au moins mille ans, dans le monde entier, l'art de Ramsès ne fut pas moins oublié que son nom. Puis, il a reparu comme curiosité, de même que les arts dits chaldéens, et tout ce qui entourait la Bible. Puis la curiosité est devenue objet de science ou d'histoire. Enfin, ce qui avait été double, puis objet, devint statue, et retrouva une *vie*. Pour notre civilisation, peut-être pour celles qui la suivront, et pour aucune autre. Ce n'est pas à travers le Coran que l'Islam égyptien ressuscite l'Égypte, c'est à travers le Louvre, le British Museum, et le musée du Caire. Et ce musée, déjà, n'assure plus la survie. Demain, les colosses d'Akhnaton seront dans un musée moderne, et sans doute au Musée imaginaire, où ils ne seront déjà plus tout à fait ceux que nous voyons — de même que ceux-ci ne sont pas ceux que voyaient les artistes au temps du primat de l'art grec. Le monde de l'art n'est pas celui de l'immortalité, c'est celui de la métamorphose. Aujourd'hui, la métamorphose est la vie même de l'œuvre d'art.

72

Dans la librairie installée au fond du hall qui unit les deux ailes du musée, voici toutes sortes de livres sur le Mexique, de grandes photos des monuments précolombiens. Les pyramides mexicaines semblent chez elles ici ; et plus encore les perspectives géométriques de Monte Alban, les petits temples anguleux de la place de la Lune, toute l'architecture « moderne », sans lotus ni cannelures, qui unit les temples des Guerriers du Yucatan au temple privé de Gizeh, au podium de Nuremberg ; et l'architecture austère qui régnait sur les morts du Mexique, à celle qui régnait sur ceux de l'Égypte. Mais que ces morts apparaissent, l'accord cesse. Voici les photos de la Fête des Morts à Mexico, l'inépuisable pittoresque du squelette. Combien de peuples ont vécu dans la familiarité des morts, qui mêle la grande nuit funèbre à un humour macabre et attendri ? Les photos de pains funéraires en forme de crânes font rêver, dans ce Caire où les pains funéraires sont des triangles... Comme font rêver les chiens mexicains qui vont au cimetière, dans ce lieu où les chacals sont momifiés ; et la mort, dans cette Égypte où l'immortalité semble perdre l'homme en chemin...

J'avais revu, à Mexico, l'image qu'Eisenstein a fixée pour des siècles : sur des visages d'enfants qui sourient, passent tour à tour, en gigotant avec lenteur, les ombres menaçantes de squelettes que fait tourner un petit carrousel. Le Mexique, ce sont les auberges des morts, la frénésie des musiciens d'os, et cette sirène de paille au long corps arabesque sous un petit crâne, que l'on voulut me donner jadis, comme le squelette du rêve. Rien de plus étranger à l'ancienne Égypte : funéraire, son art n'est nullement funèbre ; il n'a ni cadavres ni transis. Ce qu'appelaient dans ma mémoire la voix des grands Doubles et le bavardage du petit peuple familier des morts qui m'entouraient alors, ce n'était pas le Mexique où les enfants mort-nés deviennent des colibris, le Mexique du plus long Repas des Morts que connaisse encore la terre : c'était le monde indien du Guatemala, peut-être parce que la mort n'y a d'autre forme que celle de la flamme, peut-être parce qu'elle y joue parmi les fleurs.

Fleurs de Sicile, fleurs arabes dans des roches et des maisons de terre cuite ; fleurs sans feuilles, bougain-villées orange serrées comme du lierre, grands arbres mauves, dahlias-glaives rouges comme le cristal de Bohême, et que les Conquérants prirent pour des fleurs d'agave. J'avais rencontré des églises jaunes au fond de rues multicolores, des chapelles préromanes, un enterrement noir qui sanglotait jusqu'au quatrième rang, riait aux derniers ; et dans des camions trans-formés en chars religieux, de belles petites filles in-diennes immobiles sous des écriteaux : *Virgen* ou *Fortituda*. Ce cortège suivait un ahuri de travers sur un âne, et qui portait le masque de la mort — comme si le cadavre de don Quichotte avait conduit les saintes du Paradis à travers les volcans. Les petits Indiens aux costumes bariolés, de plus en plus nombreux, descendaient de la forêt. Mes compagnons parlaient d'eux. « J'ai dit à la brodeuse : Pourquoi le dernier petit animal n'est-il pas aussi bien brodé que les autres ? Elle m'a répondu : Il faut toujours en laisser un comme ça, pour ne pas irriter les dieux. La perfection leur appartient. » Une idole maya dominait un lac, et sur son socle, un vrai chien dressa les oreilles à notre passage. « Quand les gens du Nord sont venus ici, Quetzalcoatl a montré ses guerriers, et il a dit : Je vaincrai avec cette armée. A quoi notre chef maya a répondu, montrant un nouveau-né : Moi, je vaincrai avec cet enfant...

74

— Notre chef a envoyé les quetzals, qui sont aussi beaux que les oiseaux-des-songes, répondit en souriant le conservateur du musée ; les gens du Nord les ont tués ; et les nôtres sont partis en proclamant qu'ils ne pouvaient pas vivre dans un pays où l'on tuait les oiseaux. — Les Indiens, dit sans sourire le conservateur-adjoint, ce sont nos petits frères... » Mes trois compagnons étaient métis. Nous arrivions à Antigua, décor pour vice-rois, avec sa capitainerie générale, sa vieille Université, sa fontaine aux nymphes de lave noire sur sa place Royale dont les arbres géants veillaient sur les dormeurs. C'eût été une ville du Mexique ou du Pérou, sans les fleurs piquetées dans les patios habités, les fleurs écroulées dans les patios abandonnés ; et surtout, sans l'accent de cataclysme laissé par le tremblement de terre. Ici, je me souvenais que mon avion était arrivé par une mer de nuages que trouaient les volcans. Je pensais à Noto de Sicile, rasée au second étage, et si jaune au-dessus de ses escaliers immenses et de ses amandiers en fleur. Mais Noto est déblayée, alors que les débris des arches colossales emplissent les parvis d'Antigua, sous le benoît volcan peut-être éteint. Les Indiens parcouraient à petits pas toutes ces rues où le vent balayait les bougainvillées avec la poussière ; des écroulements d'œillets et des brassées d'iris recouvraient les tatous séchés du marché. Dans une pièce de catacombe, sanctuaire de ce marché, un bébé solitaire cahotait entre les courts cierges posés sur les dalles, et l'on entendait la crécelle du marchand de glaces comme la clochette des morts.

Derrière la façade intacte de la cathédrale, s'étendait la nef, éventrée comme celle des églises espagnoles de la guerre civile, mais emplie des ruines cosmogoniques des tremblements de terre. Au milieu, l'escalier d'une crypte. Et la crypte à peine plus haute que ma tête,

75

avec des cierges qui semblaient fichés dans la terre, un crucifix invisible, et un seul Indien qui priait en tenant par la main un enfant aussi petit que celui que j'avais vu errer entre les lueurs du sanctuaire du marché. Je distinguais à peine le crucifix, mais les murs étaient tachés de mains blanches comme celles des chasseurs magdaléniens sur les bisons des cavernes. La prière de l'Indien immobile et prosterné emplissait la crypte à l'égal de la lumière des cierges.

Je devais retrouver cette prière magique au cœur du pays indien, aux Orties. Deux églises de sucre étincelaient sur le bleu lumineux du ciel, au sommet d'escaliers verticaux. Entre elles, un marché multicolore que traversaient des personnages noirs autour d'un porteur de Saint-Sacrement : leurs chapeaux cylindriques, émergeant du fatras des têtes indiennes, se dirigeaient vers les escaliers de pyramides où se trémoussaient des hommes-taureaux et des danseurs de confréries, autour d'une sainte figure invisible dans une petite vitrine couronnée d'énormes plumes. On entendait la marimba du cloître voisin, et des pétards qui éclataient au-dessus des fumées de copal que les encensoirs poussaient comme des fumées d'incendies. Tout ce carnaval de l'au-delà se déployait sur les hauts escaliers, comme autrefois sur ceux des temples mayas.

La haute voûte de la grande église, les christs aux vrais cheveux, aux yeux d'émail et à la robe de velours, se perdaient dans l'ombre. Je n'avais vu qu'à Antigua, ces courts cierges posés sur le sol. Je n'étais plus en face de lueurs de catacombe, mais d'une illumination : au-dessous de moi comme celle des villes nocturnes qui tremblent dans la nuit quand on atterrit. L'air qui venait de la porte ouverte, chargé des fumées du copal, faisait frémir toutes ces flammes. Je pensai aux firmaments de lucioles sur les marais d'Annam, aux huttes de Cuba qu'éclaire un sac de gaze rempli d'abeilles à l'abdomen phosphorescent. Du portail à l'autel, trois plates-bandes de cierges emplissaient les dalles de la nef, au milieu des Indiens agenouillés. Ce que je n'avais jamais vu, même au Pérou, c'était l'union de ces lumières avec ceux *qui les entouraient,* la palpitation qui faisait plonger dans la nuit le peuple fidèle quand s'inclinaient les flammes. Les cierges de la première plate-bande, plantés entre les épis de maïs, semblaient brûler au rythme d'une litanie ; ceux de la troisième, parmi des pétales de rose que l'on jetait vers l'autel, accompagnaient une incantation. Mais les Indiens ne récitaient pas : ils parlaient. La présence magique — celle d'une tendre et profonde folie sacrée, tenait à la solitude de chacune de ces conversations avec l'inconnu ; et à ce que ces Indiens sans villages formaient une foule.

— C'est très intéressant..., dit une voix près de moi.

Le Père supérieur, éclairé par-dessous, rigide dans sa soutane boutonnée jusqu'au col, Espagnol comme les tableaux.

— C'est très émouvant, répondis-je.

Il me regarda avec attention. Derrière lui, une trentaine d'Indiennes penchées, des têtes de bébés dépassant les épaules comme des têtes de petits diables. Elles ne disaient rien.

— C'est pour le baptême, reprit-il.

— Vous baptisez collectivement ?

— La plupart ne sont pas chrétiennes... Ici, la superstition est toujours très profonde...

— Cette superstition-là ne me gêne pas, mon Père. Elle a peut-être empli le Moyen Age...

Le murmure nous entourait jusqu'aux hanches, et m'obligeait à élever la voix pour que le prêtre m'entendît :

— Ce n'est pas une prière de demande ?

— Ceux qui prient devant les épis de maïs demandent au Seigneur de bénir leur récolte. Mais ensuite, ils allument un second cierge. Ce sont ceux qui vous entourent. Ils ne demandent rien. La flamme est le mort qu'ils ont le plus aimé. Ils lui parlent...

D'où ce bourdonnement fervent, si différent du murmure des répons aux litanies : c'était un dialogue avec les morts.

— J'ai dû me donner beaucoup de peine pour qu'on ne les empêche pas... Qu'est-ce que c'est, la prière, c'est une conversation, non ? Et ce qu'ils font ? Je leur dis que quand ils ont fini de parler à leurs morts, il ne faut pas oublier de parler au Seigneur, pour la miséricorde... Je crois qu'ils le font.

— Les vocations deviennent plus nombreuses, m'a-t-on dit ?

— Non... J'ai la charge de huit mille Indiens. Ce n'est pas seulement une question de vocation... Tout ceci agit sur nos prêtres, même les plus purs. Il faut les rappeler en Espagne, leur trouver des remplaçants. Depuis des siècles... Les Indiens disent une chose très intéressante, quand nous ne comprenons pas bien leur conversation avec les morts : ils disent : le curé n'est pas catholique...

Je pensais au temps des catacombes d'Asie, où brûlaient encore les lumières de la Chaldée et de la Phénicie. « ... est descendu chez les morts, est ressuscité le troisième jour... », et j'entendais encore : « Je leur dis que quand ils ont fini de parler à leurs morts, il ne faut pas oublier de parler au Seigneur. » La rumeur chuchotait que pour eux (pour eux seulement ?) le Seigneur était tellement plus près des morts que des vivants...

— Quand je suis arrivé, dit le Père, c'était un jour

comme celui-ci, un grand baptême, beaucoup d'Indiens...
Le nonce m'avait accompagné. Peut-être, il savait
que ce ne serait pas facile. Je lui ai dit : " Mais qu'est-ce
que je viens faire ici, qu'est-ce que je viens faire ici,
Monseigneur ?... " Il m'a répondu doucement : " Fermez
les yeux, bouchez-vous les oreilles — et peu à peu vous
comprendrez... "

Près du portail, les femmes s'étaient regroupées
sans déposer leur charge d'enfants. Aucun ne pleurait.
Entre le tumulte sacré de l'escalier maya — cris, flûtes
et chants indiens tels que les entendirent sans doute les
Espagnols d'Alvarado avant la dernière bataille — et la
sourde rumeur des morts que bénissaient les profondeurs
de la nef invisible, pas un cri.

— Le nonce, demandai-je, pensait que Dieu ferait
le travail lui-même — mais pas tout seul ?

— Comme toujours...

Lui aussi, il serait bientôt temps de le rappeler en
Espagne. Il me quitta au haut de l'escalier, devant le
voile du copal effiloché sur la frénésie de la place. Il
me conseilla « d'aller examiner l'idole » : trois cents
mètres plus haut, je trouvai une figure de lave vaguement maya sur laquelle tombaient les aiguilles des
pins, entourée de pierres et gardée par un Indien saoul.
Le copal montait au-dessus du village, des églises de
sucre, et d'une tache de dahlias-glaives éclatante
comme un tesson de verre rouge.

J'entends le klaxon des chauffeurs impatients devant
le musée du Caire. Et quelque part dans un pays de
plumes et de ponchos, près de Oaxaca où la forêt
recouvre les squelettes des conquérants dans leurs
armures noires, ou près des Hautes Andes où les squelettes des vierges du Soleil sont allongés dans la neige,
leur perroquet blanc sur l'épaule, des petits hommes

agenouillés parlent à mi-voix à la flamme des cierges, et un transistor joue des danses espagnoles à falbalas, sur un marché indien désert.

J'entends la rumeur de prière des Indiens perdus dans la nuit funèbre autour des lueurs. Elles vont s'éteindre, mais leur tremblement toujours renouvelé durera plus longtemps que les yeux qui le regardent... Cadavres pliés dans les jarres, squelettes musiciens et sirène à tête de morte, volettent autour des morts invulnérables de l'Égypte.

La librairie du musée expose aussi mon discours pour la sauvegarde des monuments de Nubie, et de grandes photos des travaux en cours. Je me souviens des rochers arrondis et noirs d'Assouan reflétés par un Nil couleur de Styx. Ils n'avaient sans doute pas beaucoup changé depuis le temps où le jeune Flaubert y reçut la syphilis d'une fille dont le nom : Kutchek Hanem, l'éblouissait à l'égal de celui de la reine de Saba. Il signifie, je crois : la Petite Dame. Elle caressait un mouton tacheté de henné jaune, qui portait une muselière de velours noir... Voici les photos des travaux du haut barrage — dix-sept fois la pyramide de Chéops — qui va faire naître un lac de cinq cents kilomètres, et dont la destruction par une bombe atomique anéantirait l'Égypte. La grue jaune d'Abou-Simbel élève dans le ciel, comme pour le dédier au Dieu-Soleil, un bas-relief de prisonniers. Voici les énormes scies rouges, et les morceaux du temple transportés sur la montagne biblique, au-dessus de la rive du Nil où les Nubiens allumaient leurs feux devant les colosses et les mimosas sauvages. Qu'il est étrange de relire ici ce discours, prononcé en 1960 sur le fond des combats d'Algérie.

« La première civilisation mondiale revendique l'art mondial comme son indivisible héritage. L'Occident, au temps où il croyait que le sien commençait à Athènes, regardait distraitement s'effondrer l'Acropole... »

« Le lent flot du Nil a reflété les files désolées de la Bible, l'armée de Cambyse et celle d'Alexandre, les cavaliers de Byzance et les cavaliers d'Allah, les soldats de Napoléon. Lorsque passe au-dessus de lui le vent de sable, sans doute sa vieille mémoire mêle-t-elle avec indifférence l'éclatant poudroiement du triomphe de Ramsès, à la triste poussière qui retombe derrière les armées vaincues. Et le sable dissipé, le Nil retrouve les montagnes sculptées, les colosses dont l'immobile reflet accompagne depuis si longtemps son murmure d'éternité. Regarde, vieux fleuve dont les crues permirent aux astrologues de fixer la plus ancienne date de l'histoire, les hommes qui emporteront ces colosses loin de tes eaux fécondes et destructrices : ils viennent de toute la terre. Que la nuit tombe, et tu refléteras une fois de plus les constellations sous lesquelles Isis accomplissait les rites funéraires, l'étoile que contemplait Ramsès. Mais le plus humble des ouvriers qui sauvera les effigies d'Isis et de Ramsès te dira ce que tu sais depuis toujours, et que tu entendras pour la première fois : " Il n'est qu'un acte sur lequel ne prévale ni l'indifférence des constellations ni le murmure éternel des fleuves : c'est l'acte par lequel l'homme arrache quelque chose à la mort ". »

Ici, je pensais aux dieux transformés en statues, à la déesse du Retour Éternel à peine visible dans la nuit de son hypogée de Karnak, au Sphinx. Les dieux ne meurent pas parce qu'ils perdent leur pouvoir de royauté, mais leur appartenance au domaine à jamais inconnaissable qu'ils suggéraient. Qu'ils fussent nés de l'autre monde égyptien, ou qu'il fût né d'eux, ils n'étaient plus, tirés de lui, que des poissons hors de l'eau, des personnages de contes, des figures. Qu'importaient nos interprétations successives d'Horus et d'Osiris ? Les dieux n'ont pas de sens, si l'Olympe n'en a plus ; Anubis l'embaumeur n'a pas de sens, si le monde des morts n'en a plus. Chacun des dieux avait appartenu à l'insaisissable monde de Vérité qu'avaient adoré les hommes. L'Égypte avait rappelé Osiris à la vie par ses prières, et nous l'y rappelions par sa forme et par la légende — par tout, sauf par la prière. Il ne renaissait ni dans la Vérité ni dans l'inconnu, mais dans les salles éclatantes du monde de l'art qui allait succéder à cette cargaison de siècles d'un vaisseau de pharaons échoué chez les pachas. La métamorphose des Doubles des civilisations descendait le triste escalier du musée du Caire, entre les perruques des prêtres et les peaux de panthères constellées d'étoiles d'or, à travers un cimetière de dieux.

Dans quelques années, chaque œuvre capitale, isolée, éclairée, appartiendra aux salles blanches d'un nouveau musée du Caire. Depuis l'autre monde jusqu'au monde des formes, la métamorphose sera achevée. Là-haut, près de la citadelle, un édifice de verre ou un palais d'émir recueillera les chefs-d'œuvre endormis aujourd'hui dans la peluche victorienne. Il rivalisera avec les musées fleuris de Rabat et de Damas. A travers de vastes vitres, les figures illustres, depuis Chéops jusqu'à la reine Nefertiti, regarderont la ville des Morts — comme si l'Islam avait pendant des siècles construit sa plus vaste nécropole en hommage aux tombeaux des pharaons. Sur les peaux calcinées des panthères, les grandes étoiles d'or luiront doucement dans une ombre étudiée, et peut-être penserai-je à Hitler et à son devin ; sur les bas-reliefs, la barque de l'éternité glissera dans les fourrés de papyrus. Les Pyramides se découperont au loin malgré le brouillard de sable que la chaleur fera frémir au-dessus du Nil comme au temps des adorateurs du Soleil.

Près de Mexico, sur la place de la Lune où les petits temples joueront leur jeu oublié au pied de l'autre Pyramide, les voiles de poussière démâtées par le vent se déchireront en tournoyant comme l'encens sur les escaliers verticaux des églises indiennes ; le canal auprès duquel Montezuma avait établi le jardin où les Conquérants découvrirent tant « de belles fleurs, d'animaux singuliers et de nains mélancoliques » secouera les fausses gondoles vides des touristes, devant la barque chargée de violettes d'une marchande aztèque ; une mission archéologique avancera parmi les cadavres des singes exterminés par la fièvre jaune. Les «petits frères» parleront doucement à leurs morts qui sont des flammes, et les morts abandonnés d'Égypte regarderont des Doubles des civilisations descendre l'escalier du nouveau musée, qui mêlera peut-être les oiseaux empaillés aux momies des ibis. Derrière eux, descendra le dieu de la plus profonde métamorphose, celle qui aura changé en musée l'empire de la mort. Si je suis encore vivant, je reviendrai voir le musée de la peluche et de la poussière. A l'aube, les âniers n'entreront plus au Caire, leurs ânes chargés de buissons de roses et de petites grappes de fleurs encore couvertes de rosée. Sous le grand morceau de ciel où tournent les deux rapaces, planeront d'autres éperviers d'Horus ; et à Thèbes, la vieille rumeur funèbre se confondra avec le déchaînement des ailes, dans le Ramesseum plein d'oiseaux.

3

Comment me suis-je mis en tête, il y a trente ans, de retrouver la capitale de la reine de Saba ?

L'aventure géographique exerçait alors une fascination qu'elle a perdue. Sa gloire, dont témoignent tant de romans, date de la Belle Époque : l'Europe ignorait les grandes guerres depuis un siècle. Le xviiie, la première partie du xixe avaient été sensibles à l'aventure historique d'un Clive ou d'un Dupleix, aux premiers explorateurs, mais avaient regardé les promeneurs de l'inconnu avec une curiosité intriguée ou amusée. Gobineau, chargé d'affaires à Téhéran, avait invité l'Européenne qui était allée à pied de Constantinople à Boukhara et revenait de Samarcande, et n'avait pas même été surpris qu'elle lui parlât surtout du soin avec lequel elle avait gardé sa virginité. C'étaient des folles et des fous pittoresques — jusqu'à ce qu'ils fussent transfigurés par le romantisme, et par la familiarité des Européens avec les « confins », les terres au-delà des montagnes ; l'aventure suprême devint la pénétration dans un monde interdit. Le prestige de l'Arabie tint alors aux Villes saintes, aux émirats indépendants dont l'Angleterre contribuait à assurer la solitude. Notre paquebot se dirige vers Aden, d'où Rimbaud partit pour l'Abyssinie ; et il vient de Djeddah, d'où T. E. Lawrence partit pour le désert arabe...

A quoi tenait, à quoi tient encore, le poème de Saba ? A la reine Balkis ? Peu de femmes sont entrées dans la Bible ; elle y vient de l'inconnu, avec son éléphant couronné de plumes d'autruche, ses cavaliers verts sur des chevaux pie, sa garde de nains, ses flottes de bois bleu, ses coffres couverts de peau de dragon, ses bracelets d'ébène (mais des bijoux d'or comme s'il en pleuvait !), ses énigmes, sa légère claudication et son rire qui a traversé les siècles. Et son royaume appartient aux civilisations perdues. Les ruines de Mareb, l'ancienne Saba, se trouvent en Hadramaout, au sud du désert, à l'est d'Aden. Aucun Européen n'avait pu y pénétrer depuis le milieu du siècle dernier ; aucune mission archéologique n'avait pu les étudier ; on n'en connaissait l'emplacement que par des récits. C'était assez pour les localiser d'un avion, si l'expédition était préparée avec soin ; puis pour les photographier, même si l'appareil ne pouvait se poser. L'Angleterre étant hostile au survol de ses territoires, il faudrait partir de Djibouti. Je disposais d'un avion à un seul moteur, que Paul-Louis Weiller me prêtait avec une confiante générosité. De dix heures d'essence, avec les réservoirs supplémentaires (Mareb était presque à cinq heures de Djibouti, et il faudrait la trouver ; mais le retour serait facile, la côte d'Afrique formant repère). Je n'étais pas pilote. Mermoz et Saint-Exupéry furent tentés ; l'Aéropostale refusa. En essayant d'atteindre Mareb par terre, Seetzen, Burchardt avaient été tués. On tirerait vraisemblablement sur nous, et les réservoirs supplémentaires se trouvaient sous les ailes, mais il était presque impossible d'atteindre un avion avec les fusils dont disposaient les Arabes. Corniglion fut séduit, et il ne dépendait d'aucune Aéropostale. Mermoz et Saint-Exupéry sont morts en mer ; j'ai représenté le général de Gaulle aux Invalides lors des obsèques de Corniglion...

Par quoi fut-il séduit ? Par l'amitié peut-être, par ce que l'Aéropostale jugeait « pas sérieux » dans cette expédition ; enfin, par le romanesque.

Depuis plus de deux mille ans, cette terre est une terre de légende. Elle le fut pour Rome, pour la Bible et pour le Coran, elle l'est pour les conteurs d'Éthiopie et de Perse. J'ai entendu les derniers, au temps où les caravanes traversaient encore la grand-place d'Ispahan (précédées de leur petit âne-guide au collier de perles bleues, dans le bruit des clarines, chacun de ses voyageurs protégé par le charme le plus efficace : la queue de renard ou le soulier d'enfant chrétien) raconter comment se perdit l'armée romaine d'Aétius Gallus lorsqu'elle cherchait la côte après avoir échoué devant Saba : « Un très mauvais désert! » disaient-ils. Selon eux, c'était la malédiction des Liseurs des Astres de Saba, qui avait perdu les légions ; et il est vrai qu'elles errèrent, des mois durant, à travers ces solitudes, égarées par les guides du ministre de Nabatène, jusqu'à moins de cent kilomètres de la côte qui les eût sauvées. Elles ne trouvèrent que la mer intérieure, aux flots immobiles et aux bords couverts de coquillages bleuâtres.

Comme Xerxès avait fait flageller l'Égée, leur général décida qu'à défaut de la ville, il posséderait la mer. Rendu fou par le Dieu-Soleil, il rêva d'entrer au Capitole avec son armée chargée des coquillages en quoi il voyait l'âme de cette mer qu'aucun Romain n'avait contemplée. Il forma les troupes en ordre de bataille contre les flots. Les carabes de Rome entrèrent dans l'eau tiède au commandement des buccins ; chaque soldat ployé, cuirasse dans le soleil, emplit son casque de coquillages et repartit, sans perdre sa place dans le rang, tenant ce casque plein de murex ou de conques bruissantes, vers Rome — et vers l'insolation mortelle.

Pendant deux siècles, les voyageurs arabes signalèrent, enfouie jusqu'à la poitrine dans le sable comme elle l'avait été dans la mer, une armée de cuirasses et de squelettes dont les doigts tendaient vers le soleil des casques pleins de coquillages. A défaut de la mer, le soleil, lorsqu'il se couchait, donnait aux morts le désert tout entier, lançant jusqu'au fond des sables plats ces ombres légionnaires, et celles de quelques mains ouvertes au-dessus de casques tombés, — ouvertes avec leurs doigts allongés à l'infini sur le sable, comme des doigts d'avare...

Cette région joue un grand rôle dans l'imagination populaire persane, peut-être parce que les Yéménites des montagnes sont chiites. Et les conteurs d'Ispahan (il n'y a plus de conteurs sur la place d'Ispahan...) décrivaient la mort de Salomon, qu'ignore la Bible.

Depuis des années, Salomon avait fui Jérusalem. Asservis au sceau dont le dernier caractère ne peut être lu que par les morts, ses démons l'avaient suivi à travers le désert. Et dans une vallée de Saba, le Roi qui avait écrit le plus grand poème du désespoir regardait, mains croisées sous le menton et appuyées sur le haut bâton de voyage, les démons qui depuis tant d'années élevaient le palais de la Reine. Il ne bougeait plus jamais, montrant seulement de l'index le sceau tout-puissant. Comme l'ombre des soldats romains à demi ensevelis, son ombre chaque soir s'étendait jusqu'aux confins du désert, et les démons du sable travaillaient toujours, envieux de leurs frères libres qui hurlaient à travers le désert avec la voix des trombes.

Un insecte vint, qui cherchait du bois. Il vit le bâton royal, attendit, prit confiance, commença de le forer.

Bâton et roi tombèrent en poussière : le Seigneur du silence avait voulu mourir debout pour asservir à jamais à la Reine tous les démons qu'il gouvernait. Délivrés, ils coururent à la ville. Elle était déjà en ruine, et la Reine était morte depuis trois cents ans. Ils cherchèrent son tombeau jusqu'à ce qu'ils eussent trouvé l'inscription illustre :

« J'ai déposé son cœur enchanté sur des roses, et j'ai suspendu au baumier une boucle de ses cheveux.

« Et celui qui l'aimait serre sur son cœur la boucle, et s'enivre de tristesse en la respirant... »

Et ils s'enfuirent à travers le désert, ayant trouvé la Reine aux jambes inégales ensevelie dans un cercueil de cristal que veillait, immobile et constellé, un serpent immortel.

Ces terres légendaires appellent les farfelus. Lorsque je cherchais des documents sur Mareb, Charcot, mon parrain de hasard à la Société de Géographie (où se trouvait, et se trouve sans doute encore, le vrai masque mortuaire de Napoléon), me signala les rapports d'Arnaud, le premier Européen qui ait atteint Mareb.

Ancien pharmacien du régiment égyptien envoyé à Djeddah, établi là épicier en 1841, il avait entendu les indigènes parler de Mareb comme de la ville de la légende. Il vint à Sanaa avec la mission turque, et gagna Mareb sous un déguisement. Il y trouva cinquante-six inscriptions dont il prit l'estampage avec une brosse à chaussures — et un âne hermaphrodite.

L'âne tiré par le licol, il reprit le chemin de la côte rousse, cachant ses estampages où les Arabes eussent vu l'indication des lieux où sont enfouis les trésors, et poursuivi par la fantaisie tragique qui touche tous ceux qui voulurent s'approcher de ces ruines. Il se donnait pour marchand de bougies (la cire est abondante dans ces montagnes). Il dut protéger ses bougies contre la voracité des Bédouins, qui les croyaient comestibles ; au lieu de l'aider à vivre, la pacotille rejoignit, dans les paquets ronds et bien fermés d'une caravane, les estampages secrets. Pour subsister il se fit montreur et, de village en village, marcha opiniâtrement vers la côte d'où l'on peut s'évader, en exhibant aux indigènes son âne hermaphrodite, devenu sauveur... Ainsi devait-il atteindre Hodeïdah, y devenir une fois de plus épicier, avant de pouvoir regagner Djeddah. L'hostilité d'un derviche, qui avait deviné en lui l'infidèle, ameuta la foule, et il dut s'enfuir encore, emportant sur sa barque ses inscriptions et son âne, tandis que ses ennemis allumaient dans le soir, en signe de réjouissance, la modeste illumination de ses bougies pillées...

Il souffrait d'une ophtalmie, et, quand il atteignit Djeddah, où Fresnel était consul, il était aveugle. Il donna ses inscriptions à Fresnel. Celui-ci les traduisit, les envoya au *Journal asiatique* et demanda à Arnaud, qu'il hébergeait, de reconstituer pour lui le plan de la digue et des temples ensablés de Mareb. La main aveugle ne parvint plus à tracer sur le papier que d'informes papillons. Arnaud prit alors Fresnel par l'épaule pour que celui-ci le conduisît sur la plage de Djeddah ; là, couché sur le sable humide, aplati devant son guide qui cherche où il veut en venir, il refait la digue de ses mains tâtonnantes, trace le temple ovale du Soleil, creuse de l'index des trous ronds qui figurent les bases brisées des colonnes. Les Arabes regardent cet homme qui fait des châteaux de sable et qu'ils respectent enfin parce qu'ils le croient fou, et Fresnel reporte en hâte sur son carnet les architectures que bientôt emportera la mer, comme si tout ce qui touche Saba devait être repris par l'éternité.

Arnaud devait rester aveugle dix mois. Il revint en

France, donna l'âne au jardin des Plantes, fut chargé de mission en Afrique et au Yémen. Après mille aventures, il regagna Paris en 1849, avec ses collections. Les derniers sursauts de la révolution de 1848 avaient rendu l'État si pauvre qu'il ne put rien acheter et que, poursuivi par une fatalité biblique et frivole, Arnaud finit en Algérie, pauvre et découragé ; l'âne mourut de faim au jardin des Plantes et les derniers objets sabéens disparurent au milieu de brochures politiques, dans le cimetière des boîtes des quais. Le *Journal asiatique* avait publié le cadavre de tant de rêves : les inscriptions, et le rapport — respecté des spécialistes — où j'ai lu : « Sortant de Mareb, je visitai alors les ruines de l'ancienne Saba qui n'offre, en général, que des monceaux de terre... »

J'aurais aimé à connaître Arnaud, avec sa barbe de zouave, son sérieux, ses bougies, son héroïsme négligent, son génie simple et charmant de l'aventure. Peut-être, sans le savoir, suis-je allé chercher à Saba son ombre ? Ou celle de son âne que j'aurais aimé aussi, qui mourut sans doute entre l'ours blanc et le pingouin, comblé par ce Paradis des ânes promis par Allah, mais ne comprenant pas, ne pouvant absolument pas comprendre qu'on l'y retînt prisonnier et qu'on cessât de l'y nourrir...

Corniglion et moi nous répétions « ... qui n'offre en général que des monceaux de terre... » pendant le dernier essai des moteurs sur le champ d'aviation de Djibouti. Les pilotes militaires nous souhaitaient bonne chance, inquiets mais exaltés, et nous regardions les nuages et le ciel avec l'âme des astrologues chaldéens, avec la défiance des bergers. Nous partîmes, sans ombre dans le petit jour. Derrière nous, le golfe de Tadjourah brisait sur les coraux ses vagues invisibles que coupaient sans doute des dauphins rigoleurs. Cette longue méduse

90

fauve et molle allongée dans l'infini de la brume et du ciel, c'était l'Arabie — une mosquée blanche et des pans de palais épars. Adolescent, j'avais cherché dans le *Bottin de l'Étranger* les villes romanesques, et je retrouve l'odeur de sciure d'un café où je lisais : « Moka, magnifiques palais qui tombent en ruine... » Ici s'étaient abrités les vaisseaux de Saba, et les vaisseaux phéniciens qui apportaient à la Reine « les petits rosiers de Syrie tout constellés de leurs roses... »

A l'inquiétude des bergers, succédait la vie des navigateurs antiques. Il y a trente ans, l'avion était un gros scarabée aveugle dès qu'il avait perdu la terre. La sécurité donnée par les lignes européennes venait de postes émetteurs, mais il n'y avait pas de postes émetteurs dans ces régions, et notre avion ne portait pas d'appareil de T. S. F. Restaient donc, pour faire le point, la boussole et la vitesse.

Le brouillard illimité avait succédé aux étendards islamiques des nuages épars, et rejoignait la poussière de sable dans laquelle nous nous engagions ; le vent qui nous prenait par le travers pouvait maintenant nous déporter de cent kilomètres sans que la boussole le signalât. Qu'un avion avance en crabe ou droit devant lui, l'aiguille marque le nord de la même façon. L'appareil qui mesurait la dérive se référait au sol, qui n'apparaissait plus que dans les trous du brouillard. Quant à la vitesse, le compteur des avions de tourisme l'indiquait par rapport *au vent*. Le nôtre, à ce moment, marquait 190. Quelle était la vérité, avec ce vent perpendiculaire ? 160, comme au départ ? 210 ? Enfin, au sommet d'un pic semblable à tant d'autres, apparut une forme géométrique. Une illusion de plus ? Non, c'était un fort. Au Yémen, Sanaa seule est dominée par un fort. Et à moins d'un kilomètre, une faille révéla d'un coup, cultivée jusqu'en ses derniers creux, la vallée de Sanaa — avec, au milieu, la ville entre ses murailles inclinées, et Rauda démantelée tout près, comme la peau abandonnée d'un serpent, — Sanaa ronde, toute en pierre, corbeille aride et magnifique de cristaux blancs et grenats, au fond de ses montagnes verticales.

Il s'agissait maintenant de remonter la vallée du Kharid jusqu'à celle des Tombeaux, d'où nous espérions voir les ruines. La brume se diluait. Au-delà des autres rivières, le Kharid, d'après les cartes, était très proche. Mais nous ne voyions aucun oued, et nous devinâmes enfin que ces rivières en pointillé étaient des rivières souterraines : il n'y avait pas de Kharid. Nous avions emporté de l'essence pour dix heures, nous étions partis depuis cinq heures, nous n'avions plus aucun repère au sol. Mais bientôt la brume, dont en avançant nous sortions de plus en plus, se trouva derrière nous. Nous étions sur le Kharid! La rivière était souterraine, mais, dans cette région presque stérile, la ligne vert sombre de la végétation suivait celle de l'eau, peinte sur le sol par ses arbres.

Au-delà du Kharid commençait le grand désert du Sud, celui du royaume de Saba. Ce n'était pas encore un désert aux longues dunes molles, comme le Nord saharien ; il était rocheux ou plat, toujours décharné, squelette jaune et blanc de la terre, plein d'ombres et sans doute foisonnant de mirages. Ni vallée ni tombeaux. Il rejetait toute forme précise comme s'il eût combattu déjà l'œil humain, intrus dans sa solitude planétaire. Il semblait que d'innombrables rivières, taries depuis les époques géologiques, fussent gravées dans le sable, ramifiées comme des arbres sans feuilles ou des réseaux de veines, jusqu'à l'horizon parcouru par des trombes. Le vent emportait le sable en tourbillons aplatis ; chaque branche gravée se terminait par un tremblant voile de flammes. Toute la forêt du désert flambait, royaume interdit au fond duquel régnait sans doute quelque scorpion sacré dont les écailles reflétaient tour à tour le soleil haineux et les constellations du ciel babylonien... L'esprit, pourtant, commençait à s'habituer. L'œil aussi : à droite devant nous, quel était cet éboulis de galets colossaux ?

Nous distinguions de mieux en mieux le sol à mesure que nous descendions et que, dans l'avion de guingois, nous nous battions avec l'appareil de prise de vues comme des garçons de café affolés avec leur plateau. Ce n'était plus le désert, mais une oasis abandonnée, avec les traces de ses cultures; les ruines ne rejoignaient le désert qu'à droite. Ces enceintes ovales massives avec leurs éboulis clairs sur le sol, était-ce les temples ? Comment atterrir ? D'un côté, des dunes où l'avion capoterait ; de l'autre, un sol volcanique où des roches sortaient du sable. Près des ruines, partout des éboulements. Nous descendions encore, et continuions à photographier. La muraille en fer à cheval ne s'ouvrait que sur le vide : sans doute la ville, construite de briques crues comme Ninive, était-elle retournée comme elle au désert. Nous revînmes vers le massif principal : tour ovale, des enceintes encore, des bâtiments cubiques. Sur les taches sombres des tentes de nomades éparses hors des ruines, crépitèrent de petites flammes. On tirait sans doute sur nous. Au-delà des murailles se précisaient des vestiges pleins du mystère des choses dont nous ignorons la destination : cet H à plat sur la tour qui dominait les ruines, que signifiait-il ? Élément d'observatoire ? Terrasse de jardin suspendu ? Ils étaient nombreux encore dans le haut Yémen, ces jardins de Sémiramis devenus humblement potagers, mais que couvrait l'herbe-à-rêves, le chanvre du Vieux de la Montagne... Dommage qu'il fût impossible d'atterrir! Nous reprîmes de la hauteur droit devant nous, pour survoler une autre ruine, petite et de peu d'intérêt; puis revînmes sur la ville. Ainsi que les mains informes de dieux sabéens réveillés trop tard, brume et nuages commençaient à recouvrir ce naufrage échoué là comme un vaisseau de Babylone chargé de statues brisées.

Il ne s'agissait plus que de revenir à temps (mais le vent maintenant nous poussait); au-dessus de la mer, la panne d'essence ne pardonne guère. Sur la croûte du désert, s'étendait peu à peu la courbe d'un immense poignard d'obsidienne fait de roches volcaniques, courbe, éclatant de facettes noires. C'était la vallée des Tombeaux que nous avions manquée, la vallée des Adites où la légende enterre les rois sabéens ; leurs tombeaux d'ardoise étincelaient en éclats carrés comme les fenêtres des villes au soleil couchant.

Des trésors sont enfouis, dit-on, sous ces ardoises. J'ai retrouvé, depuis, le surprenant éclat des minéraux noirs sous le soleil tropical. Les Bédouins n'ont pas découvert le chemin des sépultures. (Que ne vont-ils s'instruire en Égypte!) Mais pour eux comme pour nous, cette vallée de Tantale demeure invinciblement gardée ; elle n'a livré ni ses inscriptions ni les noms de ses grands morts qu'entourent les cadavres des guerriers-poètes préislamiques :

« Que de fois j'ai laissé étendu sur le sable le mari d'une femme très belle, en lui ouvrant les veines du cou par une blessure semblable à une lèvre fendue!

« Je l'ai laissé en pâture aux bêtes sauvages qui le déchirent, rongeant ses belles mains et ses bras magnifiques.

« Et sous les flèches, nuées de sauterelles abattues sur les prairies humides, les cottes de mailles lançaient des éclairs comme les yeux des grenouilles dans un étang agité par le vent! »

94

Puisque des années encore passeront avant que les fouilleurs viennent jeter des pelletées de mystères à ce soleil vainqueur des légions romaines, que ce tombeau un peu plus grand, à droite, demeure le tombeau de la Reine...

N'éveillerait-on pas en vain les dieux de Saba? Le jour même où la presse publiait nos photos des ruines, l'armée d'Ibn Séoud marchait vers le Yémen.

Nous avions regagné Djibouti à temps; la boussole, rudimentaire pour trouver un site, ne l'était pas pour retrouver le golfe de Tadjourah.

Le retour en France devait m'apporter, dans un domaine plus banal, mais plus profond que celui de Saba, une expérience millénaire : pour la première fois, j'allais rencontrer le cosmos de *L'Iliade* et du *Râmâyana*.

Nous étions partis de Tripolitaine pour Alger, bien que la météo fût assez mauvaise; pendant le survol de la Tunisie, le temps était devenu de plus en plus inquiétant. Nous entrâmes dans les nuages; et, après un très long passage uni, là où la carte indiquait à peine des collines, surgirent des crêtes verticales encore couvertes de neige, sur le ciel de plus en plus noir. C'était l'Aurès.

L'avion était déporté de cent kilomètres au moins. Nous foncions sur un immense nuage en arrêt, non plus calme et immobile là-haut, mais ramassé, vivant et meurtrier. Ses bords avançaient vers l'appareil comme s'il se fût peu à peu creusé en son centre, et l'immensité, la lenteur du mouvement, ne donnaient pas à ce qui se préparait l'aspect d'un combat animal, mais celui d'une fatalité. La perspective jaunâtre et bistre de ses bords effrangés, comme une perspective de caps dans une mer brumeuse, se perdait dans un gris illimité, sans bornes parce que séparé de la terre : la sombre étoupe du nuage venait de se glisser sous l'avion et me jetait au domaine du ciel, fermé, barré lui aussi par la même masse plombée. Il me sembla que je venais d'échapper à la gravitation, que j'étais suspendu quelque part dans les mondes, accroché au nuage dans un combat primitif, tandis que la terre continuait sous moi sa course que je ne croiserais plus jamais. Dans l'ombre qui avait envahi la carlingue, la suspension rageuse de ce petit appareil contre les nuages soudain livrés à leurs seules lois devenait irréelle, submergée sous les voix primitives de l'ouragan. Malgré le tangage de l'avion qui retombait sur chaque rafale comme sur un plancher, je n'aurais plus été collé qu'à ce moteur aveugle qui me tirait en avant, si, soudain, l'appareil ne se fût mis à frire :

— Nuage de grêle ? criai-je.

Impossible d'entendre la réponse de Corniglion. L'avion de métal sonnait comme un tambourin au-dessus du crépitement des grêlons sur les vitres de la carlingue : ils commençaient à entrer par les interstices du capot, à nous cribler le visage et les yeux. Entre deux battements de paupières, je les voyais dégringoler le long des vitres, rebondir aux rainures d'acier. Si une vitre sautait, il deviendrait impossible de diriger. De toute ma force, je m'appuyai sur la monture de la vitre et la maintins fixée de la main droite. La ligne de vol était toujours plein sud ; le compas commençait à indiquer l'est. « Gauche ! » hurlai-je. En vain. « Gauche ! » A peine m'entendais-je moi-même, secoué, arraché, submergé par les grêlons à la volée qui claquaient sur ma voix et faisaient sauter l'avion comme des fouets. Du bras libre, j'indiquai la gauche. Je vis Corniglion pousser le manche comme pour virer de 90°. Aussitôt nous regardâmes la boussole. L'avion allait à droite : les commandes ne répondaient plus. Il trembla sur toute sa longueur, impérieusement immobile tout à coup dans

96

un dur tressaillement. La grêle, et le brouillard noir toujours semblable à lui-même ; et au centre, cette boussole qui seule nous rattachait à ce qui avait été la terre. Elle tournait lentement vers la droite, et sous une rafale plus forte, elle commença à virer, virer, et fit un tour complet. Deux. Trois. Au centre du cyclone, l'avion faisait la roue, tournait à plat sur lui-même.

Et pourtant la stabilité semblait la même ; le moteur s'obstinait à nous arracher au cyclone. Mais ce cadran qui tournait était plus fort que les sensations de mon corps tout entier : il exprimait la vie de l'appareil comme l'œil resté vivant exprime la vie d'un paralytique. Il me transmettait dans un chuchotement l'énorme vie fabuleuse qui nous secouait comme elle courbe les arbres, et la fureur cosmique se réfractait avec précision dans son cercle minuscule. L'avion continuait à tourner. Corniglion était crispé sur le manche, à la limite de l'attention ; mais son visage était un visage nouveau, yeux plus petits, lèvres plus gonflées — celui de l'enfance ; et ce n'était pas la première fois que je voyais le danger plaquer, sur un visage d'homme, son masque d'enfant. Il tira soudain le manche à lui ; l'avion se cabra et le cadran du compas se coinça contre le verre. Nous étions pris par-dessous, comme un cachalot par une vague de fond. Toujours la même aspiration régulière du moteur, mais mon estomac descendait dans le siège. Looping ou montée ? Entre deux nouveaux coups de fouet de la grêle, ma respiration revint. Je m'aperçus que je tremblais, non des mains (je maintenais toujours la vitre) mais de l'épaule gauche. A peine me demandai-je si l'avion était de nouveau horizontal, que Corniglion enfonçait le manche en avant et coupait les gaz.

Je connaissais la manœuvre : tomber, profiter du poids de la chute pour crever l'orage et tenter de rétablir la position près du sol. Altimètre : 1 850 ; mais je

Antimémoires.

savais ce qu'il faut penser de la précision des altimètres. 1 600 déjà ; l'aiguille gigotait comme le cadran de la boussole tout à l'heure. Si la brume descendait jusqu'au sol, ou si les montagnes étaient encore au-dessous de nous, nous nous écrasions. Déjà, l'avion ayant cessé d'être passif dans le combat, mon épaule avait cessé de trembler ; tous mes sens étaient maintenant ramassés, de façon très précisément sexuelle : nous piquions de tout notre poids, respiration coupée, trouant les rafales comme des toiles, dans l'éternel brouillard de fin de monde qui vivait sauvagement du bruit déchiré des grêlons.

1 000

950

920

900

870

850, je sentais mes yeux en avant de ma tête, mes yeux qui frénétiquement craignaient l'arrivée de la montagne, — à la limite pourtant de l'exaltation.

600

550

500

4.. Non pas horizontale et devant moi comme je l'attendais, mais au loin et oblique, la plaine ! J'hésitai devant l'irréalité de cet horizon à 45° (c'était l'appareil qui tombait incliné) mais déjà tout en moi l'avait reconnu, et Corniglion tentait de rétablir la position. La terre était très loin au-delà de cette mer de nuages ignobles, de flocons de poussière et de cheveux déjà refermée sur nous, déjà rouverte ; à 100 mètres sous l'avion, jaillit de ses derniers lambeaux un paysage de plombagine, des éclats noirs de collines dures autour d'un lac blafard qui se ramifiait en tentacules dans la vallée, et qui reflétait avec un calme géologique le ciel bas et blême.

A demi assommé, l'appareil se traînait sous l'orage, à 50 mètres des crêtes, puis au-dessus de vignes mornes et du lac : l'eau frémissait des courtes vagues d'un vent rasant. Ma main quitta enfin la vitre, et je me souvins que ma ligne de vie était longue. Sur cette terre où les lumières de plus en plus nombreuses semblaient sourdre de la brume d'hiver mêlée à la nuit, routes, rivières, canaux en cicatrices, n'étaient plus visibles que comme le réseau de rides peu à peu effacé d'une main immense. J'avais entendu dire que les rides s'effacent de la main des morts et, comme si j'avais voulu revoir avant qu'elle disparût cette dernière forme de la vie, j'avais longtemps regardé la paume de ma mère morte : bien qu'elle n'eût guère plus de cinquante ans et que son visage, et le dos même de sa main, fussent restés jeunes, c'était presque une paume de vieille femme, avec ses lignes fines et profondes, indéfiniment enre-croisées. Et elle se confondait avec toutes les lignes de la terre consumées par la brume et la nuit. Le calme de la vie montait du sol encore livide vers l'avion épuisé que le ruissellement de la pluie poursuivait comme un écho de la grêle et de l'ouragan rejetés en arrière ; un apaisement immense semblait baigner la terre retrouvée, les champs et les vignes, les maisons, les arbres et leurs oiseaux endormis.

C'est là que j'ai rencontré pour la première fois l'expérience du « retour sur la terre » qui a joué dans ma vie un grand rôle, et que j'ai plusieurs fois tenté de trans-mettre. Je l'ai transposée directement dans *Le Temps du Mépris*. C'est aussi celle de tout homme qui retrouve sa civilisation après avoir été lié à une autre, celle du héros de l'*Altenburg* à son retour d'Afghanistan, celle de T. E. Lawrence (Lawrence disait pourtant qu'il n'était pas redevenu Anglais) ; mais si l'*étonnement*

semble le même, la mort nous est plus étrangère que
l'étranger. Surtout lorsqu'elle est liée aux éléments.
J'ai combattu plus tard dans l'aviation, je sais ce que
signifie ne pas pouvoir tirer sur un adversaire (trois
secondes...) parce qu'il est le premier ennemi barbu
sous le masque, et que sa barbe change le combat en
meurtre. Mais les forces cosmiques ébranlent en nous
tout le passé de l'humanité. C'est à Bône, que je retrouvai cette fois la terre. Sur-le-champ, des Méri-
dionaux acclamèrent notre « performance » : ils nous
prenaient pour d'autres. Au bord de la route, il y avait
une porte sans clôtures, comme dans les films de Charlot,
avec une inscription en gros caractères du Second
Empire : *Ruines d'Hippone*. Dans la ville, je passai
devant l'énorme main rouge qui était alors l'enseigne
des gantiers. La terre était peuplée de mains, et peut-
être eussent-elles pu vivre seules, agir seules, sans les
hommes. Je ne parvenais pas à reconnaître ces boutiques,
cette vitrine de fourreur avec un petit chien blanc qui
se baladait au milieu des peaux mortes, s'asseyait,
repartait : un être vivant, aux longs poils et aux mouvements maladroits, et qui n'était pas un homme. Un
animal. J'avais oublié les animaux. Ce chien se prome-
nait avec tranquillité sous la mort dont je portais encore
le grondement retombant : j'avais peine à dessaouler
du néant.

Les gens existaient toujours. Ils avaient continué
à vivre, tandis que j'étais descendu au royaume aveugle.
Il y avait ceux qui étaient contents d'être ensemble,
dans la demi-amitié et la demi-chaleur, et sans doute
ceux qui, avec patience ou véhémence, tentaient
d'extraire de leur interlocuteur un peu plus de considération ; et au ras du sol tous ces pieds exténués, et
sous les tables quelques mains aux doigts enlacés. La
vie. Le théâtre de la terre commençait la grande dou-

ceur du début de la nuit, les femmes autour des vitrines avec leur parfum de flânerie...

Ne reviendrai-je pas par une heure semblable, pour voir la vie humaine sourdre comme la buée et les gouttes recouvrent les verres glacés — lorsque j'aurai été vraiment tué ?

Voici Aden. De loin, c'est encore le rocher de Rimbaud, dont on ne sait trop s'il appartient à Dante ou à Gustave Doré. Mais avec l'accent insolite que prennent, au temps des sous-marins atomiques, ces rochers impériaux de l'ancienne reine des mers. Les haut-parleurs du bord annoncent : « En raison de la situation à Aden, les passagers qui désirent aller à terre, débarquent sous leur propre responsabilité. » Les Anglais veulent faire d'Aden la capitale d'une fédération de sultanats de l'Arabie du Sud, à laquelle ils accorderont l'indépendance en 1968. Les Arabes hostiles aux sultans, et soutenus par les Égyptiens qui les organisent au Yémen, veulent chasser les Anglais tout de suite.

Le canot du consulat de France nous attend.

Comme partout en Orient, une nouvelle ville a surgi : les routes asphaltées de ce qui fut l'Empire britannique, bordées de maisons sud-américaines colorées par les Indes : vert nil, saumon, cendre bleue. Au centre de la ville, un jardin singulier dans cette aridité que ne détruisent pas les maisons aux couleurs de sorbets : les flamboyants et les lauriers-roses y sont en fleurs (un écriteau interdit d'emporter les feuilles). Au centre du jardin, le petit musée.

C'est le musée traditionnel des colonies anglaises, le fatras très propre où les oiseaux empaillés regardent de leur œil rond une collection de cristaux, quelques costumes, des graines et des vestiges archéologiques. Ceux-ci, mieux vaut les contempler à quatre pattes, comme dans notre ancien musée du Trocadéro. Les bas-reliefs, sculptés sur les plats des pierres, sont classés comme des livres, si bien qu'on n'en voit que le champ. Mais à la hauteur de nos genoux, il y a maintes figures d'albâtre. C'est, avant Constantinople, avant Philadelphie, la plus importante collection de sculptures de Saba.

Les Bédouins les apportent ici une à une ; un riche négociant arabe en avait réuni un grand nombre, et les a léguées au musée. Car Saba, ou Mareb, quelque nom qu'on lui donne, est toujours aux mains des dissidents. Ils ont résisté aux émirs, aux Yéménites, aux Égyptiens — et, ce qui était plus difficile, aux pétroliers, dont l'expédition, assez récente, a échoué. Aux Anglais ? Ceux-ci ont sans doute su à quoi s'en tenir, ne fût-ce que par leurs agents indigènes. Mais l'archéologie, en ces pays, n'était pas le souci majeur de leurs services spéciaux. Une expédition scientifique d'Aden indépendante dissipera-t-elle un jour le « mystère de Saba » — ironiquement invulnérable dans ces salles que hantent l'ombre du pharmacien Arnaud et celle de son âne...

« Et les hommes de Dabar placèrent les objets par eux érigés sous la protection des dieux, patrons, rois et peuples de Saba ; quiconque les mutilerait, quiconque disloquerait et déplacerait ici une image sculptée ou une idole, périsse sa race ! »

Si j'étais lézard, j'aimerais cette inscription. Mais j'aime celles qui se rapportent aux dieux troublants : le dieu-lune Sin, masculin — il est féminin dans les autres mythologies — Dat-Badan, la déesse-soleil, et Ouzza, dieu-Vénus masculin, nommé par tant d'inscriptions mais encore inconnu. Dans ce pauvre musée où les braves petites fleurs sont conquises par l'eau des citernes cyclopéennes attribuées à la reine Balkis, encastrées dans des gorges d'enfer, on rêve à la sexualité du peuple qui conçut Vénus comme un homme, vit dans le soleil le signe féminin de la fécondité, et dans la lune, un Père clément et pacificateur. Est-ce du désert qu'est née cette bénédiction de la nuit ? Mais les autres peuples du désert, aux mêmes époques, faisaient de la lune un dieu cruel. Quelle sexualité trouble ou pure fit penser au rebours des autres cette race disparue qui, dans sa légende que ne confirme aucun fait historique, dit avoir été toujours gouvernée par des reines ?

A Constantinople, il y avait, en marge de la collection du musée, une série de ces estimables faux qui, loin d'imiter des œuvres authentiques, inventent un art. Ici, les statuettes trouvées par les Bédouins sont vraies. Statuettes architecturales comme certaines statues sumériennes et mexicaines, où le personnage est à la fois adorant, dieu et temple ; et rois vaguement « ressemblants », bien postérieurs, d'influence parthe ? Dans la seconde salle, un roi moustachu est présenté devant un velours noir drapé par les moyens du bord. Combien de siècles, entre ces architectures sauvages et ces visages vaguement romains, parthes ou palmyréniens, dont les étiquettes nous vantent innocemment la « finesse » ? Et qu'importe ? Ce sont les derniers envoyés de la reine dont les parfums ont empli la Bible, et dont il ne reste qu'un éclat de rire à travers les solitudes : « Ris donc, bel ermite ! »

Sa crypte a-t-elle été fouillée par les pilleurs de tombeaux, et ne reste-t-il de sa momie vendue qu'un œil tombé, os et lapis, comme celui de la pharaonne du musée du Caire, retrouvée dans un escalier de tombeau parmi les momies d'alligators et de chats aux grandes oreilles ? Trouverons-nous le mince estampage qui recouvrit sa face, les creux maladroits du métal enfoncé avec les pouces pour garder l'empreinte de ses paupières encore chaudes ? Ou quelque trapèze d'or mal incisé comme celui qui, au vieux musée d'Athènes, portait l'étiquette poussiéreuse et usurpée : Masque d'Agamemnon...

Parmi les curiosités, se trouve, sans explication particulière, une pièce de cent francs en or, à l'effigie de Napoléon. Je pense à son masque de la Société de Géographie, dans la pénombre derrière Charcot quand celui-ci me parlait d'Arnaud. Or, Arnaud écrit que lorsqu'il parvint à Mareb, un autre blanc l'avait atteinte : les Arabes se souvenaient de son teint clair et de son singulier passage. Pris par eux pour le Madhi, le prophète attendu, il passa la soirée chez le cheik et donna à ceux qui l'entouraient onze grandes pièces d'or. Après la prière du soleil couchant, bien qu'il ne connût personne, on lui apporta une lettre. Il la lut : « C'est la mort de mon frère », se leva et partit. Le lendemain, sur les énormes pieds brisés de la seule statue des ruines, on trouvait onze « fantômes de pièces d'or » ; et on apprit bientôt que le voyageur inconnu avait été assassiné par une tribu voisine.

Arnaud se fit apporter une pièce : elle était de cent francs, en or, à l'effigie de Napoléon. Les dix autres étaient toujours au bazar de Mareb, bien qu'elles y changeassent souvent de mains ; le cheik avait interdit de porter à Sanaa l'or de ce voyageur qui semblait posséder la science de Salomon. Arnaud demanda encore à voir ce que les Arabes appelaient le fantôme d'une pièce, et on lui apporta un pain à cacheter. Or, les pains à cacheter, ignorés en Arabie, avaient nécessairement été apportés par le voyageur. Pourquoi celui-ci avait-il inventé les fantômes, après avoir distribué les pièces ?

Aujourd'hui, que Saba encore inviolée soit dédiée à cet aventurier apparu un instant, et disparu aussitôt dans l'assassinat ; pour que là où sont ses os — car il est sûrement de ces aventuriers sans tombe, fascinés par la seule passion du hasard et retournés au hasard — il joue, comme jouent les morts qui tout le long de leur vie furent courageux et frivoles, avec ses terrasses sans fleurs, ses observatoires en poussière, ses entrepôts de parfums et ses ruines qui semblent frémir de solitude sous la tache silencieuse des oiseaux; pour que nous tenions tous deux en nos mains d'ombre un des derniers mystères, qui nous sera fraternel dans l'ennui sans fin de la mort.

Un gardien bien poli me montre par une fenêtre les citernes attribuées à Balkis. Il me parle du roi Akram, qui s'enfuit avec son peuple, après avoir vu une nuit un rat ébranler de ses petites pattes un bloc de la digue de Mareb que vingt guerriers n'eussent pas déplacé, de la digue dont la destruction devait livrer au sable la richesse et la vie du royaume de Saba...

Ville interdite ou ville ouverte, cité des ruines ou briques retournées à l'argile comme celles de Ninive, je ne reverrai jamais Mareb. Voici ses statues, ses inscriptions, ses fleurs peut-être. L'arbre à myrrhe, devant le musée, se mêle au palmier en zinc qui était lors du départ de notre avion le seul arbre de Djibouti — c'est une ville, maintenant... — avec ses troupeaux de chèvres et ses bergers noirs sur la blancheur des salines, un dernier reflet de soleil sur le fer de leurs lances. Voici le Négus dans le guébi royal. Il est assis sur un canapé des Galeries Lafayette, devant ses dignitaires en toge. Pendant que l'interprète appelle Corniglion-Molinier : M. de La Molinière, parce que le Négus au sourire triste a reçu l'avant-veille quelques junkers, entre par les fenêtres le rugissement des lions de Juda. Leurs cages bordent depuis des siècles la grande allée du palais des Négus, qui tiennent les reines de Saba pour leurs ancêtres légendaires... Voici le désert, la brume couleur de sable comme les ruines, Salomon mort entouré de ses démons jaloux des trombes capricieuses, et un grand cri de la reine qui joue de la harpe sous les constellations aux noms d'insectes... Poésie des rêves morts. Car il existe des rêves tombés en poussière, le bon sauvage par exemple ; des paradis invincibles comme la justice, ou séculaires comme la liberté, l'âge d'or, et un monde de rêves passionnés dont la cendre devient poésie comme celle des dieux devient mythologie : la chevalerie, les Mille et Une Nuits... Tous ces autres mondes mineurs se mêlent, les ruines de Mareb à celles du stade de Nuremberg, aux deux jetées de pierres qui portaient les feux entre lesquels Hitler invoquait l'Allemagne dans la nuit ; aux grandes flammes des anciens autels des Mages dans les montagnes de Perse ; à la chambre funèbre de Chéops dans la Pyramide, et à la mort embusquée là-haut dans ses steppes d'astres, qui me fit apparaître le lacis des veines de la terre des vivants comme les lignes de la main de ma mère morte. Je regarde avec une affectueuse ironie ce rêve usé, pour lequel j'ai après tout risqué ma vie, dans ce petit musée qui l'accueille à la façon dont les églantiers d'un jardin de curé, à Damas, cachaient autrefois la dalle d'onyx sous laquelle repose la gloire de Saladin. Devant la porte, l'ombre d'un épervier passe, ailes étendues, comme une protection silencieuse et lointaine.

Le gardien nous fait admirer des papillons. Sont-ils venus de Saba se faire piquer sur ces bouchons ? J'aime à imaginer Balkis saluant Salomon d'une révérence orientale, un papillon sur le nez. Je pense à la vieille reine de la Casamance devant son arbre sacré, sous les flocons soyeux du kapok dans ce même soleil. Il est midi. Nous devons partir. Le musée va dormir au pied des citernes géantes, sous ses beaux arbres sans odeur et sans singes.

En ville, un chapelet de grenades vient d'éclater. Sirènes. Des hurlements de fantasia se perdent dans ce très vieux silence. L'auto nous emporte, pavillon français déployé. Embouteillages et ambulances là où les grenades ont été lancées. La rue dans laquelle nous nous engageons pour contourner le rassemblement est murée. Il y en a une autre. Dans les maisons, la radio du Caire, à travers des appareils qui la diffusent au maximum de puissance, est en train de hurler que les Anglais torturent les combattants de l'indépendance. Nous regagnons l'avenue résidentielle britannique. Elle s'appelle la Maallah, mais on dit plus volontiers : le kilomètre du crime. Une radio anglaise parle du Yémen.

Il y a quatre ans, l'imam du Yémen, récent allié de la République Arabe Unie, a rompu avec la Syrie par un grand poème contre Nasser...

« Ris donc, bel ermite ! »

Antimémoires

1

En 1923, j'attendais de Ceylan une Afrique du Nord
plus éclatante. Les marchands de bijoux avaient pris
le paquebot à l'abordage avec des hurlements de pirates
et des paniers pour jouvencelles, d'où ils tiraient leurs
saphirs étoilés, avec la solennité des gardiens des joyaux
sacrés. A terre, je rencontrai des maisons toutes vertes
du côté de la mousson, de vastes jardins presque sans
fleurs, le ruissellement des palmes après le pluie ; puis,
à la tombée du soir, le quartier brahmanique, l'Inde
entrevue sur une place étroite avec ses grands vieillards
pareils à ceux d'Homère devant une tour grouillante
d'effigies bleues ; et, la nuit, les proues sculptées de
quelques bateaux arabes, sous la très vieille lumière de
torches qui se balançaient comme des lampes suspendues
— les vaisseaux oubliés de Sinbad.

L'Inde du Sud, je ne devais la connaître que beaucoup
plus tard. En 1929, je ne vis, à l'exception de Bénarès,
que l'Inde musulmane. J'étais arrivé en Afghanistan (celui que l'on retrouve dans l'*Altenburg*) par Tachkent
déjà soviétisée, et Termès où des caravaniers de Samarcande ou de Boukhara, turbans en potirons et robes à

fleurs, accroupis dans l'ombre maigre des arbres épineux, semblaient abandonnés par l'Orient des rêves devant le champ d'aviation russe. Le long terrain se perdait au bord de l'aube, et déjà la chaleur semblait meurtrière. Afin de s'en protéger, le pilote était descendu dans le puits ; il en surgit, vêtu de ses seules moustaches, pour courir se balancer, avec un ami non moins nu, qui était aussi le mien (Boris Pilniak! haha etc.), sur une escarpolette. Les balançoires remplaçaient le vent, et il fallait être en forme pour franchir le Pamir : une dizaine de pilotes s'y étaient tués — faute d'escarpolette, sans doute.

Kaboul, encore presque interdite, était ouverte aux Indiens, qui en avaient fait un faubourg, en tôle ondulée, de Lahore ou de Peshawar. Je me demandais si Lhassa était aussi moche. Mais dès Ghazni agglomérée dans ses murailles d'argile, commençaient les steppes de lavande dont le bleu fin s'accordait si bien, dans le petit matin, à celui du ciel sur les contreforts du Pamir... L'Afghanistan de 1929, dans ma mémoire, c'est la guerre civile, l'usurpateur ébouillanté (pauvre Abiboullah, avec sa tête de ministre de l'Agriculture!), ces vastes champs bleus ; sur les murs de chaux des bazars, toutes ces babouches courbes et noires comme des virgules, et ces instruments de musique d'Aladin, dont on n'entendait jamais le son. Un Islam ossifié était la seule carcasse qui maintînt debout ce peuple somnambule parmi ses ruines, entre la nudité de ses montagnes et le tremblement solennel du ciel blanc.

J'étais venu de Moscou par avion, mais je gagnai l'Inde par la route. Comment s'appelle le bourg de terre où j'ai habité un caravansérail royal, avec un merveilleux bassin plein d'une eau répugnante ? Je ne retrouve que la nuit de l'Asie centrale, le bruit mêlé de la cavalerie et des camions des Afridis qui dégringolaient des montagnes, comme au temps de Kipling, sur quelque ville afghane ou indienne, et la caravane d'un archéologue qui venait de découvrir plusieurs centaines de statues gréco-bouddhiques en stuc. Il m'avait exposé l'ingéniosité des célibataires dans le domaine du repassage : la rosée efface les plis des vestons. Mais il avait déballé, quelque part avant la passe de Kyber, ses trouvailles, apportées de Hadda par les chameaux en attendant de remplacer les cocons de lavande par des emballages européens ; et peut-être pour le plaisir de revoir ses statues. A l'aube, la même rosée, victorieuse du stuc protégé par le sable pendant seize cents ans, avait transformé les Bodhisattvas gréco-méditatifs en petits tas de plâtre, que les chameaux perplexes regardaient au passage comme des âmes incinérées. Puis la passe, les pistes asphaltées de l'Empire britannique, sereines comme les routes de l'Empire romain. T. E. Lawrence avait passé des mois dans un de ces forts.

La route de Kyber était alors l'un des symboles de la volonté anglaise. « Et j'ai fait ceci pour montrer ce qu'un Anglais peut faire », avait écrit Scott mourant au pôle Sud. Ceux qui avaient « fait » cette route épique n'étaient pas morts, mais ils avaient vraiment écrit le nom de l'Angleterre sur le Pamir. C'était le lieu des combats contre les Afridis ou les Kafirs qui, dans les défilés, faisaient écrouler des pans d'Himalaya sur les colonnes anglaises ; le lieu où un sous-officier seul rescapé de l'extermination avait répondu, avec la voix de Sparte — et celle de l'humour, à la question : « Où est la colonne ? — La colonne, c'est moi. » Je pense à vous, mes amis anglais tués dans la bataille de Londres, à la voix de Churchill dans la nuit... En 1929, l'Angleterre semblait invulnérable, et ce n'était pas à elle que je pensais.

Peshawar était bien la capitale des Provinces-Frontières : dans l'Islam rugueux des montagnes, surgissait la luxuriance de l'architecture moghole qui, lorsqu'elle n'est pas en ruine, tient à la fois de l'épopée et de la sucrerie. Puis Lahore, le tombeau de Djehan-Guir avec sa première cour de marbre pour maharajahs, sa seconde cour aux murs d'argile où attendaient en rangs immobiles les vautours venus d'une tour du silence...

Est-ce près de Lahore, ou au Cachemire, près de Shahlamar, que j'ai vu pour la première fois des ruines végétales ? Au-delà des jardins historiques, des pavillons de marbre noir et des héronnières, un immense et banal verger s'étendait sur le bronze rouge des champs d'amarantes. Et soudain, se découvrait, entre les pommiers, un couloir d'un kilomètre : une allée impériale s'était étendue là au temps des Moghols, et les arbres ne poussaient plus sur son terrain autrefois damé. Bien qu'on ne vît pas de ruines, ces allées disparues suggéraient un accord invulnérable de la terre et de la mort, un Versailles qui conservait seulement l'existence du vide. Ce fantôme de parc s'accorde confusément dans mon souvenir, à l'observatoire de Jaïpur, lieu onirique entre tous. Je ne pensais pas à l'astrologie, parce que ce gigantesque jeu de construction abandonné par les djinns suggérait un « travail » moderne, la maquette d'un palais pour un film de Méliès, et non le domaine élémentaire mais invincible des Pyramides ; je ne pensais pas à l'astronomie, parce que, pour nous, les instruments de l'astronome ne sont pas des instruments de pierre. Mais ces tranches d'escalier dressées vers des astres suggéraient un firmament insaisissable, comme les vides de Shahlamar suggéraient le parc disparu. Et ces longues rampes triangulaires étaient orientées vers la ville la plus irréelle de l'Inde musulmane. Pas seulement parce que le palais du Vent, orgue de pierre rose, est aussi étrange pour nous qu'une cathédrale pour un

114

Oriental ; pas seulement parce qu'une rue entière était une suite de façades de toiles peintes semblables aux décors des Mille et Une Nuits de nos fêtes foraines, et qui cachaient les maisons banales ; mais parce que soudain, le peuple des singes mélancoliques qui semblaient les vrais habitants de cette ville sans hommes, traversa lentement la rue. Il était midi, et l'ombre, elle aussi, allait changer de trottoir... Une avenue conduisait à Amber, qui, depuis deux cents ans, est sans eau. Temples, palais de marbre rouge, maisons sans toit où les buissons de fleurs sauvages croissaient dans les corridors, tout retournait au néant dans une profusion de vie végétale, dans un grouillement de mascarons balayés par les palmes, avec d'autres singes assis sur le bord des fenêtres, et le vol des paons pesamment abattu dans le silence. D'autres villes mortes, d'autres forts rouges et, sur les routes, des animaux si maigres et si doux, — puis le Taj Mahal où les grands cyprès n'étaient pas encore morts, et tous leurs écureuils à petite queue avec deux raies sur le dos... Enfin Bénarès, ses hôtels fermés en cette saison, sa rest-house dont de vieilles femmes tiraient le panka toute la nuit, comme avant la révolte des Cipayes ; ses ruelles entre de hauts murs de pierre grise, son temple aux sculptures érotiques où l'érotisme semble un rite, son temple de Hanuman, avec un peuple de singes qui poursuivaient d'inexplicables occupations autour d'une pierre de sacrifice d'où le sang ruisselait encore, et qui s'écartaient craintivement des offrandes de tubéreuses. Tout cela, dans une brume de marches tibétaines, dont les nuages gluants s'attardaient autour des flammes entretenues devant les idoles. Le monde auquel menaient ces escaliers irréels, c'est, dans mon souvenir, un monde de murailles couvertes de lichens comme celles des ruines abandonnées sous la grande forêt, au pied desquelles brûlaient sans fin de petites lumières, avec des passages d'animaux sacrés à travers le brouillard — et toujours, dans l'encadrement d'une porte basse : des brahmes au torse ruisselant sous leurs guirlandes de frangipaniers, le sang, le linga, la brume et l'ombre. En bas, le Gange sous les nuages de la mousson, avec ses bûchers distraitement inextinguibles dans le brouillard ; et un ascète qui dansait et se tordait de rire, en criant « Bravo ! » à l'illusion du monde.

J'en étais là lorsque, à la fin de 1958, le général de Gaulle, encore président du Conseil, décida de rétablir avec plusieurs pays d'Asie, dont l'Inde, des relations qui depuis vingt ans n'avaient cessé de s'affaiblir.

Les sentiments qui me lient au général de Gaulle étaient déjà anciens, bien que le récit traditionnel de notre première rencontre soit inventé : le général n'a certainement pas dit de moi, en Alsace, la phrase que Napoléon prononça sur Gœthe, car, en Alsace, le colonel Berger n'a jamais été présenté au général de Gaulle. Il m'a reçu pour la première fois au ministère de la Guerre, après mon discours au Congrès du Mouvement de Libération Nationale.

En 1944, les communistes étaient résolus à mettre la main sur l'ensemble des organisations de Résistance. Ce Mouvement rassemblait celles qu'ils ne contrôlaient pas. L'opération prévue était simple. Au moins un tiers des membres de son comité directeur appartenaient secrètement au Parti. Ils réclamaient l'unité de la Résistance par la fusion avec le Front National, dirigé, à une forte majorité, par des communistes. Ainsi le comité directeur de la Résistance unifiée tomberait-il entre leurs mains. Ce qui commençait à devenir nécessaire. Le général de Gaulle les ménageait parce qu'il était résolu à se servir de tout pour relever la France : aucune grève n'eut lieu depuis la Libération jusqu'à son départ.

116

Eux, le ménageaient en comptant sur le temps et le marché noir, qui usent la gloire. Ils avaient voulu armer, « contre l'ennemi de l'intérieur », les milices patriotiques, que leurs adversaires appelaient, par bienveillante abréviation, les mil-pat : les mille-pattes. Le général voulait l'amalgame de toutes les unités combattantes avec l'armée régulière, contre la Wehrmacht : armée ou police, la défense de la nation n'appartenait qu'à l'État. Il s'était seul opposé à l'armement des milices, et les milices n'avaient pas été armées. Les communistes entendaient lui opposer au plus tôt l'unité de la Résistance intérieure. Et nous sentions tous que l'enjeu appartenait à un domaine plus obscur et plus profond que le domaine politique.

Le Mouvement de Libération Nationale m'avait appelé à son comité directeur. En janvier 1945, j'assistai donc à son Congrès. Les chefs des organisations, les principaux combattants, étaient anticapitalistes par indifférence à l'argent, haine de Vichy, et dédain du personnel de la IIIᵉ République. Le dialogue entre Camus et Herriot était significatif : « Nous voulons, avait écrit *Combat*, alors dirigé par Pascal Pia, des chefs dont nous puissions ne plus sourire. » Les éditoriaux de *Combat* n'étant pas signés, Camus avait répondu, à la première attaque : « Ce journal est rédigé par une équipe que chacun de ses éditoriaux engage ; cela dit, cet article est de moi »; sur quoi, Herriot avait intitulé un article « Réponse à l'homme d'équipe » et nous avions pensé que la France souhaitait être représentée par des hommes qui ne lui fissent pas hausser les épaules. Que de gens eussent vu avec joie le général de Gaulle remplacé par quelque Herriot! Pas les Résistants. Malgré Vichy, les réactionnaires n'avaient manqué ni dans les camps de concentration ni dans les cercueils ; mais toute la Résistance organisée se réclamait de la gauche. L'hostilité au communisme, de la part d'adversaires du capitalisme, était d'abord une hostilité au stalinisme. Ils préféraient de beaucoup un capitalisme plus ou moins socialisé, à une police d'État devenue le quatrième pouvoir, voire, à l'occasion, le premier. C'était aussi l'hostilité à une imposture efficace dans des pays fermés, mais vaine en Europe occidentale : la Résistance communiste de 1939, l'appel communiste de 1940, la trêve de Paris conclue par les gaullistes pour sauver les Allemands, les soixante-quinze mille fusillés alors qu'on en compta vingt-cinq mille en tout, etc. La soumission du parti communiste au pacte germano-soviétique n'était pas oubliée, et beaucoup pensaient qu'il se soumettrait plus aisément encore, le cas échéant, à l'armée rouge. Les membres des partis politiques étaient peu nombreux en France, en 1939 ; la plupart des Résistants n'appartenaient à aucun. C'étaient, en majorité, des patriotes libéraux, et c'est pourquoi la Résistance ne trouva pas, politiquement, sa propre forme. Aux yeux de ces hommes, le stalinisme signifiait le contraire de tout ce pour quoi ils avaient combattu. Les orateurs auxquels j'allais m'opposer au Congrès niaient presque tous leur appartenance au Parti, où on les retrouva l'année suivante. Six mois plus tôt, j'avais déjeuné clandestinement en province, chez un bistrot complice, avec quatre délégués non communistes dont les Mouvements allaient bientôt former les Forces Françaises de l'Intérieur. Le travail fixé — sans obstacles — nous avions discuté de l'autonomie future de la Résistance, puis nous nous étions quittés. Je marchais à côté du délégué de Paris, dans la pluie d'une rue de la Gare provinciale. Nous avions un peu combattu ensemble. Il dit, sans me regarder : « J'ai lu vos livres. Sachez bien qu'à l'échelon national, les mouvements de Résistance sont entièrement noyautés par le parti communiste... (il posa sa main sur mon épaule, me regarda et s'arrêta) — auquel j'appartiens depuis dix-sept ans. »

Il reprit sa marche. Je me souviens de la pluie tranquille sur les toits d'ardoise, et de cette main sur mon épaule... Et aussi de la grande salle de la Mutualité où nous avions prononcé tant de discours, au temps du Comité mondial antifasciste, et où j'allais m'adresser, cette fois, aux combattants de la Résistance ; mais déjà, le jeu politique avait repris. Cette femme avait délivré son mari, mitraillette en main, ce garçon avait fait partie du groupe franc qui avait attaqué un fourgon de la Gestapo devant le Palais de Justice ; cet autre s'était évadé deux fois, non pas comme moi, mais de cellule. Et il semblait que ces délégations de la nuit, l'aube venue, ne fussent plus que les mandataires d'un songe...

Bien que la plupart des membres du Congrès fussent des survivants, leurs actions d'éclat ne les délivraient pas du sentiment d'infériorité du Girondin devant le Montagnard, du libéral devant l'extrémiste, du menchevik devant quiconque se proclame bolchevik. Alors que les communisants retrouvaient leur foulée en s'agrégeant à un parti qui commençait à parler de de Gaulle comme de Kerenski, les non-communistes tâtonnaient, parce qu'ils ne comprenaient pas qu'en ces mois, un mouvement né de la Résistance, s'il refusait d'être communiste, devait être gaulliste : parce que seul le général voulait réellement opposer à l'État communiste un État, et une France indépendante. Ils ne le connaissaient guère ; il n'avait rien fait pour les séduire ni même pour les connaître, possédait plus de prestige que de popularité, et les croyait peut-être déjà entre les mains des communistes. Mon discours s'adressait à tous les résistants, et l'on savait que je repartais le lendemain pour le front.

La Résistance avait été une mobilisation de l'énergie française ; elle devait d'abord le redevenir, sous peine de n'être plus qu'une amicale d'anciens combattants. Nous avions été la France en haillons ; notre signification ne venait pas de l'action de nos réseaux, mais de ce que nous avions été des *témoins*. Les houillères du Nord et du Pas-de-Calais avaient été nationalisées le 13 décembre ; Renault, le 16 janvier. Ce n'étaient pas des mesures de droite. La mesure décisive, chacun le savait, serait la nationalisation du crédit ; si le gouvernement la prenait, il fallait le laisser une bonne fois gouverner, et nous devions nous définir par une tâche nationale, non électorale. On avait parlé des obstacles qu'allait rencontrer le retour des prisonniers. Que le Mouvement rétablît toutes ses sections, du Rhin à Paris, pour les mettre à leur service. Que le Front National se joignît à nous, s'il le voulait, *pour l'action commune*. On verrait ensuite. « Une nouvelle Résistance commence... »

Après dix ou quinze discours, les visites « fraternelles » de délégations communistes ou paracommunistes, la fusion était écartée par 250 voix contre 119. Le parti communiste ne disposerait pas de la Résistance contre le général de Gaulle. Mais pendant mon retour au front, à travers la Champagne couverte de neige, je pensais à mes camarades communistes d'Espagne, à l'épopée de la création soviétique, malgré la Guépéou ; à l'armée rouge, aux fermiers communistes de Corrèze toujours prêts à nous accueillir malgré la milice, pour ce Parti qui semblait ne plus croire à d'autres victoires que celles du camouflage. Je pensais à la main sur mon épaule, dans la rue de la Gare où les ardoises brillaient sous la pluie.

2

1945-1965

Je venais quelquefois à Paris, car nombre de questions étaient encore du ressort du ministère de la Guerre. J'y retrouvai Corniglion, devenu général et compagnon de la Libération. Il allait prendre bientôt le commandement de l'aviation contre le bastion de Royan, l'un des derniers points d'appui allemands en France. En attendant, il écrivait un bouquin humoristique avec le docteur Lichvitz, que j'avais connu à la 1ʳᵉ D. F. L., et qui était devenu le médecin du général de Gaulle. Il en lisait des chapitres, avec une intarissable bonne humeur, à Gaston Palewski (à la suite de quelque conflit à Londres, cet ambassadeur-né était parti en Abyssinie conquérir Gondar, avant de devenir directeur du cabinet du général), au capitaine Guy, à quelques autres. C'est ainsi que je fis connaissance du fameux « entourage ».

Quelques jours après le Congrès du M. L. N., nous parlâmes d'élections ; on parle toujours d'élections. Je n'éprouvais nul désir de devenir député. Mais j'avais un dada : transformer l'enseignement par l'emploi généralisé des moyens audio-visuels. Seuls le cinéma et la radio étaient alors en cause; on pressentait la télévision. Il s'agissait de diffuser les cours de maîtres choisis pour leurs qualités pédagogiques, pour apprendre à lire comme pour découvrir l'histoire de France. L'instituteur n'aurait plus pour fonction d'enseigner, mais d'aider les enfants à apprendre.

— En somme, dit Palewski, vous voulez faire enregistrer le cours d'Alain, et le diffuser dans tous les lycées?

— Et remplacer le cours sur la Garonne par un film sur la Garonne.

— Mais c'est excellent! Seulement, je crains que vous ne connaissiez pas encore le ministère de l'Éducation nationale...

Nous avions parlé aussi de l'Indochine. J'avais dit, écrit, proclamé depuis 1933, que les empires coloniaux ne survivraient pas à une guerre européenne. Je ne croyais pas à Bao-Daï, moins encore aux colons. Je connaissais la servilité qui, en Cochinchine comme ailleurs, agglutine les intermédiaires autour des colonisateurs. Mais, bien avant l'arrivée de l'armée japonaise, j'avais vu naître les organisations paramilitaires des montagnes d'Annam.

— Alors, me dit-on, que proposez-vous?

— Si vous cherchez comment nous conserverons l'Indochine, je ne propose rien, car nous ne la conserverons pas. Tout ce que nous pouvons sauver, c'est une sorte d'empire culturel, un domaine de valeurs. Mais il faudrait vomir une " présence économique " dont le principal journal de Saigon ose porter en manchette quotidienne : " Défense des *intérêts* français en Indochine. " Et faire nous-mêmes la révolution, qui est inévitable et légitime : d'abord annuler les créances usuraires, presque toutes chinoises, sous lesquelles crève la paysannerie d'un peuple paysan.

Puis partager les terres, puis aider les révolutionnaires annamites, qui ont sans doute bien besoin de l'être. Ni les militaires, ni les missionnaires, ni les enseignants, ne sont liés aux colons. Il ne resterait pas beaucoup de Français, mais il resterait peut-être la France...

« J'ai horreur du colonialisme à piastres. J'ai horreur de nos petits-bourgeois d'Indochine qui disent : " Ici on perd sa mentalité d'esclave! " comme s'ils étaient les survivants d'Austerlitz, ou même de Lang Son. Il est vrai que l'Asie a besoin des spécialistes européens ; il n'est pas vrai qu'elle doive les avoir pour maîtres. Il suffit qu'elle les paye. Je doute que les empires survivent longtemps à la victoire de deux puissances qui se proclament anti-impérialistes.

— Je ne suis pas devenu Premier Ministre de Sa Majesté pour liquider l'Empire britannique, dit Corniglion, citant Churchill.

— Mais il n'est plus Premier Ministre. Et vous connaissez la position du Labour sur l'Inde.

— Tout de même, dit Palewski, vous ne pouvez pas exécuter un tel renversement avec notre administration ?

— Il y a encore en France de quoi faire une administration libérale. Je vais plus loin. Pour faire de l'Indochine un pays ami, il faudrait aider Ho Chi Minh. Ce qui serait difficile, mais pas plus que ne l'a été, pour l'Angleterre, d'aider Nehru.

— Nous sommes beaucoup moins pessimistes que vous...

Ce qui nous mena à la propagande. L'Information était entre les mains de Jacques Soustelle, qui souhaitait changer de ministère.

— A peu de chose près, dis-je, les moyens d'information dont vous disposez n'ont pas changé depuis Napoléon. Je pense qu'il en existe un beaucoup plus précis et efficace : les sondages d'opinion.

— L'Intérieur ne les emploie pas ?

— L'Intérieur " se renseigne ". Mais il ne dispose pas de l'échantillonnage sans lequel aucune précision n'est possible...

Les procédés de Gallup n'étaient alors connus, en France, que des spécialistes. Je les exposai rapidement.

— Vous y croyez ?

— A condition de n'employer que des informateurs indifférents à la politique, je crois possible de connaître les conséquences du vote des femmes, la réponse au référendum que vous préparez... Il en est des sondages comme de la médecine : moins rigoureuse qu'elle ne le dit, plus rigoureuse que tout ce qui n'est pas elle...

« Et puis, il y a l'information du pays — c'est-à-dire la propagande. Or, les limites de la publicité américaine sont vite atteintes ; quant à la propagande totalitaire, je la crois inséparable du parti unique. Je doute que le général de Gaulle soit prêt à créer un tel parti. Il n'acceptera ni l'État au service du Parti ni le Parti comme principal moyen d'action de l'État. Il veut l'armée, et non les milices ; la Sûreté nationale, et non la police du Parti...

« Le premier objet de votre propagande serait de le faire comprendre car, si surprenant que ce soit, personne n'en sait rien. Mais je crois que l'on peut mobiliser des énergies si l'on oppose aux mythes, non d'autres mythes, mais une action. La force du général est dans ce qu'il a fait, dans ce qu'il fait. Quelles sont les vraies forces en présence ? Vous, et les partis dans la mesure où la Résistance les a désinfectés. Les radicaux vont s'effondrer.

— Et le M. R. P. ?

— Sa carte est bonne : le pays le tient pour le parti du général. Si les communistes sont vos seuls adversaires sérieux, ce n'est pas à cause de Marx, c'est à cause

de Lénine. Que chacun de vos ministres dise au pays :
Voici ma tâche la plus urgente. Je vous en dois compte,
et ne vous reparlerai que lorsqu'elle sera terminée.
Non ?

— Peut-être est-ce une des clefs du fascisme...

— Après tout, répondit Corniglion, citant cette fois
ironiquement — Napoléon : " La guerre est un art
simple, et tout d'exécution... "

J'habitais, à Boulogne, la grande maison de style
hollandais où, plus tard, la petite Delphine Renard
faillit être aveuglée par les explosifs de l'O. A. S. Sans
doute était-il neuf heures passées, car le soir d'été se
changeait en nuit au-dessus d'un fortin-guérite construit par les Allemands à l'angle du jardin. Le téléphone
sonna.

— J'ai une communication importante à vous faire,
dit l'un de mes interlocuteurs habituels. Pouvez-vous
me recevoir dans une heure ou deux ?

— Entendu.

— Je passerai vers onze heures.

A onze heures, la voiture militaire de celui qui
m'avait téléphoné s'arrêta devant la maison. J'allai
ouvrir. Nous étions seuls. Il ne franchit pas le seuil
du vaste atelier encore mal éclairé.

— Le général de Gaulle vous fait demander, au nom
de la France, si vous voulez l'aider.

La phrase était singulière. Pourtant, à Londres, l'un
des premiers discours du général aux officiers avait
été à peu près : « Messieurs, vous savez où est votre
devoir. » Et tel était aujourd'hui le ton.

— La question ne se pose évidemment pas, répondis-
je.

— Je vous dirai l'heure demain.

Il me serra la main. La voiture, qui avait tourné,

contourna le menu fortin et disparut vers la Seine.

J'étais étonné. Pas trop : j'ai tendance à me croire utile... Mais après ma première évasion, en novembre 1940, j'avais écrit au général de Gaulle ; les F. F. L. ne disposaient sans doute pas d'aviateurs à revendre. Pas de réponse. Comme on disait qu'il avait écarté Pierre Cot, j'avais supposé qu'en raison de la guerre d'Espagne, mon concours ne lui semblait pas opportun ; sans amertume, car plus tard, nos maquis, avant la création de la brigade Alsace-Lorraine, trouvèrent toujours l'aide du général Kœnig, — donc, la sienne. Je fus convoqué au ministère de la Guerre. Dans l'antichambre, je trouvai un visiteur cordial, d'un bon sens fin et civil qui m'intrigua, car, malgré son costume, je devinais un militaire. Bientôt on vint le chercher : c'était le général Juin.

Le bureau qui avait été celui du comte Daru, style Empire majestueux, avait été affecté à Palewski. De l'autre côté de l'escalier monumental, un bureau d'attente, où se trouvaient les aides de camp, précédait celui du général de Gaulle. « C'est loin de s'arranger... », me dit l'un des officiers, qui était un ami. Il y avait là quelque chose de solennel et de silencieux qui me fit rêver aux lieux d'attente des chefs romains. Le téléphone d'appel sonna en même temps que l'heure. Je fus introduit dans une pièce à laquelle de grandes cartes d'état-major donnaient une atmosphère de travail. Le général me fit signe de m'asseoir à droite de son bureau.

J'avais conservé un souvenir précis de son visage : vers 1943, Ravanel, alors chef des groupes francs, m'avait montré sa photo parachutée. En buste ; nous ne savions pas même que le général de Gaulle était très grand. J'avais pensé aux délégués du Tiers État stupéfaits lorsqu'ils avaient vu pour la première fois Louis XVI ;

jusqu'en 1943, nous n'avions pas connu le visage de l'homme sous le nom duquel nous combattions.

Je ne le découvrais pas, je découvrais ce par quoi il ne ressemblait pas à ses photos. La vraie bouche était un peu plus petite, la moustache un peu plus noire. Et le cinéma, bien qu'il transmette maintes expressions, n'a transmis qu'une seule fois son regard dense et lourd : beaucoup plus tard, lorsque, dans un entretien avec Michel Droit, il regarde l'appareil de prise de vues, et semble alors regarder chacun des spectateurs.

— D'abord, le passé, me dit-il.

Surprenante introduction.

— C'est assez simple, répondis-je. Je me suis engagé dans un combat pour, disons, la justice sociale. Peut-être, plus exactement : pour donner aux hommes leur chance... J'ai été président du Comité mondial antifasciste avec Romain Rolland, et je suis allé avec Gide porter à Hitler — qui ne nous a pas reçus — la protestation contre le procès de Dimitrov et des autres soi-disant incendiaires du Reichstag. Puis il y a eu la guerre d'Espagne, et je suis allé me battre en Espagne. Pas dans les Brigades internationales, qui n'existaient pas encore, et auxquelles nous avons donné le temps d'exister : le parti communiste réfléchissait... Puis, il y a eu la guerre, la vraie. Enfin est arrivée la défaite, et comme beaucoup d'autres, j'ai épousé la France. Quand je suis revenu à Paris, Albert Camus m'a demandé : Devrons-nous donc choisir un jour entre la Russie et l'Amérique ? Pour moi, ce n'est pas entre la Russie et l'Amérique, c'est entre la Russie et la France. Lorsqu'une France faible se trouve en face d'une puissante Russie, je ne crois plus un mot de ce que je croyais lorsqu'une France puissante se trouvait en face d'une faible Union Soviétique. Une Russie faible veut des fronts populaires, une Russie forte veut des démocraties populaires.

« Staline a dit devant moi : Au début de la Révolution, nous nous attendions à être sauvés par la Révolution européenne, et maintenant la Révolution européenne attend l'armée rouge... Je ne crois pas à une révolution française faite par l'armée rouge et maintenue par la Guépéou — et pas davantage au retour à 1938.

« Dans le domaine de l'histoire, le premier fait capital des vingt dernières années, à mes yeux, c'est le primat de la nation. Différent de ce que fut le nationalisme : la particularité, non la supériorité. Marx, Victor Hugo, Michelet (Michelet qui avait écrit : " La France est une personne ! ") croyaient aux États-Unis d'Europe. Dans ce domaine, ce n'est pas Marx qui a été prophète, c'est Nietzsche, qui, lui, avait écrit : " Le xxᵉ siècle sera le siècle des guerres nationales. " A Moscou, avez-vous entendu *L'Internationale*, mon général ?

— On n'en parlait pas : elle avait mal tourné.

— J'étais là-bas quand l'hymne russe est devenu le chant des cérémonies. Depuis quelques semaines, on lisait dans la *Pravda*, pour la première fois, les mots : notre patrie soviétique. Chacun a compris. Et j'ai compris que tout se passait comme si le communisme était le moyen enfin découvert par la Russie pour assurer dans le monde sa place et sa gloire : une orthodoxie ou un panslavisme qui aurait réussi...

Il me regardait sans assentiment ni désaccord, avec attention.

— Parce que — même si l'on ne tenait pas compte de Lénine, de Trotski, de Staline, ce qui serait difficile — le communisme serait ce qui saisit le mieux, aujourd'hui, le fait révolutionnaire, qu'a saisi en d'autres temps la Révolution française...

— Qu'entendez-vous par : le fait révolutionnaire ?

— La forme provisoire prise par la revendication de la justice : ce qui va des jacqueries aux révolutions. Pour notre siècle, il s'agit de justice sociale, ce qui tient sans doute à l'affaiblissement des grandes religions ; les Américains sont croyants, mais la civilisation américaine n'est pas une civilisation religieuse.

« Le Front National est paracommuniste, en attendant d'être communiste ; mes camarades sont para-travaillistes, en attendant un travaillisme qui n'existe pas, et dont ils ne savent s'ils l'attendent d'eux-mêmes, du parti socialiste, ou de vous.

— Que veulent-ils *faire* ?

— Comme en 1848, comme en 1871, jouer une pièce héroïque qui s'appelle la Révolution. Noblement, pour les vrais, qui ne sont pas sortis des pavés après l'arrivée de l'armée. En parodiant... Clausewitz, je crois, je dirai que la politique leur semble continuer la guerre par d'autres moyens. Malheureusement, ce n'est pas vrai. La politique, pour moi (comme, me semble-t-il, pour vous, et même pour les communistes), implique la création, puis l'action, d'un État. Sans État, toute politique est au futur, et devient plus ou moins une éthique. Ce que les organisations de résistance ne semblent pas soupçonner. S'il ne s'agit plus de Révolution, de quoi s'agit-il ? Pour les politiciens d'hier ou de demain, d'entrer dans les partis, ou de former un nouveau parti. La résistance communisante aboutit au parti communiste ou au faux nez communiste. L'autre aboutit où l'on voudra, car les partis, je l'ai dit à M. Palewski, ont besoin de se désinfecter. Mais s'il y a eu les radicaux maquisards, il n'y a pas de maquisards radicaux. Un parti a des objectifs. La Résistance en avait un : contribuer à libérer la France. Les résistants ont été, en gros, des patriotes libéraux. Le

129

libéralisme n'est pas une réalité politique, c'est un sentiment, et un sentiment qui peut exister dans plusieurs partis, mais qui ne peut en fonder un. Au Congrès du M. L. N., j'ai découvert que le drame actuel de la Résistance est là.

« Ses membres ne sont pas contre le communisme. En tant que doctrine économique, 50 % d'entre eux le préfèrent. Ils sont contre les communistes ; peut-être, plus précisément, contre ce qu'il y a de russe dans le communisme français. Ils ne croient pas que l'énergie qu'ils admirent dans le P. C. russe, et les délations, les arguties, les exclusions — voire les procès — qu'ils lui reprochent, forment un tout. Le rêve secret d'une bonne partie de la France, et de la plupart de ses intellectuels, c'est une guillotine sans guillotinés. Ce qui les fascine dans le communisme, c'est l'énergie au service de la justice sociale ; ce qui les sépare des communistes, ce sont les moyens de cette énergie. Libéralisme pas mort. Les membres des partis étaient peu nombreux en France, et ce que j'ai connu de la Libération, en province et aux Actualités, c'est l'atmosphère d'un Front Populaire triomphant. Mais le Front Populaire n'a fait ni sa révolution ni son parti unique (et ses adversaires, pas davantage). Ce que j'ai appelé, au sujet de l'Espagne, l'" illusion lyrique " ne mène pas à une vraie formation politique. Il en va des radicaux comme des communistes, pour des raisons opposées : quand ils entrent dans un Front Populaire, c'est avec l'espoir de l'écraser.

— Croyez-vous ?

Le ton était peut-être ironique.

— Je crois que non seulement le libéralisme, mais encore le jeu parlementaire, sont condamnés dans tous les pays où les partis auront pour partenaire un parti communiste puissant. Le gouvernement parlementaire implique une règle du jeu, comme le montre bien le plus efficace de tous : le gouvernement britannique. Les communistes se servent du jeu à leurs propres fins, mais ils ne le jouent pas. Et il suffit qu'un partenaire ne suive pas les règles pour que le jeu change de nature. Si le parti socialiste, le parti radical, etc., sont des partis, alors les communistes sont autre chose...

« De plus, la droite traditionnelle s'était liée à Vichy, si bien que nous allons voir une gauche orientée par la surenchère communiste, sans droite reconnue. Et pourtant ce n'est pas seulement la Résistance, c'est la France, qui ne croit pas au retour du parlementarisme de naguère. Parce qu'elle pressent la plus violente métamorphose que l'Occident ait connue depuis la fin de l'Empire romain. Elle n'a pas envie de l'affronter sous la conduite de M. Herriot. Et puis, la fin de la IIIe République est liée à la défaite. Elle ne s'était pourtant pas si mal défendue, pendant la guerre de 14...

Il leva l'index, d'un geste qui signifiait : prenez garde !

— Ce n'est pas la République qui a gagné la guerre de 14, c'est la France. A la déclaration de guerre, à la Marne, à partir de Clemenceau, on a mis en veilleuse les rivalités, les partis...

— Clemenceau, n'est-ce pas la France républicaine ?

— J'ai rétabli la République. Mais il faut qu'elle puisse refaire la France. Le fait national est très différent des nationalismes, je le reconnais. Les communistes le comprennent, à leur manière. C'est pour cela qu'ils ont tenu à leur histoire de milices. Ils sentent qu'un État qui n'assure plus la défense de la nation est un État condamné. Ni les deux empires français, ni l'empire allemand, ni l'empire russe, n'ont survécu à la défaite. La légitimité profonde de l'État est là.

131

Vous avez raison de dire que le communisme a permis à la Russie de refaire son armée...

— Et de retrouver son âme.

Je m'aperçus que je l'avais interrompu, car il laissait parfois entre ses phrases d'assez longs silences, mais poursuivait sa pensée.

— ... et l'Asie ne retrouve son âme, comme vous dites, qu'en retrouvant ses nations. Peut-être la monarchie française est-elle morte à Rossbach... Je vous en prie, continuez.

— Churchill a écrit que Clemenceau lui avait paru un des hommes de la Révolution...

Il cligna un peu des yeux, avec une expression de confidence ironique que je retrouve souvent lorsque l'Histoire est en cause :

— Ils ont beaucoup parlé, et très bien. Ça compte. Ils ont créé la nation mobilisée, contre des armées mercenaires. Tout a craqué quand les autres nations sont elles aussi entrées dans le jeu... Mais c'était contre Napoléon.

— Croyez-vous que Mirabeau eût sauvé la monarchie ?

— Il est mort à temps. Je crois qu'il aurait beaucoup déçu — et se serait beaucoup déçu lui-même...

En face de la galerie romaine des guillotinés, l'individualiste prêt à trahir la Révolution pour les yeux de la Reine et les deniers du Roi, mort lentement et noblement après le départ des deux filles qui se trouvaient dans son lit, apparaissait comme un grand aventurier. Il lui manquait le sacre obscur que la patrie ou le peuple apportait à tous les autres jusqu'au 9 Thermidor. J'avais lu ce que le général de Gaulle avait écrit de Hoche, et c'est à lui qu'il pensa, peut-être parce que Hoche aussi était mort empoisonné :

« Hoche est une belle figure. Où qu'on le mette, il se

132

trouve digne de sa fonction... Et puis la Vendée, convaincre les gens de se rassembler autour d'une table pour parler avant de s'assassiner... Mais quand on l'a empoisonné, il filait un mauvais coton... »

Je le regardai interrogativement. Il sourit avec ironie :

— ... la dictature...

— A sa libération de la Conciergerie, dis-je, il a dû s'effacer dans le couloir, pour laisser entrer un nouveau prisonnier : c'était Saint-Just.

— Oh! ce sont toujours les mêmes qui se rencontrent...

Saint-Just dans le couloir, Joséphine dans la chambre, pensai-je. Il leva l'index comme il l'avait fait quelques minutes plus tôt :

— Ne vous y trompez pas : la France ne veut plus la Révolution. L'heure est passée.

Je fus frappé par la neutralité du ton — la même que s'il eût parlé de l'Empire romain. Nos intellectuels vivaient avec passion une mythologie politique, et les armées du communisme et du fascisme s'affrontaient encore. Pour la première fois, j'éprouvai comment les valeurs suprêmes de tant d'autres, dont beaucoup n'étaient pas ses adversaires, devenaient pour lui négligeables. Il avait naguère distraitement répondu à l'exposé du ministre du Ravitaillement sur le marché noir, qui obsédait Paris : « Il faudra bien que les Français se décident à s'occuper d'autre chose que de leurs histoires de harengs saurs... » Ce n'était pas Marie-Antoinette parlant des brioches. « L'heure est passée », était dit sur le ton dont un mystique parle des passions. Mais les mystiques ne croient guère à l'Histoire...

— La manchette de *Combat*, dis-je, est encore : de la Résistance à la Révolution.

— Quel est le tirage de *Combat* ?

« J'ai annoncé que seraient nationalisées, dans l'année, toutes les sources d'énergie et de crédit. Pas pour la gauche : pour la France. La droite n'est pas pressée de soutenir l'État, et la gauche l'est trop.

« Ce que M. Palewski m'a rapporté de votre conversation au sujet de la propagande m'a intéressé. Où en sont les intellectuels ? Je ne veux pas dire : quant à la propagande, mais... dans l'ensemble.

— Il y a ceux que la Résistance a menés au romantisme historique, et cette époque devrait les combler. Ceux qu'elle a menés, ou qui se sont menés tout seuls, au romantisme révolutionnaire, qui consiste à confondre l'action politique avec le théâtre. Je ne parle pas de ceux qui sont prêts à se battre pour créer des soviets : je ne parle pas des acteurs, mais des spectateurs. Depuis le XVIIIe siècle, il y a en France une école des " âmes sensibles ". Dans laquelle les femmes de lettres jouent d'ailleurs un rôle assez constant.

— Mais pas comme infirmières.

— La littérature est pleine d'âmes sensibles dont les prolétaires sont les bons sauvages. Mais il n'est pas facile de comprendre comment Diderot a pu croire que Catherine II ressemblait à la Liberté...

— Voltaire faisait des épigrammes sur la bataille de Rossbach... Mais c'est dommage.

— La situation des intellectuels sérieux est difficile. La politique française s'est volontiers réclamée des écrivains, de Voltaire à Victor Hugo. Ils ont joué un grand rôle dans l'affaire Dreyfus. Ils ont cru retrouver ce rôle au temps du Front Populaire. Déjà celui-ci se servait d'eux plus qu'il ne s'en réclamait. Cette utilisation, du côté communiste, a été mise au point avec beaucoup d'habileté par Willy Münzenberg — mort depuis. Mais depuis 1936, qu'ont fait ces intellectuels qui n'ont cessé de se réclamer de l'action, dont Montesquieu ne se réclamait pas ? Des pétitions.

« Et puis il y a les philosophes professionnels. Pour

134

ceux-là, Lénine ou Staline n'est qu'un disciple de Marx. Ils me font penser à un rabbin d'Ispahan qui me demandait jadis : " Vous qui êtes allé en Russie, est-ce vrai que les communistes aussi ont un *livre* ? " Ceux-là cherchent la théorie derrière l'action. Une théorie d'une nature particulière : Marx, mais pas Richelieu. Pour eux, *Richelieu n'avait pas de politique.* J'ai dit à M. Palewski qu'à l'heure actuelle, *ils ne vous entendent pas.* Ils ont peu conscience de la contradiction dans laquelle ils vivent, parce que l'action ne la met jamais à l'épreuve. Mais ils la ressentent confusément, comme on l'a vu au Congrès du M. L. N. Et puis, la vraie Résistance a perdu les deux tiers des siens...

— Je sais, dit-il tristement, je...

J'eus le sentiment qu'il allait ajouter : je sais aussi que vous y avez perdu les vôtres, mais sa phrase resta suspendue et il se leva.

— Qu'est-ce qui vous a frappé, en retrouvant Paris ?

— Le mensonge.

L'aide de camp avait entrouvert la porte, et le général me reconduisait :

— Je vous remercie, me dit-il.

J'avais redescendu l'escalier monumental, confondu rêveusement les huissiers et les armures, et marchais dans la rue. Par quoi m'avait-il surpris ? Les Actualités m'avaient rendu familiers son aspect et même le rythme de sa parole, qui ressemble à celui de ses discours. Mais au cinéma, il parlait ; je venais de rencontrer un homme qui interrogeait, et sa force prenait d'abord, pour moi, la forme de son silence.

Il ne s'agissait pas d'un interrogatoire. Il aime la courtoisie de l'esprit. Il s'agissait d'une *distance* intérieure que je n'ai rencontrée, plus tard, que chez Mao Tsé-toung. Il portait encore l'uniforme. Mais l'éloi-

135

gnement des généraux de Lattre et Leclerc ne leur appartenait pas, il appartenait à leurs étoiles. Je me demandais souvent, devant tel militaire : que serait-il « dans le civil » ? Tantôt de Lattre eût été ambassadeur, et quelquefois cardinal. Dans le civil, le général de Gaulle eût été le général de Gaulle.

Son silence était une interrogation. J'aurais pensé à Gide, s'il n'y avait eu dans le silence de Gide une curiosité chinoise. « Mon Général, avait-il demandé à Alger, de sa meilleure voix d'inquisiteur déférent, voulez-vous me permettre une question : quand avez-vous décidé de *désobéir* ? » Le général avait répondu par un geste vague, et vraisemblablement pensé à la célèbre phrase anglaise relative à l'amiral Jellicoe : « Il a toutes les qualités de Nelson, sauf celle de désobéir. » Gide m'avait parlé de la « noblesse cérémonieuse » de son accueil ; à un déjeuner, il est vrai. Je ne gardais pas le souvenir d'une cérémonie, mais de cette distance singulière en ce qu'elle n'apparaissait pas seulement entre son interlocuteur et lui, mais encore entre ce qu'il disait et ce qu'il était. J'avais déjà rencontré cette présence intense, que les paroles n'expriment pas. Ni chez des militaires, ni chez des politiques ni chez des artistes : chez des grands esprits religieux, dont les paroles affablement banales semblent sans relation avec leur vie intérieure. C'est pourquoi j'avais pensé aux mystiques lorsqu'il avait parlé de Révolution.

Il établissait avec son interlocuteur un contact très fort, que l'éloignement semblait rendre inexplicable. Contact dû d'abord à ce qu'il imposait le sentiment d'une personnalité totale — le sentiment opposé à celui qui fait dire : on ne juge pas un homme d'après une conversation. Il y avait dans ce qu'il m'avait dit le poids que donne la responsabilité historique à des affirmations très simples. (Celui de la réponse de Staline à la question de Hearst, en 1933 : « Comment pourrait se dérouler une guerre entre l'Allemagne et l'Union Soviétique, qui n'ont pas de frontière commune ? — On en trouve. ») Malgré sa courtoisie, on semblait toujours lui rendre compte. Nous n'avions pas abordé la modernisation de l'enseignement, ni précisé le domaine dans lequel je lui serais éventuellement utile. J'avais vu un officier général qui aimait les idées et les saluait imperceptiblement au passage ; l'homme devant qui chacun était responsable parce qu'il était responsable du destin de la France ; enfin un personnage hanté, dont ce destin *qu'il devait découvrir et affirmer* emplissait l'esprit. Chez un religieux : la personne, le sacerdoce, la transcendance. La transcendance telle que l'avaient conçue les fondateurs d'Ordres combattants. Avant de traverser, je levai distraitement les yeux : rue Saint-Dominique.

Je tentais de tirer au clair une impression complexe : il était égal à son mythe, mais *par quoi* ? Valéry l'était parce qu'il parlait avec autant de rigueur et de pénétration que Monsieur Teste — argot et fantaisie en plus. Einstein était digne d'Einstein par une simplicité de franciscain ébouriffé que ne connaissent d'ailleurs pas les franciscains. Les grands peintres ne se ressemblent que lorsqu'ils parlent de peinture. Le seul personnage que le général de Gaulle appelât alors dans ma mémoire, non par ressemblance mais par opposition, à la façon dont Ingres appelle Delacroix, c'était Trotski.

Quelques jours plus tard, j'étais appelé comme conseiller technique à son cabinet. C'est alors que commença l'étude du plan de modernisation de l'Éducation nationale, et que Stoetzel reçut le premier million qui lui permit d'organiser des sondages sérieux. Les dieux nous aidèrent : le dernier sondage, relatif au référendum constitutionnel (ils étaient encore secrets) fut exact à 997 pour 1 000. D'avril à août, Roosevelt, Mussolini et Hitler étaient morts, Churchill était parti, l'Allemagne avait capitulé, la bombe atomique explosé sur Hiroshima. Le 21 octobre, les élections envoyaient à l'Assemblée 302 députés communistes et socialistes. Le général, élu chef du gouvernement à l'unanimité des votants, formait son ministère, dans lequel je devenais ministre de l'Information. Tâche instructive : il s'agissait surtout d'empêcher chaque parti de tirer la couverture à lui. Thorez observait la règle du jeu : mettre le parti communiste au service de la reconstruction de la France. Mais en même temps, le Parti noyautait, noyautait ; les rapports de Marcel Paul étaient insolemment faux. Et dans ce gouvernement tripartite, les faux exposés communistes commençaient à susciter les faux exposés socialistes et M. R. P. Le général, après le Conseil, tentait encore de convaincre tel ou tel ministre. Mais son arbitrage, qu'il tenait pour essentiel à l'action de l'État, ne pouvait devenir un arbitrage permanent entre des fictions, et je doutais qu'il supportât longtemps ce concours d'impostures. Il semblait découvrir ce qu'il savait pourtant depuis toujours, mais que la guerre, la Résistance, et peut-être sa familiarité avec la démocratie anglaise, avaient estompé : que notre démocratie est un combat de partis et que la France joue dans ce combat un rôle subordonné. Il avait été déconcerté d'entendre Herriot, puis Léon Blum, à qui il proposait d'entrer au gouvernement comme ministres d'État pour contribuer au relèvement du pays, répondre qu'ils préféraient se consacrer à leur parti. D'autant plus qu'il savait, du second au moins, que ce n'était pas seulement pour y être le premier.

Son amertume, lorsqu'il fut attaqué par Herriot, tint d'abord à sa certitude que les jeux parlementaires allaient recommencer. Pensa-t-il que la France devrait bientôt le rappeler ? Nous le pensions tous. Quelques jours avant son départ, Léon Blum et moi étions ses invités dans sa villa de Neuilly. Après le dîner, nous nous trouvâmes tous trois à une petite table, et il dit à Léon Blum, mi-sérieusement, mi-ironiquement :

— Eh bien! convainquez-le!

Il s'agissait de la confiance que l'on pouvait accorder à la coopération des communistes au gouvernement.

— Comment voulez-vous, dis-je, que de vrais communistes ne nous prennent pas pour un gouvernement Kerenski ou un gouvernement Pilsudski? Il ne peut s'agir que de savoir qui tirera le premier : ce n'est plus un État, c'est un duel à l'américaine. Souvenez-vous du Front Populaire...

— Mais le Front Populaire a tenu.

Léon Blum leva vers nous son long visage fin, et, joignant les mains à plat, répéta fermement, d'une voix frêle et un peu désabusée qui contrastait avec la voix profonde du général :

— Ça a tenu...

— Oui, répondit le général amèrement.

Il pensait vraisemblablement : et après? Pour Léon Blum, malgré son courage moral, qui était grand, la politique impliquait la conciliation. Les accords Matignon avaient été un tour de force. Il ne s'agissait pas de la conciliation superficielle qui accompagne les actions conjuguées, et que le général possède assez bien, mais d'une conciliation profonde, une sorte de conversion de l'adversaire. (Les hommes sont aisément sensibles aux arts pour lesquels ils possèdent de grands dons...) Je crois que Léon Blum accordait à la conciliation la valeur que le général de Gaulle accordait à l'inflexibilité.

— Ça a tenu, dis-je, parce que l'Union Soviétique était faible. Avec l'armée rouge et le Staline d'aujourd'hui...

— Peut-être l'Amérique ne serait-elle pas pressée de voir les Russes à Paris...

— S'ils s'appelaient Parti Communiste Français et s'il n'y avait pas de coup d'État, les États-Unis bougeraient-ils ?... Mais je voulais dire ceci. Dans sa période révolutionnaire, le Front Populaire a fait de vraies réformes, et...

— Par exemple, dit Léon Blum en souriant, il a tenté de réarmer la France...

— C'est vrai. Mais, sa période révolutionnaire terminée, nous avons retrouvé le parlement traditionnel. Que le tripartisme espère bien retrouver à son tour, et dont il n'est séparé que par l'action du général de Gaulle. Or, à la déclaration de la guerre, qu'était devenu votre effort militaire ? Les gouvernements avaient voulu concilier les partisans d'Hitler et ses adversaires, les partisans des blindés et leurs adversaires. Alors, on a mis un demi-soldat dans un demi-char, pour livrer un demi-combat.

— Vous savez, répondit-il en souriant davantage, que je ne tiens pas le parlementarisme pour le meilleur gouvernement démocratique possible...

Je le savais, et sans doute ce qu'il avait écrit à ce sujet avait-il contribué à le rapprocher du général de Gaulle.

— Au fond, reprit-il, vous pensez que le compromis appartient à la politique du xixe siècle... C'est possible. Peut-être aussi la vie elle-même est-elle un compromis... Seulement... Staline n'a pas mis des demi-soldats dans les demi-chars, mais il a mis beaucoup de gens dans des cercueils... Quand j'étais au gouvernement, je me suis demandé souvent si le compromis n'était pas la rançon de la liberté...

— Le problème capital de la Libération est sans doute de concilier l'autorité réelle de l'État avec les libertés réelles des citoyens. Facile à dire, difficile à faire...

— Dans une certaine mesure, les Anglo-Saxons l'ont fait.

— Mais le parti communiste ne compte ni en Angleterre, ni aux États-Unis...

Mme de Gaulle apportait le café. Je l'accompagnai. Le général n'avait rien dit. Un peu plus tard, les deux hommes se trouvaient à l'extrémité du salon, sous le regard perplexe des deux femmes. Le général savait, par les articles du *Populaire,* que tout ce que son interlocuteur venait de dire épisodiquement reposait sur la croyance — la croyance, non l'idée — qu'il n'y aurait pas de France sans démocratie, pas de démocratie politique sans démocratie sociale, et pas de démocratie sociale sans démocratie internationale. Léon Blum tenait le socialisme pour la forme extrême de la démocratie ; d'où la conciliation entre son appel au collectivisme, et son goût très vif des libertés individuelles. Il y avait chez lui une confiance en l'homme aussi profonde que la foi communiste, et qu'il justifiait d'ailleurs en transposant Spinoza : « Toute action dont nous sommes nous-mêmes la cause, en tant que nous avons l'idée de l'humain, je la rapporte à la religion. » Il semblait mettre sa maturité au service de sa jeunesse. Et il n'était dupe que de l'incontrôlable... Homme de vocation lui aussi — et manifestement, en ce temps où la prison le marquait encore. Mais sa vocation le rapprochait des hommes qu'il connaissait ; celle du général, des hommes qu'il ne connaissait pas. Le premier ne croyait qu'au travail d'équipe ; le second, qu'au travail d'état-major. Malgré la bonne grâce qui accompagnait toujours son hospitalité, celui-ci semblait bienveillamment cuirassé. Était-il sensible à l'absurdité du procès de Riom ? Il l'était sans doute aux réformes que son interlocuteur avait imposées, à ce qu'il avait *fait* ; et à la lucidité de certaines analyses, que sa foi socialiste orientait, mais ne brouillait pas. Je crois que leur dialogue s'était établi sur la conscience qu'avait chacun de la qualité de l'autre, sur leur besoin commun de concevoir la politique comme un moyen de l'histoire. Mais les jeux étaient faits. Quelques jours avant les élections, le général avait suggéré à Léon Blum de lui succéder, s'il était amené à se retirer. « Je ne le peux pas, avait répondu celui-ci, à cause de ma santé ; et surtout je ne le veux pas, parce que je traîne trop de haines après moi... »

Le général savait que les Français avaient accepté la défaite. Il savait qu'ils avaient accepté Pétain. Et je crois qu'il savait, depuis l'enthousiasme de la Libération, qu'il était l'alibi de millions d'hommes. Dans la Résistance, la France reconnaissait ce qu'elle aurait voulu être, plus que ce qu'elle avait été. Et pourtant le vrai dialogue du général était avec elle, qu'on l'appelât la République, le peuple ou la nation. « Un homme d'État est toujours seul d'un côté, avec le monde de l'autre », a dit Napoléon. « Seul avec la France », eût sans doute pensé le général de Gaulle. Les grands solitaires ont souvent une profonde relation avec la masse des vivants et des morts pour lesquels ils combattent. Mais la nation lui pardonnerait-elle ce qu'elle lui devait, s'il ne complétait l'alibi en disparaissant (fût-ce en devenant un chef politique « semblable aux autres » ?). Comme l'Angleterre avait bien abandonné Churchill, comme la France avait bien laissé le Congrès abandonner Clemenceau ! Pourtant, le parti unique écarté, le retour au-dessus des partis ne pouvait avoir lieu qu'au nom de la nation. Le premier référendum portait en germe l'élection du président de la République au suffrage universel, l'accession du peuple à l'arbitrage suprême entre le Président et l'Assemblée, que Léon Blum réprouvait passionnément. Peut-être le départ du général fut-il, entre autres choses, un référendum secret.

Après les Conseils des ministres, je restais avec lui, selon l'usage, pour rédiger le communiqué. Un jour, pendant que nous descendions l'escalier en faux marbre de l'hôtel Matignon, il me dit :

— Que comptez-vous faire maintenant, à l'Information ?

— Le ministère, mon général : il n'y en a pas. Ce sera terminé dans six semaines.

— Je serai parti.

C'est alors que, sans aucune raison, je devinai que le général de Gaulle ne m'avait *jamais* appelé. J'en ai reçu la confirmation quelques années plus tard. Nous fûmes les personnages d'une curieuse intrigue, qu'il pressentit sans doute avant moi. Je pense que lorsqu'on me transmit son appel supposé, on lui transmit le mien, qui ne l'était pas moins [1]. Ce qui expliquerait la singularité de notre premier entretien...

---

1. Quant à l'aviation des Forces Françaises Libres, j'ai reçu vingt ans plus tard — cette année — de M. Bénédite, directeur de la Guilde internationale du Disque, une lettre où se trouve le paragraphe suivant :

« Nous nous sommes rencontrés à plusieurs reprises dans le bureau du Centre, à Marseille, et nous avons même dîné un soir ensemble avec Victor Serge qui était à ce moment mon hôte. Connaissant les possibilités qu'avait Varian Fry de communiquer avec l'Angleterre, vous lui aviez remis une lettre destinée au général de Gaulle ; Fry avait confié cette lettre à ma femme qui était sa secrétaire et qui malheureusement a été arrêtée par la police, lors des manifestations qui avaient eu lieu sur la Canebière à l'endroit où Alexandre de Yougoslavie et Barthou avaient été assassinés. Dans le car de police ma femme avait alors mangé votre lettre pour qu'elle ne puisse être trouvée en cas de fouille éventuelle. Je n'ai pas le souvenir de la façon dont le contact a été finalement établi entre vous et le général de Gaulle après la malheureuse destruction de votre lettre, mais je pense qu'un autre biais a été trouvé... »

3

Je devais le revoir à Marly, à Colombey, rue de
Solférino au temps du R. P. F., puis pendant ce que
nous avons appelé la traversée du désert. On dit qu'il
a toujours su qu'il reprendrait le pouvoir. Fut-il assuré
qu'il le reprendrait à temps ? Je me trouvais, avant
Dien Bien Phu, avec quelques amis dans un chalet
du Valais, devant des touristes labichiens qui regardaient le mont Blanc à travers une énorme lunette ;
Élisabeth de Miribel me demanda : « Comment reviendra
le général ? — Par un complot de l'armée d'Indochine
qui croira se servir de lui, et s'en mordra les doigts. »
Ce ne fut pas l'armée d'Indochine ; et, quand ma pro-
phétie devint presque juste, je séjournais à Venise,
fort assuré qu'il ne se passerait rien.

« Il pêche à la ligne dans la lagune », disait Bidault,
machiavélique, faisant allusion à la phrase (de Del-
becque ?) qu'on m'avait prêtée : on ne va pas au bord
du Rubicon pour pêcher à la ligne.

Je ne connus la gravité des événements qu'à mon
retour.

A l'un des derniers Conseils, M. Pleven avait dit :

« Nous ne représentons plus que des ombres... Ne nous payons pas de mots. Le ministre de l'Algérie ne peut franchir la Méditerranée. Le ministre de la Défense nationale n'a plus d'armée. Le ministre de l'Intérieur n'a plus de police. » Beaucoup d'anciens soldats d'Indochine et d'anciens paras faisaient partie de la police parisienne, entrée en grève en mars.

Restait la formation de milices. Le président Pflimlin s'y opposait. Il voyait dans leur création une menace de guerre civile plus grave que dans l'appel au général de Gaulle. Les ministres, d'ailleurs, parlaient de former des Comités de Défense Républicains, non d'armer des milices, qui fussent devenues des milices communistes. A moins qu'il n'y eût pas de milices du tout. « La mobilisation des masses, disaient les syndicats, peut se faire sur les salaires, non sur le système parlementaire. Les ouvriers, qui se souviennent qu'en 1944 les libertés ont été rétablies, et qui ont souvent un des leurs en Algérie, préfèrent de Gaulle aux colonels. » Lorsque les communistes avaient parlé de mobilisation, les militants avaient rejoint les cellules, mais les avaient quittées dans la matinée, laissant les derniers fidèles jouer à la belote. Le dimanche, 35 000 voitures s'étaient succédé sur l'autoroute de l'Ouest — 3 000 de plus que l'année précédente.

La révolution d'Alger n'était pas moins confuse. On savait mal à Paris ce que signifiait le mot intégration. Soustelle avait dit : c'est le contraire de la désintégration. Ah, oui ? Le mythe de la France depuis Dunkerque jusqu'à Tamanrasset était né d'une enquête du Service psychologique de l'Armée, alors dans sa fraîche gloire. Pour les militaires activistes, pour les officiers des S. A. S. et même beaucoup de paras, il apportait la fraternisation. Que le Service psychologique l'ait organisée, ne fût-ce qu'en faisant transporter les musulmans par les camions de l'armée, c'est vraisemblable; mais il n'avait pas prévu cette Nuit du 4 Août, et fut incapable de la renouveler. La « journée du miracle », le 16 mai, surprit ceux qui l'avaient préparée, et qui écrivaient : « Cette espérance n'est comparable qu'à celle que nous avons connue à Paris au lendemain de la Libération! » Elle surprit les musulmans qui se retrouvaient dans les bras des pieds-noirs, les pieds-noirs qui se retrouvaient dans les bras des musulmans. Elle décontenança les communistes, qui décidèrent de n'y pas croire; et même le F. N. L., car pendant la période de fraternisation, aucun attentat ne fut commis à Alger. Les capitaines des paras proclamaient : Nous appuierons notre mouvement sur dix millions de Français d'Algérie, Européens et musulmans. Mais l'exaltation retombée, la condition des musulmans n'avait pas changé. Les Comités de Salut Public décrétaient d'augmenter le salaire misérable des ouvriers agricoles; les colons les faisaient travailler de cinq heures à midi, payaient une demi-journée du nouveau salaire : moins qu'avant l'augmentation. La fureur gagnait l'armée, qui attendait du mouvement algérien une révolution française technisée, un consulat de Saint-Just et de Mao Tsé-toung — et qui n'était sans doute unie que dans le désir d'une action politique, dans la haine d'un régime qui ne savait ni faire la guerre ni faire la paix. Les civils se méfiaient de la fraternisation. Dans leurs organisations nationalistes mais antimétropolitaines, Algérie française voulait dire à l'occasion France algérienne. Les réactionnaires chevronnés se déclaraient pour l'intégration, depuis qu'ils tenaient le droit de vote pour acquis aux musulmans, dont les neuf millions de voix pèseraient plus que celles d'un million de pieds-noirs, mais moins que celles de vingt millions de Français. En Corse, l'adjoint socialiste de

146

Bastia, qui remplaçait le maire, avait quitté la mairie, occupée par les paras, en chantant *La Marseillaise*; les paras l'avaient accompagné en la chantant aussi, et la foule sur la place l'avait reprise en chœur, sans qu'on sût si elle la chantait pour l'adjoint, pour les paras, ou pour les deux...

Le 1er juin, l'envoyé des Comités de Salut Public, qui s'attendait à trouver Paris en état de siège, découvrait, ahuri, des joueurs de pétanque sur l'esplanade des Invalides. Un des plus célèbres reporters américains m'avait assuré que le général Massu s'était fait torturer pour avoir le droit d'ordonner la torture. On retenait pourtant, de ce tohu-bohu, qu'un mouvement contradictoire et résolu disposait d'avions et de combattants, contre un gouvernement sans armée ni police. Salan, délégué de Pflimlin, avait crié : « Vive de Gaulle ! » et l'on n'attendait plus du général qu'il arrêtât les parachutistes, mais qu'il prévînt la guerre civile — qui allait commencer, comme celle d'Espagne, comme la Révolution d'Octobre, avec les cinémas ouverts et les badauds en promenade.

Il me convoqua, deux jours après mon retour, à l'hôtel Lapérouse.

A cinq heures, peut-être parce qu'il tenait notre entretien pour un moment de repos, il fit apporter du whisky et du thé. Le salon était celui de l'appartement qu'on lui réservait lorsqu'il venait à Paris : du Louis XVI d'hôtel, et le calme que le général de Gaulle a toujours imposé autour de lui. Le thé repartit vers le brouhaha qui montait du hall et emplissait l'escalier, comme le chaos du pays.

— La question principale, me dit-il en substance, est de savoir si les Français veulent refaire la France, ou s'ils veulent se coucher. Je ne ferai pas la France sans eux. Et nous devons assurer la continuité des institutions, jusqu'au moment où j'appellerai le peuple à en choisir d'autres. Provisoirement, il n'a pas envie des colonels. Il s'agit donc de refaire l'État, de stabiliser la monnaie, d'en finir avec le colonialisme.

Je retrouvais le rythme ternaire qui lui est aussi familier que le dilemme l'est à d'autres.

— Faire un État qui en soit un, ça veut dire faire une Constitution qui en soit une. Donc, le suffrage universel est la source de tout pouvoir; le pouvoir exécutif et le pouvoir législatif sont réellement séparés; le gouvernement est responsable vis-à-vis du Parlement.

« Stabiliser la monnaie ne sera pas facile; mais ce sera moins difficile qu'on ne le dit, si l'État est capable de continuité et de fermeté; c'est-à-dire s'il est un État.

« L'affaire coloniale... Il faut que je dise à tous ceux qui forment l'Empire : les colonies, c'est fini. Faisons ensemble une Communauté. Établissons ensemble notre défense, notre politique étrangère et notre politique économique.

« Pour le reste, nous les aiderons. Bien sûr, les pays pauvres voudront s'associer aux riches, qui seront moins pressés. Nous verrons. Qu'ils fassent des États. S'ils en sont capables.

« Et s'ils sont d'accord.

« Ceux qui ne le sont pas, qu'ils s'en aillent. Nous ne nous y opposerons pas. Et nous ferons la Communauté française avec les autres. »

Ce dessein lui était familier depuis le discours de Brazzaville, en 1942. Mais il ne s'agissait plus d'un espoir. Pendant que les pauvres défilés de la Bastille à la Nation parodieraient un Front Populaire qui, lui, n'avait pas traîné la charge de l'expédition de Suez et de la guerre d'Algérie, et qui avait apporté plus de justice sociale que ne l'avait jamais fait la IVᵉ République, la France allait déclarer à toutes ses anciennes colonies : « Si vous voulez réellement l'indépendance, prenez-la ! »

Il n'avait pas parlé de l'Algérie, mais il semblait l'investir. Il fallait d'abord que l'armée française y fût celle d'une France qui offrait la liberté à dix-sept pays, et non plus celle d'un empire colonial. Il allait partir pour Alger après la déclaration d'investiture. Le chemin d'Alger, une fois de plus, passerait par Brazzaville.

Où allait ce chemin ? Une caricature peut être ressemblante ; j'avais toujours vu les adversaires du général — Roosevelt compris — tracer de lui des caricatures qui ne lui ressemblaient pas. Ses adversaires d'aujourd'hui le tenaient pour un réactionnaire ; ils oubliaient les réformes sociales que lui devait la France, les seules réformes capitales depuis le Front Populaire. Ils le tenaient pour un chef de paras ; le gouvernement qu'il était en train de former n'enchanterait pas Alger ; et il ne deviendrait pas plus un président des Comités de Salut Public, qu'il n'était devenu un président des F. F. I. et des F. T. P. Il reprenait le pouvoir en face d'un grand désordre ? Moins grand que celui de 1944. Ses adversaires croyaient qu'il allait exercer le pouvoir selon ses préférences, et attendre le rétablissement de la France, de la fin du conflit algérien. Je me demandais s'il n'attendait pas, du rétablissement de la France, la fin du conflit. Provisoirement il voulait contrôler lui-même ; et, peut-être, tâter son pouvoir.

A peine parla-t-il des problèmes sociaux. La façon dont il différait de les poser, alors qu'il s'était manifestement attaché avec rigueur à ceux de la monnaie, de l'Empire, et d'abord de l'État, me sembla significative. Il se battait contre la montre, mais pas dans ce domaine. Et peut-être n'était-il pas fâché de voir les communistes, et les remous du grouillement politicien, s'égarer loin de ce qu'il tenait pour les problèmes essentiels et le sentiment profond du pays. Il devait me dire, quelques jours plus tard : « N'oubliez pas que nous n'avons pas fait la Révolution. » Je ne l'ai revu monolithique à ce point, que lors des barricades d'Alger. Il revenait de la retraite qu'est pour tout homme la méditation du passé, surtout lorsque ses souvenirs sont une épopée : une semaine plus tôt, il corrigeait ses *Mémoires*. La grande solitude qu'il a toujours portée en lui, il la quittait pour des négociations, mais aussi pour la destinée de la France dont il était hanté depuis tant d'années. Rien n'avait changé dans son dialogue imperturbable avec cette ombre. En ces jours où ceux qui l'appelaient le plus furieusement se voulaient fascistes, où ceux qui l'attaquaient le plus se voulaient communistes, où la France semblait vouée à l'affrontement des partis totalitaires, il ne pensait qu'à refaire l'État. Pourtant, avant de le quitter, je parlai de la jeunesse. « Si je peux, avant de mourir, me dit-il, revoir une jeunesse française, ce sera... » Le ton signifiait peut-être « ... aussi important que la Libération. » Mais il laissa la phrase suspendue, comme son geste. Ayant pris congé, je me souvins d'un jour d'hiver, à l'orée du bois de Colombey. A perte de vue, en face du cimetière où se trouve la tombe de sa fille, pas un village. Il avait étendu le bras, comme il venait de le faire dans le petit salon, vers les vallonnements lugubres du plateau de Langres et de l'Argonne : « Avant les Grandes Invasions, tout cela était peuplé... »

Dans la voiture qui me reconduisait, je pensais à notre première rencontre.

Ses moustaches devenues grises étaient à peine visibles, et sa bouche continuait maintenant par deux rides profondes qui rejoignaient son menton. « Avez-vous remarqué, m'avait dit Balthus, que, de face, il ressemble au portrait de Poussin par lui-même ? » C'était devenu vrai. Et peut-être l'Histoire apporte-t-elle son masque avec elle. Le sien s'était nuancé, au cours des années, d'une apparente bienveillance, mais il demeurait grave. Il semblait ne pas exprimer les sentiments profonds, mais se fermer sur eux. Ses expressions étaient celles de la courtoisie ; et, quelquefois, de l'humour. Alors l'œil rapetissait et s'allumait à la fois, et le lourd regard était remplacé pour une seconde par l'œil de l'éléphant Babar.

Connaître un homme, aujourd'hui, veut surtout dire connaître ce qu'il y a en lui d'irrationnel, ce qu'il ne contrôle pas, ce qu'il effacerait de l'image qu'il se fait de lui. En ce sens, je ne connais pas le général de Gaulle. « Connaître les hommes, pour agir sur eux... » Pauvres malins ! on n'agit pas sur les hommes par la connaissance, mais par la contrainte, la confiance ou l'amour. Un long commerce avec le général de Gaulle m'avait pourtant rendu familiers certains de ses processus mentaux, et sa relation avec le personnage symbolique qu'il appelle de Gaulle dans ses *Mémoires* ; plus exactement, dont il a écrit les mémoires, où Charles ne paraît jamais.

Peut-être la distance qui m'avait intrigué lorsque je l'avais rencontré pour la première fois venait-elle en partie d'un caractère que Stendhal a noté au sujet de Napoléon : « Il dirigeait la conversation... Et jamais une question, une supposition étourdie... »

Mais que l'empereur quittât son rôle (et même parfois lorsqu'il le conservait), apparaissait le Napoléon coléreux ou comédien, le mari de Joséphine, l'amateur de niches. Toute la Cour connaissait ce personnage.

151

Pour les collaborateurs du général de Gaulle, l'homme privé n'était nullement celui qui parlait d'affaires privées, c'était seulement celui qui ne parlait pas des affaires de l'État. Il n'acceptait de lui-même ni l'impulsivité ni l'abandon; il acceptait volontiers, pendant les réceptions ou à des occasions choisies par lui, une conversation superficielle; il la menait avec bonne grâce; mais elle était de courtoisie, et la courtoisie appartenait à son personnage. Napoléon avait terrifié ses voisines; celles du général le jugeaient distant et « charmant » (charmant voulait dire : attentif) parce que cet homme, même s'il leur parlait de leurs enfants, était encore de Gaulle. Et dans la biographie de ceux qui ont fait l'histoire de notre pays, il est assez rare que l'on ne rencontre pas d'autres femmes que la leur... Tout cela s'accordait au Grand Maître des Templiers qui m'avait reçu jadis au ministère de la Guerre, car cette bienveillance-là vient du sacerdoce, non l'inverse. Pour tous, à l'exception sans doute de sa famille, il semblait un reflet courtois de son personnage légendaire.

On s'apercevra un jour que les hommes sont aussi séparés par les formes de leur souvenir que par celles de leur caractère. Les profondeurs varient, et les filets, et les proies... Mais le souvenir le plus profond ne s'exprime pas nécessairement par la conversation, et cet homme dont la mémoire était célèbre, dont le passé, depuis dix-huit ans, appartenait à l'Histoire, semblait poursuivre son dialogue secret avec l'avenir, et non avec ce passé. Je ne l'ai entendu parler de lui-même que deux fois — et chaque fois à l'occasion d'une mort. Je ne l'ai pas entendu parler beaucoup plus des autres : un peu de Churchill et de Staline (« C'était un despote asiatique, et qui se voulait tel »), une demi-ligne sur Roosevelt (« Un patricien démocrate »). Les portraits de sa conversation, comme ceux de ses *Mé-*

moires, étaient des bustes. Il pensait aux hommes de l'Histoire en fonction de leur œuvre, et peut-être à tous les hommes en fonction de l'œuvre dont il les jugeait capables. Le domaine des conversations auxquelles j'ai assisté, lorsqu'il en écartait l'action en cours, était celui des idées ou de l'Histoire. La vie battait alentour comme une mer confuse, ne s'y mêlait que par le ton d'une amère expérience. Son monologue intérieur n'apparaissait jamais; son domaine de références, de comparaisons (que de signification dans un domaine de références!) était historique, souvent littéraire dans l'ironie, jamais religieux. On lui prêtait, lors de l'audience pontificale : « Maintenant, Saint-Père, si nous parlions de la France ? » Pourtant, le ton si particulier du portrait de Staline dans les *Mémoires de guerre* tient au souvenir du dictateur lui disant : « Après tout, il n'y a que la mort qui gagne... »

Il a écrit que le personnage sans prénom de ces *Mémoires* était né des acclamations qui saluèrent son retour, et lui semblèrent ne pas s'adresser à lui. Mais ce livre n'est un livre de Mémoires ni au sens des *Confessions* ni au sens de Saint-Simon. Ce que l'auteur en a écarté de sa personne (et d'abord Charles) n'est pas moins significatif que ce qu'il en a élu. Comme les *Commentaires*, ou l'*Anabase*, où César et Xénophon parlent d'eux à la troisième personne, l'œuvre est le récit d'une action historique, par celui qui l'accomplit. Son héros est le héros sans nom du *Fil de l'épée*. On s'est étonné du caractère prophétique de ce livre, qui prophétise un personnage plus que des événements — portrait d'un héros plutarquien créé dans l'imaginaire par les valeurs qui créeront dans l'Histoire le destin de ce héros, et lui ressemble par là. Le dédoublement touche sans doute la plupart des hommes de l'Histoire et des grands artistes : Napoléon n'est pas Bonaparte, Titien n'est pas le comte Tiziano Vecellio, et Hugo, lorsqu'il pensait à celui qu'il avait d'abord appelé Olympio, l'appelait certainement Victor Hugo. Les statues futures possèdent ceux qui sont dignes de statues, qu'ils le veuillent ou non. Charles est modelé par la vie, et de Gaulle par le destin, comme Victor est modelé par la vie, et Hugo par le génie. Mais l'œuvre : destin ou génie, est appelée par quelque chose qui lui préexiste, et qui, comme la vie, rencontre la conjoncture ; le chef-d'œuvre est garant du génie, le génie n'est pas garant du chef-d'œuvre. Sans doute la plupart des humains sont-ils dédoublés, mais chacun ne l'est que pour soi-même. La création d'un personnage est pourtant moins rare qu'il ne semble : le dédoublement est commun chez les hautes figures religieuses, et frappant chez les stars, non seulement dépossédées de leur personne, mais encore de leur visage, que l'écran métamorphose. Encore ces Vénus éphémères ne s'incarnent-elles que dans les rôles qu'on leur propose. Et ce n'est pas le rôle, qui fait le personnage historique : c'est la vocation.

Toutes les vocations suscitent des haines, antimilitarisme ou anticléricalisme, que ne suscitent pas les professions. L'escroc n'inspire pas les mêmes sentiments que l'officier lâche, le prêtre simoniaque ou le juge corrompu, parce que ces gens en uniforme, infidèles à leur vocation, deviennent des usurpateurs. Que le combat soit lié au caractère, chacun le sait ; on sait moins bien qu'il implique une organisation particulière de l'action, que la vocation choisit en même temps qu'elle choisit le combat.

Et le général de Gaulle, qui était si peu un militaire, concevait l'action selon l'esprit militaire, au sens où l'on pourrait parler d'esprit sacerdotal ou juridique. Mais les Français, entre la fiction et la satire, entre

154

d'Artagnan et Croquebol, avaient fini par ne plus même connaître cet esprit. Penser qu'Alexandre, César, Frédéric II, Napoléon, ne furent que des trognes à épée (expression d'Anatole France) est au moins léger. Grâce à Courteline, et malgré la bataille de Verdun, l'armée, jusqu'au milieu de ce siècle, a voulu dire la caserne. Le breveté cultivé, le professeur à l'École de Guerre, est beaucoup plus familier à l'Allemagne, par les traditions de Frédéric et du Grand État-Major prussien, ou à l'Angleterre par ses généraux violonistes et gouverneurs de Jérusalem, comme Storrs. De l'instrument complexe qu'était l'armée, le Français ne retenait guère que la discipline. Or, celle-ci ne va pas de soi : Bonaparte à l'armée d'Italie, Pétain à Verdun, durent d'abord la rétablir. Et si, en Russie et en Chine, la vocation militaire a vite repris la forme de la vocation nationale, ni la Légion Étrangère ni les régiments mercenaires de notre siècle, ne sont des unités nationales.

Je crois que l'esprit militaire agissait sur lui d'une façon profonde et limitée : parce que l'armée, lorsqu'il y entra, était promise au combat — et parce que cet esprit lui semblait suggérer des méthodes de gouvernement supérieures aux méthodes civiles. Organiser l'action est la première tâche de l'homme d'État, comme d'Alexandre ou de César.

Les méthodes les plus efficaces, dans ce domaine, ont été celles de l'Armée et de l'Église, reprises par les partis totalitaires, et même, à un moindre degré, par les grandes sociétés capitalistes et communistes. Mais Napoléon n'a pas fait gouverner la France par ses maréchaux, il a créé la plus forte administration civile que la France ait connue. Le général de Gaulle, en 1958 comme en 1944, voulait créer l'appareil qui servît la France dans la paix, comme une armée moderne l'eût servie dans la guerre.

Sa pensée avait hérité, de sa formation militaire, d'autres caractères. D'abord, concevoir le gouvernement comme l'instrument d'un combat pour le développement de la France. S'il n'a jamais tenu celle-ci pour une caserne ou une armée, il a tenu les commissaires du Gouvernement Provisoire, puis les ministres, pour un état-major — et surtout, plus tard, son collaborateur direct, qu'on l'appelât directeur de son cabinet ou Premier Ministre, pour un chef d'état-major général.

Autre caractère militaire : la certitude qu'une décision ne doit pas être différée. Parce que la promptitude fait partie de la décision, parce que le lièvre ne repassera pas, mais d'abord parce que la décision historique est inséparable du moment où elle a été prise. D'où le dialogue avec le général Juin :

— Si tu avais attendu, disait celui-ci, nous aurions peut-être disposé de meilleures chances.

— Oui. Mais pas la France. L'avenir dure longtemps...

Car cette aptitude à la décision soudaine ne s'opposait pas à des prédictions dont il n'attendait l'accomplissement que de l'avenir : l'appel du 18 Juin, l'affirmation de la force de l'armée rouge au temps où elle était battue ; plus tard, allaient se succéder sa prise de position immédiate, au côté des États-Unis, contre l'envoi des missiles soviétiques à Cuba, — et celle, à si longue échéance, contre les États-Unis, au sujet de l'Asie du Sud-Est.

Il a toujours tenté de mettre le temps de son côté, ou plutôt de se mettre du côté du temps, dans la mesure où le temps peut concourir au succès de ses desseins — moins comme un militaire que comme un agriculteur. Il attendait de la prochaine République qu'elle lui apportât une continuité dans l'action, qui n'avait jusqu'alors appartenu — si mal ! — qu'au Plan. Pour l'esprit militaire, la durée, même celle qu'exige l'industrie de guerre, fait partie de la préparation ; pour lui, la parole est le moyen d'exprimer les ordres — un moyen d'action. Le général de Gaulle ordonnait l'action selon un « grand dessein » variable, puisqu'il était limité par le possible, variable lui aussi. Il entendait l'accomplir par tous les moyens dont il disposait. Il était conscient de l'action que pouvait exercer, en France et à l'étranger, son personnage symbolique ; mais il se souciait fort d'avoir raison, de dire aux Français ce qu'il fallait *faire pour la France*. Ses discours, ses conférences de presse, n'avaient rien de charismatique. Sa force était — est toujours — dans l'autorité, non dans la contagion. « Nous et l'ennemi », pense le chef militaire : « Nous et le destin du monde », pense le chef historique. Au second, le général de Gaulle devait son esprit ; au premier, la plupart de ses méthodes. Sans doute eût-il volontiers repris à son compte le fameux « De quoi s'agit-il ? » du maréchal Foch. J'avais été surpris, au Conseil des ministres, à celui du R. P. F. et dans les audiences, de l'entendre résumer les idées qui venaient de lui être exposées. Je m'aperçus vite qu'il les filtrait. Il semblait énumérer les têtes de chapitres de l'exposé, alors qu'il énumérait les synthèses qu'il en avait acceptées, et donnait ses instructions en fonction du dessin ainsi modifié. La délibération était réservée aux questions capitales. Le dialogue traditionnel, dans les affaires de l'État, lui était étranger. Il écoutait son interlocuteur sans l'interrompre. Le cas échéant, il demandait ensuite des éclaircissements et, s'il y avait lieu, donnait ses instructions. Avec quelques-uns, l'exposé écouté, il disait, du ton de la confiance mais non de la confidence : « Eh bien ! Je vais vous dire ce que j'en pense. » Il s'agissait d'une question grave, ou d'un chef d'État. Que l'interlocuteur se débrouillât à

Washington, à Londres ou à Moscou ; demain, à Alger ou sur les chantiers atomiques.

Je pense que de sa décision du 18 Juin, l'espoir avait conservé pour lui un accent tragique. Un branle-bas de combat régnait dans l'hôtel autour du destin reparu. Peut-être la France avait-elle semblé autrefois au général une « princesse de légende » ; j'étais cependant persuadé qu'il était moins lié à la France d'Austerlitz qu'à la France agonisante de 1940, à la France somnambule dont il allait demain retrouver l'Assemblée. De l'autre côté de la porte, j'allais rencontrer l'exaltation. Mais en prenant congé de lui, je me souvins d'une phrase arabe qu'il m'avait citée autrefois : « Si ton ennemi t'outrage, va t'asseoir devant ta porte : tu verras passer son cadavre. »

Les séances de nuit à l'Assemblée ont toujours un caractère irréel, qui tient à la clarté d'aquarium que la verrière diffuse comme celle d'un jour de neige, sur la tapisserie de *L'École d'Athènes*, sur les trois tribunes en pyramide — président, orateur, sténographes — avec leurs bas-reliefs Empire comme des camées énormes. L'hémicycle grenat était comble. Les tribunes du public aussi. La veille, Bidault avait dit aux députés : « Entre la Seine et vous, il n'y a que lui. C'est le dernier parapluie contre les sauterelles !... » Le calme n'avait pas remplacé la menace, l'agitation non plus. Séances historiques de la IIIe République, récits de Barrès, houle des députés vers la tribune, Clemenceau et Jaurès affrontés, proclamation de la victoire de 1918 !... Ces députés à leur banc, ce public serré entre les hautes colonnes, me semblaient suspendus dans le temps, comme si le film séculaire de l'Assemblée Nationale s'était arrêté sur une image fixe. La « déclaration ministérielle » de l'après-midi se confondait avec les amendements, les explications de vote, dans la même lumière d'aquarium, dans la même irréalité qui venait de ce que personne ne parlait pour convaincre. Le général avait dit : « La dégradation de l'État qui va se précipitant. L'unité française immédiatement menacée. L'Algérie plongée dans la tempête des épreuves et des émotions. La Corse subissant une fiévreuse contagion. Dans la métropole, des mouvements en sens opposés renforçant d'heure en heure leur passion et leur action. L'armée, longuement éprouvée par des tâches sanglantes et méritoires, mais scandalisée par la carence des pouvoirs. Notre position internationale battue en brèche jusqu'au sein même de nos alliances. Telle est la situation du pays. En ce temps même où tant de chances, à tant d'égards, s'offrent à la France, elle se trouve menacée de dislocation et, peut-être, de guerre civile. » Les arguments des adversaires, on les connaissait comme le sens de l'exposé du général. Ce qui m'enveloppait n'était pas l'indifférence, c'était une attention intense et sans objet, à l'affût de l'imprévisible Jacques Duclos défendait la démocratie, ce qui n'était pas sérieux, mais Mendès France défendait des principes qui avaient conduit sa vie. Tous affirmaient qu'ils étaient le peuple, l'État, la France, et pourtant tous savaient que le peuple ne les défendrait pas. Ils craignaient que les colonels ne devinssent plus forts que de Gaulle (ils connaissaient comme moi le mot d'ordre : Vive de Gaulle, — et Nasser après Neguib!) ; mais les colonels *étaient* plus forts que l'Assemblée. Et comment qualifier sérieusement de fasciste, un gouvernement dont les ex-présidents Guy Mollet, Pflimlin et Pinay étaient les ministres ? Le fascisme, c'est un parti, des masses, un chef. Alger n'avait pas encore de parti, Paris en avait trop. L'Histoire se cassait les ailes contre cette morne verrière au-dessus d'une Assemblée où les derniers sourires de la dédaigneuse ironie parlementaire s'effaçaient sur des visages cordiaux et hagards. Un public exténué regardait ricaner les auspices. Lorsque, à la fin de sa dernière intervention, le général dit que si la confiance de l'Assemblée lui permettait d'obtenir du suffrage universel le changement de nos institutions « l'homme qui vous parle considère qu'il en portera, tout le reste de sa vie, l'honneur », des applaudissements marquèrent la fin de la pièce, et MM. Mitterrand et Pineau parlèrent devant le rideau.

C'était ce que les communistes allaient appeler « l'opération-séduction, après l'opération-sédition », en oubliant que le général de Gaulle n'est pas le seul à être charmant quand il est vainqueur. La séance terminée, le théâtre (la Chambre des Communes est une salle, mais l'Assemblée Nationale est un hémicycle) se vida sans bruit. En partant, je dépassai une pauvre femme en caraco et en pantoufles qui brandissait un balai, et je crus rencontrer ce qui, au temps de Fleurus, s'était appelé la République.

La réaction des activistes d'Alger devant un gouvernement où Guy Mollet était ministre d'État, et où Jacques Soustelle ne figurait pas, était facile à prévoir. Guy Mollet et Pierre Pflimlin, aidés par d'autres ministres parlementaires, avaient assuré avec les Assemblées une liaison épuisante ; ils étaient venus, non rasés, vers neuf heures du matin, à la dernière réunion tenue à l'hôtel Lapérouse. La nuit, le général présenta son gouvernement, selon l'usage, au président de la République. Les lumières de l'Élysée, très faibles, donnaient au palais l'irréalité que j'avais trouvée à la Chambre. Et pendant que le président Coty, disert et joyeux, traitait affablement Mlle Sid Cara, ministre un peu intimidée, un éclair shakespearien foudroya l'un des grands arbres du parc, et fit surgir de la pénombre, pour une seconde, le général de Gaulle, entouré d'un ministère pétrifié.

La stabilisation sembla facile, comme la guerre selon Napoléon. La Constitution, au contraire, fut l'objet de nombreux Conseils, repris souvent la nuit. « Ça vous amuse ? me demanda un jour le général en sortant. — Oui, assez... » Je ne pensais pas que le XXe siècle, ni la France, vissent naître une Constitution entourée d'un respect romain, comme celle des États-Unis ; et je pensais qu'une Constitution qui faisait du référendum un moyen de gouvernement, serait faite pour le peuple, et non le peuple pour la Constitution. Les délibérations relatives aux articles « sociaux » commençaient par un dialogue, vite tendu, entre Guy Mollet et Antoine Pinay. Tout cela passerait, comme la séance nocturne de la Chambre semblable à son horloge arrêtée, comme le surgissement des ministres dans l'instantané bleuâtre de la foudre. Mais je suivais avec attention le jeu de ces forces antagonistes, si différent de celui des enivrements révolutionnaires ; et la façon dont le général de Gaulle les conjuguait. C'était cela, qui « m'amusait ». Et qui l'amusait aussi, peut-être — en marge de l'acharnement qu'il mettait à construire, avec ces bouts de bois, le socle sur lequel il espérait replacer la France. De ma place au Conseil, on voyait la roseraie pleine de roses de juin semblables à celles de la défaite. (En 1945, je n'y avais vu que la pluie et la neige.) Le 4 septembre, place de la République, il exposa la nouvelle Constitution. Des ballons d'enfants montaient au-dessus de la foule, porteurs de banderoles qui affirmaient, en ondulant, que le fascisme ne passerait pas. Et quelques jours plus tard, M. Le Trocquer, président de l'Assemblée, assura la délégation vietnamienne que le général de Gaulle n'obtiendrait pas le quart des voix lors du référendum.

1958-1965

Le référendum impliquait l'entrée de nos départements d'outre-mer dans la Communauté, ou leur indépendance. Les préfets étaient pessimistes. Aimé Césaire, député de la Martinique et maire de Fort-de-France, n'avait pas encore pris position. Le général de Gaulle, qui ne pouvait alors quitter la France, me chargea de le représenter.

— Pourquoi aller en Guyane, lui demandai-je, puisque le préfet affirme qu'elle est perdue ?

— C'est la dernière terre française en Amérique... Et puis, il faut y aller parce que c'est déchirant.

Je l'entendais employer ce mot pour la première fois et je devais bientôt comprendre pourquoi il l'avait employé.

D'abord, la Guadeloupe. J'arrivai le matin à la sous-préfecture de Pointe-à-Pitre ; maison à galeries autour d'un petit jardin de bananiers, portes à demi-persiennes battantes, ventilateurs de plafond : le monde de Gorée, des anciennes Côtes de l'Ivoire et de l'Or, comme si la traite avait apporté les vieilles maisons coloniales avec les esclaves. J'avais emmené quelques collaborateurs, dont le super-préfet Trémaud, qui devait devenir bientôt le secrétaire général des départements d'outre-mer. C'était un haut fonctionnaire libéral et intelligent, dont la femme avait été tuée, lorsqu'il était préfet de Strasbourg, par un colis piégé. Nous reçûmes aussitôt des doléances, allâmes déposer des gerbes devant des monuments, écouter des conseils municipaux, et des adversaires du gouvernement. Ce qu'ils attendaient de la métropole était souvent déraisonnable, mais lorsque je parcourus les quartiers pauvres de la ville — elle n'en a pas beaucoup d'autres — je constatai qu'ils avaient quelque droit à la déraison. En bas, on palabrait, et on ne faisait pas grand-chose ; en haut on promettait, et on ne faisait rien. Mon interlocuteur le plus sérieux fut le chef des dockers, syndicaliste vraisemblablement communiste. Le préfet, sans doute un bon préfet, et certainement un homme bon, demandait en vain des moyens d'action. Mettre ordre à tout cela n'irait pas sans peine, mais il en était grand temps. Nulle part, autant de dévouements n'auront été en vain offerts à la France. Quant au référendum, les Antillais souhaitaient voter *non* pour marquer leur mécontentement, et *oui* pour rester Français. Autant parler de l'indépendance de la Lozère.

Le soir, pour le discours, la population se rassembla sur la place, avec les madras aux fenêtres et les grappes d'enfants dans les arbres. Derrière le kiosque à musique, tournaient d'hilares chevaux de bois découpés à la scie depuis cent ans. Ce qu'on appelait la politique (aucun élu des Antilles n'était gaulliste) ne joua aucun rôle. Seuls entraient en jeu l'appel de la France, et la confiance qu'inspirait le général. Je parlais pour la première fois devant une foule noire, et je sentais son immobilité frémissante s'accorder au rythme du discours comme sa danse s'accorde à la musique.

Nous devions coucher dans l'ancien palais du gouverneur, de l'autre côté de l'île. Lorsque le cortège (motocyclistes, préfet, etc.) se mit en marche, la nuit était tombée. Nous traversâmes des villages aveugles, avec leurs palmes noires sur la nuit lumineuse, et les cimeterres de lune sur les feuilles courbes des bananiers. La radio commençait seulement à transmettre les discours. De village en village, les fenêtres s'éclairaient, et les portes ouvertes à notre passage jetaient à la route des phrases que l'on applaudissait parfois dans les cases. C'étaient maintenant les miennes, et je les entendais bizarrement, parce qu'elles semblaient arriver en même temps que nous, et parce qu'on ne reconnaît pas sa propre voix transmise par la radio :

« ... l'homme qui, dans le terrible sommeil de notre pays, en maintint l'honneur comme un invincible songe... »

Des boutiques, des cases.

Des phrases inintelligibles.

Des Noirs en file indienne.

Un village. J'entendais des périodes, car la radio transmettait le discours dans presque toutes les maisons :

« En face de l'un des plus grands désastres de notre histoire, dans la nuit où l'exode sans fin des charrettes paysannes emplissait encore nos routes sur le fond des incendies, une voix s'éleva pour proclamer, envers et contre tous... »

La forêt, les palmes, le silence. L'odeur des fleurs dans la nuit.

Un bourg. Des ombres aux yeux blancs agitaient les mains dans la lumière de nos phares. La police faisait ranger des camions qui barraient la route, afin de laisser passer une petite maison posée sur une plate-forme tirée par des chevaux.

« La France était en grand péril, l'Union Française allait partir en lambeaux. Le général de Gaulle a liquidé la guerre civile, fait accepter la Constitution dont naîtra la Communauté française, ramené la confiance, assuré la stabilité gouvernementale. En moins de quatre mois, il a rendu à la République, pour la France, le visage de l'espoir, et en quelques semaines, pour le monde, le visage de la fierté... »

La maison à chevaux passait et la route était dégagée.

« Sans renoncer à une seule liberté fondamentale. Pas même à celle... »

Petit-Bourg, Goyave, Capesterre, Bananier, Trois-Rivières...

La forêt, de nouveau. Le bruit grandiose d'invisibles cascades.

Poursuivis par la radio, nous traversâmes les derniers villages au milieu des vivats. Et nous atteignîmes enfin ce qui avait été la maison d'un gouverneur des Isles ; avec les écroulements de bougainvillées dans la lumière des phares, et le crissement des grillons nocturnes sur lequel passait la plus mélancolique chanson créole :

> *Adieu madras, adieu foulards,*
> *Adieu rob'soie et colliers-choux,*
> *Doudou à moi il est parti*
> *Hélas, hélas, c'est pour toujours...*

Elle est l'œuvre d'un gouverneur du temps de Louis XV, abandonné par une mulâtresse, à qui il prête son propre chagrin. De ravissantes chanteuses de biguines, qui nous attendaient dans les vastes couloirs, continuaient la complainte :

> *Bonjour, Monsieur le Gouverneur...*

et dans la salle à manger, l'évêque violet et noir, seul au centre du fer à cheval d'une blanche table de trente couverts, nous attendait. Derrière lui, par toutes les portes-fenêtres ouvertes, la mer des Caraïbes frémissante de lune.

La Martinique n'était pas moins surprenante. Pour gagner Saint-Pierre, l'ancienne capitale, on traverse une montagne où des sapins succèdent à des lianes amazoniennes ; puis on atteint une ville qu'un maléfice aurait détruite. Plus de toits ; tout est abandonné, mais rien n'est déchiqueté. Des rues désertes, sans portes ni fenêtres, s'étendant jusqu'aux contreforts de la montagne Pelée. Ni cendres ni lave ; mais des escaliers de pierre lépreuse montent vers le ciel distrait. Dans ce qui fut la rue principale, un musée-fantôme dans lequel me guidait un conservateur-fantôme. Ici, la lave existait, encoquillait des objets humbles et saugrenus. On pensait à une Pompéi où la lampe antique eût été remplacée par un moulin à poivre, la rue romaine par une rue aveugle comme celles qui alignent leurs bicoques et leurs terrains vagues autour des usines de banlieue. Ces objets corrodés comme les troncs rejetés par la mer semblaient les jouets des esprits du volcan ; au-dessus d'eux, reine de leur cour maléfique, régnait une rose de sable.

Des cartes postales représentaient le musée Tascher de La Pagerie. Encore une maison des Isles, et des ruines. J'avais vu les vieilles devineresses parler à l'oreille des « demoiselles ». Est-ce ici que la jeune Rose, qui ne s'appelait pas encore Joséphine, tendit sa main à la chiromancienne ? « Plus que reine... » se perdait, porté par le vent de l'Océan, dans la désolation.

Chaque village m'apportait des fleurs, que j'allais déposer au pied du buste de la République. Souvent, il n'y avait pas de République, mais il y avait un Schœlcher de plâtre. Ici, le vieil ennemi de l'esclavage était, lui aussi, un symbole de la liberté...

A Fort-de-France, je devais parler après Aimé Césaire. Il m'avait reçu à la mairie en disant : « Je salue en votre personne la grande nation française à laquelle nous sommes passionnément attachés. » La place était magnifique, immense, et comble — comme pour une fête grave. Les robes claires s'alignaient dans la paix du soir qui descendait sur la mer. Toutes devenaient immobiles. Césaire terminait sa présentation :

« Soyez l'ambassadeur de l'espérance retrouvée! »

Je commençai par lire le message du général de Gaulle :

« En vous portant mon salut, André Malraux vous dira le souvenir que je garde de vous, et de l'accueil magnifique que vous m'avez réservé en 1956. La France tout entière se souvient de la part glorieuse que vous avez prise à sa victoire dans les deux guerres mondiales. »

Mon discours se développait comme celui de la Guadeloupe. Et le même contact s'établit — plus puissant, parce que je le connaissais maintenant, parce que je pensais aux villages qui nous écoutaient (« Ici, m'avait dit l'un des organisateurs, n'oubliez pas que nous transmettons en direct, et qu'il est d'usage de chanter *La Marseillaise* à la fin ») et parce que la place est si grande que j'en distinguais mal les limites dans le soir qui tombait. Au ton qui s'élevait, la foule, où l'on n'entendait pas un bruit, comprenait que le discours approchait de sa fin.

« La métropole, qui a choisi jadis les Antilles contre le Canada ; qui a vu les Antillais tomber à mes côtés dans la bataille de Strasbourg, n'abandonnera pas les Antilles. Et je crois, avec le général de Gaulle, qu'aujourd'hui comme hier, la Martinique veut rester française comme je veux rester Français.

167

« Je vous en fais témoins dans ce jour qui s'achève, vous, mes compagnons de combat d'hier qui serez peut-être mes compagnons éternels! Survivants de la Première Guerre mondiale, survivants du bataillon des Antilles qui avez combattu avec mes camarades de Dordogne, vous répondrez oui, comme l'auraient répondu ceux qui sont tombés! »

Les projecteurs passaient au-dessus de la foule noyée dans la pénombre du soir, éclairaient les hauts troncs et les murs sur lesquels étaient collées partout les affiches : NON.

« Évadés de l'île dès 1940 ; marins de nos Forces Navales Libres, et vous, survivants de ce bataillon du Pacifique si durement touché lorsque nous avons remporté ensemble la seconde victoire du Rhin, vous répondrez oui comme l'auraient répondu ceux qui sont tombés!

« Hommes et femmes, vous répondrez oui, comme il y a deux ans, à l'homme qui a dit que votre accueil inoubliable avait effacé pour lui tant d'oublis! »

De la nuit tout à fait venue, monta la clameur qui salue la victoire sur les stades.

« Lorsque la radio a commencé à transmettre *La Marseillaise* de l'anniversaire de la République, dans les maisons de France, ceux qui l'entendaient se sont levés. Nous allons la chanter ensemble. Quand vous nous entendrez, Français d'Alsace et de Royan, debout dans tous vos villages où les Martiniquais sont morts! Debout Martiniquais, dans les maisons des plaines et des mornes! »

Il y avait une trentaine de rangs de chaises devant le podium, et je sentis que tous les auditeurs venaient de se lever. Ceux qui n'étaient pas assis commençaient une *Marseillaise* lente comme *L'Internationale* que j'entendais autrefois à Moscou lorsque le foisonnement des drapeaux de velours grenat émergeait peu à peu derrière Saint-

Basile. Mais *L'Internationale*, au ralenti, devient une mélopée, alors que *La Marseillaise* semblait frémir de son élan contenu :

> *Entendez-vous, dans nos cam-pa-gnes...*

Jusqu'à ce que jaillît

> *Aux armes, citoyens!*

C'était le hurlement de la liberté noire, celui des combattants de Toussaint Louverture et de l'éternelle Jacquerie — inextricablement mêlé à l'espoir révolutionnaire, à la fraternité physique. Je ne l'avais connu qu'une fois, il y avait presque quinze ans, et dans une prison. Césaire et moi descendîmes de l'estrade dans la foule nocturne dont nous ne distinguions que le remous, encore éblouis par les projecteurs qui croisaient leurs barres de lumière sur le podium, les arbres et les Non. Le premier couplet reprenait son développement solennel : *Allons enfants de la patrie...* Nul ne quittait sa place, tous scandaient le chant de guerre, d'un trépignement lent qui l'accompagnait ainsi qu'un tam-tam assourdi, et le liait à la terre comme les chants des pagayeurs sont liés à la rivière.

> *L'étenda-ard sanglant est levé!*

Jamais je n'avais entendu un chœur de vingt mille voix, ni ce piétinement qui semblait attester la terre : les danses européennes glissent sur le sol, elles ne le martèlent pas. Césaire et moi avancions côte à côte dans l'allée qui traversait la place, et celle-ci se vidait derrière nous, une partie de la foule tentant de la traverser obliquement pour nous retrouver au passage, une autre nous suivant.

On devinait ce brassage nocturne au-dessous des projecteurs, par cette *Marseillaise* où des courant de cris tournoyaient. Lorsque nous atteignîmes la rue, éclairée par des réverbères, qui longe la place, le chant fut couvert en quelques secondes, par un « Vive de Gaulle, vive Césaire, Viv'-de-Gol! viv'-Cé-zer » ininterrompu qui déferla depuis l'invisible immensité de la mer jusqu'au centre de la ville. Les fenêtres semblaient emplies de madras ; devant nous marchait à reculons un grouillement qui scandait, en battant des mains, les cris dans lesquels nous plongions et qui se perdaient, derrière nous, dans la clameur rythmée de la multitude. « Ils font un énorme *videh* », me dit Césaire. Le *videh* est la fête qui marque la mort du Carnaval brûlé en effigie et dans laquelle l'île entière danse autour de personnages déguisés en diables. Peut-être... Ce qui m'entourait, c'était la fête millénaire dans laquelle l'humanité se délivre d'elle-même ; la cérémonie des hommes-lions, entrevue en Afrique, des hommes-peints du Tchad faisant entrer en transe dix mille spectateurs sur la place illimitée de Fort-Lamy. Césaire, qui saluait amicalement au passage, savait que si nous avions déclenché cette frénésie, nous n'en étions pas les héros. Elle s'adressait à un personnage surnaturel qui était au général de Gaulle ce que la République est à son président : l'intercesseur entre la vie humaine et le monde inconnu, entre la misère présente et le bonheur futur, et d'abord, entre la solitude et la fraternité. J'avais suffisamment rencontré la frénésie en Europe, pour n'être pas surpris de la rencontrer ailleurs ; mais je n'avais pas rencontré en Europe le passage de l'exaltation politique à cet enivrement surnaturel, cette fureur du rythme qui m'avait suggéré, sur la place, qu'elle attestait la terre. La danse, mais non le jeu de l'Europe ou le ballet rituel de l'Asie : la possession. « Viv'Cé-zer! Viv' de Gol! » Nous atteignîmes péniblement la préfecture. Et pendant que des coupes de champagne passaient entre les salamalecs européens, la clameur ternaire de l'espoir semblait emplir l'île pour surprendre les navigateurs au passage, comme la voix des anciens dieux.

La Guyane s'annonçait donc bien. L'avion avait fait l'omnibus le long de la côte caraïbe, survolé la forêt qui s'enfonce jusqu'à l'Amazone. Il passa au-dessus de l'île du Diable, tourna autour du champ. J'avais lu jadis des reportages sur Cayenne, et sur le bagne, qui n'existe plus. J'attendais un enfer poussiéreux et abandonné ; je voyais des maisons coloniales neuves, beaucoup moins modestes que les cases de la Martinique, et une belle avenue couleur de sable. Devant l'aérogare de bois m'attendaient des petites filles en costume folklorique, porteuses de bouquets serrés comme ceux des Indes et, comme eux, tout parsemés de gouttelettes. Derrière elles, des beautés locales sur un char de fleurs dont l'anse représentait peut-être un arc de triomphe, et peut-être un panier.

Le préfet m'accueillit dans une Cadillac de grand luxe. Jusque-là, les fonctionnaires (comme, à Paris, les ministres) n'avaient disposé que de Citroën. Nous parlâmes de l'organisation du discours, que je devais prononcer quelques heures plus tard. Ou plutôt, je parlais organisation, micros, service d'ordre, situation politique ; et il me répondait cérémonies. Peut-être y aurait-il, pendant le discours, « quelques turbulents ». Le mieux serait de n'en pas tenir compte. Aussitôt après, il donnerait une grande fête : toute la colonie serait invitée à la préfecture. « Je tiens beaucoup, monsieur le Ministre, à ce que vous acceptiez de recevoir tout d'abord les autorités religieuses. J'ai préparé un petit cocktail dans un salon isolé. L'évêque, hélas ! est encore en France, et le premier pasteur, qui appartient par ailleurs à mon administration, se trouve en mission à Saint-Laurent-du-Maroni ; c'est moins important, sans doute. Du moins aurons-nous divers ecclésiastiques, et le Vénérable de la Loge. J'ai tout de même invité le rabbin. » Il y avait de graves problèmes de buffet. Distraitement éberlué, je regardais, parmi les champs au cordeau, les jolies maisons coloniales que j'aurais souhaité trouver aux Antilles, et les cahutes en ruine ; un kiosque à musique et une République de la Belle Époque ; une enseigne : *Épicerie, achat d'or.* Et des rues perpendiculaires pleines de jazz et d'ivrognes. Nous traversâmes la place Félix-Éboué, où se trouve le seul vrai monument de Cayenne, et où devaient être prononcés les discours. Ses palmiers de deux cents ans, plantés par les jésuites, sont parmi les plus beaux du monde. Ce n'est pas une vraie place, car on distingue à peine les maisons qui la délimitent vaguement : c'est une colonnade géante de palmiers royaux, dans un pays où les cocotiers échevelés sont courbés par le vent. Les écharpes et les madras aux tons de pastel, semblables à ceux de la Martinique, commençaient leur ballet crépusculaire.

La préfecture, un couvent dont on aurait remplacé les portes par des demi-persiennes battantes, se trouvait sur une autre place. Les chefs de l'opposition avaient demandé à me rencontrer. Je leur fis dire que je les recevrais avant le discours, dès leur passage à la préfecture. Amertume du préfet, dont je bousculais sans doute un cocktail sans ecclésiastiques.

Mes collaborateurs, depuis l'aérodrome, s'étaient suffisamment renseignés pour me dire qu'un seul chef de l'opposition comptait : c'était un sang-mêlé, Catayée, qui se présenterait aux prochaines élections, orateur hystérique et puissant — et Compagnon de la Libération.

Il ne s'attendait ni à me voir seul, ni à entendre :

172

« Mon cher Compagnon », selon l'usage. Il tenait la
préfecture pour le palais de l'ennemi, et le préfet pour
le Mal. Non qu'il semblât naïf ; plutôt prêt à attaquer
ou à s'échapper, prophète traqué, tel qu'en connaissent les débuts des révolutions : Lumumba, — mais
on ne parlait pas encore de Lumumba.

— Vous avez fondé une clinique pour les filles mères,
n'est-ce pas ?

— Filles mères, elles le sont toutes ! Je prends les
pires.

— Vous étiez médecin ?

— Non : j'étais malade.

« Mais ils vont bien arriver à me le fermer, mon
hôpital !

— Je ne crois pas.

— Ils diront que mes médecins ne sont pas tous si
médecins que ça... Ils inventeront des histoires d'avor-
tement... Quelquefois, ils n'auront pas à les inventer...
Ici, vous pensez !

— Je crois qu'on ne fermera pas votre hôpital !

— Vous ne les connaissez pas !

— Je les connaîtrai. Mais on ne fermera pas l'hôpital.

— Vous croyez, vous, qu'il sait ce qui se passe ici,
le grand Charles ?

— Il saura du moins ce que vous me dites. C'est
même pour ça que je vous écoute.

Il me regarda, se leva et commença à marcher, les
mains derrière le dos :

— J'avais demandé à vous voir parce que je pensais
que vous ne me recevriez pas. Mais, depuis un moment,
je me demande si vous ne la connaissez pas comme moi,
l'Administration. Pas dans le détail, bien sûr...

— Changez-la !

— Avec quoi ?

— On dit que vous voulez vous présenter aux prochaines élections législatives. Dans un pays comme celui-ci, un député peut beaucoup.

— C'est vous, qui me dites de me présenter?

— Ou bien vous pensez qu'il y a une nation guyanaise, et qu'elle doit se développer seule. Alors, il faut voter *non*, et je pense qu'elle ne restera pas seule bien longtemps sans tomber dans une terrible misère ; mais soyez tranquille, elle ne restera pas seule : il y aura des amateurs. Ou bien vous pensez que la Guyane est française, comme les Antilles, et qu'elle se développera avec l'aide de la France. Alors il faut voter *oui*, et agir de l'intérieur. Césaire n'est pas gouvernemental...

Il était troublé, non par mon argumentation, mais par les sentiments qu'elle suscitait en lui.

— En somme, vous voyez mes pancartes avec une inscription dans le genre de : France oui, préfet non?

— Je ne connais pas votre préfet, mais ce serait ce que pensent 40 % des Français... Et ça aurait plus de bon sens que : A bas la France, signé : un Compagnon de la Libération.

— Pourquoi?

— Parce que la première pancarte, c'est réellement ce que vous pensez. La seconde, non.

L'introducteur avait deux ou trois fois passé son nez. Catayée me tendit la main :

— Il faut que je réfléchisse. Tout de même, c'est la première fois qu'on me parle comme en France.

Il partit. Ni l'internationale ni le prolétariat ne faisaient partie de son vocabulaire. Quelle que fût son étiquette, il était un vague frère des Communards. Trémaud vint m'annoncer, entre deux portes, que tout se présentait mal. Je reçus ensuite quelques comparses. Et nous partîmes pour la place Félix-Éboué.

Les tribunes avaient été élevées au milieu de la partie sud ; arrivés par le côté, nous ne les atteignîmes qu'après quelques minutes. Des filles à madras et à robes éclatantes nous souriaient au passage, mais, alors qu'aux Antilles j'avais rencontré sur mon chemin des « Vive de Gaulle » épars, je ne rencontrais ici que le silence. Et il y avait quelque chose d'onirique dans nos moto-cyclistes et notre longue voiture qui glissaient sans bruit, à travers une foule multicolore qui se refermait dans la nuit.

Les tribunes — des rangs de notables en gradins — entouraient celle de l'orateur, qui était une guérite. Derrière, les projecteurs dirigés vers le public éclairé jusqu'à cinquante mètres, et qui se perdait ensuite, comme quelques instants plus tôt, hors de la lumière de nos phares. (Nous étions éclairés, je suppose, par des projecteurs en sens inverse.) A la tribune, quelqu'un me présenta, dans une distraite rumeur. Je remarquai çà et là d'étroits écriteaux : *Vive la France*, tenus par les petites filles costumées qui m'avaient apporté leurs bouquets à l'aérodrome. Ce décor de patronage s'accordait mal à la foule inquiète et tendue.

Je gagnai la guérite.

Mon argumentation était la même qu'aux Antilles. A la fin de la première période, des petits groupes applaudirent, perdus dans l'énorme silence. Je pensai qu'ils étaient organisés. Il y en avait dans la nuit, mais aussi dans la lumière. A la seconde période, ils devenaient plus denses, bien que toujours perdus dans l'immensité qui n'était plus silencieuse, mais bavarde : les haut-parleurs ne fonctionnaient pas, à l'exception de ceux sous lesquels tentaient de se grouper quelques centaines de personnes — perdues entre dix mille. Je commençai à hurler, très lentement, comme je l'avais fait avant le temps des micros, mais je me trouvais au-dessus de la foule, et on n'entend aucun discours à trois cents mètres. Alors, en pleine lumière, commencèrent à monter au-dessus des têtes, au-dessus des oui, des pancartes non ; et se déployèrent lentement deux banderoles de vingt mètres, tenues par des mâts à leurs extrémités : a bas — la foule effrayée s'écartait — le fascisme.

Puis a bas de gaulle.

Puis a bas la france.

J'avais encore assez de voix pour hurler :

— Si c'est l'indépendance que vous voulez, prenez-la le 28 ! Et qui, avant de Gaulle, vous avait donné le droit de la prendre !

On applaudit jusqu'à la portée de ma voix, et la foule s'écarta des porteurs de mâts. Au-delà, commençait une kermesse. A droite, au loin, des cris : des manifestants essayaient de tourner le service d'ordre pour assaillir les tribunes. Puis j'entendis quelques cris très proches, et le vide se fit autour de ma guérite. Une masse brillante siffla à mon oreille gauche, frappa violemment le fond, tomba à mes pieds. Je la ramassai, l'élevai aussitôt au-dessus de ma tête en continuant le discours. C'était une arme que je n'ai jamais revue : un morceau de bois de quarante centimètres, dans lequel était planté perpendiculairement un énorme clou. Il en arriva quelques autres. En approchant, il eût été facile aux lanceurs de m'atteindre à coup sûr. Poursuivant le discours, j'examinai le service d'ordre : entre les lanceurs et moi, les petites filles qui m'avaient apporté des bouquets ; à droite, des boy-scouts. Ceux-ci se rapprochaient et toute une gesticulation noire les suivait en hésitant, comme si elle eût craint la lumière. Les porteurs de pancartes ne bougeaient pas. Les lanceurs de clous non plus. Sans doute étaient-ils peu nombreux. Un de mes collaborateurs s'approcha de moi : « Le préfet vous conseille de vous retirer. — Sans blague ! » Arrivèrent quelques clous. Dans le brouhaha qui avait remplacé le silence, nul ne m'entendait, mais la foule n'écoutait plus, elle regardait : « Catayée, dit mon collaborateur, a un micro puissant, et propose de vous l'apporter. — Non... » Le micro n'eût rien changé : toute la diffusion sonore était dérisoire. Une partie de de cette marée d'assaillants qui avançait et reculait au bord de la lumière, mais allait déferler était sans doute formée des hommes de Catayée : il n'avait pas eu le temps d'annuler ses mots d'ordre. Je n'allais pas me mettre sous sa protection. La masse gesticulante mordait de plus en plus dans la lumière, alors que les A BAS LA FRANCE restaient immobiles comme les publicités indifférentes des stades au-dessus des matches. Cette masse n'était pas celle du combat politique, des militants au coude à coude, mais bien celle de l'ivresse meurtrière. Je me souvins du premier roman que j'ai lu : *Georges*, d'Alexandre Dumas. Les esclaves de l'Ile de France révoltés vont donner l'assaut aux troupes royales, lorsque les planteurs font rouler vers eux, du haut de la rue, des tonneaux d'arak, et tout finit en kermesse et en massacre. Les vociférations avaient remplacé les slogans. Le *videh* de la Martinique se préparait, et ce ne serait pas Carnaval qu'il s'agirait de tuer. Un Noir saisit par la taille une petite fille qui portait bravement sa pancarte VIVE LA FRANCE, et l'envoya voltiger dans l'ombre derrière lui. Trois autres la suivirent. Alors entra dans la lumière, hésitant, ébloui, un cortège hagard. Devant, traîné par quatre porteurs (sur une couverture sans doute), un blessé ensanglanté, jambes et bras pendants ; derrière lui, avec les mouvements galvaniques de l'ivresse furieuse et de l'ivresse du sang, une centaine de forcenés, armés de planches à clous. Ils se dirigeaient vers moi qui continuais mon discours, puis obliquèrent vers la tribune

177

où des femmes se trouvaient en grand nombre. Ils semblaient vouloir présenter ce corps pantelant comme une sorte de *Pietà*, quand leur glissement oblique reflua d'un coup. Les porteurs laissèrent tomber le corps. Devant la tribune, une compagnie de l'infanterie de marine, à laquelle Trémaud était allé donner des ordres, venait avec lui prendre position au pas de course, mousquetons baissés.

Il y eut un silence surnaturel, au centre de la rumeur bavarde de ceux qui, à terre, ne voyaient rien. Devant la tribune, les marins maintenant immobiles, à deux mètres l'un de l'autre (je savais que Trémaud ne ferait pas tirer sans sommations); toutes les femmes debout; un grand vide dans lequel le blessé abandonné palpitait vaguement; et les cent frénétiques reculant pas à pas comme une bête rebroussée, gestes abattus, jusqu'à la limite de l'ombre où la foule s'ouvrit devant eux. Ni les pancartes VIVE LA FRANCE, sauf celles des quatre enfants, ni les banderoles A BAS DE GAULLE n'avaient bougé. Tout semblait entrer dans l'éternité comme le cortège reculait dans la nuit.

Le discours terminé, je remontai pour crier encore, d'une voix cassée, que j'irais le lendemain matin saluer le monument aux morts, et que je parlerais à l'hôtel de ville. (Ceux qui entendaient le diraient aux autres.) Le klaxon de l'ambulance m'accompagnait sinistrement. Les infirmiers, avec leur civière, marchaient vers le blessé. Tous les marins avaient rejoint leurs camarades et protégeaient les tribunes. On baissait les pancartes, on roulait les banderoles. La foule se diluait. Les fûts des palmiers royaux montaient sur le ciel constellé, comme les colonnes de Baalbek.

A la préfecture, les ecclésiastiques de petit grade nous attendaient. Quel dommage que les autres fussent absents! Allons, ce serait pour la prochaine fois, monsieur le Préfet. Ceux-ci paraissaient de fort braves gens. Mais il me semblait difficile de parler à la fois à des missionnaires et à un Vénérable. Donc je ne leur dis rien, mais je dis à Trémaud : « Voulez-vous prendre nos collaborateurs avec vous, sauf un, et commencer tout de suite l'enquête ? — J'ai déjà convoqué le chef de la police. Il y a un certain nombre de blessés. Ce n'est pas fini. »

Pourtant aucun bruit n'entrait par les fenêtres ouvertes. Le préfet m'expliquait des protocoles auxquels je ne comprenais rien. Cayenne étant sensiblement plus petite que New York, il me semblait simple qu'il me présentât les invités avec lesquels un moment d'entretien lui semblait souhaitable. Non. Nous nous retrouvâmes, ma femme dans un vaste fauteuil, le préfet et moi debout à ses côtés, et un huissier à chaîne qui annonçait, avec une suprême distinction : « Le capitaine Durand, Madame Durand, Monsieur le conseiller municipal Dupont, Madame Dupont. »

— Où avez-vous trouvé celui-là ?

— Oh, monsieur le Ministre, au bagne, évidemment : c'est un relégué. D'ailleurs, un simple passionnel...

On me dit une heure plus tard qu'il avait égorgé sa femme. Mais, comme disait le préfet, quel style ! Ça continuait : « Monsieur le Greffier du tribunal, Madame Masson ; Monsieur le Député ! »

Une nuance. Honorait-elle la députation, ou le célibat ? Je regrettais l'absence de Monseigneur — pour l'annonce... « Monsieur le président de l'I. F. A. T.! ».

Qu'était-ce ? D'après le ton, un petit président.

— Monsieur le secrétaire général du B. A. F. O. G.!

« Monsieur le sous-préfet de Saint-Laurent-du-Maroni! »

Titre glorieux, annoncé comme tel. Ce « simple passionnel » me plaisait de plus en plus. Son style lui venait peut-être non d'avoir obéi, mais d'avoir commandé. Un ancien prince russe, un peu égorgeur ?... Dire que j'avais été romancier! Si je demandais au préfet d'inviter au déjeuner du lendemain une dizaine de relégués ? L'un d'eux, m'avait-on dit, était un éminent spécialiste des papillons... Et tout à coup, je compris enfin ce qui m'échappait, à cause du fauteuil, car la femme du président de la République ne s'assied évidemment pas à la présentation de ses invités : nous étions en train de singer les réceptions de l'Élysée... Entre les cris qui avaient repris, les blessés, le « simple passionnel » à qui j'enverrais certainement les œuvres de Proust — et la Guyane sans doute perdue.

La bonne société de Cayenne n'est pas inépuisable. Nous passâmes enfin au salon. Un buffet froid, des gens que j'interrogeais sur la Guyane et qui me répondaient par ce que devait faire le général de Gaulle. Et d'abord, avait-il déjà vu des lamantins ? Pensait-il que ce fussent les sirènes de l'Antiquité ? Un bijoutier, dans la rue principale, vendait des pépites « qui faisaient de très jolis pendentifs ». Quelques clameurs entraient encore par les fenêtres ouvertes, mais je n'entendais aucune détonation. Le collaborateur resté avec moi vint me dire : « Il y a eu pas mal de bagarres, et Trémaud pense qu'il faudrait agir cette nuit. — Venez dans ma chambre avec lui. » Je serrai quelques mains, pris congé du préfet, et trouvai mes collaborateurs dans ma chambre.

— Par chance, me dit Trémaud, la police est sérieuse. Je pense que nous aurons à protéger le chef de la Sûreté, qui est résolu à nous aider. Nous sommes à la fois à Clochemerle et dans un film de gangsters. D'une part, le préfet, qui est un radical comme on n'en trouve plus en France...

— On les exporte!

— Son avis est que la population votera contre nous à 90 %, et ce que nous faisons est donc de la provocation. Il a pourtant son candidat aux prochaines élections. Il est mal avec le député, plus ou moins gaulliste ; et à couteaux tirés avec Catayée, qui passe pour fou, mais qui existe. Le préfet, donc, n'avait organisé aucune protection. Parce qu'il a affirmé à Paris que la Guyane est perdue ? Pour montrer que le député ne peut rien ? Pour obtenir des mesures contre Catayée ? Peut-être par bêtise! Ses boy-scouts, ses petites filles, correspondent à la réception de l'aérogare. L'auto américaine a été louée pour vous.

— " Dites-le avec des fleurs! "

— Les autres pensaient qu'ils n'auraient rien en face d'eux. Les fusiliers marins n'étaient pas au programme. Ils ont marché comme un seul homme : ils étaient enragés quand ils ont vu les petites filles empoignées. Encore a-t-il fallu que j'aille les chercher, car les autorités locales ne bougeaient pas. Les gens aux banderoles sont des gens de Catayée, qui, en ce moment, se jette dans mes bras.

« Il ignorait que l'installation sonore ne marcherait pas. Le préfet aurait dû faire un essai dans la matinée, et prendre les mesures nécessaires ; et Catayée a voulu prouver que le préfet est un incapable. Voter contre la France, on verra plus tard. Ça l'ennuie plutôt.

— Je le crois aussi.

— Avec une installation sonore normale, vous auriez eu du chahut, et une *Marseillaise* enthousiaste à la fin. C'est ici que les choses se compliquent :

« Les gens aux banderoles étaient des gens de Catayée, plus de vagues communistes, etc. Mais pas les lanceurs de clous.

— Vous connaissiez cette arme ?

— Jamais vue. Mais c'était sérieux. Or, avant le discours, on a apporté, dans des endroits de la place où se trouvaient des manifestants connus pour leur violence, des tonneaux de rhum. On les a mis en perce et on est parti.

— Qui : on ?

— Je ne le sais pas. Je ne le saurai pas demain. Mais la politique n'est pas seule en cause, bien que les blessés soient assez nombreux. Les policiers me disent que les communistes ont envoyé des gens de la Guyane britannique, les Anglais fermant les yeux. J'en ai fait arrêter, ce qui est légal parce qu'ils sont entrés ici clandestinement, et facile, parce qu'ils étaient complètement ivres. Ils ne sont pas plus communistes que Catayée, et les Anglais n'ont rien à voir dans cette affaire. Ce sont des contrebandiers connus. Donc, Clochemerle se complique d'une rivalité de gangsters liée sans doute à des rivalités politiques. Quant au cafouillage, je m'en tiendrai à ceci : les tracts contre la France ont été imprimés par l'imprimerie de la préfecture ; la première petite fille qu'on a fait voltiger (d'autres l'ont reçue dans leurs bras) est la fille du proviseur, et le coupable est l'un des instituteurs.

— Vous avez la certitude que les tracts ont été imprimés à l'imprimerie de la préfecture ?

— Absolue.

— J'ai le droit de remplacer provisoirement le préfet, n'est-ce pas ?

— Il s'y attend. Vous représentez le gouvernement.

— En me quittant, vous lui dites de prendre les arrêts, jusqu'à décision du ministre de l'Intérieur. Je serai à Paris après-demain matin. Cette nuit, vous le remplacez. Combien de " turbulents " voulez-vous faire arrêter ?

— Sauf deux ou trois, ils le sont.

— Bravo. Le moins longtemps possible, sauf pour les dangereux abrutis comme l'instituteur. Il faut seulement que les gens comprennent que les plaisanteries sont terminées. Quant à l'ivresse, les fournisseurs de tonneaux sont plus intéressants pour nous que les buveurs. Quel est l'état d'esprit de la ville ?

— Furieux contre tout le monde. Ils étaient venus pour vous écouter, et on les a empêchés de vous entendre.

— Ma gloire doit s'arrêter aux portes de Cayenne !...

— Non, parce que l'inscription du monument au gouverneur Éboué est de vous.

— Un bienfait n'est jamais perdu. Donc, le préfet, on n'en parle plus jusqu'au référendum. Envoyez-le en vacances. Qui le remplace, au moins jusqu'à l'arrivée du successeur ? Vous contrôleriez, le temps nécessaire, bien entendu. Que vaut le secrétaire général ?

— Il est bien. C'est le fils d'André Philip.

— Allons-y. Mais il faut lui demander son accord, parce qu'il va tout de même risquer sa peau. Il m'accompagnera au monument aux morts et à l'hôtel de ville.

— Sinon, je serai le préfet.

— Merci. Mieux vaut une autorité locale, vous le savez.

« Ou bien la nuit aura porté conseil, c'est-à-dire qu'on ne tentera pas, de jour, ce qu'on a tenté de nuit, et l'agitation va se calmer, si nous prenons les mesures nécessaires : vous connaissez tout ça mieux que moi...

« Ou bien c'est sérieux, — ce que je ne crois pas — et il n'y a pas de protection possible pendant *La Marseillaise* devant le monument aux morts. Bonne suite d'enquête, ou bonne nuit. »

Ils retournèrent au travail. La fenêtre était ouverte, le lit enveloppé de sa moustiquaire cubique. Une foule encore dense passait sans bruit, comme si les Noirs étaient des muets. Les clameurs de plus en plus rares et de plus en plus éloignées se perdaient dans la frénésie d'un jazz. Au-delà des maisons, les palmiers royaux qui avaient abrité les missionnaires et les bagnards montaient dans la nuit la plus saugrenue de ma vie. A vingt kilomètres commençait la forêt-élément, vivante comme les montagnes ou l'océan, avec ses perroquets têtebêche et ses rivières aux poissons carnivores, jusqu'au pied des hauts plateaux. Le président Kubitschek m'avait dit, à Brasilia : « — Alors nous avons lancé les deux grandes routes à travers la forêt, et nous avons quelquefois trouvé des nids d'hommes qui n'avaient pas changé depuis l'âge de pierre... » Et, beaucoup plus près, le Maroni et la si belle place Félix-Éboué, qui avait été la terrible place des Palmistes où les mygales venaient piquer à mort les relégués endormis.

J'attendais le sommeil. Sur la table de nuit, on avait posé un album. Il commençait par la grille d'entrée du bagne. J'imaginais des barreaux de Bastille, et je trouvais les arabesques d'une maison de notaire, surmontée d'une lanterne d'où dégringolaient les bougainvillées. Puis, l'église abandonnée, où les herbes folles et les ronces poussaient sous les fresques peintes par les condamnés, dont les Apôtres portaient le costume des bagnards. Dans les cellules où filaient les insectes entre les graffiti, les fers pour les pieds, les trous où passaient les courroies qui attachaient les corps. Le « chemin de fer » de la brousse, tiré par des hommes ; des tombes (de gardiens), bizarres dans cet enfer désaffecté ; et, au centre de cette luxuriance épineuse, une minuscule place damée où les végétaux ne poussaient pas, mais qu'entouraient des bougainvillées violettes comme

184

celles de la grille d'entrée : l'emplacement de la guillotine.

Du garage de la préfecture tout proche, s'éleva la mélopée de la flûte indienne : l'autre monde. Le bagne avait disparu, comme la fureur de la demi-révolte que me rappelait un morceau de bois hérissé de clous, posé sur la table. Il restait la mélopée surnaturelle, la silencieuse promenade nocturne sur la place, et le départ des derniers invités qui sortaient de la réception de conte d'Hoffmann, reconduits par l'égorgeur distingué...

Le matin commença bien. Ce qui fait le préfet, à Cayenne, c'est l'uniforme. Or, le secrétaire général dépassait le préfet de vingt centimètres — et ne disposait que de l'uniforme de celui-ci. La casquette à dorures semblait, sur le sommet de sa tête, un petit champignon. Il la tiendrait à la main. Mais pas son pantalon, qui n'atteignait ses chaussures que grâce à des bretelles curieusement allongées. Restait la tunique, si nécessaire en raison des galons. On pouvait en ouvrir le col, au nom de la chaleur ; encore manquait-il aux manches dix bons centimètres, le tout donnant l'impression du marin à pompon des dessins animés, plutôt que d'un haut fonctionnaire de la République. Charlot préfet. Le secrétaire général prenait ce film avec bonne humeur. Nous nous rendîmes au monument. La belle auto avait disparu.

A peine étions-nous sortis que je pressentis à quel point l'aventure de la veille avait été liée à la nuit. Les gens nous regardaient avec sympathie ; c'étaient des petits-bourgeois, non des lanceurs de clous. Le monument aux morts se trouve sur une place étroite, et l'on n'aurait pu tirer sur moi qu'à dix mètres, donc visiblement. La foule était d'ailleurs prudente et clairsemée. Pendant la sonnerie aux morts, une ombre aux manches trop courtes, à côté de la mienne, s'allongeait devant la statue...

La cérémonie terminée, nous gagnâmes l'hôtel de ville. Là, la foule emplissait la rue, où des haut-parleurs avaient été installés. Le conseil municipal au complet m'offrait un vin d'honneur. Le maire fit un discours chaleureux, qu'il termina en criant : « Vive la France! » Je répondis du balcon (cette fois, on entendait très bien) selon les traditions de 1848. Je repris les thèmes de la veille, qui étaient en partie ceux de la Martinique, et que hachaient les applaudissements — comme si la population du jour avait voulu désavouer la manifestation de la nuit. Je racontai, sans élever la voix, mon entretien avec le général de Gaulle : « Il m'a dit, pour vous : Il faut aller en Guyane, parce qu'il faut que la France aide la Guyane. Et il m'a dit, pour moi : Il faut y aller parce que c'est déchirant. » Une sombre approbation emplit la rue, comme l'acclamation de la Martinique. Le maire descendit avec moi, et nous allâmes, nous tenant par le bras, vers la préfecture. Le nouveau préfet et Catayée nous suivaient. Le *videh* se formait derrière nous, comme il s'était formé à Fort-de-France ; milliers d'hommes, et quelques femmes, bras dessus, bras dessous, dans d'immenses farandoles improvisées. Lorsque nous arrivâmes, pendant plusieurs minutes, une clameur de o u i battit la préfecture, où le secrétaire général retrouva enfin ses propres vêtements.

Il nous accompagna en civil à l'aérogare. Plus de jouvencelles, plus de char de fleurs en arc de triomphe ni même en anse de panier. « Adieu madras, adieu foulards... » Quelques cocotiers, des oiseaux sinistres, et la poussière qui tourbillonnait autour de cette aérogare dont on était surpris qu'elle attendît des avions...

A l'escale de la Martinique, nos amis, qui avaient reçu les nouvelles de la nuit mais non celles de la matinée, nous attendaient avec inquiétude. Inutile : la Guyane et les Antilles devaient voter oui à 80 %, Catayée devenir député, et le préfet, secrétaire général. Je n'avais pas eu le temps de voir le marchand de pépites, ni même la rue où se trouvait sa boutique. Était-ce l'épicier dont j'avais vu l'enseigne ?

5

1958-1965

C'est après tout ce pittoresque, que le général de Gaulle me chargea d'aller voir quelques chefs d'États asiatiques, dont les relations avec la France n'étaient plus que de convention ; et d'abord, Nehru.

Je connaissais la situation de l'Inde, car je venais de recevoir Jayaprakash Narayan, le chef socialiste de Bombay. Et le meilleur connaisseur indien de la France, mon ami l'écrivain Raja Rao, venait de passer par Paris. Notre ambassadeur était moins pessimiste que les préfets des Antilles.

Il m'attendait sur le champ d'aviation, à deux heures du matin, avec la secrétaire d'État aux Affaires étrangères, en sari blanc dans la lumière des phares. Elle s'appelait Lakshmi. Une secrétaire d'État occidentale peut s'appeler Marie comme la Vierge, mais les déesses des autres religions font mieux rêver. Le comte Ostrorog, descendant des conquérants moghols, et fils secret de Pierre Loti selon les ragots du Quai, était (il n'y a pas foule) digne de ce que le mot ambassadeur dans l'Inde suggère aux poètes. Une caméra imaginaire remontait de ses doigts finement noueux, qui pétrissaient une

Inde affectueuse et complice, jusqu'à son visage de pirate distingué. Ce descendant des maîtres des steppes, hidalgo, cardinal romain et exemplairement français, était l'ambassadeur d'une Méditerranée millénaire auprès d'une Inde toute jeune ; ce qui faisait rêver, lorsqu'on savait ce qu'est l'Inde. A l'un des dîners du Capitole — ainsi s'appelait alors l'ancien palais des vice-rois, devenu celui du gouvernement — pendant le speech d'un Premier Ministre austère, les mains d'Ostrorog semblaient caresser la célèbre botte italienne comme une jambe de danseuse...

Nous gagnâmes le Capitole (j'étais l'hôte de l'Inde) dont je ne vis dans la nuit que la masse obscure, les couloirs, un grand portrait de Gandhi en pagne, et, dans mon appartement, le chef du protocole entouré des domestiques du temps des vice-rois : un pour ouvrir chaque porte. Ces personnages d'Ali-Baba congédiés, nous mîmes de l'ordre dans ma mission. Le ministre chargé de la Culture me recevrait à huit heures.

Avant mon réveil, les journaux avaient été apportés. La semaine afro-asiatique commençait !... L'accueil des ministres fut ce qu'il est toujours : prudent et délicat. On attendait mon entretien avec Nehru.

J'avais enfin vu le Capitole, et je voyais New Delhi. Je n'en avais gardé aucun souvenir ; en 1929, l'Inde m'intéressait plus que l'Angleterre. Mais le départ de l'Angleterre donnait une âme à cette architecture qui n'en avait pas. On avait prêté à Gandhi et à Clemenceau la phrase : « Ça fera une très belle ruine ! » Ça n'avait pas fait une ruine ; et pas davantage un palais conquis, comme le Kremlin. New Delhi n'est pas une ville, c'est une « capitale administrative », mais ses colossales perspectives de grès rouge, avec leurs gardes sikhs qui présentaient les armes dans la solitude, ne s'ouvraient pas sur des administrations — fussent-elles le

Parlement : elles s'ouvraient sur l'Empire disparu.

Palais, ministères, propylées. Tout l'Empire britannique porte la marque de la grandeur anglaise, avec l'accent que le gothique victorien donne à la Tamise. Ici, comme à la passe de Kyber, la grandeur était romaine ; le rêve de César à Alexandrie, une masse puissante disposée selon le vaste théâtre hellénistique. Mêlé d'un autre rêve, celui d'un mariage anglo-indien rival du mariage indo-musulman. Le Capitole fut ostensiblement le rival de la Grande Mosquée de Delhi, l'une des plus grandes de l'Islam ; de Fathepur Sikri, des Forts Rouges, de toute cette architecture moghole qui a été l'Amérique de la Perse. L'Islam était toujours là. Et l'Angleterre ? Plus qu'il ne semblait ? Mais ce n'était pas sa présence qui animait ces avenues impériales de grès rouge par lesquelles je gagnais le Parlement : c'était la résolution avec laquelle elle les avait abandonnées. Dans ce pays qui a construit tant d'illustres tombeaux, la seule œuvre rivale de celles des successeurs d'Alexandre est devenue admirable malgré la médiocrité de son architecture, depuis qu'elle est devenue le tombeau de l'Empire.

Je rendais visite à Nehru dans son bureau du Parlement. C'était passer de la majesté du Capitole à des couloirs de préfecture et des salons d'attente pour solliciteurs modestes. Mais, comme au Capitole, de nombreux portraits de Gandhi ornaient les murs.

Gandhi était alors présent dans toute l'Inde, par ses œuvres, par son exemple, par ses images. Pour l'Europe, il n'était déjà plus qu'un libérateur aux mains pures. Une figure de sainteté, avec le pittoresque qui accompagne tant de saints : sœur tourière opiniâtre au large sourire sans dents, vêtue d'une humble étoffe populaire portée comme l'uniforme de la liberté. Bien que l'Inde commençât à voir en lui le dernier avatar de Vichnou, tels grands pans de sa biographie y demeuraient précis : la prédication de 1920 sous un vaste banian, puis la foule sur les bords de la Sabarmati ; le massacre d'Amritsar ; les doigts de sa main gauche dressés, et désignés à la foule comme les devoirs de l'Inde ; le bûcher insolite fait d'habits européens, de cols, de bretelles jetés par ceux qui désormais ne porteraient plus que le *khadi*, et sur lequel brûlaient des chapeaux enflammés — précurseur du bûcher funéraire devant lequel on réciterait la *Bhagavad Gîtâ*. Et la désobéissance civile, et la non-coopération commencée le jour de la mort de Tilak. Et surtout, la Marche pour le Sel.

Le 2 mars 1930, Gandhi avait informé le vice-roi que la désobéissance civile commencerait neuf jours plus tard. Le 12, il était parti vers la mer, suivi de soixante-dix disciples. Les paysans pavoisaient, étendaient des branchages sur les routes, s'agenouillaient au passage des pèlerins. Trois cents chefs de village avaient renoncé à leurs fonctions. Devant les soixante-dix devenus plusieurs milliers, Gandhi avait ramassé du sel abandonné par les vagues, enfreignant la loi sur la gabelle. La chaleur tropicale rend le sel indispensable aux hommes et aux animaux qui travaillent — mais chacun savait que Gandhi, malade, n'en avait pas fait usage depuis six ans. D'un coup, il venait de toucher l'Inde entière.

Tout le long de la côte, les pêcheurs avaient ramassé le sel, les paysans les avaient rejoints, et la police, commencé les arrestations en masse. Les résistants se laissaient arrêter, mais ne livraient pas leur sel. A Bombay, 60 000 personnes s'étaient rassemblées devant la Maison du Congrès ; sur la terrasse, on traitait le sable sali. Le sel qu'avait recueilli Gandhi avait été vendu

1 600 roupies. Quand Nehru fut condamné à six mois de prison, l'Inde avait répondu aux incarcérations par les *hartals*. A Patna, la foule s'était jetée sur le sol devant la cavalerie gouvernementale, qui n'avait plus avancé. A Karachi, cinquante mille Indiens avaient regardé ceux qui recueillaient le sel, et que la police n'avait pu arrêter. Pourtant, il y eut bientôt cent mille prisonniers. La nuit du 4 au 5 mai, Gandhi avait été arrêté dans un village, parmi ses disciples.

A Dharasena, au nord de Bombay, les Indiens avaient marché sur l'usine de sel gouvernementale gardée par quatre cents policiers. Au fur et à mesure qu'ils approchaient de l'usine, ils étaient assommés ; d'autres les remplaçaient en silence et tombaient à leur tour. Les brancardiers emportaient les corps sanglants. L'usine avait continué de fonctionner, il avait fallu ouvrir un hôpital provisoire, et toute l'Inde avait pris conscience de sa servitude. Bientôt, Churchill devrait parler de « ce fakir séditieux, à demi nu dans le palais du vice-roi! ». Le vice-roi était maintenant parti, et la légende de Gandhi, devenue en Occident noble passivité, restait ici une légende de combat. D'abord dans les mots. Lorsqu'il avait annoncé qu'il se priverait de nourriture si l'on ne reconnaissait pas les droits des Intouchables, il ne s'agissait pas de « jeûner », mais de mourir de faim. Ce supplice qui avait affronté le plus puissant tabou de l'Inde, n'était pas moins irrationnel que lui, et les Hindous l'avaient suivi comme une lente crucifixion. Dans ces multitudes dont 95 % ne possédaient pas la radio, chacun savait lorsque Gandhi commençait à être menacé de mort. Et chacun savait que son but dernier était la purification de l'Inde, dont l'indépendance n'était que la conséquence capitale. Il avait voulu que sa prédication touchât les plus humbles, même lorsqu'il disait : « Le *swaraj* ne viendra pas par la victoire de quelques hommes, mais lorsque tous seront devenus capables de résister à l'injustice. » Et tous avaient récité les prières lorsqu'ils avaient su que la douille était tombée du châle de Gandhi enfin tué, et que tout avait fini par une balle rouge sombre sur ses cendres déjà blanches. Pourtant Gandhi était présent dans ce Parlement comme il l'était au Capitole. Vinoba Bhave, sans autre arme que sa prédication, venait de recevoir deux millions d'hectares de terre (pas les meilleurs, bien sûr...) pour les paysans. A un monde d'où l'ombre de Staline et celle d'Hitler n'avaient pas encore disparu, l'Inde montrait sa libération de l'Angleterre sans une victime anglaise. Le mot démocratie, malgré la misère, y prenait un sens presque religieux. Bandoung avait montré l'autorité de Nehru, — qu'avait montrée aussi le malaise suscité par son silence devant l'action des Russes à Budapest. Mais la politique de l'Inde ne s'élaborait pas plus au Congrès ou au Parlement, que la politique de l'Allemagne hitlérienne ne s'était élaborée au Reichstag : la politique de l'Inde, c'était l'héritier du petit bonhomme en pagne qui avait inventé d'emmener des millions d'Indiens chercher le sel dans l'océan Indien contre la gabelle anglaise, pour y trouver la liberté.

On nous introduisit, un attaché de notre ambassade et moi, dans un petit bureau : quelques sièges, pas de table, et un tableau qui représentait Gandhi, grandeur nature. Curieux attaché d'ambassade — mais, aux Indes... Cheveux gris, mi-longs, moustaches grises tombantes. Gestes précieux. Il revenait d'un ashram, celui de Menon ou celui d'Aurobindo ? Il regarda le tableau :

— Vous voyez Gandhi partout, vous le verrez partout. Je suis venu aux Indes à cause de lui. Il n'en reste rien.

193

— Sauf l'Indépendance...

— Oui... Non... Nehru n'est point un usurpateur ; mais il est un politique. Si le mahatma n'a été ni président ni Premier Ministre, ce n'est pas par hasard. Il signifiait un monde d'une autre nature ; Nehru le sait.

— Qu'y faire ? Il est le chef de l'Inde, et non un saint.

— Certes. Mais il y a une chose qu'il faut comprendre, que vous, vous devez comprendre. Tout le monde la connaît — enfin, tous les anciens la connaissent —, personne ne la dit. Et le temps passe, et peut-être, dans vingt ans, il n'y aura plus personne pour la dire : tout ce qui a été le gandhisme, tout ce pour quoi nous nous sommes battus, et dont la conséquence a été, en effet, l'indépendance de l'Inde, a déjà disparu.

— Vous pensez à la résistance non-violente ?

— Oui... oui, enfin : pas seulement. Elle est née contre l'empire anglais ; elle ne s'est guère appliquée au Pakistan. Les choses ne sont pas terminées, avec le Pakistan... Et attendez la Chine, un jour ou l'autre.

« Et puis, la non-violence. Il savait bien ce qu'elle était, en profondeur. Peu de temps avant sa mort, notre Conseil général est venu prendre congé de lui : " Eh bien, mahatmaji, vous devez être content, maintenant ? — Vous vous trompez. Il n'y avait qu'une chose intéressante : le combat. Il est fini, et ce que nous avons fait est fini aussi... "

« Je sais, je sais : un million d'aveugles, soixante-dix millions d'intouchables, et tout ça ; pourtant, ce peuple exprime la plus haute spiritualité du monde. Son combat a été celui de la spiritualité. Elle avait pénétré l'Inde entière. Mais sur la grand-route, chacun cherche encore l'union mystique, aussi banalement qu'en Amérique on cherche l'argent. Les gens se demandent des nouvelles de leurs prières. Tout ce que vous allez voir dans cette maison, c'est la politique, donc l'Europe ; tout ce qui a rompu avec Gandhi. Pourquoi a-t-on pu tellement l'attaquer, et aussi tellement l'admirer ? Parce que sa pensée n'était pas politique. Elle a pris des formes politiques. Elle a eu des conséquences politiques. Mais il était le dernier des grands gourous. Je viens d'un ashram, et je sais que tout contact avec l'absolu passe par la méditation sur l'impermanence. Vous êtes dans le pays de l'impermanence. Vous connaissez les apologues où les ascètes regardent les files de fourmis comme des files de dieux ou de millénaires... Vous voyez partout le tableau ou la photo du petit homme brèche-dent à la bouche de bon chien et aux jambes de héron. Vous le croyez présent, parce que l'Europe croit à l'histoire, c'est-à-dire à la continuité. L'Inde, enfin l'Inde politique, fait semblant d'y croire aussi. Ce n'est pas vrai. Le monde n'est fait que de moments qui passent... »

On entrouvrit la porte.

« Un jour, dit sans y prendre garde l'attaché d'ambassade aux longs cheveux, il parlait devant quelques centaines de milliers de personnes, de sa voix égale de baryton, avec un micro. Dans une clairière, entre de grands arbres fleuris, des frangipaniers, je crois... Les fleurs se sont mises à tomber. A cause de la foule ? Qui sait ? »

L'histoire fait partie des biographies du Bouddha, de son lien avec la nature, si faible dans l'Évangile, et que nous n'avons retrouvé que dans les apocryphes qui ont inventé le bœuf et l'âne — et chez saint François : les oiseaux d'augure, le vol des geais qui font volte-face dans le ciel au moment où le Bouddha entre dans le nirvâna, les gazelles qui écoutent la prédiction. Il est possible que la respiration d'une foule énorme fasse tomber des fleurs fragiles. L'histoire n'est pas fausse, car je l'ai entendue naguère de Raja Rao, qui assistait au discours, et dont le récit transmettait avec le talent d'un écrivain, l'atmosphère surnaturelle des fleurs qui venaient doucement se coucher, comme des animaux blancs, devant l'envoyé des dieux.

« Je regardais tomber cette neige, je pensais que ce temps ne reviendrait pas, et aujourd'hui, malgré tous les portraits et toutes les photos, je sais que le temps de Gandhi est fini pour toujours. Nous ne... »

La porte s'ouvrit toute grande. On nous accompagna dans un autre bureau, plus grand, orné d'un autre portrait de Gandhi. « La presse » et une cinquantaine de photographes y attendaient l'huissier qui devait venir me chercher. Tout ça se rebroussa d'un coup : l'autre porte s'ouvrait, non sur l'huissier, mais sur Nehru.

Il savait que la presse de Delhi lui reprochait de m'accueillir. Pour de fortes raisons : l'Indochine, l'Algérie. Pour des raisons puériles : beaucoup de journalistes, fidèles à quelques hebdomadaires de Londres, tenaient perspicacement le général de Gaulle pour un successeur d'Hitler. Enfin, pour une autre raison que j'ignorais, mais pas lui : la majorité de cette presse lui serait, quoi qu'il fît, ennemie. Elle s'écarta devant lui, murmurant son prénom comme l'avait fait la foule, disait-on, lorsqu'il était arrivé devant Gandhi tué. Il m'étreignit et me dit (la télévision enregistrait) comme si nous nous étions rencontrés depuis un mois, alors que nous ne nous étions pas rencontrés depuis plus de vingt ans : « Je suis content de vous revoir ; la dernière fois, c'était après votre blessure en Espagne, vous sortiez de l'hôpital et je sortais de prison... » J'admirai le talent qui désarmait provisoirement ce troupeau ; et j'admirai la qualité humaine, à quoi le talent n'eût pas suffi.

Il prit mon bras, et nous passâmes dans son bureau.

Je ne me souviens que de la table, d'un bois précieux qui, après avoir reflété les derniers éclats de la télévision, ne reflétait plus que la rose qui nous séparait — la même que celle qu'il portait toujours — et son visage. Quand on lira ceci, peut-être ce visage ne sera-t-il plus si familier qu'il l'est aujourd'hui : l'histoire n'en aura conservé que le masque. C'était un visage romain un peu alourdi par la lèvre inférieure, qui donnait à son sourire apparemment « offert », la séduction qu'apporte à un homme de l'Histoire, une imperceptible innocence. A quoi on ne se méprenait pas, et lui non plus. Mais au-delà du masque des photographies, il y avait ce sourire lié à une expression rêveuse qui suggérait des yeux bleus (ils étaient bruns) accordés à son teint presque gris.

Je lui avais connu une allure de chef de maquis à quoi son bonnet de police, avant 1940, n'était pas étranger. Il montrait maintenant une ironie bienveillante et un peu lasse à l'égard de l'univers, qui enveloppait la fermeté mais ne la cachait pas. (Sa mère ayant été insultée lorsqu'elle portait des vivres à des prisonniers, il avait renoncé à toute visite pendant sept mois à la prison de Dehra Dun. « Il est le courage même », disait Gandhi.) L'âge avait moins vieilli son ancien visage, qu'il ne semblait lui en avoir — à peine — donné un autre ; comme il advient à beaucoup d'hommes qui ont ressemblé à leur mère, et ressemblent à leur père en vieillissant. Et dans sa voix, son attitude, apparaissait (reparaissait ?) sous l'intellectuel patricien, l'image — calme et aménité — que dans son adolescence, il s'était sans doute faite du gentleman.

Il lut la lettre du général de Gaulle, qui était une lettre de créance, la posa sur la table et me demanda, en souriant davantage :

— Ainsi, vous voilà ministre...

La phrase ne signifiait pas du tout : vous faites partie du gouvernement français. Un peu balzacienne, et surtout hindoue, elle signifiait : voilà votre dernière incarnation...

— Mallarmé, lui répondis-je, racontait ceci : Une nuit, il écoute les chats qui conversent dans la gouttière. Un chat noir inquisiteur demande à son chat à lui, brave Raminagrobis : " Et toi, qu'est-ce que tu fais ? — En ce moment, je feins d'être chat chez Mallarmé... "

Nehru sourit davantage, et acquiesça. Ses gestes, autrefois assez larges, se dirigeaient maintenant vers le corps, les doigts presque repliés. Et c'est dans ces gestes frileux, qui donnaient à son autorité un charme que je n'ai plus rencontré, que je voyais la seule vraie différence entre le Nehru d'autrefois et mon interlocuteur. Car l'autorité est un âge, et qui ne change guère. Je lui exposai, assez vite, comment je concevais l'exposition d'art indien que nous souhaitions accueillir à Paris. Il me donna son accord et me demanda ce que nous suggérions en échange. Je proposai la sculpture romane, ou une exposition historique sur la Révolution.

— La France, répondit-il, pour nous, c'est la Révolution... Quand Vivekananda l'a découverte, il a passé une journée à crier avec ses amis : Vive la République ! Savez-vous que *Les Misérables* est l'un des livres étrangers les plus célèbres dans l'Inde ?

J'avais déjà rencontré, je devais rencontrer maintes fois, plus tard, cette présence de la France. La Russie soviétique ne l'a pas effacée. Aux pays sous-développés, la machine apporte des ouvriers qualifiés, plus qu'un prolétariat ouvrier. Et partout où la révolution n'est pas appelée par le prolétariat, mais par le peuple, la prédication de la Révolution française, l'exaltation du combat pour la justice proclamée de Saint-Just à Jaurès, en passant par Michelet et surtout par Victor Hugo, conserve un prestige au moins égal à celui du marxisme. En Afrique, en Amérique latine, même lorsque la technique de la révolution est russe, son langage est encore français. J'avais vu des piles des *Misérables* entre Bakounine et les écrits théoriques de Tolstoï, sur les Ramblas de Barcelone, pendant la guerre civile.

— La sculpture romane ? reprit-il. Notre propre sculpture des hautes époques, presque personne, ici, ne l'admire vraiment. Elle exerce une action magique sur la foule, jusqu'à un certain point ; les fétiches du bord de la route aussi... Les membres du Parlement respectent Ellora, mais n'y vont pas...

— La relation des parlementaires avec l'art est toujours assez compliquée ; après tout, les vôtres connaissent au moins la *Bhagavad Gîtâ*.

— Comme les députés anglais connaissent la Bible...

Il créait l'Inde, entouré d'un anneau de Saturne fait de politiciens ennemis. Comme je m'étonnais de la curieuse idée que la presse de Delhi se faisait du gouvernement français : « Oh! du gouvernement indien aussi!... » me répondit-il avec un geste d'espoir et de résignation, un *inch Allah* ironique.

Je lui suggérai que la situation du général de Gaulle, en cela, n'était pas très différente de la sienne. Il en fut intrigué ; je doute qu'il en ait été convaincu.

Le souvenir — ou la présence — des partis totalitaires demeurait si puissant que, pour la France, Nehru res emblait plus à Staline qu'à Roosevelt ; mais pour lui, bien qu'il s'en défendît, le général de Gaulle ressemblait sans doute plus à Mussolini qu'à Churchill. Pourtant, trop intelligent et trop bien informé pour croire que le général fût un chef fasciste, ou « qu'il dût être bientôt débordé par le parti de M. Soustelle », il suivait avec attention

les événements de France. Il n'était intervenu ni en
Indochine ni en Algérie, parce qu'il professait qu'une
indépendance nationale doit être conquise sans aide
étrangère. Il ne prenait pas au sérieux la IVᵉ République :
le président du Conseil l'avait prudemment reçu dans un
restaurant du Bois, en raison du printemps. Mais il
voyait de près le déclin de l'Angleterre, qu'il avait si
longtemps connue la première puissance du monde ; il
observait le déclin de l'Europe, sans oublier qu'il avait
vu renaître l'Allemagne et la Russie. D'autre part, attentif à l'Afrique, il avait peine à concilier la création de la
Communauté française avec la guerre d'Algérie. Le mot
Algérie vint dans l'entretien, et je vis, à un léger geste
de retrait, qu'il se reprochait, étant mon hôte, de l'avoir
prononcé. Je dis seulement :

— C'est le général de Gaulle qui fera la paix en Algérie.

Il me regarda, perplexe ou incrédule.

J'avais pensé à ce qu'on appelait alors « la paix des
braves », et à la fraternisation dont je ne sais, encore
aujourd'hui, dans quelle mesure elle fut sincère ou
truquée. Mais pour moi comme pour lui, ni le maintien
de la Communauté, ni l'indépendance de nos anciennes
colonies d'Afrique si elle succédait à la Communauté,
ne permettraient la poursuite sans fin de la guerre
d'Algérie.

— Quel rôle y jouent les communistes, à votre avis ?
demanda-t-il.

— Grand à Paris, petit à Alger. Mais croyez-vous
qu'il existe encore une politique communiste ?

Il m'interrogea du regard.

— Je veux dire ceci : la Grande-Bretagne a conçu
autrefois, à sa manière, une politique planétaire. Pas
les États-Unis. Ils sont devenus le pays le plus puissant
du monde sans l'avoir voulu. Ce qui ne fut le cas ni

d'Alexandre, ni de César, ni de Timour, ni de Napoléon : les hégémonies avaient été la conséquence des conquêtes. C'est peut-être pourquoi les États-Unis font bien la guerre, et mal la paix.

J'avais vu la voiture massive de Foster Dulles, ministre des Affaires étrangères des États-Unis, franchir, en rebondissant, le porche de l'hôtel Matignon, et j'avais eu le sentiment de voir passer, sous quelque porte de cité orientale, le proconsul envoyé par Rome... Le lendemain, le général m'avait dit : « Ou bien il y a un Occident, et il y aura une politique commune à l'égard du reste du monde ; ou bien... Mais il n'y aura pas d'Occident. » Il n'y avait pas eu d'Occident.

— La politique planétaire américaine actuelle, repris-je, est un anticommunisme ; donc, déterminée par la politique russe. Même dans son opération grandiose : le plan Marshall. Par contre, nous avons connu une politique russe planétaire, celle qui a mis au service de l'Union Soviétique les forces nées au service de l'Internationale. Mais depuis la mort de Staline, cette politique-là semble à peine se survivre. Du moins est-ce ce que nous suggère l'Algérie, et même l'Afrique — et même Bandoung. Aujourd'hui, ce sont surtout les intellectuels, qui posent les problèmes politiques en fonction du communisme.

— Où en sont-ils, à son égard ?

— En France, le communisme, c'est le parti communiste, tel que vous le connaissez en bien et en mal. Beaucoup d'intellectuels sont écartelés entre la justice sociale et la nation, plutôt qu'entre le communisme et le capitalisme. Dans la Résistance, j'ai épousé la France, et je ne suis pas le seul.

« Aux États-Unis, ça me semble assez différent. Pour mes amis américains, après le procès Hiss, après l'affaire Oppenheimer, le communisme était un *complot* : les communistes étaient des agents secrets des Russes — qui combattaient pour le prolétariat ; mais le prolétariat, c'étaient les syndicats, qui n'étaient pas communistes. »

Il sourit de nouveau :

— Chacun croit aux communistes des autres... Mais tout homme va vers Dieu à travers ses propres dieux, dit l'Inde.

Boutade ?

— Ma phrase vous surprend ? Depuis mon premier retour d'Europe, je suis surpris de votre surprise. Aller à Dieu à travers ses propres dieux, l'Occident fait-il autre chose, dans le domaine de l'esprit, en admirant à la fois Platon, Spinoza, Hegel, Spencer — sans parler de ceux qui admirent à la fois Nietzsche, ou Marx, et Jésus ?

Il enchaîna sur le communisme. Comme le général de Gaulle, il ne le tenait plus pour capital. « Ici, les communistes sont surtout occupés à polémiquer », dit-il. Et : « Un de nos États, le Kerala, est communiste : les membres du Comité Central sont d'ailleurs des brahmanes... » Je savais qu'il ne partageait pas l'anticommunisme de Gandhi, qui avait dit : « La Russie a un dictateur qui rêve de la paix et croit pouvoir l'atteindre à travers une mer de sang. » Mais il avait dit aussi : « Les intellectuels ont horreur de mes idées et de mes méthodes. » Nehru admirait, de la révolution russe, une guerre de libération du tsarisme, rapproché d'un colonialisme. Ne se sentant menacé ni par le parti communiste indien ni par l'armée rouge, il pensait à la Russie de loin ; ne croyant pas à un conflit armé entre l'Union Soviétique et les États-Unis, il voyait peut-être sans déplaisir une guerre froide qui apportait à l'Inde le concours des deux grands adversaires. Pour moi, l'histoire du siècle était depuis quarante ans celle de la montée communiste, et de la substitution de l'Amérique à l'Europe. Pour lui, c'était celle de la décolonisation, et d'abord, de la libération de l'Asie. Son socialisme d'État n'avait pas partie liée avec les Soviets, et pas davantage avec le capitalisme « qui ne manquait pas de violence non plus, à sa manière ». L'Occident (et peut-être la Russie) jugeaient de l'Inde en fonction de la guerre froide, parlaient de Tiers Monde et de neutralisme. Mais pour Nehru, il y avait *son* monde, qui ne se définissait pas en fonction des deux autres : le monde des pays à la fois libérés et sous-développés, qui devaient, avant tout, changer de civilisation. En s'occidentalisant ? « Dans une certaine mesure ; mais les sciences et les machines ont fait en deux cents ans une civilisation bien différente de celle que connaissaient la Révolution française et la guerre de l'Indépendance américaine ; l'Inde qu'elles feront en cent ans ne ressemblera guère à celle-ci, mais peut-être pas davantage à l'Europe... » Pour l'Occident, l'Union Soviétique symbolisait une révolution passée, et parfois une révolution future ; pour Nehru, elle symbolisait d'abord une planification. « Rien ne m'a plus frappé, depuis la découverte de la non-violence, que la planification de l'Asie centrale. Et peut-être les Européens ne se rendent-ils pas compte qu'en Asie, l'industrialisation est aujourd'hui un mythe aussi puissant que le fut l'indépendance... »

A l'occasion, il fallait utiliser des méthodes russes et des capitaux américains. Sans trop d'illusions, car si l'aide étrangère était indispensable au développement de l'Inde, celui-ci ne pouvait venir que du travail indien « sous peine de voir naître un colonialisme mental ; et d'ailleurs, je ne crois pas que chaque Indien tienne tellement à posséder un réfrigérateur et une auto ». Quels réfrigérateurs ? Le drame qui prenait l'Inde à la gorge, c'était la faim. La planification communiste se montrerait-elle plus efficace, contre la famine, que le libéralisme capitaliste ?

Je comprenais pourquoi ses paroles avaient secoué ce que nous appelions le Tiers Monde. Dans ce domaine, comme Gandhi, il révélait l'évidence. Il fit d'ailleurs allusion à la Conférence de la Table ronde, Gandhi frileusement replié dans sa couverture au milieu des dignitaires dorés comme les nymphes du plafond, « au temps où l'Aga Khan faisait figure d'avocat de l'Indépendance, et où les socialistes de salon, à Londres et dans l'Inde, appelaient Gandhi le surréactionnaire ». En face de cette ombre, Staline restait colossal, mais paraissait intrus. Khrouchtchev et Boulganine étaient venus au Capitole, chefs d'État parmi d'autres. La formation anglaise de Nehru n'était pas marxiste, et sa formation indienne le poussait à se battre contre les castes plus que contre les classes ; pour les intouchables qui, malgré la Constitution, mouraient sur les gazons du Capitole, plus que pour le prolétariat.

Mais le maintien de l'indépendance réelle, et l'industrialisation de l'Inde, ne pouvaient se fonder que sur un État. Et Nehru était conscient de la fragilité de celui qu'il élaborait. Il tenait toute révolution pour inséparable d'une volonté éthique, d'une volonté de justice ; cette volonté, en Occident, avait été celle des individus, fondée sur la raison et l'égalité devant la loi, qu'ils tenaient pour valeurs suprêmes. Elle ne l'était pas dans l'Inde. L'individualisme, et même l'individu, y jouaient un faible rôle. La réalité fondamentale, c'est la caste. L'Indien n'est pas un individu, qui se trouverait appartenir à une caste au sens où l'on dit que l'Européen est un individu qui appartient à une nation : il est membre de sa caste, comme un vrai chrétien est baptisé avant d'être individu. L'éthique hindoue, autrefois, n'a pas été profondément changée par les séculiers, ni même par les brahmanes, elle ne l'a été que par les ascètes ; parce que l'ascète est hors des castes, et parce qu'il est voué aux dieux. Hors du renoncement, l'éthique fondamentale de l'Inde est le devoir de caste, inséparable de la religion : elle ne conçoit pas d'éthique laïque. Gandhi, chef politique de l'Inde aux yeux de l'Occident, était aux yeux de l'Inde, et sans doute aux siens, un Grand Renonçant traditionnel.

La lutte pour la libération n'avait pas mis en question la nature de la société indienne. Les communistes reprochaient au Parti du Congrès d'être un parti bourgeois. Quand s'était-il donné pour prolétarien ? Son objectif : l'indépendance, était national, non social. Il avait combattu pour tous. Mais, l'objectif atteint, la justice sociale devenait un problème majeur. Or, la conscience de caste était plus forte que la conscience de classe. L'appareil politique ne formait pas un ordre comme le parti communiste ; les députés n'échappaient qu'en partie à leur caste. Le parlementaire idéal venait de l'image idéale du Parlement britannique, et ne se trouvait que dans l'héritage de l'Angleterre ; l'agnostique Nehru en cherchait vainement l'image indienne. Pour créer l'Inde moderne, il était contraint de s'appuyer directement sur son peuple, en associant le plus humble Indien à une épopée (il dit seulement : une grande entreprise). « Il faut que l'Inde soit mobilisée, mais par elle-même, et non par ordre du gouvernement... » Or, l'Inde millénaire voyait dans l'injustice sociale une partie de l'ordre cosmique, et l'ordre cosmique était nécessairement justice. Gandhi, résolu à détruire l'intouchabilité, l'avait-il été à détruire les castes ? Sa lutte contre l'intouchabilité avait suffi pour qu'il fût assassiné, non par un communiste, mais par un de ces traditionalistes qui exposaient chez eux la photo du meurtrier, et qui jouaient encore, dans l'armée, un rôle que le ministre de la Guerre ne prenait pas à la légère. Vive l'ordre éternel, avec ses divisions blindées et son aviation de *kchatryas* [1], son administration de brahmanes, et le cadavre de Nehru après celui de Gandhi!

C'était ce que même ses adversaires socialistes appelaient le second drame de l'Inde.

— Je n'ai évidemment jamais rêvé d'un Congrès dont les députés seraient des ascètes. Mais enfin, ajouta-t-il avec tristesse, qu'est notre personnel politique, comparé à celui d'un parti totalitaire, ou de la démocratie britannique? Donc, je dois renforcer l'État. Les grandes figures historiques de notre temps ont été liées à un combat ; le plus souvent, à la prise du pouvoir par un parti vainqueur. Même Gandhi reste lié à la libération de l'Inde.

Lorsque ce combat était celui de l'indépendance ou de la révolution, quelle que fût l'indépendance ou la révolution, il portait en lui sa métamorphose. J'avais entendu Trotski me parler de Thermidor. Mais j'avais conscience, dans ce bureau banal entouré de gloire et de famine, que la force énigmatique qui transformait les commissaires du peuple vêtus de cuir, en maréchaux dorés sur tranches, dépassait de loin les misérables profits des vainqueurs, et entraînait les conquérants qu'elle trouvait sur sa route, comme le Gange entraîne ses épaves. Lénine avait terminé sa vie avec la casquette que montraient ses photos dans les ambassades soviétiques — mais il avait écrit : « Il n'y a pas d'exemple d'une révolution qui n'ait fini par accroître le pouvoir de l'État. » Et la casquette de Staline avait été celle des maréchaux. Thermidor était étudié dans l'esprit de la bourgeoisie même, par les révolutionnaires, qui le définissaient comme un *retour*. Aucun des obstacles rencontrés par le gouvernement de l'Inde ne ramènerait la puissance anglaise. Ce qui s'opposait à la révolution

1. La caste des guerriers.

206

permanente et au temps de l'égalité, ce n'était pas le passé, c'était l'avenir, c'étaient les germes que l'indépendance et la révolution portent en elles.

— Je dois maintenir les sentiments que nous avons suscités, pour créer l'État d'un pays dont la conscience nationale est d'abord religieuse, et où le mot État, qu'on l'applique à l'empire moghol ou à la vice-royauté britannique, a toujours voulu dire administration... J'ai écrit autrefois : formée pour l'indépendance, notre organisation est en train de devenir électorale...

Pauvres élections! Ce que je devinais sous ces propos amicaux et lucides, c'était la fatalité qu'avaient rencontrée Lénine, Mao et Mussolini, et qui n'était pas seulement le pouvoir du Parti : l'État, qui assurerait seul la survie et le destin de l'Inde, l'État, qui avait peut-être obsédé Alexandre, certainement César, et Charlemagne, et Napoléon... Mais l'Inde, avant l'Islam (et même...) avait-elle jamais été un État?

— N'oubliez pas que l'Europe appelle constamment : non-violence, ce que nous appelons résistance non-violente. Quand l'Inde, avant l'Islam, a-t-elle été un État? Pas sous les Guptas, je suppose?

« Et dans quelle mesure, ajouta-t-il tristement, un État pourrait-il se fonder sur l'action non-violente? Mais ce que nous avons voulu faire, était-ce bien un État? »

Il avait pitié de l'Inde. Il en connaissait la misère. Mais il la voulait promise à un destin unique, vouée à devenir la conscience du monde. Et sans doute est-ce parce qu'il savait que j'aimais cette Inde, qu'il n'avait pas oublié nos rencontres d'autrefois.

— Le général de Gaulle, dis-je, pense qu'un État qui ne fonde pas tôt ou tard sa légitimité sur la *défense* de la nation, est condamné à disparaître.

— Oui... S'ils veulent bombarder l'Inde, eh bien!

qu'ils la bombardent... On peut détruire une armée, un gouvernement, peut-être un régime : on ne peut pas détruire un peuple.

Qui était : ils ? Les Occidentaux ? Pourtant, il ajouta :

— Chaque fois que la Chine redevient la Chine, elle redevient impérialiste...

Dans maints discours, il avait rappelé que les peuples de l'Inde, s'ils ne se prétendaient pas supérieurs aux autres, se savaient différents. La différence à laquelle il avait voué sa vie, la haute valeur que l'Inde apportait au monde, c'était l'action non-violente, qui faisait de la libération de l'Inde, la rivale des révolutions historiques. Il savait, mieux que moi, pourquoi Gandhi avait traduit la *Bhagavad Gîtâ* ; il savait, mieux que moi, pourquoi lui-même avait appelé le Bouddha « le plus grand fils de l'Inde ». Malgré les drames de la séparation de l'Hindoustan et du Pakistan, malgré le Cachemire, la non-violence conservait son éclat. Ici, le mot démocratie ne faisait pas encore sourire. L'Europe confondait l'idéologie passionnée héritée de Gandhi avec une passivité, mais Nehru pensait toujours ce qu'il avait écrit autrefois : « On a dit que l'action non-violente était une chimère ; elle a été, ici, le seul moyen *réel* d'action politique. Même en politique, toute mauvaise action a de mauvaises conséquences. C'est là, je crois, une loi de la Nature aussi nette que n'importe quelle loi physique ou chimique. »

Je me souvenais de Ramakrishna : « Dieu ne peut apparaître là où est la haine, la honte ou la peur... » Mais aussi de Gandhi : « Mieux vaut se battre qu'avoir peur. »

De même que Staline avait affirmé faire l'Union Soviétique comme Lénine avait fait la Révolution, Nehru était contraint de sembler faire l'Inde comme Gandhi avait conquis l'Indépendance. Tout, et d'abord l'unité de cet État fédéral, reposait sur une prédication. Mais elle se fondait moins sur un rationalisme britannique auquel Nehru faisait volontiers appel, que sur l'expression des sentiments les plus profonds de l'Inde. D'où leur efficacité, qui surprenait l'Occident. Lorsque j'avais rencontré pour la première fois Nehru à Paris, vers 1935, je lui avais demandé : « Quel lien faites-vous entre le non-violence et la réincarnation ? » Il avait réfléchi; il devait encore à la prison une lenteur grave de l'esprit, très différente de l'enjouement perceptible sous sa souriante gravité de chef d'État. Il savait bien que l'*ahimsa*, la non-violence indienne, ne se confondait pas avec une méthode pour obtenir l'indépendance sans risquer une mauvaise réincarnation; il voyait en elle un mythe puissant, non une théorie. Il se souvint de notre entretien :

— On dit que Tolstoï avait posé la même question à Gandhi.

— Qu'a répondu Gandhi ? Ce que vous m'avez répondu vous-même ?

— Que vous ai-je répondu ?

— A peu près : la réincarnation a dû être le terreau...

La lutte contre la misère, mais l'indifférence au niveau de vie; le refus de choisir entre les nations communistes et les nations capitalistes, celui de justifier les moyens par la fin, ne venaient pas d'un libéralisme du xixe siècle, mais de millénaires de pensée hindoue. Gandhi n'avait-il pas joué auprès de Nehru le rôle d'un gourou ? Bandoung avait donné à l'Inde une autorité morale plus qu'une autorité politique.

— N'avez-vous pas été frappé, me demanda-t-il, mi-souriant, mi-sérieux, par la phrase de la *Bhagavad Gîtâ* : " Celui qui fait réellement ce qu'il doit, obtiendra ce qu'il attend... "

J'étais intéressé au plus haut degré, car sa part

d'ironie était superficielle. Tout chef d'État ou de gouvernement doit compter tôt ou tard avec la raison d'État, et il la masque soit des valeurs de son interlocuteur, soit des plus vieilles valeurs de son peuple, qui sont souvent les siennes... J'ai entendu les communistes russes se référer à des valeurs orthodoxes, les communistes chinois se référer à des valeurs confucéennes ; à peine avaient-elles changé de nom. Et j'ai entendu tout le monde employer le vocabulaire de la démocratie. Mais ici, l'éthique était réellement fondamentale.

— Depuis l'Indépendance, demandai-je, qu'est-ce qui a été le plus difficile ?

Il me répondit d'un trait, alors qu'il avait jusque-là souvent parlé de l'Inde comme s'il eût tâtonné :

— Faire un État juste avec des moyens justes, il me semble...

Et, après un instant :

— Peut-être aussi, faire l'État laïque d'un pays religieux. Surtout lorsque sa religion ne se fonde pas sur un livre révélé.

Je me trouvais à la fois en face de l'Inde éternelle, et d'une Inde parente de ce que sont, dans notre mémoire, la France des soldats de l'An II, les États-Unis de Washington : la fin d'un temps exemplaire de l'Histoire. « Les hommes auront un jour vécu selon leur cœur... » L'Histoire passait devant moi, portant ce qui ne reviendrait jamais. A cette heure, des intellectuels occidentaux, de l'autre côté de la terre, faisaient entrer l'Inde dans leurs petites boîtes marxistes ou démocratiques. Et Nehru tentait l'une des plus profondes métamorphoses du monde, dans ce pays fragilement fédéral en face duquel le Pakistan maçonnait ses briques — dans cette capitale où les intouchables campaient sur les gazons anglais, et où les autos, la nuit, contournaient les squelettiques vaches sacrées endormies sur l'asphalte

210

des avenues triomphales. J'imaginais Staline entendant : « Faire un État juste avec des moyens justes », et ses successeurs petits et grands; et naguère Hitler. Et surtout Mao Tsé-toung, Asiatique comme Nehru, libérateur comme Nehru, qui eût pensé que la misère des paysans indiens est la seule réalité; que l'on peut écraser les castes comme il avait écrasé l'usurier et le propriétaire chinois; qu'une armée communiste de dix millions d'hommes transformerait joyeusement en communes populaires les royaumes du prince Siddhartha et des derniers maharajahs — et que la flotte des dieux de bois descendrait un jour le Gange avec les cendres de Bénarès.

— A certains égards, reprit Nehru, comment juger de ce qui est le plus difficile ? Pour Gandhi, c'était : vaincre la dureté de cœur des gens cultivés. Les chefs de la lutte pour l'Indépendance étaient des hommes de vocation... Et il faut maintenant que l'Inde lutte contre elle-même. Mais chaque année est un peu meilleure que la précédente... Pour combien d'années ?

« Je ne reverrai pas le Kailasa... »

C'est la montagne des textes sacrés, le Sinaï de l'Inde; c'est aussi l'une des plus belles montagnes de l'Himalaya. Dans sa jeunesse, il avait aimé le haut Cachemire, et rêvé d'une expédition. En prison, il l'avait préparée minutieusement : la terre battue des préaux était terre d'élection pour le plus beau lac du Tibet et la plus belle montagne du Cachemire. Puis, la charge du pouvoir l'avait rejeté à en rêver, et il avait écrit : « Peut-être le poids de l'Inde sera-t-il si lourd, que l'âge arrivera sans que je voie le lac et la montagne de mes vœux... »

Il regardait distraitement, sur le bureau, la couverture d'un journal d'enfants que j'avais feuilleté au Capitole, où la « presse » accompagnait le *breakfast*. J'y avais trouvé une interview de lui dans laquelle il disait : J'oublie parfois qu'il y a très longtemps que j'étais un enfant... Il releva les yeux :

— Vous avez été emprisonné aussi, pendant la guerre, n'est-ce pas ? Nous ne pouvons plus rencontrer personne qui ne soit allé en prison...

Il y avait passé treize ans. Je me souvenais des passages de ses *Mémoires* (écrits, d'ailleurs, pendant un emprisonnement) où il notait sa découverte de la couleur des nuages, sa joie d'entendre aboyer un chien pour la première fois depuis sept mois; son goût des livres de voyage, et, pendant la grande chaleur, des atlas où l'on voyait des glaciers.

— Je me souviens, lui dis-je, de l'écureuil qui venait s'asseoir sur vos genoux, et qui s'enfuyait dès qu'il rencontrait votre regard. A Derah Dun ?

— A Lucknow... Il y avait aussi les petits écureuils qui tombaient des branches. Les mères descendaient précipitamment, les roulaient en boule et les emportaient.

J'ignorais qu'un écureuil pût être roulé en boule, mais ceux de l'Inde n'ont pas la queue en panache des nôtres.

— Gandhi, reprit-il, disait que, sans l'humour, il n'aurait pas pu vivre...

Je savais qu'à plusieurs reprises, Nehru avait quitté un cortège officiel pour disparaître dans la foule, laissant aux autorités le choix des explications. Le ton de sa voix écartait le jeu : il voulait dire ce qu'il disait, comme les quelques hommes de l'Histoire que j'ai rencontrés, et comme la plupart des peintres. Il revint aux souvenirs de prison :

— Après tant d'années, savez-vous ce qu'évoque pour moi le mot : prison ? Une bâtisse aux fenêtres semblables, la lutte qui continue dehors; tout près de la clôture, un brin d'herbe qui pointe de la terre battue, et qui a l'air si étonné... Et vous ?

— Des suppliciés qu'on emporte sous de grandes arcades où des gens de la Gestapo jouent à saute-mouton...

Et nous voilà parlant prisons. Les siennes (il ne cessa pas de sourire pendant cette partie de la conversation) me faisaient penser aux grands bâtiments jaunes de Chirico qui allongent leur ombre sur des rues désertes. Prisons anglaises, « administratives », d'où l'on avait le droit de sortir pour aller voir mourir son père, et où des trains spéciaux amenaient à Gandhi et à Nehru les chefs de la lutte pour l'Indépendance, prisonniers comme eux. Un néant pourtant séparé de la vie, mais limité dans le temps. Pas de torture. Et dans cette géométrie de pierre et d'heures mortes, le passage d'un animal, la lente croissance d'une branche au-dessus d'un mur... Mes propres souvenirs l'intriguaient : nos prisons se ressemblaient par notre isolement de la lutte qui continuait « et pourtant, quelle différence ! »... L'ambassadeur commençait à se sentir honteux de ne pas même avoir été emmené au poste, mais ne voyait pas sans plaisir l'huissier passer et repasser en vain la tête.

— Demain, dit Nehru, nous apprendrons par les journaux ce que nous nous sommes dit...

— Vous savez que le mariage catholique est précédé (la veille) de la confession des fiancés. Ma mère va se confesser, revient après quelques minutes. Mon père lui succède. Cinq minutes, dix, quinze ! Quelle énumération de forfaits peut exiger un temps si long ? Mon père revenu, hors de l'église, elle risque une timide question. " La confession, oh ! non, dit mon père ; mais le confesseur est l'ancien aumônier de mon escadron, et nous avons causé... "

— Mais, répondit Nehru, les journaux, même s'ils croient que " nous avons causé ", énuméreront les forfaits...

Il se leva et me dit : « A ce soir. » L'ambassadeur m'avait transmis son invitation pour le dîner officiel.

Les dîners du Capitole n'étaient pas moins hantés que New Delhi, par l'ombre de l'Empire. Dans les jardins, les allées de grès géométriques semblaient mettre au garde-à-vous les fleurs des parterres. Nehru, vêtu du costume gris fumée que l'on connaît, coiffé de son bonnet de police blanc, accueillait une centaine d'invités dans un salon énorme, sous un naïf plafond de conte persan. « N'auriez-vous pas envie, me dit-il, d'aller voir nos grottes sacrées ? J'aimerais savoir ce que vous pensez du travail de notre service archéologique... » Voulait-il me faire plaisir ? Il repartit à petits pas rapides entre les groupes chamarrés, et je me souvins de son discours à la multitude massée devant le Fort-Rouge, le jour de l'Indépendance : « Il y a longtemps que nous avons donné rendez-vous à la destinée, et maintenant, la voici ! »

Je pensais à notre conversation de l'après-midi, au brin d'herbe qui surgissait avec étonnement dans la vie terrestre, aux animaux presque apprivoisés. Pour lui comme pour moi, la prison avait été le mur qui sépare des événements, et pour lui, derrière ce mur, il y avait eu — pendant treize ans — le destin de l'Inde. Ce soir, il était dans la vie — et même dans le théâtre. Entouré de respect, non comme les chefs parlementaires, mais comme les dictateurs, bien que pour d'autres raisons. Je savais qu'il s'était demandé s'il pourrait maintenir en lui la non-violence au cas où il verrait sa mère frappée par la police; que son père avait passé une nuit sur le ciment pour savoir comment on dort en prison; que sa femme mourante lui avait dit : « Ne donne jamais ta parole d'abandonner la lutte. » Je pensais à la lettre de son père qui, le suivant autour du monde, l'avait atteint cinq ans après la mort de celui-ci. Mais cette vie personnelle le peignait beaucoup moins que l'action indirecte qu'il avait exercée sur le monde, et que l'action directe qu'il exerçait sur son pays. Plus encore que du discours du Fort-Rouge, je me souvenais de sa défense au procès de Gorakhpur (le 3 novembre 1940, le jour de ma première évasion) : « Ce n'est pas moi que vous cherchez à juger et à condamner, mais les centaines de millions d'hommes de mon peuple, et c'est là une lourde tâche, même pour un orgueilleux Empire... » Je retrouvais — plus profond — le sentiment que j'avais éprouvé au Parlement : comme l'avait été Gandhi, Nehru était le gourou de la nation.

L'attente d'un dîner de corps diplomatique n'appelle pas les grandes images de l'Histoire. Et l'Inde elle-même les écarte, parce que leur romanesque n'est pas le sien. Il n'existe pas de sacre de Napoléon, de canons du croiseur *Avrora* en train de chercher de leurs gros doigts la cible du Palais d'Hiver, dans le monde de la *Bhagavad Gîtâ*. La vie de Nehru prêtait peu à l'album. La légende semblait déjà liée à Gandhi, depuis la Marche pour le Sel jusqu'à l'assassinat. Encore demeurait-elle lointaine, estompée par la lenteur, les rêves et l'immensité de l'Inde. Ses multitudes étaient présentes, non comme les foules de la Révolution d'Octobre, mais comme les étoiles dans la nuit indienne. J'avais vu partout le portrait de Gandhi, Nehru allait de groupe en groupe, mais de tout ce qu'ils avaient *fait*, ne demeurait qu'une épopée profonde et confuse. Cinq cents millions d'hommes avaient vécu sous une loi étrangère; en une seule génération, l'action morale de quelques hommes les avait libérés, non par une suite de batailles, mais par un cortège de symboles qui déjà se perdaient dans l'Indépendance; pourtant la conscience, la fermeté données à ces multitudes entouraient Nehru comme un immense cimetière entoure les tombeaux des conquérants. Les entretiens du corps diplomatique montraient d'ailleurs que rien n'était terminé. Lorsque j'avais demandé à Nehru « ce qu'il avait jugé le plus difficile », il m'avait répondu très vite, comme pour écarter une autre réponse, — qui eût été, sans doute : le Pakistan. Non qu'il craignît une attaque pakistanaise, comme le suggéraient les journaux européens; mais parce que l'action non-violente était mise en question plus dangereusement par la Partition qu'elle ne l'avait été par l'Angleterre. Gandhi avait affirmé jadis : « Je lutte contre trois adversaires : les Anglais, les Indiens, moi-même. » Il n'attendait la victoire définitive que de la purification de l'Inde. Cette prédication sans fin, cette chasse au meurtre de village en village, tant de maisons hindoues brûlées, tant de maisons musulmanes pillées, et les Sikhs qui attendaient les trains des réfugiés musulmans dans la gare d'Amritsar, leur sabre sur leurs genoux, comme les musulmans attendaient des réfugiés hindous dans les gares du Bengale; cet inépuisable Sermon sur la Montagne prêché à tant d'assassinés, jusqu'au bûcher de la crémation. Quelques heures plus tôt, Nehru m'avait dit, avant de parler des « années meilleures » : « Et il faut maintenant que l'Inde lutte contre elle-même... » Le successeur du vieux prophète rieur faisait l'Inde, adossé aux démons du sang comme il l'était maintenant à la cheminée rouge. Après ce que Gandhi avait appelé la Danse macabre de l'Inde, une grande aventure de l'humanité s'efforçait à tâtons de fonder une nation de quatre cents millions d'hommes, sur sa foi dans la victoire inéluctable du pardon.

On passait à table entre deux rangs de lanciers du Bengale. Et dans la salle à manger dont les immenses portraits des vice-rois anglais couvraient encore les murs, une file de serviteurs en dolman blanc et turban rouge, aussi nombreux que les convives, s'étendait jusqu'à la profonde entrée où se perdait la perspective des lances inclinées. Lorsque j'avais pris l'ascenseur pour descendre de mon appartement, le jeune liftier m'avait demandé de signer son album d'autographes. J'avais tiré largement le stylo des grands maîtres et m'étais arrêté, éberlué, devant une dizaine de signatures de rois. Ils étaient encore si nombreux? Ce chapitre de Proust continuait en conte de Voltaire.

Quand avais-je éprouvé à ce point le sentiment d'assister à un spectacle dont les convives allaient disparaître à l'aube? C'était l'atmosphère des gouvernements provisoires, des caprices du destin. Rien de l'occupation des palais illustres par les révolutions embourgeoisées, mais rien non plus d'un gouvernement de l'Inde. Même si l'aube était lente à venir, elle viendrait un jour avec les hommes peints de cendre blanche, avec les hordes d'intouchables brandissant leurs torches — ou avec l'éternel Islam qui pense que « la honte entre dans la maison avec la charrue ». Nehru répondait banalement au speech banal d'un ministre des Affaires étrangères scandinave, et je me répétais : quand ai-je éprouvé ce sentiment d'assister à un spectacle condamné, avec ce sentiment de « déjà » vu? C'était à l'hôtel de Beauharnais, devenu ministère de la Coopération, et dont les cariatides de Bonaparte soutiennent le fronton. Les grands chefs de l'Afrique centrale, venus pour la remise des drapeaux de la Communauté, gravissaient marche à marche le perron. La foule parlementaire s'écartait devant leurs costumes de ténèbres et devant les griots qui chantaient à reculons la gloire de leur race...

Après le dîner, Nehru m'emmena par un escalier en colimaçon, avec quelques-uns de ses principaux invités, vers un minuscule théâtre souterrain où des danses classiques se succédaient, pendant que l'orchestre jouait « de la musique que l'on doit jouer la nuit ». Quand tous furent assis, il se pencha vers moi : « Pour vous, la prison a été un accident; pour nous, une fin. Gandhi, quand un des nôtres était arrêté, lui télégraphait ses félicitations. En ce temps, il disait : " La liberté doit être cherchée souvent entre les murs des prisons, quelquefois sur l'échafaud, jamais dans les Conseils, les tribunaux ni les écoles. " »

De nobles figures allongeaient lentement leurs volutes sur des mélodies d'une nostalgie sans âge.

Les ballets terminés, il nous laissa tous au Capitole, et rentra chez lui.

6

« La liberté doit être cherchée entre les murs des prisons », avaient dit Gandhi et Nehru. Les miennes n'avaient pas été tout à fait des prisons, ou ne l'avaient pas été longtemps. Il y avait eu le camp de 1940, dont je m'étais évadé facilement, malgré les souliers trop petits : vaste pré changé en zone, feux roses de l'aube, charrettes sur la route au-delà des barbelés, boîtes de conserves ensanglantées, masures babyloniennes faites de piliers trapus, de drains et de branches, où des soldats écrivaient des lettres qui ne partiraient pas, recroquevillés comme les momies du Pérou.

Il y avait eu, plus sérieusement, 1944. Mes camarades, arrêtés par les polices allemandes, le plus souvent par la Gestapo, avaient suivi vers la mort la filière que l'on connaît ; alors que j'avais été pris, en uniforme, par les chars de la division *Das Reich*.

Mes prisons commencent dans un champ. Je revenais à moi dans une civière étendue sur l'herbe, que deux soldats allemands empoignaient. Sous mes jambes, elle était couverte de sang. On avait fait sur mon pantalon un pansement de fortune. Le corps de l'officier anglais avait disparu. Dans la voiture, les corps immobiles de mes deux camarades. Un Allemand détachait le fanion. Les porteurs de ma civière partirent vers Gramat. La ville m'avait semblé assez éloignée. Le long de la civière, un sous-officier.

J'étais allé arbitrer un conflit entre un maquis Buckmaster et un maquis F. T. P. Au retour — vingt minutes plus tôt — nous somnolions en approchant de Gramat, fanion à croix de Lorraine claquant dans le vent chaud. Une fusillade que l'on entend mal, le carreau arrière qui éclate, l'auto qui fonce dans le fossé après un tête-à-queue. La mort du chauffeur — une balle dans la tête — a lancé violemment son pied sur le frein. Le garde du corps est écroulé sur les armes. L'officier anglais a sauté sur la route, à droite, et tombe, les deux mains rouges de sang crispées sur son ventre. J'ai sauté à gauche et couru, les jambes engourdies par trois heures de voiture. Le tir d'une mitrailleuse se précise ; l'auto me protège d'une autre. Une balle coupe l'attache du genou de ma jambière droite qui se déploie en corolle, maintenue par l'attache du pied. Il faut m'arrêter pour l'arracher. Une balle dans la jambe droite. Douleur très faible. Le sang seul prouve que je suis touché. Une terrible torsion de la jambe gauche.

Ces deux types qui me transportaient comme un paquet n'avaient pas l'air méchant du tout. Il en viendrait d'autres. C'était extraordinairement absurde. Comment les Allemands pouvaient-ils être à Gramat ?

Tout allait finir ici, Dieu sait comment, après cette route dont le ciel radieux de juillet semblait s'établir dans l'éternité, ces paysans qui me regardaient passer, mains croisées sur le manche de leur bêche, et ces paysannes qui faisaient le signe de la croix comme un salut funèbre. Je ne verrais pas notre victoire. Quel sens cette vie avait-elle, aurait-elle jamais? Mais j'étais aspiré par une curiosité tragique de ce qui m'attendait.

Dès les premières maisons, une file de chars emplissait la rue. Les Français me regardaient passer avec angoisse, les Allemands avec surprise. Mes porteurs entrèrent dans le bureau d'un garage. Un sous-officier interrogea celui qui m'accompagnait, puis :

— Vos papiers!

Ils étaient dans la poche de ma vareuse, et je les atteignais sans peine. Je lui tendis le portefeuille, et dis :

— Ils sont faux.

Il ne prit pas le portefeuille, et traduisit. Les deux sous-officiers avaient l'air de poules devant un phono. Les porteurs se remirent en marche. Nous entrâmes, cette fois, dans une petite grange. La civière fut posée sur ses pieds articulés. Les Allemands sortirent. Une clef tourna dans la serrure. Devant l'étroite fenêtre, un factionnaire. Je tentai de m'asseoir sur la civière. Ma jambe gauche me faisait à peine souffrir. J'étais très abruti. J'avais sans doute perdu beaucoup de sang, car il continuait à couler, malgré les mouchoirs noués autour de mes cuisses.

La silhouette du factionnaire présenta les armes. Tour de clef. Entra un officier qui ressemblait à Buster Keaton.

— Quel tommage pour votre pauvre fâmille! Vous êtes catholique, n'est-ce pas?

— Oui.

L'heure n'était pas à un exposé de l'agnosticisme.

— Je suis l'aumônier catholique.

Il regarda les mouchoirs sanglants.

— Quel tommage pour votre pauvre fâmille !

— La Passion n'a pas dû être très agréable pour la famille du Christ, mon père. Il est vrai que je ne suis pas le Christ.

Il me regarda, plus abruti que moi. Mais lui, c'était par bêtise.

— Vous avez des enfants ? demanda-t-il.

— Malheureusement. Dois-je être jugé, ou non ?

— Je ne sais pas. Mais si vous avez besoin des secours de la religion, vous pouvez me faire appeler.

Il ouvrit la porte, tout noir sur le ciel encore éclatant. Et, comme pour prendre congé :

— C'est tout de même bien tommage pour votre pauvre fâmille...

Drôle d'aumônier, ou drôle de religion. Un faux prêtre eût au moins posé des questions...

Un sous-officier me fit signe de sortir ; la cour était pleine de soldats. Je pouvais faire quelques pas. Il me tourna vers le mur, les mains appuyées sur les pierres au-dessus de ma tête. J'entendis un commandement : « *Achtung* », je me retournai : j'étais en face d'un peloton d'exécution.

— Armes sur l'épaule !

« Présentez armes ! »

On présente les armes à ceux que l'on va fusiller. Un rêve récent resurgit : je me trouvais dans une cabine de paquebot dont le hublot venait d'être emporté ; l'eau jaillissait à la volée ; devant ma vie irrémédiablement finie, qui ne serait jamais autre que ce qu'elle avait été, j'éclatais d'un rire sans fin (mon frère Roland est mort peu après, dans le naufrage du *Cap-Arcona*). J'avais plusieurs fois frôlé la mort violente.

— En joue !

Je regardais les têtes penchées sur leur ligne de visée.

— Repos!

Les soldats mirent le fusil sous le bras, et partirent en se dandinant avec un rire déçu.

Après tout, pourquoi n'avaient-ils pas tiré *autour* de moi? Aucun risque pour d'autres : je me tenais devant le mur. Pourquoi n'avais-je pas réellement cru à la mort? Je l'avais vue beaucoup plus menaçante sur la route de Gramat. Je n'avais éprouvé ni le sentiment, que je connais bien, que l'on va tirer sur moi, ni celui d'une séparation imminente de la vie. J'avais répondu autrefois à Saint-Exupéry, qui me demandait ce que je pensais du courage, qu'il me semblait une conséquence curieuse et banale du sentiment d'invulnérabilité. Ce que Saint-Ex avait approuvé, non sans étonnement. La comédie à laquelle je venais d'assister n'avait pas atteint ce sentiment en moi. Son aura, son cérémonial, n'étaient pas ceux de la mort? Peut-être ne croit-on à la mort que lorsqu'un compagnon vient de tomber à côté de vous? Je regagnai ma grange, qui me devenait familière. Je me recouchai. Entrèrent un officier, et deux soldats qui empoignèrent la civière. Nous sortîmes. Le sous-lieutenant n'était pas un jeune officier : plus de quarante ans, grand, droit, roux, rugueux. Rasé. Bientôt il précéda la civière, et je ne vis plus que son dos.

Nous allions à l'infirmerie. Une infirmière me regarda haineusement. Le major et les infirmiers, qui en avaient vu d'autres, me pansèrent avec soin. La civière repartit. Nous descendîmes dans une cave. Je savais à quoi servaient les caves. « La journée sera dure », disait Damiens. Non. Nous remontâmes, parcourûmes près d'un kilomètre, et Gramat n'est pas une grande ville. Partout des chars. Les habitants, devant la civière, s'enfuyaient. Nous atteignîmes une ferme un peu isolée, entrâmes dans le cellier. Une herse, des râteaux, des fourches de bois. J'avais vu pendant la campagne de 1941, ces celliers sans âge, mais non combien ces instruments (surtout la herse) semblent des instruments de supplice. Le cortège repartit, s'arrêta de nouveau dans deux endroits semblables. J'avais l'impression d'être à la recherche d'un décor de torture. Sans doute les soldats étaient-ils rassemblés, car je n'en voyais plus. La solitude, une ville habitée par les chars endormis, des maisons meublées de fourches et de herses à accrocher les cadavres. Cinq minutes plus tard, mes porteurs s'arrêtèrent.

— Kommandantur, dit le sous-lieutenant.

C'était l'*Hôtel de France*. Le maquis avait sa boîte aux lettres ici... Les Allemands venaient de faire évacuer le bureau de l'hôtel. La patronne était dans sa caisse. Cheveux blancs, visage régulier, col à baleines : une directrice de pension. Je l'avais vue deux fois.

— Vous le connaissez ? demanda l'Allemand à tout hasard.

— Moi ? non, répondit-elle distraitement, presque sans me regarder.

— Et vous ? me demanda-t-il.

— Les maquis ne descendent pas à l'hôtel, hélas !

Le bureau communiquait avec le petit hall par des demi-persiennes. Le sous-lieutenant s'assit derrière le bureau. On me déposa sur les dalles noires et blanches, sans lever les soutiens de la civière. Un soldat entra, un bloc à la main, m'examina avec plus de curiosité que d'hostilité, s'installa à la gauche de l'officier. La rue était étroite, et l'on avait déjà allumé l'électricité. Le greffier, front et menton avançants, avait une tête de haricot ; l'interrogateur une tête de moineau : nez en l'air, petite bouche ronde. Il ne semblait Allemand que

224

par ses cheveux roux en brosse, tondus au-dessus de ses oreilles décollées. Tous deux étaient confortablement installés.

— Vos papiers ?

Je me levai, avançai d'un pas, et lui tendis mon portefeuille. Là-dessus, je me recouchai : la syncope approchait. Pourtant, j'étais lucide, car la partie était engagée.

— J'ai dit à votre collègue que ces papiers sont faux...

Le vieux moineau les regardait avec soin. Carte d'identité, permis de circulation et autres fariboles au nom de Berger. Un millier de francs en billets. Une photo de ma femme et de mon fils. Il en fit un petit tas, qu'il posa à côté du portefeuille.

— Vous parlez allemand ?

— Non.

— Vos nom, prénom, qualité ?

— Lieutenant-colonel Malraux, André, dit colonel Berger. Je suis le chef militaire de cette région.

Il regarda, perplexe, ma vareuse d'officier sans galons. Quelle affabulation attendait-il ? J'avais été pris dans une voiture qui portait un drapeau tricolore à croix de Lorraine.

— Quelle organisation ?

— De Gaulle.

— Vous... avez des prisonniers, n'est-ce pas ?

Il avait l'accent allemand du Nord, dur, nullement « teutonique ». Son interrogatoire était menaçant, mais non agressif.

— Pour l'unité que je commande directement, une centaine.

Quel jeu étrange jouait le destin ! Il était d'usage, je ne sais pourquoi, de faire juger les prisonniers des maquis par des conseils de guerre. J'avais assisté, dans un

225

maquis F. T. P., à un jugement de ce genre, avec des chefs de maquis qui se prenaient pour des magistrats, un réquisitoire acceptable car la haine ressemble toujours à la haine, et une parodie de défense, par une espèce de greffier qui assouvissait dix ans d'envie en jouant à l'avocat. Dans la salle basse et fraîche d'un château du Lot, avec, dehors, des cris de chèvres dans la grande chaleur, et des fleurs jaunes... C'était pour présider un conseil de guerre, que j'avais remis, la veille, l'uniforme que je portais. Nous avions déjà libéré une vingtaine d'Alsaciens, car les Alsaciens étaient nombreux parmi les troupes qui nous combattaient, comme parmi nos maquis dont naîtrait la brigade Alsace-Lorraine. Un de nos lieutenants, instituteur de la région de Colmar, avait proposé de présenter la défense des Allemands, et avait dit, en français, puis en allemand : « Aucun de ces hommes n'appartient aux S. S., ni à la Gestapo. Ce sont des soldats, et on ne peut pas fusiller des soldats pour avoir été mobilisés et pour exécuter les ordres qu'ils ont reçus. » Les nôtres étaient nombreux au fond de la salle, et je sentais l'angoisse de nos Alsaciens. Il fut décidé que les prisonniers seraient remis à la première unité alliée que nous rejoindrions.

— Comment sont-ils traités ?

Le greffier, qui sténographiait, posa son crayon.

— Ils passent leur temps à jouer aux barres, et sont nourris comme nos hommes. Pour eux, la guerre est finie.

Le vieux moineau se demandait si je me moquais de lui, mais n'en avait pas l'impression.

— Ils s'attendaient, dis-je, à des sauvages en loques, et ils sont tombés sur des soldats en uniforme.

— Des parachutés ?

— Non : les maquis français.

— Où sont-ils ?

— Qui : les prisonniers ?

— C'est la même chose !

— Il y a tout de même plus de maquisards que de prisonniers.

— Où sont-ils ?

— Je n'en sais rien, heureusement. Soyons clairs. Ils étaient dans les bois de Siorac. Depuis au moins deux heures, mes hommes savent que je suis entre vos mains. Depuis une heure et demie mon successeur a pris le commandement, et c'est un breveté d'état-major. A l'heure actuelle, il ne reste au camp ni un de nos soldats, ni un des vôtres.

Il réfléchit.

— Quelle est votre profession civile ?

— Professeur, et écrivain. J'ai parlé dans vos universités. A Marburg, à Leipzig, à Berlin.

Professeur, ça faisait sérieux.

— Vous savez certainement l'allemand. Mais ça n'a pas d'importance.

— Mon premier livre, *Die Eroberer*, a été traduit par Max Claus.

On prétendait (à tort) que Max Claus, devenu nazi, était quelque chose comme sous-secrétaire d'État de Gœbbels. Mon interlocuteur devenait de plus en plus perplexe. Il commença à jouer au chat et à la souris. Après dix minutes :

— Mon lieutenant, lui dis-je, je crois que nous perdons notre temps. Habituellement, vous interrogez des prisonniers qui se disent innocents, ou le sont, et vous devez les faire avouer. Je n'ai rien à avouer : je suis votre adversaire depuis le jour de l'armistice.

— Mais c'est le maréchal Pétain, qui a signé l'armistice !

— En effet, ce n'est pas moi. Donc je suis un franc-tireur. Donc, vous pouvez me faire fusiller — après en avoir pesé les conséquences. Pour le reste, mon adjoint a commandé la Légion au Maroc, moi j'ai commandé... ailleurs, et nous ne faisons pas du maquis artisanal. Nous n'avons pas un seul point de chute. Nous n'avons pas de contacts ailleurs que sur des chemins dégagés, couverts par quatre guetteurs. Les forces allemandes n'ont jamais fait prisonnier un seul de mes soldats. Je suis ici parce que vous venez de faire un mouvement très brillant, et que je suis allé me jeter comme un idiot sous vos mitrailleuses. Mais en me prenant, vous avez déclenché le dispositif d'alerte ; jusqu'à cent kilomètres au nord, tous les P. C. sont évacués. Pour connaître l'étendue de nos forces — comme d'ailleurs, la façon dont vos prisonniers sont traités, vous n'avez qu'à faire appel à la milice. Et vous pourriez faire torturer mes soldats, si vous en preniez, sans en rien obtenir, parce qu'ils ne savent rien : toute notre organisation repose sur le fait qu'aucun être humain ne peut savoir ce qu'il fera devant la torture.

— La Wehrmacht ne torture pas.

— Au surplus, une unité comme la vôtre, si toute la division est groupée, a d'autres chats à fouetter.

Il me demanda où étaient nos anciens P. C., et je lui citai les châteaux abandonnés par des collaborateurs, ou telles clairières où il trouverait des galeries et des traces de feux. Pas question des bois de chênes nains, que les Allemands croyaient inutilisables. Quant à l'identité des chefs des autres maquis, la Gestapo et la milice connaissaient comme moi leur nom de guerre, et je connaissais aussi peu qu'elles leur vrai nom. (Du moins pour certains...) Le vieux moineau avait certainement reçu l'ordre de me traiter en prisonnier de guerre. Mais il allait de soi que tout cela n'était qu'un commencement. Nous parlâmes maquis. Je grossis nos effectifs. Ça tournait à la conversation.

Les deux Allemands s'en allèrent, dîner peut-être ? Un factionnaire me gardait, de l'autre côté de la demi-persienne : je ne le voyais que jusqu'aux genoux. Parfois il bavardait : beaucoup d'Allemands passaient par le petit hall. J'aurais voulu réfléchir, mais seul l'interrogatoire m'avait mobilisé : je m'ensevelis dans l'épuisement.

Neuf heures du soir. (Il y avait, au-dessus du bureau, un grand cartel sombre.) Arrivèrent deux autres Allemands avec des papiers, sans doute un résumé de mon interrogatoire. Ils me posèrent les questions qui m'avaient été posées, et auxquelles je fis les mêmes réponses. Pour contrôler ? Peu importe. Départ des deux Allemands.

Trois quarts d'heure plus tard, des claquements de talons se rapprochèrent. Les demi-persiennes, généralement poussées à la volée, s'écartèrent lentement. Un colonel alla s'asseoir derrière le bureau. Pas de secrétaire. Il ressemblait à ses prédécesseurs. Non, c'était parce que je n'avais pas l'habitude de voir les hommes de bas en haut. Mais ses cheveux étaient blancs.

— Qu'espérez-vous ? me demanda-t-il.

— De notre action militaire, ou de... mon destin ?

— De votre action.

— Vous retarder, bien entendu.

Il inclina la tête, comme s'il approuvait, ou voulait dire : c'est bien ce que je supposais.

— Pourquoi faites-vous des destructions que nous pouvons réparer vite ?

— C'est le plan.

(C'était aussi, parfois, parce que nous ne pouvions pas faire mieux.)

229

— Vous n'avez pas combattu pendant l'autre guerre ?

— J'étais trop jeune. Ma carte d'identité est fausse, mais la date de ma naissance est exacte : 1901.

— Vous avez fait celle-ci ?

— Oui.

— Dans quelle arme ?

— Les chars.

(Et quels chars ! Ça ne le regardait pas. J'enviais les siens, hier.) Il regardait mes papiers distraitement, comme pour occuper ses mains.

— Vos maquis ont des armes antichars ?

— Oui.

La Gestapo ne pouvait ignorer que Londres parachutait des bazookas depuis plus d'un mois. Donc il le savait, ou, plus exactement, le craignait. Or, dans la forêt, les chars ne peuvent être couverts que par de l'infanterie. Les divisions blindées allemandes disposaient d'infanterie portée ; mais si elle restait dans les camions, elle ne protégeait pas les chars contre les bazookas, et si elle protégeait les chars des deux côtés de la route, ceux-ci ne pouvaient dépasser la vitesse du pas. Mon interlocuteur ne semblait pas surpris, ni même très intéressé. Plutôt curieux. Avait-il voulu voir un officier de ces mystérieux maquis qui l'entouraient ? Retrouvait-il encore une fois l'armée française, les « têtes de cochons » de Verdun ?

Il refit la petite pile de papiers à côté du portefeuille, se leva et contourna le bureau. Passant donc devant moi, il reprit sur le bureau mon portefeuille vide, et me le rendit. Au premier toucher, je sentis qu'il ne l'était plus. Le colonel sortit. Le factionnaire, dehors, claqua les talons. Dans l'une des poches du portefeuille, l'Allemand avait remis la photo de ma femme et de mon fils.

Personne ne lui succédait. Fini pour la nuit? L'hôtel s'endormait. La lampe électrique du bureau était toujours allumée. Je pensais que je ne dormirais pas. Erreur. Le sommeil tomba sur moi, comme jadis en Espagne, quand un repas suivait des combats d'avions : endormi mort, comme on dit ivre mort.

L'aube. Le jour. Les portes des étages commencèrent à claquer, et les demi-persiennes du rez-de-chaussée, à battre. Bruits d'eau. Le moineau aux cheveux en brosse revint, s'assit derrière le bureau sans rien dire. De nombreuses bottes dans l'escalier, une rumeur d'hôtel, de chambrée, et surtout de départ. Pourquoi la langue allemande, criée, semble-t-elle toujours exprimer la colère? Les voix se croisaient :

— Matâme! Vous avez du beurre?

— Non!

— Vous avez du chocolat?

— Non!

— Matâme! Vous avez du pain?

— Avec des tickets!

On ne demandait plus rien. Sans doute la patronne avait-elle quitté sa caisse. Un temps. Des bottes montaient, avec un tintement de gamelles. Puis, des étages supérieurs, vint une rumeur bizarre qui augmenta en s'approchant : celle des enfants lorsqu'on découvre devant eux l'arbre de Noël. Les demi-persiennes s'écartèrent, poussées par un plateau sur lequel étaient posés un bol de café au lait qui fumait, et de grosses tranches de pain blanc beurrées. Derrière lui, la patronne. Ses cheveux blancs étaient très soigneusement coiffés ; elle avait mis une robe noire, comme pour aller à la messe, mais portait un tablier blanc parce qu'elle venait de la cuisine. Elle regarda les carreaux ensanglantés (mes blessures avaient saigné, cette nuit), vint vers moi, s'agenouilla : une jambe, puis l'autre. Il n'est pas facile à une femme âgée de s'agenouiller en portant un plateau. Elle le posa sur ma poitrine, se releva, alla aux demi-persiennes, se retourna — deux grandes taches rouges sur le tablier blanc, à la place des genoux — et dit, du ton dont elle disait sans doute souvent, quarante ans plus tôt : « Vous allez me faire le plaisir de ne pas chiper les tartines de vos frères! » mais avec quelque chose d'imperceptiblement solennel :

— C'est pour l'officier français blessé,
et remonta, dans le bruit des bottes qui s'écartaient devant elle.

Mon moineau me regardait, le bec ouvert. Arracher des tartines à un blessé eût été ridicule, mais tout cela était provocant!

— Partageons, lui dis-je.

Il se leva, sortit. Revint avec un verre. Prit une de mes tartines, la posa sur le bureau. Prit le bol pour verser la moitié du café au lait dans le verre. Se brûla. Posa le verre sur le bureau, reprit le bol dans son mouchoir, et versa, calculant avec soin. Retour du bol. Sur les carreaux blancs, il y avait maintenant de grandes semelles de sang vers le bureau, et des petites.

Vers huit heures, nous partîmes. La patronne était revenue.

— Je vous remercie, Madame. Vous étiez très bien, tout à l'heure : vous ressembliez à la France.

Elle cessa d'écrire. Son visage resta immobile, et son regard me suivit jusqu'à ce que la porte de l'hôtel se refermât.

On me conduisit à l'infirmerie, où l'on changea mes pansements. Je pourrais me tenir debout, peut-être faire quelques pas. Inutile. On m'enfourna dans un fourgon blindé, l'ambulance, peut-être. A l'arrière une double porte, verrouillée du dehors. Quatre bat-flanc. J'étais seul. Allongé, je voyais, par une petite fenêtre grillée percée dans la porte, une file de camions, et le paysage qui fuyait. Les maquis attaqueraient-ils ? Je n'y croyais guère, car la région, assez montagneuse, n'était pas boisée. Il n'y avait pas de maquis importants, à ma connaissance, avant la Garonne. Sans doute la division cuirassée accomplissait-elle quelque expédition punitive : au-dessus de la route et de ses courbes de fleuve, nos villages brûlaient sous une longue fumée oblique.

Lorsque la colonne s'arrêtait, j'avais le droit de descendre.

A Figeac (qu'habitait Roger Martin du Gard...), un paysan m'apporta une canne et disparut.

Chaque regard français me disait que j'étais condamné.

Je ne le croyais pas — du moins, pas encore. Je supposais qu'on me destinait à un autre interrogatoire ou à un jugement. Mais il devait advenir quelque chose.

A Villefranche-de-Rouerge, dont je reconnus l'église presque espagnole qui m'avait servi de décor pour quelques scènes de *L'Espoir*, la colonne s'arrêta pour la nuit. On me logea au couvent. Dès que je fus couché, la Supérieure m'apporta du café. Elle n'avait pas plus de quarante ans, et elle était belle. Au passage, elle sourit au soldat qui me gardait, d'un sourire inaccessible.

Je m'étais parfois demandé ce que devenait l'Évangile en face de la mort.

— Ma Mère, pourriez-vous me prêter l'évangile selon saint Jean ?

— Oh ! bien sûr !

Elle apporta une Bible, et repartit. Je cherchai le

texte de saint Jean, mais le livre s'ouvrit au signet qu'elle venait certainement de placer. J'aurais pu être tué bien des fois, en Asie, en Espagne, chez nous; l'idée que j'aurais pu rester chez moi, au lieu d'attendre un conseil de guerre ou une exécution au bord d'un fossé, me semblait dérisoire. Même cette nuit-là, le trépas me semblait banal. Ce qui m'intéressait, c'était la mort.

Mais ce n'était pas devant la mort, que j'avais rencontré saint Jean. C'était à Éphèse, et surtout dans le monde byzantin et slave qui avait vénéré son tombeau à l'égal de celui du Christ. Ma mémoire conservait de Jésus, à travers lui, une image assez complexe : convaincante et proche comme celle de saint François d'Assise, mais dans les limbes de ce texte où Jean se désigne seulement par : « Celui que Jésus aimait. » Je me souvenais des marchands de pigeons chassés du Temple, et de certaines phrases qui faisaient de l'Évangile une psalmodie : « ... parce que son heure n'était pas encore venue... », « Un démon peut-il ouvrir les yeux des aveugles ? » et du ton nocturne de « Père, délivre-moi de cette heure... » et des paroles adressées à Judas : « Ce que tu fais, fais-le vite... » Je me souvenais de l'histoire de la femme adultère que l'on conte si souvent comme un jugement, alors que le Christ ne se retourne ni vers les accusateurs ni vers la femme, et dit : « Que celui d'entre vous qui est sans péché... » en continuant de dessiner des figures sur le sable. Je retrouvai : « Car Dieu a tellement aimé le monde, qu'il a donné son Fils unique, afin que quiconque croit en lui ne périsse point, mais qu'il ait la Vie éternelle. Dieu n'a pas envoyé son Fils dans le monde pour juger le monde, mais afin que le monde soit sauvé par lui. » Je n'avais pas cru au peloton d'exécution burlesque de Gramat, mais sans doute en rencontrerais-je bientôt un qui ne serait pas

234

burlesque. Sur la route, j'aurais pu recevoir les balles dans la tête, comme le chauffeur, au lieu de les recevoir dans les jambes. Je ressentais fortement que toute foi dissout la vie dans l'éternel, et j'étais amputé de l'éternel. Ma vie était une de ces aventures humaines que Shakespeare justifie en les appelant des songes, et qui n'en sont pas. Un destin qui s'achevait en face d'une douzaine de fusils, parmi tant d'autres destins, aussi fugitifs que la terre. Ce qu'il allait advenir de moi intéressait furieusement une part sans valeur de moi-même, comme la volonté d'échapper à l'eau lorsqu'on se noie. Mais je ne demandais pas la signification du monde à des soubresauts. Le génie chrétien, c'était d'avoir proclamé que la voie du plus profond mystère est celle de l'amour. Un amour qui ne se limite pas au sentiment des hommes, mais le transcende comme l'âme du monde, plus puissant que la mort et plus puissant que la justice : « Car Dieu n'a pas envoyé son Fils pour juger le monde, mais pour le sauver. » Seul devant la mort, je rencontrais cette Assistance millénaire qui avait enveloppé tant de désespoirs comme le Jugement roulerait tant de sépulcres, « Seigneur assistez-nous dans notre agonie... » Mais la foi, c'est croire ; j'admirais la rumeur chrétienne qui avait couvert cette terre sur laquelle je serais sans doute bientôt couché — je ne la croyais pas. Le souvenir de saint Jean est plus fort contre le malheur que sa présence contre la mort. Dans quel texte oriental avais-je lu : « Le sens du monde est aussi inaccessible à l'homme que la conduite des chars des rois aux scorpions qu'ils écrasent » ? Tout se passait comme si ma valeur suprême eût été la Vérité — et pourtant que m'importait, cette nuit, la Vérité ?

Mon passé, ma vie biographique, n'avaient aucune importance. Je ne pensais pas à mon enfance. Je ne pensais pas aux miens. Je pensais aux paysannes athées qui saluaient mes blessures du signe de la croix, à la canne apportée par le paysan craintif, au café chaud de l'*Hôtel de France* et à celui de la Supérieure. Il ne restait dans ma mémoire que la fraternité. Dans ce silence de couvent où sans doute on priait pour moi, et que martelait en sourdine la manœuvre lointaine d'un char, même lorsque je pensais aux scorpions de Babylone, ce qui vivait aussi profondément en moi que l'approche de la mort, c'était la caresse désespérée qui ferme les yeux des morts.

A Albi (nous allions toujours vers le sud, et toujours des villages brûlaient), je couchai sur le canapé d'une grande salle, sans doute celle de la mairie. Le factionnaire, qui n'appartenait pas aux chars, mais à un régiment cantonné dans la ville, vint s'asseoir à côté de moi, et tira de sa poche deux photos : le maréchal Pétain et — à ma stupéfaction — le général de Gaulle. Le doigt sur Pétain : « Très bien! » Réprobateur, sur de Gaulle : « Terroriste! » Il me regarda. J'attendais la suite. Il leva le doigt pour appeler l'attention, dit : « Demain » et l'abaissa sur de Gaulle : « Peut-être : très bien? » puis sur Pétain : « Peut-être, terroriste? », fit un geste qui signifiait : sait-on jamais? haussa les épaules, et alla reprendre sa faction.

A Revel, au rez-de-chaussée d'une villa abandonnée, je disposai d'un minuscule jardin. Appuyé sur la canne, je pus marcher un peu. Au repas du soir (je recevais la nourriture des soldats; les officiers aussi, d'ailleurs), il y eut sur le côté de l'assiette une cigarette et *une* allumette.

Le lendemain, un officier et deux soldats vinrent me chercher. Je pris place à l'arrière de la voiture, à côté de l'officier. A la sortie du bourg, il me banda les yeux.

Je ne me sentais pas menacé ; et j'éprouvais la présence de ce bandeau comme une protection. Quand l'officier le retira, nous entrions dans le parc d'un château assez laid. Devant le perron, une quinzaine de voitures d'officiers : c'était le conseil de guerre.

Le simulacre d'exécution n'avait pas été convaincant ; ce troupeau d'autos l'était. Ce château idiot — le dernier ? — prenait l'intensité de ce que touche le destin. Quelques jours avant de se tuer, mon père m'avait dit que la mort lui inspirait une intense curiosité. Je la ressentais, non pour la mort, mais pour ce conseil de guerre — peut-être parce qu'il était précisément ce qui me séparait encore d'elle. Mes gardes, surpris de me voir presser le pas, suivirent. Les portes-fenêtres du perron étaient ouvertes sur un hall au-delà duquel, dans un grand salon, une vingtaine d'officiers dansaient avec des « souris grises ».

Il n'y avait pas de conseil de guerre, mais un bal...

Premier étage. Un long couloir, une double porte. L'officier entra, claqua les talons, fit le salut hitlérien et sortit. J'étais debout devant la porte refermée. Une vaste pièce éclairée par trois grandes fenêtres ouvertes sur un parc et un petit lac. Derrière le bureau Louis XV dont brillaient les bronzes dorés, un général. Croix de fer à feuilles de chêne. Je distinguais mal son visage à contre-jour ; il portait des lunettes noires, et la lumière brillait sur ses cheveux blancs. Il alla vers une petite table entourée de sièges, s'assit, me fit signe de m'asseoir. Sur la table, une boîte d'argent. Il me la tendit :

— Merci. Je ne fume plus.

Il alluma une cigarette. La lumière soudaine fit apparaître un masque étrange, qui se perdait à nouveau dans le contre-jour.

— Je voudrais savoir de vous pourquoi vous ne reconnaissez pas l'armistice. Le maréchal Pétain est un grand
soldat, le vainqueur de Verdun, comme vous dites. La
France s'est engagée. Et ce n'est pas nous qui vous
avions déclaré la guerre.

— Une nation ne s'engage pas à mourir, par procu-
ration. Permettez-moi une supposition : le maréchal
von Hindenburg étant président de la République allemande, un conflit mondial s'engage, l'Allemagne est
battue comme nous l'avons été, le maréchal capitule. Le
Führer — qui, évidemment, n'est pas chancelier —
lance de Rome un appel aux combattants allemands
pour continuer la guerre. Qui engage l'Allemagne ? et
avec qui êtes-vous ?

— Pourquoi de Gaulle est-il à Londres ?

— Les chefs d'État sont à Londres, sauf un, qui est
à Vichy. Le général de Gaulle ne commande pas une
Légion française au service des Alliés.

— A quoi sert ce que vous faites ? Vous savez bien
que chaque fois que vous tuerez un soldat, nous fusille-
rons trois otages.

— Tout fusillé envoie trois soldats aux maquis. Mais
à mon avis, ce n'est pas la question. Puisqu'elle vous
intéresse, je vais vous dire ma pensée. Il y a de tout dans
les maquis...

— Surtout des gens qui ont peur du Service du Travail Obligatoire.

— Même, en effet, des gens qui refusent de servir
l'Allemagne. Mais vous savez bien que tout combat
suppose une âme. Celle du nôtre vous échappe. Vous
croyez que nous combattons pour vaincre.

Il leva la tête. Les lunettes cachaient ses yeux sans
doute étonnés.

— Les volontaires des Forces Françaises Libres,
ceux de la Résistance, ne sont qu'une poignée en face

238

de la Wehrmacht. C'est *pour cela* qu'ils existent. La France a subi en 1940 l'une des plus affreuses défaites de son histoire. Ceux qui vous combattent sont des témoins de sa survie. Vainqueurs, vaincus, fusillés ou torturés.

— La Wehrmacht ne torture pas. Mais je crois vous comprendre. Dans une certaine mesure, je vous plains. Vous, les gaullistes, vous êtes un peu des S. S. français. Vous serez les plus malheureux. Si nous finissions par perdre la guerre, vous retrouveriez un gouvernement de Juifs et de Francs-Maçons, au service de l'Angleterre. Et il se ferait manger par les communistes.

— Si vous perdez la guerre, je crois qu'il n'adviendra rien de ce que nous pouvons prévoir l'un et l'autre. En 1920, tout le monde croyait que le fait décisif de la guerre de 1914 était l'écroulement de la puissance militaire allemande. Nous savons aujourd'hui que le fait décisif a été la Révolution russe. Cette fois, ce sera peut-être la fin de l'Europe en tant que maîtresse du monde. Pendant vingt ans, cinquante ans, ça ira mal pour la France, mal pour l'Allemagne. Et puis il y aura de nouveau la France, de nouveau l'Allemagne — et peut-être, une fois de plus, la guerre...

Il se leva. Je crus qu'il allait à son bureau. Mais il marchait sans but, regardant le tapis. Devant la fenêtre centrale, son visage passa dans la lumière. Je compris ce qui m'avait troublé quand l'allumette l'avait éclairé : sous les taches noires des lunettes, les pommettes très hautes donnaient au masque l'accent des têtes de marionnettes.

— Vous pensez vraiment ce que vous venez de dire de l'Allemagne ?

— Nous allons enfin redevenir vos adversaires. Mais quel que soit le sort des armes, quels que soient les

239

régimes, je ne connais pas beaucoup d'intellectuels français qui soient prêts à tenir pour non avenus Hölderlin et Nietzsche, Bach et même Wagner...

— Vous connaissez la Russie soviétique ?

— Oui. L'Allemagne est inarrachable de l'Europe.

— Je vous prie ?

— On ne peut arracher l'Allemagne de l'Europe, ni du monde.

— On essaiera... Les brutes de l'Est, et les marchands d'autos et de conserves qui n'ont jamais su faire la guerre, et l'Angleterre qui suit son ivrogne shakespearien !...

Il s'était tourné vers moi. Les verres fumés cachaient son regard. D'autres généraux allemands préparaient l'attentat contre Hitler. Je l'ignorais ; peut-être ne l'ignorait-il pas.

Il sonna.

Les flonflons du bal envahirent la pièce, tournèrent comme des serpentins autour de la Mort perplexe en uniforme de général allemand. Dans la fenêtre, un petit lac pour canotiers, avec ses cabines abandonnées. L'officier qui m'accompagnait venait d'entrer, et me fit signe de le suivre.

Je retrouvai ma plate-bande d'œillets de Revel ; ma cigarette, mon allumette. Le lendemain, une autre auto blindée vint me chercher. A côté de moi, sur le siège arrière, un soldat à mitraillette. Nous n'allions plus vers le sud, mais vers l'est. Après quelques heures, nous entrâmes dans Toulouse. La nuit tombait. La place Wilson, le café Lafayette où je m'étais si souvent assis, pendant la guerre d'Espagne. Un jour, dans le petit square, je manipulais mon revolver, le canon vers la terre, dans la poche de mon pardessus. Par inadvertance, j'avais tiré. Le bruit n'avait attiré l'attention de personne, et j'en avais été quitte pour un trou roussâtre. Je sifflais de joie, parce que je venais de voir dans la vitrine des libraires *Les Thibault* avec la bande du prix Nobel...

On me poussa dans l'une des maisons de la place. Entresol. La pièce — un salon bourgeois — n'avait pour fenêtre qu'une imposte en demi-cercle.

Des barreaux à l'intérieur. Au-dehors, les couples tournaient autour du petit square, s'asseyaient à la terrasse des cafés : la vie du soir, s'il n'y avait pas eu d'uniformes allemands. Ma belle-sœur (mon frère était pris depuis plus d'un mois) habitait rue Alsace-Lorraine, à cent mètres de la place... Un commandant allemand me fit apporter des œufs au jambon et une bouteille de bordeaux. Me tenait-on pour un prisonnier de marque ? Vichy ne pouvait être en cause, puisque je n'avais été interrogé par aucun Français. Je me souvins d'un conseil : ne jamais vider une bouteille, car la Gestapo s'en sert pour frapper, et les bouteilles vides sont les massues les plus douloureuses. Je n'en étais pas là. Le dialogue fut à peine un interrogatoire, avec, comme d'habitude : « Le maréchal Pétain a signé l'armistice » et « La Wehrmacht ne torture pas ». Nous parlâmes de Verdun, et le commandant dit : « A ce moment-là, j'étais prisonnier des Français. » La voiture blindée nous conduisit dans un quartier de larges avenues, contourna le vaste monument aux morts, s'arrêta devant un hôtel luxueux. Un hall sans meubles, sauf un bureau derrière lequel travaillaient deux sous-officiers. Le commandant leur donna mes papiers, que s'étaient transmis mes geôliers successifs. Le sous-officier dit : « Trente-quatre. » (Un numéro de chambre ?) Son compagnon et le commandant m'encadraient. Il y avait un ascenseur ; nous montâmes par l'escalier, que recouvrait un tapis épais fixé par des barres de cuivre rutilantes. Je ne montais pas sans peine, mais les deux Allemands accordaient leur pas au mien. Dans le couloir, des gardes militaires, sans autre arme que le revolver dans son étui. Second étage. Porte 34. Un garde ouvrit la porte, la referma, et le tapis du couloir étouffa les pas des trois Allemands qui s'en allaient.

C'était une grande salle de bains transformée en chambre. Dans l'un des coins, un lit, avec une couverture et des draps blancs. Dans l'autre, un placard. Pas de sonnerie. Pas de poignée à la porte. Je frappai celle-ci du poing. Arrivée du garde, qui me regarda d'un sale œil.

— Toilettes ?

Il me conduisit. Dans un salon, au moins dix urinoirs verticaux en céramique, comme dans les cafés. Il resta derrière moi. Retour. Il se mit à vociférer. Sans doute gueulait-il qu'il ne fallait pas frapper à la porte. Ça allait durer longtemps ? Je le regardai, et criai, aussi fort que lui :

— Je suis peut-être ici pour être fusillé, mais sûrement pas pour être engueulé par vous ! Ça suffit !

Aussi stupéfait que si je m'étais, sous ses yeux, métamorphosé en lapin, il se tut et referma la porte de ma chambre avec un soin menaçant.

On eût dit une maison de santé, et pourtant, le gardien venait de braire. J'ouvris le placard. Sur l'une des planches, quelques débris, des crayons et une règle à l'extrémité taillée avec soin. Le gardien n'avait pas ouvert la porte avec une clef, mais avec un bec-de-cane. J'examinai la serrure. Le pêne était engagé dans la gâche, mais la porte n'était fermée que parce qu'on en avait retiré la poignée et la tige de fer qu'elle commandait. Par le trou carré dans lequel le gardien avait engagé son bec-de-cane, je voyais la lumière du couloir comme à travers un trou de serrure.

L'extrémité de la règle du placard s'adaptait au trou. La prise était suffisante pour ouvrir. Ce que je fis imperceptiblement. Le gardien était dans le couloir, un peu plus loin, de dos. Je refermai sans bruit, replaçai la règle dans le placard.

Je ne pouvais courir. Ni marcher sur la pointe des pieds ; mais j'aurais pu abandonner mes chaussures. Une évasion ne réussit pas sans la prise d'un risque qui déconcerte l'adversaire ; et celui-là en vaudrait un autre. Mais il était étrange que la règle se trouvât dans le placard. Mon prédécesseur l'aurait taillée, et aurait été appelé avant de pouvoir s'en servir ? On ne laisse pas de couteau à un prisonnier. Il peut fabriquer une lame de fortune (dit-on...) mais cette règle était très bien taillée. Et les placards n'étaient pas visités ? « Abattu pendant une tentative d'évasion... » Qu'était cette prison où il semblait qu'on se contentât d'enregistrer les prisonniers ?

Je supposai que le commandant représentait l'autorité à laquelle m'avait remis la division cuirassée. Cette autorité m'avait jugé digne d'une pension de famille bizarre, mais qui n'avait rien de l'antichambre du peloton d'exécution. La pièce n'avait pas de fenêtre... Si la décision prise n'était pas de me fusiller — ou du moins, pas tout de suite — elle était certainement de m'interroger à Paris. Il faudrait savoir si la règle pouvait servir ; et si la journée, dans cette honorable maison, ressemblait à la nuit. Je commençai à me déshabiller. On ouvrit. Le soldat qui avait accompagné le commandant, accompagné, cette fois, d'un sous-officier. Je me rhabillai. Au rez-de-chaussée, le sous-officier prit mes papiers. De nouveau, l'auto blindée.

Un quartier éloigné, une tour, un très long mur ; la

voiture tourna à gauche avec un grincement de freins, et pénétra sous une voûte. C'était une prison. Immatriculation traditionnelle. On ne me prit que ma montre, et on me donna un reçu! On m'enferma dans une salle où se trouvaient une vingtaine de prisonniers, amenés dans la journée. Chacun se méfiait de tous, mais la mythomanie de l'information régnait en maîtresse. C'était celle que j'avais connue, jadis, au camp de Sens : « Pétain a été tué par Weygand, en plein conseil des ministres! — Pas vrai! Pétain et Weygand ont été arrêtés par Mandel! » Cette nuit, c'était : « Le front de Normandie est crevé, et Chartres a été prise par les parachutistes. »

Le lendemain, vers dix heures, on nous distribua. Le corridor à tapis avait pour successeurs les vastes couloirs de prison avec leurs portes à guichet. J'attendais une cellule, mais je fus poussé dans une pièce — deux grandes fenêtres grillées que cachaient, au-dehors, des boîtes qui laissent pénétrer seulement la lumière verticale. Une dizaine de prisonniers, en civil, me regardèrent entrer sans quitter leur paillasse, sauf un, rouquin au large sourire, qui me serra chaleureusement la main :

— Je suis le chef de la chambrée. Au nom des copains, soyez le bienvenu. Je m'appelle André.

— Moi aussi. Merci.

— Quand avez-vous été pris ?

— La semaine dernière.

Il regarda mon uniforme sans galons :

— Vous êtes chef de maquis ?

— Oui.

— Vous avez de la veine qu'ils ne vous aient pas dérouillé !

— Pas encore. Peut-être à cause de l'uniforme. Et puis, nous aussi, nous avons fait pas mal de prisonniers.

244

— Sans blague!

De toutes les paillasses, les prisonniers convergèrent lentement, comme au théâtre.

— Où c'en est, le débarquement? Le dernier arrivé, ici, est de trois semaines. Y a bien le téléphone, mais qu'est-ce qu'il transmet comme bobards!

— Vous communiquez?

— Plutôt! Tu vas voir. Mais quand les Fritz auront apporté la soupe.

La voici. Horrible, sans excès. Le morceau de pain suffisait pour vivre de pain.

Le bruit de fer-blanc avait cessé dans le couloir. André alla à la fenêtre, et dit d'une voix assez haute, sans crier : « Allô, allô, allô. » Silence général. La cellule voisine répondit : « Allô. » André alla dans le coin, s'assit par terre, frappa trois fois de la main le mur de séparation. Le même bruit vint de l'autre côté. Les prisonniers se tenaient debout entre lui et le judas. Il dit, de la même voix :

— Ça va?

Deux de nos compagnons, l'oreille aplatie contre le mur, transmettaient les réponses.

— Oui. Et vous?

— Oui. On a reçu un colonel de chez de Gaulle. Arrêté le 23 juillet. Il dit que Caen et Saint-Lô étaient prises. Et que l'aviation alliée a fait des parachutages de jour. Depuis, il ne sait plus rien.

— Nouvelles sûres?

— Oui.

(« T'en fais pas, me dit André : ici tout le monde est sûr de tout! »)

— Bon. On transmet.

Même jeu avec le mur de gauche. Derrière moi, le couloir ; devant, les fenêtres. La paillasse libérée était voisine de celle d'André, ce qui nous permit, après le

« téléphone », de parler à mi-voix. Les autres somno-
laient. Ils n'avaient plus d'histoires à se raconter.

— Tu penses qu'il n'y a pas de moutons, ici?
— Parle pas trop de toi, c'est tout.

Je compris. Les moutons ne pouvaient guère dénoncer que d'improbables préparatifs d'évasion, ou des
rodomontades. Saint-Michel était un lieu de passage. Le
doyen s'y trouvait depuis trois mois. Chaque mois, un
convoi partait pour l'Allemagne. D'où une atmosphère
de gare inquiétante, de loterie et de forteresse, non de
camp. On ne nous contraignait à aucun travail. Les
gardiens étaient des troufions, indifférents malgré leur
besoin de hurler. Ils ne nous « cherchent » pas, disait
André. Ils n'ignoraient pas les transmissions, car chaque chambrée captait les bobards comme un récep-
teur de T. S. F. capte les ondes. Même à Fresnes, elles
n'ont jamais cessé. Mais rien n'avait d'importance,
pourvu que la livraison fût complète, qu'il ne manquât
pas de prisonniers. Être envoyés en Allemagne, pour
nous, c'était seulement risquer d'être délivrés beaucoup
plus tard. Mais à six heures, nous entendions marcher
dans le couloir deux soldats et un fonctionnaire. Ils
ouvraient le plus souvent une porte, deux portes, emmenaient un ou deux prisonniers.

C'était pour la Gestapo.

Quand six heures sonnaient aux églises, sur tout
notre couloir, le silence se creusait.

Quelques-uns de ces prisonniers étaient revenus. Il
y en avait un dans notre chambrée. Il raconta le supplice
de la baignoire, avec l'humour noir des prisons :

— C'est pas que ça fasse tellement mal, mais ça
recommence tout le temps, on finit par plus rien comprendre. Alors comme ils gueulent et cognent, si on
faisait pas très attention, on finirait par répondre. Faut
faire très attention ; la quatrième fois, c'est dur. Et la

baignoire est dégueulasse : les vomissements et tout ça. J'ai cru qu'ils allaient me noyer comme un rat!

Il éclata d'un rire convulsif, se tapa sur les cuisses.

— Comme un rat!

« Et en fait de rat, y avait une souris en uniforme, qu'était là pour taper — mais elle, c'était à la machine. Et vous savez pas ce qu'elle me dit à moi, cette salope, au troisième numéro : " Ah, finissez, ça suffit, j'ai horreur de ça! " Elle trouvait que je faisais des simagrées, la vache! Ça vous plaît pas ?

« Si on s'en tire, vaudrait mieux pour elle qu'elle me tombe pas sous la main... »

De telles histoires composaient le folklore de Saint-Michel. Avant mon arrivée, un officier avait fait le tour de la prison, demandant à chacun son nom, pour un contrôle sans doute. Les prisonniers étaient debout, sauf le torturé, qui ne pouvait se lever. A son tour, il dit son nom. L'officier consulta sa liste, dit « Ter-rô-riste ». Le voisin que les prisonniers appelaient depuis le Professeur (parti pour l'Allemagne) avança d'un pas, leva un index philologique, dit respectueusement : « Pas terro-riste : *tou*-riste » et reprit sa place. L'officier continua son contrôle, et, au moment de sortir, jeta un regard circulaire et cria avec un mépris indigné : « Tous, touristes! »

La porte se referma à grand bruit, et la rigolade commença...

Il s'agissait de ne pas faire partie du prochain convoi. Ceux qui avaient été désignés pour le dernier avaient repris leur place « avec leurs affaires ». Mais les prisonniers n'avaient aucune action sur les désignations. Ils s'efforçaient de ne pas attirer l'attention, car ils pourraient être désignés d'office. C'est pourquoi André m'avait dit : ne parle pas de toi. Pourtant, chacun —

247

sauf les quelques types arrêtés pour marché noir — racontait les circonstances de son arrestation. Banal, principal et inépuisable sujet, grâce auquel j'appris que l'hôtel près du monument aux morts, où j'avais passé quelques heures avant d'être transféré à la prison, était le siège de la Gestapo de Toulouse. Les baignoires y étaient destinées à l'interrogatoire. Mais habituellement, il n'y avait pas de lit. Le gardien hurlant que j'avais envoyé au diable, et qui en avait éprouvé une telle stupéfaction, était sans doute un des tortionnaires. Humour sinistre, comme la découverte du bal dans le château. Aussi, sentiment d'avoir frôlé le destin. D'autant plus intense que l'âme de cette prison, depuis que le départ du dernier convoi avait été différé, c'était l'attente impuissante du destin : nouveau convoi ou Gestapo. Les jours passaient, informes comme dans toutes les prisons, marqués quelquefois par la distribution de colis de la Croix-Rouge ou du maréchal, et chaque soir, à six heures, par les bottes de la torture. Jusqu'à ce qu'un matin, un long ébranlement assourdi, venu de loin, montât des murs. Nul ne bougeait plus. Quelques prisonniers collèrent l'oreille : la pierre transmet mieux que l'air les sons qui viennent de la terre. Une heure passa. Deux heures. Les demi-jeux, les rêveries, le néant reprirent.

Un second ébranlement, plus faible que le premier. Ce n'était pas le son de l'artillerie. Des destructions par le maquis ? Mais le claquement d'un pont qui saute est semblable à celui d'une bombe d'avion. Un bombardement allié, auquel n'eût répondu aucune D. C. A. ? Rien de ce que nous avions entendu en 1940 : c'était un instant des longues batailles immobiles transmises par la terre, le grondement de Verdun qu'aucun d'entre nous n'avait entendu.

Cet ébranlement inexplicable qui n'avait rien de

commun avec nos propres dynamitages, c'était l'avance
alliée — bien que le second grondement fût plus éloigné
que le premier. Pas de cris dans la rue. Pas de coups de
fusil. Ce qui se passait, se passait très loin. La vie de la
prison n'avait pas changé.

Mais elle allait changer.

A deux heures, une ronde s'arrêta dans quelques
cellules. Puis notre porte s'ouvrit. Un Allemand en civil
dit :

— Malraux, six heures.

C'était l'interrogatoire de la Gestapo.

Je m'aperçus que je croyais qu'elle m'avait
oublié.

J'essayai de tirer de mes compagnons ce qu'ils
savaient de précis. La fraternité, qui m'entourait
depuis que la porte s'était refermée, était celle d'une
veillée funèbre. Même de la part des trafiquants du
marché noir. La plupart de mes camarades appelaient
Gestapo la police militaire qui les avait assommés.
Le prisonnier à la baignoire, lui, savait ce dont il
parlait. Mais les Allemands l'avaient interrogé pour
le contraindre à indiquer où se trouvaient les postes
émetteurs de son groupe. Il avait été torturé à deux
reprises, séparées par trois jours. Quand un membre
du groupe était pris, les postes déménageaient. Il
avait tenu la première fois, et donné, la seconde, l'adresse
d'un appartement devenu vide.

Ce que je tentais — en vain — de tirer au clair,
c'était le terrain sur lequel j'allais me battre. « Ce que
les copains racontent ne sert à rien, dit André : ce n'est
jamais la même chose... » Un interrogatoire relatif
aux maquis ? j'étais arrêté depuis trop longtemps.
Une confrontation ? Se servir de moi comme appât ?
C'était prévu. Le maquis de Montignac disposait de

grottes où les Allemands ne pourraient le poursuivre. Il avait été convenu que si l'un de nous s'approchait en se grattant le nez, il serait suivi par les Allemands ; les nôtres tireraient à la tête avant de filer, pour qu'il ne retombât pas sous la torture. Et j'avais là-bas deux camarades d'Espagne.

Mais la Gestapo avait vraisemblablement eu communication de mon dossier. Mieux renseignée que la presse, elle savait donc que je n'avais jamais été membre du parti communiste, ni des Brigades internationales, mais elle savait que j'étais un des présidents du Comité mondial antifasciste, et de la Ligue contre l'antisémitisme ; et que j'avais commandé l'aviation étrangère au service de la République espagnole, au temps où les partis communistes ne savaient pas encore ce qu'ils allaient faire. Elle avait dix fois de quoi me fusiller. Pourquoi m'interroger ? Nul n'envisage allégrement la torture. Je pensais que j'avais beaucoup écrit sur elle, et que ça tournait à la prémonition.

Six heures. Les prisonniers s'étaient approchés de la porte. Quand elle s'ouvrit, ils étaient des deux côtés, et chacun me tendit la main.

Le même civil que ce matin. Les deux gardiens. Nous descendîmes. Je croyais que nous retournions à l'hôtel, mais nous tournâmes du côté opposé à la rue. La cour était entourée d'arcades. Des gardiens allemands jouaient à saute-mouton. L'un d'eux rata son saut, tomba, et m'engueula au passage. Nous nous arrêtâmes devant une porte assez petite, comme celles des bureaux de nos casernes. Avant que mes gardes aient frappé, elle s'ouvrit devant deux soldats qui portaient un malheureux au type israélite : visage tuméfié, un filet de sang au coin de la bouche, et de courts gestes de ses courts bras, comme pour se protéger encore.

Nous pénétrâmes dans une sorte de corps de garde. Tintamarre extravagant : un soldat tapait à coups de marteau sur une plaque de tôle qu'il tenait de la main gauche par une chaîne. Ce chahut couvrait des hurlements.

Une prisonnière hagarde essayait convulsivement d'introduire une cuiller de thé entre les dents d'un prisonnier dont on ne distinguait plus les traits écrasés, sans doute évanoui. Elle répandait son thé comme si elle l'eût jeté à la volée, et recommençait. On me passa les menottes, les bras dans le dos. Nous entrâmes dans la pièce suivante. A droite et à gauche, des portes ouvertes sur deux hommes attachés les mains aux pieds, et que l'on martelait à coups de bottes et d'une sorte de matraque que je ne distinguais pas. Malgré le fracas, il me semblait entendre le bruit mat des coups sur les corps nus. J'avais déjà ramené les yeux devant moi, de honte plus que de peur, peut-être. Un blondinet frisé, assis derrière un bureau, laissait errer sur moi un regard sans expression. J'attendais d'abord un interrogatoire d'identité.

— Inutile de répondre des conneries : la Galitzina, maintenant, travaille pour nous !

De quoi s'agissait-il ? Qu'il fît fausse route pouvait être bon. L'important était de rester lucide, malgré l'atmosphère, le chahut, et le sentiment d'être manchot.

— Vous avez passé dix-huit mois en Russie soviétique ?

— Je n'ai jamais passé plus de trois mois hors de France depuis dix ans. Il est facile de le faire contrôler par le service des passeports.

— Vous avez passé un an chez nous ?

Il était obligé de crier, et moi aussi.

— Jamais plus de quinze jours. J'ai donné les dates

et les lieux de mes conférences dans vos univ ersités à la police militaire qui m'a interrogé.

Comme s'il piquait une crise (une fausse cri se), il hurla, en se levant :

— Alors, vous êtes innocent ?

— De quoi ? J'ai commencé par déclarer, sans aucune pression, que je suis le chef militaire de ces départements.

Il se rassit, m'envoya à toute volée le tampon-buvard à travers la figure, me manqua, n'insista pas. Quelque chose le surprenait. Il examinait mon uniforme sans galons ni décorations, ma seule jambière.

— Vous avez dit : depuis dix ans ?

— Oui.

— Et vous en avez trente-trois.

— Quarante-deux.

Le coiffeur était venu la veille dans notre chambrée. Une barbe hirsute n'a pas d'âge ; mais, rasé de la veille, il était manifeste que j'avais plus de trente-trois ans.

Il sonna. Le batteur de tôle s'arrêta. Les cris, devenus des hurlements plaintifs, s'éloignèrent. La démonstration avait-elle assez duré ? Pourtant je me sentais plus menacé que devant les mitrailleuses de la route de Gramat, ou le pseudo-peloton d'exécution. Il avait repris sa voix normale et presque perdu son accent.

— Vous prétendez que vous n'êtes pas le fils de Malraux Fernand, et de Lamy Berthe, décédés ?

— Si.

— De quelle maladie est mort votre père ?

— Il s'est tué.

Il feuilletait le dossier.

— Date ?

— 1930 ou 1931. Mais il n'y a pas d'erreur possible : dans ma famille, lui seul s'est appelé Fernand.

Il me regarda comme pour dire agressivement :
Alors, expliquez-moi ce qui se passe! Je pensai au geste
de mes mains écartées qui eût signifié : je n'en sais pas
plus que vous. Mais elles étaient menottées derrière
mon dos. Pourtant, ce qui se passait, je croyais le
deviner.

Trente-trois ans, c'était l'âge de mon frère Roland.
Lui, avait passé un an en Allemagne avant Hitler,
dix-huit mois en Union Soviétique. La soi-disant
princesse Galitzine était sa maîtresse. C'était son
dossier, que Paris avait envoyé. Roland était entre
leurs mains. Et s'ils n'avaient pas encore trouvé mon
dossier, c'est que j'oublie toujours que je ne m'appelle
pas André. On ne m'a jamais appelé autrement. Pourtant, à l'état civil, je m'appelle Georges. Or, la division
blindée n'avait vraisemblablement pas transmis tous
ses interrogatoires : elle avait seulement fait demander
le dossier de Malraux André, que l'état civil n'avait
pu trouver puisqu'il n'existe pas. Parmi les dossiers
Malraux (dans la région de Dunkerque, j'ai cinquante-
deux cousins, dont une trentaine portent mon nom)
il avait pris le plus suspect. Mais il y avait autre chose
dans le dossier, car on n'avait pas commencé par
me frapper, et mon interrogateur ne me tutoyait
pas.

— Vous avez affirmé que nos prisonniers étaient
bien traités?

Donc, les interrogatoires envoyés par la division
blindée étaient plus complets que je ne le croyais.

— Depuis, vous avez pu le faire contrôler par les
indicateurs de la milice.

— Pas la peine : nous les avons récupérés.

J'en doutais.

— Vous êtes bien Berger, n'est-ce pas?

— Oui.

— Donc, vous vous reconnaissez coupable ?

— De votre point de vue, ça ne se discute pas.

Derrière moi, le civil prenait des notes. L'interrogateur feuilletait toujours le dossier.

— Il faut reprendre tout ça !...

Puis, comme un chien tombe en arrêt, il me regarda, et cria, sur le ton de l'indignation devant tant de bêtise :

— Mais, nom de Dieu, qu'est-ce qui a pu vous pousser à aller vous foutre là-dedans ?

Une seconde d'hésitation.

— Mes convictions.

Il répondit, comme s'il crachait :

— Vos convictions ! On va voir ça !

Il quitta son bureau, passa dans la pièce voisine. Quoi qu'il advînt, je venais sans doute de faire, après bien d'autres, ce que j'aurais fait de plus courageux.

Au moins cinq minutes. Tout allait commencer, ou finir.

Un timbre d'appel.

Le civil rejoignit son collègue dans la pièce voisine, revint presque aussitôt, dit aux gardes de m'emmener, repartit.

Nous suivîmes le chemin par lequel nous étions venus. Sous les arcades, les gardiens jouaient toujours.

Je me mis à « voir » la pièce dans laquelle on m'avait interrogé, et que je croyais n'avoir pas regardée. Au mur, au-dessus d'un classeur, il y avait une publicité *Pernod Pontarlier* accrochée jadis dans tous les cafés. Des insectes couraient. L'homme attaché que le tortionnaire de droite soulevait à coups de botte était blond, et ensanglanté. Les traits de mon interrogateur frisé — yeux rapprochés, petit nez, petite bouche —

s'inscrivaient dans un cercle beaucoup plus petit que sa face.

L'escalier. La chambrée. Serrements de mains. Stupéfaction générale.

— C'est partie remise, dis-je : ils n'avaient pas le bon dossier.

Le téléphone mural. Félicitations des cellules voisines. On nous transmit que Nantes et Orléans étaient reprises par nous et que les troupes allemandes de Corrèze s'étaient rendues. Si c'était vrai, elles s'étaient rendues à mon successeur, ce qui expliquait bien des choses... Mes compagnons espéraient des informations sur ce qu'ils appelaient les bombardements. Ils avaient entendu un grondement moins éloigné que les deux premiers. Pendant la nuit, nous en entendîmes trois autres, — peut-être à cause du silence nocturne.

Le lendemain matin, des explosions si proches et si violentes que nous crûmes Toulouse bombardée. Mais aucun bruit d'avions. André perça un trou au bas de l'un des auvents renversés qui bouchaient nos fenêtres : nous n'y vîmes qu'un morceau de ciel traversé de fumées. Des canons à très longue portée ? Où eût été le front ? Certains éclatements n'étaient pas des éclatements d'obus. « Allô! Allô! Les Fritz font sauter leurs trucs! » Quels trucs ? Dépôts allemands ou édifices français, ils sautaient selon un plan allemand et non selon une avance alliée, ce qui expliquait que les explosions tantôt s'approchaient et tantôt s'éloignaient. Écouter, attendre, supposer, c'était la vie de la prison...

Sans doute se passait-il ce que la plupart d'entre nous espéraient depuis qu'ils étaient ici : le front était crevé, et les troupes d'occupation du Midi refluaient vers Paris.

Claquements de toutes les portes ouvertes l'une

après l'autre. Un gardien cria au passage : « Tous en bas avec vos affaires ! » et courut à la prochaine porte. « Avec vos affaires », en principe, c'était le départ pour l'Allemagne. Quand j'avais été pris, la plupart des grandes lignes étaient coupées. Nous transporter en camion, à travers les maquis du Massif Central ? On nous mena dans la grande salle où j'avais passé la première nuit. Avait-on rassemblé tous les prisonniers ? Nous étions plus de cinq cents, avec nos baluchons minables et nos joues de bagnards. Presque tous assis par terre. L'éternel campement des vaincus. Les bobards se perdaient et reparaissaient comme le furet du jeu. Après trois heures d'attente, on nous fit regagner nos chambrées.

Trop tard pour l'Allemagne ? On devait maintenant nous abandonner ou nous fusiller. Il ne faut pas beaucoup de mitrailleuses pour tuer un millier d'hommes.

Pas de soupe. Quelques prisonniers tapèrent furieusement sur les portes. Des gardiens tirèrent au hasard dans le couloir. Silence.

Toute la nuit, des troupes passèrent. Une des routes principales longeait la façade de la prison. Le matin, pas de soupe. Mais vers dix heures, au bruit des camions succéda le martèlement précipité des chars. Ou bien on se battait au nord de Toulouse (mais nous n'entendions ni le canon, ni l'aviation de bombardement) ou bien les Allemands abandonnaient la ville.

Et tout à coup nous nous regardâmes, tous gestes suspendus : dans la cour de la prison, des voix de femmes hurlaient *La Marseillaise*. Ce n'était pas le chant solennel des prisonnières au moment du départ pour le camp d'extermination, c'était le hurlement que l'on entendit peut-être quand les femmes de Paris marchèrent sur Versailles. Sans aucun doute, les Allemands

étaient partis. Avaient-elles trouvé quelques clefs ?
Des hommes couraient dans le couloir, en criant :
« Sortez, sortez! » Au rez-de-chaussée, un colossal
gong de bois sonna longuement, se prolongea en tam-
tam. Nous avions compris. Dans chaque chambrée,
il n'y a qu'un meuble : la table. C'est celle des vieilles
prisons, du Second Empire peut-être, épaisse et lourde.
Nous empoignâmes la nôtre, tous à la fois, la plaçâmes
debout en face de la porte, reculâmes jusqu'aux fenêtres.
André compta : « Une, deux, trois! » Un formidable
coup de cloche ébranla la chambrée. La porte sembla
se tendre comme un bois d'arc, bien que nos efforts
fussent mal conjugués. Du plâtre tomba ; André en
ramassa un morceau, fit une croix sur la porte, à notre
hauteur : « On vise tous là! » Le bruit des béliers montait
du rez-de-chaussée. Nous reculâmes jusqu'aux fenêtres.
« Une, deux, trois! » La porte se courba comme si elle
allait éclater. Nous reculâmes. Nous étions très affaiblis,
mais hystériquement exaltés. Les béliers sonnaient
de tous côtés, et nous entendîmes quelques craquements.
Depuis des semaines, nous vivions de son et de menace.
Les communications à travers le mur, les pas de la
torture, cette bâtisse de silence toujours rongée de sons
prudents comme une poutre par des vers ; et nous,
à l'écoute. Nous n'avions pas cessé de vivre par l'oreille,
encore enfermés dans cette éruption de cris que battaient les ébranlements profonds des béliers. Toute la
prison résonnait. Au-dessus du tam-tam de la mort (les
Allemands pouvaient revenir) *La Marseillaise* retrouvait ses cris prophétiques : le jour de gloire, c'était cette
libération, la tyrannie, on la connaissait, « entendez-
vous dans nos campagnes » les chars qui se rapprochaient
peut-être, « Aux armes! » semblait lancer les béliers.
Dans les cellules, des *Marseillaise* éparses avortaient :
on ne pilonne pas une porte sur le rythme d'un chant.

Mais les béliers, dont le battement semblait précipité par leur nombre, accompagnaient comme une charge de gigantesques tambours souterrains le hurlement qui passait. Au cinquième coup, notre porte éclata.

Il fallait en dégager la table. Dans le couloir, à droite, les prisonniers giclaient de plusieurs cellules à travers les portes arrachées ou éclatées ; à gauche émergea de l'escalier, poings brandis, chantant pour répondre à la forge des béliers, la foule sans âge des insurrections, revue par les magazines féminins, car les femmes mêlées aux prisonniers clochards étaient élégantes, ou voulaient l'être. En tête, un type qui brandissait un trousseau de crochets commença d'ouvrir les portes pas encore enfoncées. On ne chantait plus qu'au-dessus de nous, mais partout la liberté battait son gong acharné. Nous descendîmes à contre-courant, et arrivâmes dans la cour pour entendre quelques hurlements de douleur, et la porte de la prison refermée à toute volée, avec un fracas énorme au-dessus du bruit des chars et des mitrailleuses qui s'éloignaient. Une dizaine de prisonniers rentraient, ensanglantés ou se tenant le ventre avant de s'écrouler. Là-haut, *La Marseillaise* lointaine, et les béliers ; en bas, un silence irréel. Dehors, des cris. Sauf les blessés tombés, tous s'étaient réfugiés dans la grande salle : trois ou quatre cents.

— Berger au commandement! Berger! Berger!

Le cri venait sans doute des occupants des cellules voisines de la nôtre ; tous voulaient échapper à cette liberté informe, agir ensemble : ils étaient désarmés, et les chars allemands, de l'autre côté de la porte. J'étais le seul prisonnier en uniforme, ce qui me donnait une autorité bizarre.

— Vas-y! dit André. Grouille-toi!

Je montai sur une caisse.

— Prenez vos distances!

Les voilà en rangs.

— Les médecins, à moi!

Quatre.

— Il y a des infirmiers?

Il en vient un. Prenons des prisonniers quelconques.

— Les dix premiers, aux ordres du docteur pour les blessés — ceux qui le sont et ceux qui le seront!

— Qu'est-ce que j'en fais? dit le médecin.

— Ce que vous voudrez. Filez!

« Les huit suivants! »

Ils étaient près de moi, mais je continuais à crier ce que nous allions faire. Il y avait des tourelles de surveillance aux quatre coins de la muraille.

— Deux par tourelle. Un qui reste, un qui vient rendre compte aussitôt et reste agent de liaison!

André désigna les hommes et les tourelles. Je l'envoyai lui-même à l'une de celles de la route.

Aucun autre bruit que les cris des blessés. Si des troupes allemandes avaient été là, elles eussent tenté d'enfoncer la porte; si un seul char avait été là, il l'eût enfoncée. Pendant quelques minutes au moins, il ne se passerait rien. Au fond, des prisonniers arrivaient; d'autres s'en allaient.

— Les officiers et les responsables des maquis!

Trois.

— Ceux d'entre vous qui connaissent un peu Saint-Michel!

Des prisonniers avaient été employés aux corvées, il y avait quelques semaines. Il en vint une vingtaine.

— Ceux qui savent où étaient les armes!

Deux moustachus.

— Il n'y a sans doute plus rien, mais courez voir!

« Ceux qui savent où sont les échelles! »

Personne.

— Ceux qui savent où étaient les pioches ou les marteaux !

Cinq. Pas si mal.

— Courez voir !

J'appelai un blessé au bras, avec le copain qui lui serrait un garrot.

— Qu'est-ce qui s'est passé ?

— On sortait en trombe, y avait des chars, ils nous ont mitraillés.

— Et après ?

— Ceux qui ont pu sont rentrés.

— Et les chars ?

— Je sais pas...

Recommençons à crier.

— Tous les blessés, à moi !

Les voilà. Le second médecin allait essayer de les soigner.

— Les chars qui vous ont mitraillés sont restés en position, ou sont partis ?

Beaucoup ne savaient pas. Quatre ou cinq dirent qu'ils étaient partis. Un, qu'ils étaient restés. Je me souvenais du martèlement décroissant...

J'appelai une des femmes, presque calme.

— Comment êtes-vous entrées ?

— Depuis que les premiers Fritz sont partis, beaucoup se sont mises à surveiller, parce qu'elles ont leur mari là-dedans. Quand elles ont vu les soldats de Saint-Michel s'en aller, il y en a qui sont entrées avec leur air bête et des prétextes. La porte était même pas fermée. Y avait plus personne. Elles ont crié, et nous sommes toutes entrées.

— Il n'y avait pas de chars, bien entendu ?

— Rien. C'est pour ça que les premiers sont sortis sans méfiance.

L'un des moustachus revint.

— On n'a pas trouvé d'armes, on a trouvé des grenades.

— Combien?

— Une cinquantaine.

— Essayez-en une où vous pourrez. Prenez quatre copains, et apportez le reste des deux côtés de l'entrée de la voûte.

Retour d'André :

— Paris est libéré! De ma tourelle, j'ai parlé avec un voisin qui a tout vu. A son avis, les Fritz sont partis de la prison, on n'en parle plus. Mais ils n'ont pas fini d'évacuer Toulouse, et nous sommes sur l'une des routes d'évacuation. Des chars qui partaient ont reconnu la prison, ils ont compris ce qui n'était pas difficile à comprendre, et tiré dans le tas.

— Envoie deux agents de liaison de plus.

L'agent de l'autre tourelle de la route arriva et confirma les informations d'André.

Je criai encore ce que nous allions tenter, allai à la porte de la prison, la fis ouvrir. La route était vide. Trois corps écrasés par les chars avaient laissé un magma sanglant.

— Il y a du sable dans la cour, dis-je à l'un des officiers qui m'accompagnaient. Faites recouvrir le sang. Ne laissez rien qui puisse attirer l'attention des Allemands. Si la tour les signale, rentrez sans vous hâter, comme d'une corvée quelconque.

En face, des maisons pauvres et de petites boutiques où l'on achetait naguère des paniers pour les prisonniers ; derrière elles, des jardinets.

J'envoyai une vingtaine de ceux qui m'entouraient faire ouvrir toutes les portes.

— Ensuite, filez par-derrière en laissant ouvert tout ce que vous pourrez!

Ils traversèrent. Ceux qui jetaient le sable filèrent

avec eux. Tous les prisonniers se groupaient par vingt. Dans la tourelle, un coup de sifflet. Inutile : on entendait les chars. Nous fixâmes à la porte ses énormes barres.

Ou bien les chars allaient négliger la prison, et après leur passage, les prisonniers sortiraient par groupes. Ou bien ils allaient enfoncer la porte. Mais la voûte était trop étroite pour y pénétrer obliquement ; il leur faudrait donc manœuvrer ; ils trouveraient peu de recul, même s'ils enfonçaient une ou deux boutiques. Nous disposerions de quelques minutes. Engagés sous la voûte, ils seraient vulnérables aux grenades, alors que nous serions protégés par l'angle droit du mur. S'ils débouchaient, ils nous massacreraient ; encore leur faudrait-il déboucher. Que nos grenades fissent flamber le premier char, le passage serait obstrué ; les suivants ne perdraient pas leur temps à un siège. Deux sous-officiers des antichars et deux costauds habitués aux grenades me rejoignirent. Les grenades à manche, que le moustachu venait de déposer des deux côtés du trou noir de la voûte, étaient plus maniables que les nôtres. On n'entendait que le martèlement du char (assez léger) qui s'approchait. Une fois de plus, dans cette prison, vivre, c'était écouter. Le char ne pouvait manœuvrer sans ralentir, et il ne ralentissait pas. Nous étions peut-être sauvés. Dans les tourelles, nos guetteurs s'étaient accroupis. En file comme des fourmis furieuses, des balles traversèrent le haut de la porte. Le char était déjà au-delà de la prison.

Ça recommença avec les deux suivants. Ils envoyaient une rafale d'adieu, histoire de rire. Mais c'était fini, par indifférence ou par ordre. Neuf chars encore passèrent, devant la prison comme devant toutes les maisons... Le dernier emporta le bruit avec lui.

Je courus à la tourelle de gauche. Le char s'engageait dans la courbe de la route. Les chenilles avaient mêlé le sable et le sang ; il n'y avait plus de taches devant la prison. « Ouvrez la porte ! » Les premiers prisonniers sortirent, presque comme des promeneurs ; mais la fureur de la liberté fit jaillir les autres du porche comme des écoliers sinistres. Si des chars arrivaient, le massacre recommencerait.

Il ne devait plus arriver de chars.

La Tentation de l'Occident

1

Avant les grottes sacrées, j'avais voulu revoir Bénarès, et voir les grands temples du Sud. Mais pour atteindre la ville sainte de Çiva, je devais passer par Sarnath, où le Bouddha prêcha dans le parc aux Gazelles. Au bord de la route semblable aux chaussées royales sur lesquelles Asoka, il y a vingt-trois siècles, avait proclamé : « J'ai fait planter ces arbres pour protéger du soleil les hommes et les bêtes », je retrouvai les temples abandonnés, les chaumières de roseaux écroulées sous leurs tuiles de bois, et les paysans assis en couronne dans l'ombre des banians chargés de guirlandes votives. Des chameaux, qui semblaient regretter l'Islam, passaient devant un sanctuaire de Çiva.

Depuis 1929, j'ai beaucoup rencontré le bouddhisme, de Ceylan au Japon. Colombo est l'un des lieux les plus calmes du monde. Son peuple nonchalant erre sous l'écarlate des flamboyants, le violet des bougainvillées, entre les arbustes que dominent les acacias roses. Les avenues d'asphalte aux rares voitures sont parcourues, le soir, par des processions de saris dont les couleurs

sont celles des pastels des demoiselles anglaises ensevelies dans les cimetières voisins. Auprès des monuments
commémoratifs victoriens, rangés et superbes comme
des cuirassés envahis par les orchidées, un musicien
cingalais joue, en regardant doucement se rouiller, sous
les ronces, ce qui fut l'Empire britannique...

En Birmanie (mais se souvient-on de la route de Man-
dalay ?), j'ai vu les milliers de glaïeuls inclinés par la
prière des femmes, saluer le Bouddha comme les blés
inclinés par le vent. Au Japon, j'ai vu le temple de Nara
lorsque ses murs étaient couverts des plus célèbres
fresques de l'Asie — Bouddha grenat, princes à tiares et à
mains de lotus — et les ai retrouvés, blancs comme des
yeux d'aveugle, autour de ses piliers carbonisés. Tout
cela, c'était encore l'Inde.

Venu d'Arabie comme aujourd'hui, ou des Indes
comme naguère, je ne puis toucher Ceylan sans y sentir
sourdre le bonheur. La misère paysanne est manifeste.
Mais toute foule fait naître l'apaisement qui apporte,
dans les temples, le salut des fleurs. Ici on casse le dard
des scorpions, on ne tue pas les insectes venimeux. Ici,
les bêtes sont aimées, l'eau est franciscaine. Comparée
à cette foule, toute autre est aux aguets. Pourtant,
derrière les *Fioretti* il y a le Sermon sur la Montagne,
et le Calvaire ; derrière ces peuples accordés aux fleurs, il
y a le Bouddha de tous les temples, l'extatique aux
yeux clos ; il y a aussi les textes sacrés, le poignant
« Échapper à la Roue!... », l'inextricable lien de la vie et
de la mort. La compassion n'est pas l'esprit fondamental
de la prédication bouddhique ; et pourtant je n'oublierai
pas le regard qui fait de ces femmes les sœurs des gazelles. Mais ce n'est pas la métamorphose qui dans les contes
transforme les jeunes femmes en joyeux animaux et
en eaux vives, qui me pénètre avec la nuit ; c'est la métamorphose bien plus profonde, frôlée à Assise, du drame

universel en tendresse. Nuits où le prince Siddhartha découvrit la vieillesse, la maladie, la mort, force mystérieuse qui en tire cette caresse universelle... Ombres si douces, qu'elles n'ont pas même besoin de sourire...

« Alors, aux confins du Népal, naquit à Kapilavastu le prince Siddhartha... » L'Inde de cette figure qui frôle l'Histoire et brasse tant de rêves, pour moi, ce sont des colliers de tubéreuses mouillées, au-dessus de bijoux royaux. Or, ces tiares, ces colliers, je ne les ai jamais vus ; ces tubéreuses qui ont le parfum des marais du paradis, je ne les ai vues qu'au cou des visiteurs : ce sont les fleurs des guirlandes de bienvenue. Mais les tiares d'Ajanta, les torses gréco-bouddhiques, appellent toujours dans mon esprit la grande vie légendaire. Et à Sarnath, tout appelait d'abord la phrase qui répond aux phrases solennelles inscrites au porche des grandes religions. « Au commencement était le Verbe », rapporte saint Jean ; et les disciples du Bouddha : « Triste est toute vie. » A Sarnath, le prince Siddhartha est déjà Çakya Mouni. Au moment où il entre en méditation, le roi des Cobras, qui a déployé son capuchon pour le protéger du soleil, lui dit : « Au-dessus de la tête, un vol de geais bleus tourne dans le ciel, de gauche à droite... » C'est le présage de l'Illumination. Alors intervient le démon (toujours les contes se mêlent aux grands mythes) avec ses flèches fleuries, et ses légions diaboliques à la peau grise tachetée de rouge. « Et à l'heure où l'aube point et où l'on fait battre le tambour, quand les étoiles annoncèrent la quatrième veille, il atteignit l'illumination. » Il ne connaît plus que la prédication de la Vérité, jusqu'à ce que vienne la mort. « Disposez un lit entre ces deux arbres, la tête tournée vers le nord... » Les arbres se couvrent de fleurs, qui tombent et recouvrent son corps.

Et le bûcher de la crémation s'allumera de lui-même.

Les courtes flammes de ce bûcher, qui ont traversé les siècles, c'étaient celles que j'avais vues à Bénarès. Les jardins sur les chemins desquels le prince rencontrera la vie, le sommeil des femmes éparses sur les matelas de fleurs aux pétales charnus, le génie qui ouvre la porte de la cité, « la maison sans chemin de l'ascète sans retour », les arbres amis, les oiseaux prophétiques, les paons qui saluent en faisant la roue, le prince devenu ascète et le cheval « secoué de sanglots » qui rentre seul au palais, tout cela, c'est l'Inde. La robe couleur de terre a été celle des criminels conduits au supplice, et celle que revêtaient les chevaliers rajpoutes quand ils allaient à une mort certaine. La Délivrance est un des sommets de la pensée hindoue, et les bouddhas successifs deviendront des incarnations du Bouddha incréé uni à la Sagesse suprême.

Mais le parc aux Gazelles n'est plus qu'une exposition de ruines bien balayées, qui appartiennent à l'archéologie comme le Sphinx et comme tout le passé que notre siècle a sauvé ; au-delà, s'étend un jardin banal et insolite, avec ses gazons pour parties vice-royales. Des animaux roux passaient dans le lointain. La route ne permettait pas de les approcher. Je ne verrai jamais les gazelles de Sarnath...

Douceur des bonzes franciscains, dans ce pays de brahmanes ; bouquets serrés, scintillants de gouttes fraîches dans la fournaise de midi... Mais devant ce pauvre temple à l'architecture espéranto, aux dérisoires fresques japonaises, le prélat fragile qui me bénissait en pali était semblable aux ascètes qui bénirent le prince Siddhartha.

Le Bouddha était pourtant beaucoup plus présent à Bénarès, bien qu'elle fût déjà dédiée à Çiva lorsqu'il y vint il y a deux mille cinq cents ans. Depuis 1929, la mosquée d'Aurangzeb avait perdu ses deux minarets impérieux comme des bras menaçants dressés sur la ville. Mais le Gange était toujours un Grand Canal funèbre et hanté. Les temples à demi recouverts par ses eaux s'enfonçaient un peu plus entre les barques ; des gosses en plongeaient comme autrefois. Les singes couraient encore sur les corniches. Les femmes des barques jetaient au fleuve, de la monnaie, des fleurs jaunes, des fleurs blanches. Des vaches regardaient par les fenêtres des palais d'où montaient des cerfs-volants. La ville était toujours couleur de chanvre et de glaise, malgré la tache blanche de l'hôpital et les réclames énormes. Sous des voûtes, les mêmes escaliers babyloniens montaient vers les temples qu'avaient abandonnés les nuages des épopées : la saison de la mousson était passée.

A cette heure, Bénarès, c'était le Gange. Un épervier suivait notre bateau, entre les feux toujours renouvelés des bûchers, et les piles du bois des crémations. Dans le battement du fleuve couleur de chanvre comme la cité, une voix silencieuse citait en moi : « Voici les eaux sacrées du Gange, qui sanctifient la bouche entrouverte des morts... » La grande prière de l'Inde, que connut sans doute l'Occident lorsque les premières volées de cloches éveillèrent le peuple fidèle dans l'aube mérovingienne, montait de cette multitude qui depuis tant d'années saluait le même fleuve et le même soleil par les mêmes chants — et par les mêmes crémations qui brûlaient négligemment ce que l'Occident appelle la vie.

> *De même qu'on rejette des vêtements usés,*
> *De même, ce qui est vêtu d'un corps, rejette*
> *Les corps usés...*

La voix des fidèles qui venaient de se purifier n'eût pas été moins pénétrante sans temples, sans palais, sans amulettes, sans ville — à la courbe, peuplée de bûchers, d'un fleuve vaste et lent d'Afrique...

En 1914, on avait conduit les élèves de ma classe aux champs de la Marne, quelques jours après la bataille. A midi, on nous distribua du pain que nous lâchâmes, épouvantés, parce que le vent le couvrait de la cendre légère des morts, amoncelée un peu plus loin. Ici, une ménagère se penchait à sa fenêtre dans la fumée des cadavres, que la foule regardait passer comme les premiers habitants de Bénarès regardèrent passer le vol calme des oiseaux migrateurs. « Un habit que l'on quitte... » Le fils aîné allumait le bûcher du père, les parents bavardaient en fumant, les chiens maigres passaient, nez à terre, devant les files de vautours patients — devant les grands bûchers des riches, les petits bûchers des pauvres et des enfants, et les ascètes aussi nombreux qu'autrefois. La pente était si raide que les morts semblaient descendre debout. La ville sainte s'abandonnait à la vie qui continuait, avec une soumission distraite. Bien plus que les croix de nos cimetières, ces bûchers, cette foule qui remontait lentement du fleuve en psalmodiant les noms du Dieu suprême, évoquaient les files qui montèrent lentement vers les bombardements, par la Voie sacrée de Verdun, par la route de Stalingrad. Cet abandon au destin, en Europe, c'est la guerre.

Ici, c'est le détachement de la vie, qu'expriment l'ascète et le bûcher. C'est pourquoi le Bouddha se trouve ici chez lui : « Échapper à la Roue ! » Les rivales de Bénarès sont les villes d'une autre vie, alors qu'elle est la ville d'une autre mort. La capitale de la transmigration ? mais ce qui transmigre, transmigre d'âme en âme autant que de corps en corps. La tradition, rigoureuse et continue, est déjà précise dans le *Milindapanha*, qui rapporte les dialogues du bouddhiste Nagasena avec le roi Ménandre, dans quelque cour du Gandhara où les

272

aigles venaient du Pamir comme les goélands viennent de l'Océan, et « où l'on trouvait en abondance tout ce qui se mange, se mâche, se suce, se boit ou se savoure ».

— Un homme monte avec un flambeau à l'étage supérieur de sa maison et y prend son repas. Le flambeau met le feu au chaume du toit, le chaume à la maison, la maison au village. Les villageois se saisissent de l'homme : " Pourquoi as-tu incendié le village ? — Je n'ai pas incendié le village. Autre le feu à la lueur duquel j'ai mangé, autre le feu qui a brûlé le village. "

— Le feu qui a brûlé le village est sorti du premier.

Sans doute celui qui renaît est autre que celui qui meurt, mais il en procède : on ne peut donc dire qu'il soit affranchi des péchés antérieurs.

Sans doute, toute civilisation est-elle hantée, visiblement ou invisiblement, par ce qu'elle pense de la mort. La vérité de la mort, domaine de l'invérifiable, ne peut être que l'objet d'une révélation. Mais cette révélation, c'est la relation de l'Inde et du monde, dans sa totalité. « La flamme, toujours la même, de la torche qui ne cesse de changer en se consumant... », dit le bouddhisme ; et le brahmanisme : « Les flots toujours différents du Gange toujours semblable... » Les Jaïns font verser du sucre en poudre sur les places pour nourrir les fourmis, et la légende nous montre un enfant brahmane (qui est Vichnou) reçu par Indra, et qui éclate de rire devant une procession de fourmis. « Pourquoi ris-tu, être mystérieux sous l'apparence d'un enfant ? — Chacune de ces fourmis a été jadis un Indra, et il faut vingt-huit royautés d'Indras pour qu'un jour et une nuit de Brahman s'accomplissent... » Il s'agit évidemment d'un temps religieux comme l'éternité chrétienne ; mais opposé à l'éternité comme la transmigration est opposée à la résurrection. Un cycle cosmique compte plus de quatre millions d'années ; un jour de Brahman, quatre milliards, et un cycle de Brahman, plus de trois cent mille milliards ; quel que fût le nombre, l'hindouisme était prêt à lui donner un multiplicateur. Mais ce temps *animé* par la naissance, la vie et la mort de ses cycles, entre dans une dialectique sans fin avec l'essence du monde, qui ne renaîtra point semblable à ce qu'elle est — malgré l'inéluctable retour à son origine éternelle. Les cycles cosmiques nous font penser aux années-lumière, mais nous ne vivons pas dans les années-lumière, alors que l'Hindou vit dans les cycles cosmiques. Ce n'est pas Çiva, c'est Vichnou, dieu de la Vie, qui dit : « Les moyens privilégiés de ma maya sont les âges du monde. Mon nom est Mort-de-l'Univers. » Les professeurs de l'Université sanscrite m'ont dit que l'histoire de l'ascète Nârada, que j'ai transcrite jadis, était étudiée à leur Université (arbres sacrés, salles en style gothique anglais, professeurs en robes jaunes) dans le *Matsya Purana*, mais qu'elle était aussi contée par les nourrices...

Dans la solitude de la forêt, Nârada médite, le regard fixé sur une petite feuille éclatante. La feuille commence à trembler ; bientôt le grand arbre tout entier frémit comme au passage des moussons, dans la luxuriance immobile sur le sommeil des paons : c'est Vichnou.

« — Choisis entre tes souhaits, dit le bruissement des feuilles dans le silence.

— Quel souhait formerai-je, sinon connaître le secret de ta maya ?

— Soit ; mais va me chercher de l'eau. »

Dans la chaleur, l'arbre flamboie.

L'ascète atteint le premier hameau, appelle. Les animaux dorment. Une jeune fille ouvre. « Sa voix était comme un nœud d'or passé autour du cou de l'étranger » ; pourtant les occupants le traitent en familier, au retour longtemps attendu. Il est des leurs depuis toujours. Il a oublié l'eau. Il épousera la fille, et chacun attendait qu'il l'épousât.

Il a épousé aussi la terre, l'écrasant soleil sur les sentiers de terre battue où passe une vache, la rizière tiède, le puits que l'on anime en marchant sur sa poutre horizontale, le crépuscule sur les toits de palmes, la flamme rose des petits feux de bouse dans la nuit. Il a connu le bourg où passe l'inépuisable route ; où sont les acrobates, l'usurier, le petit temple aux dieux enfantins. Il a découvert les bêtes et les plantes secourables, la tombée du soir sur le corps épuisé, la profondeur du calme après la récolte, les saisons qui reviennent comme le buffle revient du point d'eau à la fin du jour. Et le sourire des enfants maigres, les années de disette. Son beau-père mort, il est devenu le chef de la maison.

Une nuit de la douzième année, l'inondation périodique noie le bétail, emporte les habitations. Soutenant sa femme, conduisant deux de ses enfants, portant le troisième, il s'enfuit dans la coulée de la boue primordiale. L'enfant qu'il porte glisse de son épaule. Il lâche les deux autres et la femme pour le ressaisir : ils sont emportés. A peine s'est-il redressé dans la nuit emplie par le fracas gluant, qu'un arbre arraché l'assomme. L'épais torrent le jette sur un rocher ; lorsqu'il reprend à demi connaissance, seul l'entoure le limon où dérivent des cadavres d'arbres chargés de singes...

Il pleure dans le vent qui s'éloigne. « Mes enfants, mes enfants... »

« Mon enfant, répond en écho la voix soudain solennelle du vent, où est l'eau ? J'ai attendu plus d'une demi-heure... »

Vichnou l'attend dans la forêt au flamboiement immobile, devant le grand arbre frémissant.

La légende appartient aussi à la chrétienté, où elle a pris une autre forme. Dans un des couvents perdus de la forêt médiévale, un moine demande quelles sont, au ciel, les tâches des élus : « Aucune : ils contemplent le Seigneur. — Pendant l'éternité ? Ce doit être bien long... » Le supérieur ne répond pas. Le moine retourne défricher la forêt. Au-dessus de sa tête, vient se percher un oiseau merveilleux. Il s'enfuit bientôt, mais dans un arbre peu éloigné, car il vole mal. Le moine le suit. L'oiseau s'envole de nouveau, et le moine le juge si beau et si mystérieux qu'il le suit de nouveau. Cette chasse continue jusqu'au soir. L'oiseau disparaît, et le moine se hâte pour regagner son couvent avant la nuit. A peine le reconnaît-il : les bâtiments sont beaucoup plus grands, les frères âgés sont morts, le supérieur est devenu un vieillard. « S'il suffit d'un oiseau pour que vingt ans te semblent quelques heures, qu'en est-il de l'éternité des élus ? »

Sous l'anecdote édifiante, nous devinons l'autre monde, le temps de Dieu de l'éternité chrétienne. Mais le temps illusoire qu'a connu le moine est un temps magique comme l'oiseau. Il ne met pas en question la vie des hommes. Le moine a subi un enchantement, l'ascète aussi ; mais l'enchantement qu'a subi l'ascète met la vie en question, parce que son existence terrestre est, même à ses yeux, de même nature que son existence de maya. Depuis le texte du *Purana* jusqu'aux contes de nourrices, le retour au « réel » appartient lui aussi à un cycle de l'apparence — et Vichnou même n'appartient qu'à un cycle supérieur... Ce n'est pas pour avoir été un rêve que la seconde existence de Nârada ne compte pas : c'est pour avoir été aussi réelle que la première. Certes, la maya ne se limite pas au règne du temps, mais tout ce qui subit le temps est maya.

Maya souterraine, invincible, qui suscitait moins ce carnaval de la mort, ces parasols de paille pendus aux murs des palais comme des boucliers, que l'âme de ce grouillement voué à ses bûchers et à ses bains rituels. Malgré ses quinze cents temples, la ville sacrée n'avait pas laissé dans ma mémoire une seule statue. Sa suprême maya, c'était un corps qui brûlait au siècle du déclin de l'Europe — un siècle parmi tant d'autres et tant d'autres déclins — sous les yeux d'un ascète que ces flammes éphémères orientaient vers la Vérité suprême, et qui récitait le *Rig Véda* :

Flammes, emportez doucement ce corps dans vos bras,
Rendez-le parfait et lumineux, emportez-le là-bas
Où les ancêtres ne connaissent plus le chagrin ni la mort...

Et la suprême maya était pour moi, ce jour-là, la seule chose qui pour l'Inde échappât à la mort : la Vérité suprême, l'Esprit incréé — l'hindouisme.

Les deux plus puissantes expressions de la métamorphose, âme de l'Inde religieuse, y sont l'agonie et le crépuscule ; d'où l'accent qu'y prend la nuit. Je revins, à travers les étroites ténèbres des ruelles, dans un silence opaque. Les escaliers avaient perdu leur caractère babylonien. On ne voyait plus les porches, on voyait à peine les marches. Sur la nuit noire moins que les ruelles, des oiseaux dormaient par rangées. Quelqu'un psalmodiait, au loin, des vers de la *Gîtâ* qui définissaient le divin :

Je suis le commencement et la fin de tous les êtres,
Et dans les vivants, je suis la conscience ;
Entre ceux qui ont descendance, je suis l'amour ;
Entre les fleuves, je suis le Gange,
Je suis le vent parmi les purificateurs,
Je suis le temps impérissable, la beauté, la gloire...

La voix monta :

... Et je suis la Mort...

Il y avait des lueurs rouges à l'entrée des temples, devant les trous creusés dans les murs pour les idoles, et sur les fausses flammes dorées fichées dans la tête des ascètes de pierre. Un pauvre marchand de petits dieux fermait son échoppe. C'étaient les ruelles de Kapilavastu lorsque le prince Siddhartha abandonna le palais. La cohue des lépreux avait quitté ces passages, vides comme des volières sans oiseaux. Mais les bûchers brûlaient toujours, avec leurs porteurs de gaules occupés à pousser les cadavres aux orteils écartés, et tout un bavardage à voix basse qui s'accordait à l'imperceptible crépitement des flammes. L'escalier changea de direction, passa sous un porche. Au-dessous de moi, un corps qui crépitait au centre d'un cercle d'hommes immobiles et silencieux faisait rayonner leurs ombres comme une roue de la Loi. On entendait encore le psalmodiant :

... Et je suis la Mort de tout, et je suis la Naissance de tout,
La parole et la mémoire, la constance et la miséricorde,
Et le silence des choses secrètes...

Je pensais à l'anneau de noix mortes, là-bas, en Alsace, autour d'un tronc noueux — comme cet anneau de vivants autour d'un corps qui semblait brûler à regret. « Entre les fleuves, je suis le Gange... » Les flots invisibles entraînaient quelques reflets bleus et rouges dans la nuit.

Pendant des centaines de kilomètres, je n'avais rencontré d'autre art que celui des petits dieux d'étoffe et de bois peint que l'on retrouve, enchevêtrés, sur les

tours des temples modernes. Ces tours, la polychromie
aidant, règnent beaucoup plus sur le Râmâyana moustachu de millions d'hommes que sur l'Absolu des grottes
sacrées. Mais autour de cette pullulation divine, il y
avait la majesté des arbres — la familiarité des animaux, la nudité des enfants qui riaient si tristement, les
vieillards graves, et les panathénées de saris dans la
lumière rasante du soleil qui se lève. A travers cette
Inde qui ne croit pas à la vie, ce qui était sacré, c'était
la vie, avec sa noblesse désespérée ; et ce qui ne l'était
pas, c'était ce cirque divin. Mais il s'accorde inexpli-
cablement à la mousson qui le balaye, aux symboles
sexuels que l'Angleterre victorienne jugeait impudiques,
et dont nous savons qu'ils sont frères des figures des
ténèbres ; comme la gesticulation pétrifiée des dieux
du premier petit temple que j'avais vu jadis s'accordait à l'odeur des herbes aromatiques qui emplissait la
buée après la pluie tropicale...

La superstition est plus profonde que la religion,
disait Paul Valéry. La force de sa boutade tient à ce
qu'en elle, superstition se confond avec magie. Bien
entendu, la magie était partout présente, comme elle
le fut sans doute pendant notre Moyen Age ; est-elle
absente de Lourdes ou de Fatima ? Cette plante grim-
pante s'accrochait à tous les sanctuaires du bord de
la route, comme le lierre fantastique des coloquintes
s'accrochait à leurs tuiles de bois. Et ces chevaux d'argile près des étangs sacrés, une fleur d'hibiscus entre les
oreilles, étaient bien le pauvre peuple fidèle des chevaux divins cabrés le long des colonnes de Madura.
Nehru m'avait dit : « Même les femmes illettrées connaissent nos épopées nationales, et les racontent aux
enfants comme des histoires. » Le Râmâyana de terre
glaise témoignait de l'immense Légende dorée qui couvrait l'Inde, et je savais que l'on endormait les enfants

en chantant des berceuses inspirées de la *Bhagavad Gîtâ* : « Enfant, tu es toi-même quand tu dors, et quand tu rêves et même quand tu veilles ; regarde le monde qui passe... » Je me souvenais de la plus simple prière, l'équivalent de notre *Ave Maria* : « Conduis-moi de l'irréel au réel, de la nuit à la lumière, de la mort à l'immortalité... »

Le temple de Madura est beaucoup plus grand qu'une cathédrale. Ses tours au flamboiement bleu sur le ciel bleu dominent la ville, surgissent aux détours des ruelles ; son immensité est présente comme celle de la mer dans les rues des ports. Il semble que la piété paysanne ait dressé des tours de Babel recouvertes d'une végétation de dieux comme elle a dressé les tours de Chartres. Dès l'entrée de cette Angkor barbare, un brahmane au torse nu m'avait marqué le front de poudre carmin, et l'humidité tiède avait commencé, dans un narthex comble d'un écroulement de bouquets semblable à celui des fleuristes de nos cimetières le jour des morts ; le curcuma pour les taches de caste, les bondieuseries, le basilic, le santal, le camphre que l'on allume devant les sanctuaires et dont le parfum brûlé venait se mêler à celui des fleurs ; les chrysanthèmes (ici, en cette saison !), les guirlandes de frangipanier que j'avais vues au cou de Khrouchtchev, et dont le parfum m'apportera l'Inde toute ma vie ; et cette belle lépreuse, qui me tendait une de ces guirlandes avec un sourire poignant... Dans l'encadrement du porche, quand je me retournais, toutes les hautes charrettes au toit de palmes sèches, timon en l'air dans la lumière frémissante, s'alignaient comme dans les camps des grandes migrations.

Madura, c'était le ciel reflété par les trous sombres de l'eau dans les bassins rituels d'écume verte, trois fleurs blanches devant une divinité invisible, une Kali noire

280

couverte de linges plus ou moins sanglants, l'odeur de la corruption couverte par celle des tubéreuses, le brillant huileux et noir des galeries polies par la sueur des hommes et le passage des bêtes, les promeneurs découpés sur les percées flamboyantes ou perdus dans les fonds d'obscurité : je découvrais que nos cathédrales sont peuplées de chrétiens *immobiles*. Je cheminais à travers les galeries sans fin d'une cathédrale sans nef, dont les neuf tours surgissaient inopinément, criblées d'hirondelles sous le vol solennel des aigles. Cette architecture gouvernée avec tant de rigueur, et dont les plans avaient été fixés par les géomanciens, semblait un chaos épique : sur ses tours, dans les cavernes de ses galeries, les statues n'avaient pas plus d'importance que les promeneurs. Des singes élastiques nous accompagnaient et nous quittaient. Lorsque je passai devant une Dourga sanglante, un chat noir descendit de son épaule et partit lentement vers les ténèbres, sous la cavalerie cabrée des chevaux divins, comme s'il eût été le secret de l'univers...

Tout ce qui appartenait à la pénombre appartenait au chant des ténèbres, alors que les dieux enchevêtrés des tours semblaient appartenir à la piété désespérée qui s'étendait de village en village. Que le regard se fixât, et sur la tour dont le surnaturel flamboyait au-dessus des cocotiers immobiles, apparaissaient Krishna et sa vache, Rama et son singe, les Pandavas et leurs éléphants. Et même les éléphants sacrés, qui ont des ailes et conversent avec les nuages ; Indra devant l'arbre-qui-exauce-les-désirs ; les nagas qui habitent, sous la mer, des palais de coraux lumineux ; et les princesses-serpents « célèbres par leur danse, leur intelligence et leur charme », dont descendent plusieurs dynasties du Sud. Dans le monde spirituel de l'Inde, le serpent joue parfois un rôle naïvement épique, comme tout ce qui appartient au gigantesque ; mais c'est lui qui soutient le Bouddha touché par l'illumination, et déploie son capuchon meurtrier pour le protéger. L'un des textes sacrés les plus chargés de nuit est sans doute celui qui peint le demi-frère de Krishna, dont l'âme avance par ondulations colossales : « ... et les serpents chantaient ses louanges... ». Nehru avait raison de parler des histoires. Le rêve musical de la légende emplissait la puissante irréalité de la vie. Krishna, Rama, n'étaient pas seulement plus réels qu'Akbar, ils étaient aussi réels que Gandhi, dans cette religion où les héros et les dieux ont des images, mais où les rois n'en ont guère. Notre monde roman, lui aussi, ne figure que ce qui porte le reflet de la légende divine. Les éléphanteaux de glaise vendus à l'entrée du temple représentaient le solennel Ganesha de Madura, dieu de la sagesse à tête d'éléphant, un pied sur son rat ; mais la jeune marchande chantait : « Et quand Ganesha allait sur son rat — La lune riait entre les nuages... » Et dans quelques millions d'années, Ganesha se promènera de nouveau sur son rat, de nouveau la lune rira quand elle aura de nouveau surgi de l'Océan dans la nuit sans étoiles. Le Vichnou à tête de sanglier qui porte la déesse de la Terre lui dit de sa triste voix éternelle, devant le cycle sans fin des renaissances : « Chaque fois que je te porte ainsi... »

Les brahmanes seuls accédaient au sanctuaire, où luisait vaguement dans l'ombre la Déesse-aux-yeux-de-poisson à qui il est dédié — couverte de rubis comme d'écailles, porteuse d'un éventail de poils de yak, avec ses yeux de poisson en diamants — beaucoup plus proche d'une idole de village couverte des bijoux divins, que des profondeurs de ce bazar surnaturel.

Un cortège émergeait lentement de l'ombre. Hommes et femmes étaient manifestement costumés, et la dignité de leur costume les rendait maladroits. Mais le premier couple avait la noblesse des danseurs des épopées, et le sari est sans doute la plus belle robe du monde. Le cortège avançait vers moi, les mains jointes aux doigts allongés pour l'émouvant salut que l'art hindou connaît si peu et que l'art bouddhique connaît si bien : j'étais précédé d'une escorte. « C'est un mariage », me dit Raja Rao. Je marchai vers les mariés ; ne sachant pas un mot de tamoul, je leur souhaitai bonne chance en sanscrit (orientalisme à la hauteur de : *good luck*). Sur quoi, ils se prosternèrent tous deux. Désemparé, j'allais relever la femme ; mon voisin indien m'arrêta, et nous repartîmes, après de bonnes paroles, vers le carrousel des dieux qui pullulaient dans l'ombre. « Ils vous tiennent pour Vichnou, me dit Raja Rao : ils ont d'ailleurs raison. » Il précisa plus tard. Des parents, qui ont fiancé un garçon et une fille, ont épargné pendant des années pour les mener, le jour de leur mariage, au Grand Temple, qui leur portera bonheur. Ils y ont rencontré le vizir d'un pays lointain — pays qui n'avait jamais envoyé un vizir à Madura : singulier. Il s'est dirigé vers eux : très singulier. Pour leur souhaiter bonne chance : les vizirs ne souhaitent pas bonne chance aux paysans. En sanscrit (le couple ne sait pas le sanscrit, mais un des brames a dit que, etc.) : absolument irréel. Donc, il n'y avait pas de vizir. Ces paroles de bonne fortune étaient envoyées par les dieux : et de se prosterner.

Après tout, étais-je réellement un vizir ? Cet irréel agissait contagieusement. D'abord, parce que son action n'était pas artistique. Cette frénésie de chevaux ailés et de dieux appartenait à l'irréel de la fête. Les animaux fantastiques en papier fabriqués pour les dernières processions, pourrissaient dans les coins. L'Europe croit que ce qui n'imite pas son réel représente un rêve. Ces figures n'imitaient pas plus un rêve, que celles du Portail royal de Chartres n'imitent les rois de France. Sous ses tours, inextricablement chargées de scènes de sa Passion et de sa Légende dorée, le temple entier est envahi par les statues : chevaux cabrés, animaux et personnages divins y poursuivent depuis des siècles, comme sur les tours, leur danse frénétique et pétrifiée. Les fidèles étaient le monde selon la maya des hommes ; le temple, le monde selon la maya des dieux. Et yoga veut dire union.

J'imaginais de tels temples dressés sur Bénarès : aucun ne confond mieux les figures animales, humaines et divines, dans sa danse immobile. C'est celle de l'univers, et l'âme du temple est la danse de Çiva. Mais le mot danse nous suggère le contraire de ce qu'il signifie dans l'Inde, qui ignore le bal. La danse des dieux est une solennisation du geste, comme la musique sacrée est une solennisation de la parole. Initialement, Çiva dansait sa victoire sur les ennemis qu'il venait d'exterminer ; mais il danse aussi la danse de Mort, celle que voient les Hindous dans les flammes des bûchers, celle qu'il recommence dans les ténèbres qui suivront à jamais la fin de chaque âge de l'humanité. Un monde de plus a disparu, les bûchers du Gange se sont éteints pour des millénaires, et dans la nuit cosmique, Çiva lève solennellement ses bras multiples pour danser le retour à l'éternelle origine. C'est à travers cette figure, que l'Hindou tente la communion de l'esprit qui transcende ses âmes successives, avec l'Incréé qui transcende les dieux et les âges du monde :

Puisque tu aimes, Çiva, le Lieu d'incinération,
J'ai fait de mon cœur un Lieu d'incinération,
— Afin que tu y danses ta danse éternelle...

Comme à Bénarès, je revins la nuit. La foule n'était pas plus religieuse qu'elle ne l'avait été l'après-midi, mais moins affairée — lasse comme les vaches couchées sur lesquelles roucoulaient des tourterelles. Éclairé par les lampes, sans bassins et sans tours, le temple devenait plus fantastique et moins sacré. Devant la statue de Çiva la plus vénérée, un groupe de pèlerins priait à voix haute :

> *Me voici devant toi pour t'adorer,*
> *O mon dieu qui n'es que moi-même...*

C'était encore — en sens inverse — l'identité du divin dans l'homme et dans l'univers, qu'avait exprimée la prière de l'après-midi. La gravité de celle-ci semblait remplacée (illusion de la nuit ?) par une hypnose. Mais les brahmanes écartèrent tous ces somnambules : c'était l'heure de l'union de Çiva et de Parvâti. La rumeur assourdie se perdit sous le glapissement de longues trompettes médiévales ; puis, comme si la musique s'enfonçait encore dans le temps, la percussion haletante des tambourins qui rythment les événements cosmiques introduisit la flûte de roseau. Les brahmanes transportèrent Çiva dans un palanquin noir et argent qui chassa les animaux distraits et misérables à travers les dormeurs épars. Le cortège s'arrêta devant la statue de Parvâti. De vastes chauves-souris zigzaguaient, avec leurs cris de rats. Éclairés par des veilleuses, les lingams de pierre se succédaient jusqu'au fond de l'ombre. Le roseau plaintif reprit la nostalgie amoureuse qu'il modulait sur les remparts de Babylone, puis se tut. L'union de Çiva et de Parvâti appelait le silence et les étoiles. Sur les tours noires, descendait doucement la nuit védique.

J'allais bientôt la voir descendre sur Ellora. Il

semblait que je fusse appelé par un pèlerinage de Çiva :
Bénarès, Madura, Ellora, bientôt Elephanta... Comme
en Égypte, comme à Angkor, le nettoyage avait chassé
la végétation des ruines, puissamment accordée jadis
aux divinités de la Destruction. Mais ces grottes conju-
guent l'action de la montagne et celle de la crypte.
Les temples du Kailasa ne sont pas construits : on a
creusé la montagne pour les en dégager. Ils y sont
enfouis, et nous n'avons jamais vu un enchevêtrement
de cathédrales au fond d'une crevasse sans étages, sans
tours, et dont les voûtes cerclées de nervures me faisaient penser à la cage thoracique de monstres légendaires ; d'où venait donc le souvenir obsédant de la
cathédrale ? De l'espace infini. Les étages, enfouis dans
une crevasse du côté du Kailasa, dominent, de l'autre
côté, l'immensité de la plaine ; bien que les plans des
temples soient l'œuvre des géomanciens, l'ensemble
d'Ellora conserve le mystère des grottes originelles,
le hasard géologique d'un chaos percé de trouées. Les
parties les plus obscures me faisaient penser à Lascaux.
Au-delà d'une galerie dont la pénombre mène une
jungle de personnages vers le vide, le soleil tombait
en cataracte sur un combat de monstres à diadèmes
et de dieux à tiares, dont les bras multiples s'enche-
vêtrent dans des écroulements d'orfèvrerie. Le souvenir
du fouillis de Madura révélait à quel point cette statuaire est une statuaire gouvernée. Les figures des
Eaux sacrées, la *Ganga*, la *Djumna*, semblent sculptées
par les tourneurs d'amphores des épopées divines.
Les génies volants isolés sont d'une écriture de flamme.
Et malgré Çiva, malgré les terribles Mères, cette
flamme n'est pas celle des cadavres. Les monstres et
les héros d'Ellora flamboient sur un bûcher de glaïeuls
rouges...

Les plus grands sculpteurs de ces grottes ont voulu

saisir l'insaisissable, mieux ou autrement que leurs prédécesseurs. « O Seigneur, toi qui prends les formes imaginées par tes fidèles... » Mais les fidèles n'inventent pas les formes des dieux : ils les reconnaissent. La prière qui s'imposait ici était plus trouble, et elle était due à un sculpteur : « O Seigneur de tous les dieux, enseigne-moi *dans les rêves* comment exécuter les œuvres que j'ai dans l'esprit! » Non qu'Ellora soit plus onirique que tant de temples, mais ce qui y règne, et à quoi le prière hindoue fait appel, c'est le domaine immémorial des archétypes et des grands symboles, qui poursuit sa vie nocturne à travers les générations de dormeurs, comme l'esprit, pour ceux qui prient ces dieux, poursuit sa vie à travers eux-mêmes. Temples, statues, bas-reliefs, font partie de la montagne comme une efflorescence du divin. Hindouistes, bouddhistes, jaïns, ils évoquent un invisible qu'ils imitent d'autant moins que ses représentations successives sont toutes légitimes. Le dialogue de l'immobile nirvâna avec les danses des dieux va de soi ; la danse de Çiva que je regarde, passe pour être celle de l'Essence au moment où la mort la délivre du corps, de l'esprit et de l'âme. Et cette danse, même au musée, n'appartiendrait pas au seul monde de l'art ; sa perfection, ici, n'est pas d'ordre artistique, mais de l'ordre énigmatiquement convaincant du mythe, du fauve, de l'orchidée. Œuvre des dieux. Nulle part je n'avais éprouvé à ce point combien tout art sacré suppose que ceux auxquels il s'adresse tiennent pour assurée l'existence d'un secret du monde, que l'art transmet sans le dévoiler, et auquel il les fait participer. J'étais dans le jardin nocturne des grands rêves de l'Inde.

La vraie nuit venait. Une ombre d'un vert mort s'accumulait dans les ravins du Kailasa. Je me souvins de Nehru et de sa montagne du Tibet : « Je ne reverrai pas le Kailasa... » Dans la faille qui forme l'entrée du temple, le soleil rougeoyait encore sur les mimosas sauvages et l'immense poussière de la plaine, comme s'il se reflétait sur la mer. Nous atteignîmes les grottes bouddhiques, avec leurs rangs d'ascètes « comme des flammes immobiles à l'abri du vent » ; puis les grottes jaïns, et leur masse romaine. Mais Ellora, c'était Çiva.

Nous allions vers le temple du Mahalinga — symbole de Çiva, et l'un des huit lingams sacrés de l'Inde. La nuit était déjà complète. Il n'y avait pas de temple, mais une vaste terrasse, où l'on accédait par des escaliers de palais ruiné. Le linga était quelque part dans l'obscurité. Le mugissement assourdi de la conque rituelle s'éleva, suivi d'hymnes murmurées, et d'une musique lointaine. Le temple, sans doute, se trouvait un peu plus loin et, comme à Madura, c'était l'heure de l'union de Çiva et de Parvâti. Le vrai lieu de l'adoration, c'était ce vide, ces dalles de Râmâyana apparues à la lueur de la lanterne, dans le silence d'une forêt sans bêtes.

Dans la nuit hantée de cosmogonies royales et divines, il n'y avait pourtant *jamais* eu de Création. Pour la Faute, la Rédemption, le Jugement révélés par le christianisme, le monde est un décor ; pour le brahmanisme, l'homme est un épisode. Pas seulement à cause de la transmigration : parce que les cycles fabuleux, qui séparent les retours successifs des ténèbres, ont pour héros les dieux et les éléments. L'Inde éprouve l'infini comme Job éprouve la majesté de Jéhovah. Et le Kailasa, et cette terrasse vide où l'on parlait des dieux depuis si longtemps, et ces hymnes nocturnes, communiaient avec l'Être à travers l'infini, comme s'ils eussent adoré l'Infini — qui rencontre l'homme au passage... Au temple de Chidambaram, là où devrait se trouver le dieu du sanctuaire, les brahmanes montrent un espace circulaire vide : « Voici Çiva qui danse... » Au centre brûle le camphre, dont la flamme ne laisse pas de cendres.

La maya prend à Ellora son accent le plus profond, parce qu'elle y semble antérieure aux religions comme la roche est antérieure aux figures qu'elles en ont tirées tour à tour. Et aux yeux de Gandhi comme des ascètes qui accueillaient le prince Siddhartha dans la forêt, comme des poètes védiques qui signaient leurs hymnes du nom des dieux, le moyen privilégié de la délivrance avait été le détachement. L'obstacle à la Délivrance n'est pas le vain spectacle des choses, mais l'attachement que nous leur portons. Le désir est le démon dans maintes religions. Et pour le christianisme, le démon, à partir du péché originel, est dans l'homme ; pour l'Inde, l'attachement est dans l'homme à la façon d'un démon métaphysique, moins une concupiscence que la vie même, l'esclavage de l'homme aveugle à l'essence qui le transcende, et livré par son aveuglement à l'univers illusoire. Si tous les dieux étaient morts, la maya existerait encore, parce que l'Hindou la porte en lui comme le chrétien porte le péché. L'agent invincible de la maya n'est pas l'action divine, c'est la condition humaine.

Les hymnes avaient cessé. La musique de nuit commença.

Depuis des siècles, l'Inde connaît les musiques du matin et celles de la nuit, de même que nous connaissons celles de la danse et celles des funérailles. Comme au temps des grands pèlerinages et comme au temps où le Kailasa était enseveli sous la jungle, à l'heure prescrite, l'homme éphémère chantait les étoiles éphémères. Une lumière s'approcha. Porteurs du camphre qui brûle en offrande, des brahmanes apportaient les fleurs de bienvenue.

La ville d'où l'on gagne Ellora est Aurangabad, une cité musulmane dominée par le tombeau de la femme d'Aurangzeb, Tadj Mahal rugueux au-dessus des rosiers devenus sauvages, qui me faisait penser au musée archéologique d'Autun, potager dans lequel les stèles celtiques et les statues romanes poussaient parmi les artichauts.

La ville d'où l'on gagne Elephanta, c'est Bombay.

Comme Calcutta, Bombay, née au XIXe siècle, n'est nullement une ville indienne modernisée : c'est une ville aussi indo-anglaise qu'Agra, Lahore ou Aurangabad sont des villes indo-musulmanes. Le Fort-Rouge dont la porte géante laissait sortir un chameau désolé, les coupoles de marbre et de confiserie entourées de bois pleins d'écureuils, les faux immeubles victoriens, inspirés de quelles cathédrales ? que des réclames de dentiste démesurées hérissaient de leurs dessins d'invocations sanscrites, les cocotiers poussiéreux sur lesquels poussaient pêle-mêle les vieux pneus, tout cela se confondait dans un même décor dérisoire, dès que l'on pénétrait dans les grottes sacrées. Leur lien avec les profondeurs de la terre suggérait toute une Inde souterraine, qui eût veillé en secret sur l'Inde des villages, les animaux, les processions de porteuses d'amphores, les arbres augustes, pendant que se préparaient à retourner en poussière les villes, chimériques et théâtrales. Les grottes d'Ellora règnent sur l'immense plaine galeuse et maudite qu'elles dominent, alors que celles d'Elephanta semblent cachées dans leur île où le golfe brillait avec une joie hellénique, sous les goélands de la mer d'Oman. Mais toutes s'unissent par leur obscurité sacrée. Dès l'entrée d'Elephanta, l'Océan éclatant était emporté, comme les villes, comme l'Inde des Anglais, comme l'Inde des Moghols, comme l'Inde de Nehru, offrandes périssables à la célèbre *Majesté*, la triple tête gigantesque de Çiva.

Ni les photos ni même le cinéma n'en donnent l'échelle. Ces têtes, de cinq à six mètres, sont plus petites que celles du Bayon d'Angkor ; mais, colossales en comparaison des figures qui les entourent, elles emplissent la grotte comme le Pantocrator emplit les cathédrales byzantines de Sicile. Comme le Pantocrator, ce Çiva cesse au-dessous des épaules sans devenir un buste. D'où son trouble accent de tête coupée et d'apparition divine. Il ne s'agit pas seulement de « l'une des plus belles statues de l'Inde », quelque sens que l'on donne au mot : belles.

Il y a, dès le premier regard, un chef-d'œuvre de la sculpture. Un masque et deux profils monumentaux, malgré une séduction qui tient plus aux orfèvreries qu'aux visages, dont les plans (des yeux notamment) sont dignes des œuvres les plus hautes.

Ensuite, il y a Çiva, la caverne, le sacré. Comme celles de Moissac, cette figure appartient au domaine des grands symboles, et ce que le symbole exprime, ne peut être exprimé que par lui. Ce masque aux yeux fermés sur la coulée du temps comme sur un chant funèbre, est au Çiva dansant qui courbe à Ellora sa flamme solennelle, ce qu'est celui-ci aux *Danses de Mort* du Sud, et même aux figures fabuleuses de Madura.

Enfin, comme pour nombre d'œuvres qui forment le trésor du musée imaginaire de l'humanité, il y a une rencontre entre l'action artistique de l'œuvre, son action religieuse et une action imprévisible. Celle du *Pharaon Djoser* vient de ce que sa dégradation en a fait une tête de mort, celle de la *Victoire de Samothrace* vient de ce que le destin a inventé le monstre parfait que les hommes ont cherché en vain dans les anges : les ailes étant les bras des oiseaux, la victoire n'est

291

parfaite que sans bras. La ligne illustre, qui va de la pointe du sein à l'extrémité de l'aile, est née de l'amputation. La perfection (en ce sens) de Çiva appelait l'ombre sacrée, l'absence de corps, fût-il dansant, les deux profils encore engagés dans la montagne, le masque aux yeux fermés — mais d'abord la création unique par laquelle le Çiva d'Elephanta est aussi le *symbole de l'Inde.*

Dans la grotte voisine, on psalmodiait des vers de la *Bhagavad Gîtâ.* Elle est familière à tous les Hindous. On l'avait récitée pendant la veillée funèbre de Gandhi, et pendant les quatorze heures de la crémation. Secrètement accordée au temple souterrain, au Çiva colossal, elle semblait le chant même de ce sanctuaire auquel elle ne devait rien.

Alors, debout dans leur grand char attelé de chevaux blancs,
Krishna et Arjuna firent résonner leurs conques divines,
Et Arjuna, pris de grande pitié, parla dans le découra-
[gement...

Les deux armées légendaires de l'Inde sont en face l'une de l'autre. Le vieux roi que combat Arjuna est aveugle. Le conducteur de son char possède le pouvoir magique de connaître ce qui se passe sur les champs de bataille. Il écoute le dialogue qui commence, au milieu de l'armée ennemie, dans le char aux chevaux blancs, entre le prince Arjuna et son aurige, qui est Krishna et va devenir la Déité suprême. La *Gîtâ,* ce sont des paroles divines rapportées, par magie, à un Priam aveugle enfermé dans sa nuit.

Arjuna regarde ceux qui vont mourir, et Krishna lui rappelle que si la grandeur de l'homme est de se délivrer du destin, la grandeur du guerrier n'est pas de se délivrer du courage. C'est le combat fratricide des épopées, et, pour nous, la tristesse troyenne d'Arjuna semble l'écho désolé de la voix d'Antigone :

J'ai de tristes pressentiments, ô Krishna,
Et je ne vois rien de bon à massacrer des parents dans
la bataille...
Je ne cherche ni la victoire, ni le pouvoir souverain, ni
les joies de la terre ;
Et à quoi sert le pouvoir, à quoi sert la joie, — à quoi
sert la vie ?

Une autre voix répondit au psalmodiant, comme, dans le poème, Krishna répond à Arjuna.

Tu pleures des gens que tu ne devrais pas pleurer,
Et tu profères d'inutiles paroles de sagesse. Le sage ne
pleure ni sur les vivants ni sur les morts.
Car jamais nous ne fûmes, ni moi, ni toi, ni ces rois ;
Et jamais aucun de nous ne cessera d'exister désor-
mais...

Cette psalmodie commençait la Révélation que mes compagnons savaient par cœur, rythmée dans l'obscurité par le lointain battement de l'Océan et striée par les cris des goélands : le chant de la Déité qui transcende, anime et détruit les mondes, et de l'esprit qui transmigre à travers les corps et les âmes, que le poème appelle seulement *Cela* :

Cela ne cessera jamais d'être ; non né, éternel, per-
pétuel,
Ancien. Cela n'est pas massacré lorsque le corps est
massacré. De même qu'on rejette des vêtements usés et en
revêt d'autres

De même, ce qui est revêtu d'un corps, rejette
Les corps usés...

La dernière strophe, je l'avais entendue à Bénarès. Elle perdait ici l'accent des crémations ; et la suite trouvait dans ces divinités sans regard une solennité plus grande que dans les bûchers :

Ceux qui connaissent le jour de Brahma, qui dure mille âges,
Et sa nuit qui ne prend fin qu'après mille âges,
Ceux-là connaissent le jour et la nuit...
... Et toute la foule des êtres, indéfiniment ramenée à l'existence,
Se dissout à la tombée de la nuit et renaît au lever du jour...
... Et toutes les créatures sont en moi
Comme dans un grand vent sans cesse en mouvement dans l'espace...
... Je suis l'Être et le Non-Être, l'immortalité et la mort...

L'un de mes compagnons répondit à la psalmodie lointaine par l'un des plus célèbres versets du poème, et sa voix s'étendit à travers les piliers énormes, étouffée et cependant portée par le bas plafond des grottes :

Qui pourrait tuer l'immortalité ?...

Pour les psalmodiants, cette réponse qui montait du silence était-elle aussi mystérieusement naturelle que l'avait été mon souhait pour le pauvre couple de Madura ? Ils s'étaient tus. A Bénarès, j'avais relu la *Gîtâ*. De son ombre souterraine, de tout ce qu'elle doit au brahmanisme antérieur, se détachaient confusément, comme les figures de ces grottes, la prédication divine de l'amour, que le brahmanisme dédaignait, et surtout, le stoïcisme cosmique auquel le poème doit sa gloire. Dans l'inexorable marche de constellation qu'est le retour à l'origine, l'homme s'unit à Dieu lorsqu'il découvre son identité avec lui et lorsqu'il observe la Loi, qui est le devoir de caste. L'action est nécessaire, car il faut que les desseins divins s'accomplissent : ce n'est pas toi qui vas tuer tes parents, dit Krishna à Arjuna, c'est moi. Et l'action est purifiée de la vie, si l'homme est en communion suffisante avec Dieu pour la lui dédier comme un sacrifice.

... Ils savaient cela, les Anciens, avides de délivrance
Et ils ont agi.
... Pour moi, ô Prince, il n'y a rien dans les trois mondes
Qui vaille d'être gagné
Et que je n'aie pas gagné; et je n'ai pas renoncé à l'action.
Mets sur le même plan le plaisir et la peine, le grain et la perte, la victoire
Et la défaite, et ceins tes reins pour la bataille...

Pour mes compagnons, cet instant illustre était un instant éternel. Cependant, les sculptures qui m'entouraient dans l'ombre, et la *Gîtâ* elle-même, exprimaient moins le stoïcisme sacré des derniers versets, que la communion en quoi s'était tranformée l'austérité métaphysique : la mystique que le brahmanisme avait découverte comme le bouddhisme, le christianisme et l'Islam. Même si l'on n'eût pas récité dans une autre grotte les versets de la communion, la métamorphose de la foi eût été aussi présente qu'elle l'est à Saint-Pierre de Rome lorsqu'on s'y souvient de nos cathédrales. L'Inde est obsédée par l'image des flots toujours différents des fleuves toujours semblables, et les âmes successives de sa religion passaient devant Çiva, comme ses armées de jadis devant les bûchers des sacrifices. L'Ancien Testament des *Upanishad* était devenu le Nouveau Testament de la *Gîtâ*. Au fond du temps, il y avait l'hymne à Kali :

Toi, Mère des Bénédictions,
Toi, terrible Nuit, Nuit de mensonge, Nuit de mort,
Nous te saluons !

Et, bien après Elephanta, la parabole de la prière :

Je prie en vain, dit au Maître la fille du disciple. —
Qu'est-ce que tu aimes le plus au monde ? — Le petit
enfant de mon frère. — Recueille-toi en ne pensant qu'à
lui, et tu verras qu'il est Krishna. L'amour seul opère les
aveugles.

La méditation des têtes colossales de la *Majesté* sur l'éternité et le temps, prisonniers enlacés du Sacré, semblait aussi une méditation sur le destin qui conduit les religions, de la vénération à l'amour, comme il conduit les hommes, de la naissance à la mort — mais sous lequel demeurait une invincible permanence. Si la *Bhagavad Gîtâ* est présente dans tant de lieux sacrés, c'est qu'elle l'exprime ; comme la *Majesté*, elle est l'Inde. Gandhi avait tenté de la traduire. Le plus grand des Renonçants modernes tenait l'action, pratiquée dans l'esprit d'abandon à son Dieu, pour la forme suprême du renoncement. « Mon dévouement à mon peuple est un des aspects de la discipline que je m'impose afin de libérer mon âme. Je n'ai pas besoin de chercher refuge dans une grotte : je porte ma grotte en moi. »

Certaine est la mort pour tous ceux qui naîtront,
Et certaine est la naissance pour tous ceux qui sont
morts...

La nuit tombe sur les morts du dernier combat, après la bataille des dix-sept jours. Les rares survivants se sont retirés dans la forêt pour y mourir en ascètes. Les rapaces patients attendent, et près des glaives tombés qui reflètent la lune, des singes, semblables à ceux qui m'accompagnaient à Madura, touchent d'un doigt intrigué les yeux des morts.

Dehors, des filles passaient, une fleur rouge à la main. Les goélands d'Oman croisaient toujours sur le golfe étincelant. Un canot automobile nous ramena. Bombay, bazar fou qui se croit une ville, s'élevait peu à peu sur l'eau, et nous nous dirigions vers l'arche énorme de la porte de l'Orient. Elle veillait autrefois sur les paquebots anglais comme un temple marin sur une flotte de guerre. Aujourd'hui, accostait seul notre canot, qui venait de l'Inde éternelle. Au ras de l'Océan, brillaient les réacteurs atomiques...

Nous devions regagner Delhi à l'aube. Pour la soirée, on avait mis à ma disposition l'ancien bungalow du gouverneur, à la pointe de la presqu'île. Il était triste comme toutes les maisons inhabitées au bord du golfe. Le jardin, plus inhabité encore malgré quelques jardiniers silencieux, semblait un cimetière d'officiers de l'armée des Indes. Et l'armée des Indes était aussi loin que les cavaliers d'Akbar...

La passion que m'ont inspirée naguère l'Asie, les civilisations disparues, l'ethnographie, tenait à une surprise essentielle devant les formes qu'a pu prendre l'homme, mais aussi à l'éclairage que toute civilisation étrangère projetait sur la mienne, à la singularité ou à l'arbitraire qu'il révélait en tel de ses aspects. Je venais de retrouver l'une des plus profondes et des plus complexes rencontres de ma jeunesse. Plus que celle de l'Amérique préhispanique, parce que l'Angleterre n'a détruit ni les prêtres ni les guerriers de l'Inde, et que l'on y construit encore des temples aux anciens dieux. Plus que celle de l'Islam et du Japon, parce que l'Inde est moins occidentalisée, parce qu'elle déploie plus largement les ailes nocturnes de l'homme; plus que celle de l'Afrique par son élaboration, par sa continuité. Loin de nous dans le rêve et dans le temps, l'Inde appartient à l'Ancien Orient de notre âme. Les derniers rajahs ne sont pas des pharaons, mais les brames de Bénarès évoquent les prêtres d'Isis, les fakirs ont fait rêver Alexandre, et les paons dans les palais déserts d'Amber m'avaient rappelé les foules de Chaldée ébahies par les ambassadeurs des royaumes indiens « dont les oiseaux savaient faire la roue ». Et cette autre Égypte, dont le peuple et les croyances auraient à peine changé depuis Ramsès, était sans doute la dernière civilisation religieuse, certainement le dernier grand polythéisme. Que devient Zeus, en face de Çiva? Le seul dieu antique dont le langage soit digne de l'Inde, c'est le dieu sans temples : le Destin.

De cette civilisation, que connaissais-je réellement? Ses arts, sa pensée, son histoire. Comme des grandes civilisations mortes — à cela près que j'avais entendu sa musique, et que j'avais rencontré quelques gourous, ce qui n'était pas sans importance dans un pays dont la pensée religieuse exprime une Vérité qui ne doit pas être comprise, mais vécue : « Ne rien croire que l'on n'ait d'abord éprouvé. » Je n'avais pas la présomption de « connaître » — au passage... — une pensée qui avait avait résisté à dix-sept conquêtes et à deux millénaires; j'essayais de saisir les grandes rumeurs dont elle m'obsédait.

L'homme peut éprouver la présence de l'Être universel dans tous les êtres, et de tous les êtres dans l'Être universel; il découvre alors l'identité de toutes les apparences, fussent-elles le plaisir et la souffrance, la vie et la mort, devant lui-même et dans l'Être; il peut atteindre en lui-même l'essence qui transcende ses âmes transmigrées, et en éprouver l'identité avec l'essence d'un monde d'éternel retour, auquel il échappe par sa communion ineffable avec lui. Mais il y a dans la pensée de l'Inde quelque chose de fascinant et de fasciné, qui tient au sentiment qu'elle nous donne de gravir une montagne sacrée dont la cime recule toujours; d'avancer dans l'obscurité à la lueur de la torche qu'elle porte. Nous connaissons ce mouvement par quelques-uns de nos saints et de nos philosophes; mais c'est dans l'Inde seule, que l'Être, conquis sur l'apparence et la métamorphose universelles, ne se sépare pas d'elles, mais en devient parfois inséparable « à la façon des deux faces d'une médaille » pour suggérer le chemin d'un inépuisable Absolu qui transcenderait jusqu'à l'Être...

Bien entendu, le mot Être traduit mal le Brahman incréé, la Déité suprême — auquel le sage accède par ce qu'il y a de plus profond dans l'âme, et non par l'esprit. Les dieux ne sont que des moyens différents de l'atteindre, et « chacun va à Dieu à travers ses propres dieux ». C'est lui que le Bouddha tente de détruire dans sa prédication primitive, lorsqu'il donne pour fin dernière à l'extase, ce qu'il appelle avec grandeur : la paix de l'abîme.

Les superstitions tournoyaient comme un vol d'éphémères fascinés, autour de cette haute pensée. Elle animait tous les temples que j'avais vus, et Bénarès. Mais comme elle éclairait mal l'immense peuple qui m'entourait! J'avais rencontré des hommes de caste brahmanique, mais pas de prêtres : des intellectuels, des artistes, des diplomates — et leurs femmes ; quelques grandes figures, et maints politiques, race ignorée au début du siècle. Pas un commerçant, pas un paysan. Seul dans ce triste jardin d'une ville énorme en face du pays le plus religieux et sans doute le plus affectueux du monde, je ne me souvenais que d'une foule immense et muette comme ses bêtes amicales. Foule hindoue plutôt qu'indienne : ses champs ressemblaient à des champs de France, ses rêves ne ressemblaient pas à des rêves français. Mais ce que j'évoquais par contraste (plus exactement : ce qui s'évoquait en moi), n'était pas une foule chrétienne : c'était la foule du métro, et surtout celle que j'avais le mieux connue : celle de la guerre. La spiritualité de l'Inde me faisait penser fugitivement à l'aumônier des Glières, mais les multitudes hindoues, pour lesquelles la mort donne un sens à la vie, me faisaient penser âprement aux hommes de chez nous pour qui la mort n'a pas de sens ; les ombres qui depuis des siècles avaient déposé un hibiscus écarlate au pied d'un dieu noir ou d'un arbre semblable à la bénédiction divine, frères des paysans dont je saisissais seulement le triste sourire qui avait peut-être salué Sémiramis, les petits marchands frères de tant de petits marchands, me parlaient de tous nos hommes sans caste que j'avais vus en face de la mort.

Au-delà du jardin où l'on n'entendait pas le bruit des vagues, le golfe brillait encore ; les goélands d'Oman croiseraient jusqu'à la nuit. Je rentrai dans le bungalow désert du dernier gouverneur de Bombay, pour y relire ce que j'écrivais en 1940 de mes camarades qui se battaient et mouraient en vain...

2

1940

Une route toujours la même, bordée d'arbres toujours les mêmes, et les pierres de Flandre toujours aussi dures sous les chenilles de nos chars. L'ennui des convois sur les routes de plaine. Notre dernière route d'ennui; désormais, ce serait l'exaltation ou la peur : nous montions vers les lignes. Notre attention brûlait en veilleuse sous l'abrutissement, la chaleur, le fracas des moteurs et le martèlement des chenilles qui semblaient taper sur nos têtes comme sur la route. Je connaissais nos visages quand nous sortions des chars après une longue étape, nos faces molles et nos yeux papillotants d'assommés, nos faces de comiques sous nos casques de lansquenets...

A l'infini, la nuit flamande. Derrière nous, neuf mois de casernes et de cantonnements; le temps qu'il faut pour faire un homme.

Neuf mois plus tôt, j'étais dans un hôtel du Quercy. Les servantes ne quittaient plus la radio. C'étaient des vieilles femmes. Un matin, j'en avais croisé deux dans l'escalier : elles montaient vers leur chambre à petits pas pressés, et des larmes ruisselaient sur leurs faces patientes. Ainsi avais-je appris que l'armée allemande était entrée en Pologne.

L'après-midi, j'avais vu, à Beaulieu, les affiches de la mobilisation. L'église de Beaulieu porte l'un des plus beaux tympans romans, le seul où le sculpteur ait figuré, derrière les bras du Christ ouverts sur le monde, ceux du crucifix comme une ombre prophétique. Une averse tropicale avait noyé le village. Devant l'église est une statue de la Vierge ; comme chaque année depuis cinq cents ans, pour fêter les vendanges, les vignerons avaient attaché à la main de l'Enfant une des plus belles grappes. Sur la place déserte, les affiches décollées commençaient à pendre ; les gouttes d'eau sur la grappe avaient glissé de raisin en raisin et étaient tombées à petit bruit au milieu d'une flaque, l'une après l'autre, dans le silence.

Nos chars roulaient vers les lignes allemandes. Nous étions quatre dans le nôtre. Rien à faire qu'à suivre cette route nocturne et s'approcher de la guerre. Était-ce cette nuit, que nous allions mourir ?

Je les avais vus partir par milliers, au début de septembre, les anonymes, semblables à mes trois camarades : cinq millions d'hommes avaient rejoint les casernes sans rien dire.

Sur la place de Moulins, le haut-parleur avait annoncé les premiers combats. Le soir tombait. Deux ou trois mille mobilisés écoutaient, maladroits dans leurs uniformes neufs parce qu'ils étaient neufs, ou dans les vieux parce qu'ils étaient sales : nul ne disait mot. Sur toutes les routes, les hommes avaient rejoint, les femmes amères avaient conduit les chevaux à la réquisition. Avec la résolution paysanne contre l'inondation. On montait au fléau.

Ainsi mes trois compagnons roulaient-ils cette nuit vers les chars et les canons allemands, sur la route morne.

Bonneau, le mécanicien, était certainement dans le boyau. (Dans tous ces chars qui, l'un derrière l'autre, suivaient la route nocturne, pas un mécanicien qui n'eût quitté les machines : au diable le règlement!) Comme aucun de nous ne pouvait l'entendre, sans doute parlait-il seul, son monologue écrasé par le martèlement des chenilles.

Quand il était arrivé à l'escadron derrière les gendarmes, en veste de cuir, pas rasé, il avait une telle gueule que le capitaine l'avait fait mettre aussitôt sous les ordres d'un boxeur professionnel. Lequel avait reçu livraison de Bonneau avec une belle frousse. J'ai rarement vu de vrai courage chez les fervents du pugilat.

Il n'y eut d'ailleurs pas de pugilat. Simplement, pour commencer, du malaise. Bonneau arrivait en uniforme de souteneur, habitué à inspirer le mépris ou la peur, à vouloir d'autant plus inspirer la peur qu'il rencontrait davantage le mépris. Mais les soldats ne méprisent guère, et quand Bonneau demandait, la mâchoire en avant : « Qu'est-ce que t'as à me regarder comme ça ? », il se faisait répondre par un distrait : « Moi ? euj' te regarde même pas!... »

Il affirmait avoir tué un homme dans une rixe, ce qui était sans doute faux, car il eût été affecté aux bataillons disciplinaires. Mais le bureau ne fut pas long à faire savoir aux chambrées que son livret portait trois condamnations pour blessures. Le peuple est bien moins sensible que la bourgeoisie au romanesque de l'assassinat : à ses yeux, l'assassin n'est qu'une espèce particulière, comme le loup. Il s'agissait de savoir si Bonneau appartenait réellement à l'espèce, si « tout ça, c'était du vrai ou du chiqué ».

Le seul qui crût à ce romanesque, c'était lui. Histoires

de prison, histoires de souteneurs, affirmations qu'il « voulait laisser pousser son bouc », pour avoir le droit de ne pas se raser et conserver ainsi une bonne gueule d'assassin ; et l'accent de barrière, et les chansons de Montéhus pendant les corvées de nettoyage auxquelles il était condamné de façon permanente. L'enfant du malheur... Quand tout l'escadron, pressé dans un escalier, attendait la distribution des chaussures, on entendait tout à coup *Le Légionnaire*, puis un monologue commençait : « Ah, j'en ai eu une, une bath, de petite femme ! Celle-là, je l'aimais, alors ! Ils me l'ont tuée, ces vaches-là... » On devinait une histoire d'hôpital dans laquelle « ils », c'était à la fois les médecins, et ceux qui acceptent la loi ; et ses méfiants compagnons de chambrée, bien que se poussant du coude comme les collégiens devant le loustic, préparaient des combines compliquées pour qu'il ne fût jamais garde-chambre. Ils faisaient connaissance avec le folklore du beuglant : la victime de la société que l'ivresse ou l'érotisme en a chassé ; l'irréductible des bataillons disciplinaires ; le hors-la-loi qui lutte seul contre toute la police dans quelque Fort-Chabrol ; le Bonnot (dont le nôtre n'oubliait certes pas qu'il portait presque le nom) qui tire sur le préfet à travers son bras ; mais surtout le souteneur héroïque et sentimental, vache mais régulier, fidèle aux amis et assassin par amour, qui, évadé du bagne, finit par les caïmans du Maroni son existence saturnienne. Car l'enfer de Bonneau, que ses damnés fussent épiques ou misérables, n'avait qu'un cercle, et c'était un cercle de victimes.

Quand il avait apporté un pinson blessé et prétendu l'élever, la peur avait grandi : pour mes compagnons, tout assassin était d'abord un fou.

Chaque chambrée avait des camouflages d'autant plus ingénieux, que l'extinction des feux était plus rigoureuse. Les sous-officiers retiraient les ampoules, mais d'autres ampoules, l'heure venue, sortaient des polochons. Un soir, deux prises ayant cessé de fonctionner, Bonneau déclara « qu'il avait travaillé dans l'électricité », se battit clandestinement contre les tableaux électriques du bâtiment, et fit si bien que, le soir, plus une prise ne marchait dans sa chambrée ni dans quatre autres. A travers l'obscurité, on entendait gronder : « Qu'est-ce qui m'a foutu des gars comme ça! — Si c'est pas malheureux, des criquets pareils! — Moi qui suis électricien, j'oserais pas m'en mêler si on me l' dit pas, mais alors, çui-là! » A la façon dont fut claquée la porte de la première chambrée, tous comprirent que c'était lui qui rentrait : le silence tomba. Puis commença une altercation assourdie et une voix devint très nette, calme et dure, qui n'était pas celle du brigadier-boxeur : « Écoute bien, Bonneau, tu commences à nous emmerder. Les durs, moi, je m'en fous. S'ils se mêlent d'esquinter mon ampoule, ça va aller mal. Et si t'es pas content, v'là ma figure. (Un visage apparut, éclairé en plein par une lampe électrique.) Comme ça, si tu veux la retrouver demain matin, t'auras pas de peine! »

C'était la première fois que j'entendais Pradé.

Et Bonneau d'expliquer dans la nuit « que c'était pas sa faute, que le courant..., que les plombs... ». J'attendais que tous dissent qu'il avait peur : l'impression générale fut « qu'il se dégonflait pas tant que ça, qu'il était régulier, qu'il insistait pas quand il se savait dans son tort... ». Il n'était donc pas si fou. L'escadron devenait prêt à l'adopter ; mais la chambrée restait sans lumière.

Un conducteur de char, ex-chauffeur d'autobus, se mit à chanter *Le P'tit Quinquin*. Il y avait là bon nombre de soldats des Flandres, mais ce n'était pas le souvenir qui donnait tant de force à la mélopée, c'était la lenteur. Il en faisait un chant funèbre et, de même qu'il retrouvait

ainsi le rythme des complaintes, il en retrouvait le timbre
nasal, comme s'il eût suffi d'une voix misérable dans
cette obscurité pour redonner tout son sens à un chant
de misère. Et les soldats de redemander couplet après
couplet, comme ils redemandaient à la cantine verre
après verre, résolus à se saouler dans cette guerre semblable à une prison.

Le chanteur, las de cette musique sans gloire, commença le grand air de *La Tosca*. Un silence gêné suivit
les derniers hurlements, le chauffeur grommela rageusement : « Bon, alors, si ça ne plaît pas à ces messieurs! »,
retourna se coucher, et à la tristesse du premier chant
s'ajouta le malaise d'une communion détruite. Bonneau
était oublié. Chacun s'enfonça dans son amertume particulière. Lequel tira le premier de son portefeuille la
photo de sa femme, pour la regarder à la lueur clandestine d'une lampe de poche? Cinq minutes plus tard,
entre petits groupes, des images circulaient, quatre ou
cinq calots autour d'une sourde lumière, les photos
d'amateurs tombant des gros doigts dans la paille, sous
les engueulades. Chacun, d'ailleurs, se fichait des femmes
des autres, ne les regardait que pour montrer la sienne.
Et pourtant, dans cette lumière de confidence, elles
apparaissaient comme des secrets, les robes suggérant
tout à coup la vie des maris mieux que ne l'eussent fait
leurs photos en civils. La femme de Pradé était une
ménagère en bois dur, aux bandeaux plats ; Bonneau,
seul, possédait quatre photos, plus putains l'une que
l'autre. Et le petit Léonard au nez de betterave — le
radio de notre char — réticent et se faisant prier, finit
par tirer une carte postale, une très belle fille en éblouissant costume de plumes. Quelques lignes étaient écrites
au bas. Et les copains, têtes collées l'une à l'autre sous
le nez de Léonard fantastiquement éclairé par-dessous,
déchiffraient en approchant l'ampoule : « A mon petit

minet Louis », et la signature d'une des gloires du music-hall.

Léonard avait été pompier au Casino de Paris. Chaque jour, il regardait revenir l'étoile, toute rouge d'applaudissements, avec la même admiration. Il ne lui avait jamais parlé. Son visage pouvait émouvoir, malgré son pif extraordinaire : de doux yeux d'épagneul, et ce qu'a parfois de poignant une expression qui ignore tout de l'orgueil. La danseuse fut-elle touchée de cette inlassable admiration, eut-elle un caprice ? Un soir de grand succès, « même qu'en montant l'escalier, on entendait encore les bravos », elle l'emmena dans sa loge et coucha avec lui. « Pis alors, le plus fort, c'est que... enfin, quand on était couchés, quoi ! la v'là qui regarde mon uniforme sur la chaise, puis qui me dit, comme si elle allait sauter : " Ah, mais, dis donc : t'es pas de la police, au moins ! — Mais non, c'est les pompiers... — Parce que, sans ça !... " C'est fort, hein ; elle me voyait tous les soirs et elle connaissait pas l'uniforme des pompiers... Nous, on est des soldats... On a le feu !... Faut dire aussi que, dans ce temps-là, j'étais plus jeune... »

Pour tous le rêve existait, Marlène Dietrich, ou Mistinguett, ou la duchesse de Windsor ; mais il restait le rêve. Et ils ne tenaient pas ce copain à qui les fées avaient parlé, — l'ahuri de la chambrée, — pour un simple veinard, mais pour un prédestiné : sa tête de petit frisé au nez rouge était pour eux la preuve de la part mystérieuse de l'amour ; ce qui les fascinait à leur insu dans le caprice de l'étoile, c'était le philtre d'Yseult.

— Et dis donc, qu'est-ce qu'est arrivé après ? a demandé le chœur, et les doigts tremblotaient en manipulant une fois de plus la photo.

— Les autres jours, elle a pas fait signe ; alors, j'ai compris...

Il avait répondu sans rancune, même sans résignation ;

il était d'accord. Dans l'approbation générale. L'hérédité n'avait pas rendu mes compagnons désinvoltes avec le bonheur.

Bien entendu, le plus grand succès, après la photo de Léonard, fut pour les quatre photos de Bonneau. Celui-ci entrait décidément à l'escadron. Et peu à peu, à le voir se baisser pendant la marche pour ramasser un tranchet, le mettre dans sa cartouchière en commençant une nouvelle conférence : « C'est pas franc, ces outils-là ! », terminée par le constant : « Ça peut servir ! », ils avaient compris qu'il y avait dans ce terrible, un chiffonnier ; un chiffonnier, on sait ce que c'est. Puis, le temps en avait fait sortir un autre personnage, respectueux des prêtres : « Ma daronne m'a pas appris grand-chose, mais elle m'a appris à les respecter, ces gens-là ! Pourquoi que l'État leur a pris tout ce qu'ils avaient ? Moi, je dis que c'est un vol ! C'est les Rothschild, les banquiers, les gars comme ça, qu'ont fait le coup : c'est toujours aux pauvres qu'on prend ! » ; arborant la médaille d'occupation de la Ruhr ; vénérant le capitaine de Mortemart « que j'ai eu aux hussards, à Strasbourg, pas comme les ballots d'ici, un qui savait commander, capable de déposer ses galons et de dire à un gars : Sors dehors si t'es un homme ! » ; tout prêt, s'il était nommé brigadier, à se rêver soldat-modèle, bon cœur et mauvaise tête, sans pourtant renoncer à l'indignation. Inscrit aux syndicats patronaux, et respectueux de la respectabilité. « Allons, Bonneau, avait dit le lieutenant, vous n'êtes pas si méchant que vous voulez en avoir l'air ! — Moi, mon lieutenant, mais j'suis pas un méchant ! c'est les autres qui m'ont rendu méchant... » Et sa bouche épaisse avançait, ses noirs sourcils s'élevaient, et il semblait que son masque de « terreur » arraché dévoilât soudain son âme, incurablement infantile.

Il n'avait pas tenu rigueur à Pradé de son discours. Nous étions compagnons de char, et allions souvent ensemble à la cantine ; dès que Bonneau commençait à délirer, Pradé haussait les épaules, le regardait et se taisait. Bonneau bafouillait, et se sentait en face de l'autre race — celle qui ne rêve jamais.

Ainsi nous retrouvâmes-nous devant un litre de rouge, au sortir de la conférence où l'on nous avait envoyés, par quatre, apprendre d'un lieutenant sympathique, la nécessité de démembrer l'Allemagne. Pradé, fermé comme les Asiatiques dont il avait la face plate et les yeux obliques, avait dit sans me regarder, avec son accent de l'Est et son débit très lent :

— C'est à propos de ce que vous avez demandé aux gars : ce qu'ils pensent du discours du jeunot à ficelles. Pradé, il pense que si on parle à des soldats, c'est une chose, et si on parle à des citoyens français, c'est une autre. Comme soldat, je suis prêt à tout écouter ; j'en entendrai pas plus que j'en ai entendu ! Mais si on s'adresse à moi comme citoyen, alors, c'est plus pareil. C'est plus pareil !

Quoi qu'il dît, il semblait répondre rageusement à quelque menteur invisible.

— Dans ce cas-là, ça me plaît pas qu'on veuille me faire penser de force. Ni qu'on me raconte des conneries. Je les connais, les Fritz ; moi, je les connais ! Quand ils sont arrivés chez nous en 15, tout le monde était dans les caves. Ils tapaient dans les portes avec les crosses ; j'étais un gosse, on m'a envoyé ouvrir. Je tremblais comme ça... Y en a qui nous ont foutu des calottes, y en a qui nous ont donné du pain. C'est comme partout.

Il répéta, sa mâchoire sans dents en avant, toujours indigné contre le menteur imaginaire :

— C'est comme partout !

Et, du même ton :

— Et eux ils se donnent pas la peine de parler de citoyens! Tout ça, c'est des belles paroles pour vous faire faire des choses qui sont ignobles.

— Lesquelles?

— On ne sait pas; mais on s'en aperçoit après, on s'en aperçoit après...

Souvent, il semblait que les soldats avec qui je vivais fussent d'une autre époque. J'avais cru entendre, en écoutant Pradé, la vieille dignité républicaine, une voix à peine changée depuis un siècle. Il m'avait pris en amitié, confié qu'un de ses frères, un exalté, était revenu des brigades d'Espagne.

— Et quand on revient de là, c'est Pradé qui vous le dit, pas la peine de chercher du travail!...

Mais un jour, il était venu me trouver et, toujours de la même voix lente, de l'accent qui semblait tout souligner du poing :

— L'ordonnance du capitaine se débine. Ordonnance, à l'armée, c'est encore pas si bête...

J'avais attendu. Lorsqu'il venait me trouver ainsi, commençant par quelque affirmation générale, c'était pour me demander une aide ou un conseil. Il avait continué :

— Y a pas pire qu'un officier...

— Alors, pourquoi te mettre entre ses pattes, et dans un métier de domestique?

— Domestique, qui c'est qui l'est pas, ici? Moi, je dis que si on est ordonnance, on a affaire plus à la femme qu'au tordu. Un homme sérieux qui fait son travail, je dis : qui fait son travail, cet homme-là, il arrive à avoir la paix. Avec un officier et tous ceux qu'y a entre lui et nous, la paix, on l'a jamais. Une femme, c'est qu'une femme ; en tout cas, elle a pas les galons!

Je ne voulais pas employer le mot dignité, je faisais des périphrases ; mais lui l'avait employé aussitôt :

— La dignité, si un homme en a, il en a partout ; sans ça, moi je dis qu'il en a nulle part!

Son fils était la seule part d'absolu de cette humiliante et morne aventure qui s'appelle la vie. Quand il me demanda si je croyais que la guerre serait longue, ce ne fut pas pour savoir combien de temps il passerait à l'armée :

— Il a onze ans, le fiston ; c'est un peu plus que j'avais à l'aut' guerre. C'est ça qui m'a empêché de m'instruire. On a bien su m'envoyer au catéchisme quand même, mais on n'a pas su m'envoyer à l'école... Il est fin, le gosse : il est fin... On aurait eu une bourse... Où qu'elles sont allées les bourses, avec c'te guerre ? Pour qu'il continue à étudier, faudrait que je travaille, et j'travaille qu'à faire l'andouille avec un fusil. Et après, s'il perd deux ans, y aura plus rien à faire, il sera trop tard... Dans la famille, c'est le premier qu'aurait pu être instruit!... N'importe comment, à c't' âge-là, un gosse, faut le diriger... Moi, je pourrais encore. Après le certificat, ç'aurait été fini, mais maintenant j'pourrais encore, sauf pour l'orthographe. Le calcul, je l'ai pioché exprès... Je peux le diriger. La femme, elle, qu'est-ce qu'elle peut faire ?

« C'est une fille de famille nombreuse... »

Et, du ton péremptoire qu'il avait souvent, mélancolique cette fois :

— Elle est pas fine...

C'était lui qui conduisait. Et comme, sur nos chars pourtant récents, la signalisation ne fonctionnait pas entre le chef de char et le conducteur, nous étions unis par deux ficelles, attachées à ses bras et que je tenais dans la main.

Malgré le fracas des chenilles, il nous sembla tout à coup retrouver le silence : les chars venaient de quitter la route. Comme le canot délivré du sable, comme l'avion qui décolle, nous entrions dans notre élément ; nos muscles crispés par la vibration du blindage, par le martèlement sans fin des chenilles sur la route, se détendaient, s'accordaient à la paix du clair de lune...

Une minute nous roulâmes ainsi, délivrés, entre des vergers en fleurs et des bancs de brume. Dans l'odeur d'huile de ricin et de caoutchouc brûlé, je tenais nerveusement mes ficelles ; prêt à arrêter le char pour le tir : le tangage, même dans ces champs apparemment unis, était trop fort pour pointer en marche. Depuis que nous avions quitté la route et que les rares formes devinées pouvaient devenir des buts, nous ressentions davantage notre balancement d'anguleuses galères. Les nuages masquaient la lune. Nous entrions dans les blés.

C'était la minute où la guerre commence.

Aucun nom ne désigne le sentiment de marcher à l'ennemi, et pourtant il est aussi spécifique, aussi fort que le désir sexuel ou l'angoisse. L'univers devient une indifférente menace. Nous nous dirigions à la boussole, et ne distinguions que ce qui se découpait sur le ciel ; poteaux télégraphiques, toits, cimes d'arbres ; les vergers à peine plus clairs que la brume avaient disparu, les ténèbres semblaient massées au ras des champs qui nous balançaient ou nous secouaient ; qu'une chenille cassât, nous serions morts ou prisonniers. Je savais avec quelle intensité les yeux obliques de Pradé regardaient son tableau de bord, je sentais la ficelle, à chaque seconde, me chatouiller la main, comme si une secousse allait m'avertir... Et nous n'étions pas encore en contact. La guerre nous attendait un peu plus loin, peut-être derrière les ondulations hérissées de poteaux télégraphiques, au béton phosphorescent dans le clair de lune qui venait de reparaître.

Les grandes lignes confuses de la plaine nocturne,

les bancs de brume resurgis tout blancs, montaient et descendaient selon les foulées du char. Contre le roulis sec et très dur, contre les vibrations frénétiques dès que nous retrouvions entre les blés le sol dur, tout notre corps se rassemblait, comme en automobile à l'instant d'un accident ; j'étais moins accroché à la tourelle par mes mains que par les muscles de mon dos. Que les furieuses vibrations fêlassent une des tuyauteries d'essence, et le char attendrait les obus en tournant sur lui-même comme un chat épileptique. Mais les chenilles martelaient toujours les champs et les pierres, et, par les fentes de visée de ma tourelle, je regardais, au-delà de ce que je distinguais de blés courts, de brume, de vergers, monter et descendre sur le ciel nocturne l'horizon qu'aucune flamme de canon ne rayait encore.

Les positions allemandes étaient devant nous ; de face, nos chars ne pouvaient être atteints efficacement qu'à la lunette de tir et au masque du canon. Nous avions confiance en nos blindages. L'ennemi n'était pas l'Allemand, c'était la rupture de la chenille, la mine ou la fosse.

Surtout la fosse. La mine, on n'en parlait pas plus que de la mort ; on sautait ou on ne sautait pas, ce n'était pas un sujet de conversation. La fosse en était un : nous avions écouté les histoires de l'autre guerre, — et, à l'instruction, nous avions vu les fosses modernes, leur fond oblique pour que le char ne puisse relever sa proue, leurs quatre canons antichars déclenchés par la chute. Il n'était pas un d'entre nous qui ne se fût imaginé entre quatre antichars croisés, à l'instant où ils allaient tirer sur lui. Et le monde des fosses était vaste, depuis ce foudroiement jusqu'à l'excavation hâtivement camouflée où la chute déclenchait seulement un signal devant un canon lourd pointé au loin — jusqu'à la simple fondrière.

Du vieil accord de l'homme et de la terre, il ne restait rien : ces blés où nous tanguions dans l'obscurité n'étaient plus des blés, mais des camouflages : il n'y avait plus de terre à moissons, il n'y avait plus qu'une terre à fosses, une terre à mines ; et il semblait que le char rampât de lui-même vers quelque embûche terrée d'elle-même, que les espèces futures eussent commencé cette nuit leur propre combat, au-delà de l'aventure humaine...

Sur une colline basse apparurent enfin des flammes mauves très rapides : l'artillerie lourde allemande. Leur court flamboiement s'était-il confondu avec la clarté lunaire, ou le tir venait-il de commencer ? Il s'étendait principalement de notre droite à notre gauche, aussi loin que nos tourelles balancées permettaient de voir, comme si une allumette eût gratté l'horizon. Mais, près de nous, pas une explosion. Nos moteurs couvraient tout bruit : sans doute avions-nous quitté les blés, car la forge furieuse des chenilles recommençait à nous marteler. Une seconde, je fis arrêter.

Du silence qui s'engouffra en moi, monta la canonnade dont le vent emportait les cahots. Et à mon oreille où notre fracas grondait encore sourdement, le même vent, sous les explosions de quelques obus derrière nous et la forge précipitée des chenilles, apportait un bruit profond de forêt, un frissonnement de grands rideaux de peupliers : l'avance des chars français invisibles jusqu'au fond de la nuit...

Le tir cessa. Derrière nous, puis devant, quelques rares obus explosèrent encore et, leur fulguration grenat évanouie, un silence d'attente remonta, tout peuplé du passage de nos chars.

Nous repartîmes, forçant la vitesse pour rejoindre notre groupe invisible. Le martèlement des chenilles avait repris et nous redevenions sourds, Pradé et moi de nouveau collés au blindage et aux manettes, les

314

yeux douloureux aux aguets d'un jaillissement de pierres et de terre au-dessus d'une explosion rouge que nous n'entendrions pas. Le vent chassait vers les lignes allemandes une dérive de flaques d'étoiles entre des nuages énormes.

Rien n'est plus lent qu'une marche au combat. A notre gauche dans la brume de mai, les deux autres chars de notre groupe avançaient ; au-delà, les autres groupes ; au-delà encore et en arrière, toutes les sections appareillaient sous la lune. Léonard et Bonneau, aveugles contre leur blindage, le savaient comme Pradé collé à son épiscope, comme moi à mes fentes de visée ; je ressentais jusque dans mon corps, autant que le placage des chenilles sur la terre grasse, l'élan parallèle des chars à travers la nuit. D'autres chars, en face, avançaient contre nous dans la même nuit claire ; des hommes pareillement crispés, pareillement distraits. A ma gauche, nos proues confuses montaient et descendaient sur le fond moins sombre des blés. Derrière elles, avançaient les chars légers, et les masses profondes de l'infanterie française... Les paysans que j'avais vus marcher en silence vers l'armée sur toutes les routes de France, au début de septembre, convergeaient vers le sinistre glissement de notre escadron à travers la plaine flamande... Ah! que la victoire demeure avec ceux qui auront fait la guerre sans l'aimer!

Soudain, toutes les formes proches disparurent, sauf les cimes des arbres ; plus rien au ras du sol ; les ténèbres déferlèrent sur les chars qui nous accompagnaient. Sans doute un nuage masquait-il la lune, trop élevée dans le ciel maintenant pour que je pusse la voir par les fentes de visée. Et de nouveau, nous pensions aux mines vers lesquelles nous conduisait dans les blés élastiques ce mouvement d'engrenage huilé, et les ombres fraternelles qui nous entouraient s'évanouissaient. Retranchés de tout ce qui n'était pas Pradé, Léonard, Bonneau, moi : un équipage — seuls.

La main du radio Léonard passa entre ma hanche et la tourelle, déposa un papier à côté de la boussole. J'allumai, et mes yeux ravagés de lumière finirent par déchiffrer, lettre par lettre, dans des soleils rouges : « Char B-21 rencontré fosse. »

Pradé éteignit. Par les trous des nuages, la clarté lunaire passait et repassait sur l'étendue... Nos chars surgirent un peu en arrière : nous les avions dépassés. Puis, à cent mètres en avant, un jaillissement cinématographique d'obus, jusque dans la vibration de notre blindage. La fumée qui, une seconde, avait semblé rouge, s'inclina dans le vent, d'un noir mat sous la lune...

D'autres explosions. Peu nombreuses. Ce n'était pas même un tir de barrage Notre escadre avança plus vite, sans donner encore sa plus grande vitesse. A quoi pouvait servir ce marmitage dispersé ? Les Allemands avaient-ils peu d'artillerie ? Mon regard revint à ma boussole vaguement lumineuse. Je tirai l'une des ficelles, rectifiai la direction de Pradé : sur la terre devenue inégale et dure, le char dériva... Tout à coup, nous glissâmes paniquement, aspirés par la terre.

Ce n'est pas vrai qu'on revoie sa vie à l'instant de mourir !

Au-dessous de moi, quelqu'un hurla : « Bonneau ? » Léonard, tenant mes jambes à pleins bras, cria :

— Pradé ! Pradé !

J'entendais, à travers mes cuisses, ses hurlements aigus comme des cris d'oiseaux dans le silence de cataclysme qui s'était engouffré dès que Pradé, sentant la chute, avait bloqué ses freins.

La fosse !

La reprise du moteur couvrait toute voix.

Pradé poussait en avant le char oblique.

— En arrière ! En arrière !

Je tirai de toutes mes forces la ficelle droite : elle cassa. Les obus que j'avais vus tomber de temps à autre, c'étaient ceux qui faisaient sauter les fosses repérées. La terre retentissait du bruit des chars libres qui, tout autour de notre mort, passaient...

Pradé avait seulement cherché son élan, et revenait en arrière. Combien de secondes avant l'obus ? Nous avions la tête enfoncée entre les épaules, à la limite de notre force. Le char furieusement appuyé sur l'avant, queue en l'air comme un poisson japonais, recula, enfonça en coin son arrière dans la paroi de la fosse, vibrant tout entier, comme une hache fichée frémit dans un tronc. Il glissa, s'effondra. Était-ce la sang ou la sueur qui coulait le long de mon nez ? Nous étions tombés de guingois. Bonneau, qui hurlait toujours, essaya d'ouvrir la porte de côté, y parvint mais la referma. Elle s'ouvrait maintenant presque sous le char. Une chenille tournait à vide ; Pradé arracha, sur l'autre, le char qui retomba d'aplomb, comme s'il s'écrasait dans une seconde fosse. Mon casque sonna contre la tourelle, et il me sembla que ma tête gonflait, gonflait bien que l'attente de l'obus l'enfonçât toujours entre mes épaules comme un clou. Si le fond de la fosse était mou, nous étions enlisés, et l'obus pouvait prendre tout son temps... Non, le char avança, recula, repartit. Le fond des fosses modernes cale les chars, et les antichars croisés auraient déjà tiré ; nous n'étions donc tombés que dans une fosse repérée. Si la paroi avant était verticale ou oblique, nous sortirions peut-être (mais auparavant, l'obus...) ; si nous étions dans un entonnoir, nous ne sortirions jamais, sortirions jamais, sortirions jamais. L'invisible paroi était sûrement toute

317

proche. Bonneau affolé ouvrait et fermait sans arrêt
la porte de toute sa force, et le blindage, malgré le
fracas du moteur dans ce trou, sonnait comme une
cloche. Pourquoi l'obus n'arrivait-il pas? Léonard
lâcha mes jambes et les martela à coups de pied. Il
voulait ouvrir la porte de ma tourelle. L'obus éclatera
dans la fosse, on ne sort pas d'une fosse, courir hors du
char est encore plus bête que rester paralysé dedans,
entre un dément qui essaie de vous casser les jambes et
un autre, fou de peur de sortir et de peur de rester, qui
à coups de porte précipités bat le sinistre tam-tam du
délire. Je quittai la tourelle, me baissai pour aller
vers Pradé qui, soudain, alluma. L'obus ne viendra
pas ; on ne tue pas en pleine lumière, on ne tue que dans
la nuit...

Léonard, pendant le mouvement que j'avais fait
pour m'engager dans le boyau du char, s'était glissé
dans la tourelle à ma place ; il en poussa enfin la porte,
s'arrêta, la bouche ouverte ; il ne sauta pas, s'accroupit
brusquement et se retourna vers moi sans rien dire ;
la terreur laissait sa tête immobile, mais secouait ses
épaules devant le fond noir de la porte ouverte sur la
fosse. Les chenilles ne mordaient pas. Nous étions dans
un entonnoir. Sur les genoux et les mains, je fonçai
vers Pradé, repoussai Bonneau qui secouait toujours
en hurlant la porte latérale. Je vociférai au passage :
— Ta gueule!
— Moi? Je dis rien!... répondit sa voix soudain
normale que je reconnus malgré le chahut du moteur.
Il me regardait avec l'œil mobile, le frémissement
de tout le visage des enfants qui attendent une paire de
claques ; il se releva, son casque cognant à toute volée
le plafond du boyau, et retomba sur les genoux. Sa
gueule de terreur de cinéma avait pris devant la mort
quelque chose d'affreusement innocent.

— Je dis rien... répéta-t-il (en même temps, comme moi, comme nous, il écoutait, attendait l'obus).

Relançant la porte, il fixa enfin son regard sur le mien et, les mains ouvertes, le casque enfoncé par le choc comme un galurin, flageolant sous la secousse des chenilles qui patinaient, il hurlait, hurlait, sans me quitter du regard.

J'atteignis Pradé, pus me redresser un peu. Nous étions à l'avant du char dont la proue montait, et peu à peu mon corps s'élevait comme si ce char illuminé dans la fosse l'eût présenté à la mort pour un sacrifice. Allions-nous retomber encore ? J'étais enfin calé. Les chenilles patinaient toujours ; mes mains huileuses couvertes de sang raclaient l'air à la façon des bêtes qui fouissent, comme si j'avais été moi-même le char...

Les chenilles mordent!

Une fondrière camouflée ? Dans une fosse, des chenilles ne mordraient plus. Sortirions-nous avant l'obus ? Mes trois compagnons étaient devenus mes plus vieux amis. Comme une explosion, une porte tapait encore. Il se pouvait que les artilleurs allemands n'eussent pas vu le signal de la chute du char à cause d'une relève, que le guetteur roupillât, que... Idiot! Mais plus idiot encore d'espérer qu'il existe des fosses sans canons pointés sur elles! Les chenilles mordaient toujours.

Pradé coupa l'allumage.

— Qu'est-ce que tu fous!

Malgré ma fureur de sortir, je sentais le silence autour de nous comme une cuirasse : tant que nous n'entendrions rien siffler, pour quelques secondes nous serions vivants. Cette porte allait-elle cesser de taper ? J'écoutais avec la même démence que j'avais regardé jusque-là, et je n'entendais sous le gong de la porte que le grondement de nos vagues de chars, répercuté par la fosse et par le blindage, qui passaient et s'éloi-

gnaient... Mon casque collé à celui de Pradé, je hurlai :
« Monte ! » dans le trou de son couvre-oreilles. Pradé,
les jambes en l'air, calé par son siège dans le char
immobile et dressé, se tourna vers moi : comme la tête
de Bonneau, sa tête de vieux, malgré le casque, était
devenue innocente ; ses yeux bridés, ses trois dents
esquissèrent un sourire indulgent d'agonisant :

— L' fiston, à c' coup-ci, j' crois bien qu'il est foutu...
V'là qu'elles recommencent à patiner, les chenilles...

J'essayais d'entendre sous les mots l'imperceptible
naissance d'un sifflement d'obus :

— Si on insiste, on va se foutre sur le ventre...

Le sifflement... Nous n'avions plus de cou. Les jambes
de Pradé quittèrent les pédales avec un mouvement
de grenouille, protégeant son ventre. L'obus éclata
devant nous, tout près.

Plus de lumière. Recroquevillés, nous attendions
le prochain obus — non plus le sifflement ni l'explosion
mais le lointain coup de départ — la voix même de
la mort. Et la face chinoise de Pradé sortit imperceptiblement de l'obscurité, devint distincte avec la
solennité plombée du visage des tués ; une clarté mystérieuse, trouble et très faible, emplit le char. Comme
si la mort nous eût fait signe. De plus en plus, la face
immobile de Pradé, extraordinairement absente, distraite de toute la vie par l'épouvante, se dégageait des
ténèbres... Je n'écoutais même plus : la mort était déjà
dans le char. Pradé tourna la tête vers moi, me vit et
rejeta en arrière son cou traqué, même libéré de l'obus
par une terreur surnaturelle, la tête à toute volée dans
le blindage. Et le coup de cloche du casque, dissipant
l'effroyable présence, me fit enfin découvrir la glace de
l'épiscope : le char dressé regardait le ciel où la lune
venait de se dégager, et ce qui éclairait ainsi nos
visages taris de vie, c'était le miroir qui reflétait le

ciel lunaire, immense et de nouveau plein d'étoiles...

La porte tapa encore. Une main s'accrocha à mon dos. Je voulus la chasser, mais j'étais suspendu.

— On peut sortir, les gars! On peut sortir! gueula la voix enfantine de Léonard.

C'était lui qui secouait mon dos. Il avait quitté le char pendant notre manœuvre. Il grimpa dans le boyau, vertical maintenant, comme dans un échafaudage.

— Y a des éboulis! C'est une espèce de fossé! Y a au moins vingt mètres, trente mètres! Avec des éboulis!

Pradé fit aussitôt reculer le char. Léonard et moi roulâmes, jetés à plat ventre. Le char était de nouveau horizontal. Je me relevai, sautai par la porte de côté que Léonard avait laissée ouverte, tandis que le char qui continuait de reculer s'arrêtait à ma gauche, le rectangle de sa porte ouverte seul éclairé dans la nuit où char et fosse se confondaient : Pradé avait pu rallumer.

Là-haut, à la surface de la terre, notre formation cuirassée, avec un son plus frêle que celui que nous entendions à l'intérieur du blindage, passait toujours... Les obus semblaient partir lentement, puis se précipiter pour arriver sur nous ; et tout sifflement semblait se diriger vers notre fosse. Un obus éclata en avant, tout près, à la même place que le premier. A son flamboiement, je distinguai que la paroi que nous avions attaquée s'inclinait... N'être pas tués avant de sortir! Je n'osais pas allumer ma lampe électrique. D'ailleurs, je l'avais laissée dans le char.

— On peut essayer... dit Pradé tout près de moi dans l'obscurité.

Lui aussi était collé à la paroi : hors de nos blindages nous nous sentions nus. Du mur de glaise, une odeur de champignons suintait, pleine d'enfance... Pradé frotta une allumette ; elle n'éclaira qu'à deux mètres. Encore un sifflement qui s'approcha de l'aigu au grave, se précipita : l'épaule enfouie dans la glaise, fascinés par le trou de ciel qu'allait remplacer la rouge illumination fulgurante, nous attendions une fois de plus. On ne s'habitue pas à mourir. L'allumette était extraordinairement immobile et sa flamme haletait. Comme un corps humain est vulnérable et mou! Nous étions plaqués au mur de notre fosse commune : moi, Léonard, Bonneau, Pradé, — une seule croix. Notre bout de ciel disparut, s'éteignit, des mottes dégringolèrent sur nos casques et sur nos épaules.

Les vagues de chars passaient toujours, là-haut, mais en sens inverse. En retraite ? Ne sortirions-nous que pour tomber sur les colonnes blindées allemandes ?

Je croyais déjà que nous allions sortir...

La lampe électrique de Bonneau apparut. Il ne hurlait plus. Nous avancions tous quatre, toujours collés à la glaise. Il y avait un coin de mon cœur que rien ne distrayait, que rien ne distrairait de l'obus. Le camouflage s'étendait bien au-delà du trou qu'avait fait le char en tombant : une paroi effondrée montait en pente presque douce. Nous la gravîmes jusqu'à nous heurter aux troncs qui recouvraient la fosse.

Jamais nous n'atteindrions le trou ; les prisonniers ne s'enfuient pas par le plafond. Il faudrait écarter les deux poutres les plus proches. Accroupis sous elles, nous les éprouvions des épaules, pétrifiés en momies péruviennes par chaque explosion, mais depuis que nous pouvions agir, la peur était devenue action. Si nous ne pouvions rien contre les poutres, le char, lui, ferait peut-être tout sauter. Il était derrière nous, silencieux, plus noir que la fosse ; de sa porte entrouverte venait un rai de lumière où volait un insecte nocturne...

Nous nous y précipitâmes sans nous abriter, le retrouvâmes comme une forteresse. Pradé manœuvra pour se placer devant l'effondrement. La terre meuble s'y était accumulée. Les vagues, là-haut, continuaient à refluer vers les lignes françaises... Nous, nous commencions à nous enliser. Pradé rabattit sous les chenilles la poutre de secours ; le char se dressa, tâtonna : les chenilles s'agrippèrent comme des mains. Le char monta encore, se bloqua, patina encore, engagé, coincé dans le plafond de poutres. Si celui-ci ne cédait pas, notre effort nous enfoncerait de plus en plus ; avant deux minutes, le corps du char serait collé à la terre et les chenilles tourneraient à vide.

La poutre de secours était maintenant inemployable.

— Allons chercher des pierres !

Pradé ne répondit pas.

Pleins moteurs, la masse d'acier s'enfonça dans les troncs ; du furieux rétablissement des taureaux mourants, le char me lança contre la tourelle, dans un fracas sonnant de troncs en pluie sur le blindage ; à l'arrière on crie, un casque sonne, et voilà que nous glissons comme une barque... Relevé, je repoussai d'un coup la tête de Pradé collée à l'épiscope, j'éteignis : dans le miroir, à l'infini, la plaine libre...

Nous avancions de toute notre vitesse entre les explosions, ne pensant qu'aux fosses prochaines, chacun ratatiné à son poste. Et pourtant la nuit qui n'était plus le sépulcre de la fosse, la nuit vivante m'apparaissait comme un don prodigieux, comme une immense germination...

Quand nous arrivâmes au village, les Allemands l'avaient évacué. Nous descendîmes. Pagaille partout. Nous avancions avec un étrange balancement que je commençais à connaître, le mouvement de la dernière fatigue, quand les soldats marchent tête en avant,

lèvre pendante, et ne voient plus clair. Notre char mal
camouflé (comme les autres), nous nous affalâmes dans
la paille d'une grange. Devant ma lampe électrique
un instant allumée, je vis Pradé couché empoigner la
paille et la serrer comme s'il serrait la vie.

— Ce n'était pas pour cette fois-ci... dis-je.

Sans doute pensait-il que le fiston s'en était tiré.

— La guerre est point finie! répondit-il avec son
sourire de rancune.

Il lâcha la paille et ferma les yeux.

Le matin était aussi pur que s'il n'y avait pas la
guerre. C'était la fin de l'aube. Pradé m'avait éveillé
en se levant; de nous tous, il avait toujours été le premier levé :

— Quand je serai mort, j'aurai bien le temps de
rester couché!

Je partis à la recherche d'une pompe. L'eau froide
ne m'éveilla pas seulement du sommeil de la nuit, mais
aussi de la fosse. A quelques mètres, Pradé regardait
devant lui. Il secoua la tête :

— Si on m'avait prétendu que je regarderais des
poules et que je trouverais ça pas naturel, je l'aurais
pas cru!...

Les poules pas encore volées erraient, en apparence
ignorantes de la guerre, mais leur petit œil rond nous
suivait avec une sournoise prudence. C'est elles que
regardait Pradé; je regardais moi aussi leur picorement
mécanique, ce coup sec de la tête déclenchée par un
ressort, et leur chaleur semblait envahir mes mains
comme si je les y eusse tenues, la chaleur des œufs
frais, — la chaleur de la vie : les bêtes étaient vivantes,
sur cette étrange terre... Nous marchions dans le matin
sans paysans. Des canards de Barbarie, des pies — des
moustiques... Devant moi étaient deux arrosoirs, avec

leurs pommes en champignon, avec lesquelles j'aimais jouer quand j'étais enfant ; et il me sembla soudain que l'homme était venu des profondeurs du temps, seulement pour inventer l'arrosoir. Au-delà du passage tranquille ou furtif des volailles lâchées, un lapin russe au derrière trop lourd essayait de filer comme un garenne ; les meules brillaient dans le matin, les toiles d'araignées étincelaient de rosée ; un peu hébété, je regardai longuement une fleur saugrenue, née de l'humanité comme les fleurs saccagées qui l'entouraient étaient nées de la terre : un balai... Devant la fuite brusque et souple d'un chat, je me sentis stupéfait qu'existât cette fourrure convulsive. (Tous les chats s'enfuyaient, d'ailleurs. Les roquets, eux, restaient là, comme ils l'avaient fait peut-être à l'arrivée de nos chars.) Qu'était-ce donc en moi qui s'émerveillait que, sur cette terre si bien machinée, les chiens agissent toujours comme des chiens, les chats comme des chats ? Des pigeons gris s'envolèrent, laissant sous eux le matou cramponné à l'extrémité de son bond inutile ; ils décrivirent dans le ciel de lumière marine un arc silencieux, le brisèrent et continuèrent, tout blancs soudain, dans une autre direction. J'étais prêt à les voir revenir, chasser en courant le chat qui s'envolerait. Le temps où les bêtes parlaient, la louche poésie des plus vieux contes, on les rapporte avec soi de l'autre côté de la vie...

Comme lorsque j'avais rencontré l'Asie pour la première fois, j'entendais gronder tout un bourdon de siècles qui plongeaient presque aussi loin que les ténèbres de cette nuit : ces granges qui regorgeaient de grains et de paille, ces granges aux poutres cachées par les cosses, pleines de herses, de joncs, de timons, de voitures de bois, ces granges où tout était bois, paille ou cuir (les métaux avaient été réquisitionnés), tout entourées des feux éteints des réfugiés et des soldats, c'étaient les granges des temps gothiques ; nos chars au bout de la rue faisaient leur plein d'eau, monstres agenouillés devant les puits de la Bible... O vie, si vieille !

Et si opiniâtre ! Dans chaque cour de ferme, du bois avait été accumulé pour l'hiver. Les soldats en allumaient leurs premiers feux. Partout des carrés de légumes, bien ordonnés... Il n'était rien ici qui ne portât la marque de l'homme. Des épingles de bois, sous le vent, dansaient sur les fils de fer comme des hirondelles. Le linge suspendu n'était pas sec : des bas maigres, des gants de toilette, des bleus de cultivateurs ; dans cet abandon, dans ce désastre, les serviettes portaient des initiales...

Nous et les Allemands d'en face, nous n'étions plus bons qu'à nos mécaniques meurtrières ; mais la vieille race des hommes que nous avions chassée et qui avait laissé ici ses instruments, son linge et ses initiales sur des serviettes, elle me semblait venue, à travers les millénaires, des ténèbres rencontrées cette nuit, — lentement, avarement chargée de toutes les épaves qu'elle venait d'abandonner devant nous, les brouettes et les herses, les charrues bibliques, les niches et les cabanes à lapins, les fourneaux vides...

Mes jambes se souvenaient des bras de Léonard qui les serraient. Connaissais-je pour toujours la tête d'enfant de Pradé, le visage stupéfait de Bonneau coupant un hurlement pour dire : « Moi ? Je crie pas ! » Ces fantômes ne glissaient devant les granges, devant le soleil qui frissonnait à l'extrémité des jeunes branches, que pour leur donner plus d'éclat.

Peut-être l'angoisse est-elle toujours la plus forte ; peut-être est-elle empoisonnée dès l'origine, la joie qui fut donnée au seul animal qui sache qu'elle n'est pas éternelle. Mais, ce matin, je n'étais que naissance. Je portais encore en moi l'irruption de la nuit terrestre au sortir de la fosse, cette germination dans l'ombre tout approfondie de constellations dans les trous des nuages en dérive ; et, comme j'avais vu surgir de la fosse cette nuit grondante et pleine, voici que se levait de la nuit la miraculeuse révélation du jour.

Le monde aurait pu être simple comme le ciel et la mer. Et de regarder ces formes qui n'étaient, devant moi, que celles d'un village abandonné, condamné ; de regarder ces granges de Paradis et ces épingles à linge, ces feux éteints et ces puits, ces églantiers épars ; ces ronces voraces qui peut-être dans un an auraient tout recouvert, ces bêtes, ces arbres, ces maisons, je me sentais devant un don inexplicable, — une apparition. Tout cela aurait pu ne pas être ainsi. Comme toutes ces formes uniques étaient accordées à la terre ! Il y avait d'autres mondes, celui des cristallisations, des profondeurs marines... Avec ses arbres aussi ramifiés que des veines, l'univers était plein et mystérieux comme un jeune corps. La porte de la ferme que je dépassais avait été laissée ouverte par les fermiers en fuite : j'entrevis une chambre à demi pillée. Ah ! les bergers d'Israël n'ont pas apporté de présents à l'Enfant, ils lui ont seulement dit que, dans cette nuit où il arrivait, battaient des portes entrouvertes sur la vie qui m'était révélée, ce matin pour la première fois, aussi forte que les ténèbres et aussi forte que la mort...

Sur un banc, deux très vieux paysans étaient assis, la veste de l'homme encore maculée des toiles d'araignées de sa cave. Pradé s'approcha, souriant, ses trois dents dehors :

— Alors, grand-père, on se chauffe ?

A l'accent, le vieux reconnut un autre paysan ; il le regarda avec une sympathie absente, comme s'il regardait en même temps plus loin. Les cheveux de la femme pendaient en une pauvre petite natte grise, très serrée. C'est elle qui répondit :

— Qu'est-ce qu'on pourrait donc faire ? Vous, vous êtes jeunes ; quand on est vieux, on n'a plus que d' l'usure...

Accordée au cosmos comme une pierre... Elle sourit pourtant, d'un lent sourire retardataire, réfléchi : par-delà les tourelles des chars brillants de rosée comme les buissons qui les camouflaient, elle semblait regarder au loin la mort avec indulgence, et même — ô cligne-ment mystérieux, ombre aiguë du coin des paupières — avec ironie...

Portes entrouvertes, linge, granges, marques des hommes, aube biblique où se bousculaient les siècles, comme tout l'éblouissant mystère du matin s'appro-fondissait en celui qui affleurait sur ces lèvres usées ! Qu'avec un sourire obscur reparût le mystère de l'homme, et la résurrection de la terre n'était plus que décor frémissant.

Je savais maintenant ce que signifient les mythes antiques des êtres arrachés aux morts. A peine si je me souvenais de la mort ; ce que je portais en moi, c'était la découverte d'un secret très simple, intransmissible et sacré.

Ainsi, peut-être, Dieu regarda le premier homme...

Pourquoi ce matin de 1940, avec ses dahlias écrasés par les chars ?

C'était un retour sur la terre, comme celui que j'avais connu après la lutte de l'avion de Saba contre l'ouragan — mais cette nuit-là, je n'y pensai pas une seule fois. L'insolite des villes, leurs boutiques avec un chien cou-ché sur les peaux d'un fourreur, et cette énorme enseigne rouge de gantier au-dessus de Bône comme la main d'une divinité inconnue, n'atteignaient pas la profondeur de la vie paysanne, qui s'accordait à la mort, de la même façon que le jour à la nuit.

Et ma mémoire s'attachait-elle au matin, ou à la nuit ? Pourquoi ce combat, entre tant d'autres ? C'était le seul que je n'eusse pas livré avec des volontaires. Le combat des volontaires semble exprimer le sens même de leur vie, l'attente d'un obus dans une fosse à chars semble crier que la vie n'a aucun sens. Sauf si la fatalité de la guerre devient fraternité.

Nous apprîmes le lendemain comment nous avions été sauvés. Nos chars avaient rencontré une ligne de fosses repérées, sur lesquelles les canons allemands, assez éloignés, n'étaient pas tous bien pointés ; les obus qui nous étaient destinés, en éclatant hors de la fosse, avaient fait s'effondrer l'une de ses parois.

La grande rumeur libérée qui monte des villes tropicales à l'arrivée du soir venait de Bombay, à travers le golfe. Ce que j'avais connu ou pressenti de la vie de Pradé, de Bonneau, de Léonard, c'était ce que j'ignorais des hommes qui m'entouraient dans l'Inde. Le vizir étranger rencontré par les mariés de Madura, était-ce la star de music-hall dans la vie de Léonard ? La succession de cette nuit sinistre et de ce matin plein de rosée (je serais mort sur la terre flamande d'où ma famille est venue...) avec, bientôt, Dunkerque flamboyante — la succession du sang, de la renaissance et de la mort, c'était celle de Vichnou et de Çiva. Mais qu'était un Pradé hindou ? Et même s'il n'en existait pas, si, au romanesque de Léonard et de tout le cinéma, aux photos de femmes passées de main en main dans les petits ronds de lumière des lampes électriques, n'eussent correspondu que les rêves du *Râmâyana*, le vrai dialogue ne se fût pas établi entre la *Bhagavad Gîtâ* et l'*Évangile*, entre Elephanta et Chartres, mais entre la *Majesté* dans l'ombre de la grotte et le visage de Pradé, bleuâtre, phosphorescent, transfiguré par la lune que l'épiscope renvoyait comme la lumière de la mort — entre les civilisations pour lesquelles la mort a un sens, et les hommes pour lesquels la vie n'en a pas.

Malgré les sentiments élémentaires... « Il est fin, le gosse, il pourrait faire quelque chose », disait Pradé ; et, le lendemain du combat : « A c' coup-ci, le fiston s'en est tiré... » Et l'ascète Narada criait : « Mes enfants ! » dans le vent qui s'éloignait, avant que Vichnou lui dît : « J'ai attendu plus d'une demi-heure... »

Mais que ses sentiments étaient faibles, devant l'unité du monde au retour de l'enfer : devant la certitude que le monde — beaucoup plus que les hommes — ne pourrait être autre. Conviction qu'imposait ici cette religion ivre d'irréel, mais dont la maya prisonnière ne ramènerait jamais que les mêmes hommes, les mêmes rêves et les mêmes dieux, dans ses cycles éternels.

Selon la chanson de Madura, le brave dieu-éléphant Ganesha « reviendra se promener sur son rat, et la lune rira à travers les nuages », comme sur mon avion en Espagne, sur mon char en 1940, sur la neige d'Alsace en 1944, et sur des paysages sereins depuis l'éternité... « Voici les eaux sacrées du Gange, qui sanctifient la bouche entrouverte des morts... » ; voici la lune sur notre champ des Flandres, sur Stalingrad, sur Verdun, sur les misérables champs de bataille sans nom avec leurs Pradés rongés et noirs comme des tisons, la lune sur les champs de famine ou sur les arbres à la dérive dans l'immensité des fleuves débordés. Pendant des siècles encore, la prière de l'Inde dira : « Conduis-nous de l'irréel au réel, de la nuit au jour, de la mort à l'immortalité », pendant que l'Occident, où le pardon n'est plus que la rancune ou l'oubli, psalmodiera : « Pardonnez-nous nos offenses comme nous pardonnons à ceux qui

nous ont offensés. » La prière de l'Inde dira aussi :
« Puisque tu aimes, Çiva, le lieu d'incinération — J'ai
fait de mon cœur un lieu d'incinération — Pour que tu
y danses ta danse éternelle... » Mais aucun dieu ne dansait dans le cœur de mes compagnons de char.

Je pensais à d'autres combats et à d'autres chambrées,
au moine espagnol républicain dont j'ai parlé dans
L'Espoir. Je l'avais entendu raconter dans la nuit, à
des miliciens et des soldats des Brigades internationales,
avec l'éloquence sauvage des improvisateurs populaires,
la dernière incarnation du Christ dans la région la plus
désolée d'Espagne, les Hurdes :

« L'ange a cherché la meilleure des femmes de la
région, puis il s'est mis à apparaître. Elle a répondu :
" Oh! pas la peine : l'enfant viendrait avant terme, vu
que j'aurai pas à manger. Dans ma rue, y a qu'un paysan qu'a mangé de la viande depuis quatre mois ; il a
tué son chat. "

« Alors, l'ange est allé chez une autre. Quand le Christ
est né, autour du berceau, y avait que des rats. Pour
réchauffer l'enfant, c'était faible, et pour l'amitié,
c'était triste.

« Les descendants des Rois Mages étaient pas là, vu
qu'ils étaient devenus fonctionnaires. Alors, pour la
première fois au monde, de tous les pays, ceux qui
étaient tout près et ceux qui étaient au diable, ceux
chez qui il faisait chaud et ceux chez qui il faisait gelé,
tous ceux qui étaient courageux et misérables se sont
mis en marche *avec des fusils.*

« Et ils ont compris avec leur cœur que le Christ
était vivant chez les pauvres et les humiliés de chez
nous. Et de tous les pays, avec leurs fusils quand ils
en avaient et leurs mains à fusils quand ils en avaient
pas, ils sont venus se coucher les uns après les autres
sur la terre d'Espagne...

« Ils parlaient toutes les langues, même qu'il y avait avec eux des marchands de lacets chinois.

« Et quand tous ont eu trop tué, — et quand la dernière file des pauvres s'est mise en marche...

« ... une étoile qu'on n'avait jamais vue s'est levée au-dessus d'eux... »

Je pensais aussi à une aube de Corrèze sur un cimetière qu'entouraient des forêts, blanches de givre. Les Allemands avaient fusillé des maquisards, que les habitants devaient enterrer le matin. Une compagnie occupait le cimetière, mitraillette au poing. Dans cette région, les femmes ne suivent pas le corbillard, elles l'attendent sur la tombe de leur propre famille. Quand le jour se leva, sur chacune des tombes à flanc de coteau comme les pierres disjointes des amphithéâtres antiques, se tenait une femme en noir, debout, et qui ne priait pas.

Le petit Léonard fût-il allé dans ce cimetière ? Oui. Eût-il rejoint les maquisards ? Peut-être. Et Pradé ? Que tenait-il pour vrai, le fiston excepté ? A peine ses désirs, car il n'en avait guère. Que j'avais connu de Pradés, réfugiés dans leur antre de néant ! Athées de tout, et peut-être d'eux-mêmes. Et c'était leur foule de pierre, dont le silence répondait à la *Majesté* colossale. Que devenait la mystérieuse métamorphose du sacré en piété que j'avais si profondément ressentie dans la grotte, comparée à celle du sacré en néant ? Cette foule dure et pour laquelle la vie n'avait pas de sens — car peu lui importait, à elle, la science, ou la vérité, ou d'autres fariboles : elle n'avait jamais mangé ce pain-là — avait disparu de la terre depuis l'Empire romain... La Russie ressuscitée dans sa nuit préhistorique, le communisme élémentaire et implacable qui se levait avec une lenteur d'auroch de l'autre côté du

Tibet, étaient les héritiers de fraternités millénaires, et n'avaient rien à voir avec cette solitude sinistre. « Et toutes les créatures sont en moi — Comme dans un grand vent sans cesse en mouvement dans l'espace. — Je suis l'Être et le Non-Être, l'immortalité et la mort... », murmurait l'immense profil perdu dans le granit ; et la paysanne flamande aux nattes grises avait répondu : « Quand on est vieux, on n'a plus que d'l'usure... », et sous la lune qui avait éclairé notre char comme une lampe funéraire, le masque chinois à trois dents de Pradé n'avait rien répondu — sous cette lueur qui avait guidé les singes autour du corps du vieux roi aveugle, sur le champ de la *Bhagavad Gîtâ*.

3

Nehru n'habitait pas le Capitole. Sa maison, qui ressemblait à quelque grande villa de la Côte d'Azur, avait,
je crois, été mise récemment à sa disposition. Çà et là,
des présents, deux très grandes défenses d'éléphant
sculptées, une Vierge romane que la France lui avait
offerte. Le charme venait de sa fille, et de lui-même. Il
passait à travers ses meubles provisoires comme un chat
siamois. Mais aussi, comme l'Histoire à travers les journaux, car il appartenait trop à l'Histoire pour ne pas
sembler chez lui au Capitole, et non dans cette villa.

Avant le déjeuner, je lui parlai d'un discours qu'il
avait prononcé, la veille, devant quatre ou cinq cent mille
auditeurs. Il me répondit en se référant à Gandhi. Mais
l'Europe, après les orateurs des régimes totalitaires,
avait mal compris que Gandhi pût convaincre des multitudes sans élever la voix. Son action me semblait plus
proche de celle des grands prédicateurs que de celle des
orateurs politiques ; sur la terrasse de Vézelay, il était
manifeste que la plupart de ceux qui écoutaient saint Bernard n'avaient pas pu l'entendre. Pourtant, ils avaient
pris la Croix.

— Ici, me répondit Nehru, les foules viennent voir un gourou, même s'il ne parle pas : elles en attendent une confuse bénédiction. Elles venaient voir Gandhi. Jusqu'à un certain point, elles savaient ce qu'il allait leur dire : les foules savent souvent ce qu'on va leur dire. Mais il leur révélait ce qui était en elles. Et surtout, ce qu'elles pouvaient *faire*. Vous avez parlé d'une croisade. La lutte pour la libération, telle qu'il l'a conçue et dirigée, a, dans une certaine mesure, ressemblé à une croisade ; la Marche vers l'Océan, au temps de la lutte contre la gabelle, lui a ressemblé tout à fait. Pour former l'avenir, Gandhi faisait appel à des sentiments très anciens. Et puis, il y avait son génie des symboles : le rouet, le sel. Ce qu'il proclamait surprenait par son évidence.

— Révéler l'évidence est une des marques du prophète...

— Bien avant qu'il devînt célèbre, Gokhale avait dit : " Avec de pauvres créatures, il peut faire des héros. " Il donnait à chacun confiance en soi-même, et disait : " Vous devenez ce que vous admirez... " Ses auditeurs devenaient évidemment des volontaires de l'indépendance, mais aussi de... d'autre chose... La désobéissance civile et la lutte contre l'intouchabilité avaient la même origine. Il l'appelait religieuse. C'est pourquoi son action politique déconcertait... N'oubliez pas sa phrase : le travail parlementaire est la dernière des activités d'une nation. Et puis, s'il révélait aux foules ce qu'elles portaient en elles, il ne leur disait que ce qu'elles attendaient de lui. Il avait été un sujet non conformiste, mais il n'était pas conformiste non plus comme Hindou, comme nationaliste, comme pacifiste ou comme révolutionnaire...

— Il a été tué par un ennemi, mais pleuré par tout le monde ?

— On trouve encore dans trop de maisons la photo de

son meurtrier. Nous n'en avons pas fini avec les réactionnaires.

Il m'avait dit, au Parlement :

— Les chars et les avions aux kchatryas, la législation et l'administration aux brahmanes.

« Et puis, ajouta-t-il, beaucoup d'autres... »

Il prit un livre derrière lui, et me le tendit. C'était le *Gandhi* du neveu communiste de Tagore :

— Voyez la dédicace.

Je la connaissais : « Aux masses de l'Inde, pour qu'elles anéantissent le gandhisme qui les asservit aux intrigues des prêtres, à l'autocratie féodale, au capitalisme indigène, et les maintient par la ruse sous le joug de l'impérialisme britannique. »

Il cita tristement la phrase de Vivekananda sur son maître :

« Il se contentait de vivre cette grande vie — et laissait à d'autres le soin d'en trouver l'explication... »

Certains discours de Nehru, surtout les discours de combat, étaient des discours d'orateur au sens traditionnel, par l'organisation de la persuasion, par l'éloquence. Mais nombre de ses discours aux masses ressemblaient à de longs monologues, et il les prononçait presque sur le ton de la conversation.

— Quand mon regard croise ces milliers de regards, dit-il, il me semble que nous nous reconnaissons... Parfois, j'attaque des sentiments auxquels cette foule tient beaucoup. Elle m'accepte. Mais qu'est le personnage qu'elle accepte sous mon nom, ou sous ma photo, ou sous ma silhouette ?

« Et pourtant, il faut bien que je réussisse à entraîner les gens... »

Il avait dit la dernière phrase en souriant avec fatigue. Je pensai que je ne l'oublierais pas — et je me souviens, en effet, du salon banal, avec, sur une table basse, la Vierge romane.

— Comme la lutte pour l'indépendance s'éloigne!... dit-il.

Pendant qu'il était en prison, un garçon de quinze ans nommé Azad avait été condamné au fouet — et, à chaque coup sanglant, avait crié : « Vive Gandhi! » jusqu'à ce qu'il perdît connaissance. (Je ne compris pas si Nehru avait assisté au supplice, ou si on le lui avait rapporté.) Quelques années plus tard, Azad, devenu l'un des chefs du terrorisme dans les provinces du Nord, vint lui demander si, en cas d'accord avec les Anglais, les terroristes seraient abandonnés par le Congrès. Il ne croyait plus à l'efficacité du terrorisme, mais le combat lui semblait inévitable. Quinze jours après, traqué par la police dans un parc d'Allahabad — la ville de Nehru — pendant les entretiens entre Gandhi et le vice-roi, il avait combattu jusqu'à ce qu'il fût tué.

— La destruction, l'agitation, la non-coopération ne sont pas des activités normales, même sans terrorisme... Autrefois, je croyais que seuls nos fils pourraient être des bâtisseurs. Nos petits-fils, peut-être...

Il semblait avoir oublié que le terrorisme avait changé de cible, et que, depuis la mort de Gandhi, il était, lui, devenu la cible.

— La Résistance non plus ne fut pas une activité normale, dis-je, et parmi les plus jeunes survivants, beaucoup commencent à la payer cher.

Il réfléchit :

— Jamais il n'est facile à la guerre de devenir la paix. Mais aux hommes de ma génération, il va arriver pire. Nous avons vécu contre la violence. Or, nous allons nous trouver tôt ou tard en face de la Chine ; et le peuple n'acceptera plus la non-violence...

L'une des photos posées sur la table basse, à côté de la

337

Vierge, représentait un Bouddha de Ceylan — sans doute celui dont Nehru avait écrit jadis qu'il l'encourageait dans sa cellule. Je me souvins du discours où il avait appelé le Bouddha « le plus grand fils de l'Inde ». Nous passions à table.

— Le discours que vous avez prononcé à l'occasion des grandes commémorations bouddhiques m'a semblé assez différent de ce que vous avez écrit sur la religion ?

— J'ai toujours été frappé par la personnalité du Bouddha. Par celle du Christ aussi. Surtout celle du Bouddha. Mon sentiment de la religion a-t-il évolué ? Je suis devenu plus sensible au besoin confus de la nature humaine auquel elle répond...

Dans son *Autobiographie*, il avait déclaré que le spectacle de la religion l'avait presque toujours rempli d'horreur ; le mot religion évoquait pour lui la croyance aveugle, la superstition, un domaine lié à la défense des intérêts établis. Le christianisme n'avait pas combattu l'esclavage. Nehru avait ajouté que la religion avait presque perdu sa spiritualité, aux Indes comme en Occident ; même dans le protestantisme, qui était sans doute la seule religion encore vivante. Cette affirmation m'avait interloqué.

Mais il reprenait :

— Voyez notre lien avec les animaux. Vous savez qu'il n'y a pas de vaches sacrées : toutes les vaches sont sacrées. Et vous avez vu comment on les traite !... Et les singes !...

« Ah ! s'ils pouvaient tous partir en Chine, une nuit ! Ils pèsent plus lourdement sur l'Inde, que la misère sur l'Angleterre... Vous avez vu le temple des Singes, à Bénarès ! »

Je l'avais vu autrefois, et ne l'avais pas oublié. Ses singes vivants s'appuyaient sur les singes de grès, autour d'un brahmane, solitaire comme s'il avait officié pour eux. Jamais leur vie à la limite de l'humain ne m'avait paru plus inquiétante que dans ce temple où ils étaient représentés sur tous les murs — comme s'ils s'étaient peints eux-mêmes... — et semblaient prêts à s'unir à l'Absolu à travers le dieu des singes, si ma venue n'avait troublé leur vénération.

— Ils étaient devenus beaucoup trop nombreux, reprit Nehru. Les brahmanes ont décidé de se débarrasser d'eux. Ils ont appris que nos singes ont peur des singes noirs d'Égypte. Retournez au temple. Sous les galeries, vous trouverez seulement une dizaine de singes noirs ; les autres sont repartis dans la forêt...

Le récit faisait penser à un conte, mais le ton n'en était pas ironique. Je pensais aux singes noirs maîtres de la solitude du temple, semblables à des démons-singes parmi les dieux-singes de pierre. Je lui rappelai l'histoire que rapportent les historiens d'Alexandre.

L'armée macédonienne, victorieuse de l'Orient, victorieuse du monde, arrive à Kyber dans cette passe de cosmogonie que tachent les myrtes et les mûriers. Voici les quatre chefs en manteau blanc, et Alexandre en manteau rouge. Ni les enseignes de Rome dressées contre les dieux, ni les sangliers de bronze des barbares, ni les étendards de l'Islam surgis des gorges dans la fuite des gerboises et l'indifférence des aigles : une armée dont je ne connais que ces quatre cavaliers blancs et ce cavalier rouge devant un guide prosterné. Les soldats sont engagés entre ces montagnes verticales, dont l'une vacille, et va s'écrouler sur eux. Alexandre fait signe au guide de se relever, et lui montre du doigt la montagne qui tremble : « Oh, ce n'est rien, répond l'indigène triste : ce sont les singes... » Alexandre regarde, là-haut, la crête menaçante, parcourue de bonds furtifs. Et l'armée reprend sa marche.

— Dans la grande forêt, dit Nehru, je les entendais s'abattre sur les branches, et parfois j'en voyais s'accrocher par la queue. A l'aube, un cri se multipliait de vallée en vallée, et emplissait la forêt, comme le désespoir de l'armée des singes pour la mort de leur roi Hanuman. Les bouddhistes expliquaient : " Le Bouddha leur a promis que s'ils se conduisaient bien, un matin, ils deviendraient des hommes. Alors, tous les soirs ils espèrent — et tous les matins ils pleurent... "

Le discours que Nehru avait récemment consacré au Bouddha m'avait rappelé le passage où il fait allusion à une de nos conversations d'autrefois : « Il y a huit ou neuf ans, quand j'étais à Paris, André Malraux me posa une étrange question : Qu'est-ce qui a permis à l'hindouisme d'expulser des Indes, sans grave conflit, il y a plus de mille ans, un bouddhisme bien organisé ? Comment l'hindouisme a-t-il pu réussir à absorber, pour ainsi dire, une grande religion populaire, largement répandue, sans les habitu elles guerres de religion ?... Pour Malraux de toute évidence, la question n'était pas de pure forme. Elle jaillit à l'instant même de notre rencontre. C'était une question selon mon cœur, ou plutôt c'était le type de question que je posais moi-même fréquemment. Mais je ne pouvais lui faire ou me faire de réponse satisfaisante. Car il y a bien des réponses et des explications, mais on dirait qu'elles n'atteignent jamais le vif du problème. »

Son discours avait répondu, indirectement, à la même question.

C'était un discours-conversation, du ton le plus simple, qui commençait par : « Comme vous le savez, je m'affaire dans le domaine de la politique... » mais en venait vite à dire que la meilleure politique tente de lutter contre la destruction que la science apporte avec elle, et contre la violence que l'humanité porte en elle. Or « nous avons échoué, depuis tant d'années, tant de générations! Il doit y avoir une autre voie que celle que pratiquent les hommes de ma sorte et de ma profession. »

— ... Des gens de bonne volonté se rencontrent, discutent d'un brave monde nouveau, d'un brave monde uni, ou de toutes les nations n'en faisant qu'une, ou de coopération et d'amitié. Cette bonne volonté est vaine, parce qu'elle est coupée de l'action réelle qui devrait résoudre les problèmes réels. Nous ne pouvons pas penser sur les ailes du vent. D'autre part, s'il est essentiel que nous ayons les pieds par terre, il l'est également que nos têtes ne restent pas au niveau du sol.

Ce qui méritait attention, dans la bouche du chef de l'idéalisme politique le plus efficace que le monde ait connu.

— Il manque à l'humanité quelque chose d'essentiel. Quoi? Une sorte d'élément spirituel, qui tienne en bride le pouvoir scientifique de l'homme moderne. Il est maintenant clair que la science est incapable d'ordonner la vie. Une vie est ordonnée par des valeurs. La nôtre, mais aussi celle des nations — et peut-être celle de l'humanité. Vous vous souvenez du discours du général Bradley, en 1948, je crois : " Nous avons arraché son mystère à l'atome et rejeté le Sermon sur la Montagne : nous connaissons l'art de tuer, non l'art de vivre... " En cela, je redeviens hindou ; dans ma jeunesse, je parlais de spiritualiser la politique... Quelle est, aujourd'hui, à votre avis, la plus haute valeur de l'Occident ?

— Il me semble qu'il faudrait laisser le mot valeurs au pluriel ? Les siennes préservent de plus en plus la vie, et la gouvernent de moins en moins. Je ne sais où en sont les républiques communistes. Dans les États capitalistes ou dans le monde libre, comme on voudra, la liberté individuelle fait figure de valeur suprême.

— Mais si vous demandiez à un passant capable de

vous répondre, dans une rue de Paris, ce qu'il désire le plus, que répondrait-il ?

— La puissance ? dit l'ambassadeur.

— Le bonheur ? dis-je. Mais ce sont des objets de désir, non des valeurs suprêmes. Je crois que la civilisation des machines est la première civilisation sans valeur suprême pour la majorité des hommes. Il y a des vestiges — beaucoup... Mais le propre d'une civilisation de l'action est sans doute que chacun y soit possédé par l'action. L'action contre la contemplation ; une vie humaine, et parfois l'instant, contre l'éternité... Il reste à savoir si une civilisation peut n'être qu'une civilisation de l'interrogation ou de l'instant, et si elle peut fonder longtemps ses valeurs sur autre chose que sur une religion...

— Je ne sais toujours pas comment le bouddhisme est mort, dit Nehru, mais je crois pressentir pourquoi. Le génie du Bouddha tient à ce qu'il est un homme. Une des plus profondes pensées de l'humanité, un esprit inflexible et la plus noble pitié. Un accusateur, en face de la foule des dieux. Quand il s'est divinisé, il s'est perdu dans cette foule, qui s'est refermée sur lui.

Mais cela ne figurait pas dans le discours... Nehru n'avait pas non plus retracé la vie légendaire, qu'il supposait connue de ses auditeurs. Je pensais à la lutte pathétique du Roi (presque toujours supprimée dans les transcriptions occidentales) pour assurer le bonheur de son fils. A chacune des quatre « rencontres », répond une affection de plus en plus désespérée. « Voulant garder le prince dans l'ignorance de la douleur et du mal, le Roi fait construire autour du palais une muraille percée d'une seule porte aux barreaux si lourds... » Lorsque, pour la première fois, le prince Siddhartha veut traverser la ville pour voir les jardins, le Roi « fait répandre sur le sol les eaux de senteur : Bordez les avenues de lanternes

multicolores, déposez des urnes d'eau claire aux carre-
fours!... » Pourtant le prince découvre la vieillesse, puis,
lors de sa seconde sortie, la maladie. Mais le Roi transforme le palais en lieu enchanté, « et la course aux plaisirs
s'y déroule nuit et jour, et la meilleure chanteuse lui
chante le Chant de la Forêt... ». Alors Siddhartha sort
pour la troisième fois, rencontre un corps immobile, et
son écuyer lui répond :

— Prince, c'est ce qu'on appelle un mort.

Je citai la phrase, et Nehru me répondit par celle du
Roi qui vient d'apprendre que Siddhartha veut quitter
le monde après la rencontre de l'ascète :

— " Renoncez à cette décision, mon fils, car je dois
bientôt abandonner mon royaume pour me retirer dans
la solitude des forêts, et vous devez me succéder... "

Je me souvenais de la suite, et Nehru ne l'avait certainement pas oubliée : ayant revêtu la robe couleur de
terre, le prince se rend dans la forêt, et répond à l'envoyé
de son père : « Une maison dorée en flammes, telle est la
royauté... »

Il avait cité : « ... et vous devez me succéder ».

Et il avait dit un jour à Ostrorog, sans doute de la
même voix : « Gandhi avait un successeur... »

— Nous admirons tous deux le Bouddha, dis-je, mais
nous ne le prions pas. Nous ne croyons pas à sa divinité.
En somme, tout se passe donc comme si notre valeur suprême était la Vérité. Et pourtant...

Je lui parlai de Villefranche-de-Rouergue, de ma vaine
relecture de saint Jean.

— Il est possible que la Vérité soit ma valeur suprême,
me répondit-il. Je ne sais pas ; mais je ne peux pas m'en
passer...

— Vous vous souvenez de la phrase inverse, et si énigmatique, de Dostoïevski : si j'avais à choisir entre la
vérité et le Christ, je choisirais le Christ.

— Vous connaissez la parole de Gandhi : " J'ai dit que Dieu était vérité, et maintenant, je dis que la vérité *est* Dieu. "

— Qu'entendait-il par Dieu, en l'occurrence ? Le *rta* védique ?

— Il a dit, à peu près " Dieu n'est pas une personne : Dieu est la loi ". Il a dit : la loi immuable.

— C'est toujours l'affirmation d'Einstein : " Le plus extraordinaire est que le monde ait certainement un sens. "

« Il reste à savoir pourquoi ce sens se soucierait des hommes...

— Sans doute. Mais Gandhi affirmait aussi : " Je ne peux trouver Dieu que dans le cœur de l'humanité. " Et encore : " Je suis un chercheur de Vérité. " Chez nous, l'identité entre la signification du monde et celle de l'homme — ce que vous appelleriez l'âme du monde et l'âme de l'homme — est ressentie comme une évidence. Au même degré, il me semble, que la chrétienté ressent l'existence de l'âme, et sa survie... Mais savez-vous que Narayana, qui n'est mort que vers 1925, avait fait remplacer les images des dieux, sur les tables de sacrifice des temples, par des miroirs ?

J'ignorais ce symbole égal à la danse de Mort, à la marche de Gandhi vers l'Océan. Les tables de sacrifice enfoncées dans les murailles étaient encore présentes à ma mémoire, avec leurs idoles à peine visibles sous les tubéreuses. Le caractère divin des statues de Madura, comme celui des statues de nos cathédrales, venait évidemment de leur incorporation au temple, où passait la coulée des hommes éphémères. J'imaginais mes mariés devant l'autel de Çiva, stupéfaits de contempler, au fond de l'ombre sacrée, leur double image incorporée à la danse des dieux, au-dessus de l'écroulement des fleurs. « Je t'adore, ô mon Dieu qui n'es que moi-même... »

Bien que ce chef d'État tristement souriant, plus gentleman que britannique, ne se confondît pas avec l'Inde comme l'avait fait Gandhi, il était l'Inde ; bien qu'une énigmatique distance demeurât entre elle et lui, bien qu'il ne crût pas à la divinité du Gange, il portait le Gange dans son cœur. Il avait la réputation d'être un intellectuel (et l'était), parce qu'il avait beaucoup écrit. Mais ses discours appartenaient à l'action ; ses souvenirs, quelques souvenirs de famille exceptés, rappelaient une action opiniâtre. Il aimait l'originalité de la pensée, la saluait d'un sourire au passage, comme un amateur de peinture eût salué un bon tableau. Mais les intellectuels aiment cette originalité pour elle-même ; je crois que Nehru ne l'aimait qu'agissante.

— Il me semble que je ne suis pas intéressé d'une façon essentielle par la religion. Plutôt par sa relation avec l'éthique.

— L'Inde seule, dis-je, citant une thèse alors célèbre, a fait de la philosophie religieuse la base essentielle et intelligible de sa culture populaire et de son gouvernement national.

— L'Inde de Gandhi repose réellement sur une éthique ; peut-être plus, à certains égards, que l'Occident ne repose sur la morale chrétienne. Mais souvenez-vous d'une phrase singulière de Gandhi : " Il faut que l'Inde ait enfin une vraie religion... "

L'Occident, c'était l'individualisme ; un individualisme qui était à la fois le crucifix et le réacteur atomique. J'avais connu jadis le malaise des bouddhistes devant le crucifix, le « Pourquoi adorent-ils un supplicié ? » et l'ambivalence de l'Inde à l'égard des machines : les rouets de Gandhi tournaient, dans les maisons, en face des réacteurs menaçants comme la dernière incarnation de Çiva. L'Inde s'accommode du Christ comme des autres dieux, et voit facilement en lui un avatar

(avatar signifie descente, incarnation...). Ce n'était pas le Christ, qui prenait ici un saisissant accent. On peut voir dans le péché originel la source d'une maya universelle, et dans l'hérédité, un karma où l'Occidental hériterait les maladies de ses parents comme l'Hindou subit les conséquences de ses vies antérieures ; mais la transmigration est toujours un jugement avec sursis alors que le chrétien joue son destin une fois pour toutes. L'athée aussi. L'Europe a conçu la transmigration indienne comme celle qui fait du chrétien un élu ou un damné, mais il s'agit d'un damné qui ne saurait pas même qu'il fut un homme. Malgré le péché, malgré le démon, malgré l'absurde, malgré l'inconscient, l'Européen se conçoit comme agissant, dans un monde où le changement est valeur, où le progrès est conquête, où le destin est histoire. L'Hindou se ressent comme agi, dans un monde de commémorations. L'Occident tient pour vérité ce que l'Hindou tient pour apparence (car si la vie humaine, aux siècles de chrétienté, fut sans doute épreuve, elle fut certainement vérité, et non illusion), et l'Occidental peut tenir pour valeur suprême la connaissance des lois de l'univers, alors que l'Hindou tient pour valeur suprême l'accession à l'Absolu divin. Mais l'opposition la plus profonde se fonde sur ce que l'évidence fondamentale de l'Occident, chrétien ou athée, est la mort, quelque sens qu'il lui donne — alors que l'évidence fondamentale de l'Inde est l'infini de la vie dans l'infini du temps : « Qui pourrait tuer l'immortalité ? »

Il y avait, au-dessus d'une bibliothèque, un grand dessin de Le Corbusier : le palais de Chandigarh, surmonté de l'immense Main de la Paix, qui tenait de l'emblème et de la girouette géante ; et un modèle de la Main, en bronze, d'une cinquantaine de centimètres. Le Corbusier y tenait beaucoup. Nehru, moins. Le

Corbusier m'avait promené à travers les rues de Chandigarh et devant les édifices inachevés dont il avait ordonné jusqu'aux tapisseries. Sur la place, des files d'hommes et de femmes gravissaient les plans inclinés, comme les archers de Persépolis, panier de ciment sur la tête. « Ici, l'Assemblée! m'avait-il dit avec fermeté, désignant le Pamir lointain, devant lequel passait une chèvre solitaire. Et ici (il montrait le toit du palais de justice), la Main de la Paix! »

Je pensais à l'enseigne du gantier de Bône, l'énorme main rouge que j'avais vue veiller sur la ville comme le signe de la vie retrouvée ; et je regardais la main de bronze avec ses lignes de hasard, peut-être celles du destin de l'Inde.

A l'occasion de mon départ, Nehru vint dîner à notre ambassade. La France allait créer un ministère des Affaires culturelles ; il étudiait la création d'une institution semblable, et souhaitait savoir ce que nous préparions — et surtout, comment nous concevions les problèmes rassemblés sous le mot si confus de culture, car ils lui semblaient singulièrement différents « selon qu'il pensait à Shakespeare ou au Râmâyana ». Ostrorog était le seul ambassadeur capable de donner à Delhi un dîner gastronomique. Je me souviens d'un pâté entouré d'hibiscus, d'une conversation sur le Japon, et de Nehru disant : « Le Japon a bien des raisons d'être triste, et il connaît à peine les éléphants, je ne sais trop pourquoi. Alors, pour retrouver les sourires d'autrefois, j'avais l'intention d'amener un éléphant avec moi. Mais on m'en a empêché...

« Et qui fait ce qu'il voudrait ? Tagore m'a dit un jour, avec un air consterné : un tigre qui s'ennuyait d'être toujours rayé est venu demander un morceau de savon à mon domestique épouvanté... »

Après le dîner, Nehru, l'ambassadeur et moi, nous nous installâmes sous le tapis d'Ispahan pendu au mur. Nous déblayâmes quelques banalités. Je dis que j'avais obtenu un petit succès au Conseil des ministres, en affirmant que j'étais le seul ministre qui sût qu'il ignorait ce qu'était la culture. Je dis qu'Akbar, et même un pharaon, aurait pu discuter de l'État avec Napoléon, mais non avec le président Eisenhower : les rois de l'époque napoléonienne régnaient encore dans une grande civilisation agraire.

— A certains égards, dit Nehru, le colonialisme est né quand les armes modernes ont permis à des petits corps expéditionnaires européens de balayer l'armée des empires les plus peuplés du monde — et il est mort quand ces empires ont trouvé leurs propres armes, qui n'étaient pas seulement des canons.

— Pendant ce temps (celui de notre vie...), l'Occident est passé des omnibus de mon enfance aux avions à réaction. Pendant ce temps, la politique — la vraie — a joué un rôle qu'elle n'avait joué, ou pressenti, que pendant les quelques années de la Révolution française : le communisme est plus important qu'un changement de dynastie. Comme si les rêves de justice finissaient par livrer les hommes à la machine autant que les rêves de puissance, le fascisme après le communisme...

— Je crains que le rouet ne soit pas plus fort que la machine, dit tristement Nehru.

— Mais l'opposition entre la civilisation de la machine et les civilisations agraires vous paraît-elle entre un matérialisme et des spiritualismes, ou entre l'action et la transcendance ? Ce que l'Occident, et surtout les États-Unis, appellent l'action, c'est à la fois *ce qui crée*, et la fragmentation de la vie, qui n'a sans doute jamais existé à ce degré ; le stimulus-réflexe des Américains, la mobilisation de l'homme par sa création.

— C'est la sœur de la mobilisation de l'âne par la carotte qu'il ne mange jamais, dit l'ambassadeur.

— L'homme, lui, mange la carotte, mais elle lui donne faim, répondis-je.

— L'âne, ou Sisyphe... Il est curieux que les États-Unis et la Russie soient entrés ensemble dans l'Histoire, au XVIIIe siècle... Dans votre discours sur le Bouddha, monsieur le Premier Ministre, vous avez d'ailleurs posé le problème dans la même perspective.

— Moi ?

Avec le sourire qui convenait. L'ambassadeur fit apporter le discours.

— C'est vrai, dit Nehru.

Et il le rendit en montrant le passage : « En fait, nous vivons deux vies différentes : l'une, que les gens appellent la vie pratique ou celle qui concerne les affaires pratiques ; l'autre, que nous réservons à nos moments de solitude intime. Ainsi développons-nous une double personnalité en tant qu'individus, comme en tant que communautés ou nations. »

— La vie étrangère à toute religion, repris-je, me semble à peu près contemporaine du machinisme... Au XVIIe siècle, la vieillesse était une préparation à la vie éternelle. Chaque année, Saint-Simon se retirait à la Trappe. Le fait nouveau, c'est, en somme, la légitimation de la vie par l'action — ou, plus exactement, l'intoxication qui permet à l'action d'écarter toute légitimation de la vie. Ce n'est pas la réponse qui a changé, c'est la question qui a disparu...

— Pour combien de temps ? dit Nehru.

— Et il existe un autre élément, dont l'Occident ne parle pas, parce qu'il l'a perdu : c'est la communion avec le monde. Le chrétien était lié aux saisons, aux arbres, aux bêtes, parce qu'il était lié à toutes les créations de Dieu. L'homme des civilisations citadines est isolé, et c'est peut-être pour cela que la question "Que fais-tu sur la terre?" peut prendre un tel sens.

— Elle eut, à sa manière, beaucoup de sens dans le bouddhisme primitif, dit Nehru.

— Bien qu'elle ait maintes fois changé d'accent, sans doute est-elle aussi vieille que la conscience... Mais beaucoup moins rationnelle qu'il ne semble, parce qu'elle trouve sans doute son accent dans la mort, la vieillesse, le destin... Et dans la douleur, dans le Mal au plus grand sens. Il s'agit alors de savoir si l'intoxication par l'action peut faire taire la question que la mort pose à l'homme.

— Si elle n'y parvient pas, vous croyez que l'art peut y parvenir?

— Hélas non! Mais pour que l'art joue le rôle que nous lui voyons aujourd'hui, il faut que la question soit sans réponse.

« N'oublions pas que la culture est d'abord une très vaste résurrection. On peut enseigner la place de Beethoven dans l'histoire de la musique, on ne peut enseigner ni à l'aimer ni à le ressusciter. Faire aimer un chef-d'œuvre, c'est lui donner sa voix, le rendre présent. Tantôt par l'interprétation, tantôt par d'autres moyens.

— Je conçois bien l'interprétation de Mozart, la représentation de Molière, dit l'ambassadeur. Mais l'interprétation d'Ellora n'est-elle pas un enseignement?

— Je crois que l'interprétation d'Ellora consiste à faire comprendre que les sculptures d'Ellora n'imitent pas des créatures, ne se réfèrent pas au monde des créatures, mais à un autre : pour nous, celui de la sculpture ; pour l'Inde, sans doute celui du divin — et peut-être, pour tous, les deux à la fois. Ce qu'on ne peut rendre sensible que par le dialogue des statues ou des photos d'Ellora, avec des statues ou des photos

350

d'autres arts sacrés : roman, sumérien, égyptien, que sais-je... Donner la vie aux statues d'Ellora, ce n'est évidemment pas les animer comme des marionnettes, c'est les délivrer du monde de l'imitation, qui appartient à l'apparence, pour les faire entrer dans le monde de l'art, ou rentrer dans le monde du sacré.

Je pensais aussi à l'Égypte, qui, vue d'Ellora, paraissait une Inde austère et géométrique.

— Ce qui crèverait les yeux si, pour l'Europe, l'art ne s'était si longtemps confondu avec la beauté. Elle semble simple, peut-être parce que le même mot exprime la beauté des statues et celle des femmes. Le monde de l'art est né avec nous, de la multiplicité des civilisations que nous avons découvertes. Ce qui le rend assez énigmatique. De plus, la beauté semblait porter en elle-même son pouvoir de survie. En somme, elle justifiait l'immortalité. Mais cette beauté-là a été effacée pendant mille ans.

— Ici, elle a toujours fait partie des produits d'importation, répondit Nehru. Sauf peut-être en littérature — mais est-ce la même ?...

— Parler de beauté au sujet de Shakespeare est au moins aussi légitime qu'à propos de Phidias, mais c'est moins clair. Si bien qu'il ne serait pas tellement paradoxal de dire que la beauté, aujourd'hui, c'est ce qui a survécu. Un passé très profond enrobe toujours l'Inde, lui donne une continuité de forêt ; mais presque tous les objets qui survivent en Occident, survivent seulement dans le domaine de la connaissance. Les silex taillés nous instruisent, ils ne nous émeuvent pas, sauf comme témoins de l'intelligence humaine. Or, nos statues romanes, celles de vos grottes sacrées, n'appartiennent pas seulement à la connaissance. Elles sont de leur temps, bien entendu : nous pouvons les dater ; mais elles sont survivantes. Comme le saint que l'on prie appartient à la fois à l'époque de sa biographie, et au présent de celui qui le prie. C'est pourquoi j'ai écrit que "le domaine de la culture était la vie de ce qui devrait appartenir à la mort ".

J'ignorais dans quelle mesure Nehru était artiste. Il connaissait bien la littérature de l'Inde et de l'Angleterre, mais s'y référait peu. Je ne l'avais entendu se référer, me semblait-il, qu'à Gandhi et à quelques textes sacrés. Aimait-il les arts plastiques ? Les œuvres précieuses qui nous entouraient (Ostrorog était collectionneur) me rappelaient que je n'avais pas vu de vraies œuvres d'art dans la villa du Premier Ministre. Admirait-il à Ellora la sculpture, ou l'expression de l'Inde ? La musique lui était familière, car la culture hindoue l'apporte comme la nôtre apporte la littérature. Et il aimait la danse. Je lui rappelai la soirée du Capitole, et ajoutai que Staline m'avait dit : « En art, je n'aime que Shakespeare et la danse. »

Il sourit :

— Peut-être n'était-ce pas la même danse...

« Voyez-vous, la danse du passé, en Europe, semble toujours historique : les tutus m'ont toujours intrigué. Alors que la nôtre semble un peu échapper au temps. A certains égards, rien, ici, n'appartient tout à fait à la mort... Mais ce que vous dites de la mise en question des arts plastiques est vrai pour nous aussi. Ceux de l'Asie ont été mis en question par celui de l'Europe ; pourtant, nous ne l'avons jamais tout à fait accepté. Depuis la fin du colonialisme, il est devenu un art parmi d'autres. Mais l'Europe a inventé les musées, les musées ont conquis l'Asie... »

Le chat de l'ambassadeur, haut sur pattes, traversa le salon, et Nehru lui fit un signe amical comme si, de loin, il lui caressait le dos.

— En Égypte, dit-il rêveusement, je me demandais

pourquoi l'art grec n'a jamais représenté les chats... Quel est l'animal de la Grèce, à votre avis ?

— Les chevaux au grand cœur, répondis-je, citant Homère.

— Et de l'Inde ?

— L'éléphant, dit l'ambassadeur.

J'avais pensé : le singe ou la vache. Mais Nehru revenait en arrière.

— Quand je suis arrivé en Angleterre, j'ai été très intéressé par l'idée occidentale de la beauté. Il me semblait qu'elle voulait conquérir les choses et que la nôtre voulait nous en délivrer. Plus tard, j'ai connu un art plastique qui voulait *s'accorder* au monde comme notre musique : la peinture chinoise. Mais dites-moi, si la résurrection dont vous avez parlé ne se réclame plus de la beauté, de quoi se réclame-t-elle ?

— Je crois qu'elle ne se réclame de rien. Elle est un fait. L'art, ce sont les œuvres ressuscitées ; l'un des objets de la culture, c'est l'ensemble des résurrections. Permettez-moi pourtant une réserve capitale : le ressuscité n'est pas ce que fut le vivant. Il lui ressemble. C'est son frère. Les statues de vos grottes ou celles de nos cathédrales ne sont pas ce qu'elles ont été pour ceux qui les sculptaient, la Grèce n'est pas pour nous ce qu'elle a été pour elle-même, évidemment. Ce qui est moins évident, c'est que la métamorphose, par laquelle nous atteignent les œuvres et l'esprit des civilisations mortes, n'est pas un accident, mais la loi même de la civilisation qui commence avec nous. Le passé du monde, ce sont les cultures différentes de la nôtre, et d'ailleurs hétérogènes. Elles s'unissent pour la première fois dans la nôtre, et par leur métamorphose.

— En Union Soviétique, j'ai vu se former un passé communiste, puis national... Dans quelle mesure l'Occident accepte-t-il un passé capitaliste ?

— Plutôt un passé religieux. Presque toutes nos résurrections sont religieuses, mais leurs œuvres ne reparaissent pas au bénéfice d'une religion... Nous assistons à la plus vaste résurrection que le monde ait connue. Et elle accompagne le cinéma, la télévision, toutes les formes de diffusion de l'imaginaire. En assimilant le rationalisme et la machine, l'Occident les avait opposés ensemble à ce qu'il appelait le rêve. Alors qu'à Moscou comme à Chicago, à Rio ou à Paris, notre époque est précisément celle de l'industrialisation du rêve.

— Il y a un siècle, dit l'ambassadeur, le public de tous les spectacles de Paris réunis n'atteignait pas trois mille personnes par soirée. Celui de la télévision, dans la région parisienne, en atteindra peut-être trois millions.

— Notre civilisation fait naître autant de rêves en chaque semaine, que de machines chaque année. Elle a créé quelques-uns des arts les moins accessibles qu'ait connus l'humanité ; mais elle est aussi celle où Chaplin et Garbo ont révélé qu'un artiste peut faire rire ou pleurer l'univers.

— Croyez-vous, demanda Nehru, que ce monde imaginaire de l'Occident soit plus développé que ne l'est ici celui du Râmâyana ?

— Je voudrais bien le savoir... Après tout, la réunion devant la télévision succède à la veillée... Mais il me semble que l'imaginaire du Râmâyana, comme celui de notre Légende dorée, est orienté : ses valeurs sont les plus hautes valeurs de l'Inde. C'est déjà moins vrai des Mille et Une Nuits, malgré la référence constante à Allah. Ce ne serait plus vrai du tout de l'imaginaire actuel des masses occidentales.

« Prenons garde qu'il ne s'agit pas d'un romanesque qui s'opposerait à un autre comme la Légende dorée aurait pu s'opposer à la Fable. Il semble qu'un cycle du sang, du sexe, de la sentimentalité, de la politique ou de la mort, succède à un cycle de la Table ronde ou des Mille et Une Nuits. (Les limites du rêve sont toujours assez étroites.) Mais l'imaginaire occidental dont nous parlons n'a pas de cycles : il a des instincts. Les patrons des usines de rêves ne l'ignorent pas. Et ils ne sont pas sur la terre pour aider les hommes, mais pour gagner de l'argent.

— Le diable retraité devient directeur général, dit Ostrorog. Ses produits se sont toujours bien vendus...

— Et pourtant nous sommes les directeurs de la plus grande usine de rêves du monde, dit Nehru à mi-voix, comme marginalement.

Je pensai que son rôle de gourou de tout un peuple était, en effet, inséparable de la radio. Mais il me regarda comme s'il me priait de continuer, sans tenir compte de ce qu'il venait de dire.

— Si cette civilisation, repris-je donc, qui apporte aux instincts un assouvissement qu'ils n'ont jamais connu, est en même temps celle des résurrections, sans doute n'est-ce pas par hasard. Car les œuvres ressuscitées, ce qu'on eût appelé jadis les images immortelles, semblent seules assez fortes pour s'opposer aux puissances du sexe et de la mort. Si les nations ne faisaient pas appel à ces œuvres, et par l'émotion, non par la seule connaissance, qu'arriverait-il ? En cinquante ans, notre civilisation qui se veut, qui se croit, la civilisation de la science — et qui l'est — deviendrait l'une des civilisations les plus soumises aux instincts et aux rêves élémentaires, que le monde ait connues. C'est par là, je crois, que le problème de la culture s'impose à nous.

— Il me semble, dit Nehru. Ou du moins... Mais les gouvernements occidentaux ne l'ont-ils pas posé en fonction des loisirs ?

— Chez nous, le premier ministère des Sports et Loisirs a été créé par le Front Populaire, il y a donc une vingtaine d'années. Mais s'il n'y a pas de culture sans loisirs, il y a certainement des loisirs sans culture. A commencer, précisément, par le sport. Néanmoins, à l'exception du sport et du jeu, que veut dire occuper ses loisirs, sinon vivre dans l'imaginaire ?

« Là, nos dieux sont morts, et nos démons bien vivants. La culture ne peut évidemment pas remplacer les dieux, mais elle peut apporter l'héritage de la noblesse du monde... »

Je revoyais le philosophe Alain, et sa solide tête de bois aux cheveux blancs, il y a trente ans ; dans l'auto dont la maladie l'empêchait de descendre, il me disait, avec une sorte de surprise : « En somme, c'est le plus pur et le meilleur de l'homme, qui règne par la piété et l'admiration. Et qui n'a jamais existé. »

— Qu'en pensez-vous, monsieur le Premier Ministre ? demanda l'ambassadeur.

Nehru avait croisé les mains. Par les portes-fenêtres ouvertes, entrait la nuit d'un beau jardin, où quelques grosses fleurs faisaient des taches. C'était la nuit de la terrasse vide où j'avais entendu la musique pour les divinités nocturnes — la nuit des palais, de la misère et des dieux.

— Je suis un peu déconcerté. Nos problèmes se posent autrement... Il y a l'analphabétisme, et après tout, une des choses qui me font le plus de plaisir, quand je parcours l'Inde, c'est de voir partout des écoles neuves pleines d'enfants...

Je me souvins du général de Gaulle : « Si, avant de mourir, j'ai la chance de revoir une jeunesse française... » Sur le chemin du retour à Delhi, je venais de voir défiler les Jeunesses désordonnées du Parti du Congrès, avec la même angoisse que j'avais vu défiler celles du Front

Populaire lorsque j'avais traversé la France pour rencontrer Trotski à Royan. J'avais demandé à Nehru ce qu'il pensait des siennes ; il m'avait répondu, à ma stupéfaction : « Sans doute la jeunesse ne peut-elle être organisée politiquement que par les États totalitaires... » Ni la Grande-Bretagne, ni les États-Unis n'avaient créé de Jeunesses.

— Et puis, avait-il ajouté avec quelque dédain, le mythe occidental de la Jeunesse nous est étranger...

« L'Inde n'est un pays sous-développé que d'une certaine manière, puisqu'elle construit des réacteurs atomiques... Que devons-nous maintenir ou ressusciter de son passé, pour son meilleur avenir ? Nos conquêtes ont été celles de l'esprit plus que celles de l'épée ; et chez nous, même l'érudit a toujours été plus respecté que le riche. On a beaucoup écrit sur le conflit entre notre culture et le christianisme. Le vrai conflit commence, à partir de l'Indépendance, entre l'hindouisme et le machinisme. L'Occident sera le plus fort, parce que la science vaincra enfin la famine. Un Européen ne connaît pas la famine — enfin, ne la connaît pas bien... L'Occident apporte aussi le socialisme, la coopération au service de la communauté. Ce n'est pas tellement loin du vieil idéal brahmanique du " service "...

« Nous allons donc à une sorte de mariage avec l'Occident. L'Indépendance le rend plus facile que la domination anglaise. La science ne s'oppose peut-être pas à la métaphysique religieuse, et les savants sont souvent des ascètes. Mais comment accorder une civilisation de la machine, à ce qui fut une civilisation de l'âme ? Qu'est-ce qui pousse l'Europe à cette frénésie mécanique ? Dans le Temps sans fin, qui reste celui de ce pays, pourquoi serait-on si pressé d'arriver ? Et puis, en vous écoutant, je pensais : tout cela, c'est l'Homme. Même les démons et les dieux dont vous parliez : l'intensité de la civilisation occidentale vient de la mort. Dans l'aventure cosmique qu'est ici l'univers, la mort ne donne aucune intensité à la vie. C'est pourquoi il nous est difficile d'empêcher les gens de se laisser mourir... Pour l'Inde — parfois c'est vrai aussi pour moi — le divin est peut-être dans l'homme, mais l'homme devrait être dans le divin... L'un de nos gourous a dit : " Dieu est dans tous les hommes, mais tous les hommes ne sont pas en Dieu ", et c'est pourquoi ils souffrent...

— Ramakrishna, demanda l'ambassadeur, n'a-t-il pas dit aussi : puisque vous cherchez Dieu, cherchez-le dans l'homme ?

— Chaque fois que j'ai réellement cherché dans l'homme, dis-je, j'y ai trouvé le malheur...

Nehru reposa ses mains sur ses genoux, me regarda avec attention.

— C'est un disciple de Ramakrishna, dit-il, qui a déclaré que la moitié des hommes sont nés pour rechercher la douleur...

L'odeur de l'Inde entrait avec la nuit. Nous nous taisions. Il reprit, comme s'il eût voulu revenir au début de l'entretien :

— Ici, il est difficile de parler d'art d'une façon générale. Notre peuple est resté, à sa manière, foncièrement artiste, sans le savoir. Pas notre bourgeoisie ; pas nos villes. Vous les avez vues. Les villages sont la vraie Inde, disait Gandhi, l'Inde pour laquelle je vis...

— Monsieur le Premier Ministre, dit l'ambassadeur, vos villes ne sont pas pires que les banlieues de Tokyo et de Paris. Pourtant, les Japonais, et mes compatriotes, passent pour des peuples artistes...

— Quand j'étais en prison, je m'étais bien promis qu'un jour, l'Inde libérée détruirait les chromos et les pianos mécaniques. Eh bien! l'Inde est libérée, et je n'ai pas détruit les pianos mécaniques... Lier l'action culturelle de l'État à ce que vous appelez les usines de rêves me semble juste. En n'oubliant pas qu'ici, votre XIIe siècle et votre XXe coexistent. Il s'agirait, en somme, de rendre présent le passé de l'Inde, le plus noblement possible, pour le plus possible d'Indiens. Ce n'est pas facile ; ce n'est pas insurmontable. Peut-être aimerais-je aller avec l'Inde vers le passé du monde, mais je voudrais être assuré de ne pas la perdre en chemin. Et nos villes ne m'encouragent pas.

— L'Union Soviétique a créé son propre passé du monde. Fanatiquement. Pour devenir la chrétienté, toute l'Europe a changé de passé.

— Sans doute. Et mon pays possède une grande force d'annexion... Vous vous souvenez de la phrase de Tagore : " L'Inde hélas ! n'est qu'un nom — un nom-idole : elle n'existe pas. " Pour moi, elle existe beaucoup. Mais nous en parlons toujours comme d'une reine du Râmâyana, alors que c'est une pauvresse, comme toutes ces mères que vous avez vues au bord des chemins...

Pourquoi son agnosticisme l'eût-il séparé de Çankara, puisque le mien ne me séparait pas de saint Augustin ? Mais les femmes au bord des chemins, était-ce l'Inde, ou l'éternelle *Pietà* — les sœurs de mes femmes en noir dans l'aube du cimetière de Corrèze, des paysannes anticléricales qui saluaient du signe de la croix mon sang qui gouttait sur la route... Nehru ajouta, avec le même sourire que lorsqu'il avait parlé, pendant le dîner, de l'éléphant qu'il voulait emmener au Japon :

— Peut-être tous les ministres devraient-ils agir en Européens, et mourir en Hindous... Et puis, entre la religion et l'art, je trouve un accord assez... difficile à comprendre, dans un souvenir qui m'a longtemps poursuivi. Vous savez que Gandhi recevait tous ceux

359

qui venaient lui demander secours. Ce qui faisait beaucoup d'originaux. Un jour, arrive un homme des montagnes, qui nous dit (mais il s'adressait à Gandhi) : " Les dieux vont mourir. — Pourquoi ? — Ils ne vivent que pendant qu'ils sont beaux. Pour qu'ils soient beaux, il faut la plume de perroquet rouge. " Il tire de son pagne un pauvre dieu sauvage qui portait une auréole de petites plumes ; au-dessus de la tête, la plume était rouge. " Depuis longtemps on ne trouve plus ces oiseaux dans nos forêts. On les achetait au Brésil. Le Brésil a interdit de les vendre à l'étranger... Les dieux vont mourir. " Nous attendions. " Mais on nous a dit que si *vous* demandiez à notre ambassadeur, il vous enverrait les plumes rouges... "

— De l'utilité de la valise diplomatique, dit Ostrorog. Qu'a fait Gandhi ?

— Il a fait envoyer les plumes...

Il partit tard. Pendant que je regagnais le Capitole par les grandes avenues désertes où les phares de l'auto ne réveillaient pas les vaches couchées, je pensais de nouveau au général de Gaulle : « Toute ma vie, je me suis fait une certaine idée de la France... » De Hitler à Mao Tsé-toung, que de vocations nationales, en ce siècle qui devait être celui de l'Internationale ! L'ambassadeur m'accompagnait. Il allait visiter deux antiquaires, car Delhi est une ville où l'on va voir les statues confidentielles passé minuit.

— Nehru a-t-il beaucoup changé ? me demanda-t-il.

— Passablement.

— L'âge ?

— Non : l'indulgence.

— Quand je suis arrivé, il était encore un révolutionnaire, un libérateur. Vous avez écrit quelque part que l'action est manichéenne. En devenant arbitre, ou sollicité par des forces antagonistes, il a découvert ce qui, dans notre département, est professionnel : la légitimité de points de vue opposés. Aujourd'hui, il ferait un admirable ambassadeur... Pourtant, que le fourreau ne vous cache pas la lame : il ne cédera rien sur le Cachemire.

« Depuis des années, je m'interroge sur sa relation avec l'hindouisme. Gandhi était réellement un Hindou. Pas du tout un gentleman, comme Nehru. Les Renonçants d'autrefois ont dû avoir ces vieilles têtes douces, que l'on a envie de caresser, de prendre sur son épaule... Un jour, il m'a dit : " Le résultat n'a pas d'intérêt, c'est le combat qui en a... " Ni ses compagnons ni lui-même ne se rendaient compte que c'était une transposition de la *Gîtâ*.

— Il l'avait pourtant traduite.

— Il connaissait les sentiments des foules parce qu'il les partageait. Il m'a dit : " Sans les sacrifices, le monde s'écroulerait. " Il a défendu les intouchables, mais la haute tradition ne les connaissait pas.

L'auto s'engageait dans les grandes avenues du quartier des ambassades. Ostrorog reprit :

— La profondeur de Gandhi et de Tagore s'accommodait d'une part d'enfance, d'une autosuggestion déconcertante. Vous avez lu le texte de Gandhi après la mort de sa femme : " Elle s'est éteinte sur mes genoux. Je suis heureux au-delà de toute mesure. " C'était faux ! il n'y avait qu'à lire le texte entier pour en avoir la certitude ! Il était désespéré ! Il a semblé invulnérable parce qu'il se cachait pour faiblir comme les animaux pour mourir, et que sa faiblesse n'infléchissait jamais son action publique. Einstein m'a dit autrefois : " Il rassemble derrière lui une puissante multitude, par l'exemple irrésistible d'une façon de vivre moralement supérieure. " Cet exemple ne sera pas toujours irrésistible,

Gandhi l'a su et Nehru le sait. Il faut tenir compte de leur acharnement, égal à la ténacité britannique malgré l'éternelle pagaille de ces pays. Lorsqu'on a opéré Gandhi d'une appendicite à chaud, l'urgence était telle que le médecin anglais n'a pas voulu attendre le lendemain. Il l'a opéré à minuit. C'était dans la prison de Poona. Un ouragan a coupé l'électricité. On a poursuivi l'opération avec la lampe de poche de l'infirmière. La pile était usée, et la lampe s'est éteinte. On a continué avec une lampe-tempête.

« Nehru vous a dit que tout est suspendu à sa parole ; c'est vrai. Il vous a dit qu'il n'y avait pas d'État ; c'est presque vrai. Nehru vous a accueilli comme il l'a fait parce qu'il sait que vous admirez ce que signifie l'Inde, et aussi parce qu'il n'est pas tellement assuré de sa victoire. Il veut orienter vers le développement de ce malheureux pays d'affamés, les forces nées de l'Indépendance. Dans l'ensemble, il y parvient. Mais si Gandhi et Nehru ont accepté la Partition c'est seulement parce qu'elle a été la rançon de l'Indépendance. Ils savaient que c'était un cancer. Gandhi a confié à Nehru : " Même au temps des meurtres de Chowri, je n'avais jamais réellement eu affaire au désespoir. Maintenant, je sais que je ne suis pas parvenu à convaincre l'Inde. La violence règne partout autour de nous. Je suis une balle perdue... " L'Inde actuelle vit avec ses cinquante millions de musulmans, l'Inde unie aurait vécu avec tous ses musulmans ; on peut en douter, mais ils le croient. Et Nehru n'entreprendra la guerre la plus légitime qu'avec la plus mauvaise conscience. La force de la non-violence reposait sur ce qu'il avait pour adversaire un empire colonial. Reste à savoir ce qui se passera s'il rencontre un adversaire asiatique. Et l'adversaire asiatique attend. »

Je me souvenais des photos de ce que l'on avait pudi-

362

quement appelé l'échange des populations, au temps des cadavres entassés sur les chariots à bagages. Les femmes enceintes portées par les hommes, les petits enfants dans les bras des grands, les matelas sur les têtes, et cette file oblique de quatre-vingts kilomètres, depuis les bœufs et les charrettes aux roues énormes, jusqu'aux charrettes minuscules à l'horizon ; l'errant cortège de la mort que rattrapaient la famine, le paludisme et l'épuisement. Les camps surpris par l'inondation, les hôpitaux du choléra jonchés de morts comme des ruines de bombardements, les intouchables qui se battaient avec les vautours pour récupérer les haillons des morts, l'immense traînée de l'immense colonne, les tombeaux d'enfants et les visages qui semblaient rêver — à rien, comme tous les affamés —, agonisants trop jeunes ou trop vieux, cortège sans fin sous les banians et le ciel.

— Vous connaissez, reprit Ostrorog, le sentiment que nous éprouvons, au Japon, dans les villages reconstruits après le tremblement de terre, et qui semblent en attendre un autre. Eh bien! tout ce que vous voyez ici, tout ce que vous a dit Nehru le premier jour — ce soir, il était en vacances! — est aux aguets. On attend les premiers craquements du cataclysme.

— La guerre ?

— La mise en question de la non-violence peut être un cataclysme presque silencieux... Nehru est plus vulnérable que Gandhi, parce que ce pandit est agnostique...

— Sa relation avec l'hindouisme vous semble plus complexe que celle d'un homme comme Renan avec le christianisme ?

— Si je pense à lui comme à un Hindou, je suis frappé par son âme anglaise, à commencer par son socialisme! qui n'est pas du tout un ensemble de connais-

sances plaquées, un costume. Il y a un Nehru anglais.
Mais il y a l'autre.

— Le problème n'est-il pas le même pour la plupart
des chefs d'État de la Communauté française ?

(L'un d'entre eux m'avait dit : « N'oubliez pas que
beaucoup de mes collègues, protestants, francs-maçons
ou catholiques, sont aussi des Grands Féticheurs ; et
que sinon, ils ne seraient pas au pouvoir... »)

— Et pour la plupart des souverains musulmans. Le
monde hellénistique a sans doute connu des situations
de ce genre.

— Allez, dis-je, jusqu'à Cléopâtre, Grecque et
Isis, avec ses amants romains... Mais je crois que
jamais, avant nous, les chefs de la moitié du monde
n'ont été des esprits bilingues...

— La décolonisation a beaucoup moins changé
le sentiment de l'Europe, et même de l'Amérique, qu'on
ne le croit : l'Occident civilise les races de couleur, leur
apporte la démocratie, les machines, et les médicaments ;
elles abandonnent leur Moyen Age, dont il ne reste
rien, et deviennent semblables à nous, en moins bien.
Des Occidentaux de seconde zone. Il n'y a qu'une
civilisation. Et tout le passé convergeait vers elle sans
le savoir. Lisez les journaux américains.

— C'est aussi ce que pensent les Russes, en d'autres
termes.

« Mais même si Nehru est, spirituellement, bilingue,
l'Inde peut-elle le devenir ?

— Je me pose la question depuis que je suis en
poste ici. Mon conseiller, qui vient de prendre l'ambassade de Kaboul, se la posait aussi. Il est vrai que
l'Islam me la pose depuis mon enfance.

Je me souvins que la famille d'Ostrorog possédait
un palais sur le Bosphore.

— Claudel, reprit-il, qui détestait la pensée hindoue,

m'a dit quand j'ai été nommé : " Aucun intérêt ! Les hommes sont partout et toujours les mêmes ! "

— Il me l'a dit aussi.

— Il était pourtant sensible au vieux Japon, et même à la vieille Chine.

— Il jouait à écrire des haïkaïs français. Mais il jouait aussi à donner des œufs à ses amis en écrivant sur la coquille : Hommage de l'auteur, et en signant : Cocotte.

— Tels sont les petits plaisirs du corps diplomatique. Je crois pourtant que son affirmation venait, au moins en partie, de ce que j'appellerai le point de vue du Quai. Nos fonctions nous promènent d'un bout du monde à l'autre. Et nous pouvons ressentir une différence profonde entre un lavis du zen et un Cézanne, mais non entre nos collègues. Le corps diplomatique est une internationale ; vous connaissez ses cocktails. A quelques conventions près, la diplomatie est la même partout. Et j'aurais dû tenir compte de plus de conventions auprès de Staline, et sans doute d'Hitler, qu'ici. Or, notre expérience est sans doute applicable à toutes les formes d'action. Les Anglais avaient organisé sans peine l'armée des Indes. Quand les commerçants européens étaient parqués dans les comptoirs de Chine, ils parlaient des Chinois comme de personnages mysté-rieux, alors que les banques européennes de Hong-Kong travaillent aussi normalement que celles de Casablanca.

Mais dans la grande avenue où la voiture venait de s'engager, sur les pelouses, une migration d'intouchables était couchée, ou accroupie autour de feux timides.

— Claudel, dis-je, malgré son affirmation de marteau-pilon, comme écrivait André Gide, ne croyait pas du tout être " le même " qu'un païen. Et c'est bien ce qu'ont pensé les chrétiens, au temps de la chrétienté :

Saint Louis ne se croyait pas " le même " que Saladin. C'est la Renaissance, qui a décidé que les grands esprits de la Grèce et de Rome étaient les frères des grands esprits chrétiens. L'Occident ne croit pas que les hommes ont toujours été les mêmes, il croit qu'ils vont le devenir. Parce qu'il confond sa civilisation avec ses moyens d'action, qui sont sans précédents.

« Qu'est-ce que les hommes ont en commun, dans les temps historiques ? Des instincts, la physiologie... L'amour ? non. Les péchés capitaux...

— Peut-être les civilisations se ressemblent-elles par leurs vices, et se séparent-elles par leurs vertus ?...

— Ou se rapprochent-elles par ce qu'elles connaissent, et se séparent-elles par ce qu'elles croient. Les croyances ne sont pas seulement religieuses... Mais il y a autre chose, dont je ne trouve pas le nom. Les conquérants sont les plus grands personnages de l'Histoire, et aussi de puissantes figures de l'imaginaire. Il en existe partout, leurs moyens d'action sont relativement semblables, et ils n'ont pas peu contribué à faire croire à la constance de la nature humaine. En face des *Vies parallèles*, il serait bien intéressant d'écrire une histoire de ce que l'humanité a perdu, quand ce qu'elle a perdu a laissé sa trace.

— Vous commenceriez par l'histoire des dieux...

— Je suis peu convaincu par les théories qui ne voient dans notre civilisation que la fin d'une culture parmi d'autres. Einstein disait, et je crois qu'Oppenheimer dit aussi : il existe plus de chercheurs vivants que l'humanité n'en a connu pendant la totalité de son histoire. Même si nous vivons la fin d'une culture romano-chrétienne, ou faustienne, comme dit Spengler, nous vivons le début de la plus grande aventure de l'humanité depuis la naissance des cultures historiques. Celles-ci durent, en gros, depuis six millénaires ; temps assez court, comparé à la préhistoire de l'homme. Toutes ont été des civilisations religieuses, si nous appelons religion le lien avec les dieux mais aussi avec les morts ; sauf la nôtre, qui n'a pas même trois siècles — et, pendant un temps assez vague, celle de Rome. (Le paganisme de César a dû ressembler au christianisme de Napoléon.) Il ne s'agit pas de civilisations athées. Le président Eisenhower se veut certainement protestant ; César croyait peut-être aux aruspices, et sans nul doute à ses ancêtres. Mais notre civilisation n'est pas *fondée* sur une religion, n'est pas même ordonnée par une transcendance. Les chefs des deux plus grandes puissances du monde ne sont ni des élus du Seigneur, ni des Grands Pontifes, ni des Fils du Ciel.

Les coupoles et les minarets de la Grande Mosquée passaient sur le ciel nocturne.

— L'Islam, c'est une ville autour d'une mosquée ; la chrétienté, une ville autour d'une cathédrale ; Bénarès, une ville sur les rives d'un fleuve purificateur. Mais Bombay est construite autour d'un port, non d'une église ; les églises de New York, il faut les chercher entre les gratte-ciel comme les crabes entre les rochers. Ce que je ressens ici avec violence, c'est que sur la terre entière, ce qu'on appelait l'âme semble en train de mourir.

« Même chez ceux qui croient. Sauf s'ils vivent dans des monastères ou dans des forêts — dans des lieux que la civilisation moderne n'a pas touchés. J'aurais dû dire à Nehru, tout à l'heure, que le mot matérialisme, dès la fin du XIXe, ne signifiait plus que l'âme serait remplacée par la matière, mais bien par l'esprit. Cette fois, ce ne sont plus les " lumières " qui s'opposent au temple, ce sont les réacteurs atomiques.

— Il en eût été d'accord. A regret peut-être. Pourtant, l'Inde aurait sa bombe atomique s'il le voulait, et il ne le veut pas.

— Mao le voudra. Chacune des grandes cultures asiatiques et africaines touchées par l'esprit occidental lui donnera tôt ou tard une forme nouvelle, qui ne sera évidemment pas celle que nous lui voyons. Il y a loin de Mao à Staline, et il y avait loin de Staline à Marx.

— J'ai éprouvé un peu ce sentiment, quand j'étais en poste à Moscou. Ici, qu'il s'agisse des musulmans ou des hindous, la pensée n'a qu'un objet suprême : Dieu. Voyez les pires ennemis des musulmans, les Sikhs. Ils comprennent très bien l'Islam. Mais l'Occident leur est inintelligible. Ils nous regardent comme nos paysans du Centre regardent les Américains des films de gangsters : avidité et frénésie. Même Nehru m'a dit qu'à son arrivée en Angleterre, il avait été stupéfait d'entendre reprocher à l'Inde de sacrifier des animaux aux dieux, car les censeurs, eux, tuaient chaque jour des animaux pour les manger. Mes amis hindous disent que nous cherchons Dieu, sans le savoir, par des voies sans issue. Vos brahmanes de l'Université sanscrite, à Bénarès, pensent de même, je suppose...

— Notre recherche des lois de l'univers leur paraît vaine. Pour eux, la vraie Loi est d'une autre nature. L'épopée de la recherche occidentale, celle de la lutte de l'homme contre la terre, qui anime l'Union Soviétique comme les États-Unis, leur échappe. Davantage : leur est ennemie. Ils disent que nul progrès *de l'esprit* ne répondra aux questions posées par l'âme.

— L'Occident ne tente pas de répondre à ces questions, mais de les détruire.

— Il ne détruira ni la souffrance, ni la vieillesse, ni l'agonie. Vous vous souvenez des textes bouddhiques : " Prince, c'est ce qu'on appelle un mort. "

— Une civilisation me paraît se définir à la fois par les questions fondamentales qu'elle pose, et par celles qu'elle ne pose pas...

— L'Inde est depuis longtemps mariée avec la mort, c'est vrai. Elle est toujours une civilisation de l'âme. Mais lorsque l'âme s'efface, qu'est-ce qui apparaît : l'action, ou la mise en question de la vie par la mort ?

L'auto ralentissait sous des arbres solennels.

— Peut-être l'action d'abord, la mort ensuite...

Je déposai Ostrorog devant un rectangle de lumière, au fond duquel un dieu tibétain de la taille d'un homme semblait l'attendre. L'antiquaire dormait quelque part dans la nuit. Je repartis vers le Capitole. Les vaches sacrées étaient devenues moins nombreuses, et le chauffeur éteignit ses phares. L'auto roulait en silence, et il me semblait plonger dans les siècles — non à travers les rues mogholes de Delhi, mais à travers celles de Kapilavastu, deux cents ans avant l'arrivée d'Alexandre. La nuit du Grand Départ enveloppe le bouddhisme comme celle de la Nativité enveloppe le christianisme : l'abandon du palais, l'abandon des femmes, « les instruments de musique dispersés, les tubéreuses flétries », l'abandon de l'amour (et le baiser déposé si doucement sur le pied de la princesse, qu'elle ne s'éveille pas), l'abandon de l'enfant. Les génies qui viennent du ciel envelopper les sabots du cheval que le prince monte pour la dernière fois, afin que nul ne l'entende partir dans le grand silence. Un mendiant regagne, épuisé, quelque tanière ; sous de hautes murailles sans fenêtres, un lumignon entouré de quelques fleurs brûle devant un dieu. A travers les vaches endormies, le cheval traverse la ville. « Le génie de la cité l'attendait, et lui ouvrit magiquement la porte de l'Est. Le prince leva les yeux vers le ciel étoilé : c'était l'heure où l'étoile Kvei entrait en conjonction avec la lune ; tous les génies descendaient pour accompagner son départ, et jonchaient son chemin de fleurs invisibles... »

Comme lui, je passai en silence au pied de hautes

murailles entre les maigres vaches endormies, devant des dieux rouges et noirs qu'éclairaient des veilleuses ; des ombres furtives se perdaient dans la nuit. Les postes de garde du Capitole, creusés dans le roc, ressemblaient aux grottes sacrées, et les soldats à turbans qui présentaient les armes à notre passage devant ces trous confusément éclairés semblaient attendre que le génie de la cité ouvrît une porte, dans un rempart d'où l'on observait les astres. Lorsque j'entrai dans mon appartement, je trouvai les fenêtres de la chambre ouvertes. Au-delà des jardins, un cordeau de lumières, semblable à celui des champs d'aviation, bordait la ville. Il n'en venait ni la lueur ni la rumeur qui montent des villes européennes ; Delhi endormie emplissait la chambre d'un immense repos. Il semblait que cette nuit régnât sur le temps des neiges, sur les jardins des palais de Babylone, semblables à ceux qui s'étendaient devant moi ; sur la nuit d'obsidienne où les soldats de Cortez écoutaient les cris de leurs compagnons dont on arrachait le cœur au battement des gongs aztèques, sur la millénaire nuit chinoise aux capitales effacées : lotus de Hang-tcheou bleuis par la lune, quand les derniers empereurs peignaient leurs derniers faucons ; portes tartares dont le rouge sombre se décomposait comme s'éteignent les incendies. Sur les cavaliers couchés près de leurs chevaux à la veille d'Arbèles ou à la veille d'Austerlitz ; sur la nuit sans repos de la Révolution française et la nuit polaire de la Révolution russe. L'humanité diurne avait été secouée pendant cinquante siècles par ses soubresauts de bataille, mais Pékin quadrangulaire dormait au pied de sa tour du Tambour qui avait annoncé le jour, et de sa tour de la Cloche qui avait annoncé la nuit, comme Delhi devant moi ; les bûchers de Bénarès se reflétaient dans le fleuve comme se reflétaient dans l'Hudson glacé les lumières carrées de New York verticale sous les rafales de neige. Au-dessus des forêts africaines, les arbres géants des Reines montaient vers les étoiles. Depuis cinquante siècles, le même silence où retombaient les bruits perdus recouvrait les hommes accordés par le sommeil à la terre nocturne, — couchés, comme les morts.

Au ras de l'horizon, une longue lueur grise commençait à s'étendre : l'aube, avec son reflet lunaire sur les nuages très élevés du zénith, comme si elle allait apparaître au milieu du ciel. Ma première aube, c'était celle du 4 août 1914 : l'apparition, dans des champs des Ardennes, de bestiaux endormis debout, et dispersés tout à coup par un tourbillon de lanciers. Ensuite, les cadrans éclairés des gares, énormes ronds de citron sur le ciel grisâtre ; puis, tant d'aérodromes aux herbes couchées par le vent du petit matin ; et au temps de l'aviation espagnole, après le sinistre départ nocturne sur les champs balisés par la flamme bleuâtre des feux d'oranges sèches, nos jumelles braquées sur la terre d'où l'aube allait faire surgir les lignes ennemies... Même ici le jour opposait sa multiplicité à l'enveloppante unité de la nuit. Et pourtant c'était le jour de l'Inde, le jour révélé par chaque aube comme il l'avait été une fois pour moi, quand il s'était levé sur nos chars dans un village de Flandre... Bientôt on agiterait les torches dans la cour des temples, les prêtres cueilleraient les fleurs de la nuit pour les offrandes, les premières clochettes commenceraient à tinter. Je pensais à ce destin dont je venais de parler à Nehru comme de la marche de la vie vers la mort ; l'imperceptible fraîcheur de l'aube tropicale se mêlait sur mon visage à l'éternelle résurrection hindoue dans laquelle s'unissaient la vie et la mort comme s'unissent la nuit et le jour : « Tout ce dont vous parliez, c'est l'Homme... » Mais pour l'homme la mort n'a pas d'aube.

Les relations entre l'Inde et la France allaient changer. Mᵐᵉ Pandit, la sœur de Nehru, ambassadrice à Londres, rentrait aux Indes par Paris. Elle vint à l'Élysée, accompagnée de l'ambassadeur de l'Inde en France, le serdar Pannikar, Indien à barbiche et à lorgnon, anti-Européen, plein d'idées astucieuses ou chimériques, qui faisait penser à Lénine et à Tartarin. Après les paroles de bienvenue, le général de Gaulle demanda à son interlocutrice comment elle concevait la politique étrangère de la Chine. Pannikar avait représenté l'Inde à Pékin ; Mᵐᵉ Pandit, qui est la courtoisie même (et, peut-être, n'était pas fâchée d'observer, pendant quelques minutes), se tourna vers lui. Il commença une conférence sur la Chine, qui n'apportait rien. Le temps passait. La Chine le conduisit à un parallèle entre les sinn-feiners et les fellaghas. Le temps passait. Lorsqu'un aide de camp vint annoncer l'ambassadeur des États-Unis, ni Mᵐᵉ Pandit ni le général de Gaulle n'avaient pu placer un mot.

Je descendis avec elle, Pannikar s'attardant dans le salon des aides de camp.

« Et voilà !... », me dit-elle avec un charmant sourire.

Pannikar repartit bientôt pour l'Inde. On disait que Nehru n'avait pas été fâché de se débarrasser de lui. Mais, redevenu attentif au poste de Paris, il y nomma un ami de la France. Celui-ci devait, quelques années plus tard, quitter la Carrière pour assumer, avec un grand courage, le rectorat de l'Université la plus dangereuse de l'Inde, y être gravement blessé, et y reprendre ses fonctions avant même d'être guéri. L'ambassadrice aux yeux gris clair ressemblait aux héroïnes des contes indiens, et l'on imaginait l'inspiratrice du Taj Mahal avec cette ligne de gazelle du Cachemire. Nehru vint à Paris en 1960 ; nous inaugurâmes ensemble, au Petit-Palais, l'exposition des Trésors de l'Inde. La foule l'applaudissait au passage, ce qui le surprit. Il fut l'hôte officiel de la France en 1962. Nous déjeunions à l'aérodrome d'Orly, lorsqu'il se rendait à Londres pour les réunions du Commonwealth. « Plus je vieillis, plus je juge les gens d'après leur caractère, non d'après leurs idées... » Mais à partir du conflit avec la Chine, il ne revint plus.

Me voici de nouveau à Delhi. L'attaque chinoise a eu lieu, et la menace pakistanaise se précise. Ce matin, je suis allé, selon l'usage, porter des fleurs sur la dalle funéraire de Gandhi. Pour le peuple de l'Inde, il est devenu un avatar de Vichnou. J'ai souhaité porter une autre gerbe sur la dalle de Nehru. Elle n'est pas encore posée : sa place est marquée par un carré d'herbe. Les dalles sont symboliques, puisqu'elles ne recouvrent pas de corps. L'homme qui, lorsque je suis venu à Delhi pour la dernière fois, tenait l'Inde entre ses mains aux gestes frileux, c'est un carré d'herbes sur lequel le vent déjà chaud fait onduler de courtes graminées, parmi les fleurs coupées qu'ont jetées des mains jointes.

Pour déjeuner avec Radakrishnan, qui est maintenant président de la République, j'ai traversé le grand salon au plafond de conte persan. Il est vide comme toutes les salles de réception du Capitole à cette heure.

L'Inde aussi.

La maison de Nehru, devenue Maison du Souvenir, dépend du Grand Musée, que je ne connais pas encore, et où je vais retrouver la conservatrice, Anglaise âgée qui parle de ses collections avec compétence, et de Nehru avec affection. Nous partirons pour la maison de celui-ci dès l'heure de fermeture, afin de nous y trouver seuls.

La visite du musée commence par les collections d'art populaire. Je pense à l'aquarium de Singapour, où se croisent toutes sortes de poissons hérissés, métalliques ou multicolores. La plupart des figures populaires tiennent du poisson-châtaigne et de la rascasse : musiciennes divines à écailles, et toutes sortes de sirènes à courbes d'hippocampes. Dans la lourde chaleur de l'après-midi indien, je pense au brouillard flamand régulièrement traversé par l'appel de la sirène. C'est bien le mot sirène qui vient d'éveiller un souvenir, mais pas en suggérant la corne de brume. Je suis dans le bureau de James Ensor, à Ostende. Au-dessus du piano, le génie strident de l'*Entrée du Christ à Bruxelles* emplit le mur de ses orphéons grimaçants autour de Jésus. Sur le piano, empaillée, une sirène. Le regard d'Ensor suit le mien.

— Je les ai vues en Chine, dis-je.

— Vivantes ? demande-t-il avec l'humour de ses gravures.

— On les fabrique avec un avant-corps de petit singe et un corps de poisson.

— Il *existe* pourtant des sirènes...

Et, doctoralement désolé, l'index levé :

— ... mais elles ne sont pas comme ça...

Trente ans plus tard, j'ai revu le tableau, terni, à l'exposition des Sources du xxᵉ siècle ; la couleur s'en détachait invinciblement, et les femmes de ménage, le matin, balayaient de la poussière de chef-d'œuvre.

Que sont devenus les dieux de plumes dont Gandhi assurait la vie par la valise diplomatique ? Les sirènes hirsutes de Delhi, elles aussi, ont perdu leurs couleurs éclatantes, comme toute la pullulation rugueuse et ingénue du Râmâyana de guignol qui les entoure, et qui est, à l'art de l'Inde, ce que les superstitions sont à la foi.

La foi, la voici : à l'étage inférieur, la grande sculpture de pierre, dont quelques chefs-d'œuvre. Depuis

Elephanta, c'est la première fois que je vois un musée indien. La statue qui fut vivante n'est pas morte, elle est réincarnée. Je pense au Caire, mais le *Çiva* d'Elephanta se sépare de tout colosse de Thèbes par le seul fait qu'on le prie. Je demande si la foule vient ici, comme au Cambodge et au Mexique, déposer des fleurs devant les dieux. Non. Mais dans les temples, depuis l'extravagant peuple de sculptures de Madura autour de sa déesse aux yeux de poisson, jusqu'aux *Mères*, au *Baiser* ou à la *Danse de Mort* d'Ellora, jusqu'à la *Majesté* d'Elephanta, je n'ai pas vu une figure qui ne guide l'homme vers l'inconnu divin.

Je retrouve, une fois de plus, le sentiment occidental qui naît devant les images des dieux devenus œuvres d'art. Transmigration inverse de celle des hommes : comme le fourmillement hérissé des petits dieux populaires, ces statues n'ont pas changé de corps, et elles ont changé d'âme.

L'heure du départ est venue. Ce n'est pas encore le soir, mais c'est la fin du jour. La voiture roule dans l'odeur de l'Asie moderne : encens indien, chameaux et poussière islamiques, benzine occidentale. Je pense aux funérailles de Nehru. Je me souviens des Actualités. Les arbres chargés d'hommes, une foule vaste comme l'Inde, hérissée de parapluies ouverts contre le soleil — la foule à laquelle il avait dit au Fort-Rouge : « Il y a longtemps que nous avions donné rendez-vous à la destinée... » Le cortège d'éléphants et de lanciers sous un pont qui portait une gigantesque réclame de Coca-Cola, puis le petit bûcher vertical dont la fumée transparente et noire se mêlait aux épais ramages de la poussière suspendue dans la chaleur de Delhi, et les premiers plans de paysannes en sanglots. « L'Inde n'est pas une reine du Râmâyana, c'est une pauvresse comme ces mères que vous voyez au bord des chemins... »

Voici la maison. Je suppose que ce n'est pas la villa où il m'avait invité, mais elle lui ressemble, d'autant plus que je reconnais les meubles, une grande défense d'éléphant qu'il avait reçue, la Vierge romane envoyée par la France... Je ne vois ni le grand dessin de Chandigarh, ni le bronze de la Main de la Paix.

Aujourd'hui, de nombreuses photos sont exposées. C'est l'album de famille, toujours aussi vain, sauf pour quelques images : l'enfant (il semble son propre petit-fils...), la photo après la première attaque, regard perdu dans un masque foudroyé, la noble photo de la mort, au visage étrangement blanc, qui appelle dans ma mémoire la mort de Ramakrishna : « Nous avions tous cru que c'était l'extase... Et ses disciples criaient : Victoire ! » La maison n'est pas celle d'un vivant, ni une maison abandonnée, c'est un décor pour le cinéma de l'Histoire. Pourtant, le jardin, que je n'ai sans doute jamais vu, est hanté. Il ne suggère nullement une présence familière ; c'est bien un jardin de la mort ; mais ces arbres ont été ses arbres, ces fleurs ont été les siennes, des oiseaux semblables ont chanté comme ils chantent dans le soir qui commence. Je pense à Shahlamar, avec ses grands trous soudains dans l'immensité des arbres. Et aussi à l'une des plus vieilles images de l'Inde, les flots toujours différents du Gange toujours semblable, qu'il avait reprise dans plusieurs discours et dans son testament :

« *Si je souhaite qu'une poignée de mes cendres soit jetée dans le Gange à Allahabad, il ne faut y voir aucune signification religieuse. J'ai toujours aimé depuis mon enfance le Gange et la Jumna, qui traversent Allahabad, et cet amour a grandi avec les années.*

« *Le Gange est le fleuve aimé du peuple indien qui a entrelacé autour de lui les liens de son histoire, de ses espoirs et de ses craintes, ses chants de triomphe, ses vic-*

376

deux océans, autour des arbres sacrés qui pourtant ne les protègent plus du soleil, les hommes immobiles forment de grands anneaux — comme autour de la lueur des bûchers de Bénarès, et comme jadis, au-dessus de Strasbourg, les jeunes pousses et les noix mortes de l'hiver...

toires et ses défaites. Il a été le symbole de la culture et de la civilisation millénaire de l'Inde, aux flots changeants et roulant sans cesse, et cependant éternellement les mêmes. Il me fait penser aux cimes neigeuses et aux vallées profondes de l'Himalaya que j'ai tant aimé, et aux riches et vastes plaines qui s'étalent à ses pieds, où ma vie et mon œuvre ont pris forme.

« Je ne désire pas rompre complètement avec le passé. Je suis fier de ce noble héritage qui fut et qui est toujours le nôtre, et j'ai conscience que, moi aussi, comme nous tous, je suis un maillon de cette chaîne ininterrompue qui prend ses racines, à l'aube de l'Histoire, dans notre passé immémorial. Cette chaîne-là, je ne veux pas la briser, car je la chéris et j'y trouve la source de mon inspiration. C'est en témoignage de cette volonté et en dernier hommage à notre héritage, que je demande de jeter une poignée de mes cendres dans le Gange, à Allahabad, afin qu'elles soient portées vers le vaste océan qui bat les rivages de l'Inde.

« Quant au reste de mes cendres, qu'un avion les disperse au-dessus des champs où peinent les paysans indiens, afin qu'elles se mêlent indistinctement à notre poussière et à notre terre... »

Voici le frémissement du soir rouge, celui qui s'étendait à perte de vue sur la plaine, au sortir des grottes d'Ellora. Les oiseaux vont se taire, et les fleurs nocturnes s'ouvrir, comme naguère celles des jardins du Capitole sur lesquelles régnaient quelque lanterne, un veilleur endormi, et des cris perdus. Ici, le gardien attentif se tient près d'une petite dalle commémorative, près du banian sous lequel travaillait Nehru, dans ce jardin de mémoire, sans mort et sans tombeau. De sa biographie privée, il ne reste que l'affection qu'il portait à ses proches, et qui se confond avec celle qu'il portait à l'Inde. Le soir tombe. Je pense à ce qu'il m'a dit des bêtes et des plantes : à la minuscule cour de prison où il a découvert les fourmis, à la cellule où il a vécu avec des centaines de guêpes et de frelons « dans une atmosphère d'estime mutuelle » ; aux lézards qui le soir sortaient des poutres et se pourchassaient en agitant la queue, aux chauves-souris et, plus haut dans le crépuscule, aux renards volants ; à l'oiseau fièvre-cérébrale qui répétait son cri obsédant au-dessus de la prison dont quelques serpents rompaient la monotonie. Aux mangoustes qu'élevaient les prisonniers, au grand singe qui vint reprendre son petit dans la cour de la prison, chargeant quinze gardiens armés qui l'admiraient peut-être. Aux singes noirs qui avaient chassé les singes gris du temple de Bénarès, à l'éléphant qu'il voulait emmener pour faire sourire les Japonais. A sa voix qui disait fermement : « Faire un État juste avec des moyens justes » et un peu ironiquement : « Je crois que je ne reverrai pas le Kailasa... » Le crépuscule d'été est passé du rouge au vert, comme sur l'Acropole, et commence à confondre les feuilles. Dans la prison de l'Himalaya, le printemps faisait sourdre les bourgeons des branches dénudées... « C'est là que j'ai découvert que la couleur des jeunes feuilles du manguier est celle des montagnes du Cachemire à l'automne... » Les guêpes dorment. Une chauve-souris passe au fond du jardin. Il n'y aura plus de mangoustes, d'écureuils qui roulaient leurs petits en boule, de singes, ni de renards volants. Comme une musique funèbre, la nuit descend sur l'inscription presque invisible : *De tout son esprit et de tout son cœur, cet homme aima l'Inde et le peuple indien. Celui-ci, en retour, lui fut indulgent, et l'aima au-delà de toute limite et de toute raison.*

Les klaxons de Delhi se sont tus. Lorsque je quitte la maison, les pieds nus des mendiants enfants qui passent se posent doucement sur le silence. Le cri des corbeaux vient des profondeurs de l'Inde. Jusqu'aux

La Voie royale

Je croyais qu'il n'y avait plus de naufrages ?... A l'aube, une foudre horizontale fait frémir le *Cambodge* comme une boule de billard dans un trou. Tout tombe. Le bateau ne s'arrête pas. Je vais à la fenêtre de la cabine. Un pétrolier, le nez écrasé, se retire lentement du flanc de notre bateau. Pas de danger, sauf si nous coulions à pic : nous sommes dans les détroits, je vois la côte. La coque est trouée sur trente mètres, mais les passagers du pont, déjà éveillés, ont vu venir le pétrolier, et couru vers l'arrière.

Grâce aux hommes-grenouilles et aux pompes, nous atteignons un quai de fortune. On m'apporte un télégramme de notre ambassadeur au Viêt-nam, qui me suggère de ne pas prendre terre à Saigon. (Peu importe, puisque le bateau ne continuera pas sa route.) Et un télégramme de Paris, qui écarte le Japon, pour revenir à la mission que je devais accomplir auprès de Mao Tsé-toung.

En attendant, j'habite notre Consulat général.

Malgré ses deux millions d'habitants, Singapour n'est plus, comme naguère, une ville chinoise. Mais l'agonie de ce qui fut la Chine s'y est réfugiée. Bientôt, les H. L. M. hérissées du linge qui sèche sur des perches tendues et non sur des balcons, auront remplacé les rues construites au temps du gouverneur Raffles, quand les flottes de jonques envahissaient les ports aujourd'hui envasés, quand Macao retentissait des pièces d'or de ses maisons de jeu, et la Chine lointaine, du fracas des dominos qui figuraient les fleurs et les vents... Aujourd'hui, 14 Juillet, réception traditionnelle. Les Français, nos amis malais et chinois, les Belges, les Suisses, les francophones. Des Indiens de Pondichéry. Arrive un petit gesticulant que je reconnais avant qu'on l'ait annoncé, bien que je ne l'aie pas vu depuis trente ans : c'est l'un des modèles du personnage qui s'appelle le baron de Clappique dans *La Condition humaine* : les autres sont morts. Il n'a plus de taffetas sur l'œil, mais un monocle noir. Malgré la calvitie, son profil de sympathique furet n'a pas changé. Jadis, il se fût précipité, les bras en ailes de moulin : « Vous ici ! Pas un mot ! Rentrez sous terre ! » Les retrouvailles achevées, il me dit : « Je suis venu parce que les journaux ont annoncé votre présence. Je serais heureux de causer avec vous, un peu à cause d'autrefois, mais surtout parce que je suis en train de faire un p'petit film sur un type auquel vous vous êtes intéressé au temps de *La Voie royale* : Mayrena, le roi des Sedangs. J'ai trouvé pas mal de documents de derrière les hibiscus, qui vous intéresseront ! » Il suffirait à m'intéresser. « Vous avez reçu des timbres du royaume sedang ? dit-il. Oui, j'ai pensé à vous. » Je me demandais qui avait bien pu m'envoyer, il y a quelques années, ces timbres très rares. Il habite l'hôtel *Raffles*, que j'ai habité jadis. Il a de nouveau travaillé à Hollywood, et reçoit la plupart des troupes de cinéma qui viennent filmer des extérieurs en Malaisie. Il inspire au consul et à sa femme la sympathie qu'il inspirait jadis à tous. La cérémonie terminée, il s'assied, son verre de fine-soda dans la main gauche, comme il y a trente ans ; et bien qu'il ait déjà beaucoup bu, lucide, comme il y a trente ans.

— Il n'y a plus d'aventuriers !

A gauche l'Inde, au nord le Siam, à droite la Chine et l'Indonésie...

— Tous les vrais farfelus sont maintenant à Hong Kong, mais la race se perd...

— Leur race européenne..., dit le consul. Bien qu'il y ait à côté de votre chambre, au *Raffles*, quelques journalistes qui sont allés se faire sérieusement blesser dans la guérilla de Bornéo. Mais les farfelus, comme vous dites, ne doivent manquer ni chez les communistes qui veulent conquérir Bali, ni chez les anticommunistes qui veulent les fusiller. Singapour va proclamer un jour ou l'autre son indépendance. Le président Soekarno n'en a pas fini avec ses ennemis, ni la Thaïlande avec la Chine. Le Viêt-nam n'est pas très calme, il y a la guérilla à Sumatra... Que vous faut-il de plus ?

— Rentrez sous terre ! Bali, les ravissantes aux seins nus, membres du parti communiste ! Bravo ! Pas un mot ! Soekarno va se faire ratatiner, ça n'a d'ailleurs aucun intérêt. L'indépendance, on s'en fout. La Thaïlande et le Viêt-nam, bien sûr ! Nonobstant, ce n'est plus l'aventure, c'est ce que les minables appellent l'Histoire. Des chars, des avions, quoi encore ? Un aventurier, ce n'est pas un général en chef ! Pourquoi pas un ambassadeur ?

— En effet, répond notre ambassadeur en Malaisie, venu pour le 14 Juillet. Mais Brooke est devenu rajah au nom de la Grande-Bretagne. Il n'aurait pas pu détruire les pirates avec les bateaux de son sultan ; il y a fallu la flotte anglaise. A Sarawak, il ne reste de son palais qu'un pavillon rose. Entouré de bungalows

385

dont les animaux sont des petits orangs-outangs et des perroquets qui parlent. Peut-être, les aventuriers qui ont réussi...

— A quoi ? Voltigez !

— ... à n'être pas battus, voyons ! Peut-être, disais-je, ceux qui ont réussi, sont-ils ceux qui avaient partie liée avec une puissance. L'aventurier auquel vous pensez, celui de Conrad, de Kipling, est né du sommeil de l'Asie.

— Vous avez connu Joseph Conrad ? me demande l'ambassadeur.

Auquel de mes amis le font ressembler ses moustaches en brosse, encore blondes ? Ce n'est pas à un ami : c'est au colonel type de la dernière armée des Indes.

— Non. Valéry lui a demandé comment il expliquait la supériorité presque constante de la flotte anglaise sur la flotte française, car l'insularité ne lui paraissait pas suffisante. Ça n'a pas donné grand-chose.

« Mais j'ai eu une curieuse conversation, à son sujet, avec Gide. Sous la charmille de Pontigny, celui-ci me demande : " Que pensez-vous de Proust ? " Au temps de *Sodome et Gomorrhe*, ou quelque chose comme ça... " Si son livre va jusqu'à la fin que nous entrevoyons, dis-je, je crois que Proust deviendra l'un des plus grands romanciers du siècle ; sinon, ce sera seulement très intéressant. Ce que Claudel appelle dédaigneusement sa tourbe d'oisifs et de larbins, peut être transfiguré par son ' temps retrouvé '. Imaginez-vous Lord Jim dans le salon des Guermantes ? " »

Conrad était alors le seul écrivain étranger dont *La Nouvelle Revue Française* eût honoré la mort par un numéro spécial.

— " Tout de même, répond Gide, votre argument n'est pas tout à fait de jeu... "

— " Conrad est un grand romancier d'atmosphère,

malgré son rythme à la Flaubert ; mais mon admiration va moins à ce que vous avez traduit, qu'à une obsession dont je distingue mal l'origine dans sa vie : celle de l'irrémédiable. "

— C'est trrès cuurieux... Quant à l'origine, je la vois peut-être...

Nous marchons sous la charmille, et je l'interroge du regard. Il me prend le bras, choisit son ton diabolique:

— Avez-vous connu Mme Conrad ?

Dîner. Le consul général et sa femme, l'ambassadeur, l'inspecteur des Consulats (ancien poste de Giraudoux), Clappique, moi. L'inspecteur m'intrigue. Ses traits sont les traits de Sioux des Américains repris par la terre américaine. Mais ceux-ci n'ont pas ce teint sombre, ces cheveux plaqués et partagés au milieu, qui me font appeler intérieurement Aile-de-Corbeau, ce Peau-Rouge noir dont je n'ai pas entendu le nom. Son immobilité contraste à souhait avec la frénésie de Clappique — mais couve quelque humour. Sous un vent de mer qu'on n'entend pas, la fenêtre s'ouvre et laisse entrer la tiédeur équatoriale.

— Il n'y a plus de Lord Jim, répond l'ambassadeur, parce que tout le monde a des fusils. Si *L'homme qui voulut être roi* avait été trafiquant d'armes, la nouvelle de Kipling aurait changé. Nous n'avons plus, et encore ! que l'aventurier-épave.

— Lord Jim et Almayer, crie Clappique, c'est la même chose ! Les deux se croient rejetés, ça ne signifie rien ! Pourquoi sont-ils ici et pas en Europe, voilà la question ! Tarare-pompon !

— Où diable, dis-je, êtes-vous allé chercher l'exclamation de Mme de Pompadour ?

— Tarare-pompon, c'est elle ? Ça ne m'étonne pas. Personne charmante : elle m'avait prévu !

— Nous ne manquons pas d'aventuriers en Europe, dit le consul. Mais le grand romanesque de l'aventure, le décor exotique, n'existait pas autrefois. Marco Polo est surpris par la Chine comme un Européen peut l'être par les États-Unis : pas plus. L'Asie ne devient fantastique qu'à l'époque où nous en devenons maîtres.

— Et où nos moyens de la conquérir nous séparent d'elle, dis-je : les armes à feu et les machines. Deux cents ans plus tôt, la guerre de l'opium n'eût pas été concevable. Il est très vrai que les Espagnols appelaient Maures, les Mexicains, lorsqu'ils ont découvert le Mexique.

— L'exotisme joue certainement, répond l'ambassadeur. Mais à sens unique : roi-épave, l'aventurier est un Européen en Asie, non un Asiatique en Europe.

— Rentrez sous terre! Les Mille et Une Nuits sont pleines d'aventuriers!

— Il y a un point commun à la plupart des aventuriers-épaves, dis-je : l'errance. Les aventuriers-rois ont été sédentaires ; les autres, rarement. Almayer est une exception.

— Au xviiie siècle, répond l'ambassadeur, l'aventurier, en Europe, est un usurpateur du surnaturel, vous ne croyez pas? un Cagliostro.

— L'aventure joue son rôle, mais je crois que l'Asie aussi. La découverte des Mille et Une Nuits a succédé à la mode des contes de fées, les westerns aux Mille et Une Nuits. Chaque époque connaît des lieux privilégiés du rêve...

— Et, bien avant, Monsieur le Ministre, il y a eu les aventuriers malgré eux. La petite prostituée du Pont-au-Change rencontrée par les envoyés du pape qui atteignent Karakorum pour y apprendre la mort de Gengis Khan...

— La mère de Saladin n'était-elle pas une princesse

chrétienne capturée en Autriche ? dis-je. La petite grue avait été sauvée parce que les princesses nestoriennes ne voulaient pas de femmes de chambre bouddhistes. Mais l'orfèvre français que les envoyés ont rencontré avec elle ? Il avait survécu parce qu'il avait ciselé des personnages d'argent qui crachaient de l'hydromel...

— Sans parler, tout simplement, de Marco Polo, qui fut ministre aussi. Mais je maintiens que l'aventurier de la littérature anglaise du xixe siècle est lié au sommeil de l'Asie. Qu'est devenu ce sommeil, pour les indigènes d'Océanie qui ont assisté aux combats des Américains et des Australiens contre les Japonais ?

L'ambassadeur a été haut-commissaire de France aux Nouvelles-Hébrides. Le haut-commissariat anglais eût tellement mieux convenu à son visage de ministre des Affaires étrangères britannique... Il est parfait, et le serait au cinéma.

— Vive le réveil de l'Océanie! dit Clappique. Ça consiste à fabriquer des postes de radio imaginaires, et, pan-pan! taper dessus pour faire venir des avions enchantés! La vie doit être belle, par là! J'en veux!

— On peut sans doute écrire des romans sur les cargo-cults et les avions enchantés, répond l'ambassadeur ; mais si un nouveau Brooke paraissait en Nouvelle-Guinée, il lui faudrait des émetteurs et non des touques, de vrais avions, de vrais cargos. Donc, un lien avec un vrai pouvoir. Le mythe de Rimbaud s'éloigne.

— Mais, mon cher Pierre, dit l'inspecteur, tes Nouvelles-Hébrides abritaient bien encore quelques fantaisistes ?

L'inspecteur semble porter lentement à sa bouche une invisible pipe de sachem, et n'ajoute rien.

— Jacques Viot, antiquaire farfelu, dit Clappique, est revenu avec une cargaison de fétiches, de tapas et d'autres machins, parce qu'il s'était fait passer pour

sorcier! Quelques prestidigitations, et le truc qui fait
croire qu'on s'arrache un morceau de pouce! Voltigez!
Il exécute le tour, les mains dressées.

— Sertai-il facile, répond l'inspecteur, de définir ce
que nous appelons aventure? Giraudoux avait fait
créer mon poste pour aller se promener. Je me suis
débrouillé pour l'hériter, en quel honneur? Le voyage?
Non. Une sorte de poésie? d'extravagance? De la
passion que m'inspire encore ce que je rencontrerais
de plus en plus difficilement en France, mais que je
rencontre au passage dans des endroits qui s'appellent
avenue Peu-de-Chose ou rue Babiole?

— Haïti?

— Oui. Je suis allé à l'île de la Tortue, où sont enterrés, selon la tradition, les trésors des grands pirates.
Peu importe ; le pittoresque local aussi, bien que je ne
déteste pas les enfants à qui on demande : " Que feras-tu,
quand tu seras grand? — Un métier paresseux. " Mais
j'ai vu les cavernes des flibustiers.

Il raconte des histoires de flibuste avec lenteur, mais
avec une précision digne de celle de Clappique. Les
argousins tiraient des prisons une foule de prostituées
voleuses ou meurtrières. « Vous partez pour les Isles, où
vous serez épousées par les gentilshommes, qui n'ont pas
de femmes blanches.» Elles le croyaient avec modération.
A leur arrivée, le chef des flibustiers tenait un discours
traditionnel : « Nous ne vous demandons rien du passé.
Quant à l'avenir, voici ma carabine, et si la femme que
je choisis me manque, la carabine ne la manquera pas. »
Ces gentilshommes galants, habillés, comme Robinson,
de toile à voile et de peau de chèvre, les choisissaient
puis les emmenaient. Première caverne. Seconde
caverne. Elles regrettaient leur prison. Troisième caverne : costumes de cour, vaisselle d'or. Des tables de
pierre chargées de chandeliers d'argent ; par les trous,

de grandes lianes, et, au-dessus de magnifiques tapisseries, des chauves-souris endormies, pendues par les pattes, comme des poires. Les flibustiers n'avaient jamais rien pu vendre de ce qu'ils avaient conquis de plus précieux : à qui ? Alors, les trésors étaient accumulés dans les cavernes, et les tapisseries à fils d'or parcourues d'araignées attendaient les filles de Saint-Lazare.

— Ah! j'aimerais, dit Clappique, les mémoires d'une de ces dames! J'en veux! Enfoncée, Manon Lescaut!

— Vous n'avez nulle chance, cher monsieur. Il existe beaucoup de textes sur la flibuste, à commencer par le brave Oexmelin. Rien de ces femmes. Elles ne savaient sans doute pas écrire, et...

— Elles auraient pu raconter!

— ... et elles ne sont guère revenues en France. Bien entendu, je rêve du film qui nous montrerait un Robinson et une cocotte au milieu des trésors! Mais aussi, plus banalement, de ceci : elles n'ont nécessairement pas vécu qu'avec des hommes ; qu'a bien pu être le rapport d'une fille de Saint-Lazare, avec une esclave de l'île de la Tortue ?

Il pose soigneusement ses couverts, reprend son geste de sachem ; mais le calumet de paix est remplacé par un doigt ironiquement docte, qui souligne :

— L'un de mes inspectés de Sumatra m'a bien plu. Ce noble fonctionnaire pressait une jouvencelle locale. Il parlait la langue, mais ça lui faisait une belle jambe! Alors, mon cher, un jour, il a eu l'idée géniale de se souvenir des *Contes* de Perrault. Le folklore de Sumatra était familier à la fille, et beaucoup de légendes de l'Inde. Mais le magique se mêlait à l'exotique, c'est-à-dire, pour elle, à l'Europe. Elle s'est mise à raconter *Le Chat Botté* aux gosses. Le meunier laisse à ses trois enfants le moulin, l'âne et le chat. Or, il n'y a pas de moulins à Sumatra : le moulin devient une maison-des-morts, avec les ailes triangulaires des aigles disposées autour de son pignon en proue : le mot ailes ne peut signifier que les ailes des oiseaux.

Un moulin est d'ailleurs une étrange bête. Je revois ceux du désert de Lout, en Perse, gibets dans le soleil couchant.

— L'âne ? Mon cher, un cheval velu qu'ils ne connaissaient guère, avec des oreilles gigantesques.

— Vénérez les ânes ! dit Clappique. J'ai rêvé d'animaux bizarres, genre cochons d'Inde, vous voyez ça ? Je leur ai dit : qu'est-ce que vous foutez là ? Ils m'ont répondu : nous sommes des lapins d'*avant* les oreilles.

L'inspecteur Aile-de-Corbeau, qui avait repris ses couverts, les repose, et lève de nouveau son index-calumet.

— Pourquoi les bottes du chat ? Parce qu'elles sont magiques, ou pour permettre au chat de se tenir debout sur ses pattes de derrière en lissant ses moustaches ?

L'histoire continue. Le roi est remplacé par le Maître-du-Pétrole ; l'habit doré, par un uniforme hollandais. Les paysans disent, comme dans Perrault, qu'ils appartiennent au grand-chef de Kaabah (le marquis de Carabas), parce qu'ils ont peur d'un chat qui parle. L'ogre est européen, habite un ascenseur, pourquoi ? accueille bien le chat parce qu'il salue mieux que les hommes, en passant sa patte par-dessus son oreille. L'ogre mis au défi se change en souris, comme dans le conte ; le chat le mange, quitte l'ascenseur et entre dans une grande salle où se trouve préparé un festin de lardons de sanglier et de jarres d'alcool de riz. Victuailles entourées d'une assemblée de boîtes-à-portraits et de pièges-à-voix, c'est-à-dire d'appareils photo et de phonographes. Le Maître-du-Pétrole donne évidemment sa fille au grand-chef, qui possède (dit le chat, la queue en l'air) un si bel ascenseur, et un si grand gratte-ciel où sont toujours préparés des festins. La fin est celle de Perrault : le chat devient propriétaire d'un grand nombre de plantes-à-pétrole avec leurs petites bêtes volantes (les derricks et les hélicoptères), il achète une maison dorée ornée des portraits des chats de sa famille, « et ne court plus après les souris que pour se divertir ».

— L'admirable, mon cher consul, c'est que notre ami n'a jamais pu tirer au clair ce qui, dans l'esprit de la fille, appartenait au conte et ce qui appartenait à l'Occident. Elle pensait que nous arrosons les derricks, pour les faire pousser. Mais le Chat Botté est-il plus étonnant qu'un avion ? Elle a dit : " Est-ce que le chat parlait aussi bien que les perroquets ? Tu devrais m'emmener dans ton pays. J'aurais peur... Mais je m'habituerais. Ici, on mange, on mange, on dort, on meurt... "

— Chapeau ! Il l'a baisée ? Dans mon film, Mayrena raconte un machin du même genre.

— Tu as vu des chats à Sumatra ? demande l'ambassadeur à l'inspecteur.

— Je n'ai jamais vu de chats nulle part, sinon à Venise et sous le pont de Galata, où se tient le marché aux poissons. Nonobstant, comme dirait M. de Clappique, permets-moi de te dire sagement que s'il n'y avait pas de chats à Sumatra, mon histoire n'en serait que meilleure : tu t'embourgeoises.

— Pourquoi n'y en aurait-il pas ? dit le consul. A Bornéo, il y a les fameux chats verts, qui sont simplement des chats à poil de lièvre, comme ceux d'Abyssinie... Savez-vous ce qui m'a le plus frappé, là-bas ? Les jouets qu'on apporte aux dieux. Imaginez : des poupées devant l'autel de la Sainte Vierge, des animaux mécaniques devant l'Enfant Jésus — et quoi, devant la Crucifixion ?

— Allons mettre des lapins mécaniques aux pieds de l'Enfant ! dit Clappique. Et que ça saute !

— Mais vos lapins, monsieur de Clappique, sont sympathiques parce qu'ils sont condamnés. Jeux de brousse, épisodiques... Alors que Djakarta, Bangkok, sont aujourd'hui de puissantes capitales.

Bangkok, vers 1925, était encore une des villes les plus irréelles du monde, la sœur d'Ispahan et de Pékin. Pas de gratte-ciel, pas de ponts. Sur la rive gauche, les temples couverts de morceaux d'assiettes de la Compagnie des Indes, étincelants dans le matin, et dont le vent faisait sonner les clochettes. Les portes des palais surmontées de fleurs de porcelaine serrées comme celles des bouquets de mariées, et les cornes qui hérissaient une Asie de paravent. Je ne suis pas revenu à Bangkok. Mon dernier souvenir de Thaïlande, c'est la visite des souverains en France. Le roi, dans la voiture qui nous conduisait à Versailles, m'avait dit : « J'ai fait remarquer à Baudouin [1] que nous seuls, les rois, sommes encore capables d'être démocrates... » Après le déjeuner, visite du château. La reine Sirikit est l'invitée qu'a préférée entre toutes le général de Gaulle. Sa beauté était liée à la grâce que le bouddhisme donne aux femmes : elles semblent toujours préparer des bouquets. Dans la chambre de Marie-Antoinette, sur un chevalet, le terrible portrait commencé dans la gloire, terminé au Temple, et retrouvé plus tard, troué en maints endroits par les piques révolutionnaires. La reine Sirikit me demanda pourquoi ces trous ; je le lui expliquai. Oubliant que je connaissais un peu sa religion, au moment de partir elle dirigea ses doigts vers eux, selon le geste de la bénédiction bouddhique...

L'inspecteur a posé ses mains à plat sur la nappe, et reprend, avec son immobilité peau-rouge :

— Bornéo surprend encore : Seria est une ville du

_____

1. Le roi des Belges.

pétrole, entourée de villages qui vivent à l'âge de pierre. Trois cents derricks dans la mer, mon cher, avec leur plate-forme à hélicoptères. Des bungalows, naturellement : toutes les villes du pétrole se ressemblent.

Je me souviens d'Abadan, au fond du golfe Persique : des bungalows, en effet, dominés par les usines verticales comme par des pylônes de temples égyptiens ; je me souviens aussi de la procession de sélénites des derricks à travers le désert de Mésopotamie.

— Dans les villages, mon cher Pierre, les chiens qui hurlent et ne savent pas aboyer, les cris des coqs de combat toute la nuit, les enfants à clochettes pour que leur mère les retrouve dans l'ombre des maisons-communes. Les animaux volants : écureuils, singes, et même lézards. Chaque sauvage avec une montre-bracelet arrêtée. Les Japonais les avaient apportées par pleins camions. Aucune montre ne résiste au climat. Mais tu sais, mon cher, c'est inquiétant, un lieu où il y a des montres partout, et l'heure, nulle part...

« Les lépreux sortent à quatre pattes de leurs cabanes, éclairés par les torches rouges du pétrole qui flambent à vingt kilomètres. Dans les longues-maisons des anciens chasseurs de têtes, on trouve les crânes des Japonais morts dans la brousse pendant la guerre, leurs lunettes en place. »

Clappique se lève d'enthousiasme, et se rassied sous le regard d'Aile-de-Corbeau placide et souriant — en faisant tomber un des masques du mur auquel il est presque adossé.

Sur tous les murs crème, sont fixés des objets populaires : marionnettes, masques (bien choisis), du Siam, de Java, de Sumatra, des îles, de Nouvelle-Guinée. Au musée, dans l'après-midi, parmi tous les masques serviteurs ou maîtres du rêve au long de trois mille kilomètres, j'éprouvais le même sentiment, éprouvé jadis dans le port entre les jonques, nos paquebots et les *praus* malaises : une ville où tout se rencontre, où le Siam est confusément voisin des Célèbes, où une population chinoise s'affaire entre l'Inde et l'Australie. Je viens de retrouver l'Inde, je vais retrouver la Chine : des continents, avec leur puissante unité. Ici, quelle unité, depuis Rangoon jusqu'à la Nouvelle-Guinée ? Pourtant, ce tout disparate forme un monde, lui aussi, un monde qui n'est pas seulement l'univers britannique où se mêlaient les océans conquis. Singapour est une étoile de mer.

Mais déjà elle n'est plus l'Empire, déjà les *jets* et les avionnettes ont remplacé les paquebots et les *praus*. Elle unit l'internationale des petits gratte-ciel à l'internationale des doux sauvages et des chasseurs de têtes, naguère conquise par le Râmâyana, et j'entends, une fois de plus : écoute la rumeur d'Ysa qui s'engloutit, de Byzance qui s'écroule doucement ; écoute s'éteindre ce qui fut Singapour, en 1965 de l'ère chrétienne...

Je connais depuis longtemps ce sentiment solennel et sinistre. Il ne s'agit pas de la durée qui nous emporte, et que la pensée ou l'œuvre d'art reconquiert ; il s'agit de l'aigle héraldique dont l'ombre passe sur moi comme le vent tiède de l'Océan ; du Temps meurtrier qui envoie au néant les histoires et l'Histoire. Le souvenir transfiguré reconquiert la jeunesse perdue ? La pensée reconquiert la durée ? J'entends la rumeur déjà lasse : écoute-moi, écoute-moi bien prier pour l'agonie de ce que tu appelais l'Europe ; bientôt, on ne se souviendra plus que de mon chuchotement.

L'ambassadeur est en train de demander à l'inspecteur :

— Que penses-tu du communisme de Bornéo ? Les journalistes américains qui habitent le *Raffles* n'ont pas rigolé.

— Le poison des fléchettes de sarbacane n'est pas recommandé. Quant au communisme, voici. Tu arrives à Brunéï. Il n'y a rien dans les magasins ; mais sur les trottoirs, pêle-mêle, des machines à écrire, des soutiens-gorge, des chapeaux, des fusées pour les feux d'artifice, et ainsi de suite. Passent des indigènes terrifiés par les autos, brosses à dents sur les oreilles à la place des canines de tigre qui signifiaient que leur porteur avait apporté une tête à son village. Ils désirent les objets qu'ils voient sur le trottoir, et croient que les Blancs les empêchent de les acquérir. Le communisme permettra enfin d'emporter des chapeaux et des fusées.

— Mais autour des derricks ?

— A Seria, les ouvriers ne sont pas des prolétaires à leurs propres yeux, ils sont de grands bourgeois. Le communisme n'existe ni là ni dans la brousse, où les indigènes sont très hospitaliers. Il faut seulement prendre garde aux photos : si tu photographies quelqu'un qui meurt le lendemain, tu as pris son âme dans ta boîte-à-un-œil. On te tuera. Ennuyeux.

« La fille de Sumatra ne m'a pas seulement plu à cau\ de son Chat Botté : elle m'a convaincu, parce que son père ne lui a pas demandé son avis. A Bornéo, être amoureux est coupable. Tout le monde couche avec tout le monde, mais les unions dépendent du chef, non des personnes.

— Vos gens entourés de lézards-volants, dis-je, conçoivent le mariage comme Saint-Simon : " Monsieur le Duc, je souhaite épouser votre fille aînée. — Hélas! Monsieur le Duc, elle est promise. — Mais n'en avez-vous pas une autre ? "

— A peu près. Drôle d'univers. J'ai discuté avec un chef qui disait en réfléchissant : " Si nous étions chrétiens ce serait ennuyeux, mais nous ne devrions pas attendre les présages des aigles-pêcheurs pour commen-

cer nos semailles. Et nous pourrions couper la tête de
nos invités. Je connais la ville : j'ai été en prison. C'est
là que j'ai appris à coudre à la machine. La prison est
moins bête que la ville. Elle est comme la brousse : on
n'est pas obligé de payer pour se nourrir. Chez nous,
pendant la guerre, il tombait du ciel de grands parapluies blancs. "

Parachutes multicolores dans la nuit de Corrèze,
feux de position semblables sans doute aux feux de
village des Dayaks, champignons légers qui descendaient, il y a vingt ans, de la Bretagne à la Nouvelle-
Guinée et au Japon...

« J'ai fait des pagnes pour toute la tribu, disait le
chef. On a voulu nous apprendre à tirer, mais nous pré-
férons les sarbacanes. Les Japonais donnaient cinq
cents roupies pour une tête d'Australien ; il n'y en
avait pas beaucoup. Ensuite, il y a eu beaucoup de
têtes de Japonais, mais les Australiens ne donnaient
rien. A la fin, la chasse a été interdite. Les Blancs ne
savent pas ce qu'ils veulent. »

L'ambassadeur dit :

— Savez-vous qui était en poste en Suède, quand
Rimbaud abandonna son cirque et se fit rapatrier ? Gobineau.

Clappique lui tend — en vain — son monocle noir,
que le visage de l'ambassadeur appelle incontestable-
ment plus que le sien :

— Gobineau ! Très digne ! Du plus heureux effet ! Un
cirque, c'est bien ! Rimbaud aurait dû y rester. Minable !
Bourgeois ! Rentrez sous terre ! Ah ! le temps où la
flotte du roi de l'opium était en face de Chang-haï !...
Que faire aujourd'hui ? le pitre ? Cher pays ! La plus
mirobolante aventure doit avoir été celle de la petite-
fille de Timour : dans mon film, je la fais raconter par
Mayrena.

« Il est sur le bateau qui longe la côte d'Annam —
1888, pas un mot! — la nuit, entouré d'idiots en toile
blanche et d'idiotes de l'époque. " Appelez-moi Alphon-
sine, monsieur le baron... Racontez-nous : c'est intéressant aussi pour les dames, ces histoires-là... " »

Clappique minaude. Dès qu'il s'échauffe, sa voix entre-
coupée se transforme en voix grave et folle de grand
comédien romantique, Frédérick Lemaître entre Ruy
Blas et César de Bazan. Il remet et assure le monocle
noir.

— Petite-fille de Timour, elle l'était comme cette
charmante drôlesse de Lavallière l'était de Henri IV,
Messieurs! mais du moins fut-elle épousée — à la musulmane! Elle avait été prise par les troupes de l'émir
avec une caravane de Perse, vendue comme esclave et
devenue celle du petit-fils de l'empereur. Gringalet,
de mœurs... vous m'entendez! et occupé de poèmes
quand les chevaux impériaux foulaient les Portes de
Fer!

Il glisse son monocle dans sa poche, renverse noblement la tête, et caresse avec lenteur une barbe olym-
pienne. Son physique de belette disparaît : comme tous
les grands mimes, il parvient à en suggérer un autre :

— ... Mais le prince héritier, qui commandait à la
bataille d'Angora la cavalerie de la garde, fut sabré par
les gens de Bajazet. Notre prince devint, hélas! l'héritier de l'Empire. Le vieux Timour, écrasé de chagrin,
regardait ces épaules incapables de soutenir la lance,
sur lesquelles il allait jeter le plus grand empire du monde! Il n'eut rien de plus pressé que de faire arrêter la
fille, jugeant sans doute, Messieurs, qu'un empire survit parfois à la bêtise d'un homme, mais à la bassesse
d'une femme, jamais!

« Vous savez que l'agonie de Timour commença lorsqu'il atteignit la Chine. Il mourut quelques jours plus

399

tard ; les généraux ordonnèrent la retraite. Et telle était la terreur qu'il inspirait, que nul n'osa déclarer sa mort : les lanciers revenaient, la queue de renard à la lance, et la Garde escortait la litière fermée où se décomposait le terrifiant cadavre, comme si, malgré l'odeur, l'émir eût été capable de se réveiller pour faire encore couper quelques têtes indiscrètes ! »

Il se peut que le numéro soit élaboré, mais Clappique improvise, pris par l'imitation elle-même, et par une éloquence de conteur oriental que l'alcool exalte, bien que le baron ne soit manifestement pas ivre. Je le crois surtout possédé par ce ton délirant qui exprime un personnage, sans doute, mais appelle un monologue inépuisable.

— Assurée d'être condamnée à mort, la femme était allée se jeter aux genoux de l'impératrice, en se déclarant enceinte. Le sexe le plus gracieux et le plus éprouvé a de la chance, Messieurs ! Quel moyen un homme eût-il trouvé de gagner sept mois ? Timour mort, pas plus d'enfant que sur le dos de ma main, mais le prince devient empereur. Bien incapable de prendre avec un poing de gentilhomme les rênes de l'Empire ! Dans toutes les provinces, les courriers impériaux jetèrent l'ordre d'envoyer les trésors à Samarkand. On les réunit, on réunit aussi les musiciens persans avec leurs violes et leurs instruments à long manche !

« Chaque nuit, l'ancienne esclave était assise sur un des trônes devant le grand bassin de mosaïque turquoise où nageaient les cyprins sacrés de Timour. Les musiciens jouaient sous ces étoiles d'Asie que nous avons au-dessus de la tête, Messieurs ! Les serviteurs apportaient à la princesse immobile les trésors de l'Empire. Et elle les jetait aux poissons, par poignées !

« L'armée revint à marches forcées. Les généraux prirent le pouvoir. Le prince déposé, sa sublime drôlesse fut exposée au pilori deux jours, et la populace vint cracher sur ses diables d'yeux qui avaient dédaigné les trésors!... »

Clappique baisse la tête, caresse sur sa poitrine sa barbe imaginaire, déploie un geste désabusé :

— Elle ne mourut que vingt ans plus tard, dans une maison de faubourg où elle était devenue blanchisseuse...

Puis il tire sa pochette, essuie son front qui ruisselle, remet son monocle, et reprend sa voix de fausset :

— Ça, c'était sérieux! Rentrez sous terre, avec votre Rimbaud affreux! Quarante mille francs en or dans sa ceinture! Revient pour se marier! Un aventurier est célibataire!

— Votre collègue russe, dis-je à l'ambassadeur, m'a raconté que lorsqu'on a tiré Timour de son tombeau de Samarkand, je ne sais plus en quel honneur, on a découvert qu'il était roux. Deux jours plus tard, Hitler entrait en Union Soviétique...

— Et Java? demande l'ambassadeur au sachem.

— J'aurais voulu trouver des documents sur les Français de la République batave, vers 1795. Rien, mon cher! L'île reste extraordinaire, si l'on pense qu'elle est si proche. Le soir, les cerfs-volants au-dessus de Djakarta...

Je me souviens des combats de cerfs-volants éperonnés comme des navires, jadis, au-dessus de Bangkok; et des duels de poissons-combattants, dans les bocaux dont l'eau rougissait tandis qu'un petit poisson devenait multicolore en montant mourir à la surface...

L'inspecteur parle de l'obélisque colossal et de son Musée Grévin, des voiliers de Surabaya, des arbres chauves dont les feuilles sont remplacées par les renards-volants suspendus, qui s'envolent en ouvrant leurs ailes transparentes; de la division d'élite derrière son conducteur à peau de tigre ; du Président accompagné de son sorcier, de la propagande politique confiée aux théâtres d'ombres...

— Vous voyez le genre, dit Clappique : le héros qui repousse toute l'armée des singes se met à gueuler : Vive le Parti communiste indonésien!

— Oh, c'est beaucoup mieux, monsieur de Clappique : l'animateur des marionnettes reprend la phrase séculaire : " Maintenant, les arbres vont se changer en spectres, et le monde des ancêtres, animer le pauvre monde des vivants. " Alors l'Indonésie se met à parler avec cette voix des ancêtres. C'est aussi ce qui se passe avec Soekarno : puisqu'il est, pour tous, le Père de l'Indépendance, il est aussi le Délégué des Ancêtres. Vous le connaissez, Monsieur le Ministre ?

— Un peu. Il est le seul chef d'État jovial que j'aie rencontré : à Orly, il est allé de l'avion vers le salon au pas de course en me parlant de mes livres, a serré les mains des officiels français, tiré au passage la barbe de quelques officiels indonésiens, et a disparu, suivi d'un dernier éclat de rire...

— En Malaisie, dit l'ambassadeur, on affirme que l'insurrection communiste aura lieu avant la fin de l'année.

— Et aussitôt après, mon cher Pierre, la guerre civile...

— Les communistes sont cinq millions. Et leur parti est antérieur au Parti communiste vietnamien.

— Leurs adversaires, quatre-vingt-quinze millions, mon cher. Les communistes prendront le pouvoir, et ne le conserveront pas. On les hait, et le mélange du nationalisme, des religions et des coutumes est très fort.

— Les Chinois?

— Ils ne sont pas des Chinois de Mao. Ni de Tchang

Kaï-chek. Ils affichent prudemment le portrait de Sun Yat-sen, et sont des Chinois-de-Java.

Il me semble aussi, dit l'ambassadeur, grattant sa moustache anglaise. Quant à tes religions et tes coutumes, l'orthodoxie n'était pas nulle en Russie, quand Lénine a pris le pouvoir.

— Mais sans la guerre, dis-je, le communisme eût-il été plus fort que l'orthodoxie ?

— Vous verrez, dit l'inspecteur : on tuera quelques milliers de Chinois par-ci, par-là, mais le jeu se jouera entre Indonésiens. Et dans le domaine religieux. La dernière constitution de Soekarno proclame un dieu unique. Il aura fort à faire. Si l'insurrection communiste n'est pas immédiatement victorieuse, mon cher, elle deviendra sacrilège. Alors, selon les meilleures traditions, une nuit, tout le monde commencera à égorger tout le monde. Le prix des kriss a doublé. On égorgera d'abord chez toi, Pierre, du côté de Macassar. Une fois de plus.

Et moi, quand suis-je venu à Macassar ? Il y a trente ans ? Des jonques dans la grande rivière, et une porte de pierre noire comme nos portails d'Auvergne, érigée, je crois, en l'honneur du tombeau d'Albuquerque. Les Portugais, les Hollandais, les farfelus français de 1795, le royaume sumatranais de Srivijaja, avec lequel veut rivaliser celui de Soekarno, aussi vaste et sans doute aussi fragile. Soekarno m'a dit, à l'Élysée : « Nos cent millions d'habitants » et j'ai eu envie de lui répondre : « Pour combien d'années ? » Je n'aurais pas eu envie de répondre à Staline : « Votre multitude, pour combien d'années ? », ni même à Nehru. Je crois à la réalité de l'Insulinde, mais, à ses yeux, elle n'est pas politique : ce pays a marié les mystiques comme d'autres ont concilié les dogmes. L'expression : le temps des grandes découvertes, m'a toujours fait rêver : et si nos misérables ports mérovingiens avaient été « découverts » en leur temps par les bateaux de Srivijaja, maîtres des mers d'Asie ?

Le dessert est la *gula malacca*, le riz au caramel et au lait de coco. J'en ai mangé au *Raffles Hotel*, vers 1923... La plus belle femme que j'aie vue quittait la salle à manger ; entre l'océan Indien et la mer de Chine, la nuit tombait sur l'Empire britannique...

Le dîner terminé, je pars, avec Clappique, pour l'hôtel. Il veut me lire son projet de film — et me montrer au passage la rue de la Mort, que je n'ai jamais vue.

Notre voiture quitte le boulevard ; il me demande, comme si l'obscurité le ramenait à la conversation du dîner :

— Quel est l'aventurier qui vous a le plus intéressé ?

— Ça dépend des jours... Ce soir, disons : Renaud de Châtillon.

— Le roi de Syrie ?

— Seigneur d'outre-Jourdain. Je pense à lui parce que je viens de longer la côte d'Arabie avec ce pauvre *Cambodge* ; Renaud est l'antichevalier : Jaufré Rudel part pour Tripoli afin de rencontrer la reine Melissinde qu'il aime sans l'avoir jamais vue, et Renaud, parce qu'il la sait veuve et veut l'épouser. Le plus fort, c'est qu'il y parvient — alors que le pauvre prince-poète meurt avant d'avoir atteint Tripoli. Renaud se fait nommer chef de la garde varangienne...

— Les gorilles locaux ?

— Oui. Il épouse la reine. Elle meurt : le voilà roi. Il traite avec Saladin pour le passage des caravanes de La Mecque à travers son royaume. Mais il fait transporter une flotte chrétienne démontée, depuis Tripoli jusqu'à ses terres de la mer Rouge, et, je crois, prend Médine. La ville était sainte, elle n'était pas riche. Il pille donc la plus somptueuse caravane islamique aventurée chez lui...

Clappique lève un doigt mémorable, et cite :

> *Avez-vous vu, dit-elle, un bel enfant que j'ai ?*
> *Et l'ogre, ta-ta-ta, lui dit : Je l'ai mangé.*
> *Or, c'était maladroit...*

« Victor Hugo a raison : c'était maladroit.

— Saladin conquiert l'outre-Jourdain, ramène Renaud au Caire, attaché sur un chameau (le prisonnier tourné du côté de la queue du chameau, grand signe de mépris), rejette sa tête en arrière en la tirant par ses cheveux blancs, lui reproche sa trahison et lui coupe la gorge. Vous êtes satisfait ?

— Ce maquereau mirobolant me comble, chéri !

L'auto tourne au coin d'un marché éclatant de néon et du chahut des disques chinois ; traverse un boulevard obscur, s'arrête à l'entrée d'une rue. Les voitures n'y ont pas accès, et des échoppes sont établies sur la chaussée. Des ombres convergent vers une lumière d'autrefois, coupée de ruelles où des lumignons tremblent au fond de la Chine éternelle. Le dernier marchand s'enfonce, son bambou sur l'épaule, au son décroissant de sa cliquette. Le marché voisin beuglait de tous ses disques, mais ici la musique est celle des vraies voix et des vrais instruments : la musique de la mort. Couronnes de fleurs blanches qui feraient penser aux bouquets d'accueil des Indes, tubéreuses et frangipaniers, si elles n'étaient immenses ; familles qui commencent leur repas de funérailles devant des cercueils courbes semblables à des barques, et à côté d'un artisan dont l'archet semble faire chanter son tour pour en tirer des ronds de serviette insolites. La rue de la Mort a commencé son existence somnambule.

405

— Entre autres métiers, dit Clappique, je suis correspondant de l'Agence française de Presse. Forain avait raconté une belle histoire à l'un des zigotos que j'ai trimbalés :

« Il se rend, un jour de neige, chez Nina de Callias, *La Femme aux éventails* de Manet.

— Celle dont les tapis étaient évidés, parce que son kangourou en avait mangé la verdure pendant le siège de Paris ?

— Vous connaissez vos auteurs, chapeau! Sans pardessus, mains dans les poches, hauts-de-forme cabossés, cols retroussés (vous voyez le genre : gentils-hommes-clochards de Daumier sous les becs de gaz), deux personnages indignés : " Les échelles avaient quatre-vingt-dix pieds, Monsieur! — Quatre-vingt-quatre, Monsieur! — Mon ancêtre y était, Monsieur! — A la prise de Byzance par les Croisés ? Oh! Oh! le mien aussi, Monsieur! — Qui êtes-vous ? — Auguste de Châtillon. — Villiers de l'Isle-Adam. "

« Et de s'embrasser dans la neige, fin saouls, et de se rendre, titubants, chez Nina. »

— Auguste de Châtillon, dis-je, était l'auteur de *La Levrette en pal'tot*...

— Oui. Et l'amant d'Adèle Hugo, dit *Le Canard enchaîné* de l'époque. L'hymne sedang de Mayrena a été composé, sur des paroles de Mac Nab, chansonnier du *Chat Noir*, par Charles de Sivry, le beau-frère de Verlaine! Si ça ne vous plaît pas, n'en dégoûtez pas les autres!

Il bourdonne l'hymne, couvert par le bruit de la rue. Nina de Callias, Villiers de l'Isle-Adam, Verlaine, Manet, le kangourou, l'extravagance et le génie des Batignolles... Nous longeons des hôtels chinois semblables aux fumeries et aux entreponts de Jules Verne ; les couchettes superposées laissent pendre quelques bras semblables à ceux des camps de concentration. Autour des tables rondes, dans les cafés chinois, quelques affalés attendent ; autour des tables carrées de la rue, des vieillards gagneront bientôt leurs couchettes sinistres ; une population d'asile, patiente dans sa lumière, est rassemblée par milliers d'agonies dans la musique funèbre venue des capitales ensevelies, Si-Ngan-Fou, Lo-Yang, où l'empereur plantait les premières semences...

Un chien passe, Clappique l'appelle : « Clebs! Dans mes bras! » Le chien s'enfuit, Clappique reprend :

— Un jour, les Américains m'ont envoyé un zèbre allemand, ancien assistant de la grande Leni Riefenstahl. Rentrez sous terre! il préparait un film sur Hitler. On n'a jamais vu le film. Mais le zèbre moustachu avait tiré ce qu'il avait pu de ses souvenirs, de ceux de sa patronne, de ceux des autres, et même de Nuremberg. Il racontait des histoires de journaliste, et aussi, pas un mot! des histoires de Shakespeare. Shakespeare, vous connaissez? Guillaume, comme l'autre! Et comme Apollinaire. Lequel est mort pendant qu'on gueulait " A bas Guillaume! " dans sa rue. Le monde est petit.

« Mon type racontait d'abord un truc très cinéma : après le départ de Hitler, les actualités arrivent dans la Chancellerie : les tapis roulés en cylindres, et un chapeau oublié sur une chaise, un chapeau avec une jolie petite plume tyrolienne verticale, debout les morts! que le bombardement russe fait trembler. Les opérateurs n'ont pas osé tourner. Dommage!

« Puis, un souvenir qu'il tenait de Speer. Hitler et Speer sont seuls ensemble dans je ne sais quelle ferme de France. Minuit moins cinq. Hitler fait tout éteindre dans la ferme et le village, et se recroqueville dans son fauteuil de bois pour entendre le clairon de l'armistice. Le zèbre moustachu racontait très bien le silence, l'odeur des champs, les bruits des bêtes, et Hitler qui attendait.

« Puis, l'espoir tout-fou des derniers jours : les agités dans l'ancien salon de Bismarck à Berlin, qui hurlent à Gœring : " Les rayons de la mort, nous avons enfin découvert les rayons de la mort! ", alors que Gœring, lui, sait qu'on n'a rien découvert du tout. »

Je pense à la visite des Windsor chez Gœring, avant la guerre. Le duc fait porter à Karinhall un train électrique pour les enfants. Après le déjeuner, il monte avec Gœring pour assister au jeu. Un quart d'heure d'absence ; une demi-heure ; trois quarts d'heure. La maréchale, inquiète, monte avec la duchesse, et elles trouvent l'ancien roi d'Angleterre à quatre pattes comme Gœring, tous deux fascinés par le merveilleux jouet que les enfants, déjà las, regardent distraitement.

Comme les Chinois qui nous entourent regardent distraitement la mort.

Je pense aussi à la maîtresse anglaise de Hitler, à qui Gaston Palewski disait : « Comment as-tu pu coucher avec ce gorille ? — Ah, de tous mes amants, c'était le plus drôle! Je ne me suis jamais plus amusée qu'au jeu de cache-cache à Berchtesgaden! »

Clappique continue :

— " Hitler, vociférait mon zèbre indigné, Hitler a voulu transformer l'Allemagne en terre brûlée, et presque personne ne lui a obéi!! il a voulu détruire Paris, et votre Paris n'est pas détruite! Wunderbar, mais je ne trouve pas les images! " Malheur! il ne trouvait pas les images! Haffreux, de plus en plus haffreux, comme disait Shakespeare (Guillaume). Hitler cocu, pas un mot! J'en veux!

« Ses images, quelquefois, il les trouvait, le zèbre! Eva Braun, dactylo chétive, chétive, vous dis-je! arrive au bunker, tous les durs de durs veulent la virer, et elle les envoie faire foutre! Mon zèbre moustachu disait : " Ils n'osaient plus rien dire, parce qu'elle avait l'air d'apporter la mort. " Ça vous plaît ? Au surplus, elle l'apportait! Hitler avait dit bien avant : Un jour, il ne me restera que deux amis, Mlle Braun et le chien. Plus ça tournait mal, plus il aimait le chien. Un berger allemand, Blondi je crois. Pas de chat. Il avait raison d'aimer les bêtes. Les derniers jours, les avions allemands larguaient vasouilleusement les provisions destinées au bunker, et pour cause! Le type qui allait les ramasser était un gardien du Tiergarten. Ça me plaît. »

Aucune bassesse dans cette image de Hitler nourri par le gardien des bêtes, ou des fauves... Je me souviens du dernier hiver de guerre ; la brigade Alsace-Lorraine était presque seule à Strasbourg contre les chars de Rundstedt. Le général de Lattre m'avait dit : « Si les Américains ne reviennent pas, il faut que vous soyez là, et que vous ne soyez pas prisonniers. — Évidemment. » Les Américains étaient revenus. Pas tout de suite. Enfin, l'offensive allemande était brisée. Une nuit, nous quittions le mess dans la neige que la pleine lune rendait éclatante. L'un de nous a dit : « Voici la dernière lune sur le IIIe Reich. » Aujourd'hui, la chaleur nocturne de Singapour enveloppe la voix tristement grinçante de Clappique :

— Mon type était passionné par l'avant-dernière scène de son film : Hitler collé au mur dans le bunker, avec son accès de torticolis, appelait le chien affectueusement et lui tirait une balle dans la tête. Ça pourrait aussi être la dernière scène. Pourquoi ai-je traîné ce zèbre ici? Interrogations, méditations! Conclusion hâtive : sans doute parce qu'il m'avait demandé de l'amener. Non? Moustachu mais lugubre, il espérait que cette rue lui fournirait des sujets lugubres, pourquoi pas?

Clappique enveloppe la rue de la Mort d'un geste vague et un peu tremblant. Le dragon millénaire qui s'est couché pour mourir parmi son peuple de ténèbres, pelé de tout l'éclat de ses empires, s'endort sous ses écailles de chanvre, de sacs et de haillons. Allons retrouver l'électricité de la ville européenne.

Le *Raffles* a beaucoup changé ; mais comme jadis, les tireurs de pousse jouent aux cartes chinoises sur le trottoir. Les vélos ont remplacé les brancards des rickshaws. Quand je suis venu ici pour la première fois, je n'avais pas vingt-cinq ans. Devant moi, il y avait l'Asie — et mon destin. Qu'en attendais-je ? Je ne le sais même plus. Mon destin est derrière moi. Une fois encore, je constate à quel point je rejette mon passé — à quel point m'échappe toute cette vie qui sur le même trottoir de Singapour, sépare ces cyclistes chinois, des tireurs de rickshaws de 1923. (Est-ce bien 1923 ?...)
Le petit patio bordé de chambres aux portes à demi-persiennes existe encore ; les mêmes demi-persiennes battantes qu'à l'hôtel de Gramat où j'étais tombé sur les dalles en face des Allemands. Au centre du petit jardin, les tables du bar. Clappique m'installe sous un palmier droit, commande des fines-sodas, disparaît, revient, son manuscrit (volumineux !) sous le bras. A la table voisine, un journaliste américain blessé à Bornéo boit aussi, le bras en écharpe.

— Méry, dit Clappique, viendra tout à l'heure prendre un verre : il habite ici.

— Pourquoi n'est-il pas venu à la réception ? Le consul général est sympathique, et sa femme est charmante.

— Horreur des réceptions. Plus de soixante-quinze ans, maintenant. Le consul ne lui en veut pas : il pense qu'il sera mort avant un mois. Tuyau de médecin ? Peut-être...

Son rôle en Indochine fut celui d'un ministre de l'Éducation nationale.

— Que fait-il à Singapour?

— Il attend de mourir. Rentrons sous terre...

— Il connaît le diagnostic?

— On dirait que ça dépend des jours. Marchand de papillons. Parle très bien des papillons. Il écrit sur l'Indochine de votre temps, et a grande envie de vous rencontrer. Il vivait avec une bactériologiste vietnamienne.

— Communiste?

— Elle? N'en doutez pas. Lui, non. S'en fout. Elle est morte récemment. Depuis, il vit seul avec un gosse cambodgien qu'ils avaient adopté, et qu'il adore. Je suppose qu'il ne pense guère à la mort qu'à cause de lui. Cela dit, si vous souhaitez ne pas le voir, laissez tomber.

— Non.

— Parfait! Ici, Essuie-Plume! Chacun son Chat Botté!

Un gentil chat noir quitte un fauteuil de rotin, se couche sur les genoux de Clappique.

— Jadis, dis-je, on dansait, ici... Les moustiques étaient si nombreux que lorsque j'ai retiré mes escarpins, ils sont restés imprimés en blanc sur mes pieds violets de piqûres.

— Moustiques : morts! il n'y a pas qu'eux.

« Donc, nous avons écrit en tapinois, Essuie-Plume et moi, un p'petit chef-d'œuvre sur lequel j'aimerais avoir votre avis. Ça s'appelle *Le Règne du Malin*. Il n'est pire raseurs que littéraires. Nonobstant, le roi des Sedangs vous a intéressé souventes fois, jadis? »

Certes, je n'ai pas oublié David de Mayrena, dont la légende, très présente dans l'Indochine de 1920, est en partie, à l'origine de ma *Voie royale*. Encore ne m'a-t-elle donné qu'un décor. Les vieux Indochinois avaient fait cette légende avec leurs rêves, et la précisaient avec leur médiocrité. Du moins connaissais-je les photos : un Jupiter aux trop belles dents, vêtu d'un dolman.

— Heureusement, nous ne savons presque rien de la conquête. Nonobstant, suis-je excité par le roi ? Non ! Je le suis par l'époque, par ce que nous appelions à dîner l'Asie endormie.

Je sais : l'heure verte à la terrasse du *Continental*, le soir sur les caroubiers, les casques du sergent Bobillot, les dominos du mah-jong sur la musique miaulante de Cholon, les victorias et leurs grelots rue Catinat, le petit billard furieux des bouliers chinois, l'extinction des feux dans les casernes des tirailleurs sénégalais...

— Je suis content de ma première scène. Mayrena et son copain Mercurol — pernods, lézards au plafond, éphémères plein la lampe à pétrole — entendent sonner à la porte, voient un type en uniforme et croient qu'il vient les arrêter. Pas un mot ! Il vient convoquer Mayrena de la part du Gouverneur, qui lui confie la mission en pays sedang, à cause de ses articles ! Au début, Mayrena n'avait pas la moindre idée de la Confédération sedang ! Il croyait à l'or.

— Ça commence bien.

— Autre scène qui m'excite comme un vibrion ! Mayrena dîne chez le résident du dernier Cercle français avant d'entrer au pays sedang. Sa dame " écrit ". Vous voyez le genre : cheveux carotte, yeux charbonnés, maquillée comme un clown. Mayrena, mythomane, dit qu'il a connu Victor Hugo, récite les deux strophes d'*Olympio* :

Répondez, vallon pur, répondez, solitude,
O nature abritée en ce désert si beau,

Lorsque nous dormirons tous deux, dans l'attitude
Que donne aux morts pensifs la forme du tombeau ;

Est-ce que vous serez à ce point insensible,
De nous savoir couchés, morts avec nos amours,
Et de continuer votre fête paisible,
Et de toujours sourire et de chanter toujours ?

«La chaîne annamitique. Les lézards autour de la lampe, les cris des grenouilles, notre Asie, quoi! Puis, fondu enchaîné sur la poétesse, Folle de Chaillot en gros plan, qui répond par la fin de *Souvenir* — réponse à Hugo, et non à Dante comme le prétend Musset, vilain menteur :

La foudre maintenant peut tomber sur ma tête :
Jamais ce souvenir ne peut m'être arraché!
Comme le matelot brisé par la tempête.
Je m'y tiens attaché.

Je ne veux rien savoir, ni si les champs fleurissent,
Ni ce qu'il adviendra du simulacre humain,
Ni si ces vastes cieux éclaireront demain
Ce qu'ils ensevelissent...

— Avec une dispute indigène au fond de la nuit...
— Il faut une actrice qui récite très bien. J'ai entendu Moreno, qui avait l'air d'une maquerelle tombée dans la débine, réciter le *Balcon*, les mains au dos. Extraordinaire! Voltigez! l'opérateur devra se débrouiller astucieusement! Comme un grand! Les visages doivent être des guignols, mais le texte ne doit pas être caricaturé, au contraire! Il a un rôle comme celui de la musique, vous voyez le genre! Et les guignols doivent être moins importants que la nuit. Je voudrais donner notre Indochine d'autrefois : ça se passait, ça se passe, ça se passera... L'Asie! Les grands arbres, les lianes, les grenouilles...

— Le cri des crapauds-buffles suggère ce que vous cherchez : ils se taisent quand l'homme approche, et semblent toujours venir de très loin...

Il redit à mi-voix : « ... *ni ce qu'il adviendra du simulacre humain...* » et pose les mains sur son manuscrit. Dans la nuit chaude, des clients du *Raffles* reviennent du cinéma, sans interrompre le vol fasciné des éphémères.

— Il faudrait aussi me débrouiller avec la forêt. Problème! Une atmosphère étouffante, des trouées, l'Annam mille mètres plus bas. Et que ça pullule! Les villages comme des punaises des bois! Des sangsues, des grenouilles transparentes! Un squelette de buffle absolument net mais plein de fourmis. Vous voyez le genre?

— Sans peine : pour moi, la grande forêt, ce sont les insectes et les toiles d'araignée.

— Quand le soir tombe, les arbres qui commencent à converser... Des coolies qui disparaissent ; la caravane de moins en moins longue... Quand elle arrive en pays sedang, un mort, une flèche dans l'œil. Les sauvages avec leurs hautes lances. A leurs colliers, entre les dents de tigre, des pépites. Mayrena en dolman bleu pâle, modestement! L'accueil des Pères (ou non, je ne sais pas encore). Des cochons noirs. Des volailles. Des cases pleines d'ossements : les animaux des sacrifices. Des lancettes de guerre plantées dans certains sentiers. Une femme qui pleure parce que son enfant vient de mourir. Dans les cases des chefs, crânes d'animaux. Vautours. Mercurol fait fonctionner des automates. Distribution de quinine ; après quoi, des types viennent demander à Mayrena de leur rendre un bras, un œil, une jambe...

« Je voudrais une scène de sorcellerie. Il y en a eu de mirobolantes, avec les sorciers aveugles qui faisaient parler les morts. J'ai les traductions. »

Il feuillette enfin son manuscrit :

« *O garçons, allez déterrer au pied du lilas le baume qui rend invincible !*

« *Pourquoi te laisserais-je quand tu es déjà blessé, — quand ta cuisse est brisée, quand ton sang inonde le village ! — j'abandonnerai ta mâchoire au-dehors où viendront les fourmis grandes et petites, — toi le chef féroce qui m'as enlevé ma femme, — arraché le cœur du ventre. — O enfants, ô enfants, — plantez sa tête au sommet de la porte — Milliers d'oiseaux, tourterelles moirées, mes serviteurs, venez avec moi !*

« Ups ! Ascenseur ! Nonobstant, dans la langue du film, français ou anglais, minable ! Minable, vous dis-je ! Et s'il y a un traducteur — un des religieux, ou quelque chose comme ça — effet perdu ! Réfléchissons, Essuie-Plume ; pensons, mon ami !

« Je vois certaines choses : par exemple, les bancs de brume que j'ai traversés là-bas, les vols de papillons grands comme des nuages. Le pittoresque, oui : les balles creuses emplies du sang qui ruisselle de l'arbre où la balle vient de s'écraser. Vous vous en êtes servi, mais peu me chaut !

— C'était un procédé employé par Robert Houdin contre les marabouts ; Mayrena peut l'avoir connu.

« Mais comment voulez-vous traiter la partie sérieuse ? Si vous ne faites pas simplement de Mayrena un agent français — et même ! — il faudra rendre cette conquête intelligible. Les Pères n'expliquent pas tout. Ni le duel avec le Sadète du Feu. Battre en duel un roi-sorcier est important, mais gare aux *Trois Mousquetaires* !...

— Rentrez sous terre ! à l'armée, Mayrena avait

été prévôt, et il portait sans doute la latte de cavalerie, beaucoup plus longue que le sabre asiatique... Malheureusement, je m'en fous! Ah, le sérieux! le sérieux! Déprimant! Consternant!

Il se prend la tête à deux mains, comme s'il sanglotait :

— Ça ne peut tout de même pas ressembler à *Tintin*! Tu as beau dire, Essuie-Plume! Tu parles à la légère! Tu ne réfléchis pas! Réfléchissons, réfléchissons!

— Si vous ajoutiez au duel, des oiseaux et quelques singes ? Quant à la lutte entre les tribus, vous pourriez reprendre mon procédé de *La Voie royale* : dans la nuit, les feux ennemis qui s'éloignent comme la flamme qui ronge le bord d'un papier...

— Mirobolante idée! Nonobstant, vous avez raison : il faudrait comprendre pourquoi le gouvernement a décidé d'abandonner Mayrena. Plus de gouvernement, plus de Pères : plus de Pères, plus de Mayrena. Il ne savait pas les dialectes.

« Je voudrais une espèce de reportage bizarre. Un paysage très con, genre picard, nul en tout, d'où sortiraient des trucs de cauchemar devenus aussi naturels que nos cimetières, avec, en contrechamp, des rustiques plus ou moins à poil, les mains croisées sur l'épieu à défricher, comme les nôtres sur le manche de leur bêche.

« Il faut bien comprendre que ces types sont des paysans. Mais je m'en fous. Je ne pense qu'à Mayrena de retour en France, avec son arrière-fond de roi sauvage. Vous voyez le genre ?

— Je ne crois pas possible de faire un film allusif. Et pourquoi Mayrena est-il revenu en France ?

— Négocier, et retourner là-bas avec l'appui des autorités ? Complètement fol, pourtant pas impossible. Négocier autre chose : les mines d'or ? La Bourse aurait pris ça allégrement ! Ou bien profiter de sa légende, telle qu'il l'imaginait ? Pourquoi pas ? Un p'petit médecin chafouin nous dirait qu'il était paranoïaque. Il a été admiré par les journalistes comme un mirobolant ! Amant d'une actrice célèbre ! Il a cru que c'était arrivé, puisqu'à la Chambre, il s'est fait flanquer à la porte de la tribune du Corps diplomatique : à la trappe ! Sous terre !

« Enfin, j'arrive à la scène du *Rat mort*. J'ai tout écrit pour deux scènes : celle-là et celle de l'agonie. Difficile à tourner, parce que c'est une espèce de monologue, comme la vie de la petit-fille de Timour. Tout repose sur l'acteur.

« Donc, terrasses, noctambules, ailes du *Moulin Rouge* qui tournent avec leurs petites lumières, salle où l'on danse, tziganes. Autour de Mayrena en habit, grand cordon de l'ordre royal du Courage, des hommes élégants, et des clochards qui ont laissé au vestiaire leur haut-de-forme cabossé. Ceux-ci restent debout, verre en main. Plus loin, sur la banquette de velours, femmes aux paupières mauves et aux longs gants. Je voudrais avoir introduit avant, un cancan du *Moulin Rouge* : il s'arrêterait, stop ! à l'entrée de Mayrena, et les danseuses à fesses se précipiteraient pour lui porter des fleurs. C'est d'ailleurs ce qui s'est produit. Olé ! Nonobstant, lorsque la scène telle que je l'ai écrite commence, Mayrena est en train de parler. La fin de la nuit approche. Il tire sa montre :

« " A l'heure qu'il est, là-bas, le jour se lève sur mon royaume. Mon ami le colonel Mercurol, duc de Kong-Toum, est décoré pour avoir capturé le personnage le plus sanglant de la guerre, le Dé-Tham. Les Français sont entrés dans son camp entre les soldats crucifiés en plein soleil sur des troncs énormes, Messieurs !

« " Les malheureux qui me croient intrus dans la tri-

417

Antimémoires.   27

bune diplomatique s'imaginent avoir le droit de concéder au duc de Kong-Toum leurs décorations ! "

« Ce chef de nos Bandes Noires, condottiere malgré son aspect mité, m'a ébloui par la façon dont il modernisait les *Contes* de Perrault pour son moutard de fils, à Toulouse ! »

Clappique reprend sa voix :

— C'est l'histoire à laquelle j'ai fait allusion quand l'inspecteur a raconté son Chat Botté. Les psychanalystes ont des théories. N'empêche que j'aime les contes qui ont excité l'enfantelet Mercurol, la fille de Sumatra, toutes sortes de gens morts, rentrez sous terre ! et vous et moi. Bien que vous, je vous soupçonne d'être surtout excité par le chat. Tant pis, tant pis ! A bas les chats, capitalistes ! Enfin, suite : la gosse vient d'être mangée par le loup.

« Alors, ton papa qui revenait de la Coloniale, est passé par là. Dans la cavalerie, ils te diront qu'un chef d'escadron c'est plus qu'un commandant, mais faut pas les croire, souviens-toi ! Alors il a vu qu'il y avait de la lumière chez la grand-mère, il s'est faufilé, naturellement, il s'est rendu compte de tout... »

Cet imitateur saisissant n'imite pas le personnage dont il parle : il continue d'imiter le récit de Mayrena. De la même façon qu'au dîner, mais sa mimique ne le sert plus : je le vois à peine. Or, cette mimique — le monocle impérieux, la caresse de la barbe imaginaire — était, et voulait être, drôle. Alors que sa voix dans la nuit n'est pas comique, malgré ce qu'il dit : il semble faire parler des morts.

— Le loup lui dit : " Alors c'est vous le sergent, je veux dire le capitaine, qui a arrêté le Dé-Tham ?... " Le Dé-Tham, c'est un grand loup plus méchant que tous les autres. Alors ton papa a répondu modestement : " Oui, c'est moi. " Alors le loup s'est couché en rond en aboyant, ton papa l'a mis les pattes en l'air et lui a ouvert le ventre avec son grand sabre qu'il avait rapporté du Tonkin et il a sorti la grand-mère et le Petit Chaperon rouge ; il leur a dit : " Vous êtes pas folles ? " et il les a emmenées place du Capitole, acheter des violettes au sucre pour la petite, et des marrons grillés pour la grand-mère, parce qu'elle disait : " J'ai eu froid dans le ventre du loup. "

Tout de même, lorsqu'il repasse sur Mayrena, le timbre de sa voix devient plus grave, et son rythme, beaucoup plus lent :

— Vous me demandiez, messieurs, ce que la grande forêt a de plus étonnant ? Les miaulements de cornet à piston du tigre. On ne le voit jamais. On ne voit pas non plus les scies des rosiers épineux, qui ouvrent la gorge. On voit seulement des taches de sang sur le sol, là où le tigre a rencontré l'éléphant.

« Et nos petits chevaux poilus ! Récalcitrants gredins ! Bah ! Chez nous, à Mayrena, les enfants étaient à cheval dès la fin du baptême ! Un gentilhomme, c'était le baptême, et en selle !

« Et les toiles d'araignée hautes de deux étages ! Un porteur est tué, on l'emmène au prochain village pour l'enterrer, une fléchette d'arbalète dans le ventre. Dix porteurs en fuite, et, la nuit, la caravane avec les éléphants des Pères, qui arrive à votre rencontre, Messieurs, dans un chahut de noce villageoise ! »

Pendant que Mayrena parle, des bohèmes descendent chercher des amis. Chaque fois qu'entre un nouveau convive, Mayrena fait le même geste : « Prenez place », et poursuit. Maîtres d'hôtel et garçons, au plastron de plus en plus gondolé, se sont rapprochés.

— Car il y a les éléphants, pardieu ! On chasse les éléphants sauvages à la lance, et à un arc énorme manœuvré par deux hommes. C'est pour récompenser ces chasseurs que j'ai institué l'Ordre sedang, qui représente l'empreinte d'un pied d'éléphant, ce qu'a vu tout chasseur vaincu, quelques instants avant de mourir! Et il n'est pas un Ordre, depuis celui de Napoléon, qui ait honoré si exclusivement le courage!

Il prend dans la poche de son gilet, et jette sur la table, une médaille de chevalier qui passe de main en main.

— Assez de champagne pour moi! Holà, quelqu'un! Qu'on me fasse donner une absinthe!

Clappique n'a pas tourné une page : donc, il ne lit pas. Sait-il son texte? Je crois plutôt qu'il improvise, comme il l'a fait au dîner, soutenu par l'alcool, par l'ivresse qu'apporte l'imitation, par le canevas que lui rappelle confusément sa mémoire. Improvisation sans doute parente de celle des acteurs de la *commedia dell'arte*. Scaramouche. J'ai entendu jadis les conteurs persans, mais Clappique raconte à peine. Cette frénésie de l'invention verbale, je ne l'ai rencontrée qu'une fois, éblouissante et acoquinée à une gouaille de chauffeur parisien : chez Louis-Ferdinand Céline, vers 1935. Cette voix, qui n'est pas une voix d'acteur, et qui n'appartient qu'à un personnage disparu, devient presque lugubre :

— La royauté, quoi, la royauté? C'est la vie de tous les jours, quand les négociations sont terminées. Les combattants qui attendent du roi des semailles magiques. Et les bêtes. Les merles apprivoisés sur les séchoirs à pagnes! Les trombes de moucherons au-dessus des animaux vautrés dans la vase! Il faut protéger les récoltes de riz contre les paons, les perruches serrées comme des bancs de poissons, les singes. Ceux de la forêt se réfugient dans les villages quand ils sont harcelés par les léopards, à l'heure où, comme disaient les Pères, les tourterelles sauvages roucoulaient leur prière du soir!

« J'ai vu les aèdes dans leur couverture, leur bras d'aveugle étendu pour appeler les morts! J'ai entendu le tintement du petit gong de guerre qu'ils appellent cri de la grenouille d'eau ; j'ai entendu dans la nuit les borborygmes, hallucinants, Messieurs! des éléphants entravés! J'ai connu les sacrifices sanglants après lesquels les Moïs reprennent leurs têtes de paysans tranquilles, les torches des Maisons des Morts. Le travail des Pères a été d'abord retardé d'un an parce qu'un drôle prétendait que les barbus portaient malheur. Les Maisons des Morts! Un poussin dans une cage, un cadavre allongé, genoux liés de coton et de colliers de cuivre. Le poussin, c'est l'âme de ce roi barbare!

« J'ai connu les sorcières enveloppées de bandelettes, avec leurs cris d'hôpital! et tous ces damnés chefs de village! J'ai entendu tenir des discours aux arbres, aux tigres, aux morts! J'ai entendu les Moïs qui avaient assisté au supplice du buffle ou de l'esclave réciter leur *Chanson de Roland* : " *Allez déterrer au pied du lilas — le baume qui rend invincible...* "

« Pourquoi faut-il aider Brazza ? Il apporte quatre ou cinq cent mille hommes ? J'en apporte davantage. Les guerriers du Makoko ne sont rien ; moi, j'ai dix mille guerriers braves comme des Sikhs, j'en aurai cent mille dans cinq ans si l'on veut. Faut-il moins ménager toute l'Allemanderie, le long du Congo, que le long du Mékong ? Savorgnan a obtenu des actes de soumission ou d'alliance, comme moi. Si j'ai suivi le pavillon à mes armes, c'est qu'on m'avait interdit de déployer le drapeau tricolore! J'ai dû de mes propres mains arrêter les Djaraïs, les plus dangereux combattants de la péninsule indochinoise ; j'étais en train de supprimer l'esclavage! Au lieu de livrer tout notre argent aux Russes, ou à M. Eiffel pour bâtir sa tour ridicule, ne pourrions-nous retenir quelques louis pour l'Empire! L'Empire qui pour-

421

rait bien peser, au jour de la revanche, plus lourd que le général Boulanger! C'est le centenaire de la Révolution ; je regardais hier surgir des hangars de Javel, la Liberté, cette grande prostituée, qui va partir pour l'Amérique, et je lui disais : " Avant d'élever ta torche sur le Nouveau Monde, regarde ce que l'on fait de toi! "

« Une autre absinthe! »

La voix de Mayrena s'est à peine élevée. Une vieille marchande de violettes s'approche, tend ses fleurs. Il prend un bouquet, donne une pièce :

— Merci, Madame.

— Vous m'appelez Madame ? Ça, alors! Il faut que vous soyez un prince. Ou un artiste ?

— Je suis un roi, Madame, répond-il distraitement.

Il s'accoude à la table, reprend :

— Je ne suis ni le pauvre Raousset-Boulbon qu'ils ont si bien laissé fusiller, ni Aurélie Ier, roi d'Araucanie en vacances, qui vaut mieux qu'eux, pardieu! Je puis lancer une exploration, une troupe, du Siam à l'Annam : qui peut le faire ? On m'avait chargé de fixer au sol une expédition siamoise (disons : siamoise...) avec des moyens de misère. L'ai-je fait ? M'avait-on donné une escorte, ou non ? Suis-je venu à Qui-Nhon avec le gouverneur général Constans ? Suis-je arrivé chez les missionnaires avec des instructions de l'évêque ? Avons-nous fait honneur à ce drapeau que je n'avais pas le droit de déployer ? Dupleix est mort, abandonné, la tête posée sur un oreiller bourré de titres de la Société des Indes, et l'État lui faisait un procès! Devant Stanley, ils abandonneront Brazza comme ils m'ont abandonné! J'apporte le caoutchouc, le café; mes arbres vont du palmier jusqu'au pin. L'or! Avec quoi croit-on que j'aie frappé les médailles de mes ordres ? On avait trouvé dix fois moins d'or au Transvaal, quand s'est déclenchée la ruée, il y a cinq ans, qu'on n'en a trouvé chez moi! Et voilà l'insolent président de leur Chambre qui ose affirmer que je n'ai pas droit à la tribune diplomatique! J'étais dans celle de l'Exposition! Ces guignols à têtes de pendus m'ont manqué, et je brûle de leur donner une éclatante leçon! Que faisaient-ils, je vous le demande, quand, au sommet des montagnes, ronchonnait dans le brouillard le tambour de guerre! Croient-ils pouvoir ignorer impunément un destin sur lequel j'ai marché comme sur une lame de sabre!

Les bohèmes se sont rapprochés, toujours debout. Les derniers danseurs sont venus aussi, et tous sont agglomérés autour de sa table, sauf les musiciens qui n'ont pas osé quitter l'orchestre, mais écoutent. Il parle sans gestes.

— Il y avait une reine? demande un bohème innocent.

— Oui, mon garçon, il y avait une reine! et n'ayez pas l'air de railler : vous pourriez vous faire fustiger d'importance! Je suis maintes fois allé sur le pré, comme tout le monde ; mais j'ai battu en combat singulier le Sadète du Feu, pour délivrer des peuples asservis! J'ai entendu les boucliers frappés par les lances dans le brouillard! J'ai commandé devant l'ennemi, et j'ai vaincu! Mon royaume, ils sont prêts à le passer aux Prussiens, à qui voudra, pourvu que ce ne soit pas à moi! Mais qui me chassera du rêve des hommes? Les bourgeois peuvent rire quand le comte de Villiers de l'Isle-Adam rappelle ses droits au trône de Grèce, mais pas nous!

« Donc, il y avait une reine! Affolante, avec son diadème de corail, c'était la dernière descendante des rois chams, et les Sedangs ont été vassaux des Chams. Elle est venue avec moi, et n'a jamais eu peur. Pourtant, certains jours ont été rudes! Elle a voulu être soignée par les sorcières — et nous n'aurions sans doute pas pu la soigner. J'ai rassemblé les guerriers, et les éléphants l'ont portée, à travers les montagnes, jusqu'aux grandes ruines. Les nuages des papillons blancs arrivaient sur nous comme des aubépines! et quand ils avaient passé, mes compagnons étaient des Pierrots, nos éléphants étaient des éléphants blancs, ah! ah! La reine, on l'a ensevelie sous les décombres des temples de sa race. Une prêtresse a chanté les funérailles; les guerriers inclinaient leurs torches vers la terre. Il y avait cinq cents ans qu'on n'avait pas enseveli une princesse chame sous les tours de My-Son. C'est tout. »

Pendant qu'il parle, dans l'écran, la vérité : l'enterrement solitaire, avec une croix de branches.

Puis les bouteilles de champagne vides et les soucoupes des verres d'absinthe.

— Holà, quelqu'un! l'addition!

C'est plus qu'il ne lui reste. Il arrache la plaque d'or du Courage qui pend à son grand cordon, et regarde l'empreinte du pied d'éléphant. Elle devient celle d'un éléphant au combat, patte dressée, défenses et trompe sur le ciel. Mayrena pose la plaque d'or sur l'addition, dit au maître d'hôtel : « Changez au poids! », et se lève.

Les bohèmes s'égaillent, ses invités vont mettre leur pardessus. On apporte la monnaie. Il donne un pourboire au groom à calotte rouge, qui dit timidement :

— Je voudrais repartir avec vous...

— Enfin, dit Clappique, la dernière scène. L'administrateur de Singapour — il a dû passer souvent ici — vient dans la case de Mayrena en Malaisie. Il tient un télégramme : " GUILLAUME EMPEREUR BERLIN STOP. DERNIÈRES VOLONTÉS STOP. VOUS LÈGUE PROTECTORAT ROYAUME SEDANG STOP. VOTRE COUSIN STOP. MARIE. "

Mayrena couché, piqué par un serpent, sera mort dans une heure :

— Vous n'avez pas de chien? Je voudrais caresser un animal doux... Je vais vous offrir quelque chose, puisque vous prenez la peine de venir me voir. Ce sera rare, plus tard. Cette feuille, dans la boîte, ce sont les timbres émis par mon royaume. J'espère que vous êtes philatéliste. Encore merci. Adieu.

Devant l'hôtel, des klaxons en colère emplissent la nuit. Clappique s'arrête, puis reprend. D'une voix différente : maintenant, il a remis son monocle, et lit :

« *Mayrena arrive au bord d'une crique; la mer bat une végétation qui croule dans l'eau. Il tombe sur l'humus et halète. Mousses à hauteur de son œil. Insectes. Après le bruit de sa chute, silence, puis le battement de la mer.*

« *Le chant d'un oiseau, sur trois notes. Elles se répètent, pures, puis mixtes, puis chantées : " Ton royaume... "*

« *Les mousses commencent à chuchoter : " Ton royaume " avec des voix de petites filles.*

« *Herbes et buissons. " Quand, dans le brouillard, ronchonnait le tambour de guerre... "*

« *Un petit arbre à palmes. " Je voudrais partir avec vous... "*

« *Troncs, lianes. " Ton royaume. " Voix d'hommes qui s'éloignent. Le ciel seul. Silence.*

« *Voix de femmes, assourdies : "* Allez déterrer au pied du lilas — le baume qui rend invincible... "

« *Mayrena s'est dressé sur les coudes. Le flot s'écrase sur les rochers en grondant : " Ton roy-yaume! "*

« *Reflux.*

« *" Je voudrais caresser un animal doux... "*

« *Le sadète.*

« *Des guerriers décorés dans le brouillard.*

« *Un crâne de buffle parcouru d'insectes.*

« *Les auditeurs de Mayrena au* Rat mort.

« *Le flot revient.*

« *Un singe immobile dans un arbre.*

« *Le flot gronde :* " *Ton roy-yaume !* " *et reflue pendant que grandit le visage de Mayrena, jusqu'à ce qu'il n'en reste que les yeux. L'appareil suit le mouvement des paupières (l'œil humain se ferme de bas en haut) et se fixe sur les nuages immobiles de l'équateur.* »

— Fin du *Règne du Malin*.

« Qu'en dites-vous ? Et toi, Essuie-Plume ? »

Comme si un électricien avait attendu le silence, la plupart des ampoules s'éteignent, et les étoiles retrouvent leur poudroiement. Clappique tire sa pochette, essuie une fois de plus la sueur de son visage. La chaleur est encore pesante, malgré la brise de la mer. Dans l'obscurité, je vois voleter sa pochette blanche, comme un grand papillon de nuit autour de son crâne luisant. « ... les nuages immobiles de l'équateur. » Je pense à la sérénité des cumulus blancs au-dessus de la nuée plombée de Varsovie en flammes, puis au-dessus des immenses traînes de fumée qui pendant la retraite de 1940, montaient lentement des réservoirs incendiés et des mêmes traînées obliques de nos villages incendiés par la division cuirassée allemande dont l'ambulance me transportait.

— Le monologue et les images me semblent remarquables. Mais le film reste à faire.

— Bien sûr. Down ! Ascenseur, descends ! Je rêve ? Pourquoi pas ! Nul en tout !

— Vous n'avez jamais eu envie du théâtre ?

— Auteur, non. Acteur ? Au cinéma, Sternberg me promettait une brillante carrière : Charlot ! Je n'ai pas de talent. Je peux improviser, mais je ne sais pas interpréter. Minable !

Ce que je découvre depuis le dîner, c'est que l'aventure, qui m'a jadis tellement intéressé, n'est plus pour moi qu'un appartement abandonné. Quelques-uns de mes amis ont rompu ainsi avec le communisme : non à cause des procès de Moscou, ni du pacte germano-soviétique, ni d'un conflit sans remède. Le flot s'était retiré. Ce n'est plus Mayrena qui me passionne : c'est Clappique, qui m'amuse.

— Horriblement clair! Même pour moi, l'aventure : décor, Châtelet, vieille garde, bonnets à poil! Bonnets à poil, vous dis-je! Pense, Essuie-Plume, que j'ai failli t'appeler Écouvillon! Mais demande donc à ce ministre, puisque les aventuriers ne l'intéressent plus, ce qui l'intéresse : pas les politiciens, j'espère?

— Les hommes de l'Histoire.

« Il y a eu aussi, pendant la guerre, la rencontre avec la bestialité humaine.

— Sans parler de nos chers camps d'hébergement pour vos amis espagnols, ni de quelques tendres interrogatoires en Algérie.

— Mais les hommes qui ont détruit en moi la puissance poétique de l'aventure, si forte dans ma jeunesse, ce sont les hommes de l'Histoire. Laissez les politiciens. Churchill n'est pas un député anglais. Le général de Gaulle n'est pas un collègue d'Herriot ; il est même le général de Gaulle parce qu'il n'est pas un collègue d'Herriot.

— Pas un mot : d'accord! Mais pourquoi vous intéresser à ceux que vous appelez les hommes de l'Histoire? L'Histoire n'est qu'une aventure mirobolante! Alexandre Dumas l'a très bien compris : relisez *Les Trois Mousquetaires*, et voltigez!

— Pourquoi me souvenir de César, pourquoi m'intéresser à Nehru, à Mao? Mais enfin, l'une des plus hautes qualités d'un homme qui n'est pas un animal, c'est d'être capable d'admiration. Si vous préférez admirer

Gandhi plutôt que Nehru, je n'ai pas d'objection. Mais je ne vais pas perdre votre temps à vous expliquer ma relation avec les hommes de l'Histoire. Disons simplement que pour moi, ces hommes, comme les grands artistes, comme les aventuriers de jadis sur un autre plan, sont des hommes de l'antidestin. Puisque vous m'avez lu, vous comprenez.

Un cyclo-pousse dépose une cliente à l'entrée de l'hôtel.

— Voulez-vous me prêter la scène du *Rat mort*? J'aimerais la lire.

— Vous vous méfiez de mes pitreries? Moi aussi, hélas! Rentrons sous terre!

Il tire les deux dernières scènes du manuscrit, lève la tête :

— Voici Méry.

— Je ne vous dérange pas?

— J'ai grand plaisir à vous retrouver. Vous écrivez de nouveau, m'a dit notre ami?

Sa très haute silhouette courbée se devine à contre-jour, malgré la faiblesse de l'éclairage.

Je retrouve un ami presque invisible. A-t-il beaucoup changé? Je dois imaginer son visage de vieux pirate, que je n'ai pas oublié. Méry tient par la main un enfant de cinq ou six ans, mèche noire en avant du front, et beaucoup plus distinct que lui, dans cette lumière orientée pour éclairer le sol. Je regarde sa haute taille fléchissante, et pense : il est trop grand pour sa taille. Il me répond :

— Écrire?... Je fais semblant... Maintenant, vous savez, je suis entré dans le mouroir...

Le terme (pour : le lieu de la mort) est breton, je crois ; Méry n'est pas breton. Je n'ai pas oublié ce que m'a dit Clappique : il sera mort avant un mois. Le ton de sa voix ne fait pas allusion à une menace ; plutôt, à une vie qui n'a plus de sens. Ton singulier, différent de celui que j'ai connu : en quoi? Il sort de la nuit en s'asseyant lentement, commande un whisky. Le reflet d'une ampoule tremble sur ses cheveux rejetés en arrière, aussi blancs que le casque colonial plat qu'il portait jadis.

— J'ai vécu assez longtemps dans le bouddhisme pour m'accommoder de la mort. J'ai traversé deux civilisations asiatiques...

Il était le seul haut fonctionnaire français, qui, les congaïs aidant, parlât bien l'annamite et le cambodgien.

— ... et elles s'en vont, vous comprenez? Pnom Penh telle que vous l'avez connue, les Français en toile blanche et les Françaises en mousseline imprimée... dans le jardin du Pnom, avec l'orchestre cambodgien qui jouait Verdi... Ce que j'écris n'a plus grande importance...

— Nos p'petits papiers! dit mélancoliquement Clappique, dont la voix semble venir du sol.

Même assis, il n'atteint pas l'épaule de Méry.

— J'ai parfois besoin de retrouver *ce que moi, j'ai vu*. Toi, Clappique, tu aimes Mayrena, les casques coloniaux, le boulevard Charner vide à midi...

— Était-il construit? Le palais du Gouvernement, ça m'étonnerait! Rentre sous terre!

— Il y a eu la « colonie » : le pouvoir aux Français, le commerce aux Chinois, l'administration aux Indiens de Pondichéry ou aux Antillais, l'usure aux Chettys, les tirailleurs noirs. Puis, la guerre de 1940. Puis, la guerre d'Indochine. Maintenant, les Américains...

— Illusions, chimères! Tarare-pompon! Je rentre sous terre à mon tour, ce qui veut dire que je vais me coucher. Je vous laisse Essuie-Plume. Je sens qu'il vous trouve faibles. Il a raison!

Clappique disparaît dans l'ombre du patio.

— Documents aidant, dit Méry, j'étudie un peu l'époque où vous avez espéré lier l'Indochine à la France. Pourquoi ? J'aimais la France et l'Indochine, et aurais voulu les marier, pour ainsi dire. Nous aurions pu réussir, comme au Sénégal...

— Vous savez bien, dis-je, que vous posez une question burlesque et fascinante : comment des hommes qui avaient une idée de l'individu telle que beaucoup de leurs amis étaient morts pour elle, et qu'ils seraient sans doute, eux aussi, morts pour elle, l'ont-ils oubliée (et le mot oublier est bien léger !) lorsqu'ils se sont trouvés en face d'une autre civilisation ? Les Français d'Indochine, héritiers de la Révolution ; les Anglais des Indes, héritiers de l'individu, en attendant les droits de l'homme américains et français ; les Hollandais d'ici, héritiers des Gueux de Mer aux souliers carrés. Devenus les maîtres, ils prennent l'idéologie des Maîtres ? Ça vous paraît épuiser la question ?

— J'ai beaucoup réfléchi à ces choses, bien qu'à mon âge, réfléchir... enfin, soit ! Le romanesque de ma jeunesse est mort. Mais pas au bénéfice de son contraire. Si j'ai cessé de vouloir le mariage de l'Indochine et de la France, ce n'est pas pour vénérer M. Diem, ni votre ami le président Kennedy. Vous avez écrit : " J'ai épousé la France. " Je crois comprendre que l'ennemi, pour vous, a simplifié beaucoup de choses. Tant mieux ! Votre Général est sans commune mesure avec ses adversaires, bien sûr ! Mais qu'importe tel ou tel discours prophétique ? Vous êtes assez intelligent pour comprendre qu'il y a des parties perdues. Eh bien ! puisque je ne crois plus à rien de ce qui a donné son sens à ma jeunesse, et que je ne crois pas au contraire, je suis une partie perdue. N'en parlons plus.

Il dit : « Soit ! » et : « Votre ami le président Kennedy ! » et : « Votre Général... » mais sa voix semble s'en excuser. Malgré la nuit, je sais que lorsqu'il parle des parties perdues, il sourit tristement. Cette voix bizarrement tendre semble fléchir comme son corps. Il continue :

— Que veut dire : le passé ? J'ai été jeune, c'est fini. Soit. Il y avait devant moi un monde inconnu, imprévisible ? Oui. Des événements ? Non. Des femmes, des choses que j'ai faites ? Je n'ai pas fait grand-chose... Des choses que j'ai vues ? Oui, quand elles ont disparu, ou quand elles se sont beaucoup transformées : cet hôtel, par exemple... En face de la mort, je n'ai pas envie de rempiler.

« Quand je me dis, comme l'autre : " J'étais là, telle chose m'advint ", je me réponds : " Crois-tu ? " Je ne suis pas séparé de ma jeunesse par des événements, ceux de l'Histoire ou ceux de ma négligeable vie. Ce qui s'est tari en moi, n'est pas un jugement, ni une relation avec la vie. J'ai du mal à m'expliquer, et pourtant... Ce qui s'est tari est ma relation avec ce qui n'est pas la vie, avec le domaine insaisissable que j'ai attendu d'elle avec tant de confiance. Vous avez écrit : Les hommes ne meurent que pour ce qui n'existe pas. Ils ne vivent aussi que pour ce qui n'existe pas, vous savez. Vivre est peut-être un peu ridicule... pas plus que de mourir...

« Et puis quoi, l'homme n'est pas fait pour vivre seul.

— Néanmoins, vos amis bouddhistes ont écarté le couple. Il n'y a pas qu'eux. Et sainte Thérèse n'était pas plus mariée que saint Augustin...

— Vous savez bien que la vie contemplative est une autre vie. Elle ne m'apporterait rien.

« Les gens du Sud m'ont accueilli, mais la famille Diem ne m'intéressait pas. Dommage. Vous avez connu le général Jacquot, n'est-ce pas ?

— Il a été le chef d'état-major de la brigade Alsace-Lorraine.

— A Saigon, il a succédé au général de Lattre. Pour l'évacuation... Son aide de camp était très beau. Une des plus grandes dames du régime " convoque " le général, surpris, qui vient seul. " Votre aide de camp est malade, général ? — Non, Madame. — Alors, vous pouvez vous en aller ! " C'était la même qui, après le suicide du bonze qui s'était fait flamber, avait dit : " Je n'aime pas les histoires de barbecue " et, au général de Lattre, qui lui parlait des ennemis de la famille Diem : " Général, vous devriez leur signaler qu'on meurt à tout âge. "

« C'était le temps du Bonze Fou, créateur des Hoa Hao...

« Mais je ne puis vraiment pas me passionner pour la politique. Des hommes se tuent pour ce qu'ils pensent, soit. En 14, je me suis battu à la baïonnette : une fois suffit. Ces passions idiotes, alors que nous pouvons regarder les palmes de ce petit jardin au-dessus de nous... Pourtant, je regrette de ne pas vous avoir suivis, vous et Monin... Évidemment, il eût fallu donner ma démission...

— Est-il vrai que Paul Monin soit mort à Saigon ?

Paul Monin, fondateur avec moi du Jeune-Annam, et le premier avocat de Cochinchine, avait donné sa démission du barreau parce que « de son temps, l'hermine se portait blanche ».

— Je sais, dit Méry, qu'il est revenu de Canton pour mourir à l'hôpital de Saigon, très pauvre, et... intraitable. Le médecin-chef l'aimait beaucoup.

Voilà donc l'une des fins du Jeune-Annam. Je pense à l'autre :

— Qu'a fait Ho Chi Minh ?

— Il me semble que la guerre était déjà commencée...

Les rapports de Monin avec les communistes n'étaient pas bons ; ils ne sont pas devenus meilleurs, je suppose, quand il a quitté Canton. Il a sans doute rencontré Ho Chi Minh, là-bas : Ho est devenu conseiller de Borodine au début de 1925. Vous l'avez bien connu, autrefois ?

— Je n'ai eu affaire à Nguyen Ai-Quoc [1], que d'une façon épisodique ; à tel point que je n'ai même pas la certitude de l'avoir rencontré. Le délégué du parti communiste était Pham Van-Truong. Un petit mandarin hilare d'une cinquantaine d'années, retoucheur photographe (il avait été l'associé de Nguyen Ai-Quoc à Paris), qui papillonnait de l'éventail, et me faisait du marxisme élémentaire. Nous demandions pour l'Indochine le statut de dominion. Or, le journal clandestin de Nguyen Ai-Quoc était alors *plus modéré* que nous ; les marxistes appelaient Truong un protocommuniste... J'ai été très intrigué par l'entêtement avec lequel il m'a exposé que nous devions " en finir avec les méthodes aventuristes de l'héroïsme individuel ". Ça voulait dire le terrorisme. Vous vous souvenez qu'alors, le terrorisme n'existait guère... Je ne comprends pas pourquoi un programme libéral, même s'il devait être modifié plus tard, même si Truong devait me tenir pour un futur Kerenski, ne pouvait pas s'accorder au nôtre. Le prolétariat, dans un pays sans industrie ? Entre 30 000 et 40 000 ouvriers en tout, selon la statistique de 1928. Les paysans ? A l'époque, c'était un mot ! Bien que Nguyen Ai-Quoc ait pressenti leur importance, comme il a pressenti celle de la nation... Après tout, Ai-Quoc veut dire : le patriote... Le nom de Mao était inconnu... J'avais l'impression de perdre mon temps en verbiage. Ce qui nous avait frappés, Monin et

1. Le nom de Ho Chi Minh à l'époque.

moi, c'était la théorie des deux ventouses [1], que Nguyen Ai-Quoc avait proclamée, souvenez-vous, en 1924. Nous pensions que si elle devenait un mot d'ordre, elle deviendrait chimérique. Qu'à l'époque, les deux seuls mots d'ordres étaient : Cour Suprême à Paris, et Dominion. Mais à terme, la théorie nous semblait capitale — sans commune mesure avec ce dont nous parlait Truong. En 1925, il n'y avait pas de parti communiste indochinois. Mais je défendais — comme je l'ai fait pour l'Algérie lors du retour du général de Gaulle — le partage des terres : Truong ne voulait à aucun prix qu'il fût fait d'accord avec la France.

— Que risquait Truong ? Avec le général de Gaulle, on ne sait jamais ; alors qu'en 1925, quel gouvernement français eût accepté le partage des terres ?

Il allume une cigarette. La lueur sépare de la nuit son visage de centurion, rejette dans l'ombre le casque de cheveux blancs, s'efface autour d'un sourire affectueux et désabusé.

— Quelle chance avait alors Nehru ? dis-je. Nous comptions tous sur l'avenir. Si l'Indochine avait trouvé son indépendance en même temps que l'Inde, ou même à travers la Communauté française, elle la posséderait avec moins de morts. Je disais à Truong ce que j'ai dit en France, à un meeting de la salle des Sociétés savantes présidé, je me souviens, par Léon Werth, vers 1930 : notre action n'est entreprise que pour prendre date. La Révolution russe n'a pas été faite par Marx. Les indépendances asiatiques naîtront de la prochaine guerre européenne.

1. « Le capitalisme est une sangsue ayant une ventouse appliquée sur le prolétariat de la métropole, et une autre sur le prolétariat des colonies. Si l'on veut tuer la bête, on doit couper ses deux ventouses à la fois. Si l'on n'en coupe qu'une, l'autre continuera à sucer le sang du prolétariat, la bête continuera à vivre, et la ventouse coupée ressuscitera. » (Ho Chi Minh, 1924.)

— Vous l'aviez écrit dans *La Voie royale.*

— Je ne veux pas jouer au prophète : je croyais qu'elles naîtraient de l'effort de guerre commun, comme celle de l'Inde, et non d'une défaite à laquelle je ne pensais même pas.

Le temps dont nous parlons, cette nuit, entre le journaliste blessé à Bornéo et quelques touristes, n'est pas lié pour moi à ce que je pensais alors, mais à des myriades de lucioles clignotantes au-dessus d'une rizière de Cochinchine, avec l'appel profond des crapauds-buffles ; à un matin bleu pâle sur les lotus et les aréquiers du Cambodge ; à des délégués du Kuo Min Tang de Cholon (assurés que le Jeune-Annam prendrait un jour le pouvoir) venus en file nous inviter à quelque banquet chinois ; à la rue Catinat après la grande pluie du dîner, lorsque je regardais au passage si les piles de *L'Indochine,* le journal du Jeune-Annam, s'abaissaient dans les échoppes des marchands indiens ; aux Chinois qui, vers minuit, rabotaient leurs blocs de glace dans les noix de coco décapitées par le coupe-coupe, et offraient des bananes roses ; aux nho avec leur petite mèche noire, qui fêtaient l'arrivée de la mousson en tapant sur des casseroles comme sur les gongs sacrés ; à la ventouse des pieds nus sur les dalles de la véranda, pendant la saison des pluies ; à la plaine qui fumait, et dont les échassiers s'envolaient, pattes pendantes ; à l'odeur des fruits trop mûrs ; aux bonzes qui jetaient le riz au vent pour les âmes errantes ; aux salles de bains où se promenaient des cafards gros comme des hannetons ; au vacarme qui montait de la place du théâtre de Saigon vers ma chambre, la représentation terminée et l'embouteillage commencé, un jour que le gouverneur devait être exécuté par les terroristes...

— Au début, dis-je, notre action n'était pas exactement politique. Ni le Jeune-Annam ni le parti com-

435

muniste indochinois n'avaient de structure. Nguyen Ai-Quoc écrivait : *La France est un grand pays libéral qui n'exporte pas son libéralisme.* Et que voulions-nous alors, les uns et les autres, sinon obtenir pour les Indochinois les droits des Français ? Nous voulions d'abord faire sérieusement 1789, dans un pays qui ne l'avait pas fait. Comme Sun Yat-sen.

— C'est pourquoi j'étais avec vous J'aurais préféré l'accord du Viêt-nam avec nous, mais l'indépendance ne me gêne pas. Il y avait, si vous voulez, des choses très simples : le directeur de la prison de Saigon, qui appelait bonassement " Sale gosse ", en lui tapotant la joue, un petit Annamite condamné à mort.

Le ton de sa voix descend. Non qu'il dramatise ; s'il dramatisait, je crois qu'il donnerait en même temps, une fois de plus, l'impression de s'excuser. Son ton est seulement un peu plus désabusé. L'enfant, jusque-là immobile sur la chaise voisine de celle de Méry, prend Essuie-Plume sur ses genoux. Je réponds :

— Le sentiment d'injustice, que son origine soit chrétienne ou non, est sans doute plus profond et plus irrationnel qu'on ne le croit. Que serait un marxisme pour lequel la justice sociale n'existerait pas ? Je sais mal ce qu'est la liberté, mais je sais bien ce qu'est la libération.

— Je ne vous connaissais pas, mais vous aviez écrit deux choses qui m'avaient frappé. La première était, si vous voulez : " L'Indochine est lointaine ; ça permet de ne pas entendre les cris qu'on y pousse. " L'autre était votre opposition entre les services que nous rendions à l'Indochine, et le pouvoir politique.

J'avais écrit : *Ceux qui prétendent fonder la colonisation en justice, oublient que le missionnaire des léproseries est admirable dans la mesure où il n'est pas la*

436

justification du trafiquant. Et qu'il est bien facile à l'Anna-
mite de répondre : quand les Français construisent en
Indochine des routes ou des ponts, qu'on les paye, comme
on le fait lorsqu'ils dirigent les travaux du Siam.

Je pense au Jeune-Annam comme aux arbres morts.
Ce qui me trouble n'est pas la naissance ou la renaissance des nations qui m'entourent dans la nuit — de
l'Inde à la Chine, quelle informe étendue de terre plus
ou moins colonisée n'est devenue nation ? — c'est de
songer à des passions qui ont dominé ma vie, comme
à celles qu'ensevelit l'Histoire même lorsqu'elle croit
les transmettre : au Jeune-Annam comme aux Croi-
sades ou à la révolution d'Akhnaton ; de sentir ma
jeunesse se perdre au fond des siècles...

— Les colonies, reprend Méry, étaient alors la
solution la plus simple. J'ai perdu ma vie pour avoir
accepté cette simplicité. J'étais fait pour être haut
fonctionnaire en Perse, ou dans un pays de ce genre.
Opium, travail, pas de problèmes. Pourtant, en Indochine, je me sentais utile. Hélas !

L'invisible sourire désolé disparaît de la voix, qui
change soudain :

— Si nous prenions un autre verre ?

Il appelle le boy, et ajoute :

— Vous n'avez pas regretté de n'être pas resté ?

— Je suis revenu en France pour aider le Jeune-
Annam. Je l'ai aidé. Mais l'impuissance socialiste
rendait mon Dominion chimérique. J'essayais d'obtenir
ce qui avait été notre premier objectif : la création,
à Paris, d'une Cour Suprême, indépendante du ministère des Colonies. Plus notre échec devenait évident,
plus le nationalisme annamite montait. Donc, il n'y
aurait pas d'arrangement avec la France. Vous savez
que dans ce domaine, j'ai toujours choisi Nietzsche
contre Marx : " Le xxe siècle sera le siècle des guerres

nationales. " Qu'aurait eu à faire un Français dans un mouvement national indochinois ?

— Il y avait beaucoup d'étrangers à Canton, non ?...

— Mais l'ennemi de Canton n'était pas la France. Je pouvais croire à une Indochine dans l'Union Française, je pouvais croire à un Viêt-nam indépendant. Pas à une Indochine internationale. Plus tard, je me suis trouvé à Moscou, quand a paru dans la *Pravda* l'article attribué à Staline : *Notre patrie socialiste.* Le mot paraissait dans la presse soviétique pour la première fois. A l'*Hôtel National,* quelqu'un lisait phrase à phrase, entre Radek furieux et Ehrenbourg perplexe. Je savais que le destin passait. Il était onze heures, et il faisait très beau.

« C'est en 1946, que j'aurais aimé revenir, si le général de Gaulle était resté.

— Votre général n'était pas très favorable à l'indépendance.

— L'était-il, initialement, à celle de l'Algérie ? Il pensait que la France ferait ce qu'elle pourrait... Aurais-je pu engager avec Ho Chi Minh le dialogue de Mountbatten avec Nehru ? Le Dominion n'était plus absurde. Et après tout, c'est mon Général, comme vous dites, qui a fait la Communauté. Au Viêt-nam, la haine de la France s'en va...

— Soit... Moi, je n'aurais pas été fâché de rester avec l'oncle Ho, même sous les bombes. Après notre départ ; se battre est assez bête pour ne pas y ajouter de se battre contre des Français. Que voulez-vous ? A Dien Bien Phu, j'aurais été malheureux de la défaite de Giap, et j'ai été consterné de la nôtre. N'empêche que pour rester au Nord, j'avais bien des défauts. Je ne suis pas communiste. Ni vietnamien. Si encore j'étais un petit homme ! Et au Nord, on se méfie des opiomanes. Et puis, ils pensaient que je devenais vieux.

Le boy apporte les whiskies, tâtonne pour poser les verres, allume une petite lampe électrique : Méry, penché sur la table, sa tête dans ses mains, a perdu sa haute taille, mais aussi la faiblesse que lui donnait son fléchissement. Comme sa voix toujours découragée s'accorde mal à son visage de légionnaire romain qu'ensevelit à nouveau la nuit ! Il continue, lentement :

— Maintenant, les collaborateurs de l'oncle Ho, là-haut, l'appellent le Vieux. Respectueusement...

— Quand j'ai connu Trotski, son entourage l'appelait ainsi. Ça voulait dire un peu : le Vieux de la Montagne...

— Devient-on vieux ? Et peut-être s'imaginaient-ils que je les avais combattus. J'ai un peu accompagné nos troupes dans le Sud, comme conseiller, si vous voulez : un uniforme insuffisant pour tirer sur les autres, et suffisant pour qu'ils vous tirent dessus.

Sa voix a retrouvé son affectueux ton d'excuse. De quoi ? Je sais qu'il est très courageux. On dirait qu'il s'excuse de sa vie — de la vie.

— C'était l'époque des tours de garde, des camionnettes hérissées de fusils...

Comme dans les films de la révolution d'Octobre, comme pendant la guerre d'Espagne et la fin de la Résistance. Pour le xxie siècle, le nôtre sera-t-il celui des camionnettes hérissées de fusils ?

— ... Et des treillages qui protègent les bistrots contre les grenades...

Je sais. Presque tous les officiers de la brigade Alsace-Lorraine restés dans l'armée ont combattu en Indochine : arbres dénudés, maîtresses qui jouaient avec les doigts de leur amant, fleurs que les camionneurs allaient chercher à Dalat en revenant ou en ne revenant pas, courbe tranquille des balles traçantes sur le ciel nocturne au-dessus des aréquiers, files d'automitrailleuses à travers les moissons qu'on rentre, enfants morts dans des paniers, poussins autour de cadavres très propres ou de corps déchiquetés, types soudés au sol par la peur passagère ; feuilles encore vivantes dans les abris ennemis, ballet des avions après le largage des parachutes ; pendant les attaques nocturnes des Viets, leurs torches de retraites aux flambeaux devenues folles...

— Quel souvenir avez-vous conservé du corps expéditionnaire ?

— Un magma, depuis les types très purs jusqu'aux chimpanzés.

Le haut-parleur, derrière nous, remplace tout à coup son bavardage par un air de danse qui évoque le whisky, les cigarettes blondes...

— Radio-Singapour, dit Méry. Leur poste est puissant. Dans les automitrailleuses, après les embuscades, nous entendions : " Allô Panthère, ou Primevère, ou Dieu sait quoi ! vous entendez ? Le capitaine est mort. Bien compris ? " Pas de réponse. Le type tripotait ses boutons, et nous entendions ce que nous entendons en ce moment. Ça voulait dire qu'au loin, des gens dansaient, comme sur le pont d'un bateau... Puis, nous entendions un grincement de scie, d'où sortait : " Bien compris. Ici, Panthère " et ainsi de suite. Quand tous les types étaient morts, nous allions récupérer une automitrailleuse où le transistor continuait sa musique tout seul. La camaraderie de combat aurait pu jouer. N'empêche qu'après trois mois, j'étais de cœur avec ceux d'en face. Et assez ! assez ! de ce bruit de serrure des fusils qu'on arme ! La guerre a quelque chose de saisissant, si vous voulez, mais aussi d'idiot. Surtout après.

Clappique m'a dit que Méry avait vécu avec une Vietnamienne, mais ne m'a pas dit depuis quand. Je demande :

— Vous avez revu récemment Ho Chi Minh ?

— L'année dernière. Il a plutôt rajeuni. C'est un vénérable lettré en vareuse kaki, avec des sandales découpées dans des pneus. Les photos ne donnent ni les joues roses ni le rire en grelot. Il est fragile et invulnérable, pour ainsi dire. Je suppose qu'il finit par ressembler à son père. C'était un petit mandarin ; les Français l'avaient chassé, il était devenu rebouteux et conteur errant.

« L'oncle Ho surgit chez le Premier Ministre par la porte à peine entrouverte, vous prend dans ses bras et vous emmène. Il a toujours son accent traînant, si différent de l'aboiement asiatique ; en vietnamien, son fort accent du Centre, presque paysan. Et sa façon ingénieuse de dire Xo-Viet pour soviet : elle fait croire que Lénine était vaguement vietnamien... Toujours la même bénignité. Il ne m'a rien dit d'important. Les proverbes chinois qu'il citait déjà contre les Français : " Aujourd'hui, nous, sauterelles, nous nous mesurons à l'éléphant ; demain, l'éléphant perdra ses tripes... " Et le petit rire. La houppe grise agitée par le ventilateur. La visite à la maisonnette du jardinier, derrière le palais, pour vous montrer les tomates qu'il fait pousser. Il dit des Américains : " L'accord de Genève interdisait toute nouvelle intervention étrangère. Et pourquoi perdraient-ils la face ? En l'honneur de leur départ, nous sommes prêts à dérouler le tapis rouge... " Là, un sourire suffit, vous comprenez. Et aussi : " Ils affirment que je n'irai jamais en Cochinchine. Je suis un homme âgé. Si je ne vois pas la réunification, mes amis la verront, et bien d'autres choses ! Aurais-je cru, à trente ans, que je verrais le départ des Français ? Le Viêt-cong ne survivra pas à Ho Chi Minh ? Certainement : ni l'Union Soviétique à Lénine, comme vous l'avez vu ! Nous sommes patients, nous sommes patients. Les grands bombardements contre nous ont commencé en février : grâce à l'émulation, notre peuple a pris l'habitude de vivre sous les bombes, voilà tout. ”

En effet, ce Tonkin du Lac, des pousse-pousse dans la brume tiède, des marchands d'images qui peignaient les tigres blancs et noirs semblables à des chats, ce Tonkin des casques coloniaux et de l'heure verte, fait une guerre ou une autre depuis vingt-cinq ans, et vit depuis quelques mois sous les bombes. Mais Ho Chi Minh sait que chacune de ces bombes lui rapporte dans son éclair un peu de la gloire qui commençait à l'abandonner.

— A ma surprise, reprend Méry, il n'emploie pour ainsi dire aucun charabia marxiste.

— Le charabia stalinien n'existait pas au temps de sa formation.

Je continue à penser à Hanoï. Plus à mes souvenirs du Lac, pourtant précis, ni aux bombes ; mais à une cartomancienne indigène chez qui j'avais accompagné Aurousseau, alors directeur de l'École française. « Ce que j'aurais à vous prédire, lui dit-elle, n'a aucun intérêt : vous allez vous tuer. » Il s'est tué. Dans un aquarium, une tortue marine dont on avait dissous la carapace, ondulait, blanche et molle, comme une raie.

— Jeune, répond Méry, l'oncle Ho adorait Michelet. Aujourd'hui, il cite encore Jaurès : “ Les nations sont les dépositaires de la culture humaine. ” A bon entendeur... Mais vous avez raison : il s'est formé dans un milieu où le romanesque communiste aux grands cheveux, celui de son ami Vaillant-Couturier, si vous voulez, existait encore. L'oncle Ho a étudié Marx — et surtout Lénine — plus tard. Lénine avant Marx. Avec le temps, son vocabulaire est devenu... national-confucianiste. Le mot clef est : émulation. Lié à des choses surprenantes. Que Ho Chi Minh soit appelé l'oncle Ho, qu'il soit ce bonhomme sentimental à la voix grêle, plus fort que Giap, plus fort que tous les autres et capable de s'opposer, en 1946, à l'énorme foule de Hanoï! Qu'il croie tellement à l'âge! Son premier discours de chef d'État, en 45, s'adressait aux enfants : " C'est la fête de la mi-automne. Vos parents ont acheté des lampions, des pétards, des fleurs, des jouets. Votre oncle Ho partage votre joie. L'an dernier, à cette même fête, vous étiez des petits esclaves ; cette année, vous êtes devenus les petits maîtres d'une nation libre. Amusez-vous! Demain, j'espère que vous vous appliquerez à l'étude. " Je cite plus ou moins bien, vous comprenez. Mais il n'emploie pas cette... sensibilité, pour ainsi dire, avec les Français.

— Il doit se souvenir que quand il a dit à Thierry d'Argenlieu, Supérieur des Carmes, mais haut-commissaire de France : " Vous qui êtes chrétien... ", l'amiral lui a répondu : " Soyons sérieux. "

— Il l'appelle : le Grand Inquisiteur.

L'antipathie est d'ordinaire réciproque, et l'amiral le détestait. Après le premier entretien : « Je ne me laisserai pas tromper par ce simulateur. Comment peut-on accepter sa comédie débonnaire ? Quand on a été si longtemps l'ennemi de la France, quand on est devenu ce qu'il est devenu, quand on a fait tuer la plupart de ses ennemis, quand on a traité comme il l'a fait les chrétiens du Nord, on n'est pas un vieux maître d'école attendri! Je veux bien le croire patriote. Mais sa carrière est celle d'un communiste ; elle a été longue ; je connais les communistes, et l'attendrissement n'est pas leur fort. Pourquoi lui livrerions-nous l'Indochine ? Elle n'est pas communiste! elle n'a aucune envie de le devenir! Vous pensez bien qu'on m'a rapporté les propos de Leclerc sur mon compte : " Ce moine qui vous trompe, mon Général! " Reconnaître Ho Chi Minh serait une dangereuse duperie, et conduirait très vite à notre éviction par un adversaire implacable. Il a assez joué les Gandhi au rouet : Gandhi était Gandhi, Staline est Staline. Aujourd'hui, l'onction ecclésiastique a émigré dans la Guépéou. Ce naïf curé de campagne, qui m'a dit : " Chaque fois que je vous tuerais un homme, vous m'en tueriez dix ; oui, oui, mais à la fin, je gagnerais tout de même... " Allons, soyons sérieux! Nous ne laisserons pas le communisme s'établir ici. Il m'importe peu qu'il soit représenté par la gaieté de ce patriarche farceur, ou par l'agressivité de son ami Giap. »

— L'oncle Ho, reprend Méry, dit qu'il aimait Leclerc.

— Aux yeux de Leclerc, il était un nationaliste. Aux yeux de l'amiral, un communiste. Il le savait. Tout de même, il doit surtout aimer les généraux vaincus... Mais enfin, Leclerc était séduisant, et il avait des relations amicales avec Giap.

Christian Fouchet, qui accueillit Ho à Calcutta, déclara tranquillement : « On lui fera remettre nos télégrammes d'Indochine par qui on voudra, mais je ne les lui remettrai pas, car on le trompe. » Il est vrai que son frère était officier adjoint de Leclerc. Mais il ne portait pas le général Giap dans son cœur.

Giap, c'est la bataille de Dien Bien Phu. « Nos gens feraient bien de prendre garde à lui », m'avait dit de Lattre. Manifestement mourant, et en grand deuil de son fils, il m'avait confié, à son retour de Hanoï encore française : « J'ai adjuré ce gouvernement de profiter de mes victoires, à tout prix et tout de suite. C'est la dernière chance : la guerre est perdue. Ils n'en tiendront aucun compte. » Je revois la cérémonie à l'Arc de

444

triomphe, après Dien Bien Phu : la foule immense, l'immense silence. Dix ans déjà...

Méry allume une nouvelle cigarette. Au loin, les pétards d'une noce chinoise. Dans cette partie du monde, on distingue mal l'éclatement des pétards, de celui des grenades...

— Vers 1930, dit Méry, Nguyen Aï-Quoc dirigeait les communistes de cette ville anglaise. En tant que délégué de la Troisième Internationale pour les « mers du Sud ». Soit. Il a dû avoir du fil à retordre.

— La Sûreté anglaise était sérieuse. Quand je suis rentré en Indochine, j'ai été fort bien dévalisé par elle, et comme tout ce que je possédais se trouvait dans mon portefeuille, le coup a été rude.

— Ça leur servait à quoi ?

— Je crois, aujourd'hui, que mon procès est né de ce que la Sûreté française m'a pris pour un agent politique. J'ai reçu il n'y a pas longtemps une lettre du juge à qui l'on avait transmis à la fois le dossier et un ordre de condamnation. Il avait retourné le dossier. On a trouvé sans peine un juge plus complaisant.

— En fait, qu'étiez-vous, politiquement ?

— Rien. Disons : libéral. Le marxisme, à mes yeux, appartenait à la philosophie ; et malgré Lénine, à un domaine un peu utopique. C'est le lien des Annamites avec moi, qui a créé mon lien avec eux. Je suis entré dans l'action révolutionnaire par la reconnaissance.

— A propos, ce matin, vous avez vu le Premier Ministre, ici ?

— Je crois qu'il est engagé jusqu'au cou dans les drames électoraux. Mais le ministre que j'ai vu m'a parlé de choses pas électorales : quelle serait — quelle sera — la politique d'une Singapour indépendante ?

Singapour d'hier plantée comme les lions de Venise, avec ses cuirassés britanniques maîtres des océans d'Asie, et frappés au cœur si près d'ici, par les pilotes-de-la-mort japonais... Les étoiles poudroient sur elle, sur Hanoï, sur Da-Nang qui fut Tourane (jadis, à la limite de la brousse, le premier musée d'art cham du monde, sans gardien, ses sculptures scellées au mur) où, depuis six semaines, les « marines » débarquent.

— Ho Chi Minh sait naturellement, dis-je, ce qui se passe à Da-Nang?

— Il en a vu d'autres. On a prononcé plusieurs fois son oraison funèbre. En prison, un condamné enchaîné avec lui est mort contre son corps. Il a fait huit ans de maquis. En 44, la première brigade commandée par Giap au Tonkin avait trente-cinq combattants. Vous entendez : trente-cinq! L'oncle Ho ne croit, tactiquement, qu'aux circonstances. En 45, il sortait du coma pour dire : les circonstances sont enfin favorables! et retombait dans le coma. Il affirme qu'à son arrivée au gouvernement, la famine a fait deux millions de morts ; nous disons 500 000, ce qui suffisait à ne rien faciliter. Avant Fontainebleau, il a passé des jours à attendre à Biarritz la formation du gouvernement Bidault. Plus tard, son message à Léon Blum a été retenu à Saigon, et transmis seulement quand l'irréparable était accompli. Le Viêt-minh est né dans une cabane, ses fondateurs assis sur des troncs. L'oncle sait comme nous que le Nord, privé du Sud, ne peut échapper à la misère : il accepte la misère, vous comprenez? Quand il a fait votre chère réforme agraire, en 55, sa province natale s'est soulevée contre lui. C'était la province historique de la Révolte des Lettrés, celle d'où le roi maquisard Lê-Loi est parti contre les Chinois pour la guerre de Libération. Il a connu, à Moscou, l'hostilité de Roy, alors principal responsable de l'Asie, qui le tenait pour un crétin. Depuis 1961 jusqu'à l'année dernière, lui et Giap ont été à l'écart, suspectés de khrouchtche-

visme. Je suppose qu'il s'entendait bien avec Khrouchtchev : ils avaient en commun l'air innocent, et le goût
des proverbes militaires. Nikita aussi, devait ressembler au brave soldat Chvéïk !

Je me souviens de la relation coriacement chaleu-
reuse de Khrouchtchev avec le général de Gaulle :
« Après la reddition de Stalingrad, le maréchal von
Paulus m'a remis son revolver. — Tiens ? répond le général, angélique. Et plus tard, il ne vous l'a pas réclamé ? »

— C'est seulement au début de cette année, continue
Méry, que le Viêt-nam a compris qu'il avait encore besoin de l'oncle Ho. N'oubliez pas qu'il avait donné l'ordre
de réprimer la révolte de Ngé-An : plusieurs dizaines
de milliers de morts. Je voudrais savoir combien d'hommes ont perdu les Américains pendant toute la guerre.
Mais depuis Da-Nang, l'oncle est plus fort que jamais.
Pourtant, le combat de la plus puissante aviation du
monde contre un pays sans avions n'est pas une plai-
santerie. Mais, comme il dit : nous sommes patients...
Vous connaissez ses ver :

> *Il suffit que le parfum d'une rose*
> *S'égare dans une prison*
> *Pour qu'au cœur du prisonnier,*
> *S'éveille en hurlant toute l'injustice du monde...*

« Et quelques-uns, d'une fierté inattendue chez ce
personnage apparemment modeste :

> *Mes gardes se relaient pour me servir d'escorte...*

— Il s'agit des prisons chinoises ?
— Il ne me semble pas qu'il ait jamais été prisonnier des Français. Quant aux Anglais, pour une raison
ou pour une autre, ils ont mis des gants. Il fait semblant

d'avoir oublié les prisons. Soit. Ça nous arrive à tous, quoique pas tous les jours. Vous allez le voir ?

— Je ne crois pas. C'est bien dommage !

— Oui. Chez lui, le mélange de la vérité et de la comédie, ou, plus exactement : d'un rôle, qu'il a choisi vers cinquante ans, est... enfin, ce qu'il est... Il a fait semblant de se fâcher avec Sainteny, quand Sainteny s'est débrouillé pour assurer la fuite des diplomates hongrois dans les tonneaux d'essence, au moment de l'affaire de Budapest. Comique ! Giap donnait des cours dans le maquis. Ho vient l'écouter. Et l'un des chefs du maquis demande à Giap : " Vous connaissez ce drôle de petit vieux qui s'intéresse encore à la politique ? " Sous les bombes, il terminait par : " Et maintenant, achevons gaiement notre exposé ! " Après son arrivée au pouvoir, il fait une proclamation très noble, qu'il termine par de sages conseils : " Il faut respecter l'autel des ancêtres, et il ne faut jamais jouer de musique dans les maisons... " Un chef vertueux et expérimenté...

« Mais il a osé dissoudre le parti communiste indochinois. Astuce ? Elle demandait une belle fermeté, vous savez... A deux reprises, il s'est fait qualifier de traître dans toutes les rues de Hanoï. Si vous alliez le voir et si vous lui parliez de Da-Nang, comme si vous lui parliez des bombes qui sans doute tomberaient pendant votre entretien, il vous raconterait, avec son petit rire aigrelet, un souvenir qui l'enchante : " Notre province était si pauvre, que nous devions souvent manger notre riz sans poisson. Nous avions chacun un petit poisson de bois ; quand nous mangions en public, il se trouvait dans le riz. Faire semblant, est très important. " Il ajouterait allégrement : " J'attendais, à l'*Hôtel du Palais* de Biarritz, la constitution du nouveau gouvernement français. *L'Humanité* a écrit qu'on me traitait d'une façon très indigne. Des journalistes sont venus. Alors, je leur ai dit : Oh! vous savez, j'ai connu des épreuves plus pénibles... "

— Les débarquements de Da-Nang, ce n'est peut être pas l'*Hôtel du Palais*...

— Au besoin, il en raconte d'autres, moins gaies. Les Américains prennent un village que leur aviation a pulvérisé. Sur la poitrine des enfants morts, on a épinglé une sorte de poème : " Si vous aviez envoyé des jouets par avion avec le premier bombardement, nous aurions eu quinze jours pour jouer avec eux... " Il n'est pas en face des Américains pour la première fois : il proclame qu'à la défaite du Japon, les États-Unis étaient résolus à livrer le Tonkin à Tchang Kaï-chek! Il y a un ton douloureux sous celui de sa comédie, et sa conception de la vie est fort amère. Je me souviens de ses poèmes de prison : *Nous nous battons pour être mis aux fers — car ceux qui sont aux fers ont un coin pour dormir*, et : *Pour devenir homme, il faut être décortiqué par le malheur*. Si les nôtres s'étaient fait traduire moins de textes politiques, et plus de poèmes, ils auraient mieux compris l'oncle Ho. Quand l'amiral d'Argenlieu disait qu'il n'était pas convaincu par son air de Gandhi au rouet, il n'avait pas tort, si vous voulez. Mais à bien des égards, l'accusation de duplicité repose sur le fait très simple que " ce drôle de petit bonhomme " est un rocher vertical de la baie d'Along, pour ainsi dire.

« Même dans le ton, il ne connaît pas que la bonhomie ; lorsque l'empereur d'Annam, devenu son " conseiller ", batifolait à Hong Kong, il lui a fort bien écrit : " Veuillez ne pas oublier que nous nous devons aux souffrances du peuple que nous représentons. " »

A Crans-sur-Sierre, avant le retour du général de Gaulle, j'ai rencontré l'impératrice mélancolique, en fourreau annamite noir, et qui parlait des cérémonies du palais impérial, de leurs mandarins semblables à des scarabées, comme elle eût parlé de la cour de Versailles... Méry continue :

— Nous disions autrefois que les Viets ne pourraient jamais faire une armée ; que le courage, en Indochine, n'appartenait qu'aux gens des montagnes. Depuis, ils ont supporté le napalm. A votre avis, quelles sont les forces en présence, compte tenu des six semaines de débarquements américains ?

— L'année dernière, il y avait 3 000 Nordistes en ligne contre le Sud, et 120 000 guérilleros ; en face, 500 000 soldats et 25 000 conseillers américains.

— Pourtant l'oncle Ho s'en est sorti. D'ailleurs ça lui est égal. De 61 à 64, les choses allaient mal pour lui parmi les siens. Il a attendu. Il attendra. Il a écrit jadis : *La nuit s'attarde encore au fond de la prison...* Au Viêt-nam, depuis toujours, on souhaite l'anniversaire des morts, non des naissances.

— Le pittoresque écarté, quel est son bilan historique ?

— La victoire, si vous voulez, et la liberté du Nord. Il n'est pas un idéologue, soit. Il me semble même qu'il se méfie de la théorie. Sa doctrine a été élaborée à travers les événements, vous comprenez ? Je suis bien obligé de penser à Mao Tsé-toung ; mais il accompagne ce colosse, l'air étonné...

— Et la barbichette au vent de Dien Bien Phu ; comme la Pologne accompagne la Russie. Il me semble que leur point commun est d'avoir décidé, en temps et lieu, qu'ils ne croyaient pas à la révolution ouvrière. Ce qui a donné, chez Mao, les milices paysannes, et chez Ho, un Front Populaire, bien avant que Dimitrov ait inventé les Fronts Populaires.

— En 1925, Staline voulait l'alliance avec le Kuo Min Tang — vous connaissez le résultat — et Trotski ne la voulait pas. Mais ce que Mao et l'oncle ont inventé

contre toute l'idéologie russe, ç'a été de confier le destin
de la Révolution, à la paysannerie combattante.

— Qu'est devenu Borodine ?

— Liquidé, m'a-t-on dit. La dernière fois qu'on
m'a parlé de lui, il dirigeait le journal anglais de Moscou. Donc, en disgrâce. Koltzov, rédacteur en chef de
la *Pravda*, fusillé depuis, bien entendu, m'a dit : " Il est
sympathique, ce vieux. Il m'a demandé si nous pourrions
intervenir pour qu'il obtienne un logement chauffé. "

La petite-fille de Timour, dit Clappique, est morte
blanchisseuse... J'ai vu Trotski (sous un faux nom, il
est vrai) se faire expliquer les élections par le maire radical du village où il était réfugié, près de Royan :
« Voyez-vous, monsieur Sedov, la politique française,
les étrangers ne peuvent pas la comprendre ! » Au bas
de la prairie, cheminait un petit train surmonté d'étin-
celles, et peut-être Trotski pensait-il à la nuit préhistorique sur les combats de Kazan. Le maire parti, la bouteille de rouge épuisée, nous marchions dans la prairie
de banlieue, en parlant du fils de Tchang Kaï-chek,
qui venait de faire à Moscou un discours, pour proclamer que son père était un chien. « On a les enfants qu'on
mérite ! » dit Trotski. Les siens étaient suicidés ou
assassinés.

— Qu'était Borodine, demande Méry, " dans le
civil ", je veux dire : hors du Parti ?

— Journaliste, je crois. Le général Blücher (Gallen à
Canton), qui a créé l'armée chinoise avec lui, pris Chang-
hai et ainsi de suite jusqu'au jour où Staline l'a fait tuer,
était plombier. Le Parti a révélé beaucoup d'hommes
à eux-mêmes ; comme l'Église. Ça fait rêver. Avant la
Révolution, Robespierre, à Arras, avait écrit un poème
sur l'Éternuement. Peut-être eût-il continué...

— Gallen était sans doute plombier comme Bonaparte
était sous-lieutenant ; comme Mao était bibliothécaire.

— Borodine vaincu, et le P. C. chinois exterminé par Tchang Kaï-chek, il ne restait qu'une question pour Ho comme pour Mao : *qui*, fera la révolution ? Front Paysan ou Front Populaire ? Et la nation, bien entendu. Long chemin, de Moscou jusqu'à Hanoï, sans casser les verres en route.

— Il est le Viêt-nam, un point, c'est tout, je crois.

— Un point, et ce n'est pas tout. Il y aurait beaucoup à dire, du national-communisme, cher Méry.

— Et du bizarre animal américain qui se trouve en face de lui sous le nom de démocratie.

— Vous avez vu les Américains de Cochinchine ?

— Oh, que oui !...

Il perd dans la nuit un geste large et vague.

— Alors ?

— Les nôtres les détestent. Pourquoi ? Les Américains n'ont rien à faire là ? Soit ! Et nous, qu'avions-nous à y faire ? Ils croient qu'ils défendent la démocratie contre le communisme ? Mais que défendions-nous ? L'Empire, au nom du M. R. P. ? Décider que l'anticommunisme consiste à soutenir la famille Diem fait hausser les épaules. Enfin, soit ! La croisade anticommuniste américaine est à dormir debout ? Et notre expédition coloniale ? — car après tout, que faisions-nous d'autre ? Les Américains de Saigon sont débraillés si vous voulez, multicolores, braillards et courageux ; ni vous ni moi ne pensons que nos pierrots vêtus de toile blanche bien repassée par leurs boys justifiaient l'occupation de l'Indochine. Mais depuis que les Américains sont arrivés les serveurs vietnamiens, que nous avons connu aboyants, sont devenus muets. Les Américains font, avec sérieux, une guerre à laquelle ils ne croient plus : même un G. I. idiot comprend qu'on ne règle pas le destin du monde par des accrochages dans la plaine des Joncs ou sur quelques pitons. Ils regardent passer leurs superforteresses, et sont stupéfaits que la puissance qui a détruit l'Allemagne hitlérienne ne leur permette pas de venir à bout d'une armée de va-nu-pieds, qu'ils ne rencontrent jamais. Mais le plus curieux, c'est ce qui se passe avec nous. Notre guerre, pas si vieille ! est devenue une sorte de guerre civile. Si vous montrez des papiers français, les Viets vous laissent passer. D'ailleurs, l'hostilité de nos types aux Américains s'affaiblit, depuis qu'ils ne pensent plus que les Américains gagneront une guerre que nous avons perdue...

— Vous connaissez la position de la France ? dis-je.

— Votre général n'a pas toujours eu raison, quant à l'Indochine ; pour l'instant, il a raison. Ho rivalise avec la Longue Marche par une Longue Marche immobile, pour ainsi dire, en fumant des cigarettes américaines à la chaîne, et en parcourant le Nord avec son cache-nez et sa machine à écrire portative. Espère-t-il un autre Dien Bien Phu ? Il croit à la victoire finale du communisme, si vous voulez. Mais il croit surtout que, désormais, ses hommes s'accrocheront à leur pays, et que personne ne les dominera, pas même les Chinois. Si les Américains doivent prendre Hanoï, qu'ils la prennent! Tchang Kaï-chek avait pris Pékin, soit. Et bien, il l'a perdue!

« L'oncle Ho doit aller voir Mao Tsé-toung à la fin de l'année, et il compte sur l'Inde.

— Que peut l'Inde ?...

Nehru m'a dit : « Entre une puissance coloniale et une nation qui combat pour son indépendance, je choisirai toujours la seconde. » Pourtant, je n'ai pas tort de demander ce qu'il peut. Je reprends :

— Vous vous souvenez de la conversation de Ho Chi Minh avec Kiyoshi Komatzu, il y a quarante ans ?

— Non. Komatzu, c'est un nom japonais. Ceux-là, qu'ils crèvent !

Méry a-t-il connu les camps japonais ? Dans la rue de la Mort, j'ai pensé à nos cimetières bretons envahis de fleurs bleues au pied de leur clocher à jour. Pour Méry, le Japon, ce sont sans doute des geôliers (et qu'étaient les Français des camps d'internement, pour mes amis espagnols ?). Pour moi, c'est Nara, la civilisation sans doute la plus raffinée du monde ; les peintures de Takanobu, le jardin de sable des Sept Pierres, une seule fleur qui sort d'un morceau de bambou, dans la cellule d'un moine zen. Pour Méry, Komatzu, c'est « un nom japonais » ; pour moi, c'était mon traducteur et mon ami, samouraï désabusé, mort dans son ermitage des collines, à l'entrée duquel il avait peint deux caractères chinois : *Lavez vos cœurs*. Pour l'amiral d'Argenlieu, Ho Chi Minh était « ce patriarche farceur » ; pour Leclerc, l'homme avec qui la France devait traiter. L'amiral et le général sont morts.

J'ai accueilli, à Fontainebleau, le président Lübke. Jamais un président allemand n'était venu en France depuis la guerre. Il passait pour musicien ; pendant le déjeuner, Rampal et les siens avaient joué dans la tribune royale, et j'avais demandé que le dernier morceau fût de musique allemande. Ce morceau achevé, le président porte un toast amical. Quelle mouche me pique ? Je devrais répondre que les démocraties, etc. « Monsieur le Président de la République allemande (inquiétude dans l'assistance : pourquoi allemande ?), il m'est arrivé d'être soigné dans un hôpital où se trouvaient aussi beaucoup de vos soldats. Un jour, le silence a recouvert toute notre rumeur de blessures : la radio commençait à transmettre la *IXᵉ Symphonie*... C'est pourquoi, dans cette salle de nos rois où vient de cesser la musique de Bach, et où François Iᵉʳ accueillit l'empereur Charles Quint, je lève mon verre au génie allemand... » Chacun ravi — bombance et carillons ! dirait

Clappique — et pour quelques minutes (oh! quelques secondes!) Verdun s'évanouit dans une surprise approbatrice...

Portées par un vent mou, les odeurs nocturnes de Singapour envahissent le patio : autos, poivre et opium de l'ancienne Chine, forêts peut-être. Mme Lübke me racontait, pendant que Rampal jouait Bach, que, jeune militante socialiste, elle s'était trouvée au Borinage avec Mme Vandervelde ; celle-ci avait demandé à la femme d'un mineur : « Qu'est-ce que vous pensez de la reine Astrid ? — Sûr qu'elle est sympathique ! mais trop arriviste. » Ce qui voulait dire, je suppose, qu'elle souhaitait séduire — ou faire aimer la royauté. Je pense à Vandervelde.

Il ressemblait à Mazarin, et était, Jaurès mort, le plus grand orateur socialiste. « Vous savez, les hommes sont de curieuses bêtes. J'étais président de la Chambre. La fureur arrive, les pupitres claquent, j'adjure les députés — tout à fait en vain. J'impose une suspension de séance. A la reprise, je déclare qu'avant de continuer la discussion, la Chambre doit discuter la loi sur les pigeons voyageurs. Les députés étaient presque tous colombophiles. La loi votée d'accord, ils ne se sont plus battus... » Je raconte à Méry l'histoire des pigeons, en réponse à son interjection relative au Japon.

— A Fontainebleau, dit-il, l'oncle Ho s'est plaint aux journalistes de n'avoir pas eu l' " occasion " de vous rencontrer.

— Bidault ne jugeait pas cette rencontre urgente. Ce qui allait de soi.

— Vous connaissez, dans le château, le musée asiatique de l'impératrice Eugénie ?

— C'est un peu mon métier.

— Le gardien noir endormi au milieu des trésors à deux sous pillés au Palais d'Été, un palanquin du roi du

Cambodge, aucun visiteur. Le musée existe encore ?

— Oui... Toujours vide... Je regrette que parmi les objets du Palais d'Été, ne figurent pas les automates volés par les zouaves. On les leur a laissés, paraît-il...

— Dans mon enfance, il m'avait ébloui, et il n'a pas été pour rien dans ma venue en Asie. Clappique parle d'un romanesque historique ; j'ai connu jadis un romanesque... géographique, si vous voulez. Il fallait vingt-sept jours de bateau pour atteindre Saigon, et cinquante-deux jours pour aller de Saigon à Luang Prabang, vous savez...

— Lorsque j'ai vu Valéry pour la première fois, il m'a dit : " Pourquoi diable la Chine vous intéresse-t-elle ? "

— Il a écrit que les paysages sont partout les mêmes, ce qui me paraît faux dès qu'il y a des maisons ; et que les hommes sont partout les mêmes.

— D'accord pour une fois avec Claudel, dis-je, qui avait l'avantage de connaître quelques continents...

Maintenant, nous sommes seuls dans le patio.

— Vous savez bien, me dit Méry, que dans ces cas-là, partout veut dire aussi toujours ; géographie et histoire s'embrassent, pour ainsi dire. Toujours l'amour maternel ? Toujours l'adultère ? Soit ! pas toujours le même. Toujours la mort ? Soit. Mais toujours la même et partout ? Allons ! Vous venez de sa rue, m'a dit Clappique. Elle ne ressemble pas beaucoup à nos cimetières. Je ne crois évidemment pas que toutes les formes de la vie devraient se ressembler ! Mais la différence entre un Annamite, un Cambodgien et un Français, entre un homme et une femme, et d'abord entre moi et moi, dès que le passé est entré en jeu, me trouble autant que la vie elle-même.

— J'ai moi-même éprouvé fortement le sentiment dont vous parlez, dis-je. Peut-être est-ce lui qui m'a d'abord envoyé en Asie : l'autre monde... Pendant

quarante ans, je n'ai jamais tenté de créer un vrai personnage de femme, un personnage d'enfant... J'atteins
l'âge où paraissent les Mémoires des hommes que l'on
a connus. Et je suis, comme vous, déconcerté de voir
ces vies... aimantées par des raisons d'être si différentes :
l'action, l'art, les femmes, l'ambition, la foi...

— Je ressens tout cela comme vous, hélas ou pas
hélas. Il y a, en effet, les raisons d'être. Mais il y a autre
chose. La vie dans le temps ? Gœthe me semble encore
considérable, *Wilhelm Meister* me semble maintenant
épisodique : je ne puis tenir ma vie pour une continuité,
pour ainsi dire, une continuité dans laquelle... Je ne
trouve pas l'expression...

L'accident devient expérience ?

— Voilà. La continuité des vies traditionnelles, des
vies qui se sont achevées dans un lit familial, soit !...
Mais enfin : je n'ai conduit ma vie ni plus mal ni mieux
qu'un autre ; eh bien ! chaque fois que j'ai rencontré le
domaine le plus profond, je n'ai rien dominé du tout.
Je comprends bien la conception gœthéenne de notre
vie. Je la comprends d'autant mieux qu'elle est, au fond,
une conception de naturaliste : nous agissons sur les
événements qui, à leur tour, agissent sur nous. Mais
enfin, je me souviens sans peine que j'ai été un adolescent
odieux : vaniteux, enragé d'ambition, idiot avec les
filles, que sais-je ? Si je suis devenu relativement généreux (je reçois encore des lettres de mes successeurs au
Tonkin) et indifférent à l'ambition, à l'argent, à tout
cela, il ne me semble pas que ce soit par le gravissement
d'un escalier, ni par un tennis entre moi et les événements, vous comprenez ? Les théories psychanalytiques
posent le problème de façon plus dramatique...

— Parce qu'elles sont des théories du destin...

— ... mais elles ne me convainquent pas plus. Il ne me
semble pas que, pour l'essentiel, je sois soumis à ce que

vous appelez un destin. (Dans certains cas, oui : mais pas dans l'ensemble.) Et, de nouveau pour l'essentiel, je n'ai pas été " formé " par la vie. Non. Il est possible que certaines... données, fort peu étudiées, agissent sur notre esprit autant que sur notre corps : l'âge, par exemple, qui n'est pas une déchéance, comme on le croit depuis si longtemps, mais une indifférence, avec tout ce que l'indifférence nous impose...

— Mon cher Méry, j'ai demandé à Alain, immobilisé par l'arthrite au fond de sa voiture, ce que l'âge signifiait, à son avis. Il s'est mis en colère. Pourtant, je crois que vous avez raison ; bien que faire intervenir l'âge me paraisse une rationalisation, ce qui ne me plaît pas. La question est : comment devenons-nous ce que nous sommes ? C'est sans doute le problème psychologique capital de notre temps. Le rival du problème de l'amour. Mais la moitié de la littérature mondiale concerne l'amour, alors que ce dont vous parlez est à peine étudié vous l'avez dit. Peut-être parce que l'amour aide à vivre, alors que comprendre notre formation n'aiderait sans doute pas même à mourir...

« Mais ne croyez-vous pas que vous posez deux questions qui ne se confondent pas tout à fait ? La première serait : comment l'adolescence échappe-t-elle à sa conception carnassière de la vie ? En langage technique, mon cher professeur : comment l'homme se soumet-il à des valeurs suprêmes ? Et la seconde, la vraie, serait à peu près : qu'est-ce que notre vie ?

— Pas si professeur que ça !... N'importe : il me semble maintenant que, malgré nos prétentions, notre vie est faite pour nous échapper aussi certainement que la vie des bêtes leur échappe.

— Mais nous avons inventé les tombeaux. Nous, pas les lions.

— Soit. Je voudrais écrire un livre de Mémoires que

les bouddhistes n'ont jamais écrit : une dizaine de chapitres dans lesquels je serais toujours étranger à mon personnage du chapitre précédent, vous comprenez ? Notre conscience de l'unité, n'est-elle pas simplement celle de notre corps ?

— Qui change diablement ! Et notre conscience de la mort...

J'allais dire : est peut-être celle de la mort de notre corps, car tout homme se ressent immortel ; mais Clappique m'a dit que Méry n'avait plus un mois à vivre, et j'oblique :

— Le bouddhisme est sans doute la plus forte mise en cause de l'individu, qui ait existé. La question que vous posez est foncièrement occidentale : le Bouddha répondrait qu'elle ne se pose pas. Il l'a répondu, d'ailleurs. Une religion athée, ce n'est pas rien.

Je me souviens de Nehru devant le Bouddha de sa table basse, et du discours qu'il avait consacré au « plus grand fils de l'Inde » : « Pour aider les hommes à vivre, il doit y avoir une autre voie que celle que pratiquent les hommes de ma sorte et de ma profession... » Je me souviens de sa citation : « Nous connaissons l'art de tuer, non l'art de vivre. » Et aussi du Bouddha et de son écuyer devant un corps immobile qui n'était manifestement pas endormi : « Prince, c'est ce qu'on appelle un mort. »

— Je ne suis pas bouddhiste, répond Méry, mais je suis imprégné. C'est banal : dans ma Normandie, beaucoup de gens qui ne sont pas pratiquants, ni même croyants, sont imprégnés par le christianisme...

— Gide, autre Normand, aurait lu votre livre avec passion et, sans doute, colère ! Mais vous n'avez pas tort de suggérer que tout individualisme suppose la constance d'une particularité essentielle... Dans ce domaine, la pensée bouddhique n'a pas encore atteint l'Europe...

— Je n'écrirai jamais ce livre, vous pensez bien, mais

si je pense à moi-même : l'enfant, l'adolescent à capuchon, l'homme d'Indochine, et, aujourd'hui, celui de Singapour au seuil de la mort, je me saisis d'une façon si profonde, si fondamentale — et si vaine! — que je la partage, pour ainsi dire, avec les chiens sans tombeaux. Vue d'ici, la conception chrétienne de la formation de l'être humain est à peu près inintelligible. D'ailleurs, existe-t-elle ? Le christianisme n'attache pas beaucoup plus d'importance à ce que nous sommes devenus, qu'à ce que nous étions.

— Il en attachait. Aux époques de foi, il aurait dit : l'être humain se forme dans sa lutte contre le Mal, à l'aide de la Grâce, et par le moyen de la prière.

— C'est loin, vous savez!

— Oui. En partie, parce que votre conception de l'adolescence est celle d'une adolescence à l'affût. Ce que je ne conteste pas, mais ce que nos plus grands saints n'eussent guère accepté... Pour eux, le train était sur les rails... Mais votre problème reste entier. Avant cinq ans, le drame de la jeunesse tel que nous le voyons en Hollande, en Californie, au Japon, aura touché la plupart des universités ; et c'est évidemment le revers de la même médaille. En somme, ce que vous voulez, c'est concevoir comment l'homme devient l'Homme qu'il porte en lui, et non le têtard agressif et prolongé qu'il porte aussi en lui ?

Il réfléchit. La rumeur de la ville nous entoure comme un grattement. Je crois connaître le bouddhisme. Mais je n'ai pas oublié ma conversation avec Nehru, ni l'affirmation rêveuse de celui-ci : « Il est possible que la Vérité soit ma valeur suprême, mais il est certain que je ne puis m'en passer... » Méry répond enfin :

— A tort ou à raison, je voudrais comprendre, avant de mourir, ce qu'a été ma vie. Une suite d'événements, non. Une constance ? Pour autrui, soit. Mais pour moi ?

En quoi suis-je l'adolescent à capuchon, si je ne choisis pas de l'être ? Et quelle est ma relation avec lui ? Vous avez écrit que vous n'étiez pas solidaire de votre jeunesse. Et moi, de quoi suis-je solidaire ? De mes promenades dans la rue de la Mort, avant qu'elle ou moi disparaisse ? Vous avez écrit aussi : la nature de la mémoire détermine les gens : ceux à qui elle apporte des souvenirs heureux et ceux à qui elle impose des souvenirs pénibles, sont presque aussi différents que les hommes et les femmes. Non ?

— A peu près, cher Méry.

— Ceux d'entre nous qui ont des anges, et ceux qui ont des démons, si vous voulez. J'ai plutôt des démons. Mais on ne passe pas impunément cinquante ans par ici. Mes amis, ou ce qui maintenant m'en tient lieu, disent qu'ils se sentent toujours semblables à eux-mêmes, et que la vie des autres apparaît comme un rêve. Soit. Mais moi aussi, je m'apparais comme un rêve. Les textes originaux du bouddhisme ne disent pas, comme le texte grec : " On ne se baigne pas deux fois dans le même fleuve. " Il ne s'agit ni de se baigner ni de regarder passer l'eau : nous sommes *dans* le fleuve.

— Je n'ai jamais tiré cela tout à fait au clair pour moi-même. D'une part, le bouddhisme vous impose, en effet, une sorte de... discontinuité. D'autre part, toute religion à réincarnation impose une éternité du monde terrestre, ou, si nous l'entendons moins métaphysiquement mais plus couramment, une éternité de l'être humain. C'est bien à cette éternité-là que le Bouddha veut échapper, mon cher Méry. Le plus profond conflit de la pensée est peut-être celui qui oppose les réincarnations à la vraie mort : les réincarnations impliquent une éternité de la condition de créature tout à fait différente du ciel ou de l'enfer, des champs Élysées ou du schéol... Quel jour étonnant, que le jour où l'homme s'est mis à se croire éternel !

461

« L'œuvre d'un grand artiste pose sans doute un problème un peu semblable, dès qu'on a compris que l'art n'imite jamais la vie. Le Rembrandt de vingt ans ignore les tableaux qu'il peindra à soixante, comme le jeune homme ignore l'homme qu'il deviendra... Mais à la rigueur, l'art rature, et la vie ne rature pas...

— Maintenant, il me semble que j'ai horreur de... ce que vous avez appelé la condition humaine. Je vis sur l'opium, et quand il n'y a pas d'opium, sur le whisky, compensation bizarre, puisque l'alcool, vous le savez, joue en sens inverse. Enfin, les choses sont ainsi, pour moi et pour beaucoup d'autres, depuis qu'il est devenu difficile de trouver de l'opium. Je ne peux plus supporter de vivre ; et je ne me tuerai sans doute pas.

« Mon bouddhisme, mon Asie, tournent autour de ce fait très simple, comme les éphémères, au-dessus de nous, tournent autour des ampoules. Alors, voilà. »

Sa voix est devenue lente ; et, me semble-t-il, douloureuse. Depuis le début de notre entretien, je voudrais la définir. Je comprends soudain : c'est une voix *offerte*. Avec un peu de remords, je demande :

— Préférez-vous que nous changions de conversation ?

— Non. Non. On parle toujours pour ne rien dire : parler est s'occuper de choses superficielles. Je n'ai pas parlé sérieusement depuis des années. Avec les bonzes, oui, mais d'une façon... professionnelle. Je lis, et ce n'est pas la même chose. Je tiens beaucoup de dialogues imaginaires. J'ai tort. J'aime notre conversation ; je ne l'aurai peut-être jamais plus. Malgré...

Il dirige un geste confus vers les vagues, à peine soulevées par le vent chaud, dans le petit bassin du patio :

— Vous vous souvenez de l'hindouisme : chaque vague reflète la lune selon sa forme de vague, comme chaque homme reflète l'Être...

Ma relation avec le monde est inverse. Je ne ressens pas l'homme comme un reflet de l'Être ; ni même comme lié à Dieu, à la façon dont il l'est par le Christ. Je ressens avec force le dialogue de l'homme et de ce qui ne le concerne pas, les astres qui suivent leur destin au-dessus des camps d'extermination et de la douleur humaine...

— Ce que je pense de l'Être m'échappe, dit-il. Parfois, je voudrais ne mourir qu'en sachant ce que j'ai pensé de la vie. Et parfois, qu'en m'étant délivré de toute pensée. Mais comment parvenir à ne pas penser ?

— Néanmoins, vous écrivez ?

Je me souviens de son excellent livre sur l'Indochine, lié à un malaise que j'ai si souvent connu, pas seulement chez les écrivains : celui des artistes qui ont assez de talent pour devenir légitimement intoxiqués par leur art — et pas assez pour en être assouvis.

— L'écriture alterne avec l'opium bien mieux que l'alcool. (Ce nouveau whisky ne vaut pas le précédent !) Tout ça permet de me hâter patiemment vers la mort, de ligne en alinéa, de pipe en pipe, de conversation en conversation — la présence amicale aussi est une drogue — et de papillon en papillon... J'ai vu passer l'Asie ; je me vois passer moi-même, et je me fais accompagner par l'Asie... Vous savez, j'ai atteint distraitement mon âge. Il n'y a guère qu'une question : comment faire pour ne pas penser à la vie, pour ne pas penser à l'essentiel, pour ainsi dire ? Un mélange courant de bêtises et de vanité résout la question. Pourquoi la vanité est-elle aussi forte que la mort ? Sauf en face du cercueil, sans doute ; sans doute les questions fondamentales reparaissent-elles devant la mort, surtout devant la souffrance... Dans ma jeunesse, je pensais que plus tard, je penserais à l'essentiel. J'étais bête, vous savez. Maintenant, je sais que je ne veux à aucun prix penser à l'essentiel. Je bavarde en face de la mort. Chaque jour, elle m'interroge, vous comprenez? Je croyais que je lui répondrais, ou que je l'interrogerais moi-même... Je croyais que je penserais. Maintenant, j'espère mourir avant d'avoir réfléchi : l'essentiel se pense en moi tout seul, et je m'efforce de le chasser... Une vraie conversation est une chose importante, mais vous verrez, plus tard : on la croit à deux, elle est toujours à trois...

« J'ai passé tant d'années parmi des gens auxquels je ne pouvais parler de rien! Mes fonctions étaient relativement importantes, si vous voulez. Mais parler avec le pape des bonzes du Cambodge avait un sens, vous comprenez, alors qu'avec nos administrateurs, la conversation était inutile ou technique. »

Il hausse les épaules dans la nuit, non par mépris mais par lassitude, et je devine qu'il sourit :

— J'ai envie de dire à la mort, qui n'est pas loin : Quelle chance a l'humanité, de ne plus rien comprendre à rien!...

La mort, qui n'est pas loin... Sait-il qu'elle est là, ou dit-il cette phrase comme je la dirais moi-même? J'écoute cette ombre dans la nuit... Le chat s'agite. « Va jouer » dit Méry, à l'enfant qui s'enfonce dans l'ombre avec Essuie-Plume.

— Pendant tant d'années, par quoi ai-je été obsédé? Par les femmes. Eh bien! si je pense à celles que j'ai aimées — beaucoup sont vivantes — je pense à un cimetière. J'en oublie la moitié. Quand je l'ai découvert, j'ai eu les poils des bras rebroussés par le grand froid... Comme Stendhal, j'ai tracé sur le sable les initiales de mes anciennes maîtresses. Que sont-elles devenues? Les unes, folles de haine. Les autres, folles d'argent. Dieu ferait un bon Jugement dernier, s'il me rendait ce jour-là les femmes que j'ai aimées, à l'heure de leur mort et de la mienne. En face des initiales de celles qui avaient mal fini, je traçais une croix. Il n'y avait que des croix. Les autres étaient mortes.

Dans la nuit équatoriale, cette voix soumise fait passer le cortège millénaire de la dérision. Et si une vraie femme répondait : Je vous donne rendez-vous au jour de la Résurrection, quand nous aussi, nous verrons ce que sont devenus les hommes que nous avons aimés... « Dieu ferait un bon Jugement dernier, si... », dit Méry. Quelle misère cette imprécation voilée par l'âge évoque sous les étoiles auxquelles la demi-obscurité a rendu leur poudroiement... « L'amour n'est pas une passion honorable », m'a dit jadis Colette. L'amour, ou ce qui lui succède ?

— Il y aurait aussi un autre cortège, dis-je, celui des femmes avec lesquelles nous avons rompu — si elles étaient mortes quand nous les aimions encore...

Malgré la nuit, je sens qu'il me regarde. Il fait un geste dont je ne comprends pas le sens. Au retour d'une réception, quelques hommes, et des femmes en robe du soir, traversent la lumière étalée devant notre ombre et disparaissent dans le hall comme ils disparaîtront dans le charnier de la métamorphose, de la trahison ou de l'oubli.

— Renée, dit-il, trente ans de vie commune... Mais quand je pense au... déroulement de ma vie, je ne pense jamais à elle... Les femmes ne jalonnent pas ma vie. Rien ne jalonne ma vie. Pourtant, il m'est advenu, avec elle, avec d'autres, de penser : peut-être sera-t-elle morte l'année prochaine... Ça rend exemplaire, — inutilement...

Sa voix plaintive semble devenir neutre : sans accent, ou plutôt, avec le seul accent du souvenir.

— Et Binh ? dis-je.

C'est la Vietnamienne dont Clappique m'a parlé et que Méry a aimée beaucoup plus que sa femme.

— Quand elle est morte, j'ai eu l'intention de me tuer. Pas tout de suite. Deux ou trois mois plus tard.

Je ne l'ai pas fait. L'opium et le bouddhisme ? Si vous voulez. J'ai eu tort. Socrate accepte la mort avec sérénité. Sans plus. Il me semble étrange qu'aucun des grands Romains n'ait légitimé le suicide : en se suicidant, évidemment. Ni aucun grand homme d'aucune civilisation.

— Il y a Dostoïevski : " Si je me tue, je deviens tsar ", dit Kirilov.

— Je voudrais entendre dire : assez ! le plus simplement du monde (ce qui serait bien romain), et ne pas être assommé avec des histoires de tsar, vous comprenez ? Déjà, le mot suicide me gêne. Je suis stupéfait qu'aucun homme ne se soit tué pour l'avoir décidé — et plus encore, ce qui vous paraîtra sans doute déraisonnable, que n'ait jamais existé une civilisation où les hommes aient décidé de leur mort. Que nous ne décidions pas de notre vie me paraît suffire. J'imagine facilement la réponse : puisque la vie est idiote, pourquoi la mort serait-elle intelligente ? " Qu'importe ? " exprime peut-être un sentiment aussi profond que l'espoir, et même que des sentiments plus superficiels mais plus violents, comme l'ambition. Vous savez que votre ami Lawrence d'Arabie avait fait graver : *Qu'importe*, en grec, à la porte de son cottage de Clouds Hill ?

Il vient de se tourner vers moi.

— Lawrence n'était pas mon ami, dis-je : je ne l'ai vu qu'une fois.

— Enfin, il ne semble pas avoir connu la mort d'une femme aimée. C'est... la foudre... Soit. Mais nous parlions de la vie.

« Notre époque veut nous faire croire qu'elle ne connaît pas la mort. A la vérité, elle joue à cache-cache.

— Rome semble avoir réellement négligé la mort, bien que, vous l'avez dit, elle ne l'ait jamais choisie.

— Il y a une question sérieuse, vous savez, il n'y en
a pas cinquante : " Quel est le sens de notre vie ? "
Je me débrouille pour que la question ne se pose pas.
Jadis, j'aurais joué le séducteur... Aujourd'hui, je
parle, je parle... J'ai beaucoup de souvenirs d'un
monde disparu. Et je reviens, le whisky et les somni-
fères aidant, trouver provisoirement le sommeil.
Souvent, la seule chose importante est de parvenir à
ne pas penser : le lit, la lecture... Les poèmes aident
à dormir, vous avez remarqué ? Ils se récitent tout
seuls :

*Ouvre ton lit désert comme un sépulcre, et dors
Du sommeil des vaincus et du sommeil des morts.*

« Si j'étais un vainqueur, où serait la différence ?
Retrouverais-je moins ce " *Qu'importe* " à l'entrée du
cottage de Lawrence comme une chouette clouée à
l'entrée d'une grange ? J'ai peut-être tort, mais par
rapport à qui ? Vous savez, " qu'importe " est une
maladie qu'on ne soigne pas encore...

« Parfois je pense que la mort, ce sont les balles de la
guerre qui m'étaient indifférentes. Parfois, le vers de
Victor Hugo :

Je sens mon profond soir vaguement s'étoiler...

Parfois, la mort tout court. Qu'elle choisisse un bon
jour !

« Il ne vous paraît pas singulier qu'elle soit souvent
si étrangère au courage physique ?

— Ce courage nous oppose presque toujours à
d'autres hommes ; la mort, non. Mais pourquoi le
courage (n'est-ce que le courage ?) pèse-t-il aussi
lourd que l'absurdité ? Pourquoi le sacrifice a-t-il une

telle importance, mon cher Méry? Pourquoi pouvons-nous dire, ce que je dis depuis longtemps, que dans un monde où rien ne peut compenser le supplice d'un enfant innocent — vous savez que je cite Dostoïevski —, n'importe quel acte tragique d'héroïsme ou d'amour est le mystérieux rival du supplice de l'enfant innocent ? Je suis en train de noter des souvenirs, ou des machins comme ça. Après avoir été pris par les chars allemands, j'étais couché sur les dalles du bureau de l'hôtel pendant qu'on m'interrogeait ; la patronne, une femme à cheveux blancs, arrive parmi des voix allemandes qui gueulaient : " Avez-vous ci, avez-vous ça ? " et aux-quelles elle répondait à tue-tête : " Non. " Portant un plateau avec du chocolat fumant, elle s'agenouille dans mon sang (ce n'est pas facile de s'agenouiller en tenant un plateau), dit tranquillement à ceux qui m'interro-geaient : " C'est pour l'officier français prisonnier " et s'en va. J'ai pensé que si l'on me fusillait dans quelques heures (c'était l'aube), ça n'aurait aucune importance.

— Ne s'agit-il pas simplement d'une émotion ?

— En partie. Quand nous avons délivré les femmes des camps d'extermination, dans quel état! nous avons trouvé, avec les combattants, des femmes souvent vieilles, qui étaient là parce qu'un neveu, un fils, leur avait demandé de prendre chez elles un poste émetteur. A partir de 44, elles savaient ce qu'elles risquaient. Mais il n'était pas question pour elles de refuser. Elles n'avaient pas connu même l'agressivité tranquille de la patronne au plateau de chocolat. Rien. C'était ainsi. Et nous découvrions que nous nous étions battus pour délivrer ces femmes — ou du moins, celles qui survivaient... Ça n'a pas grand sens en face des nébu-leuses spirales, et pourtant...

— Si, répond-il. Je vous comprends. Intellectuellement, je n'ai rien à dire. Vous non plus ; mais je vous comprends. Et il me semble qu'il s'agit d'un sentiment plus profond que le sentiment chrétien. Bien que... Un Romain l'eût-il éprouvé ?

— " *Passant, va dire à Lacédémone — que ceux qui sont tombés ici sont morts selon sa loi.* " Les Thermopyles sont aussi une vieille femme avec un plateau, et nous parlons sans doute de la loi non écrite dont parle Antigone.

— Soit. D'un côté, il y a tout ce que le temps emporte : notre sentiment d'être des créatures, si vous voulez. De l'autre, la bonne femme qui sait que son chocolat peut la conduire à Ravensbrück. Vous avez raison. Mais je suis beaucoup plus sensible que jadis à ce qui s'est effacé, à ce qui s'efface. Je ressens de plus en plus, comme des nuages, les grandes passions collectives. La vieille hôtelière ? non, je ne crois pas ; le communisme, si. De ce que j'ai aimé, il n'y a pas que les femmes qui aient disparu... Quand j'ai écrit ce pauvre bouquin que vous avez jadis fait éditer chez Gallimard (j'étais transporté !) j'écrivais pour être publié. Je ne l'ai pas relu. L'Asie d'autrefois ?...

— En attendant la guerre, dis-je.

— En attendant la guerre. On se battra dans les temples de Bali, on se battra autour du Boroboudour et d'Angkor Vat. Mais que pensaient de la vie, les sujets de Jayavarman VII quand ils regardaient la procession du roi peint en or, et que pensent les miliciens de Sihanouk ? Il ne semble pas que les uns aient pensé le bouddhisme, les autres, le communisme : ils ont attrapé le bouddhisme, le communisme, le nationalisme, comme ils auraient attrapé le paludisme.

— Pour les grandes religions, et même pour le communisme russe ou chinois, des millions d'hommes y sont nés. Ils n'ont rien eu à attraper.

— Soit : il y a des maladies héréditaires, vous comprenez. L'humanité est la proie d'épidémies, pour ainsi dire. Dans cent ans, des amis parleront ici, devant d'autres verres, du communisme, et du nationalisme, comme nous pouvons parler du Bouddha lorsqu'il quitta le palais de son père...

— J'ai connu la place de la Concorde couverte de drapeaux à croix gammée. Il n'y en a plus, et la place est redevenue ce qu'elle était. Mais nous ne reverrons jamais le port des Jonques, nous n'entendrons plus jamais les sirènes du large emplir la nuit : jamais Singapour ne redeviendra ce qu'elle était quand nous l'avons vue pour la première fois. L'Asie non plus. Comme les aventuriers chers à Clappique et au consul, elle appartenait au monde où Napoléon aurait pu parler à Sésostris. Celui de la rue de la Mort. Vous avez employé le mot : métamorphose ; le papillon ne redevient pas chenille.

La rue de la Mort me rappelle les récits de Clappique sur Hitler. La ferme de l'Aisne ou de l'Oise, l'obscurité, les bêtes éternelles, les champs presque aussi éternels, et Hitler recroquevillé dans son fauteuil de bois — à l'écoute du clairon de l'Histoire, avant l'écoute du martèlement des chars russes au-dessus du bunker de Berlin. Du bunker où il appelait le bon chien pour le tuer...

Depuis que Méry a parlé du temps, j'ai retrouvé les sentiments que j'éprouvais chez le consul, devant ses masques secrètement fraternels. Méry croise sur la table ses mains qui sortent de la nuit avec un geste de prière :

— Le sentiment des choses qui ne reviendront jamais ? Soit. Je suis venu dans cet hôtel pour la première fois, il y a cinquante ans, avec une Suédoise, championne de je ne sais plus quel sport. On nous a donné une chambre au premier. Les portes étaient alors remplacées par des demi-persiennes, comme celles qui nous entourent. Je passe devant une chambre, et j'entends des claques. Autre chambre, autres claques. Le *Raffles* était devenu le refuge des colères de tous les couples de Singapour. Dès que nous nous sommes couchés, j'ai compris.

— Ces autoclaques menaçaient les moustiques dont nous parlions avec Clappique ?

— Juste! Aujourd'hui, comme vous le constatez, il n'y a plus de moustiques.

« Quant aux papillons, parlons-en... Je ne les ai pas collectionnés, puis vendus, pour arrondir ma retraite. Ni, comme croient beaucoup de gens, par goût de fleuriste. D'ailleurs ma retraite, vous comprenez, maintenant, je suis un retraité de la vie... »

Il regarde distraitement une des grandes lampes électriques qui éclairent les galeries du patio : dans leur panse, les éphémères morts sont en train de s'accumuler comme des grains, sous les éphémères bourdonnants qui vont mourir. Il continue :

— Quand on a mis fin à mes fonctions, j'ai commencé à m'intéresser à... la nature, si vous voulez. Il me semble que nous ne commençons à converser avec elle, que lorsque nous commençons à converser avec la mort. Je généralise peut-être... D'ailleurs, même pour moi, la nature, parfois, ignore notre agitation, et parfois lui répond, pour ainsi dire. Les immenses collections du général Dejean ont été rassemblées par les soldats des guerres napoléoniennes...

« Souvent, à cause des papillons, je traverse le détroit et vais dans la forêt. Les animaux, vous savez, on ne les voit guère... Je suis seul en face des plantes, vous comprenez. C'est cela que j'appelle la nature : plutôt que la vie animale, plutôt que la vie des pierres qui me donne le sentiment de la mort, plutôt que le ciel plein d'étoiles dont je me fiche complètement. Les plantes ont une vie, comme moi. Plus lente? Un platane ne vit tout de même que trois ou quatre cents ans... Savez-vous que sur la moitié de l'Asie, malgré des sols et des climats si différents, il y a des années favorables aux bambous, et de mauvaises années? La nature s'accorde à nous, d'abord par les saisons. Mais elle appartient à son propre monde, un monde qui m'enveloppe et pour lequel je n'existe pas. J'exprime mal ce que je veux dire, mais vous me comprenez. Il y a les plantes qui se fécondent elles-mêmes, il y a celles qui ne peuvent se reproduire que si un pollen venu du Siam ou de Java les atteint. Pourquoi ne suis-je pas devenu botaniste? Les plantes m'intéressent plus que les chiens et les chats. Les insectes m'auraient passionné: leurs formes fantastiques, leur vie dans la terre, sous les écorces, dans les mousses... »

Je me souviens du papillon que j'imaginais sur le nez de la reine de Saba.

— Et puis, trop d'insectes me répugnaient. Les papillons sont presque tous beaux. Et la manie du collectionneur a joué. Vous connaissez l'histoire du conseiller aulique, qui chipe un insecte rare à un collectionneur modeste. Lequel s'en aperçoit dès le départ de son visiteur, et court après lui dans l'escalier: va-t-il se faire répondre avec insolence qu'il devrait se soigner? Le conseiller aulique avait imprudemment piqué l'insecte sur son chapeau... Moi, au début, je n'étais pas maniaque. Je n'ai pas du tout étudié les lépidoptères pour eux-mêmes: vous comprenez, aujourd'hui, on ne peut plus étudier toute la nature, il faut donc choisir la chatière par laquelle entrer. Les ancêtres des papillons ont 260 millions d'années; la vie moyenne d'un papillon n'atteint pas deux mois. Sur la terre, il

472

ont suivi les plantes à fleurs, soit. La plupart sont sédentaires. Mais il existe de grandes espèces migratrices (nous ferions mieux de dire voyageuses, puisqu'elles ne reviennent pas à leur point de départ) qui couvrent tout à coup les bateaux, ou se posent sur l'Océan. Napoléon se plaignait des sphinx de Sainte-Hélène. Il y a des papillons depuis l'Équateur jusqu'au cap Nord...

J'avais vu s'envoler des petits papillons, sur un fond d'icebergs, du hangar presque détruit dans lequel Nobile, au Spitzberg, avait protégé son dirigeable.

— On les trouve presque jusqu'au sommet de l'Himalaya. Ils ne voient qu'à un mètre : ils découvrent leurs femelles parce qu'elles émettent un parfum. Ils n'ont que des armes défensives ; d'abord, évidemment, le mimétisme. Ici, le Kallima est plus étonnant que le caméléon ; les chenilles d'*Hypsa monicha* s'assemblent comme des côtes de petits melons pour former de fausses baies charnues. Les papillons vénéneux deviennent éclatants dès qu'un oiseau arrive. Leur défense consiste à lui dire : " Ne va pas te tromper, idiot! " Ils allument leurs phares, si vous voulez. Il y a des papillons fantaisistes, l'ailante (c'est un papillon de ver à soie) qui vient se tuer contre les vitrines des Champs-Élysées, jamais contre une lampe électrique ; ici, les papillons qui adorent le tabac et volettent autour de votre cigare si vous vous promenez la nuit, car ils ne supportent pas l'électricité. Et, évidemment, le grand problème : l'instinct. Vous savez que les chenilles se suivent, une à une, puis deux à deux, puis trois à trois, etc. Vous capturez le guide : une autre chenille prend sa place, et la procession repart. Il y a quelque chose d'hypnotisant, d'inépuisable, dans l'étude patiente de toute vie qui n'est pas la nôtre. Pourquoi les papillons se comportent-ils comme ils le font, comment les

473

insectes dorés ici deviennent-ils blancs dans le désert de Gobi, comment les mantes, brunes en Afrique, deviennent-elles vertes autour de la Méditerranée? Ici, le calao se nourrit des fruits du strychnos, l'arbre à strychnine. Les noyaux sont l'un des plus forts poisons qui existent. L'oiseau mange la pulpe, jamais le noyau. L'adaptation est bien plus mystérieuse que la survie des plus aptes ; alors, à quoi est soumise cette nature semblable à un gigantesque caméléon? Vous connaissez la grande forêt : il est impossible que les hommes aient survécu empiriquement, en constatant qu'ils pouvaient manger ci, et qu'ils mouraient s'ils mangeaient ça. Ils étaient entourés de poisons, vous comprenez. Il faut qu'un instinct ait joué.

— Au Symposium de 1958, dis-je, un des spécialistes illustres, Haldane ou un autre, a interrompu le dialogue : " De quoi parlons-nous? Si c'est de Dieu, qu'on le dise! " Bien entendu, ce problème n'est capital que pour un agnostique...

— Presque tous les biologistes sont agnostiques. Moi aussi.

Je sens qu'il me regarde. Je réponds :

— Haldane a raison. Mais le mot Dieu, comme presque tous les mots essentiels, superpose des significations : Créateur, Juge, Amour... Dire que le monde a un sens, comme le dit Einstein, c'est dire qu'il existe un ordre du monde. Ce qui n'est pas rien. Mais pourquoi la mort irrémédiable de l'individu, celle des animaux et des plantes, ne ferait-elle pas partie — et comment! — de cet ordre-là? Pourquoi une loi cosmique serait-elle juge des vertus? Passons... Lorsque nous sommes dans la grande forêt, le problème de l'instinct devient capital, parce qu'il devient en effet, pour les agnostiques, l'une des formes du problème de Dieu. En face de lui, que pèse l'histoire, que pèsent les hommes? Qu'est-ce qu'Alexandre de Macédoine, en face du fait si simple que les hommes ont mangé ce qu'ils devaient manger pour survivre? Ou du fait qu'un certain nombre de graines possèdent les petits parachutes qui les emportent? La nature de la graine porte en elle la connaissance du parachutage? Devant tout cela, nous sommes simplement des papillons plus présompteux que devant les divinités...

— De mes travaux, si j'ose dire, je n'attends aucune réponse. Je n'en attendrais pas même si j'étais plus jeune. Il n'y en a pas. J'essaie, si vous voulez, d'approfondir une question. Pas une question que je pose : une question qui m'est posée, vous comprenez?

— Dans le domaine métaphysique, mon cher Méry, il est possible que la pensée soit fondamentalement interrogative. On peut construire des escaliers pour les sommets des pyramides, et d'autres pour les profondeurs de la terre. Il va de soi qu'il existe des degrés de l'interrogation. Et toute pensée qui prend Dieu pour objet — ce qui couvre pas mal de millénaires... — est en partie, interrogative, qu'elle le sache ou non. Mais dans le domaine religieux, et peut-être dans le vôtre, je crois que cette interrogation-là suscite une sorte de communion.

— Observer la nature nous unit à elle, penser à Dieu unit les moines à Dieu.

— Est-ce que ce dialogue a changé votre relation avec l'art?

— Je ne pense plus beaucoup aux œuvres d'art.

« J'ai essayé de réfléchir à ce dont vous parliez : je ne suis pas arrivé à l'interrogation, ni à la communion, ni à l'art : je suis arrivé à une sorte de dialogue qui me semble capital, mais dont je ne comprends pas bien le sens. On m'a dit que j'étais en face de la mort; je me suis demandé ce que ça changeait : rien. »

Une invincible fatigue envahit sa voix :

— Enfin! quand je me coucherai, il sera tout de même trois heures... Bientôt le jour va se lever une fois de plus — une fois de plus...

Bien que je l'écoute avec attention, il est mon interlocuteur par une contagion plus forte que la parole. Il reprend, d'un autre ton, comme s'il retrouvait soudain sa pensée :

— Tous les jours, je lis le journal. Vous le connaissez. La ville, et même les anciens *Straits Settlements*, ne peuvent pas y jouer un grand rôle ; alors, il y a les nouvelles de Birmanie, de Thaïlande, de Sumatra, de Bornéo, de Java, et même de pays lointains, parce que les Chinois et les Indiens sont nombreux ici. Les nouvelles sont souvent des nouvelles de guerre. Pendant que je lis les titres, j'ai ma collection de lépidoptères dans la mémoire. Ce sont surtout, évidemment, des papillons des mêmes Malaisie, Birmanie, Thaïlande, Sumatra, Bornéo, Java ; des mêmes endroits du journal. L'autre monde, si vous voulez ; plutôt, l'autre sens du monde. J'éprouve un sentiment du même genre quand je pense aux femmes, en temps de guerre. Tous les hommes qui se battent depuis si longtemps, et toutes les femmes qui, depuis si longtemps, continuent la vie des femmes. Mais les papillons m'impressionnent beaucoup plus, évidemment. Quelquefois, ils nous rejoignent : les pluies de sang du Moyen Age étaient les myriades de gouttes rouges lancées par les papillons Vanesses... Mes papillons ont leurs îles comme nous avons nos nations. Une vie qui n'est pas la nôtre, mais qui est aussi la vie, et qui fait de la nôtre une sorte de hasard. En face de l'Asie, je me sens singulier ; en face des papillons, l'humanité me semble insolite : rentrez sous terre! dirait Clappique. Une aventure. Vous me comprenez ?

Je pense surtout à la phrase : il sera mort avant un

mois. Essuie-Plume revient, suivi de l'enfant, saute dans la lumière de la table. Je réponds :

— C'est un sentiment que j'ai quelquefois éprouvé, non en face des animaux, mais en présence de la mort ; plus exactement, quand la menace de mort s'effaçait. Après la traversée d'un cyclone par mon avion, et quelquefois pendant la guerre. Pas après mes blessures. Pas après le simulacre d'exécution à Gramat (les Allemands m'avaient collé au mur). Je crois pourtant mon sentiment différent du vôtre. Ce que je tiens pour le plus important, c'est : quel sens a la vie ? Donc, un sentiment profondément lié à la conscience. Dans certaines limites, car toute métaphysique veut atteindre la totalité. Disons que mon problème est celui du monde, l'Être compris, et le vôtre, celui de la vie ? Il y a un texte sacré de l'Inde où les grands papillons, après le combat, viennent se poser sur les guerriers morts et sur les vainqueurs endormis...

Pas très loin, un chien aboie. Je n'ai pas entendu aboyer un chien depuis que j'ai quitté l'Inde. Dans la rue, je n'ai pas vu un animal. D'autres chiens répondent. L'air nocturne saturé d'eau, et vaguement parfumé, devient palpable comme le brouillard.

— " Sur les guerriers morts, et sur les vainqueurs endormis " ..., répète Méry en écho. Texte admirable ! L'oncle Ho ne connaît certainement pas ce texte, mais il lui a répondu : " *Si les prisonniers ne se réveillaient pas, qui, pourrait séparer les bons et les méchants ?* " Le sommeil n'est pas la vie, mais — tiens, les chiens se taisent ? — il me semble que j'appelle nature, la vie qui continuerait si tous les hommes avaient disparu.

Je ne réponds pas. Je pense de nouveau à Clappique, au cinéaste allemand, à Hitler et son chien martelés par le son des chars russes — et aux papillons millénaires. Seuls vivent encore les éclats de lune sur le petit bassin.

" Chaque vague reflète la lune selon sa propre forme, comme chaque homme reflète l'Être... "

— Tout de même, dit-il, je voudrais revoir la neige avant de mourir...

En regagnant le Consulat, je pense aux indigènes d'Océanie qui font sonner les touques pour appeler les avions divins : les papillons viennent sans doute se poser sur les touques brillantes, comme d'autres viendront lorsqu'elles seront abandonnées dans les clairières...

Avant de me coucher, je parcours les deux scènes de Clappique. Il a lu la dernière à haute voix. Les proclamations et les détresses du roi chimérique se sont-elles succédé dans le patio de cet hôtel, lorsque Mayrena s'y asseyait à une table de rotin ? Le gouverneur Raffles lui est bien antérieur... Mais le monologue du *Rat mort*, écrit, est banal : il n'y reste rien du sorcier qui appelait le roi des Sedangs dans la nuit malaise. Clappique, quand il faisait parler Mayrena, ne cessait d'improviser. Après tout, cette *commedia dell'arte* est-elle plus mystérieuse que l'éloquence ?

Sur l'aérodrome, sont posés les petits avions pour les îles, comme étaient jadis rassemblés dans le port les bateaux de cabotage. Il n'y aura plus de capitaine Conrad. Mais toutes les îles semblent encore graviter autour de Singapour, jusqu'à la Thaïlande et les Célèbes, et même, confusément, jusqu'à l'Inde et la Chine...

Notre avion de ligne décolle pour Hong Kong. Le Pacifique. Par là, il y a une île appelée Balé-Kambang, que m'a donnée Eddy du Perron quand je lui ai dédié *La Condition humaine*. Il est mort à l'entrée des Allemands en Hollande. Il tenait toute politique pour non avenue, et l'Histoire aussi, je crois. C'était mon meilleur ami. On m'a dit que maintenant, les Hollandais reconnaissent en lui l'un de leurs grands écrivains. Que sont devenues les plantations de sa famille ? Et sa *Lettre au Libérateur*, adressée à Shariar ? Il ne croyait pas à la politique, mais il croyait à la justice... Qu'est devenue mon île ? Irai-je la voir avant de mourir, avec la bénédiction de Soekarno ? Les cocotiers y poussent dru, paraît-il. J'aurais dû demander à Méry s'il la connaissait. J'aurais dû aussi demander à Soekarno si je la possédais encore.

Eddy du Perron me disait que *La Voie royale* ne valait rien, et ne pouvait se défendre que si elle devenait le prologue fantastique des tomes suivants. (Ceux-ci sont devenus *La Condition humaine*.) Dans l'avion, je relis la scène de mon roman. Clappique a raison de penser qu'à bien des égards, mon personnage de Perken est né de Mayrena. Plus exactement, de ce qui unit Mayrena à un type d'aventurier disparu. On ne connaissait pas en 1929 son côté farfelu. Il se confondait avec Brooke, devenu rajah de Sumatra, et quelques-uns de ceux qui osèrent, comme Mercurol, se rendre sans armes chez les insoumis.

Le livre et le personnage sont nés d'une méditation sur ce que l'homme peut contre la mort. D'où ce type de héros sans cause, prêt à risquer la torture pour la seule idée qu'il a de lui-même, et peut-être pour une sorte de saisie fulgurante de son destin — parce que le risque de la torture lui paraît seul vainqueur de la mort.

Depuis, la torture a cessé d'être romanesque. Nous n'avons que faire des héros sans cause. En 1965, au-dessus du Pacifique, je pense au jeune homme de 1928 qui arpentait le pont d'un cargo dans le détroit de Messine, l'un des plus beaux paysages du monde, en inventant dans un rayonnant matin italien ce personnage, ou plutôt cet holocauste.

L'hôtesse nous apporte le journal. C'est le *Straits*, dont parlait Méry. Au-dessus de moi, volent tous les papillons, et sans doute les vastes frémissements blancs

que j'ai connus jadis au sommet des collines cambod-
giennes. Au-dessous encore, des soldats abattus, bouche
ouverte, barrent les rues des villages vietnamiens. Derrière notre avion, passent les superforteresses qui viennent de l'île de Guam. Je survole la forêt, enchevêtrée
comme au siècle dernier. L'administrateur qui s'était
voué aux Moïs a été chassé, aucun Vietnamien ne l'a
remplacé. Les troupes françaises ont réoccupé, pour
quoi faire ? les « hauts plateaux sauvages ». Puis, elles
sont parties. Nous passons la chaîne annamitique. Voici
ces plateaux, avec l'ombre de Mayrena.

Et un peu plus loin, voici Da-Nang, qui fut Tourane ;
autour du port, la flotte de guerre américaine, immobile.

La Condition humaine

1

Hong Kong

Je suis seul au salon du Consulat général. Dans les fenêtres, tout le golfe. La buée chaude baigne l'assaut des gratte-ciel qui écrasent le « front d'eau » impérial du temps des *Conquérants*, contournent et investissent le pic ; elle transforme en silhouettes grises les bateaux et les jonques sous un ciel échevelé. Je suis passé par Hong Kong pour aller au Japon, en 1958, quand je venais de l'Inde de Nehru. Les plantes grasses des hôtels chinois à balcons ajourés de Queen's Road dégringolaient comme autrefois sur les milliers de petites porcelaines des antiquaires. Je me souviens d'un jour de 1925 ou 1926. Il faisait beau sur le golfe ; l'air bleu tremblait. L'administration coloniale était parvenue à empêcher toutes les imprimeries de Saigon d'imprimer le journal du Jeune-Annam, *L'Indochine*, au temps des spoliations de Baclieu. Les militants avaient remonté de vieilles presses, et j'étais venu acheter des caractères d'imprimerie au seul fondeur, depuis Ceylan jusqu'à Chang-hai : la mission de Hong Kong. J'avais regagné Saigon avec des caractères de langue anglaise, sans accents. Impossible d'imprimer. Un jour, un ouvrier annamite était entré, avait tiré de sa poche un mouchoir noué en bourse, les coins dressés comme des oreilles de lapin : « C'est rien que des *é*. Il y a des accents aigus, des graves et aussi des circonflexes. Pour les trémas, ce sera plus difficile. Peut-être vous pourrez vous en passer. Demain, des ouvriers vont apporter tous les accents qu'ils pourront. » Il avait vidé sur un marbre les caractères enchevêtrés comme des jonchets, les avait alignés du bout de son doigt d'imprimeur, et était parti. Ses camarades lui avaient succédé. Tous savaient que s'ils étaient pris ils seraient condamnés, non comme révolutionnaires, mais comme voleurs.

Il y a quarante ans. Au-dessous de moi, voici les toits de la mission...

Au-dessous encore, jusqu'à la mer, on démonte en hâte les gigantesques échafaudages de bambous, car les typhons les emportent, et un typhon erre autour de l'île. J'ai revu les Chinoises avec leurs fourreaux brodés du temps de Nankin, et les vieilles marchandes aux pieds en moignons. Les aventuriers que Clappique ne trouvait plus à Singapour, les voici : ils sont Chinois. Et je viens d'entendre des histoires semblables à celles que j'entendais à Chang-haï avant 1930. Le bateau des aveugles arrivés chez les Sœurs après s'être évadés de Canton, dont la police a sans doute organisé l'évasion pour se débarrasser d'eux. Les jeunes Chinois de Bornéo venus participer à la construction de la Chine nouvelle — écœurés, réfugiés sans un sou chez les missionnaires qui les font engager dans les fabriques de pétards — et qui volent les pétards pour jouer. Et les jonques chargées de passagers clandestins, que le capitaine fait couler (le fond de la jonque s'ouvre) s'il est arraisonné par la police populaire ou par la police anglaise...

Devant moi, au-delà de la baie, s'étendent les « nouveaux territoires » jusqu'à la barre noire qui ferme l'horizon : la Chine communiste. Elle est présente même dans la ville, par son contrôle discret de tous les syndicats, et par le magasin spectaculaire qu'elle vient d'ouvrir. Imaginons, dans un Monte-Carlo gorgé, la *Samaritaine* d'une Europe communiste. La Chine rouge vend ce qu'elle fait. C'est peu de chose, mais chacune signifie : ceci est conquis. A l'arrière-plan, la bombe atomique ; au premier, le sourire spartiate des vendeuses. Même les jouets sont austères, et la panoplie de la parfaite ménagère communiste semble une offrande devant les portraits de Mao et les images de la Longue Marche.

Au-dessus de cet entassement de valises de fibre et de thermos, de tout ce *Bazar de l'Hôtel de Ville* dont les démocraties populaires sont toujours fières, règnent ces images mythologiques. Les valises et les meubles des capitalistes sont moins grossiers que ceux-ci ; mais qui donc a passé les fleuves, franchi les neiges tibétaines ? Après un quart d'heure, ce que l'on vend ici disparaît devant ce dont on rêve. D'autant mieux que si le loyal milicien et l'héroïque milicienne sont réalistes-socialistes, presque toutes les images de la Longue Marche sont de style chinois. Pour les millions d'hommes agglomérés sur le rocher de Hong Kong, l'immensité qui s'étend derrière la barre noire de l'horizon n'est pas le pays des communes populaires, des hauts fourneaux individuels et des usines géantes, ni même de la bombe atomique, c'est le pays de la Longue Marche et de son chef ; comme la Russie, au-delà de l'arc de triomphe de Niegoreloïe, n'était pas le pays des kolkhozes, mais celui de Lénine et de la révolution d'Octobre.

Finie, Singapour et ses tentacules, ses îles, sa Thaïlande. Finis, le Viêt-nam et sa guerre féline ; fini, Ho Chi Minh. Ici commence le grand jeu, parti de la poussière pour rétablir le plus grand empire du monde. Ce qu'expriment ces images, c'est plus que l'Inde, autant que l'Union Soviétique et que l'Amérique : Rome.

La Longue Marche ne compte plus vingt mille survivants : huit cents « responsables », dit-on. De l'autre côté de la baie, elle emplit les rêves comme la Râmâyana emplit encore le rêve de l'Inde, comme l'Olympe a empli jadis celui de la Grèce.

Tout avait commencé par des victoires.

A l'automne 1928, le VIe Congrès de Moscou a enfin donné sa place à l'action paysanne.

C'est la fin du premier schisme. Des armées rouges naissent : des mutineries se succèdent dans les armées du Kuo Min Tang, et les mutins rejoignent Mao aux monts Tsing-kang. Mais ses approvisionnements ne nourriront pas une armée.

En janvier 1929, le principal général de Mao, Tchou-te, force le blocus et rejoint d'autres troupes rouges. En décembre, tout le sud du Kiang-si est conquis, et le premier gouvernement soviétique d'une province, institué.

Le Kuo Min Tang, devenu le gouvernement de Nankin, oppose aux 40 000 hommes de Mao, les 100 000 hommes de la Première Campagne d'Extermination. Par une guerre de manœuvre qui oppose toujours le gros des forces rouges à des colonnes isolées que Mao a laissé avancer profondément dans son territoire, et grâce à la complicité de la population, l'armée de Nankin est dispersée en deux mois.

Quatre mois plus tard, la Seconde Campagne engage 200 000 hommes, par sept points d'attaque. Même tactique, mêmes résultats.

Un mois plus tard, Tchang Kaï-chek prend lui-même le commandement de 300 000 hommes. Ceux de Mao attaquent cinq colonnes en cinq jours, s'emparent d'un matériel considérable, et en octobre, Tchang Kaï-chek retire les troupes de la Troisième Campagne d'Extermination.

Le gouvernement soviétique de Chine est constitué sous la présidence de Mao.

En décembre 1931, 200 000 soldats de Nankin passent chez lui. L'armée rouge commence ses propres offensives. En 1933, Nankin lance la Quatrième Campagne d'Extermination, perd 13 000 hommes en un seul combat, et voit détruire sa meilleure division.

Mais les conseillers de Tchang Kaï-chek (dont von Falkenhausen, et von Seekt, ancien chef d'état-major général de l'armée allemande) ont participé à la campagne, et en ont tiré les leçons. Pour la Cinquième Campagne d'Extermination, Nankin rassemble presque un million d'hommes, des chars, 400 avions. Mao dispose de 180 000 soldats, d'environ 200 000 miliciens — armés de piques! — et de 4 appareils pris à Nankin. Pas d'essence, pas de bombes, pas d'artillerie, peu de munitions. Tchang Kaï-chek n'avance plus dans le territoire soviétisé : il l'entoure de blockhaus, d'une muraille de Chine qui se resserre. L'armée rouge comprend qu'elle est prise au piège.

Mao songe-t-il alors à Yenan? Le Japon a déclaré la guerre à la Chine, et Mao veut devenir le symbole de la défense du peuple chinois, car Nankin combat beaucoup moins le Japon qu'il ne combat les communistes. Il faudrait donc gagner le Nord, terrain de la guerre ; pendant des milliers de kilomètres, l'armée rouge s'enfonce pourtant d'abord vers le Tibet... Malgré les obstacles, malgré les clans qui font de certains villages des adversaires, Mao affirme depuis longtemps que toute la Chine paysanne est pour lui, à condition qu'on le lui fasse comprendre. Une région favorable à l'établissement d'un gouvernement communiste se trouvera quelque part, comme elle s'est trouvée au Kiang-si. Sans doute y a-t-il dans la Longue Marche une part d'aventure, d'expédition d'Alexandre, qui n'est pas étrangère au caractère de Mao. Mais d'abord, *il faut sortir*. Dans ce vaste siège, l'armée rouge, constamment bombardée, a déjà perdu 60 000 soldats.

90 000 hommes, femmes et enfants vont tenter de forcer le blocus, comme Tchou-te a forcé celui des monts Tsing-kang. Peu à peu, l'armée de première ligne est remplacée par des partisans. Le 16 octobre 1934, concentrée au sud, elle prend d'assaut les fortifications ennemies, et oblique vers l'ouest. La Longue Marche commence.

Les mules sont chargées de mitrailleuses et de machines à coudre. Des milliers de civils accompagnent l'armée. Combien vont rester dans les villages — ou dans les cimetières ? L'arsenal est vide, les machines démontées parties à dos d'âne — les retrouvera-t-on un jour, enterrées le long des pistes sur 10 000 kilomètres ? Les partisans aux piques à glands rouges, aux chapeaux de buissons qui tremblent comme des plumes, tiendront longtemps encore — quelques-uns, trois ans. Les troupes de Nankin les tuent, l'armée de Mao s'éloigne.

En un mois, harcelée par l'aviation, elle livre neuf batailles, traverse quatre lignes de blockhaus et cent dix régiments. Elle perd un tiers de ses hommes, ne conserve que son matériel militaire et quelques imprimeries de campagne, cesse d'avancer vers le nord-ouest (ce qui déroute l'ennemi, mais ralentit beaucoup sa marche). Tchang Kaï-chek a rassemblé ses troupes derrière le Yang-tsé, détruit les ponts. Mais 100 000 hommes et leur artillerie attendent Mao devant le fleuve Koeu-tchou. Les Rouges détruisent 5 divisions, tiennent une réunion de leur Comité Central dans le palais du gouverneur, enrôlent 15 000 déserteurs, et organisent leurs cadres de jeunesse. Mais « le fleuve aux sables d'or » des poèmes n'est pas franchi. Mao tourne vers le sud,

parvient en quatre jours à vingt kilomètres de Yunnan-
fou, où se trouve Tchang Kaï-chek, qui gagne l'Indochine. Diversion, car le gros de l'armée marche vers le
nord, pour y franchir le fleuve.

C'est le Ta Tu-ho, non moins difficile à franchir que le
Yang-tsé, et devant lequel la dernière armée des Taï-
ping a jadis été exterminée. Encore faut-il, pour l'atteindre, s'engager dans l'immense forêt des Lolos, où
jamais une armée chinoise n'a pénétré. Mais quelques
officiers rouges qui ont servi au Sseu-tchouan ont délivré
naguère des chefs lolos, et Mao négocie avec ces tribus
insoumises comme avec les villages qu'ont dû traverser
ses soldats. « L'armée du gouvernement est l'ennemi
commun. » A quoi les tribus répondent en demandant
des armes, que Mao et Tchou-te osent leur donner. Les
Lolos guident alors les Rouges à travers leurs forêts où
l'aviation de Nankin perd leur trace — jusqu'aux bacs
du Ta Tu-ho qu'ils prennent ensemble par surprise.

Le passage de l'armée au moyen de ces bacs exigerait
des semaines. L'aviation de Tchang Kaï-chek, qui sur-
veillait le fleuve, retrouve les colonnes. Ses armées
avaient contourné les forêts, et allaient bientôt reprendre
le combat. C'est le temps où Nankin parle de la marche
funèbre de l'armée rouge.

Il n'existe qu'un pont, beaucoup plus loin entre des
falaises abruptes, au-dessus d'un courant rapide. A marches forcées, l'armée bombardée avance dans l'orage, le
long du fleuve qui, la nuit, reflète ses milliers de torches
attachées au dos des soldats. Quand l'avant-garde atteint le pont, elle découvre que la moitié du tablier a été
brûlée.

En face, les mitrailleuses ennemies.

Toute la Chine connaît le fantastique des gorges de
ses grands fleuves, la fureur de l'eau enserrée par les
pics qui trouent les nuages bas et lourds sous les cris

répercutés des rapaces. Elle n'a pas cessé d'imaginer cette armée de torches dans la nuit, flammes des morts sacrifiés aux dieux du fleuve ; et ces chaînes colossales tendues à travers le vide, comme celles de la porte de l'Enfer. Car le pont de Lieou-tong, ce sont les neuf chaînes qui soutenaient son tablier, et, de chaque côté, deux chaînes d'appui. Le tablier brûlé, il reste treize chaînes de cauchemar, non plus un pont, mais son squelette qui s'enfonce au-dessus d'un grondement sauvage. A la jumelle, on devine la partie intacte du tablier, et un pavillon à cornes derrière lequel commencent à crépiter les mitrailleuses.

Celles des Rouges entrent en action. Sous le filet sifflant des balles, les volontaires suspendus aux chaînes glacées commencent à avancer, maille énorme après maille énorme, — casquettes blanches et baudriers blancs dans la brume — balançant leur corps pour le lancer en avant. Ils tombent l'un après l'autre dans le grondement de l'eau, mais les files de pendus balancés par leur effort et par le vent des gorges avancent inexorablement vers le tronçon du tablier. Les mitrailleuses égrènent sans peine ceux qui s'accrochent aux chaînes d'appui ; mais la courbe des neuf chaînes protège ceux qui sont accrochés sous elles, grenades à la ceinture. Le plus grand danger viendra lorsque, atteignant le fragment du tablier encore en place, ils s'y hisseront par un rétablissement — et ne pourront le faire, au mieux, que neuf à la fois. Les prisonniers déclareront que la défense fut paralysée par le surgissement des hommes dans les chaînes au milieu du fleuve ; peut-être la plupart des mercenaires habitués à combattre des « brigands » tibétains armés de fusils à pierre n'avaient-ils pas envie d'un corps à corps avec des combattants qui accomplissaient sous leurs yeux un exploit légendaire. Les premiers volontaires qui se rétablissent sur le pont ont le temps de lancer leurs grenades vers les nids de mitrailleuses, dont les serveurs tirent au jugé. Les officiers ennemis font déverser des barils de paraffine sur les dernières planches du tablier, les enflamment. Trop tard : les assaillants traversent le rideau de feu. Les mitrailleuses se taisent des deux côtés du fleuve ; l'ennemi recule dans la forêt. L'armée passe, sous le bombardement inefficace des avions...

C'est la plus célèbre image de la Chine rouge. Au Grand Magasin communiste, j'avais vu d'abord l'exode, qui s'effilochait sur des lieues : l'armée paysanne, précédant les civils obliquement penchés vers la terre comme les files des haleurs ; une multitude aussi courbée que celle de la Partition indienne, mais résolue à des combats inconnus. Cinq mille kilomètres parcourus en libérant les villages pour quelques jours ou pour quelques années ; ces corps inclinés qui semblaient se lever du tombeau de la Chine, et, au-delà des gorges, ces chaînes tendues à travers l'Histoire. Partout, les chaînes appartiennent au domaine nocturne de l'imagination. Elles ont été celles de cachots ; elles l'étaient encore, en Chine, il n'y a pas si longtemps, et leur dessin semble l'idéogramme de l'esclavage. Ces malheureux dont un bras retombait sous les balles, toute la misère chinoise regarde encore leur seconde main s'ouvrir au-dessus du grondement d'un gouffre sans âge. D'autres les suivaient, dont les mains ne s'ouvraient pas. Pour toutes les mémoires chinoises, la foule de pendus balancés vers sa libération semble brandir les chaînes auxquelles elle est accrochée...

Cet épisode illustre coûta pourtant, à l'armée, moins d'hommes que ceux qui le suivirent. Elle atteignit une région où les blockhaus de Nankin étaient encore peu nombreux, et reprit l'initiative des combats. Mais il fallait gravir les Grandes Montagnes neigeuses. Il avait fait chaud en juin dans les basses-terres de Chine, mais il faisait froid à 5 000 mètres, et les hommes du Sud vêtus de coton commencèrent à mourir. Il n'y avait pas de sentiers ; l'armée dut construire sa piste. Un corps d'armée perdit les deux tiers de ses animaux. Des montagnes et des montagnes, bientôt des morts et des morts : on peut suivre la Longue Marche à ses squelettes tombés sous leurs sacs vides ; et ceux qui tombèrent pour toujours devant le pic de la Plume des Rêves, et ceux qui contournèrent le Grand Tambour (pour les Chinois, le tambour, c'est le tambour de bronze) aux parois verticales dans la déchirure illimitée de la montagne. Les nuages meurtriers cachaient les dieux des neiges tibétaines. Enfin, l'armée aux moustaches de givre atteignit les champs de Nao-jong. En bas, c'était encore l'été...

Il restait 45 000 hommes.

La IVe armée et les vagues autorités soviétiques du Song-pan attendaient Mao. Les forces rouges rassemblèrent alors 100 000 soldats ; mais après un désaccord qui permit une offensive heureuse de Nankin, Mao repartit vers la Grande Prairie avec 30 000 hommes. Tchou-te restait au Sseu-tchouan.

La Grande Prairie, c'était aussi la forêt, les sources de dix grands fleuves, et surtout les Grands Marécages, occupés par des tribus indépendantes. La reine des Mantze ordonna de faire bouillir vivant quiconque prendrait contact avec les Chinois, Rouges ou non. Mao ne parvint pas à négocier. Habitations vides, bétail disparu, défilés dans lesquels les rochers s'écroulaient. « Un mouton coûte la vie d'un homme. » Il restait des champs de blé vert, et des navets géants dont chacun, dit Mao, pouvait nourrir quinze hommes. Et les Grands Marécages.

L'armée avançait, guidée par des indigènes prisonniers. Quiconque quittait la piste disparaissait. Pluie sans fin dans l'immensité des herbes détrempées et des eaux stagnantes sous le brouillard blanc ou sous le ciel livide. Plus de bois à brûler, plus d'arbres — et l'armée n'avait pas de tentes. Pour la protéger de la pluie, les grands chapeaux de soleil avaient remplacé les casquettes blanches. Les nuages erraient au ras du marais, et les chevaux culbutaient dans la vase sans fond. La nuit, les soldats dormaient debout, liés ensemble comme les fagots. Après dix jours, on atteignit le Kan-sou. Les troupes de Nankin avaient abandonné la poursuite, ou étaient ensevelies dans les marécages. Mao ne commandait plus que 25 000 hommes. Le théâtre aux armées reprit, devant des soldats couverts de peaux de bêtes retournées. Et les files haillonneuses avancèrent enfin entre des pierres, avec leurs drapeaux rongés comme ceux de nos maquis.

De nouvelles troupes de Nankin étaient massées, appuyées par la cavalerie musulmane chinoise qui devait « en finir enfin avec les Rouges ». Mais aucune troupe mercenaire n'eût pu battre, malgré leur épuisement, ces volontaires qu'un dernier ennemi séparait seul des bases Rouges du Chen-si. Les chevaux pris aux Tartares des steppes de Chine formeraient plus tard la cavalerie de Yenan. Le 20 octobre 1935, au pied de la Grande Muraille, les cavaliers à chapeaux de feuilles, montés sur les petits chevaux poilus semblables à ceux des peintures préhistoriques, rejoignaient les trois armées soviétiques du Chen-si, dont Mao prit le commandement. Il lui restait 20 000 hommes, dont 7 000 le suivaient depuis le sud. Ils avaient parcouru 10 000 kilomètres. Presque toutes les femmes étaient mortes, les enfants avaient été abandonnés.

La Longue Marche était terminée.

Quand on va dans le Magasin communiste, quand on regarde les montagnes au-delà des Nouveaux Territoires, la Chine populaire, c'est elle. Et Mao serait inconcevable sans elle. Il ne restait de la nation que la honte ; de la terre, que la famine. Mais si des dizaines de milliers de morts ou de déserteurs avaient été remplacés, des dizaines de milliers de compagnons absents n'étaient ni morts ni déserteurs. Ils étaient restés en arrière parce qu'ils appartenaient au tiers ordre de la Libération paysanne. En maintes régions, la guérilla laissée par la Longue Marche devait durer deux ans, immobiliser des divisions ennemies, parfois des armées. La répression, au Kiang-si — un million de victimes — avait laissé la paysannerie de la province sans voix, non sans haine. La Longue Marche venait d'apporter l'espoir à 200 millions de Chinois, et l'espoir n'avait pas disparu avec le dernier combattant. Cette phalange déguenillée suivie de ses derniers clochards avait joué le rôle des cavaliers d'Allah ; arrivée à la Grande Muraille, elle proclamait la guerre contre le Japon. La retraite militaire s'achevait en conquête politique. Partout où elle avait passé l'armée rouge, pour les paysans chinois, était devenue celle qui défendait les paysans, et la Chine.

A onze heures du soir, dans le port que je parcours en sampan, comme au temps de la première grève, l'électricité des gratte-ciel est éteinte. Il reste les « bateaux de fleurs » dessinés dans la baie par leurs ampoules, quelques lueurs dans des ruelles chinoises, et le pointillé des lumières de la route du pic. Sur l'eau, la ville des jonques continue sa vie d'agonie. Elle semble ignorer la terre, et les voyageurs ont maintes fois décrit son tohu-bohu de jadis. Ce soir, quelques ombres à peine glissent d'une jonque à l'autre. Les proues sculptées se succèdent, coupées par les ruelles des sampans. Quelques lumignons s'allument et s'éteignent. Des barques portent les marchands qui passent avec un fanal, comme passaient jadis les marchands sur les lacs des empereurs. Et les hautes proues décorées qui ne reprendront plus la mer semblent étouffer leurs appels presque secrets, sous les dernières voiles en ailes-de-dragons dont la nuit cache les haillons, et qui furent celles de la plus vaste flotte du monde. A l'aube, pendant que là-bas s'éveillera lentement l'énorme Chine, les gratte-ciel repartiront avec fracas à l'assaut du pic ; comme chaque jour, les antiquaires suspendront au-dessus de leurs trésors démonétisés la photo de Tchang Kaï-chek qui porte à l'envers celle de Mao, et qu'ils retourneront quand il le faudra. Il ne reste autour de moi que le pointillé tremblant des lumières de la route qui se perd comme autrefois dans les étoiles — l'appel d'un marchand, la nuit et le silence.

Canton

" *La grève générale est décrétée à Canton.* "
1925... C'était la première grève générale, et la première phrase de mon premier roman.

Plus rien des Chinois de la Compagnie des Indes, du quartier des changeurs qui carillonnaient, le long du fleuve, en frappant les pièces de leurs petits marteaux — ni du bazar informe qui emplissait encore le centre de la ville à la veille de la Révolution. Plus rien de la Révolution elle-même — que ses musées... L'École des Cadets est démolie, me dit-on, et la maison de Borodine, et... Rues d'asphalte aux uniformes maisons basses, vastes parcs de « culture ». Malgré les bananiers, malgré la chaleur, je reconnais le monde russe de l'immensité. Un hôtel aux escaliers sans fin, aux couloirs sans fin ; russe par ses dimensions, par son tapis amarante, par une solitude onirique différente de celle de l'Occident, mais que je n'ai pas vue en Russie. Shameen, l'ancienne île des consultats, est intacte — comme le corps d'un tué. Ses maisons qui ne ressemblent plus à celles de la ville s'écaillent au-dessus du petit square aux fleurs serrées ; des jonques sans moteur aux voiles rapiécées de rose bengale et de gris fumée doublent la pointe de l'île, chimères en habits d'arlequins ; dans le soir qui tombe, la flotte de Marco Polo appareille sur la rivière des Perles, devant les anciens docks et les chantiers neufs, à travers la désolation sibérienne. Voici le pont sur lequel tiraient les mitrailleuses du colonel Tchang Kaï-chek...

Le musée de la Révolution est aménagé dans la rotonde du monument à Sun Yat-sen. Tout près, le mausolée aux martyrs politiques semblable à ceux des empereurs de la plus vieille Chine (tout le parc semble son bois sacré) et devant lequel les pionniers communistes viennent prêter serment.

Au musée, voici les photos des chefs de la grève de 1925, la première grève contre Hong Kong ; tous sont morts. Sous un ruban qui porte la date : 4 mai 1919, la grille de la prison, comme un réseau de croix noires sur des figures indistinctes. Par terre, des fers médiévaux, que portèrent les condamnés lors de la répression de la commune de Canton. Tout est hors du temps : un village de partisans qui a résisté dix mois aux troupes du Kuo Min Tang, les unités féminines qui mêlent les mégères aux dactylos ; les exécutions de Chang-hai pendant la répression que conte *La Condition humaine* : les condamnés à genoux, les yeux bandés d'une étoffe noire qui pend comme une cagoule renversée ; une maquette de la conquête de Haï-nan par l'armée des jonques (que faisaient alors les vaisseaux de guerre du Kuo Min Tang ?); et toutes les photos du mouvement paysan, — dont nul ne parlait en 1925. Voici les piques aux courts glands rouges, car les longs sont ceux de Yenan ; et les chapeaux « tonkinois ». (Un de mes grands-pères en avait rapporté un, qui s'appelait le chapeau du Pavillon-Noir...)

Comme en Union Soviétique, ces photos et ces objets se confondent avec un folklore de la révolution. Ce peuple qui n'avait pas de ministère de la Justice, mais un ministère des Châtiments, rassemble les mêmes photos que Moscou et, plus confusément, que le peuple des cathédrales. Elles croient enseigner la Révolution, elles enseignent le martyre. Les Taï-ping ont gouverné dix années durant, et se sont fait exterminer devant ce même fleuve qu'a franchi Mao. Le génie politique de celui-ci, c'est évidemment ce qui le sépare d'eux ; mais ce musée, c'est presque toujours ce qui l'unit à eux.

Comme à Moscou, les images sont moins destinées à rendre intelligible le cours de la Révolution, qu'à créer un passé soumis aux vainqueurs. Combien un musée qui exposerait clairement l'action complexe de Mao, à ces jeunes gens qui m'entourent et qui la pressentent avec une vénération informe, serait plus efficace que cette propagande !

Je ne vois que ceux que l'on cache. Lénine n'est jamais accompagné que de Staline : il n'y a jamais eu de Trotski. Ni de Borodine, d'ailleurs. Ni de Tchang Kaï-chek. Les photos de l'École des Cadets montrent seulement Chou En-laï, commissaire politique. Sur une photo de cinquante officiers, je reconnais Gallen, le futur maréchal Blücher, et le désigne à l'ambassadeur de France, qui m'accompagne. Arrive, comme porté par des patins à roulettes, le traducteur qui semblait ne plus s'intéresser à nous. « Lequel est-ce » ? demande-t-il, écarquillé. Gallen ne reparaît sur aucune autre photo. Il n'y avait pas de Russes à Canton, en 1925...

Le lendemain

Hier soir, dans le mausolée de Sun Yat-sen, salle de 5 000 places, le théâtre jouait *L'Orient est rouge*. On

497

s'attendait à trois quarts d'heure de retard parce qu'il pleuvait — pendant la saison des pluies... Comme la Russie, la Chine mélange imprévisiblement le temps sans heures (théâtres, avions) et la ponctualité (chemins de fer, armée). En attendant, les trois cents chanteurs des chœurs étaient en place des deux côtés de la scène — pantalon bleu, chemise blanche — et comme ils étaient étagés, on ne distinguait qu'une immense étoffe blanche piquetée de têtes.

Enfin, le speaker commença. Il portait la vareuse des « cadres », mais gris perle et cintrée. Tout le chœur l'accompagna, et ce fut une foule qui cria la première phrase de la pièce :

« A l'époque de Mao Tsé-toung... »

Les tableaux se succédaient, très réussis lorsqu'ils ne tendaient qu'à être des tableaux. Le sujet était la légende de la Libération, traitée à la fois en ballet et en opéra de Pékin. Les slogans correspondaient aux sous-titres du cinéma muet. La parole n'a rien à faire dans cette stylisation impérieuse où elle devient chant. Le port de Chang-hai était l'étrave d'un paquebot : le *Président-Wilson*, amarré au quai par des chaînes colossales et vaguement vivantes comme celles du Ta Tu-ho. Sur le quai, un Occidental en costume bleu pâle et bottes molles, Russe de Pierre le Grand ou colonel anglais de 1820, représentait l'impérialiste. Il s'enfuit devant un groupe de soldats chinois qui portaient sur leur casque les couronnes de feuilles de camouflage, et ressemblaient au bouffon couronné que Lorca appelle Pampre.

— Quelle armée symbolisent ces soldats ?

— L'Université..., répondit mon traducteur.

Que les acteurs deviennent nombreux, la stylisation agit aussitôt. Cette imagerie révolutionnaire, qui se veut celle de la création du parti communiste chinois, ne montre pas les obstacles qu'il a dû vaincre. Tous les ballets sont naïfs ; et cette naïveté était hier soir au service de la Chine millénaire, qui reparaissait dans les scènes d'éventails où la foule des acteurs était parcourue d'un seul frémissement, dans les danses où les manches étaient continuées par des étoffes ondulantes comme celles des danseuses funéraires des Tang, jusque dans les convulsions d'une foule arrêtées par une pétrification soudaine... Tout cela soutenu par une musique que je ne connaissais pas, et qui mêle notre gamme aux miaulements et aux cris de l'ancien opéra chinois. Mais ces chœurs et ces voix admirables sont, à la musique chinoise, ce que le jazz est à la musique africaine. De la Révolution, il reste des musées — et des opéras...

Dans une heure, l'avion pour Pékin.

De ma fenêtre, des usines et des bâtiments d'une Sibérie tropicale, jusqu'à un horizon de cheminées que la vieille pagode domine toujours. Les bananiers ruissellent, bien qu'il ne pleuve pas encore. Devant moi, les toits-cloportes, au vermillon décomposé par le soleil et verdi par la pluie, traversés par la ruelle gluante où courent lentement des enfants presque nus : le dernier îlot du Canton d'autrefois quand des morceaux du rempart existaient encore sous les herbes ? Le vent d'étuve fait battre sur le mur les baguetes du long rouleau qui représente une scène militaire, et donne au peignoir de bain saumon posé sur un cintre, les mouvements onduleux du théâtre chinois. Tant de mort, tant d'espoir et de sang, tout ce que j'ai connu et rêvé de Canton s'achève par mon fantôme dérisoirement rose qui s'agite à la fenêtre devant le nuage blême de l'orage...

La ville était autrefois ordonnée par la croix de deux routes sans trottoir, poussière tartare où les remparts de citadelle et les bastions cornus des portes apparaissaient comme à travers la pluie. Les dédaigneux chameaux du Gobi passaient, l'un suivant l'autre, et les trains les accompagnaient lentement. La poussière, les caravanes, une face des remparts ont disparu. Voici les portes dans le matin bleu pâle. Autour de la ville, des avenues sans fin, bordées de bâtiments épais, me font penser, comme les rues principales de Canton, à l'immensité sibérienne — mais la chaleur d'étuve a disparu. L'auto longe d'énormes échafaudages de bambous au-dessus de tout petits saules, puis des acacias roses qui ne sont pas des acacias, et toujours le vol en faux des martinets. Quand le moteur s'arrête, un grand bruit de grillons emplit le silence.

Les couloirs du palais des Affaires étrangères ont la même immensité désolée que ceux de l'hôtel de Canton. Après maintes pièces apparemment vides, le bureau du maréchal-ministre Chen-yi : fauteuils d'osier, lavis de style chinois, sous-ministres, interprètes. Le maréchal est jovial, avec un visage lisse (souvent les Chinois vieillissent en quelques mois) et un rire large et coupant. Il porte le costume presque stalinien des « cadres » et semble, comme jadis les généraux soviétiques, n'avoir rien conservé de son origine (il est fils de magistrat) ; n'avoir pas d'origine. Il a commencé sa carrière comme adjoint d'un seigneur de la Guerre au Sseu-tchouan. Il est passé par l'École Militaire, a rejoint Tchou-te au temps du malheur, puis a commandé l'arrière-garde, toujours attaquée, de la Longue Marche. Vainqueur des Japonais, chef de la IVe armée, puis de l'Armée populaire de Libération de la Chine orientale, c'est lui qui a pris Nankin et Chang-hai en 1949.

— Comment va le général de Gaulle ?

— Tout à fait rétabli, je vous remercie. Et le président Mao ?

— Très bien.

Les salamalecs terminés, j'ai oublié la santé du président de la République, Liou Shao-shi. Ça ne semble pas troubler le maréchal, qui fait un exposé des principes. Son traducteur, auquel le nôtre vient parfois en aide, traduit :

— Sur le plan intérieur, le gouvernement populaire veut débarrasser la population de la pauvreté et de l'ignorance, faire en sorte que la vie matérielle de chacun soit assurée, et que se produise un épanouissement général, sur la base du système socialiste. Le capitalisme présente des aspects intéressants, notamment sur le plan technique, mais il doit être rejeté en tant que système, car le directeur d'une entreprise ne doit pas décider seul du sort d'un million d'hommes. M. Malraux, qui a étudié comme personne le marxisme, comprendra que, même si le capitalisme eût pu obtenir ici quelques résultats mineurs, le communisme seul pouvait procéder à l'édification du pays dans son ensemble.

Fort vrai. Quant au marxisme, pendant que nous jouions aux salamalecs, nous avons échangé des compliments sur nos œuvres respectives. Comme Mao, le maréchal est poète — et mari d'une actrice célèbre, qui travaille actuellement (propagandiste ?) dans une commune populaire.

— En bref, souligne-t-il, le gouvernement chinois veut construire la Chine, par ses ressources propres, en quelques décennies.

Lorsqu'on a connu la Chine de naguère, la phrase, même jovialement prononcée, prend une grandeur historique.

— Sur le plan extérieur, le gouvernement chinois poursuit une politique de paix. Il veut un monde pacifique où les peuples choisissent eux-mêmes leur système politique. La Chine, qui a assez fait face à à l'exploitation colonialiste et impérialiste, a la responsabilité d'aider partout les mouvements d'émancipation. De 1840 à 1911, elle a subi les vexations de l'impérialisme britannique, puis de l'impérialisme japonais, et maintenant de l'impérialisme américain. Sato est un satellite des États-Unis, il ne peut faire un geste indépendant de Washington. La France s'est retirée de la Chine après la Seconde Guerre mondiale ; elle a adopté une politique réaliste. Sur le plan européen ainsi que sur d'autres, elle suit une politique de défense à l'égard des États-Unis.

— D'indépendance, monsieur le Maréchal...

Il a fait partie, avec Chou En-laï, des « étudiants-ouvriers » qui ont fondé à Billancourt l'une des premières sections du parti communiste chinois. Il a été expulsé en 1921. Quarante ans plus tard, ministre, il a représenté la Chine à Genève. A-t-il revu Paris ?

Sans doute a-t-il parlé ainsi à cent journalistes de gauche, à tous les ambassadeurs qu'il a reçus. J'ai assez connu l'Union Soviétique pour n'être pas surpris par les disques de phonographe ; mais quand le maréchal va parler, j'attends toujours un peu qu'il parle lui-même. Je me sentais plus près de lui quand nous échangions des salamalecs sur notre littérature. Ce qu'il a de chaleureux donne vie à ce qu'il dit, pourtant...

Voici qu'il s'anime :

— Les informations relatives au Viêt-nam, dit-il, sont contradictoires. A Moscou, M. Harriman est bel et bien allé parler du Viêt-nam ! Les journaux américains devraient se mettre d'accord !

— Ne croyez-vous pas qu'il s'agit de beaucoup plus

que d'un désaccord des journaux ? Chez nous aussi, on parle de la politique des États-Unis comme s'il n'y en avait qu'une ; mais les forces américaines qui agissent sur la guerre du Viêt-nam sont sans doute assez divergentes...

Il déploie un petit éventail, s'évente en souriant, esquisse un geste qui semble vouloir dire : c'est possible, et reprend, avec une bonhomie bourrue :

— Vous êtes favorables à la neutralisation du pays ?

— Pour commencer.

— Nos amis vietnamiens craignent qu'elle n'impose un partage définitif. Depuis que les Américains sont entrés directement en jeu, neutralisation est devenu un mot creux. Il n'y a qu'une solution : le retrait des forces américaines.

Ici, le Viêt-nam semble une abstraction amicale. Le maréchal veut ignorer tout ce qui sépare Hanoï de Pékin. Soit, comme eût dit Méry ; je me souviens de son portrait de Ho Chi Minh, de tout ce qu'il m'a dit du Viêt-nam — et, vu de Singapour, le Viêt-nam, c'était la guerre. Elle rôde autour de nous, mais sous l'apparence de la paix. Elle est sérieuse et épisodique : coloniale, eût-on dit jadis. Dans cette Chine rétablie qui va atteindre un milliard d'habitants, on ment beaucoup plus que sous les avions américains qui pulvérisent Hanoï ; mais ce qui est en jeu est le destin du monde.

— Les conditions sont de plus en plus favorables. Cette guerre mûrit. Avec l'escalade, les obstacles se multiplient ; la détermination du peuple vietnamien se renforce, et finira par contraindre les Américains à quitter le pays.

— Croyez-vous impossible à un grand État de maintenir 150 000 hommes sur un théâtre d'opérations pendant dix ans ?

— Ah! ils sont 150 000 maintenant!

Il le sait aussi bien que moi. Sans doute mieux.

— Ils seront bientôt davantage, dis-je.

— Les Américains ont imposé la guerre au peuple vietnamien. Nous prenons parti pour lui. Qu'ils partent, ils demeureront une puissance mondiale. S'ils ne retirent pas leurs forces, ils perdront la face plus encore. Pour la nation vietnamienne il ne s'agit pas d'une question de face, mais de vie ou de mort. Les Américains bombardent à cœur joie.

— A leurs yeux, toute leur politique en Asie est engagée...

— La perte d'un domino de mah-jong ne détruit pas le jeu de celui qui le perd. Et les États-Unis ne pourront pas maintenir indéfiniment des troupes à l'étranger ; ils seront un jour ou l'autre contraints d'évacuer Taïwan et Berlin-Ouest.

— L'abandon de Formose [1] par eux impliquerait-il à vos yeux celui de la Sibérie par les Russes ?

« Il y a plus de terres libres au Nord que dans l'Asie du Sud-Est. »

Le maréchal rit. L'expression « se fendre la gueule » lui convient à merveille.

— Tout de même, répond-il, Taïwan ne fait pas partie des États-Unis ; la Sibérie fait partie de l'Union Soviétique, et n'a jamais été chinoise !

Supposons... Au sujet de Bandoung, j'emploie l'expression : la politique mondiale de la Chine.

— Dans tous les domaines, reprend-il, la Chine doit rattraper un retard considérable, et il lui faudra encore un gros effort pour conduire une politique mondiale. En attendant, elle sait avec qui elle est et avec qui elle n'est pas. Ce que j'ai dit le 14 juillet à votre ambassadeur

1. Taïwan est le nom chinois de Formose.

est toujours vrai. Les Vietnamiens n'ont pas d'autre possibilité que de continuer la lutte. Si les États-Unis sont sincères dans leur désir de négocier, pourquoi parlent-ils d'envoyer au Viêt-nam deux cent mille hommes, un million d'hommes ? Ils ont pris l'habitude de menacer. Ho Chi Minh et Pham-Van-Dong ont affirmé en mai et en juin, qu'en 1960, ils n'étaient pas sûrs de l'issue de la guerre, mais qu'ils le sont mainnant. Notre expérience nous donne la même certitude.

« Les forces américaines sont dispersées dans le monde entier...

« Regardez une carte : elles sont à Formose où elles soutiennent le dictateur Tchang Kaï-chek, au Viêt-nam avec le dictateur Ky après le dictateur Diem, en Corée avec le dictateur Ree et d'autres, au Pakistan avec le dictateur Ayoub Khan, au Laos avec Phoumi, en Thaïlande avec le roi. Est-ce que nous sommes aux Hawaï, au Mexique et au Canada ? »

Ce n'est pas aux « forces américaines », que je pense : la puissance des États-Unis, je ne l'ai jamais ressentie autant — même lorsque, en 1944, je me suis trouvé en face des premiers chars américains — qu'à la tombée d'un jour d'hiver sur la flotte désaffectée, ancrée dans l'Hudson, à une centaine de kilomètres de New York. Le président Kennedy m'avait dit : « Allez voir ça! » Une route parfaite dominait le fleuve, et les autos croisaient leurs phares sur cette nécropole de navires de guerre. Une silhouette arpentait le pont de chaque cuirassé, en balançant un fanal à peine lumineux dans le brouillard qui montait du fleuve avec le soir. Qu'est devenue la flotte de Nelson ? Les historiens antiques disent que les Mercenaires comprirent la puissance de Carthage quand ils découvrirent qu'elle crucifiait les lions ; j'ai éprouvé la puissance des États-Unis quand j'ai vu qu'ils avaient jeté au rebut la plus puissante flotte du monde.

— Notre expérience de Tchang Kaï-chek, poursuit le maréchal, nous a enseigné qu'il faut faire alterner les périodes de combat et les périodes de négociation. En Corée, combats et négociations se déroulaient simultanément, au point que parfois le bruit des voix couvrait celui des canons... Les Vietnamiens sont avisés et conscients, ils étaient marxistes avant nous, nous avons confiance en eux. Le 20, le président Ho Chi Minh a proclamé sa résolution de poursuivre la lutte cinq ans, dix ans, vingt ans, jusqu'à ce que le dernier Américain ait quitté le Viêt-nam et que soit faite la réunification.

Pour les dirigeants chinois, l'escalade est la Longue Marche du Viêt-nam.

— C'est toujours la même chose, reprend le maréchal : voyez la guerre de Corée, l'intervention de la VIIᵉ flotte dans le détroit de Taïwan, l'occupation de Taïwan! et l'O. N. U. qui se précipite au secours de l'agression capitaliste contre le Congo! L'attaque américaine contre la Corée du Nord avait pour but de menacer notre sécurité ; nous avons été contraints d'intervenir pour nous défendre. Ensuite, nous avons libéré des prisonniers américains. Sans réciprocité. Après la guerre de Corée, les États-Unis ont multiplié leurs menées au Viêt-nam, où la situation est assez comparable.

— Mais meilleure pour vous.

— Si les États-Unis n'étendent pas leur agression, il ne sera pas nécessaire que la Chine participe aux opérations, mais s'ils le font, elle y participera.

— En territoire chinois ?

— Et peut-être aussi en territoire vietnamien.

Un temps.

J'en doute. Mao a toujours fait sienne la phrase de

Lénine sur la tactique *de défense* des armées révolutionnaires contre l'étranger, et il a toujours souligné que Staline n'avait combattu que pour assurer la défense de la Russie. Lénine a dit : « Ceux qui croient que la Révolution peut être déclenchée sur commande dans un pays étranger sont des fous ou des provocateurs. » Mais au Viêt-nam, on n'en est plus à déclencher la Révolution : le maréchal parle comme s'il se tenait pour responsable de la guerre du Viêt-nam. Cette responsabilité sert sa gloire, comme on eût dit au xviie siècle. Mais qu'en est-il ? Déjà la France a attribué Dien Bien Phu à l'artillerie chinoise, qui n'y était pas. Les maquis vietcongs sont-ils armés par la Chine ? En partie, sans doute. Mais ils l'ont été passablement par l'U. R. S. S. et les armes prises à la France, et aux États-Unis, comme l'armée rouge chinoise par les armes prises à Tchang Kaï-chek. Leur idéologie, leur confiance, leur tactique viennent de Mao ; et un certain nombre de leurs organisateurs, de leurs officiers de liaison. Mais personne ici ne m'a demandé : « Croyez-vous que les maquis du Sud soient formés, ou au moins dirigés, par les troupes du Nord, satellites des troupes chinoises ? » Le maréchal ne serait pas fâché de me le laisser croire. Et pourtant ? Le Viêt-nam ne parvient pas à trouver un gouvernement national, les Américains sont contraints à intervenir directement dans la guerre, les prisonniers ne sont pas chinois. « C'est chez les Occidentaux une obsession, m'avait dit Nehru, de croire que les guerres de libération nationale sont conduites par l'étranger. » Je connais par expérience la limite de l'aide que les maquis peuvent recevoir, des « conseils » qu'ils peuvent accepter. Je ne crois donc pas que l'escalade, même jusqu'à Pékin (la guerre nucléaire écartée), puisse sauver un gouvernement de Saigon qui ressemble à celui de Tchang Kaï-chek, en pire.

— Les Américains, reprend le maréchal, ne cessent de violer notre ciel. Est-ce que des avions-espions chinois survolent les États-Unis ? Ils ont déclaré qu'il ne saurait y avoir de *sanctuary* comme lors de la guerre de Corée : très bien. Sous prétexte d'appui au Sud Viêt-nam, ils bombardent le Nord. Qui dit que demain ils ne prendront pas prétexte d'un soutien de la Chine au Nord Viêt-nam pour la bombarder ? Ils croient pouvoir faire tout ce qu'ils veulent. Il faut prévoir les conséquences des événements prochains. Et à la fin nous gagnerons, comme contre les Japonais, comme contre Tchang Kaï-chek.

« Voyez leurs menées en République Dominicaine, au Congo : partout ils provoquent des troubles, au contraire de la Grande-Bretagne et de la France. Il faut leur résister. Quand le colonialisme européen quitte l'Asie, l'impérialisme américain vient le remplacer. Les Vietnamiens se battent aussi pour la Chine et pour le monde entier, dont ils méritent l'estime. »

Quand j'ai vu Gide pour la première fois, c'était l'auteur des *Nourritures terrestres,* non l'homme qui m'attendait devant le Vieux-Colombier, un champignon de brioche dans la bouche ; quand j'ai vu Einstein, c'était le mathématicien, non le violoniste hirsute et bienveillant qui m'accueillit à Princeton. Je sais de reste que le maréchal n'est pas Mao. Mais il est le ministre des Affaires étrangères de la Chine populaire — un des personnages autour desquels rôde l'Histoire ; il a commandé l'arrière-garde de la Longue Marche, toujours harcelée. L'auteur reparaissait vite dans Gide, et le savant, dans Einstein. Dans Chen-yi, où reparaît le conquérant de Chang-hai ? La Chine s'accorde au disque comme elle s'accorde au cérémonial ; et malgré un côté déballé, le maréchal est manifestement en représentation. Valéry disait du général de Gaulle : « Il faudrait savoir ce qui, en lui, est de l'homme, du politique, ou du militaire. » Dans le maréchal, tout est de convention — d'une convention accentuée par la traduction. Je ne trouve pas un véritable dialogue. Je ne puis évidemment pas lui dire : « Monsieur le Maréchal, les États-Unis ne dominent le jeu vietnamien que par leur aviation, et ce ne sont pas les Chinois qui combattent cette aviation, ce sont les Russes. » Je retiens seulement son mélange de fermeté, de prudence, d'engagements quasi allusifs ; les curieuses limites qu'il fixe, clairement ou tacitement, au conflit de la Chine et des États-Unis. Je n'ai réellement entendu sa propre voix que lorsqu'il m'a dit : « Et en territoire vietnamien. » Son type, très différent de celui que j'ai connu, est-il celui des nouvelles autorités chinoises ? L'ambassadeur de Chine à Paris, qui est aussi des généraux de la Longue Marche — et lui a consacré un livre de dessins presque humoristiques — montre cette jovialité invulnérable. Je connais l'internationale des Affaires étrangères ; il ne lui appartient pas, parce qu'il remplace la réserve par une cordialité militaire.

— Le général de Gaulle a raison de résister aux États-Unis en Europe. Ils ne sont pas omnipotents, mais ils ont profité de deux guerres : pendant la Première Guerre mondiale, ils ont perdu 100 000 hommes, pendant la seconde 400 000. En Corée, ils ont perdu 300 000 hommes sans grand profit, donc ils ont fait un mauvais calcul. Ils vont maintenant faire leur calcul pour le Viêt-nam...

— Nehru pensait que le colonialisme meurt lorsqu'une expédition occidentale cesse d'être victorieuse à l'avance d'une armée asiatique. Je le pense aussi.

Mais pourquoi le maréchal ne semble-t-il pas envisager l'emploi de bombes atomiques par les Américains, s'ils entraient en conflit avec la Chine ?

— Nous espérons que la France utilisera son influence pour que les États-Unis se retirent. Il faut faire face aux Américains pour les amener à quitter le pays. Le peuple américain est bon, il a accompli en deux siècles des réalisations remarquables, mais la politique de ses derniers dirigeants est allée contre ses aspirations profondes. La Chine ne recherche pas une grande guerre, elle veut une coopération des forces qui obligeront les États-Unis à abandonner leur politique agressive, ce qui ne peut qu'être utile au monde, et aux États-Unis eux-mêmes.

Sollicitude qui toucherait les États-Unis. Notre ambassadeur guette ma réaction. Tout cela m'est familier. Le monologue manichéen, qui semble toujours s'adresser aux « masses », continue. Cet homme intelligent, champion d'échecs, au sommet d'une carrière éclatante, ne parle pas pour me convaincre. Il accomplit un rite.

Je lui réponds que les États-Unis, comme je l'ai dit à Nehru, me semblent la seule nation devenue la plus puissante du monde sans l'avoir cherché ; alors que la puissance d'Alexandre, de César, de Napoléon, des grands empereurs chinois, fut la conséquence d'une conquête militaire délibérée. Et que je ne distingue actuellement aucune politique américaine mondiale comparable à ce que fut celle de la Grande-Bretagne impériale, ou le plan Marshall, ou ce que cherchait le président Kennedy. Que les États-Unis me semblent, provisoirement, renouveler des erreurs que nous connaissons trop bien, car notre IVe République les a commises avant eux. J'ajoute :

— Quant à l'influence que nous pouvons exercer sur les États-Unis, je la crois du même ordre que celle que vous pouvez exercer sur l'Union Soviétique...

— La Chine adapte ses sentiments aux faits. Après la révolution d'Octobre, sous Lénine et sous Staline, l'U. R. S. S. éprouvait de la sympathie pour le peuple chinois, et nous en éprouvions pour elle. Après la défaite du Japon, nous nous sommes accoutumés à l'idée que l'U. R. S. S., usée par le conflit, ne voulait pas se mêler des affaires d'Extrême-Orient, et nous n'avons pas placé nos espoirs dans son aide. L'édification socialiste de la Chine ne saurait être fondée sur l'aide de l'U. R. S. S., à quelque titre que ce soit. Il faut avant tout compter sur soi-même. Les Russes avaient mis les choses en train, mais nous pouvons continuer sans eux. Et, dès 1964, nous avions tout payé. Quand Khrouchtchev a essayé de nous étouffer...

Il s'arrête, reprend :

— ... depuis Khrouchtchev, les dirigeants soviétiques veulent la domination du monde par deux grandes puissances, ce qui est impensable, car tous les pays, grands et petits, font également partie du monde !

Je suis surpris, non par ces affirmations, mais par le niveau de la conversation. Comme je l'étais en Union Soviétique quand j'entendais des marxistes, rigoureux ou subtils en privé, passer en public au niveau de *L'Humanité*. Le maréchal croit-il au manichéisme qu'il professe ? Après tout, le manichéisme est faible pour parler, non pour agir. Et les États-Unis ne sont pas pour lui la nation qui a sauvé deux fois la liberté de l'Europe, mais celle qui soutenait Tchang Kaï-chek...

— Le général de Gaulle n'a jamais envisagé avec faveur une double hégémonie...

Il rit :

— Mais nous ne sommes pas non plus partisans d'une hégémonie à cinq...

(Sans doute pense-t-il : États-Unis, Union Soviétique, Angleterre, France, Chine.)

— ... avec l'Inde qui gratterait à la porte !

— Un ménage à deux, c'est clair. A trois, c'est déjà beaucoup...

— Enfin, il n'y aura jamais trop d'alliés en faveur de la paix...

— Si nous devions conjuguer nos efforts pour le rétablissement de la paix, envisageriez-vous la négociation après un engagement de retrait, ou après un retrait effectif des troupes américaines ?

Le maréchal réfléchit.

— La question doit être mise à l'étude ; peut-être serai-je en état de donner une réponse dans quelques jours. La décision appartient à Ho Chi Minh et à Pham-Van-Dong. Pour autant que je sache, ils maintiennent le préalable du retrait.

« Vous n'apportez aucune proposition, monsieur le Ministre ?

— Aucune, monsieur le Maréchal.

Il en attendait une — pour la rejeter ? Mais sans doute s'agissait-il aussi de connaître la nature de l'entretien que je dois avoir avec Chou En-laï, avec le président de la République et, éventuellement, Mao ; et d'avoir le temps de le préparer...

La porte par laquelle nous sortons, l'ambassadeur de France et moi, s'ouvre devant l'ancienne Cité interdite. Les palais de la désolation sibérienne (Palais du Peuple, musée de la Révolution) sont derrière nous, et je retrouve la ville impériale d'autrefois. Elle régnait sur une pullulation de maisons basses aux toits cornus couleur d'ardoise, puisque nul regard n'était autorisé à plonger dans ses cours. Le gratte-ciel couché d'où je sors, la domine maintenant. A l'intérieur, les admirables cours sont vides : il est midi. L'herbe pousse devant les vases de bronze sacrés. Dans les chambres, le musée, son fouillis et ses quelques pièces uniques ; au fond, l'appartement de la dernière impératrice. Petites chambres calfeutrées, que l'on voudrait voir lorsque tombe la neige ; avec leurs lanternes de marché aux Puces, et la vulgarité que le style victorien et celui du Second Empire ont répandue dans toute l'Asie. Je pense au Musée chinois de l'impératrice Eugénie dont me parlait Méry à Singapour, à ses chinoiseries rapportées du sac du Palais d'Été, et de la conquête du Cambodge, où le Roi seul possédait quelques lingots d'argent... Qui connaît encore le Musée chinois de Fontainebleau ? La Cité interdite, elle, n'est pas abandonnée. C'est dans sa grande salle que Loti trouva les reliefs du repas des mânes, mangé par les soldats européens le premier jour de leur conquête ; et les instruments de musique que l'impératrice avait disposés là pour les ombres. Lors de sa fuite, elle avait posé devant sa Kwannyn favorite un bouquet, et lui avait passé au cou l'un de ses colliers de perles. La Kwannyn est là. Les amas de dieux s'enchevêtraient dans les cours, pour que les soldats pussent coucher sur les autels ; au temple de Confucius, une banderole tendue disait : « La littérature de l'avenir sera la littérature de la pitié. » C'était le temps où les barbares rebelles commençaient à s'appeler les puissances étrangères, mais où l'on croyait encore que les chrétiens tuaient les enfants et les mangeaient pour leur sacrifice sanglant, qui s'appelait la messe.

J'ai vu jadis finir la vieille Chine, et les ombres des renards filer à travers les asters violets des remparts, au-dessus de la procession des chameaux du Gobi couverts de gelée blanche. Je me souviens des vessies de porc éclairées par des chandelles, ornées de caractères chinois qui désignaient les hôtels tenus sur les quais de la gare de Kalgan par les hôteliers russes dont on ne voyait dans la nuit que la barbe éclairée d'en bas — et ces lanternes de Jérôme Bosch semblaient veiller seules, dans la neige et l'obscurité, l'agonie de la Russie blanche, en attendant la petite table d'hôte où le phonographe à cornet en volubilis jouerait *Sous les remparts de Mandchourie*. J'ai vu les clôtures de rondins des villages moghols s'ouvrir comme des portes de corral, les cavaliers de Gengis Khan foncer sur leurs petits chevaux hirsutes, l'avant du crâne rasé d'une oreille à l'autre, et leur chevelure grise, longue comme celle des femmes, horizontale dans le vent des steppes sous le ciel livide. J'ai vu les vieilles princesses des neiges, comme des reines d'Afrique déjà marquées par les chavauchées de la mort : Mongolie, marches tibétaines, coiffures wisigothes — et, au-dessus des villages putrides, les couvents au parfum de cire dont le parquet reflétait les lamas jaunes et l'Himalaya bleu. Et le grand mausolée de Sun Yat-sen, les soldats des seigneurs de la Guerre avec leurs parapluies. Enfin, j'ai vu la résurrection de l'armée chinoise. Là où passa jadis devant moi dans l'inondation, à travers la dérive des cadavres, le canot du bourreau vêtu de rouge dont le sabre court reflétait gaiement le ciel lavé, j'ai atterri près des hauts fourneaux de Han-yang...

Quand, ayant quitté la majesté des cours, nous nous retournons, les toits orangés à peine recourbés sur les murs sang-de-bœuf sont d'une telle puissance architecturale, que les caractères géants qui exaltent la République populaire semblent fixés là de toute éternité, et que la terrasse semble construite pour les discours de Mao.

En attendant le retour de Chou En-laï à Pékin, on nous propose de visiter Loung-men, ce qui nous permettra de traverser Lo-yang et Sian, d'ordinaire interdites aux étrangers.

Lo-yang fut la ville aux palais de tuiles violettes qui abritèrent le plus précieux raffinement du monde, à notre époque carolingienne. On en rêva jusqu'à Byzance. Et on en rêva dans toute la Chine, car ce fut une ville de poésie, l'Ispahan chinoise. Ici, l'on trouva les squelettes des favoris de l'impératrice fixés au mur par les flèches lestées de queues de renard. Il ne reste qu'une campagne endormie à travers les portes rondes.

Une commune populaire propre comme un sou neuf, qui ne connaît pas la famine. Ils veulent me faire admirer leur tracteur, et ne devinent pas que c'est eux que j'admire...

On part d'ici pour atteindre les grottes bouddhiques de Loung-men. Elles sont maintenant protégées par du verre, et les statues y apparaissent comme dans la vitrine d'un magasin. Au-dessus des statues qui ont perdu leur tête (« Ce sont les Américains », dit le guide), dans l'amphithéâtre que rien ne protège, la foule se serre au bas du Grand Bouddha, étonnamment indo-hellénistique alors que les sculptures des grottes Weï le sont si peu. Sur les côtés, les géants protecteurs qui symbolisent les points cardinaux : l'un d'eux écrase de sa botte médiévale un pauvre nain éploré. Quelque visiteur a laissé à côté un de ses souliers, si bien que le nain de pierre semble avoir perdu sa chaussure. C'est la montagne même qui est sculptée, comme aux Indes ; mais jamais je n'ai ressenti à ce point combien des figures divines perdent leur âme au-dessus d'une foule indifférente. Le bouddha colossal a été sculpté sur l'ordre de l'Impératrice aux amants cloués par les flèches. Les cris des poules luttent avec le crissement des grillons, et la radio d'une auberge lie et délie des airs de Pékin autour de la roche sacrée.

Nous partons pour Sian.

Sur une place d'autrefois, couleur de glaise, s'ouvre le musée, faux et vrai à la fois, admirable ensemble de pavillons classiques aux tuiles cendre orange et turquoise, avec des portes rondes ouvertes sur la campagne ou sur les jardins inachevés, lourds pourtant d'hibiscus, de glaïeuls, de lilas énormes et sans odeur. Au passage, l'interprète avait dit, désignant des parcs à demi sauvages : « Ici s'élevait un kiosque de l'empereur Taï-Tsong... » Le premier pavillon du musée abrite une forêt de stèles, et tout à coup, je découvre ce qu'est cette ville d'un million d'habitants avec son gratte-ciel administratif, sa tour de la Cloche et son musée plus irréel que le Palais d'Été : Sian, c'est Si-ngan-fou, qui fut onze fois capitale de la Chine...

Voici les animaux de pierre qui conduisaient au tombeau de Taï-Tsong, le Charlemagne chinois. Voici le rhinocéros. On assied les enfants sur son dos, pendant que les parents lui flattent la corne et qu'un ami photographie la famille. Dans la salle principale, les quatre bas-reliefs du tombeau de l'empereur, qui représentent, dit-on, ses quatre chevaux préférés. La tombe a été abandonnée pendant plusieurs siècles. Deux des bas-reliefs, possédés par les États-Unis, sont remplacés ici par deux photos en vraie grandeur, au-dessous de l'inscription : Volé par les Américains.

La propagande antiaméricaine est minutieuse et illimitée. L'imagerie qui couvre les murs des villes est orientée par elle, même lorsque le loyal milicien et l'héroïque milicienne, qui viennent du cinéma américain plus encore que du réalisme-socialiste, sont figurés sans ennemis. Dans les plus petites communes populaires — maisons basses, poules qui courent sur le sol bien balayé et faucheurs au loin dans les champs — on voit, dessinés aux craies de couleur sur une grande ardoise, à l'usage des analphabètes, l'intrépide petit pionnier qui perce de sa lance le gros tigre en papier.

Demain, Chou En-laï sera de retour à Pékin.

Les mêmes couloirs sans fin que pour atteindre le bureau du maréchal (c'est le même édifice, les mêmes enfilades de pièces vides et, dans le bureau du Premier Ministre, les mêmes fauteuils de rotin avec leurs mêmes napperons, des lavis semblables, et les mêmes photographes lorsque nous nous serrons la main. L'interprète — une femme, cette fois — parle français sans accent (c'est sans doute une Chinoise du Tonkin) et le vocabulaire politique lui est familier ; l'attitude du Premier Ministre est amicalement distante ; la sienne, presque hostile.

Chou En-laï a peu changé, car il a vieilli comme il devait vieillir : les creux de son visage se sont approfondis. Il est vêtu comme le maréchal, mais il est mince ; l'on ne devine guère l'origine de la plupart des chefs chinois, mais lui, est manifestement un intellectuel. Petit-fils de mandarin. Il a été le commissaire politique de l'École des Cadets de Canton, quand Tchang Kaïchek la commandait. Entre ses fonctions successives — y compris celle de Premier Ministre — il préférait celle de ministre des Affaires étrangères. Je pense à un diplomate qui m'accueillit à Moscou vers 1929 : il portait un monocle, dans une ville où la femme de Lénine portait une casquette. Je sais depuis longtemps que les Affaires étrangères sont une secte — à laquelle le maréchal Chen-yi n'appartient pas, mais à laquelle Chou En-laï, adjoint de Mao pendant la Longue Marche, appartient.

Ni truculent ni jovial : « parfaitement distingué ». Et réservé comme un chat.

— J'ai été très frappé des critiques adressées par le général de Gaulle, dans sa dernière conférence de presse, aux desseins d'hégémonie mondiale de l'U. R. S. S. et des États-Unis.

« Et aussi de la phrase : le Pacifique, où se jouera le destin du monde. »

Les deux guerres du Viêt-nam ne sont pas sans liens avec la Longue Marche. Pourtant, comme Da-Nang est lointaine ! Les « marines » débarquent, et aux yeux de Chou En-laï, leur débarquement n'est certes pas négligeable. Mais marginal. Le destin de l'Asie est à Pékin, ou nulle part. Et l'Inde ?

Un temps. Je réponds :

— Lénine a dit : On peut toujours envisager une action commune, à la condition de ne mélanger ni les mots d'ordre ni les drapeaux.

Et lui, distraitement :

— Nous n'avons pas oublié que vous connaissez bien le marxisme, et la Chine... Nous n'avons pas oublié non plus que vous avez été poursuivi en même temps que Nguyen Aï-Qoc [1]... Vous vouliez un dominion indochinois : les Français auraient mieux fait de vous approuver...

— Je vous remercie de vous en souvenir. D'autant plus que l'autre fondateur du Jeune-Annam : Paul Monin, est mort à Canton.

— Vous avez revu Tchang Kaï-chek ?

— Jamais. C'est dommage

— Oh !...

Geste évasif. J'aimerais lui répondre : « Et vous ? » Car personne ne sait ce que fut l' « incident de Si-nganfou ». Et ce n'est pas la moindre cause des sentiments complexes que m'inspire mon interlocuteur.

En décembre 1936, Tchang Kaï-chek, venu inspecter le front anticommuniste du Nord, fut arrêté par le chef des troupes mandchoues, le « jeune maréchal » Tchang Sue-liang. Chacun pensait qu'il allait être exécuté ;

1. Ho Chi Minh.

mais un envoyé (des Russes ?) négocia, et le généralissime fut remis en liberté contre la promesse de combattre enfin les Japonais, et non les troupes de Mao. Rentré
à Nankin, il tint sa promesse, ce qui laissa chacun — et
d'abord les Américains — stupéfait. Quel engagement
avait pu le lier à ce point ?

Or, l'envoyé, c'était Chou En-laï.

J'ai vu, à Sian, le Bain de la Favorite, que Tchang
Kaï-chek habitait lorsqu'on vint l'arrêter. Il s'échappa
dans le bois qui domine ces pavillons et cette jonque de
marbre comme un bois sacré, et où il fut pris.

— J'étais déjà là, m'a dit le gardien. Voici son lit.
(C'est un lit de camp européen.) Quand nous sommes
entrés, avec le capitaine et les soldats, il ne restait personne, mais il avait laissé son dentier sur la tablette de
la salle de bains...

« Et j'étais sur le grand pont de la rivière quand l'étu-
diante s'est jetée devant l'auto de Tchang Sue-liang en
criant : " Ne laissez pas les Japonais écraser encore la
Chine ! Il y aura ici du sang versé ! Que notre sang coule
pour que nous cessions d'être humiliés ! " Elle pleurait
et tous ceux qui entendaient pleuraient, et le jeune
maréchal s'est mis à pleurer aussi... »

Ce palais, copie de celui de la favorite d'un grand
empereur, ressemble, comme tout ce qui a été copié au
XIXe (et d'abord le Palais d'Été) à un décor de chinoi-
serie. Mais sur les petites terrasses, au-dessus des saules
pleureurs, les mimosées roses d'été ressemblaient à celles
du VIIIe siècle... Il y avait une pagode où un général de
théâtre était devenu dieu de l'Irrigation. Et au loin, la
colline funéraire de l'empereur fondateur...

Le généralissime prisonnier avait commencé par
répondre à Tchang Sue-liang, qui l'appelait « mon
Général » : « Si je suis votre général, commencez par
m'obéir ! » Puis Chou En-laï était arrivé...

— Une des expressions du président Mao, dis-je, a fait fortune en France, non sans intriguer les Français : les États-Unis sont un tigre en papier.

— Les États-Unis sont un vrai tigre, et l'ont montré. Mais si ce tigre vient ici, il se change en tigre de papier. Parce que la plus puissante armée du monde ne peut rien contre une guérilla générale. Nos fusils, nos chars, nos avions sont presque tous américains. Nous les avons pris à Tchang Kaï-chek. Plus les Américains lui en ont donné, plus nous lui en avons pris. Tchang n'avait pas de mauvais soldats, vous savez! Les Américains sont meilleurs ? Peu importe. Chaque Chinois sait que seule l'Armée populaire est garante de la distribution des terres. Et la guerre aura lieu ici.

Cette guerre sera la suite des guerres contre le Japon, Tchang Kaï-chek, les Américains en Corée, à Taïwan, au Viêt-nam. Bien que le ministre pense qu'une négociation relative au Viêt-nam n'est pas même envisageable, il précise que Ho Chi Minh ne pourrait y représenter seul les combattants du Nord.

— Il faut négocier avec ceux qui se battent, donc le Front National de Libération et Hanoï, mais le Front d'abord.

J'ai vu le parti communiste français tenter cette opération, en 1944 : le contrôle général des maquis étant impossible, on déléguera des chefs de maquis d'obédience chinoise, qui contrôleront Ho Chi Minh...

Il parle aussi de l'O. N. U., où il pense que la Chine ne doit pas entrer avant le départ de Formose ; et semble hésiter entre une organisation afro-asiatique plus ou moins conduite par la Chine, et le transfert de l'O. N. U., de New York à Genève. Je lui demande :

— Croyez-vous que la politique actuelle du Japon puisse survivre à votre possession de la bombe ?

Il me regarde avec attention :

— Je ne crois pas...

Il sait comme moi qu'aux États-Unis, on le tient pour l'original d'un des personnages de *La Condition humaine*. Je pense à la photo du musée de Canton où il reste seul parmi les Cadets, entouré de personnages effacés comme les ombres du Hadès — qui furent Borodine, Gallen et Tchang Kaï-chek...

— Le général de Gaulle, dis-je, juge que les contacts établis par l'intermédiaire de nos ambassadeurs sont au point mort...

Ses sourcils épais, pointus vers les tempes comme ceux des personnages du théâtre chinois, maintiennent son expression de chat studieux. Il rêve, avec une bizarre attention, sans objet.

— Nous sommes d'accord, répond-il, sur les textes qui permettent notre coexistence pacifique...

« Nous voulons l'indépendance, et nous ne voulons *pas* la double hégémonie.

« Vous avez demandé au ministre des Affaires étrangères si nous accepterions de négocier, au sujet du Viêt-nam, avant le retrait des troupes américaines. Nous ne négocierons, ni sur le Viêt-nam ni sur autre chose, tant que les Américains ne seront pas rentrés chez eux. Il ne s'agit pas seulement de quitter Saigon, mais de démanteler les bases de Saint-Domingue, de Cuba, du Congo, du Laos, de la Thaïlande, les rampes de lancement du Pakistan et d'ailleurs. Le monde pourrait vivre en paix ; s'il ne le peut pas, c'est à cause des méfaits des Américains qui sont partout, et créent des conflits partout. En Thaïlande, en Corée, à Taïwan, au Viêt-nam, au Pakistan — j'en passe —, ils subventionnent, ou arment contre nous, 1 700 000 hommes. Ils deviennent les gendarmes du monde. Pour quoi faire ? Qu'ils rentrent chez eux, le monde retrouvera la paix. Et pour commencer, qu'ils observent les accords de Genève ! »

Il écarte les bras, mains ouvertes, image de l'innocent qui prend à témoin la bonne foi universelle :

— Comment négocier avec des gens qui ne respectent pas les accords ?

Désolé par tant de perfidie, il représente à merveille le sage confucianiste devant la regrettable barbarie de ceux qui n'observent pas les rites. Masque inattendu sur son visage de samouraï. Comme naguère auprès de Nehru, je remarque que lorsqu'un politique cyniquement lucide fait appel à la vertu, il va chercher le masque de ses ancêtres : les communistes qui mentent se déguisent en orthodoxes, les Français en conventionnels, les Anglo-Saxons en puritains.

Il suggère que la France conseille à son alliée la Grande-Bretagne, comme pourrait le faire la Chine à son alliée l'U. R. S. S., une attitude commune contre la politique d'agression et l'existence de bases militaires des États-Unis à l'étranger.

Pourtant, il est un des premiers diplomates de notre époque. Comme lorsque j'écoutais le maréchal, je me demande à quoi tend ce qui m'est dit. Ni la Grande-Bretagne ni les États-Unis ne sollicitent nos conseils et la position de la France est connue de tous. Il exalte l'aide chinoise aux pays sous-developpés, et je lui fais remarquer que le pourcentage de notre aide à l'Afrique est le plus élevé du monde. Mais seule l'aide chinoise est désintéressée. En quoi notre aide à l'Algérie est-elle intéressée ?

— Le pétrole, répond-il.

Il y a dans ce qu'il dit une étrange distance, toute différente de celle qu'impose le général de Gaulle. Je pense à l'éloignement d'un homme frappé par le malheur. Sa femme, l'une des premières oratrices du parti, est gravement malade. Lorsque ce qu'il dit est conventionnel, il semble « mettre le disque » pour ne pas penser. Malgré sa grande courtoisie. Cet entretien paraît le fatiguer mais aussi l'attacher, comme s'il craignait de se retrouver seul.

— Vous avez été longtemps ministre des Affaires étrangères, dis-je, et vous savez mieux que moi que certaines positions sont prises pour être discutées, et d'autres, seulement pour être affirmées. Je ne crois pas que les États-Unis envisagent de discuter la vôtre...

Il fait un geste qui signifie : peu importe, et répond :

— Vous croyez à la menace atomique ? L'autonomie des communes populaires est assurée. La Chine survivrait à la mort de cent millions d'hommes. Et tôt ou tard, il faudra bien que les Américains rembarquent... La Chine n'acceptera jamais le retour de Tchang Kaïchek. Elle a découvert la liberté. Ce n'est pas celle de l'Amérique, voilà tout.

Je pense à la conférence de Sun Yat-sen, un an avant sa mort : « Si nous parlions de la liberté à l'homme de la rue... il ne nous comprendrait certainement pas. La raison pour laquelle les Chinois n'attachent en réalité aucune espèce d'importance à la liberté, c'est que le mot même qui la désigne est d'importation récente en Chine. » La Révolution a libéré la femme, de son mari ; le fils, de son père ; le fermier, de son seigneur. Mais au bénéfice d'une collectivité. L'individualisme à l'occidentale n'a pas de racines dans les masses chinoises. L'espoir de transformation, par contre, est un sentiment très puissant. Un mari doit cesser de battre sa femme *pour* devenir un autre homme, qui sera membre du parti, ou simplement de sa commune populaire, ou de ceux que l'armée délivrera : « Les dieux, c'est bon pour les riches, les pauvres ont la VIIIe armée. »

Chou En-laï a repris :

— Un de vos généraux de la guerre de 1914 a dit :

« On a tort d'oublier que le feu tue. » Le président Mao ne l'a pas oublié. Mais ce feu-là ne tue pas ce qu'il ne voit pas. Nous n'engagerons nos armées contre l'armée d'invasion qu'en temps et lieu.

— Comme Koutouzof.

— Auparavant, nous n'oublierons pas que toute armée d'invasion devient moins forte que le peuple envahi, si celui-ci est résolu à se battre. Les Européens ont cessé de régner en Asie, et les Américains les suivront.

Croit-il à la guerre ou non ? Ce qui m'intrigue, c'est que, comme le maréchal, il ne semble pas même envisager une guerre par laquelle les États-Unis — même sans bombes atomiques — se contenteraient de détruire les dix principaux centres industriels chinois, retardant ainsi de cinquante ans l'édification de la Chine nouvelle — et rentreraient chez eux, sans imposer aucun Tchang Kaï-chek.

Sa pensée se fonde sur une théorie de Mao, que je m'étonne de n'avoir pas encore entendu exposer. L'impérialisme rassemble six cents millions d'hommes ; les pays sous-développés, socialistes et communistes, deux milliards. La victoire de ceux-ci est inévitable. Ils entourent le dernier impérialisme, celui des États-Unis, comme le prolétariat entoure le capitalisme, comme la Chine entourait les armées de Tchang Kaï-chek. « C'est toujours l'homme, dit Mao, qui finit par gagner... »

Yenan

La réception des chefs militaires birmans, et celle d'un président somalien, ont affolé les bureaux des Affaires étrangères. On ne sait si le président Mao, rétabli, se rendra à Pékin, ou si l'audience aura lieu dans sa villa de Hang-tcheou. Quand ? Bientôt. Mais encore ? Trois jours, quatre, peut-être moins...

Je voudrais aller voir les religieuses, mais elles ne veulent rencontrer aucun Européen. Par peur ? « Je ne crois pas », dit l'ambassadeur. Un de nos interlocuteurs a vu l'évêque chinois de Chang-hai, furieusement maoïste. « Une marionnette du pouvoir. » Pourtant, il accomplit noblement ses devoirs de charité, et ses conversions sont nombreuses, murmure-t-on. Je me souviens d'un ami prêtre à Paris : « Quand nous avons été ordonnés nous étions très heureux, tandis que nos compagnons chinois restaient glacés. Nous enviions leur apostolat. Prêcher en Chine ! Nous avons fini par leur demander pourquoi ces têtes d'enterrement ? — Toutes vos églises ont été bâties sous la protection de vos canonnières, et le Christ ne vient pas dans ces églises-là. Il faut d'abord que toutes soient détruites. Alors il y aura une Chine chrétienne, qui ressemblera à la Chine. Comme les scènes de la Crèche sur les images religieuses chinoises. Et quand la voix du Seigneur retentira chez nous, on s'apercevra qu'elle est autre chose que les bavardages de la Grèce et de Rome. » Nous les regardions, stupéfaits par l'idée de la destruction des Missions, si péniblement édifiées ; par cette gigantesque tâche, admirable et sournoise. « Vous ne verrez jamais cela dans le cours d'une seule vie, dit doucement l'un d'entre nous. — Je sais. Nous attendrons... »

J'avais souhaité me rendre à Yenan ; on met un avion à ma disposition.

Voici donc Sparte. La vérité, la légende, et la force obscure qui prolonge en épopée les combats passés, tout se rejoint en ces montagnes trouées. A leur pied, le musée de la Révolution.

Presque tout ce qu'il représente ou suggère s'est passé ici, il y a trente ans. Déjà c'est un temps disparu. Voici le départ de la cavalerie noire à travers les gorges, la course des soldats sur la Grande Muraille, les canons faits de troncs d'arbres cerclés de barbelés, les chapeaux camouflés de feuilles comme les casques, mêlés aux piques médiévales des partisans avec leur gland rouge beaucoup plus grand que celui des milices du Sud, et aux fusils de bois destinés à l'exercice ; voici les grenades artisanales. Voici les écorces de bouleau qui remplaçaient le papier, les rouets avec lesquels chacun fila son uniforme. Mais Gandhi est loin. Voici la machine à imprimer les billets de banque, bien modestes billets, bien modeste machine, envoyée en pièces détachées par les ouvriers des provinces occupées par l'ennemi. Avant Mao, tout cela, c'était le séculaire matériel des vaincus. J'ai connu en Sibérie, les souvenirs de cette guérilla primitive, mais les partisans sibériens ne combattaient pas un contre cent, et ne suggéraient pas ce que tout proclame ici : la Jacquerie devenue Révolution. Des musées chinois exposent les couronnes de fer portées par les chefs taïpings avant leur défaite : ce sont les couronnes barbares que portaient aussi les chefs des Jacques, et que les troupes des rois, lorsqu'elles les capturaient, remplaçaient par des couronnes de fer rouge. La millénaire paysannerie chinoise, la paysannerie de toutes les nations au temps des paysans, est fixée ici, au moment où elle va se lever pour conquérir la Chine, au-dessous de la grotte du seul homme qui l'ait conduite à la victoire : dans les vitrines, après les piques, viennent des fusils et des mitrailleuses pris aux Japonais et aux soldats de Tchang Kaï-chek. Une commentatrice, souris aux deux petites nattes traditionnelles et à la voix de crécelle, raconte cette épopée — jusqu'à la dernière salle où figure, empaillé, le brave cheval qui porta Mao pendant la Longue Marche...

C'est le Napoléon raconté par un grognard aux paysans illettrés, que Balzac, dans *Le Médecin de campagne*, a pris à Henri Monnier ; c'est le *Roland furieux* commenté par les montreurs de marionnettes siciliennes. Mais au-delà du fétichisme pédantesque qui ne touche pas seulement le cheval et l'encrier de Mao, commence l'émotion qu'inspire la Libération elle-même. Ces fusils de bois, ces piques, ne sont pas des témoignages à la façon des mousquets et des hallebardes de nos musées : ce sont des armes de la Révolution, comme la grotte est la grotte de Mao. Regarderions-nous des baïonnettes de Fleurus ou d'Austerlitz comme des « modèles d'armes » ? Au musée de la Résistance à Paris, le poteau d'exécution déchiqueté par les balles nous parle comme parlaient aux Peaux-Rouges leurs grands totems-poles au sommet perdu dans les nuages bas. Cette Chine si peu religieuse, mais qui fut si fortement reliée à sa terre, à ses fleuves, à ses montagnes et à ses morts, est liée à sa résurrection par un autre culte des ancêtres, dont l'histoire de la libération est l'évangile, et Mao le fils, au sens où l'Empereur était Fils du Ciel. Ici comme dans toutes les villes, on voit l'affiche sur laquelle un loyal garçon aux dents blanches brandit joyeusement un fusil, et enserre du bras gauche une milicienne à mitraillette. Ils ne se regardent pas, ils regardent l'avenir, bien sûr. Et leur style réaliste soviétique, donc idéalisateur, fixe le rêve de millions de Chinois. Sommes-nous si loin de Mars et Vénus ? Il ne s'agit plus du disque glapissant de la souris aux petites nattes : ce couple, c'est un dieu antique et sa déesse.

En aucun lieu n'apparaît avec un tel accent, la force mythologique du communisme chinois. Yenan est une petite ville, et ses usines, son pont, sa lumière électrique, n'effacent pas ces trous dans la montagne où s'est formé le destin de la Chine (Mao gouvernait cent millions d'hommes lorsqu'il l'a quittée), cette pagode que saluaient d'un cri ceux qui ralliaient Yenan, comme nos pèlerins saluaient les tours de Jérusalem. Partout c'est la terre jaune, la poussière des steppes à l'assaut des cultures accrochées à la rivière, et les anciens quartiers généraux sont de terre battue, d'une netteté de pierre — préaux d'école ou préaux de prison. Ils sont abandonnés : « Les masses viennent en d'autres saisons. » Bombardés mais reconstruits, voici la salle de sous-préfecture où Mao prononça son discours sur la littérature, la salle de l'état-major de l'armée rouge avec ses bancs et son plafond de troncs, les bureaux des chefs dans les grottes protégées contre l'hiver par des cloisons de verre et de bois comme des échoppes immaculées. Le mot grottes suggère mal ces habitations de troglodytes, creusées dans le roc comme celles de nos vignerons de la Loire. Si l'abri de Mao, près du musée, semble une chambre funéraire d'Égypte, la plupart des autres sont des lieux de travail, qui ne surprennent que par leur austérité. Lorsqu'elle s'installa ici, l'armée venait de parcourir dix mille kilomètres. Mao a perdu Yenan, l'a reconquise. Et le lieu proclame le dialogue de l'armée et du parti, le caractère militaire de toute cette conquête politique, l'héritage des conquérants des steppes — moins les tapis et les fourrures. Ici, sur une misérable nappe en feutre rouge, grésillèrent les bougies du Comité central... L'armée passait : ici, elle s'est arrêtée un peu plus longtemps. Jusqu'à la prise de Pékin, le chef suprême de l'armée paysanne a été un chef nomade.

On me projette quelques vieux films d'actualités. Yenan vide à l'approche de l'armée de Tchang Kaï-chek, et l'exode, sans doute pour d'autres grottes assez proches, car les paysans emportent des tables sur le dos des ânes. Puis le retour de l'armée de Libération, et son entrée dans toutes les villes de Chine, depuis le quai de Chang-

hai jusqu'aux branlants portiques de bois de Yunnan-
fou, jusqu'à la danse tibétaine des rubans que dansent
les jeunes filles avec les gestes des statuettes Tang,
effacée par le défilé des soldats, baïonnette en avant
comme ceux des défilés soviétiques, à Lhassa, devant
le palais du dalaï-lama.

L'un de mes compagnons, vague responsable du parti,
me dit qu'il a vu entrer à Yenan les survivants de la
Longue Marche.

— Quand avez-vous vu Mao pour la première fois ?

— Quand il a fait appel à nous contre le Japon. J'ai
été étonné, parce qu'il avait l'air très simple. Il était
habillé en bleu, comme nous, mais il avait des chaus-
settes marron. Je m'étais mis en arrière : j'étais arrivé
avec les premiers mais je n'avais que dix-sept ans. Il
parlait bien : nous avons tout de suite trouvé qu'il avait
raison...

La montagne nous surplombe, trouée à l'infini. Je
pense à Loung-men.

— Il n'y avait pas encore l'électricité. On n'habitait
plus la ville, parce que les avions la bombardaient tout
le temps. La nuit, des lumières s'allumaient dans toutes
les grottes...

Pékin, août 1965

Retour. Hier soir, on téléphone que je veuille bien ne
pas quitter l'ambassade. A treize heures, nouveau coup
de téléphone : on m'attend à quinze heures. En principe,
c'est pour l'audience du président de la République,
Liou Shao-shi ; mais le « on » fait supposer à l'ambassadeur que Mao sera présent.

Quinze heures. Le fronton du Palais du Peuple repose
sur de grosses colonnes égyptiennes, aux chapiteaux-

lotus peints en rouge. Un couloir de plus de cent mètres. Au fond, à contre-soleil (dans une salle, je suppose) une vingtaine de personnes. Deux groupes symétriques. Non, il n'y a qu'un groupe, qui semble coupé en deux parce que ceux qui me font face se tiennent à distance derrière le personnage central, vraisemblablement Mao Tsé-toung. En entrant dans la salle je distingue les visages. Je marche vers Liou Shao-shi, puisque ma lettre est adressée au président de la République. Aucun d'entre eux ne bouge.

— Monsieur le Président, j'ai l'honneur de vous remettre cette lettre du président de la République française, où le général de Gaulle me charge d'être son interprète auprès du président Mao Tsé-toung et de vous-même.

Je cite la phrase qui concerne Mao en m'adressant à lui, et me trouve devant lui, la lettre remise, à l'instant où la traduction s'achève. Son accueil est à la fois cordial et curieusement familier, comme s'il allait dire : « Au diable la politique ! » Mais il dit :

— Vous venez de Yenan, n'est-ce pas ? Quelle est votre impression ?

— Très forte. C'est un musée de l'invisible...

La traductrice — celle qu'employait Chou En-laï — traduit sans broncher, mais attend manifestement une explication.

— Au musée de Yenan, on attend des photos de la Longue Marche, des Lolos, des montagnes, des marécages... Pourtant, l'expédition passe au second plan. Au premier, ce sont les piques, les canons faits avec des troncs d'arbre et du fil télégraphique : le musée de la misère révolutionnaire. Lorsqu'on le quitte pour les grottes que vous avez habitées avec vos collaborateurs, on a la même impression, surtout lorsqu'on se souvient du luxe de vos adversaires. J'ai pensé à la chambre de

Robespierre chez le menuisier Duplay. Mais une montagne est plus impressionnante qu'un atelier, et votre abri, au-dessus du musée actuel, fait penser aux tombeaux égyptiens...

— Mais pas les salles du parti.

— Non. D'abord, elles sont protégées par des vitres. Mais elles donnent une impression de dénuement volontaire, monastique. C'est ce dénuement qui suggère une force invisible, comme celui de nos grands cloîtres.

Nous sommes tous assis dans des fauteuils de rotin dont les bras portent de petits linges blancs. Une salle d'attente dans une gare tropicale... Dehors, à travers les stores, l'immense soleil d'août. L'expression de tous est celle de la bienveillance et de la componction ; d'une politesse attentive qui semble pourtant ne pas tenir compte de celui qui en est l'objet. Elle est rituelle. L'Empereur unissait le peuple au cosmos. Sous toutes ces villes il y a la géomancie, sous tous ces gestes il y a l'Ordre. L'empereur est mort, mais la Chine est hantée par l'Ordre qu'il exprimait. D'où l'active soumission dont je n'ai jamais eu l'équivalent, même en Russie. Je distingue maintenant Mao, à contre-jour. Le même type de visage rond, lisse, jeune, que celui du maréchal. La sérénité d'autant plus inattendue qu'il passe pour violent. A côté de lui, le visage chevalin du président de la République. Derrière eux, une infirmière en blanc.

— Quand les pauvres sont décidés à combattre, dit-il, ils sont toujours vainqueurs des riches : voyez votre Révolution.

J'entends la phrase de toutes nos Écoles de Guerre : jamais des milices n'ont battu longtemps une armée régulière. Et que de Jacqueries pour une Révolution! Mais peut-être veut-il dire que dans un pays comme la Chine, où les armées ressemblaient à nos grandes Compagnies médiévales, ce qui était assez fort pour susciter des troupes volontaires l'était aussi pour leur assurer la victoire : on se bat mieux pour survivre que pour conserver.

Après l'écrasement des communistes par Tchang Kaïchek à Chang-haï et à Han-kéou, en 1927, il a organisé les milices paysannes. Or, *tous* les Russes qui se réclamaient du marxisme-léninisme, tous les Chinois qui dépendaient directement d'eux, posaient en principe que la paysannerie ne peut jamais vaincre seule. Les trotskistes comme les staliniens. Sa certitude qu'une prise du pouvoir par les paysans était possible a tout changé. Comment est-elle née ? Quand a-t-il opposé la foule paysanne armée de lances à tous les marxistes d'obédience russe, donc au Komintern ?

— Ma conviction ne s'est pas formée : je l'ai toujours éprouvée.

Je me souviens du mot du général de Gaulle : « Quand avez-vous pensé que vous reprendriez le pouvoir ? — Toujours... »

— Mais il y a tout de même une réponse. Après le coup de Tchang Kaï-chek à Chang-haï, nous nous sommes dispersés. Comme vous le savez, j'ai décidé de rentrer dans mon village. Jadis, j'avais connu la grande famine de Tchang-cha, avec les têtes coupées des révoltés au haut des perches, mais je l'avais oubliée. A trois kilomètres de mon village, il ne restait pas une écorce, sur certains arbres, jusqu'à quatre mètres de haut : les affamés les avaient mangées. Avec des hommes obligés de manger des écorces, nous pouvions faire de meilleurs combattants qu'avec les chauffeurs de Chang-haï, ou même les coolies. Mais Borodine ne comprenait rien aux paysans.

— Gorki m'a dit un jour, devant Staline : les paysans sont partout les mêmes...

— Ni Gorki, un grand poète vagabond, ni Staline...

532

ne connaissaient quoi que ce soit aux paysans. Il n'y a pas de bon sens à confondre vos koulaks avec les miséreux des pays sous-développés. Et il n'y a pas de marxisme abstrait, il y a un marxisme concret, adapté aux réalités concrètes de la Chine, aux arbres nus comme les gens parce que les gens sont en train de les manger.

Après : Staline... il a hésité. Qu'allait-il dire ? Un séminariste ? Que pense-t-il de lui aujourd'hui ? Jusqu'à l'entrée à Pékin, Staline a cru à Tchang Kaï-chek, qui devait écraser ce parti épisodique, pas même stalinien, comme il l'avait écrasé à Chang-haï en 1927. Khrouchtchev, lors de la séance secrète du XXe Congrès du Parti en 1956, affirmait que Staline avait été prêt à rompre avec les communistes chinois. Dans la Corée du Nord, il avait laissé les usines intactes ; dans les régions qu'allait occuper Mao, il les avait détruites. Il avait envoyé à Mao un travail sur la guerre des partisans, et Mao l'avait donné à Liou Shao-shi : « Lis ça, si tu veux savoir ce qu'il aurait fallu faire — pour que nous soyons tous morts. » Quitte à croire à un communiste, Staline préférait croire à Li-Li-San, formé à Moscou. Les purges ont sans doute été indifférentes à Mao — plus que le rejet de la critique, et que le dédain des masses paysannes. Et sans doute respecte-il les immenses services rendus au communisme dans la dékoulakisation, dans la lutte contre l'encerclement, dans la conduite de la guerre. Il y a au-dessus de moi, comme dans toutes les salles officielles, quatre portraits : Marx, Engels, Lénine — et Staline.

Bien que Mao ait appartenu au groupe de jeunes Chinois dont chacun devait gagner la France après avoir appris quelques mots de français, pour travailler dans une usine pendant le temps nécessaire à sa formation révolutionnaire (Chou En-laï a fondé le P. C. chinois à Billancourt), il n'a jamais quitté la Chine, et n'a jamais abandonné sa méfiance à l'égard de la plupart des révolutionnaires revenus de l'étranger, ainsi que des envoyés du Komintern.

— Vers 1919, j'ai été responsable des étudiants du Hou-nan. Nous voulions, avant tout, l'autonomie de la province. Nous avons combattu avec le seigneur de la Guerre Tchao-Heng-Ti. L'année suivante, il s'est retourné contre nous. Il nous a écrasés. J'ai compris que seules les masses pourraient abattre les seigneurs de la Guerre. En ce temps-là, je lisais le *Manifeste communiste*, et je participais à l'organisation des ouvriers. Mais je connaissais l'armée, j'avais été soldat pendant quelques mois en 1911. Je savais que les ouvriers ne suffiraient pas.

— Chez nous, les soldats de la Révolution, dont beaucoup étaient fils de paysans, sont devenus les soldats de Napoléon. Nous savons à peu près comment. Mais comment s'est formée l'armée populaire ? Et re-formée, puisque parmi les 20 000 combattants arrivés à Yenan, 7 000 seulement venaient du Sud. On parle de propagande, mais la propagande fait des adhérents, elle ne fait pas des soldats...

— Il y a d'abord eu les noyaux. Il y avait plus d'ouvriers qu'on ne le dit, dans l'armée révolutionnaire. Nous avions beaucoup de gens, au Kiang-si : nous avons choisi les meilleurs. Et pour la Longue Marche, ils se sont choisis eux-mêmes... Ceux qui sont restés ont eu tort ; Tchang Kaï-chek en a fait exterminer plus d'un million.

« Notre peuple haïssait, méprisait et craignait les soldats. Il a su très vite que l'armée rouge était la sienne. Presque partout, il l'a accueillie. Elle a aidé les paysans, surtout au moment des moissons. Ils ont vu que chez nous il n'y avait pas de classe privilégiée. Ils ont vu que nous mangions tous de la même façon, que nous portions les mêmes vêtements. Les soldats avaient la liberté de réunion et la liberté de parole. Ils pouvaient contrôler les comptes de leur compagnie. Surtout, les officiers n'avaient pas le droit de battre les hommes, ni de les insulter.

« Nous avions étudié les rapports des classes. Quand l'armée était là, il n'était pas difficile de montrer ce que nous défendions : les paysans ont des yeux. Les troupes ennemies étaient bien plus nombreuses que les nôtres, et aidées par les Américains ; pourtant nous avons souvent été vainqueurs, et les paysans savaient que nous étions vainqueurs pour eux. Il faut apprendre à faire la guerre, mais la guerre est plus simple que la politique : il s'agit d'avoir plus d'hommes ou plus de courage, à l'endroit où l'on engage le combat. Perdre de temps à autre est inévitable ; il faut seulement avoir plus de victoires que de défaites...

— Vous avez tiré grand parti de vos défaites.

— Plus que nous ne l'avions prévu. A certains égards, la Longue Marche a été une retraite. Pourtant ses résultats ont été ceux d'une conquête, parce que partout où nous sommes passés...

(Dix mille kilomètres, dit la traductrice entre parenthèses.)

« ... les paysans ont compris que nous étions avec eux, et quand ils en ont douté, la conduite des soldats du Kuo Min Tang s'est chargée de les en convaincre. Sans parler de la répression. »

Celle de Tchang Kaï-chek. Mais il pourrait parler aussi de l'efficacité de la sienne : l'Armée de Libération n'a pas seulement confisqué les grandes propriétés, elle a exterminé les grands propriétaires et annulé les créances. Les maximes de guerre de Mao sont devenues une chanson populaire : « L'ennemi avance, nous nous retirons. Il campe, nous le harcelons. Il refuse le combat, nous attaquons. Il se retire, nous le poursuivons. » Je sais que son « nous » comprend à la fois l'armée, le parti, les travailleurs d'aujourd'hui et ceux de la Chine éternelle. La mort n'y trouve pas place. La civilisation chinoise avait fait de tout Chinois un individu naturellement discipliné. Et, pour tout paysan, la vie dans l'Armée populaire, où l'on apprenait à lire, où la camaraderie était grande, était plus honorable et moins pénible que la vie au village. Le passage de l'armée rouge à travers la Chine fut une propagande plus puissante que les propagandes conçues par le parti : tout le long de cette traînée de cadavres, la paysannerie entière se leva, le jour venu.

— Quel était l'axe de votre propagande ?

— Représentez-vous bien la vie des paysans. Elle avait toujours été mauvaise, surtout lorsque les armées vivaient sur la campagne. Elle n'avait jamais été pire qu'à la fin du pouvoir du Kuo Min Tang. Les suspects enterrés vivants, les paysannes qui espéraient renaître chiennes pour être moins malheureuses, les sorcières qui invoquaient leurs dieux en chantant comme un chant de mort : " Tchang Kaï-chek arrive! " Les paysans n'ont guère connu le capitalisme : ils ont trouvé devant eux l'État féodal renforcé par les mitrailleuses du Kuo Min Tang.

« La première partie de notre lutte a été une Jacquerie. Il s'agissait de délivrer le fermier de son seigneur ; non de conquérir une liberté de parole, de vote ou d'assemblée : mais la liberté de survivre. Rétablir la fraternité bien plus que conquérir la liberté! Les paysans l'avaient entrepris sans nous, ou étaient sur le point de l'entreprendre. Mais souvent, avec désespoir. Nous avons apporté l'espérance. Dans les régions libérées, la vie était moins terrible. Les troupes de Tchang Kaï-chek le savaient si bien qu'elles propagèrent que les prisonniers et les paysans qui passaient chez nous étaient enterrés vivants. C'est pourquoi il fallut organiser la guerre par cri, faire crier la vérité par des gens que connaissaient ceux qui les entendaient. Et seulement par ceux qui n'avaient pas laissé de parents de l'autre côté. C'est pour maintenir l'espoir, que nous avons développé la guérilla autant que nous l'avons pu. Bien plus que pour les expéditions punitives. *Tout est né d'une situation particulière :* nous avons organisé la Jacquerie, nous ne l'avons pas suscitée. La Révolution est un drame passionnel ; nous n'avons pas gagné le peuple en faisant appel à la raison, mais en développant l'espoir, la confiance et la fraternité. Devant la famine, la volonté d'égalité prend la force d'un sentiment religieux. Ensuite, en luttant pour le riz, la terre et les droits apportés par la réforme agraire, les paysans ont eu la conviction de lutter pour leur vie et celle de leurs enfants.

« Pour qu'un arbre croisse, il faut la graine, il faut aussi la terre : si vous semez dans le désert, l'arbre ne poussera pas. La graine a été, dans beaucoup d'endroits, le souvenir de l'Armée de Libération ; dans beaucoup d'autres, les prisonniers. Mais partout la terre a été la situation particulière, la vie intolérable des villageois sous le dernier régime du Kuo Min Tang.

« Pendant la Longue Marche, nous avons fait plus de cent cinquante mille prisonniers, par petits paquets ; et bien davantage, pendant la marche sur Pékin. Ils restaient avec nous quatre ou cinq jours. Ils voyaient bien la différence entre eux et nos soldats. Même s'ils n'avaient presque pas à manger — comme nous — ils se sentaient libérés. Quelques jours après leur capture, nous rassemblions ceux qui voulaient s'en aller. Ils s'en allaient, après une cérémonie d'adieux, comme s'ils avaient été des nôtres. Après la cérémonie, beaucoup ont renoncé à partir. Et chez nous, ils sont devenus braves. Parce qu'ils savaient ce qu'ils défendaient.

— Et parce que vous les versiez dans des unités éprouvées ?

— Bien entendu. La relation du soldat avec sa compagnie est aussi importante que celle de l'armée avec la population. C'est ce que j'ai appelé le poisson dans l'eau. L'Armée de Libération est une soupe dans laquelle fondent les prisonniers. De même, il ne faut engager les nouvelles recrues que dans les batailles qu'elles peuvent gagner. Plus tard, c'est différent. Mais nous avons toujours soigné les blessés ennemis. Nous n'aurions pas pu traîner tous ces prisonniers ; peu importe. Quand nous avons marché sur Pékin, les soldats battus savaient qu'ils ne risquaient rien à se rendre, et ils se sont rendus en masse. Les généraux aussi, d'ailleurs.

Donner à une armée le sentiment que la victoire lui est promise, n'est certes pas négligeable. Je me souviens de Napoléon, pendant la retraite de Russie : « Sire, nos hommes sont massacrés par deux batteries russes. — Qu'on ordonne à un escadron de les prendre ! »

Je le dis à Mao, qui rit, et ajoute :

— Rendez-vous bien compte qu'avant nous, dans les masses, personne ne s'était adressé aux femmes, ni aux jeunes. Ni, bien entendu, aux paysans. Les uns et les autres se sont sentis *concernés*, pour la première fois.

« Lorsque les Occidentaux parlent des sentiments révolutionnaires, ils nous prêtent presque toujours une propagande parente de la propagande russe. Or, si propagande il y a, elle ressemble plutôt à celle de votre Révolution, parce que, comme vous, nous combattions pour une paysannerie. Si propagande veut dire instruction des milices et des guérilleros, nous avons fait beaucoup de propagande. Mais s'il s'agit de prédication... Vous savez que je proclame depuis longtemps : nous devons enseigner aux masses avec précision ce que nous avons reçu d'elles avec confusion. Qu'est-ce qui nous a attaché le plus de villages ? Les exposés d'amertume. »

L'exposé d'amertune est une confession publique dans laquelle celui ou celle qui parle confesse seulement ses souffrances, devant tout le village. La plupart des auditeurs s'aperçoivent qu'ils ont subi les mêmes souffrances et les racontent à leur tour. Beaucoup de ces confessions sont banalement poignantes, l'éternelle plainte de l'éternel malheur. Quelques-unes sont atroces. (On m'a raconté celle d'une paysanne qui va demander au seigneur de la Guerre ce qu'est devenu son mari, emprisonné : « Il est dans le jardin. » Elle y trouve le corps décapité, la tête sur le ventre. Elle prend la tête que les soldats veulent lui arracher, la berce, et la défend de telle façon que les soldats s'écartent comme si la femme était l'objet d'une possession surnaturelle. Cette histoire est très connue, parce que la femme a répété maintes fois cet exposé d'amertume — et parce que, lors du jugement public du seigneur de la Guerre, elle lui a arraché les yeux.)

— Nous avons fait faire les exposés dans tous les villages, dit Mao, mais nous ne les avons pas inventés.

— Quelle discipline avez-vous dû imposer d'abord ?

— Nous n'avons pas imposé beaucoup de discipline pour le règlement de ces comptes-là. Quant à l'armée, ses trois principes étaient : interdiction de toute réquisition individuelle, remise immédiate au commissariat politique de tous les biens confisqués aux propriétaires fonciers, obéissance immédiate aux ordres. Nous n'avons jamais rien pris aux paysans pauvres. Tout dépend des cadres : un soldat versé dans une unité disciplinée est discipliné. Mais tout militant est discipliné, et notre armée était une armée de militants. Le fameux " lavage de cerveau " a fait passer chez nous la plupart de nos

prisonniers ; mais qu'est-ce que c'était ? Leur dire :
" Pourquoi vous battez-vous contre nous ? " et dire aux
paysans : " Le communisme est d'abord une assurance
contre le fascisme. "

Je pense aux écorces mangées par les hommes, et à ce
que Nehru m'a dit de la famine. Mais je sais que le
lavage de cerveau ne s'est pas limité à ces manifestations
anodines. Les séances d'autocritique ont été souvent des
séances d'accusation, suivies d'exclusions, d'arrestations et d'exécutions. « Retourne-toi résolument contre
l'ennemi tapi à l'intérieur de ton crâne ! » En 1942, à
Yenan, Mao ordonna aux militants de devenir semblables aux ouvriers et aux paysans. (On m'a montré,
dans la vallée, le champ qu'il cultivait.) Il devait, plus
tard, ordonner le « reconditionnement » de tous les Chinois. Lorsqu'il leur enjoignit de « livrer leur cœur »,
commencèrent les serments rituels des foules « dont le
cœur ne battait que pour le parti », et les transports de
grands cœurs rouges, dont certains devenaient des cerfs-
volants.

— Nous avons perdu le Sud, reprend-il, et nous avons
même abandonné Yenan. Mais nous avons repris Yenan,
et nous avons repris le Sud. Au Nord, nous avons trouvé
la possibilité d'un contact avec la Russie, la certitude
de n'être pas encerclés ; Tchang Kaï-chek disposait
encore de plusieurs millions d'hommes. Nous avons pu
établir des bases solides, développer le parti, organiser
les masses. Jusqu'à Tsi-nan, jusqu'à Pékin.

— En Union Soviétique, c'est le parti qui a fait
l'armée rouge ; ici, il semble que souvent, ce soit l'Armée
de Libération qui ait développé le parti.

— Nous ne permettrons jamais au fusil de commander
le parti. Mais il est vrai que la VIIIe armée de campagne
a construit une puissante organisation du parti en Chine
du Nord, des cadres, des écoles, des mouvements de

masse. Yenan a été construit par le fusil. Tout peut pousser dans le canon d'un fusil...

« Mais à Yenan, nous avons rencontré une classe que nous n'avions guère rencontrée dans le Sud, et pas du tout pendant la Longue Marche : les bourgeois-nationaux, les intellectuels[1], tous ceux qui avaient sincèrement accepté le front unique dans la lutte contre le Japon. A Yenan, les problèmes de gouvernement se sont posés. Ce que je vais vous dire vous surprendra : si nous n'y avions pas été contraints par l'offensive ennemie, nous n'aurions pas attaqué.

— On a cru pouvoir vous liquider ?

— Oui. Les généraux de Tchang Kaï-chek lui ont beaucoup menti, et il a beaucoup menti aux Américains. Il a cru que nous allions livrer des batailles traditionnelles. Mais Tchou-te et Cheng-yi ne les ont acceptées que lorsque nos forces sont devenues supérieures aux siennes. Il a immobilisé beaucoup d'hommes pour la défense des villes, mais nous n'avons pas attaqué les villes...

— C'est pourquoi les Russes vous ont si longtemps... négligé.

— Si on ne peut faire la Révolution qu'avec les ouvriers, nous ne pouvions évidemment pas faire la Révolution. Les bons sentiments des Russes étaient pour Tchang Kaï-chek. Lorsqu'il a fui la Chine, l'ambassadeur soviétique a été le dernier à prendre congé de lui.

« Les villes sont tombées comme des fruits mûrs...

— La Russie s'est trompée, mais nous nous serions trompés aussi. L'Asie du XIXe siècle semble frappée d'une décadence que le colonialisme ne suffit pas à expliquer.

1. Mao entend par là, outre les professions libérales, les étudiants et les professeurs, les techniciens et les ingénieurs : la masse de ceux qui ne sont ni ouvriers, ni paysans, ni anciens compradores ou capitalistes.

Le Japon s'est occidentalisé le premier, et on a prophétisé qu'il s'américaniserait très vite. La vérité est que, malgré les apparences, il est resté profondément japonais. Vous êtes en train de refonder la Grande Chine, Monsieur le Président ; c'est manifeste dans les tableaux et les affiches de propagande, dans vos poèmes, dans la Chine elle-même, avec le côté militaire que lui reprochent les touristes...

Et les ministres, en cercle, de dresser les oreilles.

— Oui, répond-il sereinement.

— Vous espérez que votre agriculture... ancienne, dans laquelle la traction à bras est encore si répandue va rattraper le machinisme ?

— Il faudra du temps...

« Plusieurs dizaines d'années...

« Il faudra aussi des amis. Il faut d'abord des contacts. Il y a diverses sortes d'amis. Vous en êtes une. L'Indonésie en est une autre. Aïdit [1] est ici, je ne l'ai pas encore vu. Il reste des points communs entre lui et nous, et d'autres entre vous et nous. Vous avez dit avec...

(La traductrice cherche le mot français.)

« ... pertinence, au ministre des Affaires étrangères, que vous ne souhaitiez pas un monde soumis à la double hégémonie des États-Unis et de l'Union Soviétique, qui finiront d'ailleurs par trouver ce que j'ai appelé il y a deux ans, leur Sainte-Alliance. Vous avez montré votre indépendance à l'égard des Américains.

— Nous sommes indépendants, mais nous sommes leurs alliés.

Depuis le début de l'entretien, il n'a pas fait d'autre geste que de porter sa cigarette à sa bouche, et de la

1. Chef du P. C. indonésien.

reposer sur le cendrier. Dans l'immobilité générale il ne semble pas un malade, mais un empereur de bronze. Il lève soudain les deux bras au ciel, les laisse retomber d'un coup.

— No-o-os alliés! Les vôtres et les nôtres!

Sur le ton de : ils sont jolis!

— Les États-Unis ne sont pas autre chose que l'impérialisme américain, la Grande-Bretagne joue double jeu...

Pour la première fois, le maréchal prend la parole :

— La Grande-Bretagne soutient les impérialistes américains.

En même temps que je lui réponds : « N'oubliez pas la Malaisie... », Mao dit : « Échange de bons procédés », mais sa voix baisse comme s'il se parlait à lui-même :

— Nous avons fait le nécessaire, mais qui sait ce qui se passera dans quelques dizaines d'années ?

Je ne pense pas à ce qui se passera demain, mais à ce qui se passait hier, quand les Russes, en même temps qu'ils construisaient les aciéries géantes, déplaçaient les poteaux-frontière des steppes du Turkestan, tous les gardes chinois ivres-morts, pour devenir possesseurs des mines d'uranium—les poteaux reprenant leur place un peu plus tard à la suite de la loyale action réciproque qui avait mené au sommeil les gardes russes... Je demande :

— L'opposition est encore puissante ?

— Il y a toujours les bourgeois-nationaux, les intellectuels, etc. Il commence à y avoir les enfants des uns et des autres...

— Pourquoi les intellectuels ?

— Leur pensée est antimarxiste. A la Libération, nous les avons accueillis même quand ils avaient été liés au Kuo Min Tang, parce que nous avions trop peu d'intellectuels marxistes. Leur influence est loin d'avoir disparu. Surtout chez les jeunes...

Je m'aperçois soudain que les peintures, au mur, sont des rouleaux traditionnels de style mandchou — comme dans le bureau du maréchal, comme dans celui de Chou En-laï. Aucune des figures réalistes-socialistes qui couvrent les murs de la ville.

— La jeunesse que j'ai vue au cours de mes voyages, dit notre ambassadeur, vous est pourtant profondément acquise, Monsieur le Président.

Mao sait que Lucien Paye a été ministre de l'Éducation nationale et recteur de Dakar ; il sait aussi qu'à chaque occasion, il prend contact avec les professeurs et les étudiants. L'ambassadeur parle un peu le mandarin, que plusieurs membres de notre ambassade, nés en Chine, parlent couramment.

— On peut voir aussi les choses de cette façon...

Ce n'est pas une phrase courtoise destinée à écarter la discussion. Mao attache à la jeunesse la même importance que le général de Gaulle, que Nehru. Il semble penser que l'on peut porter plusieurs jugements sur la jeunesse chinoise, et souhaiter que l'on puisse en porter un autre que le sien. Il sait que notre ambassadeur a étudié la nouvelle pédagogie chinoise : le système « mi-travail, mi-étude », l'autorisation donnée aux étudiants de se présenter aux examens en apportant leurs livres scolaires... Il l'interroge avec attention :

— Depuis combien de temps êtes-vous à Pékin ?

— Depuis quatorze mois. Mais je suis allé à Canton par le chemin de fer ; j'ai visité le Centre-Sud, ce qui m'a permis de voir, non sans émotion, Monsieur le Président, la maison où vous êtes né, au Hou-nan ; j'ai vu le Sseu-tchouan, le Nord-Est. Et nous avons vu Lo-yang et Sian, avant Yenan. Partout j'ai été en contact avec le peuple. Contact superficiel ; mais celui que j'ai établi avec les professeurs et les étudiants était un vrai contact — à Pékin, assez durable. Les étudiants sont orientés vers l'avenir que vous envisagez pour eux, Monsieur le Président.

— Vous avez vu un aspect...

« Un autre a pu vous échapper...

« Et pourtant, il a été vu et confirmé... Une société est un ensemble complexe...

« Savez-vous comment s'appelaient les chrysanthèmes, à la dernière exposition de Hang-tcheou? La danseuse ivre, le vieux temple au soleil couchant, l'amant qui poudre sa belle...

« Il est possible que les deux tendances coexistent... mais bien des conflits se préparent... »

Dans ce pays où l'on ne parle que d'avenir et de fraternité, comme sa voix semble solitaire en face de l'avenir! Je pense à une image puérile de mon premier livre d'histoire : Charlemagne regardant au loin les premiers Normands remonter le Rhin...

— Ni le problème agricole ni le problème industriel ne sont résolus. Le problème de la jeunesse, moins encore. La Révolution et les enfants, si l'on veut les élever, il faut les former...

Ses enfants, confiés à des paysans pendant la Longue Marche, n'ont jamais été retrouvés. Il y a peut-être, dans une commune populaire, deux garçons d'une trentaine d'années laissés naguère avec tant d'autres et tant de cadavres, et qui sont les fils sans nom de Mao Tsé-toung.

— Le jeunesse doit faire ses preuves...

Une aura rend plus immobiles encore nos interlocuteurs. Bien différente de la trouble curiosité qui s'est établie lorsqu'ils ont attendu ce qu'il allait dire de la résurrection de la Chine. Il semble que nous parlions de la préparation secrète d'une explosion atomique. « Faire ses preuves... » Je me souviens de Nehru : « La jeunesse, je n'en attends rien. » Il y a vingt-cinq millions de jeunes communistes, dont presque quatre millions sont des intellectuels ; ce que Mao vient de dire suggère, et sans doute annonce, une nouvelle action révolutionnaire comparable à celle qui suscita les « Cent Fleurs », puis leur répression. Que veut-il ? Lancer la jeunesse et l'armée contre le Parti ?

« Que cent fleurs différentes s'épanouissent, que cent écoles rivalisent ! » Mao lança ce mot d'ordre qui semblait une proclamation de libéralisme, en un temps où il croyait la Chine « remodelée ». Les critiques auxquelles il faisait appel étaient les critiques « constructives » chères aux partis communistes : il comptait fonder sur elles les réformes nécessaires. Il se trouva devant la masse des critiques négatives, qui attaquaient jusqu'au parti. Le retour à Sparte ne traîna pas ; on envoya les intellectuels se faire remodeler dans les communes populaires. Les adversaires du régime ont vu dans les « Cent Fleurs » un appât destiné à faire sortir du bois les opposants dupés. Mais Mao avait voulu sincèrement infléchir la ligne du parti, comme il décida sincèrement et fermement de la rétablir dès qu'il comprit que la critique qu'il avait suscitée n'était point une autocritique. A maints égards, la situation serait la même, aujourd'hui, si l'on prenait pour mot d'ordre : que la jeunesse s'épanouisse. Croit-il les jeunesses communistes capables d'entraîner les jeunes dans une action comparable au « Grand Bond en avant » ? D'autre part, sans doute faut-il éprouver de nouveau le parti. La répression qui suivit les « Cent Fleurs » écarta la jeunesse protestataire, elle écarta aussi les membres du parti qui l'avaient laissé protester : d'une pierre, deux coups. Il faut agir sur toute la jeunesse, et éprouver le parti par cette action. L'investissement de l'Occident par les peuples sous-développés, auquel a fait allusion

Chou En-laï, « donc, a dit Mao, le destin du monde » est inséparable de la jeunesse chinoise. Croit-il réellement à la libération du monde sous la direction de la Chine ? La Révolution créée par les prédicateurs d'une grande nation semble une politique plus vaste et plus saisissante que celle des États-Unis, définie seulement par l'arrêt de cette expansion. Borodine, délégué de l'U. R. S. S. auprès de Sun Yat-sen, répondait à l'interviewer du *Hong Kong Times* : « Vous comprenez l'action des missionnaires protestants, n'est-ce pas ? Eh bien ! vous comprenez la mienne... » Mais c'était en 1925. On mobilise deux mille danseurs et trois cent mille spectateurs pour le président de la Somalie — et puis ? Staline croyait à l'armée rouge, non au Komintern, et peut-être Mao ne croit-il à la prise du pouvoir mondial par les pays sous-développés, que comme Staline croyait à la prise du pouvoir par le prolétariat mondial. La Révolution vaincra : mais provisoirement, présidents somaliens, guerre du Viêt-nam, propagande guerrière jusque dans les villages, sont la justification de Sparte. Mao bénit Hanoï, la Somalie, Saint-Domingue, et « liquide » ses adversaires tibétains. La défense du Viêt-nam et la communisation du Tibet se rejoignent, bien au-delà de l'aide symbolique aux Somalies ou aux Congos, comme des jumeaux sur le sein du vieil Empire. Chaque guérillero vietnamien tombé dans la brousse autour de Da-Nang légitime le travail épuisant des paysans chinois. La Chine viendra en aide (jusqu'où ?) à tous les peuples opprimés qui lutteront pour leur libération, mais la lutte de ces peuples la cimente. « Stratégiquement, dit Mao, l'impérialisme est condamné — et sans doute, avec lui, le capitalisme ; tactiquement, il faut le combattre comme les troupes de l'Armée de Libération ont combattu celles de Tchang Kaï-chek. » Et tactiquement, les combats décisifs auront lieu en Chine, parce que Mao ne s'engagera pas de façon décisive au-dehors. Mais déjà la Longue Marche fait figure de légende, et les survivants de la fin de la guerre contre Tchang Kaï-chek s'appellent les Vétérans.

Mao a dit que le problème industriel n'était pas résolu, mais je ne l'en crois pas inquiet : dans son esprit, la Chine a fait sa conversion. Il a dit que le problème agricole n'était pas résolu ; certains — et d'abord lui — affirment que presque toute la terre arable de Chine est cultivée, et qu'il ne peut en accroître le rendement que de façon limitée ; d'autres annoncent la prochaine mise en valeur des steppes, et un rendement double. La bombe atomique et la charrette à bras ne coexisteront pas toujours. Mais Mao ne conçoit la modernisation de l'agriculture, et l'industrialisation, qu'à travers les puissantes structures chinoises dans lesquelles le parti exprime, guide et ordonne les masses comme l'Empereur ordonnait les forces de la terre. L'agriculture et l'industrie sont liées, et doivent le rester ; la politique vient avant la technique. Peut-être l'État soviétique serait-il assez fort pour que la jeunesse russe devînt, dans une certaine mesure, indifférente à une politique qui pourtant la comble d'orgueil ; mais l'État chinois n'est encore que la victoire remportée chaque jour par la Chine dans un combat qui l'exalte. Comme l'État russe avant la guerre, l'État chinois a besoin d'ennemis. L'austérité qui apportait le bol de riz était-elle austérité, comparée à la misère qui apportait la faim ? Mais la misère s'éloigne, les propriétaires des temps de l'Empire et du Kuo Min Tang sont morts, les Japonais et Tchang Kaï-chek sont partis. Quoi de commun entre les analphabètes du Kiang-si encore semblables aux révolutionnaires Taï-pings, les serfs tibétains

548

délivrés par l'Armée de Libération et formés par l'École des Minorités nationales, et les étudiants qu'interroge Lucien Paye? Sans doute la menace de révisionnisme dont parle Mao est-elle là, bien plus que dans la nostalgie d'un passé dont on ne connaît plus que ce qu'il avait de pire. Plus de deux cent quatre-vingts millions de Chinois, âgés de moins de dix-sept ans, n'ont aucun souvenir antérieur à la prise de Pékin.

Depuis la dernière phrase de la traductrice, personne n'a parlé. Le sentiment que Mao inspire à ses compagnons m'intrigue. C'est d'abord une déférence presque amicale : le Comité Central autour de Lénine, non de Staline. Mais ce qu'il m'expose semble parfois s'adresser aussi à un contradicteur imaginaire, auquel il répondrait à travers eux. Il semble un peu dire : et il en sera ainsi, que cela vous plaise ou non. Quant à eux, leur attentif silence leur donne, fugitivement, l'aspect d'un tribunal.

— A propos, dit Mao apparemment hors de propos, j'ai reçu, il y a quelques mois, une délégation parlementaire de chez vous. Vos partis socialiste et communiste croient vraiment ce qu'ils disent?

— Ça dépend de ce qu'ils disent...

« Le parti socialiste est principalement un parti de fonctionnaires, dont l'action s'exerce par les syndicats de Force Ouvrière, importants dans l'administration française. C'est un parti libéral à vocabulaire marxiste. Dans le Midi, pas mal de propriétaires de vignobles votent socialiste. »

A ces vérités premières, mes interlocuteurs semblent tomber des nues.

— Quant au parti communiste, il conserve un quart, un cinquième des voix. Des militants courageux et dévoués, au-dessous de l'appareil que vous connaissez comme moi... Un parti trop révolutionnaire pour que naisse un autre parti de combat, trop faible pour accomplir la Révolution.

— Le révisionnisme de l'Union Soviétique ne lui fera peut-être pas perdre de voix, mais lui fera perdre des poings.

« En tant que parti, il est contre nous. Comme tous les autres, sauf l'Albanie. Ils sont devenus des partis sociaux-démocrates d'un type nouveau...

— Il a été le dernier grand parti stalinien. Individuellement, la plupart des communistes voudraient s'embrasser avec vous sur une joue, et avec les Russes sur l'autre.

Il croit avoir mal compris. La traductrice développe. Il se tourne vers le maréchal, le président et les autres ministres. On dit que le rire de Mao est communicatif. C'est vrai : tous rient aux éclats. Le sérieux retrouvé, il dit :

— Qu'en pense le général de Gaulle ?

— Il n'y attache pas grande importance. Ce n'est rien de plus qu'un fait électoral. Actuellement, le destin de la France se passe entre les Français et lui.

Mao réfléchit.

— Les mencheviks, Plekhanov, ont été marxistes, même léninistes. Ils se sont coupés des masses et ont fini par prendre les armes contre les bolcheviks — enfin, ils ont surtout fini par se faire exiler ou fusiller...

« Pour tous les communistes, il existe maintenant deux voies : celle de la construction socialiste, celle du révisionnisme. Nous n'en sommes plus à manger des écorces, mais nous n'en sommes qu'à un bol de riz par jour. Accepter le révisionnisme, c'est arracher le bol de riz. Je vous l'ai dit, nous avons fait la Révolution avec des Jacqueries ; puis, nous les avons conduites contre les villes gouvernées par le Kuo Min Tang. Mais le successeur du Kuo Min Tang n'a pas été le parti communiste chinois, quelle que soit l'importance de celui-ci : il a été la *Nouvelle Démocratie*. L'histoire de la Révolution, comme la faiblesse du prolétariat des grandes villes, a contraint les communistes à l'union avec la petite-bourgeoisie. Pour cela aussi, notre Révolution, à la fin, ne ressemblera pas plus à la Révolution russe que la Révolution russe n'a ressemblé à la vôtre... De larges couches de notre société, aujourd'hui encore sont conditionnées de telle façon que leur activité est nécessairement orientée vers le révisionnisme. Elles ne peuvent obtenir ce qu'elles désirent qu'en le prenant aux masses. »

Je pense à Staline : « Nous n'avons pas fait la révolution d'Octobre pour donner le pouvoir aux koulaks!... »

— La corruption, l'illégalité, reprend Mao, l'orgueil des bacheliers, la volonté d'honorer la famille en devenant employé et en ne se salissant plus les mains, toutes ces bêtises ne sont que des symptômes. Dans le parti comme hors du parti. La cause, ce sont les conditions historiques elles-mêmes. Mais aussi les conditions politiques.

Je connais sa théorie : on commence par ne plus tolérer la critique, puis on écarte l'autocritique, puis on se coupe des masses, et, comme le parti ne peut trouver qu'en elles sa force révolutionnaire, on tolère la formation d'une nouvelle classe ; enfin on proclame, comme Khrouchtchev, la coexistence pacifique durable avec les États-Unis — et les Américains arrivent au Viêt-nam. Je n'ai pas oublié sa phrase d'autrefois : « Il y a ici soixante-dix pour cent de paysans pauvres et leur sens de la Révolution n'a jamais été en défaut. » Il a dit tout à l'heure comment il l'entend : il faut apprendre des masses, pour pouvoir les instruire.

— C'est pourquoi, dit-il, le révisionnisme soviétique est une... apostasie.

La traductrice a trouvé le mot : apostasie, presque tout de suite. Élevée par les sœurs ?

— Il va vers la restauration de capitalisme, et on se demande pourquoi l'Europe n'en serait pas satisfaite.

— Je ne crois pas qu'il envisage de revenir à la propriété privée des moyens de production.

— En êtes-vous tellement assuré ? Voyez la Yougoslavie !

Je ne souhaite pas parler de la Yougoslavie, mais il me vient à l'esprit que les deux rebelles majeurs, Mao et Tito, sont tous deux étrangers aux cadres de la Maison Grise de Moscou — tous deux chefs de guérilla.

— Je crois que la Russie veut sortir du régime de Staline sans revenir au vrai capitalisme. D'où, un certain libéralisme. Mais il appelle une métamorphose du pouvoir : il n'y a pas de stalinisme libéral. Si ce que nous appelons communisme russe est le régime stalinien, nous sommes en face d'un changement de régime. La fin de l'encerclement et du primat de l'industrie lourde, l'abandon de la police politique en tant que quatrième pouvoir, la victoire de 1945, ont apporté à l'Union Soviétique une métamorphose au moins aussi radicale que son passage de Lénine à Staline. Brejnev est le successeur de Khrouchtchev et tous les Brejnevs le seront. J'ai connu le temps où l'on ne parlait pas de politique à sa femme ; quand j'ai su que l'on osait blaguer le gouvernement dans le métro, j'ai pensé qu'il n'y avait pas un " adoucissement " de ce que j'avais connu, mais une transformation radicale.

— En somme, vous pensez qu'ils ne sont pas révisionnistes, parce qu'ils ne sont plus même communistes. Peut-être avez-vous raison, si l'on pense à...

La traductrice ne trouve pas le mot.

— Tohu-bohu, propose notre traducteur.

— Si l'on pense au tohu-bohu qui règne là-bas, et

qui n'a d'ailleurs pas d'autre but que de tromper tout le monde! Pourtant, la clique dirigeante accepte la formation de couches de la population qui ne sont pas encore des classes, mais qui pèsent sur la politique communiste...

Rome trahit dès qu'elle écarte Sparte. Car on ne peut aisément maintenir une Sparte chinoise, à côté d'une Rome qu'elle prend d'ailleurs pour Capoue. Je connais la réponse exaspérée des Russes : « Mao est un dogmatique et un visionnaire. Comment maintenir la passion révolutionnaire cinquante ans après la Révolution! Pour recommencer Octobre, la Russie n'a ni défaite tsariste, ni capitalistes, ni barines. La Chine connaît les épreuves que nous avons connues il y a trente ans. Elle n'a rien, nous avons quelque chose, et nous ne pouvons pas revenir à rien. Un fait nouveau domine toutes les idéologies : la guerre nucléaire anéantira les nations qui y seront engagées. Khrouchtchev a mis fin à la terreur et aux camps de concentration, cru à la possibilité d'accords de désarmement. Il a gouverné avec légèreté, mais nous voulons, comme lui, établir le communisme dans le monde en écartant la guerre. » Je connais aussi la réponse de Mao. Il citera Lénine sur son lit de mort : « En dernière analyse, le succès de notre combat sera déterminé par le fait que la Russie, la Chine, l'Inde, constituent l'écrasante majorité de la population du globe. » Il rappellera que le parti chinois a accumulé plus d'expériences que tous les autres. Il pensera à la phrase de son voisin Liou Shao-shi : « Le trait de génie de Mao a été de transposer le caractère européen du marxisme-léninisme dans sa forme asiatique. » Il répétera que l'abandon de la Chine par Khrouchtchev dans l'affaire des îles Quemoy et Matsu fut une trahison, et que le soutien par les Soviétiques de l'action de l'O. N. U. au Congo, en fut une autre. Que les conditions du rappel des experts russes étaient faites pour contraindre à l'abandon de tous les ouvrages commencés. Que chaque intervention des États-Unis fait d'eux un objet de haine pour la majorité pauvre et révolutionnaire, et que la décomposition du monde colonial exige maintenant une action rapide. Que Khrouchtchev fut un petit-bourgeois non léniniste, passé de la peur de la guerre nucléaire à la peur de la Révolution — et que le gouvernement soviétique est désormais incapable de faire appel aux masses parce qu'il en a peur.

L'envoi des ingénieurs et des directeurs d'usines chinois, des citadins dans les communes populaires, est aussi banalement rigoureux que le fut, en Europe, le service militaire obligatoire. Les mots d'ordre du parti ne sont pas mis en question ; même l'extravagance qui accompagne l'épopée, la campagne « contre les sentiments bourgeois tels que l'amour entre les parents et les enfants, entre gens de sexe opposé quand ils vont jusqu'à des excès de chaleur de sentiment ». Mais les mots d'ordre ne sont suivis que si les masses restent mobilisées. Mao ne peut faire la Chine qu'avec des volontaires. Il tient à faire la Chine plus qu'à faire la guerre, et il affirme que les États-Unis n'emploieront pas plus les armes nucléaires au Viêt-nam qu'en Corée. Il croit toujours à la Révolution ininterrompue — et ce qui l'en sépare le plus, c'est la Russie.

Je pense à Trotski, mais je n'ai entendu défendre la Révolution permanente que par un Trotski vaincu. Et il n'y a aucune exaltation en Mao. Il sait ce qu'a espéré Khrouchtchev, il sait aussi ce que pensait Lénine, ce que fut la Révolution française. Tout chef d'État croit que la révolution aboutit à l'État. Mao, fort de ses millions de fidèles, du respect qui entoure son passé, croit que l'État peut devenir le moyen permanent de la révolution. Avec le même calme tour à tour épique et souriant qu'il a cru à la victoire du communisme en Chine, aux pires jours de la Longue Marche.

Pour la troisième fois, un secrétaire est venu parler à Liou Shao-shi, et pour la troisième fois le président de la République est venu entretenir Mao à voix basse. Celui-ci fait un geste las et, s'accrochant des deux mains aux bras de son fauteuil, se lève. Il est le plus droit de nous tous : monolithique. Il tient toujours sa cigarette. Je vais prendre congé de lui, et il me tend une main presque féminine, aux paumes roses comme si elles avaient été ébouillantées. A ma surprise, il me reconduit. La traductrice est entre nous, un peu en arrière ; l'infirmière, derrière lui. Nos compagnons nous précèdent, l'ambassadeur de France avec le président de la République, qui n'a pas dit un mot. Assez loin derrière nous, un groupe plus jeune — des hauts fonctionnaires, je suppose.

Il marche pas après pas, raide comme s'il ne pliait pas les jambes, plus empereur de bronze que jamais, dans son uniforme sombre entouré d'uniformes clairs ou blancs. Je pense à Churchill lorsqu'il reçut la croix de la Libération. Il devait passer en revue la garde qui venait de lui rendre les honneurs. Lui aussi ne pouvait marcher que pas à pas, et il s'arrêtait devant chaque soldat pour examiner ses décorations, avant d'aller au suivant. Il semblait alors touché à mort. Les soldats regardaient passer lentement devant eux le vieux lion foudroyé. Mao n'est pas foudroyé : il a l'équilibre mal assuré de la statue du commandeur, et marche comme une figure légendaire revenue de quelque tombeau impérial. Je lui cite la phrase de Chou En-laï, vieille déjà de quelques années :

— " Nous avons commencé en 1949 une nouvelle Longue Marche, et nous n'en sommes encore qu'à la première étape. "

— Lénine a écrit : " La dictature du prolétariat est une lutte opiniâtre contre toutes les forces et les traditions de l'ancienne société. " Opiniâtre. Si Khrouchtchev a vraiment cru que les contradictions avaient disparu en Russie, c'est peut-être parce qu'il a cru gouverner la Russie ressuscitée...

— Laquelle ?

— Celle des victoires. Ça peut suffire. La victoire est la mère de beaucoup d'illusions. Quand il est venu ici pour la dernière fois, à son retour de Camp-David, il croyait aux accommodements avec l'impérialisme américain. Il s'imaginait que le gouvernement soviétique était celui de la Russie entière. Il s'imaginait que les contradictions y avaient presque disparu. La vérité, c'est que si les contradictions que nous devons à la victoire, sont moins pénibles pour le peuple que les anciennes, heureusement! elles sont presque aussi profondes. L'humanité livrée à elle-même ne rétablit pas nécessairement le capitalisme (c'est pourquoi vous avez peut-être raison de dire qu'ils ne rétabliront pas la propriété privée des moyens de production), mais elle rétablit l'inégalité. Les forces qui poussent à la création de nouvelle formes de classes sont puissantes. Nous venons de supprimer les galons et les appellations de grade ; tout " cadre " redevient ouvrier au moins un jour par semaine ; les citadins vont travailler par trains entiers dans les communes populaires. Khrouchtchev avait l'air de croire qu'une révolution est faite quand un parti communiste a pris le pouvoir — comme s'il s'agissait d'une libération nationale !

Il n'élève pas la voix, mais son hostilité, lorsqu'il parle du parti communiste russe, est aussi manifeste que la haine de Chou En-laï lorsqu'il parle des États-Unis. Pourtant, à Lo-yang ou dans les ruelles de Pékin, les gosses, qui nous prenaient pour des Russes (ils n'ont pas vu d'autres Blancs), nous souriaient.

— Lénine savait bien qu'à ce moment, la Révolution ne fait que commencer. Les forces et les traditions dont il parlait, ne sont pas seulement un héritage de la bourgeoisie. Elles sont aussi notre fatalité. Li Tsong-yen, qui a été vice-président du Kuo Min Tang, vient de rentrer de Taïwan. Un de plus ! Je lui ai dit : " Il nous faut encore au moins vingt ou trente ans d'efforts pour faire de la Chine un pays puissant. " Mais est-ce pour que cette Chine-là ressemble à Taïwan ? Les révisionnistes confondent les causes et les conséquences. L'égalité n'a pas d'importance en elle-même, elle en a parce qu'elle est naturelle à ceux qui n'ont pas perdu le contact avec les masses. La seule façon de savoir si un jeune cadre est réellement révolutionnaire, c'est de regarder s'il se lie réellement aux masses ouvrières et paysannes. Les jeunes ne sont pas Rouges de naissance ; ils n'ont pas connu la Révolution. Vous vous souvenez de Kossyguine au XXIIIe Congrès : " le communisme, c'est l'augmentation du niveau de vie ". Bien sûr ! Et la nage, c'est une façon de mettre un caleçon de bain ! Staline avait détruit les koulaks. Il ne s'agit pas de remplacer le Tsar par Khrouchtchev, une bourgeoisie par une autre, même si on l'appelle communiste. C'est comme avec les femmes : bien entendu, il était nécessaire de leur donner d'abord l'égalité juridique ! Mais à partir de là, tout reste à faire ! Il faut que disparaissent la pensée, la culture et les coutumes qui ont conduit la Chine où nous l'avons trouvée et il faut que paraissent la pensée, la culture et les coutumes de la Chine prolétarienne, qui n'existe pas encore. La femme chinoise n'existe pas encore non plus, dans les masses ; mais elle commence à vouloir exister... Et puis, libérer les femmes, ce n'est pas fabriquer des machines à laver ! libérer leurs maris ce n'est pas fabriquer des bicyclettes, c'est faire le métro de Moscou.

Je pense à ses propres femmes, ou plutôt à ce qu'on en raconte. La première avait été choisie par les parents. C'était sous l'Empire — Mao aurait pu voir un jour la dernière impératrice... Il écarte son voile, la trouve laide, et court encore. La seconde était la fille de son maître. Il l'a aimée et, dans un poème, jouant sur son nom, l'appelle « mon fier peuplier » ; elle a été prise en otage par le Kuo Min Tang et décapitée. Je me souviens de la photo où on le voit lever son verre en face de Tchang Kaï-chek, à Tchong-king : beaucoup plus glacé que Staline en face de Ribbentrop. La troisième était l'héroïne de la Longue Marche : quatorze blessures. Il a divorcé (on ne divorce guère, dans le parti chinois) ; elle est aujourd'hui gouverneur de province. Il a enfin épousé Chieng-Ching, star de Chang-haï qui atteignit Yenan à travers les lignes pour servir le parti. Elle a dirigé le théâtre aux armées ; depuis la prise de Pékin, elle n'a vécu que pour Mao, et n'a plus jamais paru en public [1].

— La Chine prolétarienne, reprend-il, n'est pas plus un coolie qu'un mandarin ; l'Armée populaire n'est pas plus une bande de partisans qu'une armée de Tchang Kaï-chek. Pensée, culture, coutumes, doivent naître d'un combat, et le combat doit continuer aussi longtemps qu'il existe un risque de retour en arrière. Cinquante ans, ce n'est pas long ; une vie à peine... Nos coutumes doivent devenir aussi différentes des coutumes traditionnelles, que les vôtres le sont des coutumes féodales. La base sur quoi nous avons tout construit, c'est le travail réel des masses, le combat réel des soldats. Celui qui ne comprend pas cela se met hors de la Révolution. Elle n'est pas une victoire, elle est un brassage des masses et des cadres pendant plusieurs générations...

Ainsi, sans doute, parlait-il de la Chine dans la grotte

[1]. Depuis, elle a joué un rôle important dans la Révolution Culturelle Prolétarienne.

de Yenan. Je pense au poème où, venant de parler des Grands Fondateurs et de Gengis Khan, il ajoute : « Regardez donc plutôt ce temps-ci... »

— Et pourtant, dis-je, ce sera la Chine des grands empires...

— Je ne sais pas ; mais je sais que si nos méthodes sont les bonnes — si nous ne tolérons aucune déviation — la Chine se refera d'elle-même.

Je vais de nouveau prendre congé de lui : les voitures sont au bas du perron.

— Mais dans ce combat-ci, ajoute-t-il, nous sommes seuls.

— Ce n'est pas la première fois...

— Je suis seul avec les masses. En attendant.

Surprenant accent, dans lequel il y a de l'amertume, de l'ironie peut-être, et d'abord de la fierté. On dirait qu'il vient de prononcer cette phrase pour nos compagnons, mais il ne parle avec passion que depuis qu'ils se sont éloignés. Il marche avec plus de lenteur que ne l'y contraint la maladie.

— Ce qu'on exprime par le terme banal de révisionnisme, c'est la mort de la Révolution. Il faut faire partout ce que nous venons de faire dans l'armée. Je vous ai dit que la Révolution était aussi un sentiment. Si nous voulons en faire ce qu'en font les Russes : un sentiment du passé, tout s'écroulera. Notre Révolution ne peut pas être seulement la stabilisation d'une victoire.

— Le Grand Bond semble beaucoup plus qu'une stabilisation ?

Ses édifices nous entourent à perte de vue.

— Oui. Mais depuis... Il y a ce qu'on voit, et ce qui ne se voit pas... Les hommes n'aiment pas porter la Révolution toute leur vie. Lorsque j'ai dit : " Le marxisme chinois est la religion du peuple ", j'ai voulu dire (mais savez-vous combien il y a de communistes à la campagne ? Un pour cent !)... donc, j'ai voulu dire que les communistes expriment réellement le peuple chinois s'ils demeurent fidèles au travail dans lequel la Chine entière s'est engagée comme dans une autre Longue Marche. Quand nous disons : " Nous sommes les Fils du Peuple ", la Chine le comprend comme elle comprenait : le Fils du Ciel. Le Peuple est devenu les ancêtres. Le Peuple, pas le parti communiste vainqueur.

— Les maréchaux ont toujours aimé les stabilisations ; mais vous venez de supprimer les grades.

— Pas seulement les maréchaux ! D'ailleurs, les survivants de la vieille garde ont été formés par l'action, comme notre État. Beaucoup sont des révolutionnaires empiriques, résolus, prudents. Par contre, il y a toute une jeunesse dogmatique, et le dogme est moins utile que la bouse de vache. On en fait ce qu'on veut, même du révisionnisme ! Quoi qu'en pense votre ambassadeur, cette jeunesse présente des tendances dangereuses... Il est temps de montrer qu'il y en a d'autres...

Il semble lutter à la fois contre les États-Unis, contre la Russie — et contre la Chine : « Si nous ne tolérons aucune déviation... »

Nous approchons pas à pas du perron. Je le regarde (il regarde devant lui). Extraordinaire puissance de l'allusion ! Je sais qu'il va de nouveau intervenir. Sur la jeunesse ? Sur l'armée ? Aucun homme n'aura si puissamment secoué l'histoire depuis Lénine. La Longue Marche le peint mieux que tel trait personnel, et sa décision sera brutale et acharnée. Il hésite encore, et il y a quelque chose d'épique dans cette hésitation dont je ne connais pas l'objet. Il a voulu refaire la Chine, et il l'a refaite ; mais il veut aussi la révolution ininterrompue, avec la même fermeté, et il lui est indispensable que la jeunesse la veuille aussi... Je pense à Trotski, mais la révolution permanente se référait à un autre contexte, et je n'ai connu Trotski qu'après la défaite (le premier soir, à Royan, l'éclat de ses cheveux blancs dressés, son sourire et ses petites dents séparées dans l'éclat des phares de l'auto)... L'homme qui marche lentement à mon côté est hanté par plus que la révolution ininterrompue ; par une pensée géante dont nous n'avons parlé ni l'un ni l'autre : les sous-développés sont beaucoup plus nombreux que les pays occidentaux, et la lutte a commencé dès que les colonies sont devenues des nations. Il sait qu'il ne verra pas la révolution planétaire. Les nations sous-développées sont dans l'état où se trouvait le prolétariat en 1848. Mais il y aura un Marx (et d'abord lui-même), un Lénine. On fait beaucoup de choses en un siècle !... Il ne s'agit pas de l'union de tel prolétariat extérieur avec un prolétariat intérieur, de l'union de l'Inde avec les travaillistes, de l'Algérie avec les communistes français ; il s'agit des immenses espaces du malheur contre le petit cap européen, contre la haïssable Amérique. Les prolétariats rejoindront les capitalismes, comme en Russie, comme aux États-Unis. Mais il y a un pays voué à la vengeance et à la justice, un pays qui ne déposera pas les armes, qui ne déposera pas l'esprit avant l'affrontement planétaire. Déjà trois cents ans d'énergie européenne s'effacent ; l'ère chinoise commence. Il m'a fait penser aux empereurs, et il me fait penser maintenant, debout, aux carapaces couvertes de rouille des chefs d'armée qui appartinrent aux allées funéraires, et que l'on voit abandonnées dans les champs de sorgho. Derrière toute notre conversation se tenait aux aguets l'espoir du crépuscule d'un monde. Dans l'immense couloir, les dignitaires se sont arrêtés, sans oser se retourner.

— Je suis seul, répète-t-il.

Soudain, il rit :

— Enfin, avec quelques amis lointains : veuillez saluer le général de Gaulle.

« Quant à eux (il veut parler des Russes) la Révolution, vous savez, au fond, ça ne les intéresse pas... »

L'auto démarre. J'écarte les petits rideaux de la vitre du fond. Comme lorsque je suis arrivé, mais cette fois en pleine lumière, il est seul en costume sombre au centre d'un cercle un peu éloigné de costumes clairs.

Je pense à ce que signifie, à ce que signifiera cette vie épique, entourée d'un culte absurde, et, quoi que nous en disions, si peu intelligible pour nous : car la vénération de sa pensée ressemble plus à celle de la Révélation du Prophète, qu'au sentiment que nous inspirent les grandes figures de notre histoire. Une expédition anglaise dans l'Himalaya vient d'échouer, ce que les journaux chinois ont annoncé avec jubilation. « Le président Mao, le grand dirigeant, déclare que la pourriture du système capitaliste et la dépravation des explorateurs impérialistes expliquent la faillite de leurs expéditions depuis un siècle... » On dirait qu'aucun de ses admirateurs ne comprend que son génie vient de ce qu'il *est* la Chine. Que veut-il en faire, maintenant ?

Pendant que l'auto s'éloigne, la distance qui le sépare de ses compagnons augmente. Je suis loin du vieux chat Ho Chi Minh qui se glissait par la porte entrouverte. Le cérémonial de la Chine éternelle ne m'a pas quitté. Pourtant, Mao porte la vareuse que chacun connaît ; le ton de sa voix était simple, même cordial, et il était assis en face de moi. Mais un vide l'entourait, comme s'il avait fait peur. Staline ? Mao n'a rien d'un fauve ensommeillé. Je ne vois plus son visage, mais seulement sa silhouette massive d'empereur de bronze, immobile devant le costume blanc de l'infirmière. Des houppes soyeuses de mimosas tourbillonnent comme des flocons ; au-dessus, un avion brillant passe en ligne droite. Avec le geste millénaire de la main en visière, le Vieux de la Montagne le regarde s'éloigner, en protégeant ses yeux du soleil.

Pendant quelques heures, notre traducteur va mettre au net sa sténographie. Je propose à l'ambassadeur de retourner voir les tombeaux des empereurs Ming. Je ne les ai pas vus depuis plus de vingt ans. Comment auront-ils changé? Je me souviens de mon dialogue avec l'Inde, quand j'ai quitté Nehru. Celui-ci se voulait héritier d'Ellora, et Mao se veut héritier des Grands Fondateurs. Mais les tombeaux des Ming sont des mausolées de Versailles, non celui de Taï-Tsong abandonné dans les steppes aux fleurs rases sous la garde de ses chevaux sculptés.

Nous atteignons d'abord la Grande Muraille. Comme autrefois, le dragon enchevêtré s'étire à travers les collines. Ce sont les mêmes roses trémières, les mêmes chemins de saules : mais le sol de pierre fait pour les chars de guerre, est aujourd'hui d'une propreté hollandaise. Ces boîtes à papiers posées comme des bornes, les trouve-t-on tout le long de la Grande Muraille? Voici, comme autrefois, des troupeaux de petits chevaux mandchous, des libellules, des rapaces roux de Mongolie, et de grands papillons d'un brun chaud, semblables à celui que j'ai vu se poser sur la corde du clocher de Vézelay, à la déclaration de guerre de 1939...

On atteint encore les tombeaux par l'allée funéraire, qui commence après le portique de marbre et les colonnes rostrales. Tout le long, les célèbres statues : coursiers, chameaux, dignitaires. Ces statues n'ont ni la grâce des figurines des hautes époques, ni la majesté tendue des chimères abandonnées dans les champs de millet de Sian. Ce sont des jouets d'éternité, un Père-Lachaise confié au facteur Cheval. Nous descendons devant une tortue de la longévité que chevauchent des gosses, traversons d'anciennes dépendances livrées aux cigales, aux martinets et aux moineaux. Mais dès la grande entrée, apparaît, précieusement entretenu, le grand jardin que j'ai connu sauvage : des parterres orangés et rouges, cannas et glaïeuls, rendent presque mates les tuiles vernissées d'un orangé plus pâle, et les murs de pourpre sombre. Dressé sur son haut soubassement de marbre — le socle d'Angkor et de Boroboudour — le tombeau semble prendre au piège le paysage de montagnes qui entoure sa solitude. Devant lui, le vert sombre des pins et le vert brillant des chênes tordus comme des rochers décoratifs ; derrière, la masse obscure du bois sacré. Ce n'est pas un temple, c'est une porte de la mort ; un tombeau comme les Pyramides — mais qui tire son éternité des formes de la vie. Deux toutes petites filles grimpent comme des chats bleus, suivies de leur mère à double natte. Derrière l'arche, les champs de toujours, les paysans de toujours avec leurs chapeaux de toujours, les lieurs de gerbes qui survivent aux empires et aux révolutions. (Pourtant, au bas des collines, s'allonge déjà le grand barrage...)

Le soleil descend. Allons voir d'autres tombeaux. Voici celui dont le barbare soubassement en trapèze fait penser aux portes de Pékin. Les glaïeuls rouges s'infiltrent dans les thuyas de son bois sacré. On a dégagé les salles funèbres où nous entrons debout, alors qu'il faut presque se prosterner pour entrer dans les tombes des Han à Lo-yang, comme il faut se courber dans les couloirs des Pyramides. Il n'y reste d'ailleurs que des dalles : dans le bois, un petit bâtiment abrite la tiare en plumes de martin-pêcheur de l'impératrice.

Les toits sont à peine courbes, d'une courbe qui suffit à les délivrer de la terre. Voici l'une des âmes profondes de la Chine. Ce n'est plus l'Érèbe des fondateurs avec leurs chars guerriers, leurs stèles et leurs épieux de bronze. Aux poutres peintes, s'enchevêtre encore le bestiaire bordé de blanc. Mais ces tombeaux, comme le Temple du Ciel, proclament l'harmonie suprême. Toute terre est terre des morts, toute harmonie unit les morts aux vivants. Chaque tombeau révèle l'accord du ciel et de la terre. L'harmonie est la présence de l'éternité, à laquelle est visiblement rendu le corps de l'empereur — comme lui sont invisiblement rendus tous les autres corps.

Un peu plus loin, un tombeau en ruine. La ruine chinoise appartient à la mort, parce que, le toit effondré, l'édifice privé de ses cornes n'est plus que pans de murs. Le bois sacré investit le tombeau, sans l'envahir comme la jungle envahit les temples de l'Inde. Au-dessus du soubassement de pierre et des hautes parois grenat, le jour qui décline s'attarde sur un mur de faïence rose.

Rentrons. Les chemins perpendiculaires à la route sont interdits aux étrangers. Beaucoup de dahlias, florissants comme ceux de juin 1940. Je croyais le dahlia venu du Mexique en Europe... Dans le soir qui tombe, de longs attelages : des chevaux précédés de deux ânes tristes reviennent lentement à Pékin, dépassés par les camions de soldats qui ont cessé leur travail aux communes populaires voisines.

Je passe devant les premiers temples de la ville. Je les ai presque tous revus, intrigué comme autrefois par leur décor de paravents. A l'exception du Temple du Ciel et de la Cité interdite, édifices de géomanciens, pièges à cosmos malgré la ménagerie des crêtes de leurs toits, les pagodes de la dernière dynastie conservent (mal) un panthéon de mi-carême, auquel s'ajoutent les monstres tibétains et la gigantesque statue noire du temple des lamas, qui ne s'adressent plus à personne. Il est plus facile, pour un Français, de passer des Croi-

sades de la foi à celles de la République, que de l'art
de Louis IX au rococo de Louis XV ; la Chine redevenue la Chine, tout son art de porcelaines, de dieux de
l'Agriculture et de poussahs, forme un intermède insolite, depuis le premier empereur mandchou jusqu'à l'impératrice Tseu-Hi, entre les grands empereurs sans
visage et Mao. Il semble que l'entracte s'achève, non
par le tumulte sanglant de 1900, mais par la prise du
Palais d'Été. Sans doute ai-je conté quelque part la
nuit dans laquelle les soldats anglais cherchaient les
perles des concubines d'autrefois, pendant que les zouaves lançaient vers le bois les automates séculairement
collectionnés par les empereurs... Dans les cris militaires, un lapin mécanique courait sur la pelouse en
frappant ses petits timbres d'or qui reflétaient la lueur
de l'incendie...

Au-dessus de la Cité interdite, j'ai vu, chargé de
chaînes, l'arbre auquel se pendit, à l'entrée des Mandchous, le dernier empereur Ming. Mais j'ai trouvé aussi
(au musée de la Révolution ?) la photo des deux sœurs
qui conduisirent la révolte des Boxers avec un courage
de prophétesses, et tombèrent entre les mains des Européens. Loti les vit à Tien-tsin, pelotonnées dans le
coin d'une pièce comme Jeanne d'Arc le fut sans doute
dans le coin de son dernier cachot. Celles-là préfigu-
raient Mao. Bien qu'il s'accorde mieux au tombeau de
Taï-Tsong perdu dans les steppes qu'à ceux des Ming,
on lui élèvera sans doute un prodigieux tombeau. Il
ne s'accorde pas à l'harmonie, aux libations versées
par les empereurs pour unir les hommes à la Terre ;
moins encore, à la Chine de marionnettes ou de raffinement. Et beaucoup des siens voudraient détruire
tout le passé, comme le veulent les révolutions naissan-
tes. Ce qu'il veut lui-même détruire et conserver semble parfois se référer à l'opposition des deux mouve-

ments fondamentaux de la pulsation du monde. « Si nous faisons ce que nous devons faire, la Chine redeviendra la Chine... »

Lorsque la voiture repasse par la grand-place de la Paix céleste, la nuit est tombée. Une dernière lueur découpe la Cité interdite, en face du Palais du Peuple dont la masse informe se perd dans l'ombre. Je pense à l'inquiétude de Mao, à la tristesse de Charlemagne devant les bateaux normands ; et derrière lui, à l'immense peuple de la misère à l'affût de la première faiblesse des Blancs. Pendant que s'enfonce dans l'ombre ce qui fut l'Asie, je pense au Vieux de la Montagne, à ses deux bras sombres lourdement levés au-dessus de toutes les immobiles épaules de toile blanche : « Nos alliés! »

« Nos alliés... »

Je pense aussi aux bras de l'aumônier des Glières — dressés sur les étoiles de Dieulefit : « Il n'y a pas de grandes personnes... »

2

Je regagne la France « par le pôle ».

Au-dessous de nous, le Japon. A droite, Kyoto.
J'étais là en 1929. Je pense au Temple des Renards. Depuis des siècles, les prostituées reconnaissantes, et
même les geishas, y apportaient aux dieux des statuettes de renards : les plus grandes au centre, les plus
petites à la périphérie. Les vrais renards, apprivoisés,
accompagnaient leur maître dans des cafés de la Sumi-
da semblables à ceux des estampes. On m'a dit que le
temple avait été détruit par les bombardements, mais
non les statuettes, toujours disposées en colimaçon.
Il existait un village où l'on ne vendait que du thé et
des grappes de bonbons au thé, ronds et verts.

Je suis revenu trente ans plus tard, après mon entretien avec Nehru : aucun ministre français ne s'était
rendu au Japon depuis la guerre.

Puis vers 1963, pour l'inauguration de la Maison
Franco-Japonaise qui remplaçait celle de Claudel.

Musées, collections, chefs-d'œuvre, amitiés. J'ai
plus de lecteurs au Japon qu'en France, m'a-t-on dit.
Je ne me souviens guère des inaugurations ; je me souviens d'un dialogue, en 1960, dans un jardin que je suis
en train de survoler : le jardin « des Sept Pierres », le

fameux Jardin-Sec — petits menhirs sur un sable cabalistiquement ratissé.

Pour les spécialistes, c'est un des plus célèbres jardins du monde ; pour moi, c'était alors le plus surprenant. Du sable plat encadré par trois murs bas et par les basses cellules du monastère. Apparemment éparses, les sept fameuses pierres noires, plus petites qu'un homme. Un jardin est un lieu de plantes et d'arbres (seul Shalamar, aux Indes, suggère, par ses immenses trouées à travers les vergers, une ruine végétale). Ici, de l'autre côté du monastère, les cellules étaient précédées de jardinets de mousse où l'eau ruisselait. Que signifiait ce jardin-ci ? L'éternité opposée à l'eau courante sur les mousses ? Mais les traces parallèles des dents du râteau sur le sable suggéraient les vagues ; le sable même suggérait la mer. Et ces pierres corrodées, disposées de telle façon qu'on ne pût les voir toutes à la fois, suggéraient un temps planétaire plutôt que l'éternité.

J'ai oublié (je le retrouverai) le nom du Japonais qui m'accompagnait : dans ma mémoire, il s'appelle « le Bonze », peut-être parce qu'il portait un kimono noir. Crâne tondu ou rasé, masque sans âge, et qui pourtant exprimait la trouble enfance que préservent leurs bonzes et nos religieux. Il n'était pas un moine, mais un des premiers esthéticiens du Japon. Mal accordé à son corps ascétique, son masque tout rond ressemblait aux billes du Hokkaido sur lesquelles sont dessinés des traits humains. Comme presque tous ses collègues, il savait le français et l'italien. Il avait d'ailleurs traduit quelques-uns de mes textes, relatifs à la mise en question du plus grand art de l'Extrême-Orient par le nôtre — et réciproquement. Nous étions assis — lui à la japonaise, moi à l'européenne — sur une sorte de rampe, le monastère dans notre dos, le Jardin-Sec à mes pieds. Les ombres commençaient à s'allonger.

— Il me paraît, me dit-il, que l'on peut comprendre ce jardin de façons différentes de celle que je dois à mes humbles capacités et à mon zèle.

— C'est peut-être la définition d'une œuvre capitale, que de légitimer des interprétations différentes ?

— Le Jardin-Sec est inséparable des petits jardins de l'autre côté. Le zen sonne pieusement une modeste note : seulement une fleur dans un vase. Le jardin est fait contre toute la ville, toute la campagne. Enfin, contre la campagne sans forme. Nos jardins traditionnels sont différents. Vous les connaissez ?

— J'en connais quelques-uns.

— Ils sont plus importants. L'art zen est la note unique, la tache unique. Contre tout. La flèche qui tremble dans la cible. Le jardin japonais traditionnel est un moyen de... *nê...* de communion...

Malgré la sûreté cérémonieuse et vaguement ecclésiastique de son français, notre « heu... » n'avait pas remplacé le « *nê...* » japonais. Je demandai :

— De communion avec le sens de la vie ?

— Oui. Beaucoup de gens qui ne sont pas des peintres font des lavis, beaucoup de gens qui ne sont pas des poètes font des haïkaïs. Moi, par exemple, modestement. Un lavis est presque toujours accompagné d'un poème.

— Les peintres du dimanche ne manquent pas chez nous. Pendant la guerre, j'habitais chez les notables ; presque tous possédaient des peintures de leur grand-père, de leur oncle ou de leur cousin. Ils ne les tenaient pas pour rivales de Rembrandt. Je suppose qu'il en est de même pour vous, et que vous n'avez pas la même relation avec un lavis quelconque, qu'avec un lavis de Sesshu.

— Non. Je reconnais indignement que l'art existe. Sa communion avec les choses aussi. Comme dans la musique. Nous connaissons, timidement, votre ancienne musique. Les œuvres sont inégales ; pourtant, il nous semble qu'elles ont le rôle de nos simples lavis. Vous pouvez les comprendre plus facilement que nous ne comprenons votre peinture. Nous comprenons un peu la sculpture de vos cathédrales à cause de la sculpture du bouddhisme. Nous comprenons votre impressionnisme : le cours de l'eau, le brouillard, l'heure...

— Vos grands lavis n'ont pas d'heure ?

— Beaucoup de nos estampes essaient. Vous les admirez plus que nous. Notre plus grand art n'a pas d'heure. Comme votre sculpture, si je ne me trompe pas. Comme un art que nous aimons beaucoup : votre peinture préhistorique. Je crois que je comprends bien votre peinture sans ombre : vos primitifs, vos modernes. Je ne comprends pas bien vos dessins. Ça ne fait rien. Une seule chose est importante : à quoi sert l'art. Vous savez cela : vous l'avez écrit. Je l'ai écrit aussi, modestement. L'art est la chose la plus obligatoire, avec la religion. Un homme ne peut pas vivre tout seul. La question est : à quoi sert *votre* art ? Il est partout, même chez nous. Je sais. Pourquoi ?

Son expression n'était pas celle de l'interrogation, c'était celle de l'étonnement : tout rond, il avait l'air d'une bille — mais d'une bille subtilement étonnée. Je répondis :

— Je crois que notre relation la plus profonde avec l'art tourne autour de notre relation avec la mort. Mais c'est une relation secrète, une relation à découvrir. Chez vous, non. Le Japon a posé l'harmonie comme rivale de la mort. Votre lavis, c'est l'harmonie entre l'homme et l'univers. La lutte contre la mort, pour nos artistes, n'est pas dans la conquête de cette harmonie : elle est dans la postérité, ou dans la métamorphose liée à la survie des œuvres.

571

« Vous parlez de l'art chrétien, mais notre art n'est plus chrétien ; c'est depuis qu'il ne l'est plus, qu'il a ressuscité tout l'art du monde... Vous savez que nos peintres connaissent mal vos lavis ; ils connaissent mal votre art, d'ailleurs, à l'exception de vos estampes.

— Vous leur avez généreusement fait connaître Takanobu, et nos statues. Vous avez dit que le Japon des mousmés est ridicule, comme la France de... Montmartre. Nous ne sommes pas le pays des mousmés, nous sommes le pays du *Chant des Morts*, du *Chant des Glycines*, et de ce jardin. Vous avez dit des choses honorables. Nous vous sommes reconnaissants. Pas seulement pour nos peintres.

— J'ai fait découvrir aux nôtres que l'art japonais n'était pas chinois. Ce qui était facile, parce que vos estampes, qu'ils connaissent, ne sont pas chinoises. Mais ils admirent le *Portrait de Shigemori* comme *Madame Cézanne*. Ils admirent vos grandes statues bouddhiques, disons la *Kannon Kudara*, comme les statues de Chartres, Il y a pourtant plus de différence entre vos œuvres médiévales et vos lavis, qu'entre elles et notre peinture moderne. Même si votre admiration de l'impressionnisme se fonde sur un malentendu (en art, qu'est-ce qu'un malentendu ?) et mon admiration de vos grandes œuvres, sur un autre ! La communion avec l'univers s'accorde évidemment à l'accent de vos jardins, même de celui-ci. Chez nous, le zen est à la mode. Passons. Il est vrai que les œuvres du zen les plus aiguës ne me déconcertent pas. Mais pour moi, le lien avec l'univers, ce n'est pas votre brouillard où tout se confond, ni ces paysages que vous appelez, comme les Chinois, des eaux-et-montagnes, ni même ce que je crois le plus profond chez vous : faire d'un paysage, et quelquefois d'un portrait, un idéogramme. Certains lavis de Sesshu jouent le rôle des caractères chinois ; leurs détails, plus encore. Ils

572

nomment un paysage. En Égypte, je découvrais la communauté des civilisations qui s'expriment par des caractères ou des hiéroglyphes ; mais je découvrais aussi que, pour l'Égypte, pour Sumer, les moyens de communion avec l'univers, étaient les astres. Vous n'avez pas d'astres.

— Il me paraît que vous-mêmes avez longtemps daigner ignorer la nuit. Je ne suis pas allé en Mésopotamie. Je suis allé en Égypte. L'Égypte est la nuit, le Japon est légèrement le jour. Existe-t-il un brouillard de la nuit, en peinture ? Non. Ni des astres du jour. La lune existe. Elle n'est pas une constellation. Ni le soleil. Je vous comprends. Vous pensez que le ciel égyptien... *nê...* signifiait le monde, n'est-ce pas ?

— Oui. C'était l'idéogramme du destin. Or, ce jardin suggère ce qui, dans le monde, échappe à tout destin. Votre communion naît de l'éphémère, celle des constellations naissait de l'éternel.

— Mon indigne opinion est qu'il n'existe pas de destin. Chez nous, celui de la réincarnation est naïf. Le Bouddha n'a jamais dit de tels... enfantillages. Je ne sais si je comprends réellement la sculpture de l'Égypte. Peut-être. Je comprends mieux celle de vos cathédrales. Je comprends grossièrement qu'une Vierge romanesque...

(Il veut dire : romane.)

« ... est semblable à une statue bouddhique, mais, comment dites-vous ? dramatique. Je comprends peut-être qu'un Christ dans une cathédrale est un Bouddha dramatique ; je ne comprends pas encore les grands crucifix. La vie intérieure est la recherche de la sérénité. Mais le Dieu de l'Occident est un Dieu dramatique. Je devine que votre Rembrandt est un artiste honorable. Je ne comprends pas ce qu'il veut. »

Le Bonze était-il bouddhiste ? Je craignais que la question ne lui semblât indiscrète. Il parlait du zen avec respect, mais non comme un adepte ; il se référait moins à l'approfondissement spirituel qui délivre du monde, qu'à la communion avec le monde. Chez nous, pensais-je, qu'est-ce qui remplace la communion qu'insinue ce jardin ? A Versailles, l'ordre ? Et dans la cathédrale ? Je demandai :

— Chartres ne vous a pas ému ?

— Beaucoup. Par la hauteur de la salle : nous n'avons rien de semblable. L'honorable vide.

Au début de l'été 1940, je revenais de la cathédrale sur laquelle tombait le soir. L'ombre emplissait déjà la rue étroite. Une seule ampoule, dans la vitrine d'une poissonnerie, éclairait un chat attentif, qui suivait les poissons du regard. Le lendemain matin, sur le petit parvis, les bourdons tournaient autour des œillets d'Inde jaunes et noirs comme eux ; leur murmure se mêlait au son assourdi des orgues, ou au vacarme précipité des escadrilles qui regagnaient l'École d'aviation.

Le Bonze continua :

— J'ai beaucoup aimé cela. J'ai aussi beaucoup aimé les vitraux. Je ne comprends pas pourquoi vous avez choisi la peinture, et non les vitraux. Des tableaux que les heures allument et éteignent : cela est légèrement le contraire de ce que nous avons attendu de l'art. Néanmoins, nous connaissons l'instant.

— Avons-nous choisi les tableaux contre les vitraux ? Je crois que ceux-ci sont morts avec le lien cosmique chrétien, car il a existé un lien cosmique chrétien, vous savez, bien que le christianisme n'ait pas été un lien avec l'univers. Nous l'avons remplacé par ce que nous avons appelé la nature, et qui n'est certes pas ce que vous appelez ainsi.

— A cela, j'ai modestement pensé. Je connais les théories italiennes. Quand les premiers Italiens disent :

574

la nature, ils veulent dire... *nê*... ce que nos sens... reconnaissent. Les choses que les hommes n'ont pas créées. Le contraire des vitraux, des mosaïques. L'illusion. Oui : l'illusion. Pour nous, la nature n'est pas le contraire des fresques de Nara. Ou des tableaux de Takanobu. Ou de la sculpture bouddhique : la nature est la vie des plantes, des arbres, des eaux-et-montagnes.

— Peut-être, dis-je, le dialogue avec ce qui n'est pas l'homme : astres, brins d'herbe ou grillons, est-il un puissant moyen de négliger la mort...

Il avait laissé tomber son sourire, était devenu semblable aux masques japonais de l'étonnement :

— Voulez-vous me faire la faveur de me dire pourquoi la mort aurait de l'importance ? La mort ne nous intéresse pas. L'empereur n'a pas fait hara-kiri, je sais. Beaucoup d'officiers l'ont fait. Vous avez vu Sa Majesté ?

— Oui. En 1960, quand je suis revenu au Japon.

Quarante-huit heures après mon arrivée, selon l'usage. Il n'eût pas convenu de rencontrer les ministres auparavant. Nous avions décidé, notre ambassadeur et moi, d'aller à Nara. J'avais retrouvé la ville presque intacte ; les fresques avaient été incendiées (par un accident, non par la guerre). A l'aérodrome du retour, m'attendait toute la presse japonaise, stupéfaite et enthousiasmée que l'envoyé du général de Gaulle fût allé revoir la ville sacrée. L'archéologie épuisée, les journalistes posèrent toutes sortes de questions :

— Que pensez-vous du lien entre notre civilisation et la civilisation chinoise ?

— Il y a l'écriture, mais vous n'avez en commun ni la gamme, ni l'amour, ni la mort ; ni même, réellement, la géomancie.

— Quand vous avez retrouvé le Japon, qu'est-ce qui vous a paru le plus différent du reste de l'Asie ?

— Le sourire.

Pas de politique : il n'y a jamais eu de guerre. Bilan : six colonnes en première page des journaux : le Japon retrouvait son passé exemplaire.

Le lendemain, l'empereur. Ambassadeurs-interprètes, jaquettes, hauts-de-forme. L'ancienne maison des domestiques, car le Palais était détruit par les bombardements. Assis sur un canapé des *Galeries Lafayette* semblable à celui du Négus, donc fort laid, le souverain, Chaplin mélancolique, avait ramené son regard vers le tapis :

— Vous venez de Nara, n'est-ce pas ?

Il ne s'exprimait pas en japonais, mais en nippon impérial (comme il l'avait fait pour annoncer la défaite : d'où la terrible erreur du peuple, qui, ne le comprenant pas, avait cru qu'il annonçait la victoire).

— En effet, Majesté.

— Je vous en félicite. Pourquoi le Japon d'autrefois vous intéresse-t-il ?

— Comment le peuple qui a inventé le bushido ne signifierait-il rien pour le peuple qui a inventé la chevalerie ?

Un temps. L'empereur avait de nouveau regardé le tapis :

— Oui... Vous n'êtes pas ici depuis longtemps, c'est vrai ; mais depuis que vous êtes ici, dites-moi, avez-vous vu une chose, une seule chose, qui vous ait fait penser au bushido ?

La question avait fait, dans ce salon de notaire, les ronds désespérés des cailloux dans les bassins — des ronds aussi lents que l'allongement des ombres sur le sable ratissé du Jardin-Sec.

La question de l'empereur me rappela celle que le

Bronze venait de me poser. Je répondis à celui-ci :

— Beaucoup de Jap'nais se sont tués, en effet, mais je ne voulais pas parler de ce que nous appelons le trépas. Il y a beaucoup de courage au Japon. Ailleurs aussi. Je parlais de la signification métaphysique de la mort.

— Le trépas n'a pas plus d'importance que la mort. L'acte que vous appelez hara-kiri (nous n'employons cette expression qu'avec les Occidentaux) vous le traduisez par : suicide. Il n'est pas un suicide, il est un exemple. Pourquoi l'Europe veut-elle que la mort ait une signification, comme vous dites ? Chez nous, les gens populaires disent que les honorables-esprits deviennent des dieux quand ils sont les esprits des morts. Comme vous savez, la Nuit des Morts est celle des premières toilettes d'été. Inauguration, vous dites ? Chez vous, tout est différent. Tout est si différent ! La mort... Dans votre art chrétien, elle me paraît, si vous permettez ? une... honorable maladie. Je vous ai dit : la vie intérieure est la recherche de la sérénité. C'est pourquoi je comprends votre art antique. Nous le connaissons bien par les photos. C'est un art décoratif. Pourtant, nous le comprenons.

— Mais le nu ?

— A l'époque Heian, votre an mille, les femmes jap'naises étaient de grands écrivains. Elles ont écrit que le nu féminin est très laid. Sauf la chevelure. Pourtant...

— Je connais la citation : une femme nue est un crustacé sans carapace.

— Pourtant, à cette époque, la... carapace, était le costume. Dans la peinture, aussi dans la réalité. Pour nous, votre style antique est un costume. Tout à fait. Vos Vénus ne sont pas nues. Elles ne sont pas sans... coquille ? non, vous avez dit : carapace. Malgré l'inquiétante propagande féministe, elles sont étrangères à ce vice que les Américains appellent kizu...

— Le baiser ?

— Oui, kizu. Daignez vous souvenir que le nu féminin existe ici seulement dans les estampes sexuelles. Pas beaucoup. Une femme doit être ornée de vêtements. Pensez aux geishas...

Je n'avais revu de geishas qu'à des dîners officiels, mais je me souvenais de 1929 : de ma visite d'alors aux dernières « maisons vertes » des geishas dites impériales, la patronne prosternée devant le peintre Kondo ; dont un lavis ornait l'entrée : « Maître, quel honneur pour mon humble maison! » Kondo avait dit que je connaissais un peu la théorie des lignes de la main : une geisha tendit ses mains. Je la regardais sans rien dire, mais elle comprit, déboutonna un poignet, me montra deux profondes cicatrices de coups de rasoir, et le signe du suicide.

Je crois que les geishas impériales n'existent plus.

Le Bonze reprit :

— Le Japon seulement a inventé les femmes. La femme japonaise est la soumission très polie ? Un Américain m'a dit cela. Je l'ai écouté bien joyeusement, en riant de colère...

Je connaissais l'expression, et elle me paraissait la plus profonde du Japon. Je pensais à des amis qui m'avaient dit autrefois, après une catastrophe : nous avons beaucoup ri. Et à l'une de mes meilleures amies japonaises, souriante comme pour une naissance : « Veuillez excuser mon léger retard, j'ai eu beaucoup de choses à faire, parce que mon père vient de mourir... »

Sous le petit crâne tout rond du Bonze, ses petits yeux et sa petite bouche n'étaient que petit sourire. Je pensais à mes amis samouraï, à leur nez aquilin de Bouddhas siamois ou leur masque de champions de catch.

— Où, les femmes ont-elles été soumises ? disait-il. Très malignes. Nos femmes sont ce jardin, ou l'autre — je préfère comparer à l'autre, avec l'eau, les plantes, jardin féminin — la communion avec les choses. Et vos femmes ? Souvent, j'ai pensé : elles sont comme votre art. Je vous ai dit : votre art, je ne comprends pas toujours bien. Vos femmes, *nê!* je comprends bien ! Maintenant, au Japon, nous avons beaucoup d'Américaines ! Moustaches !

— Elles sont plutôt des belles walkyries.

— Val-ky-lies ? Les femmes du musicien Wagner ?

L'ombre des pierres s'allongeait. Le Bonze réfléchissait. Il réfléchissait depuis le début de l'entretien, mais souvent il semblait jouer. Pour la première fois il me regarda ; son sourire disparut.

— Un homme nu de votre antiquité est bizarre, dit-il ; pourtant, vos dieux, ce sont un peu nos lutteurs. Vos déesses ne sont pas bizarres, elles sont vêtues. L'Occident a beaucoup de personnages fantastiques. Comme l'Inde. Le dieu-éléphant, le dieu-singe. Dans votre art, le sphinx... les Victoires... les anges. Une Vénus de la Grèce est comme un sphinx. Les œuvres de la " beauté " sont fantastiques comme vos diables. Daignez constater que les diables sont fantastiques partout. Pourquoi ?

— J'ai écrit il y a quarante ans que même si le Beau était une idée fondamentale, la beauté artistique n'en était certainement pas une.

Les ombres longues des petits menhirs et les ombres déchiquetées des rochers bas, s'étendaient de plus en plus. Il répondit :

— Je lis les ouvrages occidentaux écrits sur l'art et sur la musique. J'espère vous avoir bien compris.

Néanmoins, pour moi, l'art parle du mystère de la vie. Vous daigneriez dire : religieusement. Il me paraît que votre art chrétien, au temps des cathédrales, faisait cela aussi ? Une honorable différence, pourtant : il n'avait pas d'ennemi. Nous, Jap'nais, nous savons ce que nous pensons ; les États-Unis ne nous convertiront pas. Mais ils sont là. Jamais nous n'avions été réellement vaincus. Jamais. Nous les imitons beaucoup. Nous imitions très bien, depuis longtemps. On nous le reproche. Nous avons maintenant quelques organisations industrielles. Et quelques milliardaires. Nous avons des journaux plus puissants que les leurs : six millions d'exemplaires. Des télévisions plus puissantes que les leurs. Une seule chose est obligatoire. Nous n'avons jamais perdu... *né*... jamais perdu notre âme, et nous ne la perdrons pas. Leur énorme puissance ne repose sur rien. Être vainqueur est bon; important ?

Il éclata d'un rire bizarre, qui cessa abruptement.

— L'époque des suicidés commence. Vous verrez. Soyez patient. Je connais nos Jap'nais qui ont vécu en Occident, qui veulent imiter l'Amérique. Ils ne comprennent pas du tout la Vie. Pour eux, le plus obligatoire n'est pas la communion, c'est la rivalité. Ils vivent pour être plus considérés que leurs honorables voisins. Après, ils meurent avec un grand désespoir.

« La différence entre les Américains et nous, voici. L'Amérique a des poils tout droits, et nous, nous avons des poils que l'on peut caresser. Comme nos renards d'autrefois. Le monde ne peut pas vivre sans caresser. Il veut confortablement ronfler, comme les chats. Les Américains, peut-être aussi les Européens, pensent que la vie est la vie des hommes et des femmes. Peut-être de quelques animaux. Nous, Jap'nais, nous savons depuis longtemps qu'il n'y a pas une différence obligatoire entre un homme, monsieur le renard, et une glycine. Nous avons la fête des champignons...

— Nous avions la fête du muguet.

— Par mégarde. Il me semble modestement que si vous regardiez une plante comme vous regardez un chien, nous nous comprendrions mieux. Vous ne regardez pas fleurir la glycine comme vous regardez courir le chien.

— D'abord, parce qu'on ne voit pas fleurir la glycine.

— Je sais : vous croyez que voir est important. Nous ne croyons pas. Excusez-nous. Si nous devions toujours voir, la vie serait très grossière. Il faut voir, pourquoi ? pour deviner ce que nous ne pouvons pas voir. C'est obligatoire. Sinon, nous regarderions les œuvres d'art en riant très longtemps.

Ainsi (pour d'autres raisons) Nehru m'avait-il parlé de sa prison, de ses animaux, de son brin d'herbe. Nehru ne croyait pas à la métempsycose, mon interlocuteur non plus. Mais une civilisation, qui a cru que nous pouvions devenir des glycines dans une autre vie, ne regarde pas les fleurs comme nous, et écrit l'admirable *Chant des Glycines*. L'héritage de la métempsycose donne à toutes les formes de la vie une insidieuse fraternité. Le Bonze continuait :

— A l'époque Heian, il y avait dans la chambre impériale un crâne de rhinocéros pour la fécondité, et deux miroirs pour détourner les mauvais esprits. On fouettait à mort sous un cerisier, quand il était couvert de fleurs. Je ne regrette pas le fouet : je regrette dignement le cerisier. Au temps de la floraison des cerisiers, tout le monde doit être heureux, c'est obligatoire, et les enfants reçoivent des jouets rouges...

Je pensai au sang des deux malheureux que la Gestapo torturait à Toulouse pendant mon interrogatoire, au flamboiement soudain des poissons rouges dans la rivière de Hang-tcheou, dès qu'on leur jetait quelque nourriture. Je demandai :

— Et la Chine ?

— Nous sommes étrangers à cette grosse bête stupide qui ne croit plus qu'à l'action. Elle a été honorable. Elle est morte. Je ne suis pas ému par la force. La Chine est plus faible que l'Amérique. Mao Tsétoung mourra.

— Mais il aura donné à manger aux Chinois.

Je venais alors de l'Inde par Hong Kong, et n'étais pas encore retourné en Chine.

Le Bonze continua :

— La guerre a été entre nous et les États-Unis. La paix sera entre les États-Unis et nous. Parce que l'Amérique croit bien à l'action. Parce que le Japon connaît dignement la communion.

— L'Inde aussi.

— Je connais l'Inde par une escale, quand je suis allé en France et en Italie. J'ai vu les musées. J'ai vu Elephanta : l'île est près de Bombay. J'ai acheté beaucoup de photographies. Il y a le bouddhisme. Ensuite...

— Ensuite, des convulsions ?

— Convulsions ? Daignez m'expliquer ?

J'expliquai. Il répondit :

— Oui. D'autres choses aussi. Les gros bijoux. Les grosses fleurs. Nous détestons cela. Et beaucoup de bruit ! Nous détestons le bruit. Pour quoi faire ?

— Vous vous demandez ce qu'accompagne cet énorme orchestre ? Ce que vous rejetez : le sang et la nuit.

— Je regrette respectueusement.

J'étais moins retenu par sa pensée que par le souvenir des têtes colossales d'Elephanta, dans ce jardin japonais qui les niait de tout son génie. Le Bonze disait :

— Comment nous, qui avons inventé le haïkaï, le

poème le plus court, admirerions-nous ce... *nê*... ce...

Il agita doucement les bras dans un double geste de confusion, qui me parut signifier : fatras.

Devant le jardin le plus nu du Japon, je ne pensais pas aux grottes de l'Inde. Fugitivement, à la vaste terrasse vide du temple du Mahalinga hantée par la musique de nuit. Surtout, à ce que je n'avais jamais vu : au temple de Narayana dont m'avait parlé Nehru, où d'invisibles miroirs reflétaient chaque fidèle dans la luxuriance des sculptures, comme une âme jetée aux dieux. « O mes dieux qui n'êtes que moi-même... »

— Les têtes d'Elephanta, demandai-je, vous ont laissé indifférent ?

— Encore les grosses bêtes. Je n'aime pas notre grand Daibutsu bien célèbre : c'est lui que vont voir les touristes. Ce qui est trop grand est... *nê*... est insignifiant. Je n'aime pas les... caves, non, vous dites : les grottes. Encore le drame. Vous sculptiez votre Christ mort ; nous représentons rarement le Bouddha mort. Jamais par la sculpture. Je suis désolé.

— Il n'est pas mort pour le salut des hommes.

— Vous sculptiez le crucifix, le bouddhisme sculptait vénérablement l'Illumination.

Il cite le texte originel : la paix de l'abîme, et ajoute : Vous dites : la communion suprême.

— C'est pourtant le christianisme qui a fait de la communion un sacrement.

— Daignez m'expliquer où est la communion, dans l'art chrétien ? Quelques honorables ânes-et-bœufs ?

— Les ânes priaient en croisant les oreilles ; et les bœufs, en croisant les cornes. Mais j'ai tort de plaisanter : l'art chrétien a longtemps assuré la prière.

— Je dois réfléchir. Je n'ai pas pensé à cela. Vous savez que la prière, pour nous, Jap'nais, est moins importante que la méditation. Aussi, l'Occident mêle toujours les dieux avec la religion. La religion est énormément plus obligatoire que les dieux. Il y a aussi : votre communion, ce sont toujours des hommes ou des femmes, des saints, des saintes, Jésus, Marie. Dans ce jardin, devant nous, il n'y a pas d'hommes. Pas de bêtes. Pas de feuilles. Seulement les pierres.

— Et les ombres des pierres.

La perfection avec laquelle le sable était ratissé rendait inconcevables des traces de pas, et même de pattes d'oiseaux. Mais les pierres étaient d'accord avec les feuilles et les bêtes. J'entendais le chant d'un grillon, venu de quelque cellule, et je me souvenais que le grillon s'appelle, en japonais : monsieur le cri-cri.

Mon interlocuteur disait des choses sereines, mais il les disait avec une angoisse d'autant plus contagieuse que tout, autour de nous, semblait l'écarter.

— Je désire, répondait-il lentement — je désire beaucoup! — que vous compreniez. Ce jardin va mourir. Peut-être on ne lui fera pas de mal ; il va mourir. Je voudrais pouvoir parler honorablement votre langue, pour expliquer.

« Il y avait ici l'éternité, comme vous dites. Et l'instant : même chose. Tout cela va mourir avec le jardin. Il y aura les machines, et aussi la rivalité des hommes, il y aura... toutes choses : rien. Il y aura notre jeunesse. Partout, les étudiants croient que les... né... les états physiques leur donneront ce que nous ont donné les états métaphysiques : la drogue à la place du zen. Je me fait comprendre ?

— Très bien.

— Alors, vous voyez : c'est respectueusement ridicule. Votre art n'est pas une drogue. Peut-être de lui, je ne dis pas : rien. Pourquoi est-il partout ? Vos musées sont chez nous, Jap'nais. Pour vos tableaux, aussi pour nos œuvres. Exposer ensemble des œuvres si bien nombreuses, est tuer chaque œuvre.

Je me souviens que l'on changeait souvent les rouleaux exposés au musée de Kyoto (les tableaux du Musée d'art moderne de New York aussi, d'ailleurs). Mais il y avait à Kyoto un musée, non une de ces collections cachées dont le Japon tirait autrefois une œuvre pour chaque chambre, pour chaque jour ; non une de ces cellules où un kakemono zen est déroulé fugitivement au-dessus d'une terre cuite haniwa naïve et rusée comme un écureuil, ou d'une divinité bouddhique. Le Bonze, pour la première fois, leva une main.

— Vos musées autour du jardin, comme l'avion avec la bombe atomique autour d'Hiroshima. Toutes les images tournent. Les hommes ont inventé les images aussi grossièrement que des pêcheurs de poissons de mer. J'ai vu un peu vos musées. J'ai vu beaucoup de reproductions. Le Jardin-Sec va mourir.

Il laissa lentement redescendre sa main, puis ses doigts qui touchèrent le kimono un à un, comme pour une gamme. Dans le soir qui commençait à tomber, les bruits de la ville passaient comme la rumeur lointaine d'un asile de fous. « Toutes les images tournent. » Le musée du Caire et sa peluche, le Sphinx sur qui tombait la nuit, les couloirs de la Grande Pyramide semblables à ceux de Nuremberg, le Ramesseum plein d'oiseaux et les ombres des éperviers autour des colosses, la déesse du Retour éternel touchée à midi dans sa crypte par le soleil vertical, les Victoires grecques aux ailes étendues, la géométrie mexicaine de la place de la Lune vers laquelle cinglent les escadres de poussière ; les statues maya sous les aiguilles de pins, les bas-reliefs iraniens veillés par le miaulement des aigles, l'architecture démente des observatoires des Indes, le temple des Singes qui semble sculpté par eux, la Dourga de Madura dont glissait le chat noir, l'inextricable prolifération des dieux populaires à Delhi, les cathédrales souterraines d'Ellora et d'Elephanta ; et du Caire à la Chine, toute cette géomancie! Jusqu'au Bouddha colossal de Loung-men au-dessus de son fleuve jaune paresseusement débordé, jusqu'à la Cité interdite, jusqu'aux allées funéraires dont les animaux de pierre sortaient des champs de sorgho, vers les tombeaux grenat sous les toits orangés. Peut-être les hommes, les femmes, et même leurs rêves, sont-ils moins différents que leurs arts. La suggestion du Jardin-Sec était beaucoup plus aiguë que celle du musée de Kyoto — plus aiguë que celle de tout ce que j'avais connu en Extrême-Orient, même celle de la Cité Impériale en 1929, même celle de Nara. Elle me pénétrait depuis le début de l'entretien, autant que l'art occidental avait obsédé mon interlocuteur. Celui-ci cherchait, presque douloureusement, à préciser sa pensée :

— Il y a eu notre art. Il était une façon de parler aux choses. A l'univers. Il... *nê*... il révélait la vie des choses. Votre art est différent. Je comprends modestement. J'ai appris votre langue, je crois que j'ai appris votre art. Même l'art européen. Peut-être. Il était plus honorable autrefois. Il ne détruira pas ce jardin. Néanmoins, je vous ai dit : ce jardin va mourir. Pour vos jardins? Non. Pour des jardins américains? quels jardins américains? Pour le musée que vous apportez avec vous, le musée de toutes les époques, de toute la terre. Voilà. Je devrais dédaigner respectueusement toutes ces photographies. Un seul instant très précieux devrait permettre de... *nê*... de rejeter tous vos musées. Mais non. Pourtant je sais que dans les bien nombreux pays où je suis allé, je n'ai jamais vu un bouquet : seulement des touffes de fleurs.

Il dit lentement, comme s'il se traduisait :

— Je ne peux pas préférer ce que je préfère. Néanmoins, l'art n'est pas un ensemble de formes. N'est-ce pas ?

Puis, il retrouva sa voix de conversation :

— Je comprends pourquoi nous, Jap'nais, devons construire des puissantes machines. Il faut gagner. Je ne comprends pas pourquoi nous devons construire des grands musées. Nous sommes obligés. Par quoi ? Par nous. Les choses doivent mourir, je sais. Ici, à la place du jardin, un musée, un bien grand musée : l'Occident, l'Égypte, le Mexique, les Africains, même nous ? Nous ne serons plus les mêmes.

— Nous, nous ne sommes déjà plus les mêmes, nous le savons. Je connais votre communion, je l'envie souvent. Mais ne vous trompez pas : ce que l'Occident lui propose de plus profond n'est pas la maîtrise du monde, c'est l'interrogation. L'Occident est une mise en question devenue folle, que la puissance renforce et ne guérit pas.

Il sourit en fermant les yeux, et sa bouche sembla une raie diagonale dans sa tête sphérique. Il tira de son kimono noir un objet allongé, d'une vingtaine de centimètres, précieusement enveloppé de papier de soie, et rouvrit distraitement les yeux. Ce qu'il voyait tournoyer dans le soir comme l'avion rapace d'Hiroshima, ce n'était pas notre art, c'était l'invasion de l'art millénaire. Il dénoua la ficelle blanche et rouge qui signifiait que son petit paquet était un cadeau, et ne me le tendit pas. Il déploya le papier, le lissa, en dégagea une admirable statuette bouddhique, de Nara, me sembla-t-il, tachée de menues feuilles d'or des offrandes. Il éclata du même rire bizarre que lorsqu'il avait dit : « l'époque des suicides commence », s'arrêta court, et dit :

— Souvenez-vous : hara-kiri n'est pas le suicide,

hara-kiri est le sacrifice devant l'autel des ancêtres. Ce jardin aussi est l'autel des ancêtres.

Il semblait porter un des défis courtois du Vieux Japon, qui se terminaient par la mort. « En riant de colère », eût-il dit.

Je pris congé. A la porte du jardin, je me retournai pour le saluer de la main. Des élèves se tenaient derrière lui. Debout, il regardait flamber la statuette qu'il avait allumée, et dont il tenait les pieds entre le pouce et l'index. « ... le sacrifice devant l'autel des ancêtres... » Je me souvins de ce que j'avais dit à Orléans, en 1961, devant la foule massée dans l'immense place du Martroi, pour la commémoration de Jeanne d'Arc : « Et la première flamme du bûcher l'atteignit. Alors, depuis ce qui avait été la forêt de Brocéliande jusqu'aux cimetières de Terre Sainte, la vieille chevalerie morte se leva dans ses tombes. Dans le silence de la nuit funèbre, écartant les mains jointes de leurs gisants de pierre, les preux de la Table Ronde et les compagnons de Saint Louis, les premiers combattants tombés à la prise de Jérusalem et les derniers fidèles du petit roi lépreux, toute l'assemblée des rêves de la Chrétienté regardait, de ses yeux d'ombre, monter les flammes qui allaient traverser les siècles, vers cette forme enfin immobile, qui devenait le corps brûlé de la chevalerie. » La flamme bleue de la statuette, qui symbolisait l'invincible permanence du Japon, s'élevait comme une flamme de briquet devant le jardin solitaire et, depuis tant de siècles, libéré même des plantes.

Mes souvenirs s'affrontent au-dessus de vastes îles de neige dont les contours se perdent dans l'océan de plus en plus noir. « La communion avec la terre », dit le Bonze devant les ombres patientes des petits rochers. Quand je suis venu au Japon pour la première fois, les cinémas projetaient *Le Million* de René Clair, et les écrivains japonais m'ont demandé : « Est-il vrai que la France ressemble à ce point à la Chine ? » Cette nuit, la France, c'est de Gaulle, et la Chine, c'est Mao. Tout le passé que défendait le Bonze survivait dans ma Chine de 1929, où les renards se poursuivaient à travers les asters violets sur les remparts de Pékin. Qu'en reste-t-il ? Mao, les yeux protégés par la main qui tenait encore une cigarette dont la mince fumée se perdait dans le soleil couchant... L'héritier des empereurs de fer a balayé la plus large communion qu'aient connue les hommes, et le sait. Lors de ma première visite, à Kyoto, j'ignorais tout de la politique japonaise ; lors de la dernière, j'ai vu des chanteurs des rues, soldats amputés, en uniforme, donner un concert solitaire au bas de l'allée du Grand Temple. Aujourd'hui, le souvenir du hara-kiri me fait penser à Méry, à son rêve d'une civilisation pour laquelle la mort serait le suicide stoïcien. Je pense aussi à Singapour, à la rue de la Mort. Ses Chinois qui vivent parmi leurs fabricants de cercueils et de couronnes, dans la musique des funérailles, s'accordent à l'agonie comme tout l'ancien Japon s'accordait à la vie. Au temps du Jardin-Sec, je calculais l'heure de Chartres ; pendant que l'avion monte vers la nuit polaire, quelle heure est-il sur la rue des cercueils et des fleurs funèbres ? Que sont devenus l'enfant de Méry, le chat Essuie-Plume ? La tristesse de Méry, qui haïssait le Japon, se fût si bien accordée à la sérénité du Bonze ! la vie, c'est ce qui continuerait si tous les hommes avaient disparu ; si l'on avait brûlé tous les chefs-d'œuvre survivants en hommage à tout ce qui va mourir — ou à tout ce qui va surgir.

Les étendues blanches. Anchorage ; quand j'y passai pour la première fois, j'attendais un port de pêche et quelques Esquimaux. Je trouvai une base militaire, et maintes avenues perpendiculaires et vides. Des guirlandes d'ampoules électriques, quelques bars à lueur rouge (il était trois heures du matin) et, au centre de la neige de la grand-place, de hauts totems-poles, dont les animaux peaux-rouges veillaient un saint Joseph et une Vierge agenouillée. Ils appartenaient à la fausse isba qui sert de siège au Syndicat d'initiative. Il avait monté une crèche, l'avait démontée, et oublié les statues sur la place solitaire, au pied des animaux magiques. Dans l'avenue, une seule auto. C'était le 26 décembre.

Cette fois, nous ne changeons pas d'avion. Celui-ci reprend le survol de l'immensité blanche. Demain, en arrivant en Europe, j'aurai rajeuni d'un jour. Avant la banquise, l'océan fait encore de grandes taches. Aucune envie de reprendre mes notes, dans la petite valise de carlingue. Je pense à l'Allemand qui trouvait que c'était si triste pour ma pauvre famille ; aux Indiens des Orties, au mur devant lequel on devait me tuer, à la salle de bains de Toulouse, à Elephanta et aux chars de 1940, aux arbres de Mao dont les paysans avaient mangé l'écorce, à la flotte américaine en face de Da-Nang... Comme l'Asie retrouvée après trente ans dialoguait avec celle d'autrefois, tous mes souvenirs survivants dialoguent — mais peut-être n'ai-je retenu de ma vie que ses dialogues... Pourtant, dans cette nuit polaire, au-dessus des dernières eaux primordiales semblables à celles de l'Inde, sur lesquelles un dieu-enfant encore invisible repose, le dialogue qui m'apparaît comme le plus poignant, je ne le connais que pour l'avoir entendu. Il n'est pas directement lié à ma vie — bien que... Si je le retrouve comme le juge secret de tant de mémoire dans cette longue nuit, c'est bien parce que le dialogue de l'être humain et du supplice est profond que celui de l'homme et de la mort.

La nuit de décembre à Paris, avec les étoiles glacées au-dessus de la découpure des cheminées de Daumier. A la pointe de l'île, là où fut la Morgue, la crypte des Déportés, ses herses de glaives noirs, ses deux cent mille signes qui représentent les deux cent mille disparus, sa terre des camps, sa cendre des crématoires, et son cadavre inconnu. Dans le jardinet que domine en vain la masse confuse de Notre-Dame (la Mort, cette nuit, est sous terre), les délégations de survivants entourent le char d'assaut qui va porter les cendres de Jean Moulin au Panthéon. L'électricité ne sera rétablie que lorsque le char sera parti, escorté par cinq mille jeunes porteurs de torches, envoyés par les organisations de Résistance. L'œil s'accoutume à la brume de lune : des anciens s'y reconnaissent. On apporte les cendres dans un cercueil d'enfant. Le char met son moteur en marche, les délégations prennent place derrière lui. On allume les torches. La flamme de celles que l'on fabrique aujourd'hui a l'éclat bleuâtre et palpitant des flammes d'acétylène ; les pieds traînent encore dans la nuit, sous les têtes en pleine lumière. Ceux qui viennent de se reconnaître, si semblables à leur souvenir dans la clarté lunaire (ce sont leurs fils, qui portent les torches...) découvrent qu'ils ont, presque tous, les cheveux blancs...

Les chevaux de la Garde précèdent le char. Il s'ébranle, au pas. Beaucoup de ceux qui le suivent ne marchent pas plus vite. Sur son passage, tout s'éteint. Les torches, qui n'éclairent plus que les jeunes visages, encadrent la foule confuse et muette. Je pense au combat de Jarnac et de la Châtaigneraie selon Michelet : Henri II découvre les survivants de Pavie et d'Agnadel sur leurs chevaux boiteux depuis l'Italie, avec leur costume du temps de Louis XII et leur barbe blanche... Les torches se reflètent dans la Seine baudelairienne, et le char, entre les cafés du boulevard Saint-Michel qui s'éteignent, tire derrière lui sa traîne de ténèbres.

Je vais au Panthéon m'assurer que les travaux sont terminés. Du bas de la rue Soufflot, monte un bruit de mon enfance, le piétinement des chevaux, que les cavaliers de la Garde maintiennent au pas. On ne voit que les hachures de lune sur les sabres verticaux, puis les flammes des torches qui, à cette distance, n'éclairent plus les visages.

Le bruit du char, qui vient de quitter le boulevard, couvre le bruit des sabots.

On porte le petit cercueil sur le catafalque. Le général Kœnig prend la première veille. Les gens se dispersent; dans un coin de la place qui se vide, un bûcher de torches désormais inutiles, sera bientôt consumé.

Le lendemain matin, pendant que je prononce l'oraison funèbre, le vent glacé rabat mes notes sur le micro avec un bruit de ressac.

A droite et à gauche, mais en arrière, les porteurs de drapeaux et les compagnons de la Libération ; devant, au pied des deux palais, les officiels. Le général de Gaulle, dans le long manteau que je lui ai vu seulement sur les photos du débarquement, est resté debout, et nul ne s'est assis. Rue Soufflot, la foule. La *Marche lugubre* de Gossec descend du dôme avec le battement grave de ses tambours de guerre. Le vent siffle dans le micro, fait tourbillonner sur les pavés une poussière gelée. Place du vent semblable aux places solennelles des rêves, avec la musique d'outre-tombe, le vide, des uniformes au loin ; derrière moi la masse des colonnes du Panthéon, et partout l'appel d'une attention aussi vivante qu'une présence dans la nuit. Pour la plupart de ceux qui m'écoutent dans la rue Soufflot invisible, je parle de leurs propres morts. Et des miens :

« *C'est le temps où, dans la campagne, nous interro-geons les aboiements des chiens au fond de la nuit; le temps où les parachutes multicolores, chargés d'armes et de cigarettes, tombent du ciel dans la lueur des feux des clairières ou des causses : le temps des caves, et de ces cris désespérés que poussent les torturés avec des voix d'enfants...*

« *La grande lutte des ténèbres a commencé.*

« *Le jour où, au Fort-Montluc à Lyon, après l'avoir fait torturer, l'agent de la Gestapo lui tend de quoi écrire puis-qu'il ne peut plus parler, Jean Moulin dessine la carica-ture de son bourreau. Pour la terrible suite, écoutons seule-ment les mots si simples de sa sœur : " Son rôle est joué, son calvaire commence. Bafoué, sauvagement frappé, la tête en sang, les organes éclatés, il atteint les limites de la souffrance humaine sans jamais trahir un seul secret, lui qui les savait tous. "*

« *Mais voici la victoire de ce silence atrocement payé : le destin bascule. Chef de la Résistance martyrisé dans des caves hideuses, regarde de tes yeux disparus toutes ces femmes noires qui veillent nos compagnons : elles portent le deuil de la France, et le tien ! Regarde glisser sous les chênes nains du Quercy, avec un drapeau fait de mousse-lines nouées, les maquis que la Gestapo ne trouvera jamais parce qu'elle ne croit qu'aux grands arbres !*

« *Regarde le prisonnier qui entre dans une villa luxueuse et se demande pourquoi on lui donne une salle de bains — il n'a pas encore entendu parler de la baignoire.* »

Malgré les haut-parleurs, l'éloignement de la foule me contraint à une psalmodie hurlée.

« *Pauvre roi supplicié des ombres, regarde ton peuple d'ombres se lever dans la nuit de juin constellée de tor-tures... Voici le fracas des chars allemands qui remon-tent vers la Normandie à travers les longues plaintes des bestiaux réveillés : grâce à toi, les chars n'arriveront pas*

Antimémoires.   38 à temps. Et quand la trouée des Alliés commence, regarde, préfet, surgir dans toutes les villes de France les commissaires de la République — sauf lorsqu'on les a tués ! Tu as envié, comme nous, les clochards épiques de Leclerc : regarde, combattant, tes clochards sortir à quatre pattes de leurs maquis de chênes, et arrêter avec leurs mains paysannes formées aux bazookas, l'une des premières divisions cuirassées de l'empire hitlérien, la division Das Reich !

« Comme Leclerc entra aux Invalides avec son cortège d'exaltation dans le soleil d'Afrique et les combats d'Alsace, entre ici, Jean Moulin, avec ton terrible cortège. Avec ceux qui sont morts dans les caves sans avoir parlé, comme toi ; et même, ce qui est peut-être plus atroce, en ayant parlé ; avec tous les rayés et tous les tondus des camps d'extermination, avec le dernier corps trébuchant des affreuses files de Nuit et Brouillard, enfin tombé sous les crosses ; avec les huit mille Françaises qui ne sont pas revenues des bagnes, avec la dernière femme morte à Ravensbrück pour avoir donné asile à l'un des nôtres ! Entre avec le peuple né de l'ombre et disparu avec elle — nos frères dans l'Ordre de la Nuit... »

La musique commence Le Chant des Partisans. Que de fois je l'ai entendu à bouche fermée, les nuits de parachutages aussi froides qu'aujourd'hui ; et un jour à pleine voix, dans le brouillard des bois d'Alsace où il se mêlait au cri perdu des moutons des tabors...

« C'est la marche funèbre des cendres que voici. A côté de celles de Carnot avec les soldats de l'an II, de celles de Victor Hugo avec les Misérables, de celles de Jaurès veillées par la Justice, qu'elles reposent avec leur long cortège d'ombres défigurées... »

Les soldats se préparent à défiler. Tout semble suspendu ; on n'applaudit pas les oraisons funèbres. Le Chant des Partisans s'épand par vagues plaintives, berceuse pour tous les morts de la guerre. On emporte le corps dans la nef, où le général de Gaulle va saluer la famille de Jean Moulin. Derrière une draperie de théâtre, la musique de la Garde joue encore. Il n'y a pas de sonorisation à l'intérieur du Panthéon, et cette vraie musique semble l'écho fragile et recueilli de la vaste plainte dont les haut-parleurs emplissent les rues glacées. (J'étais venu ici en 1933 : au centre de la nef romaine, une petite fille solitaire jouait à jeter en l'air un ballon rouge...) Le corps est descendu dans la crypte. Je remonte avec Laure Moulin. Les musiciens sont partis ; de la porte monumentale ouverte sur la place, vient le martèlement des dernières troupes qui défilent. Je dis à Mᵐᵉ Moulin : « Le général m'a dit : " Pour les documents, vous devriez voir sa sœur : elle lui ressemble. " » Elle a compris, car leurs traits ne se ressemblaient pas. Elle me répond : « Quand il est mort, il avait quarante-cinq ans ; et moi, j'en ai soixante-douze... » (Elle en paraît à peine soixante.) La place n'est pas encore ouverte au public : le corps diplomatique part ; restent ceux des vieux drapeaux, ceux de la Libération, ceux des maquis, les survivants des camps — dans le grand jour glacé, ceux qui se sont reconnus dans la nuit...

Ce jour, c'est la mort. Pas celle de la torture ou de la guerre : celle qui n'a besoin de rien. Dix millions de Français ont suivi la cérémonie à la télévision. Mais la télévision ne montrait pas que tous ces porte-drapeaux sont des vieillards ; que, sur la place, il ne reste pas un homme jeune. Pour qu'ils se reconnaissent, il faut que le jour baisse...

J'ai dit tout à l'heure :
« Avec Jean Moulin, la préhistoire de la Résistance avait pris fin. »

Au début de 1944, les Allemands ayant mis la main sur l'un de nos parachutages, j'avais inspecté pour la première fois les cachettes de tous nos maquis. Certaines contenaient les armes destinées aux volontaires qui nous rejoindraient à l'annonce du débarquement. Les grottes sont nombreuses en Périgord, et par des échelles de fer placées pour les touristes de naguère, nous montions retrouver, dans des alvéoles contigus comme les loges d'un théâtre magdalénien, notre matériel enfoui. Mais la plus vaste grotte de Montignac était souterraine, et la cachette, éloignée de l'entrée. Nous possédions des torches électriques puissantes, car la nuit était tombée, et ceux qui s'étaient perdus là étaient morts. La tranchée devint si étroite que nous n'y passâmes plus que de côté. Elle tournait à angle droit. Sur le roc qui semblait nous barrer le passage, apparaissait un vaste dessin. Je le pris pour un repère de nos guides, et projetai sur lui le faisceau de ma torche. C'était un enchevêtrement de bisons.

A Font-de-Gaume, les peintures préhistoriques étaient estompées. Ces bisons, au contraire, marquaient le roc comme un sceau, d'une netteté d'autant plus singulière que les parois étaient d'énormes pierres lisses, tantôt gonflées et tantôt creusées, non comme des rochers mais comme des organes. Cette triperie pétrifiée à travers laquelle on se glissait, car la faille ne formait pas de salles, semblait les entrailles de la terre. Le bison, s'il n'était pas un repère, l'avait peut-être été, quelque vingt mille ans plus tôt. Toute caverne souterraine suscite l'angoisse, parce qu'un éboulement y ensevelirait les vivants. Ce n'est pas la mort, c'est le tombeau ; et le bison donnait à ce tombeau une âme énigmatique, comme si, pour nous guider, il eût resurgi de la terre sans âge. Au-dessus de nous, passaient peut-être les patrouilles allemandes, nous marchions vers nos armes, et les bisons couraient sur la pierre depuis deux cents siècles. La faille s'élargit, se ramifia. Nos lampes n'éclairaient pas ces abîmes : leur faisceau nous y guidait comme le bâton guide l'aveugle. Nous ne distinguions plus le roc que par les fragments clairs et luisants des parois qui nous entouraient. Dans chaque faille, la torche dégageait une autre faille — jusqu'au cœur de la terre. Cette obscurité ne se confondait pas avec la nuit, elle appartenait à des fissures aussi fermées que le ciel est ouvert, et qui se succédaient à l'infini. Dans une angoisse accrue, parce qu'elles paraissaient façonnées. Mes compagnons avaient cessé de parler : ils chuchotaient. Un passage d'autant plus étroit que nos cercles de lumière le circonscrivaient, et dans lequel il fallut nous courber, conduisait à une crevasse d'une trentaine de mètres de long sur dix de large. Les guides s'arrêtèrent, tous les faisceaux convergèrent : sur des parachutes rouges et bleus étendus, reposaient des caisses et des caisses : semblables à deux animaux d'une ère future, deux mitrailleuses sur leur trépied comme des chats égyptiens sur leurs pattes de devant, veillaient sur elles. A la voûte, nette cette fois, d'immenses animaux à cornes.

Ce lieu avait sans doute été sacré, et il l'était encore, non seulement par l'esprit des cavernes, mais aussi parce qu'un incompréhensible lien unissait ces bisons, ces taureaux, ces chevaux (d'autres se perdaient hors de la lumière) et ces caisses qui semblaient venues d'elles-mêmes, et que gardaient ces mitrailleuses tournées vers nous. Sur la voûte couverte d'une sorte de salpêtre, les animaux sombres et magnifiques couraient, emportés par le mouvement de nos ronds de lumière, comme une fuite d'emblèmes. Mon voisin souleva le couvercle d'une caisse emplie de munitions; la torche qu'il posait fit passer sur la voûte une ombre démesurée. Sans doute les ombres des chasseurs de bisons étaient-elles jadis celles de géants, lorsque les projetait la flamme des torches de résine...

Par une corde à nœuds, nous descendîmes dans un puits, pas très profond. Sur sa paroi, une forme humaine élémentaire portait une tête d'oiseau. Une pile de bazookas s'abattit avec un tintement insolite qui se perdit dans les ténèbres, et le silence revint, plus vide et plus menaçant.

Pendant notre retour, le roc suggérait çà et là des animaux amputés, comme les vieux murs suggèrent des personnages. Nous retrouvâmes les petits arbres du coteau blanc de givre, la Vézère, l'obscurité de la guerre sur la bosse confuse de Montignac, les étoiles, la transparence de l'obscurité terrestre.

— Ça vous intéresse, les peintures ? demanda le guide. Des gosses les ont trouvées en entrant là-dedans pour rattraper un chiot, en septembre 1940. C'est très, très ancien. Il est venu des savants, et puis, en 40, vous pensez !

C'était Lascaux.

Troupes, officiels, police, sont partis.

Je me souviens de cette lumière électrique qui se perdait au centre de la terre, de cette fuite millénaire au-dessus de deux mitrailleuses comme des chiens en arrêt, et d'un vrai chien qui hurlait au bord de la Vézère. Est-ce au sortir d'un tel lieu, sous un firmament semblable, qu'une sorte de gorille chasseur comme les fauves et peintre comme les hommes, comprit pour la première fois qu'il devrait mourir ?

Sur la place du Panthéon, la vie a repris son cours de passants, sans combats et sans funérailles. « Bafoué, sauvagement frappé, les organes éclatés... » Pendant ces funérailles qui n'eussent assurément pas été les mêmes si Jean Moulin n'était pas mort martyr mais ministre ou maréchal, passait lentement sur le Panthéon l'ombre qui domine celle de la Mort, le Mal éternel que les religions ont affronté tour à tour, et qu'affrontait ce cercueil d'enfant avec son invisible garde de spectres tombés dans la nuit baltique ; avec ces survivants qui ne s'étaient reconnus qu'avant de se voir vraiment, et qui ne se reverraient peut-être jamais.

Je me souviens des lourdes paupières de Bernanos, le jour où je lui dis : « Avec les camps, Satan a reparu visiblement sur le monde... »

Je pense à Bernanos parce que je passe devant Saint-Séverin. Je n'y suis pas revenu depuis ses obsèques. L'église était pleine, mais il n'y avait pas d'écrivains. Je me trouvais à côté de la délégation des Républicains espagnols. C'était un jour de mars, avec les nuages bas et déchirés des plus belles scènes de ses romans, et des échappées soudaines de soleil. Quelques jours plus tôt, à l'hôpital américain, il m'avait dit : « Maintenant c'est à Lui de savoir ce qu'Il veut que je fasse... » Il faisait allusion à une Vie du Christ, et pensait qu'il devrait l'écrire, s'il survivait ; que sa guérison en serait le signe. Il m'avait dit aussi : « Vous voyez, je souris ; et pourtant, je n'ai pas envie de sourire. Mais je ne cesserai que lorsque je serai mort. Je crois que nous voulons notre mort comme Il a voulu la Sienne. Il meurt une fois de plus dans chaque homme à l'agonie. D'ailleurs nous n'échappons à la puérilité du péché que pour mourir, nous ne rentrons en nous que pour mourir — et c'est là qu'Il nous attend... » L'abbé Pezeril était au moment de son oraison funèbre où il rappelait que, lors des derniers sacrements, Bernanos lui avait dit doucement, parlant sans aucun doute de Dieu : « Et maintenant, à nous deux... »

Alors le soleil s'était dégagé, et un rayon droit comme une barre était venu se poser sur le cercueil.

Je vais rejoindre le Comité rassemblé pour ériger un monument à Jean Moulin. Ceux qui le composent sont les délégués des organisations de résistance, des déportés, des rescapés des camps d'extermination.

Il y a vingt ans que je pense aux camps. L'horreur et la torture ont passé dans presque tous mes livres, en un temps où l'on ne connaissait encore que le bagne. Mon expérience est presque sans valeur, bien que je n'aie pas oublié le petit gestapiste frisé, ni les torturés de Toulouse à travers les portes ouvertes, ni la femme à la cuiller de thé. Et il ne s'agit pas d'expérience, mais du seul dialogue plus profond que celui de l'homme et de la mort.

Comme tous les écrivains de ma génération, j'avais été frappé par le passage des *Frères Karamazov* où Ivan dit : « Si la volonté divine implique le supplice d'un enfant innocent par une brute, je rends mon billet. » J'avais prêté les *Karamazov* à l'aumônier des Glières, et il m'avait écrit en me retournant le livre : « C'est épatant, mais c'est l'éternel problème du Mal ; et pour moi le Mal n'est pas un problème, c'est un mystère... »

Dostoïevski, Cervantes, Daniel Defoe, Villon — ceux du bagne, du pilori ou de la prison... Pendant que je descends du Panthéon vers la Seine, car le Comité siège à la crypte des déportés, je pense au jardin de Crimée où Gorki m'a dit : « J'ai demandé à un komsomol, vers 1925, ce qu'il pensait de *Crime et Châtiment* ; il m'a répondu : " Que d'histoires pour une seule vieille ! " »

Le komsomol est-il mort dans un bagne russe, dans un camp allemand ? a-t-il seulement, depuis, beaucoup appris ?

Il y avait chez Dostoïevski un espoir invincible, qui ne paraît que par soubresauts dans son œuvre. Meyerhold, après le vieux quartier de *Crime et Châtiment* à Saint-Pétersbourg (des escaliers de fer sans fin se perdaient dans l'ombre hantée des canaux), m'avait montré à Moscou le logis d'adolescence de l'écrivain, celui de son père, médecin à l'École Militaire. Au mur du bureau, dans un cadre de peluche, l'agrandissement énorme d'une photo décolorée. Je connaissais ces épaules inclinées par toutes les formes de la détresse, cette tête de mort accordée à une barbe pauvre, mais elles hantaient la pénombre abandonnée, comme si la décoloration du bromure avait imposé le passé de façon plus convaincante que tout costume. C'était bien l'image volée aux vivants, qui jadis faisait peur aux Asiatiques ; piquée au mur de la chambre avec son regard de douleur et sa teinte d'insecte. Mais aussi une résurrection d'autant plus saisissante que cette image grandeur nature appartenait de toute évidence à la mort, qu'elle était ce Lazare que Dostoïevski avait retrouvé jadis, non pour consoler les assassins et les prostituées, mais pour ébranler les colonnes sur lesquelles repose l'énigme du monde : au-delà même des prédications de l'amour, les nuages de l'irrémédiable et de la souffrance, l'énigme suprême du « Que fais-tu sur la terre où règne la douleur ? ». La plus pressante interrogation depuis celle de Shakespeare poussait son halètement tragique dans cette loge de concierge. La gardienne tira un livre du bureau, nous le tendit : « C'est la Bible qu'il avait rapportée du bagne. » Elle était couverte d'inscriptions : toujours le mot *Niet*. Pour connaître l'avenir, les Russes ouvraient la Bible à leur réveil : le premier paragraphe de la page de gauche prédisait ce qui allait se passer. Alors, toujours de la même écriture, en face de quelque : « *Marie de Magdala vit que la pierre était ôtée du sépulcre* », après des semaines ou des jours, le bagnard avait écrit tristement : *Non*.

En quittant la rue Saint-Jacques, je me souviens de ce portrait entre les fenêtres qui encadraient la cour de caserne aux mornes pavés, du balayeur somnolent dans la brume, de cette communiste, le châle noir de la vieille Russie sur ses cheveux blancs, qui attendait que Meyerhold lui rendît le livre. Dostoïevski, je pense à tes bouffons ivres d'alcool et de fraternité dans le soir de Saint-Pétersbourg, tes saints et tes enragés, tes théories politiques à dormir debout et ton âme de prophète. Te voici, délivré de tes traductions de Balzac et de tes romans à la Dickens par la révélation de la potence. Je ne sais pas encore que je me trouverai dans dix ans en face d'un simulacre d'exécution, et qu'on ne croit peut-être pas plus aux potences fictives qu'aux fusils qui s'abaissent vers soi. Te voici, orthodoxe et tsariste, avec ce qui jette tes personnages, les bras en croix, dans la boue des confessions publiques — mais aussi avec le terrible silence de ton visage décoloré sur lequel le soir tombe, de tes lèvres qui n'ont pas à parler pour que nous entendions les phrases qui ont empli le siècle ; la seule réponse, depuis le Sermon sur la Montagne, à la barbarie sacrée du Livre de Job : « Si l'ordre de l'univers doit être payé du supplice d'un enfant innocent... »

Tu n'as pas inventé le mystère du Mal, bien que tu lui aies sans doute rendu son plus poignant langage. Ce n'est pas ton angoisse, prophète, qui emplit cette pièce misérable, même si elle est l'angoisse de notre temps : toute vie devient mystère lorsqu'elle est interrogée par la douleur. C'est ce Lazare contre qui ne prévalent ni la misère ni la mort, l'invincible réponse d'Antigone ou de Jeanne d'Arc, devant les tribunaux de la terre : « Je ne suis pas née pour partager la haine, mais pour partager l'amour » ; c'est l'éternité qu'avait chantée le psalmiste, et que, mille ans plus tard, retrouve Sha-

kespeare devant les étoiles enchantées de Venise :
« Par une nuit pareille, Jessica... » : les amants qui
sentent passer dans l'ombre la résurrection des amants
disparus, et les bagnes d'où montent les cris qui montèrent vers les constellations assyriennes. Je pense
aux fusils allemands dirigés vers moi. C'est par un
jour pareil, Dostoïevski, que tu montas à cette potence
qui ressemblait à un portique de sport, dont on m'a
montré un dessin maladroit...

Ce gibet me fait penser à celui de Nuremberg. On y
passait la corde au cou des déportés dressés sur la pointe
des pieds, pour que l'épuisement les contraignît à se
tuer eux-mêmes. J'ai vu cette carcasse de tubes, sans
morts et sans cordes, dans le camp abandonné ; il semblait un des échafaudages métalliques auxquels grimpent les pompiers pour leurs exercices.

J'ai lu sur la déportation ce qu'on peut lire, notamment les récits des rescapés des camps où mes frères sont
morts. J'ai interrogé tous mes amis sauvés. Les récits
sont plus rapides que les écrits, mais ils ont l'épaisseur
de vérité que n'a pas toujours notre interminable chro-
nique de l'inhumain. Quels souvenirs se mêlent en moi ?
D'abord *Le Chant des Partisans*,

> *Ami, entends-tu*
> *Le vol noir — des corbeaux — sur nos plaines...*
> *Ami, entends-tu*
> *Les cris sourds — du pays — qu'on enchaîne...*

peut-être parce que je viens d'en entendre la musique ;
et *Le Chant des Marais*, légué par les communistes
arrêtés en 1933 :

> *Loin vers l'infini s'étendent*
> *Les grands prés marécageux*
> *Pas un seul oiseau ne chante*

Sur les arbres verts et vieux
O terre de détresse
Où nous devons sans cesse
Pi-o-cher...

Les plaies, la neige, la faim, les poux, la soif ; puis la soif, la faim, les poux, la neige, les maladies et les plaies. Et les cadavres : « Vous pouvez choisir entre la corvée de terrassement et la corvée de cendres au crématoire. » L'hallucination qui fait prendre la schlague meurtrière des kapos pour un bâton de chocolat, le petit morceau de bois indéfiniment sucé, le corps qui n'est plus que faim ; la soif qui, après quatre jours et nuits de wagons-cercueils, faisait pencher les malheureux sur les tinettes et, surtout, l'organisation de l'avilissement. La faim a été la compagne quotidienne des déportés jusqu'à la limite de la mort. Les concours obsédants de festins imaginaires qui font rire les concurrents avec un pincement au cœur passent par : « D'ailleurs on s'en fout, rien de tout ça ne vaut un bon rouge avec un bifteck-frites », et se terminent par des altercations et des coups. Edmond Michelet m'a raconté l'agonie d'un prêtre dans la famine de Dachau : « A Un tel, tu donneras mes dragées, mes caramels, à tel autre, mon lait condensé... » Il n'avait jamais eu ni dragées, ni caramels, ni lait condensé. Michelet ne connaissait aucun des destinataires. Le prêtre, qui ne mourut pas, dit plus tard : « C'étaient les noms de mes camarades de philo, autrefois... » L'imagination sexuelle, le désir, ont disparu depuis longtemps pour laisser toute la place aux deux plus banales furies.

Il y a la destruction du temps, qui fait, de la torture au ralenti, la condition humaine elle-même ; le corps devenu le plus insidieux ennemi, le terrible réveil qui rend au malheur toute sa nouveauté, la suppression de tout signe individuel, la clochardisation et les coups incessants dans un monde qui appelle la mort. Et parfois un souvenir du monde où la femme avait été désirable et où l'homme avait eu un cœur, où la haine avait eu l'espoir de s'assouvir un jour — car l'homme privé de tout espoir est au-delà de la haine.

Le décor de l'enfer, dans les récits dont je me souviens, n'est pas la mine, la carrière, le camp : c'est la démence. La voie principale s'appelait la rue de la Liberté ; ainsi s'appelait aussi le chemin que la tondeuse traçait sur le crâne, depuis le front jusqu'à la nuque. Les maisons des Allemands étaient entourées de « coquets jardinets », comme disent les rescapés, et on y voyait jouer des chatons parmi les cris des prisonniers frappés à mort ; comme on voyait des fleurs de couvent au centre des chambrées dont les couchettes grouillaient de poux. Il y avait l'extravagance des coups distribués par les détenus *politiques* allemands à demi fous. Le monde où l'impossible était toujours possible, le cauchemar au sens précis : l'incohérence de laquelle le rêveur était prisonnier, le chaos *organisé* dans un monde où organisé voulait dire subtilisé à l'ennemi : les morceaux de sucre volés pour les mourants étaient « organisés ». La récupération des dents d'or, et des cheveux des tondus ; les départs sans raison (mais les S. S. savaient que la séparation affaiblit les détenus) ; chez les femmes, la voleuse allemande au triangle noir, qui lavait le plancher avec le reste du café pour ne pas le donner aux Françaises ; l'appel aux volontaires pour Bordeaux, que les S. S. confondaient avec le bordel ; la question : « Savez-vous jouer du piano ? » posée aux prisonnières envoyées aux terrassements ; les exsangues qui tiraient à sept ou huit leur rouleau de bas-relief mésopotamien. Chez les femmes et les hommes, le haut-parleur qui diffusait *Schön ist das Leben* (« La vie est belle ») ; les voleurs de lunettes — destinées à qui ? — et les ronds de saucisson bizarrement phosphorescents. Ceux qui pour dormir attachaient les godasses à leur cou par les lacets, et que les voleurs manquaient d'étrangler. Le certificat médical d'aptitude à recevoir des coups. L'échange du pain contre la bonne aventure. Les femmes qui ne pleuraient pas sous les coups les plus douloureux, mais pleuraient quand elles perdaient à la belote clandestine. Les « terreurs » qui, pendant les bombardements, demandaient à celles qu'elles avaient frappées de dire la prière aussi pour elles. Il y avait, noire merveille ! la punition « pour avoir ri dans les rangs ». La schwester dont on menaçait les prisonnières en train d'accoucher, pour les faire taire ; la passion, partagée par les gardiens hilares, des matches de boxe entre prisonniers encore ensanglantés par les coups des S. S. Il y avait le théâtre (*Roméo et Juliette* à Treblinka !), les orchestres de rayés qui jouaient pendant que les excavatrices arrachaient aux fosses des grappes de prisonniers à demi vivants pour les jeter sur le bûcher, haletant comme une gigantesque lampe à souder.

Il y avait les scènes que j'ai notées après les récits des survivants. Je m'aperçois que trois étaient des scènes de discours.

D'abord, celle de la quarantaine.

Les prisonniers encore désœuvrés regardent passer en costume de bagnards, tondus, des malheureux appuyés sur des béquilles ; ou revenir des kommandos les troupes de bagnards squelettiques. Chacun raconte ses histoires (non personnelles), qui s'usent. Il y a les métiers pittoresques : un dompteur trouve un vif succès en expliquant que l'on ne peut apprivoiser les petits animaux qu'en feignant d'avoir peur d'eux. Des types jouent au dressage du lapin, pendant que de l'autre côté des barbelés de la quarantaine, les S. S., encourageants, assomment un prisonnier à coups de pelle. Après dix jours, le silence commence. Sur les paillasses crépusculaires sont couchés trois de ceux que les autres appellent affectueusement les Intellectuels Délirants. L'un, frappé à mort lors d'un interrogatoire avenue Foch, vient d'entrer en agonie, et son râle se mêle aux gueulements germaniques du dehors. Plus loin, ceux qui savent des chansons les chantent. Elles parlent du foyer ou du sommeil. En chœur et au ralenti, le *P'tit Quinquin* devient une berceuse sans fin. Il y en a un qui raconte *Macbeth*. Ceux qui savent des vers les récitent. Les Intellectuels Délirants en savent beaucoup. L'un d'eux, qu'on ne voit pas, dit des fragments de Péguy.

L'épaisse fumée du crématoire se perd dans les nuages bas qui viennent de la forêt de Bavière et des monts de Bohême. Les Français écoutent, stupéfaits. Les autres sentent passer la houle, et se taisent. Un second Intellectuel Délirant enchaîne avec rage. Lui, on le voit : debout sur quelque chose, en caleçon, des touffes de cheveux au-dessus des oreilles, figure de clown terrible et de fou :

Vous nous voyez marcher, nous sommes la piétaille.
Nous n'avançons jamais que d'un pas à la fois.
Mais vingt siècles de peuple et vingt siècles de rois,
Et toute leur séquelle et toute leur volaille

Et leurs chapeaux à plume avec leur valetaille
Ont appris ce que c'est que d'être familiers,
Et comme on peut marcher, les pieds dans ses souliers,
Vers un dernier carré le soir d'une bataille...

Dehors, les commandements ont cessé, et l'on entend chanter un coq. Un prisonnier montre qu'il possède un bout de miroir, et chacun veut se regarder. Ce qu'ils appellent l'ennui est moins le désœuvrement qu'une menace : et maintenant, qu'allons-nous devenir ? Les bobards — surgis d'où ? — parcourent de temps à autre la foule comme de petits animaux.

Le 25 décembre 1944, dans le camp des femmes, il y a Noël. Dans l'hôpital des hommes, il y a la prédication par les prêtres résistants. Dysenterie, typhus, tuberculose, plaies, membres brisés dans le travail ou sous les coups des kapos. Un seul thermomètre, plus de médicaments. Des squelettes de peau parcheminée qui dépassent les loques rayées. L'enfer presque silencieux. Seulement les bizarres cris de la faim, ou, quand passent des paysans noirs sur la route au-delà des barbelés, un blessé à la jambe cassée qui hurle : « Vous êtes libres ! LIBRES ! » Les tinettes sont des containers de parachutages saisis... Ce matin, le médecin allemand a demandé à mon voisin, qui crache le sang à force de coups :

— Y avait-il de grands tuberculeux dans votre famille ?

— Ça ne fait rien, dit le prêtre, en loques parce qu'on lui a donné des haillons au lieu d'une tenue rayée. Ça ne fait rien. Ce soir, en France, les familles sont réunies autour des tables. Il y a notre place vide. Et sur la terre il y a une immense famille. Ceux des camps : ceux qui sont morts, ceux qui vont mourir, ceux qui verront la libération.

Il dit l'Évangile de la Naissance, en ajoutant les bergers de Luc aux mages de Matthieu, l'âne et le bœuf au texte sacré : l'évangile de l'enfance de ceux qui l'écoutent...

— Ainsi est-Il venu se faire condamner à mort, pour que nous puissions ne pas mourir tout seuls.

« On l'a chargé de la croix. De ce que nous portons, nous, il fait quelque part, croyez-le bien, une grande croix.

« Il est tombé pour la première fois : vous connaissez.

« Un nommé Simon l'a aidé à porter sa croix ; nous avons tous rencontré des Simon. Une femme pieuse a essuyé sa face. Il n'y a pas foule, mais à la gare de l'Est, au début de mai, les marchandes de muguet nous en ont apporté, et les gens leur ont acheté aussitôt le reste...

« Il est tombé pour la seconde fois : nous connaissons. Il a consolé les femmes de Jérusalem qui le suivaient ; à Fresnes, ici, beaucoup ont pris bien des risques pour réconforter les nouveaux à travers les murs. Que Dieu fasse à chacun de nous la grâce de consoler son compagnon!

« Il est tombé pour la troisième fois. Il a été dépouillé de ses vêtements. Il a été attaché sur la Croix et il y est mort.

« Il a été déposé dans les bras de sa mère ; c'est une grande grâce que nos mères n'aient rien à faire ici! »

Pas toujours : dans des camps, il y a souvent la mère et la fille, quand elles ont été arrêtées ensemble.

— Il a été mis au sépulcre...

En face, on construit un second crématoire.

— Un vélo! avoir un vélo! crie le blessé à la jambe coupée.

Un malade squelettique se lève en hurlant : son compagnon de grabat vient de mourir, et les poux émigrent sur lui.

— C'est le Chemin de la Croix. Au départ, l'aumônier allemand de Fresnes (il était bien) m'a dit : " L'important est de ne jamais désespérer, et de ne jamais douter de Dieu... "

« Et là-bas, ce sera peut-être difficile...

« Oui, c'est difficile. Mais plus tard, nous comprendrons. C'est pourquoi il faut recevoir la mort comme si nous comprenions. Lui faire bon accueil.

« Quand j'étais enfant, on chantait un Noël qui...
C'est le bon Dieu qui chante... »

La voix, qui avait baissé, remonte pour chanter, sur
un air parent d'*Il était un petit navire* :

J'ai un petit voyage à faire.

Le petit voyage, c'est l'Incarnation, semble-t-il.
Il y a ceux qui trouvent que, pour eux, on n'a pas fait
tant d'histoire. Et ceux qui se taisent.

— Pour Noël, le crématoire devrait bien faire grève,
dit une voix.

Ravensbrück. Les prisonnières ont été rassemblées
pour écouter le commandant : un micro branché sur
le haut-parleur, un type aux cheveux blancs qui ressemble à un acteur dans le rôle d'un commandant S. S.
Ce sont des prisonnières qui traduisent :

— En vous laissant vivre, le Grand Reich fait preuve
d'une mansuétude sans précédent. Les asociales, vous
êtes une lèpre sur le corps de l'Allemagne. Les politiques, vous avez lâchement fait assassiner des soldats
allemands. On vous a laissé la vie. C'est dommage.
Mais je me soumets. Faites-en autant. Celles qui ten-
teront de s'opposer à la discipline de ce camp viendront
demander à genoux, c'est moi qui vous le dis, qu'on
la leur impose. La discipline S. S. est un rouleau com-
presseur, et rien ne repousse où elle a passé. Rompez!

Les prisonnières l'ont aussitôt nommé Attilaminoir.

Ensuite, pour les Françaises seulement — ce second
guignol s'adresse sans doute à chaque catégorie de prisonnières séparément — un S. S. sans galons. Il ne porte
pas la casquette à tête de mort, il est tête nue : le crâne
rasé, la nuque droite et la tête de chien danois attentif
d'Éric von Stroheim. Pour traduire, une Alsacienne
qui ne pèse certainement plus quarante kilos. Il a lar-

gement écarté les jambes, et se balance d'avant en arrière.

— Tas de putains! Vous étiez costumées, fardées, vous vous faisiez prendre pour des femmes! Vous teniez des discours contre l'Allemagne. Comme dit le commandant, vous avez lâchement essayé de nous assassiner. Qu'est-ce que vous êtes? Regardez-vous : de la merde. Finis, les déguisements! Vous ne sortirez d'ici que par la cheminée. Attendez-vous à en baver! Enjuivées, toutes! Par la cheminée!

Il se balance de plus en plus. Tombera-t-il? Il est au dernier degré d'une ivresse que son discours développe encore :

— Finis, les déguisements! Par la cheminée! D'abord, vous êtes trop grasses! Faut que les os fassent mal en touchant les lits! Mangez du trèfle, c'est bon pour la santé!

Traduction de l'Alsacienne; sa voix blanche ne s'adresse à personne :

— Il dit que nous sommes de la boue, et que nous ne sortirons d'ici que quand nous serons mortes.

Il avance, les jambes toujours très écartées, mais ne semblant nullement devoir tomber, jusqu'au premier rang des détenues. Les autres ne le voient plus. Elles l'entendent.

— *Ach!* mes vaches de jolies Françaises, je vous apprendrai à être belles!

Traduction. Il s'en va, encadré de deux souris S. S. De dos, son ivresse est plus manifeste, mais sans rien de l'ivresse des vaudevilles : la lente et menaçante ivresse nordique. Pas un poivrot : un fou. Il s'appuie sur une épaule de chaque souris, les fait pivoter, se retourne vers les prisonnières :

— La première qui bronche, en prison dans la cellule des folles!

Un temps.

— Dans la boue et par la cheminée ! Je vous apprendrai à être belles !

Pas de traduction. Il s'en va, légèrement incliné maintenant, raide pourtant comme s'il portait un corset, appuyé sur les deux épaules, comme un ignoble roi Lear sur ses deux filles de haine. La place de l'appel est d'une propreté exemplaire. Une prisonnière est prise d'un fou rire convulsif ; les autres, exaspérées et pourtant complices, se serrent autour d'elle. Il ne se retourne plus et part lourdement, sous la fumée du crématoire.

La S. S. chef du camp passe sur son vélo le long d'une colonne de détenues qui se rendent au travail. Elle descend et va gifler une prisonnière, mal alignée peut-être. Celle-ci, chef de réseau et consciente de ce qu'elle va faire, la gifle à toute volée. Halètement de toute la colonne. Coups de cravache frénétiques des S. S. hommes et femmes. On lâche les chiens sur la prisonnière ; mais son sang coule sur ses pieds, et les chiens, au lieu de mordre, le lèchent, comme dans les légendes chrétiennes. Moins sentimentaux, les S. S. chassent les chiens et frappent jusqu'à la mort. Sur le visage des détenues au garde-à-vous, les larmes coulent en silence.

En notant cela naguère, je notais aussi les prisonnières assises sur le cadavre de leurs compagnes dans la neige, les femmes pour lesquelles la vie d'autrefois s'arrêtait à dix heures trente, heure de l'horloge de Fresnes, le son sans paroles (défense de parler) de baisers qui emplissaient la grande salle lors des grands départs, l'obsession de la danse, l'arrivée nocturne dans la nuit criblée des points lumineux qui sont les lampes électriques des S. S. ; les murs que la fièvre fait trembler ; et je pensais à Pasternak lorsqu'il récitait ses vers en russe devant les étudiants de la Mutualité subjugués, aux chanteurs de nos chambrées et du camp de prisonniers de 1940, aux fresques des bagnards de la Guyane et à celui « qui annonçait si bien » à la réception du préfet ; à Thalie, visitée, répondant à Mayrena sous les lézards amicaux du plafond : « *Je ne veux rien savoir, ni si les champs fleurissent — Ni ce qu'il adviendra du simulacre humain...* » ; à Ehrenbourg, commissaire aux animaux de cirque, sous la direction suprême de Meyerhold, et atterré parce que les spectateurs chipaient les ronds de carottes de ses lapins ; à mon prêtre républicain espagnol : « Et quand la dernière file des pauvres se mit en marche — une étoile inconnue se leva au-dessus d'eux... » Mais la torture existe depuis des siècles ; et même ceux qui ont chanté dans les supplices. Ce qui n'avait pas encore existé, c'est cette organisation de l'avilissement.

L'enfer n'est pas l'horreur ; l'enfer, c'est d'être avili jusqu'à la mort, soit que la mort vienne ou qu'elle passe : l'affreuse abjection de la victime, la mystérieuse abjection du bourreau. Satan, c'est le Dégradant. La dégradation rejoignant d'abord l'incohérence dans la dérision, les évadés repris auxquels on attachait une pancarte « Me voici de retour », les voleurs de pain porteurs aussi d'une pancarte, et que chaque bagnard devait gifler après leur avoir craché au visage (puis, un kapo les assommait). Non plus la rencontre des torturés avec les gardes de la Gestapo qui jouaient à saute-mouton : la dérision du Christ. Les conversions ont été rares, mais presque tous les détenus athées assistaient aux cérémonies religieuses à demi secrètes, car dès que le prêtre parlait de la Passion, il leur parlait d'eux. La perfection du système concentrationnaire fut sans doute atteinte, à Dachau, lorsque les S. S. chargèrent les prêtres allemands prisonniers de chasser de la chapelle tous les laïques étrangers qui venaient y prier. (Devant cette chapelle de tôle ondulée, était placardée l'inscription en gothique : Dieu, ici, c'est Adolf Hitler.)

Ceux qui refusèrent furent fusillés, mais il y eut toujours des prisonniers à genoux autour de la chapelle. On a étudié avec soin l'organisation qui soumettait les prisonniers politiques aux prisonniers de droit commun : voleurs et assassins, prostituées chez les femmes. Pourtant on a peu étudié l'amalgame, qui a beaucoup changé au cours de la guerre. Les triangles d'étoffe cousus aux vêtements désignaient l'origine des prisonniers : il fallait que le résistant sût qu'il était soumis à un assassin ou à un souteneur, et que chaque Allemand, qu'il fût S. S. ou détenu, reconnût les « terroristes ». Mais beaucoup de ceux qui portaient le triangle rouge des politiques n'étaient pas des combattants de la Résistance, c'étaient des paysans qui avaient refusé de dénoncer, des jeunes qui avaient dessiné des croix de Lorraine sur les murs, des instituteurs qui avaient fait chanter *La Marseillaise*, des otages ou même, parmi les Polonais et les Russes, des villages entiers. Ceux qui portaient le triangle noir des « asociaux » étaient parfois des demi-fous, mais souvent, simplement, des tziganes. Et rien ne prévalait contre la stupéfaction éprouvée par tous ces hommes à se sentir à la fois irréductiblement différents et irréductiblement semblables dans la même patrie du malheur. Et puis, les héros ne le sont pas toujours, et les putains non plus : on en vit devenir résistantes. Tuer tous ces malheureux, un peu plus vite, un peu moins vite, eût été obtenu par d'autres moyens ; il y avait un but plus obscur, que l'humanité n'avait pas encore inventé, car les tortures avaient jadis pour but d'obtenir des aveux, de châtier une hérésie religieuse ou politique. Le but suprême était que les prisonniers perdissent, à leurs propres yeux, leur qualité d'hommes. D'où la soupe renversée pour que certains des plus affamés la vinssent laper par terre ; d'où, les mégots jetés dans le vomissement des chiens, les prisonniers enfermés avec les fous et, plus insidieusement atroces avec leurs corps de pinces et leurs têtes de scalpel, les « expériences » et les stérilisations. (Avec un attendrissement grinçant, les détenues appelaient les filles destinées aux expériences : les petits lapins.) L'idéal était d'amener les résistants à se pendre ou à se jeter sur les barbelés électrifiés. Pourtant, les S. S. se sentaient alors spoliés.

Tout cela perdait son efficacité démoniaque parce que la pire torture ou la plus abjecte dégradation n'était pas réservée aux résistants, mais à ceux qui ripostaient aux coups des gardiens, et qui étaient souvent des paysannes ou des paysans polonais, déportés quand une partie de leur village avait pris le maquis. Des années durant, une lutte opiniâtre se poursuivit, où la première vaincue fut la Mort. Elle régnait physiquement et constamment par la fumée collante des crématoires. Or, la rage de survivre qui animait la plupart des résistants ne s'opposait pas d'abord à elle. Ils avaient compris qu'il y a dans l'homme quelque chose de plus profond. « L'aptitude à l'accueillir », eût dit le Père qui avait parlé à Noël ; ce n'était vrai que pour ceux qui l'accueillaient en Dieu. Le combat ne s'engageait pas sur ce terrain. Il consistait, pour les prisonniers, à subir ce qui leur était imposé comme ils eussent subi le cancer, mais à ne jamais y participer. « C'est égal » au sens de : ça ne me concerne pas, ce n'est pas arrivé, fut sans doute la pensée la plus constante des prisonniers. « La gifle prend la forme de celui qui la reçoit et non de celui qui la donne », disait Alain, pensant au Christ. Il fallait survivre. Vivre dans l'instant. Ne jamais rien manifester devant les tourments, devant l'horreur, devant le provisoire sourire des kapos. Saboter. Ne pas laper la soupe renversée. La mort était un élément parmi d'autres. Les libérés disent que la volonté de survivre est peut-être la plus puissante passion de l'homme, mais que seuls survivaient « ceux qui ne s'abandonnaient pas ». Dans ce monde dément par ce qu'il devait à l'organisation et par ce qu'il devait au hasard, une absurdité aussi intense que celle du camp lui-même *protégeait* les victimes : celle des bourreaux. Chaque jour hideux légitimait la Résistance. Le Père avait rejoint un réseau lorsqu'il avait appris l'existence de camps où les S. S. ne laissaient marcher les prisonnières qu'à quatre pattes.

Sans doute le jeu le plus profond s'est-il joué entre deux formes de sacrilège. L'esprit n'avait rien à faire entre les cadavres et les épluchures. Hitler avait organisé sa barbarie comme tous les États avaient organisé leurs bagnes, mais aucun État n'eût proclamé la phrase sur laquelle étaient fondés les camps : « Traitez des hommes comme de la boue, ils deviendront réellement de la boue... » Ainsi devaient être traités les hommes qui, par leur action ou par leur seule existence, niaient l'idole nazie. Et les gardiens S. S., comme les Allemands voleurs ou assassins, vengeaient inépuisablement l'idole, d'un sacrilège que rien ne pouvait expier.

Or, il restait assez d'humanité, même aux prisonniers agonisants, pour deviner que la volonté de vivre n'était pas animale, mais obscurément sacrée. Le mystère de la condition humaine apparaissait là, bien plus que dans la houle cosmique qui tôt ou tard roulerait dans la mort torturés et tortionnaires ; l'abjection des détenus qui dénonçaient, avec un sourire de bêtes si les bêtes souriaient, rejoignait celle du S. S. schlagueur à qui un prisonnier avait dit que *Schnell* (vite) se traduisait par « Vas-y mollo! » et qui frappait à mort les détenus en leur criant d'aller doucement. Les fantômes misérables qui s'appelaient eux-mêmes des « troncs-à-jambes » parce qu'ils gardaient la tête rentrée entre les épaules devant les coups éternels, n'avaient pas perdu leur mépris. C'est-à-dire l'idée confuse et profonde de l'homme pour laquelle ils avaient combattu, et qui devenait claire : l'homme, c'était ce qu'on voulait leur arracher.

La condition humaine, c'est la condition de créature, qui impose le destin de l'homme comme la maladie mortelle impose le destin de l'individu. Détruire cette condition, c'est détruire la vie : tuer. Mais les camps d'extermination, en tentant de transformer l'homme en bête, ont fait pressentir qu'il n'est pas homme seulement par la vie.

Quand j'arrive au Comité, après avoir franchi les murailles de la crypte des déportés, puis les grilles qui tiennent du barbelé et du croc de boucher, la réunion est presque terminée. Des présidents d'associations de résistants ou de déportés, Edmond Michelet, quelques femmes et quelques militaires, un dominicain. On résume ce que je sais et ce que j'ignore :

Un monument doit être élevé à la mémoire de Jean Moulin, près du lieu où il fut parachuté. Aux frais de trois ministères, des Bouches-du-Rhône, et de la municipalité du village : beaucoup de gens, beaucoup d'antagonismes. Un capitaine, arrêté par la Gestapo en tant que résistant, et qui a caché son grade pour rester avec ses camarades de combat, poursuit un conflit amer avec le dominicain, qui est le Père de la prédication de Noël à Dachau. Le mot émacié suffirait à le peindre, s'il ne s'appliquait d'ordinaire aux visages allongés, alors que sa tête ronde aux yeux sombres semble une tête de mort sur laquelle errerait le sourire de la spiritualité. Les autres tentent de les calmer. Je pense, hélas! à la table du *Prix des Vikings* où Fernand Fleuret disait prophétiquement à deux membres du jury qui se colletaient aux hors-d'œuvre : « Un peu de patience! Pourquoi vous engueuler, puisque vous savez bien que quand vous serez encore plus saouls, vous vous embrasserez... » L'ivresse ici n'est pas en cause. Le Père a proposé que nous décidions d'élever le monument, relativement abstrait, souhaité par Mlle Moulin ; le capitaine exige un concours. Il ne sait pas que le jury officiel choisira selon ses amis, les grands artistes ne perdant pas leur temps aux concours. Mais le Père qui, d'abord, ne pensait qu'à la mémoire de Jean Moulin, commence à s'irriter. Il connaît les concours. Spécialiste de l'art roman, il connaît aussi l'opposition profonde entre le portrait et l'art moderne, surtout dans un monument « héroïque ». Il ne veut pas de soldat de plomb. Les membres du Comité souhaitent un monument, c'est tout ; les deux adversaires échangent des engagements de l'État, et des textes tronqués.

Je pense au capitaine en rayé. A Stuttgart, le jour où le général de Lattre invita à dîner avec nous le fils de Rommel — le maréchal s'était suicidé —, un général français en civil, délivré par nous, m'a dit dédaigneusement : « Bien entendu, on ne nous avait pas mis avec les rayés... » Beaucoup de gifles se perdent, et un seul homme ne peut hausser que deux épaules.

Je pense aussi au Père en rayé : « *J'ai un petit voyage à faire...* » Il porte la robe blanche des dominicains, sur laquelle le chapelet a pris la place de l'épée depuis tant d'années, et fume une courte pipe. Il aimerait voir confier le monument à Alberto Giacometti. Je l'ai rencontré dans des comités semblables, et me souviens de l'avoir entendu dire : « Si les chrétiens mettaient dans leur vie les vertus que Cézanne et les autres ont mises dans leur art, Dieu serait bien content... » Je pense surtout à Jean Moulin lorsqu'il barra l's de MOULINS sur le papier que lui tendait un des tortionnaires. J'ai peine à imaginer un monument de la Déportation, parce que je me souviens trop bien du poteau d'exécution qui fut exposé aux Invalides : un tronc équarri au bas, mais dont les balles des exécutions avaient fait, jusqu'à la hauteur du ventre des victimes, une sculpture informe.

La discussion continue. Dachau, Ravensbrück, Auschwitz... Je vais prendre un médicament : l'eau minérale est posée sur une autre table. Il est toujours singulier de regarder une assemblée dont on faisait partie quelques minutes plus tôt. Je l'éprouve chaque semaine au Conseil des ministres. Assis, je vois tous mes compagnons autour de la table, à ma hauteur ; debout et séparé d'eux, je vois un groupe qui poursuit sa discussion comme si elle existait par elle-même, et ne devait jamais finir. « Un concours, c'est la justice ; une désignation, c'est l'arbitraire ! » Sans doute aurais-je dû faire du plafond de l'Opéra l'objet d'un concours, au lieu de le confier à Chagall. « Lève-toi, Lazare ! » A la grande dérision sinistre qu'apporte la mort s'est substituée la dérision quotidienne de la vie. Ni la voix qui fit taire l'enfer de Dachau ni celle qui se désigna pour accompagner les camarades en enfer ne font taire la susceptibilité. « Mon cher, dit le capitaine, vous auriez mieux fait de rester dans votre couvent ! » Le Père répond avec tristesse : « Malgré tout ce que nous avons subi, je remercie Dieu de nous avoir fait quitter un jour nos habits, vous et moi... »

Nous signons le procès-verbal. Le capitaine a exposé « le désir de tous les amis de Jean Moulin de retrouver son visage ressemblant » dans le monument élevé à sa mémoire. Recevra-t-il son soldat de plomb ? Pourquoi cette absurdité inattendue me frappe-t-elle ? Un puéril motif de discorde oppose des hommes que devrait unir la fraternité ? Ils n'ont jamais prétendu se conduire comme des héros ou des saints. Ce qui m'angoisse, c'est de voir Lazare revenir de chez les morts pour discuter avec irritation de la forme des tombeaux.

Ai-je jamais cru que la plus terrible épreuve fût garante de la plus grave sagesse ? En 1936, en compagnie de Marcel Arland, j'ai rencontré Arthur Koestler libéré de la cellule franquiste où il avait passé des mois, condamné à mort. « C'est toujours la même chose, me dit Arland lorsque nous l'eûmes quitté, on croit qu'ils sont porteurs d'une sorte de révélation, et puis ils parlent comme si rien ne leur était arrivé... » Je me souviens aussi d'un compagnon de guerre de mon père, venu lui rendre visite en 1920. Sa femme l'accompagnait, et le temps du thé fut celui d'une constante scène de ménage larvée. « Et pourtant, me dit mon père lorsqu'il l'eut reconduit, c'est un brave homme et un homme brave — un des officiers les plus braves que j'aie connus... » Or, le courage n'était pas rare dans les chars de 1918. J'ai vu l'un de mes oncles, sous-officier de lance-flammes, ayant épousé à son retour une femme qui l'avait attendu vingt ans, profondément heureux, chaque semaine, devant le Byrrh du dimanche. Les combattants héroïques dépouillés de ce qu'ils avaient été, en même temps que de leur uniforme, les chefs de corps-francs redevenus épiciers ou bistrots, furent familiers à l'après-guerre de 1914. Parce que le courage leur avait été, en quelque sorte, ajouté ? Le courage vaut ce que vaut l'homme — à condition de ne pas oublier ce qu'il lui apporte ; le sacrifice n'est jamais bas. Tous ces hommes étaient dépouillés de l'expérience que leur avait apportée la mort, mais aussi de celle que leur avait apportée la vie...

La comédie du monument tire en moi un filet des profondeurs dont je connais à peine les prises. Ce n'est pas le souvenir du malheur ou du courage qui me poursuit, c'est la puissance insidieuse de la vie, capable de tout effacer — sauf peut-être chez les déportées pour lesquelles le souvenir du camp actualise la Passion — lorsque le corps n'est plus seulement ce qui sert à souffrir. Aux héros de la guerre embourgeoisés, la paix avait imposé l'inutilité du courage physique, la dispersion des amitiés, le retour aux femmes et aux enfants, la substitution de la vie sociale à l'irresponsabilité du soldat. La vie avait recouvert ces survivants comme la terre avait recouvert les morts. Quatre-vingts pour cent des déportés et déportées politiques sont morts dans les camps ; presque tous les autres ont tôt ou tard fait preuve d'un courage exemplaire, fût-il passif. Mais ce n'est pas en termes de guerre, que tout cela m'obsède. L'ombre de Satan s'est réellement, visiblement, étendue pendant plusieurs années sur le monde, et même ceux qu'elle recouvrit semblent l'avoir oubliée. Ne peuvent-ils revivre que dans la mesure où ils l'oublient?... J'avais cru l'expérience du camp d'extermination plus profonde que celle de la menace de mort. Mais l'extrême malheur marque moins visiblement que la plus banale blessure...

Nous restons seuls, Brigitte qui représentait son camp et un groupe de Ravensbrück (c'est elle qui avait piqué le dangereux fou rire après l'allocution du S. S. saoul) ; Edmond Michelet et un républicain espagnol qui représentaient Dachau ; le Père et moi.

Comment ont-ils retrouvé la vie ? Qu'ont-ils rapporté de l'enfer ? Maints déportés, dans toute l'Europe, ont écrit leurs souvenirs ; leur retour à l'humanité n'y figure guère. Il n'est pas facile à un plongeur de rapporter du fond de l'eau ce qu'il y trouve sans le connaître... Ils en disent d'ailleurs moins qu'ils n'en ont écrit.

— Pour moi, dit Brigitte, ça a été moche, parce que

je suis revenue en mai. J'étais la seule déportée de mon train. Les autres, c'était des S. T. O., et je ne sais quoi. Le type du *Lutétia* [1] a commencé par ne rien croire de ce que je lui racontais. Après quoi, quand je suis allée toucher ma solde militaire de déportée, le troufion m'a dit que je n'avais droit qu'à la solde de base, " puisque j'avais été logée, nourrie et vêtue par les Allemands ". J'ai vu un peu rouge. Puis, autre Jules : je fais la queue, au Crédit Lyonnais de la place Victor-Hugo, pour échanger les premiers billets de 1 000 francs. Je sens que je vais me trouver mal. Une dame charitable me soutient. Je lui explique que ce n'est rien, que je reviens de déportation. La dame réclame que je passe en priorité, appelle l'agent de service. On m'entraîne au premier rang (les bureaux vont s'ouvrir). Un élégant personnage, dans la cinquantaine, s'insurge. Au nom de quoi passerais-je avant lui ? On lui explique. " Elle n'avait qu'à y rester, dans son camp ! "

« Je suis sortie plus vite des souvenirs que des rêves. La nuit je retrouvais le camp, et le soir, sous les marronniers de l'avenue Henri-Martin, j'étais certaine que j'allais me réveiller à Ravensbrück. Je pleurais dans les rêves, alors que je ne pleurais pas au camp. Et puis, vous connaissez le poème de Nelly Sachs :

Laissez-nous doucement réapprendre la vie...
Ne nous montrez pas encore un chien qui mord...

« Mais tout ça, c'est Paris. A la frontière, j'ai seulement eu épouvantablement peur...

— De quoi ?

— De ce que j'allais trouver, de ce que j'étais devenue... Je ne sais pas...

1. L'un des officiers auxquels les déportés se présentaient, à l'hôtel Lutetia.

— Pour le premier retour, dit Edmond Michelet, de Gaulle attendait les déportées sur le quai de la gare.

— Il aurait dû y rester, comme disait mon idiot...

— Pour nous, les types avaient fait des drapeaux, et nous sommes passés sous une haie de machins.

— Parce que vous êtes revenu beaucoup plus tôt que moi. A Ravensbrück, le 14 juillet 1944, nous avions fait des robes avec des bouts de papier, et nous sommes arrivées à nous habiller une en bleu, une en blanc, une en rouge. Toutes les femmes ont bourdonné *La Marseillaise*. C'était plutôt aventuré, et aujourd'hui, ça me paraît bizarre : ça ne ressemble pas au camp.

— Qu'est-ce qui ressemble au camp..., dit le Père.

— La prison que j'ai connue, dis-je, je puis l'imaginer bien pire ; la torture, je ne l'ai pas subie, mais je l'ai vue. Tout cela, c'est revenir du camp, revenir du bagne. Il y a eu autre chose : tenter de contraindre l'être humain à se mépriser lui-même. C'est cela que j'appelle l'enfer. Nous n'ignorons pas ce qui a existé ailleurs. J'ai entendu les fameux experts internationaux à Nuremberg et au procès Masuy : " Contre les bombes à retardement laissées dans les cafés, et ce qu'on appelle généralement le terrorisme, des méthodes aussi efficaces ont toujours été utilisées par tous les services de contre-espionnage. " Ces termes galants désignent évidemment la torture. Mais vous avez subi quelque chose qui n'a existé ni en Russie, ni en Algérie, ni en Italie, quelque chose qui me semble tenir à la nature même du nazisme. Il s'est agi de vous faire perdre l'âme, au sens où l'on dit : perdre la raison. (Que signifie : âme ?) On dirait que vous avez retrouvé la terre, comme moi lorsqu'ils ont fait semblant de me fusiller, ou comme lorsque j'ai échappé à une fosse à chars. Mais ce que vous suggérez tous sans parvenir à l'exprimer complètement — peut-on l'exprimer ? — c'est autre chose. Quand, à Bône, je suis revenu de l'autre côté (l'avion pris dans un cyclone de grêle), j'ai été stupéfait de voir des femmes qui repassaient du linge, les petits animaux, et surtout l'énorme enseigne rouge d'un gantier. La terre était insolite. Vous, ce n'est pas la terre insolite que vous avez retrouvée, ce sont les hommes, les sentiments humains dont vous aviez été aussi séparés que je l'étais de la terre quand mon avion tournait comme une toupie dans le cyclone. Je vois bien comment vous avez retrouvé la terre : après tout, comme moi, quoique plus péniblement. Mais je ne sens pas comment vous avez retrouvé la vie...

— D'abord, mon bon ami, dit Edmond Michelet, n'oubliez pas que ça s'est mélangé. Sommes-nous les demi-solde de l'enfer? Je n'oublierai pas les prêtres allemands chargés de nous chasser de l'église! Mais au moment du retour, ce que nous éprouvions d'abord c'était : rabiot de vie. Premièrement, nous aurions dû être morts ; ensuite, le reste se mélangeait...

« Autre chose. Pour moi, qui tombe toujours dans les choses comme un Huron — Huron de Huronie, ne l'oubliez pas! — l'absurdité infernale, ou métaphysique, comme vous voudrez, s'est toujours mêlée à une idiotie ordinaire qui la diluait, ça a l'air étonnant : l'idiotie qu'il y a à massacrer bêtement sa main-d'œuvre! Nous le ressentions tous les jours, et le reste allait avec... »

Pour moi aussi, la patiente marée de la vie avait tout confondu comme la mer Rouge effaçait sur le sable de la grève le dessin de la ville de Saba... Que me reste-t-il aujourd'hui du pays de la mort? Une surprise usée, qui ne me défendrait pas même de me passionner à mon tour pour le monument. J'ai étudié les civilisations disparues, regardé les civilisations étrangères, et même la mienne, comme les ombres qui descendaient en silence l'escalier du musée du Caire. Ainsi les intellectuels de l'Altenburg étudiaient-ils les barbaries historiques, comme des civilisations particulières — les barbaries, mais pas les bagnes. La vraie barbarie, c'est Dachau ; la vraie civilisation, c'est d'abord la part de l'homme que les camps ont voulu détruire. Le chrétien peut offrir sa souffrance, l'ascète peut la nier — à la condition de mourir assez vite... Les civilisations tournent comme d'énormes papillons autour de cette ignition. Ce qui, dans le jour transparent et glacé derrière les barreaux à crocs des fenêtres, répond aux images atroces de Dachau, c'est un spectacle que m'a décrit Czapski, l'aide de camp du général Anders et l'un des quelques survivants de Katyn. Dans les camps de concentration russes de 1941, au fond des forêts, les officiers polonais pouvaient recevoir quelquefois leur femme, et on les laissait seuls. La faim détruit toute sensualité... Les femmes enduisaient leur corps d'une haute ceinture de farine, que grattaient les prisonniers et qui les empêchait de mourir. Les hommes, plus grands, s'agenouillaient, et j'ai conservé l'image de ces Walkyries immobiles dans l'ombre des cellules avec autant de précision que l'image des femmes noires dans le cimetière de Corrèze. Dénoncées, elles eussent été fusillées ou assommées. Elles se mêlent pour moi au peuple rayé de la neige et de la nuit, dans un même mystère : car s'il est vrai que pour un esprit religieux, les camps, comme le supplice d'un enfant innocent par une brute, posent la suprême énigme, il est vrai aussi que pour un esprit agnostique, la même énigme surgit avec le premier acte de pitié, d'héroïsme ou d'amour.

— Pour moi, dit Brigitte, ça se mélange beaucoup aussi. D'abord — je suppose que c'était pareil pour vous, Michelet ? — nous ne pensions pas survivre. Au *Lutétia*, le brave toubib qui a fait mes radios m'a dit : " De toute façon, vous serez toutes crevées avant dix ans. " On ne pouvait pas lui reprocher de bourrer le crâne de ses patients. Nous avons été dans le rabiot dont vous parliez tout à l'heure, même au sens le plus élémentaire. Et puis, je n'étais pas si revenue que ça, puisque chaque fois que je sentais l'odeur des marronniers et des pavés mouillés de l'avenue Henri-Martin, je croyais que j'allais me réveiller au camp, et je me giflais pour m'assurer que je ne rêvais pas. J'en attendrissais les passants. Ce dont vous parlez avait pris une forme bizarre : je trouvais les gens enfantins. Pas les fonctionnaires du retour : ceux-là, je les trouvais seulement idiots. Quand je suis rentrée, à cause du retard, tout le monde me croyait morte. Il y avait deux mois que mon père se taisait... Pourtant, je trouvais que mes parents étaient devenus des mômes. Par délicatesse, ils ne me parlaient pas du camp ; mon père a peu parlé, les premiers jours, mais son silence aussi me paraissait enfantin. Où était la réalité? Avant la guerre? Au camp? Maintenant? Ça n'a pas duré. Un souvenir précis, je me demande bien pourquoi, c'est ma redécouverte des boutons de manchette des hommes... Là-bas, nous avions le senti-ment que si nous avions été des hommes, nous aurions eu au moins l'espoir de nous révolter...

— On ne se révolte guère au-dessous de cinquante kilos, dit Michelet.

Je demande :

— Y a-t-il eu d'autres révoltes réussies que celle des Juifs de Treblinka?

Nous l'ignorons tous.

— Et il y a aussi les filles qui ne sont pas revenues, dit Brigitte. Pour moi, au fond, je ne sais pas quand je me suis réconciliée avec le genre humain.

Les déportés ne le savent jamais. La conscience supporte-t-elle cet examen de passage? Je pense à Möllberg : « Si les civilisations ne survivent qu'à travers la métamorphose, alors, le monde est fait d'oubli... »

Et si nos amis ne *peuvent* pas se souvenir de leur retour chez les hommes?

— Dans la grande parabole bouddhique, dis-je, ceux qui sont montés dans la barque de la Délivrance ne peuvent apercevoir l'autre rive du fleuve, que lorsque la terre a disparu.

— Un Israélite de Varsovie, dit le Père, m'a raconté qu'après son arrestation, il avait traversé tout le ghetto vide, portes ouvertes, repas sur les tables, comme s'il n'était pas abandonné, comme si la vie était suspendue... Et que, lorsqu'il avait été libéré par les Américains, il avait ressenti quelque chose de semblable, une sorte d'indépendance de la vie...

Pendant mon évasion de 1940, je suis entré dans le premier cinéma venu pour me déchausser, et échapper au supplice des souliers trop petits. On projetait le bombardement de Varsovie tourné par les Allemands. La vue était prise d'avion : les noirs panaches de l'essence, et une fumée d'Apocalypse sur la barre des maisons en feu. L'avion traversait ; et au-dessus, ce ciel de Golgotha et de massacre devenait une mer de nuages immaculée...

— Et en Espagne? demanda Michelet.

— Je n'ai pas connu de prisonniers.

— En général, dit l'Espagnol, les fascistes exécutaient.

— Resteraient les nôtres... Mais les aviateurs n'avaient pas l'occasion d'en faire...

Ce n'est pas l'enfer, que l'Espagne appelle dans ma mémoire. Je n'ai pas oublié l'immense cortège des paysans derrière les civières des aviateurs, à Teruel. Mais je n'ai pas oublié non plus une image bien différente. C'est l'aube — l'heure à laquelle, d'ordinaire, nous arrivons sur les lignes ennemies. Je viens du château de pierre blanche et de ferronnerie noire où dorment les pilotes, et marche le long de l'immense verger où je suis souvent venu, le matin, manger les mandarines saupoudrées de givre. A ma droite, de grands sycomores cachent un avion de chasse dont la carlingue d'aluminium brille dans le soleil qui se lève. Il est couvert d'une rosée incolore près de la queue, rose puis rouge lorsque j'approche du siège. C'est l'avion d'un camarade tué hier, et dont le sang a ruisselé sur la carlingue. La nuit l'a nettoyée, et le sang du combat perle avec la rosée qui se forme sur les champs d'Espagne jusqu'aux Pyrénées.

— Ajoutez des choses profondes et saugrenues, dit Brigitte. Au camp, nous vivions dans l'indignation. Une indignation assurée, constante. Que l'on pût traiter ainsi des êtres humains était bizarrement scandaleux. Et nous nous sommes retrouvées ici avec notre indignation sans objet. Comme si nous avions apporté nos pelles. Le jugement des criminels de guerre, nous n'y avons jamais tellement cru. Et puis, à une certaine profondeur, la vengeance aussi, s'use... Tuer les bourreaux n'empêche pas la torture d'avoir existé...

« On parle surtout de ce qui est dramatique, parce que c'est transmissible. Il y a des choses dont on ne prend conscience qu'après, qui n'ont pas même de nom. Par exemple, l'ignorance de notre destin, de celui de nos copines, de celui des nôtres laissés en France, de la guerre... C'était une angoisse permanente, et pourtant, nous étions au comble de l'irresponsabilité. Rentrer dans la vie, ça a été un lit, un bain, une nappe, un couvert, ce que tout le monde imagine. Et le silence. Le silence ! on nous criait après, comme disent très bien celles qui savent ce que ça veut dire. Tout ça était compliqué. L'enfer finit par sembler simple. Là-bas, certains jours, je regardais des arbres comme pour les embrasser, c'était une façon de m'évader ; j'ai mis au

628

moins huit jours avant de pouvoir regarder simplement un arbre libre... »

Je pense aux arbres et aux petits animaux de Nehru.

— Il me semble, dit le Père, que le pire est venu de ce que la vie n'était pas, pour nous, le souvenir du temps où nous étions vivants. C'était celui de ce temps, vu du camp. Vu du camp, qui crée plus d'irréalité que la prison. La vraie vie ne pouvait pas coïncider...

— Pour la vie physique, dit Brigitte ; mais au camp, je n'ai jamais imaginé la vie morale des autres, des non-détenues.

— Quand on vient d'échapper à la mort, dis-je, on vit dans la surprise devant l'évidence de la vie. Mais pas dans le domaine moral, si nous pouvons appeler ainsi les sentiments des gens, leur relation avec la vie... La durée du temps passé du côté de la mort doit jouer un rôle...

— N'oubliez pas que nous n'avions pas d'idées, répond Brigitte. C'était une expérience, vous comprenez : une expérience très longue. Quatorze mois de concubinage avec la mort, et pour certaines, beaucoup plus. La mort était présente en nous parce que nous étions toujours menacées, et devant nous parce que nous n'avons pas cessé de la voir. Nous avons touché un noyau. Nous étions parfaitement conscientes de notre lutte. Mais nous luttions appuyées à quelque chose : foi, patriotisme ou solidarité, appelez ça comme vous voudrez, amitié souvent, responsabilité...

— C'est vrai, dit Michelet, je me demandais comment tant de responsables avaient survécu, puisqu'ils ne bénéficiaient d'aucun privilège : la responsabilité nous soutenait.

— Et l'humiliation ne détruit pas l'orgueil..., dit le Père.

— Mais l'orgueil qui survit détruit l'humiliation, dit

l'Espagnol. Je ne parle pas pour moi : j'étais tourneur, et je m'en suis tiré en faisant des jouets pour les gosses des kapos. Ce que je dis est vrai quand même.

— Quand nous sommes retombées de la lune, reprend Brigitte, il n'y avait plus de camp, vivent les draps et l'eau de Cologne ! Mais l'autodéfense qui nous avait protégées était devenue sans objet. Nous sommes revenues en attendant un monde dominé par elle. Ça n'a pas été tout à fait ça ! Nous avions gravi les quatorze stations, nous avions été crucifiées, et ça se terminait dans le lit de Marie-Madeleine.

Je regarde le Père. Aucune irritation, alors que le monument, il y a dix minutes, l'exaspérait. Son sourire triste semble dire : ma pauvre petite fille !

— Ce n'était pas la Résurrection ! Et tout ça, ne vous trompez pas, avec une énorme part de consentement. C'est ce qui allait le plus mal. Tout ce qui aurait dû nous sauver, sentiments et souvenirs, ne servait plus à rien. Il n'y avait plus d'enfer, il n'y avait plus rien contre l'enfer. Nous avions atteint le pire, et nous nous retrouvions dans un monde pour lequel il n'existait pas. Les gens s'amusaient avec des hochets, mais pourquoi ? Pour ne pas découvrir une évidence qui nous touchait, nous, bien au-dessous de la peau. C'était le retour de Dante chez les distraits. Et il y a eu une chose bizarre. Nous sommes toutes revenues à l'état de cadavres. Après un temps assez court, passé généralement dans la relative solitude du lit, nous semblions... rétablies. Et les nôtres croyaient que nous étions redevenues leurs semblables moralement aussi. Mais nous étions les semblables des copines, et de personne autre. La famille, c'était comme le lit : chaud et étranger.

— Vous êtes d'accord ? dis-je.

Même le Père approuve tristement.

— Comment sommes-nous revenues, dit-elle, j'y

ai beaucoup pensé avant, et je n'ai pas eu besoin d'y penser après. Comme il y avait eu les draps et les fourchettes, il y a eu la folie ambulatoire des déportés, la rigolade sans rire et les boîtes de nuit. Tout ça n'a eu qu'un temps, parce que ce n'est pas tellement drôle, et parce que Capoue nous attirait, mais nous dégoûtait. Mais vous savez, les unes et les autres, nous avons assez vite compris. De quoi s'agissait-il pour vivre ? D'être aveugles. Alors, nous sommes redevenues aveugles. Un peu plus tôt, un peu plus tard.

— Pas tout à fait, dit le Père.

— Non ; mais ça suffit comme ça... Pour vous, c'est différent, parce que la foi est votre vie même, au camp ou ailleurs...

— L'angoisse trouve toujours sa forme.. J'ai souvent rencontré la peur de perdre la foi. Pour moi, c'est inintelligible. Sans doute ne rencontrerons-nous plus jamais le Mal sous un aspect aussi démoniaque ; mais le foi. La Bible a répondu d'avance par le Livre de Job...

Je pense à l'aumônier des Glières qui disait que, pour lui, le Mal n'était pas un problème, mais un mystère.

— Comment les nôtres sont-ils morts ?

— Mon bon ami, me dit Michelet, le Révérend Père n'a presque assisté que des croyants. Donc, ils se repentaient, *eux*. Lorsqu'il leur disait : Pardonnez-vous à tous vos ennemis — et Dieu sait ! — ils répondaient devant Dieu .

— Avez-vous vu un seul homme mourir dans la haine ? lui demande le Père.

Michelet réfléchit, et s'adresse à moi :

— Mon bon, il a raison, le Père, il a raison... Comme responsable des Français de Dachau, j'ai probablement vu mourir plus de types que lui. Naturellement, pas de la même façon, naturellement ! Je n'avais pas à les confesser, ni à leur pardonner. N'empêche qu'ils auraient pu avoir deux mots à dire sur les Fritz! Jamais. C'était au-delà. Les dernières paroles ont toujours été pour les leurs : " Quand tu rentreras, va dire à la femme de creuser sous le troisième poirier, à gauche... " Ou : " Dis aux gosses que j'ai fait ce que j'ai pu... "

— La mort pardonne — ou dédaigne ?

— Pardonne, dit le Père. Au moins pour ceux qui étaient vaguement chrétiens. J'étais en face de la Grâce.

— Il ne restait pas place pour beaucoup de péchés...

— Simplement le vol et l'assassinat!... dit Brigitte.

— Et pour les autres ?

— Ça devait être la même chose, dit le Père, mais ils ne le savaient pas...

— Moi aussi, j'ai été de corvée d'agonie, dit l'Espagnol. Il n'y a pas grand-chose à dire à un agonisant. Vous avez vos paroles, padre, mais les miens n'auraient plus voulu les entendre.

— Si la mort n'est pas... un débouché vers Dieu, il n'y a peut-être rien à dire. Mais, je crois qu'il y a toujours une place pour la Charité... N'est pas athée qui veut !

— Chez nous, dit Brigitte, malgré la vie commune, la mort était personnelle — comme dans le civil.

— Dans le civil, dit doucement le Père, elle n'est pas tellement personnelle... J'ai rarement vu la haine résister à l'approche de la Sainte Agonie... Au camp, la mort s'usait... Ici, non ; et l'approche de la mort ne ressemble à rien autre. Mais là-bas, Satan tenait dans une main l'horreur, et dans l'autre, le pardon...

Je pense encore à l'Espagne. La légende du président Azaña mourant, en Andorre je crois, et disant : « Comment s'appelle ce pays... vous savez bien, ce pays dont j'étais président de la République... »

Derrière les barreaux, la foule défile comme pour un pèlerinage.

— Tous les matins, dit Michelet, une folle erre, des heures durant, devant vos travaux du Louvre. Elle est devenue folle en déportation. Elle venait pour s'accrocher aux barreaux de la grille ; depuis que vous avez remplacé les grilles par des balustrades, elle marche...

Ceux qui sont venus saluer les cendres de Jean Moulin en mémoire des leurs passent lentement sur le ciel de la mort — comme dans les villes d'Égypte et de Mésopotamie, en l'an 1965 avant le Christ. On ne revient pas plus de l'enfer que de la mort.

Je suis retourné à Lascaux. Depuis que les hommes y ont pénétré librement, la grotte est condamnée : d'infimes champignons y prolifèrent, écaillent les bisons et les chevaux magdaléniens. Vingt mille ans de survie sans hommes, quinze ans de survie avec les hommes, et la destruction. (Il a fallu cent cinquante millions d'anciens francs pour l'arrêter.) Lascaux est sauvé, à la condition que les hommes cessent d'y venir à leur guise. Le spectacle est presque aussi surprenant — autrement — que celui du temps de guerre. Les failles des roches étrangement lisses ont perdu leur mystère, parce qu'on en distingue les limites confusément, grâce aux réflecteurs invisibles qui éclairent les peintures comme les veilleuses éclairent les icônes. On descend dans le puits par une échelle métallique. Le personnage au masque d'oiseau ne veille plus sur des armes. Des ventilateurs à quatre pales tournent lentement, reliés à des appareils, et semblent apporter aux bisons leur insolite protection, comme autrefois nos mitrailleuses dressées en chiens de garde. Je demande au guide, sympathique et intelligent :

— Que sont devenus les gosses qui voulaient retrouver leur petit chien ?

— C'est moi.

Il y a une quarantaine d'années...

— Vous savez, le chiot a bon dos! Ce que nous voulions, mes copains et moi, c'était l'aventure...

— Et les copains ?

— L'un est mort dans la Résistance, l'autre est entrepreneur.

Nous sortons. Les petits arbres de la colline sont moins petits qu'autrefois, Montignac s'est étendu, et la route atteint la grotte.

— Quand l'accident est arrivé...

(L'accident, c'est la prolifération des champignons.)

« ... certains dimanches, il venait jusqu'à quinze cents personnes... »

A côté de l'entrée, sont dressés deux longs baraquements de tôle.

— Les baraquements des spécialistes ?

— Non : ils ne viennent que de temps en temps. C'est pour les objecteurs de conscience. On les a chargés des travaux de protection...

DU MÊME AUTEUR

LES CONQUÉRANTS, Grasset.

LA VOIE ROYALE, Grasset.

LA CONDITION HUMAINE, Gallimard.

L'ESPOIR, Gallimard.

ANTIMÉMOIRES, I, Gallimard.

LES CHÊNES QU'ON ABAT..., Gallimard.

ORAISONS FUNÈBRES, Gallimard.

LA TENTATION DE L'OCCIDENT, Grasset.

SATURNE, essai sur Goya, Gallimard.

LES VOIX DU SILENCE, Gallimard.

LE MUSÉE IMAGINAIRE DE LA SCULPTURE MONDIALE,
I, II, III, Gallimard.

LA MÉTAMORPHOSE DES DIEUX, Gallimard.

Cet ouvrage
a été achevé d'imprimer
sur les presses de l'Imprimerie Bussière
à Saint-Amand (Cher), le 28 avril 1972.
Dépôt légal : 2e trimestre 1972.
No d'édition : 16668.
Imprimé en France.
(631)